Wirtschaft & Gesellschaft (BiVo) Band 1 (1.–3. Semester)

Für Lehrpersonen

Alois Stadlin
Bernd Riemek
Andreas König
Stephan Wottreng
Bojan Krecov

Bojan Krecov
BSc in Business Administration, Lehrdiplom für Wirtschaft und Gesellschaft
Erfahrung als Unternehmensberater im Bereich Compensation & Benefits bei der Kienbaum AG.
Mehrjährige Tätigkeit als Lehrperson für Wirtschaft und Gesellschaft in der kaufmännischen Grundbildung an der BFB - Bildung Formation Biel-Bienne.

Mathias Balbach
Kursleiter im Fach W&G an der Bénédict Schule Zürich.

Martin Kral
Betriebsökonom HWV und Wirtschaftslehrer, unterrichtet Wirtschaft und Gesellschaft am Berufs- und Weiterbildungszentrum in Lyss und ist dort Fachbetreuer W&G.

Dr. Henry Goldmann
Fachdidaktiker Wirtschaft und Recht; Lehrbuchautor KLV; Didaktik-Coach für Lehrpersonen und Autoren.

Marcella Kadner
Dipl.-Handelslehrerin, Lehrerin im B-,E- und M-Profil seit 2003, unterrichtet am KV Luzern und der KV Zürich Business School

Layout und Cover
KLV Verlag AG, Mörschwil

3. Auflage 2018

ISBN 978-3-85612-492-2

KLV Verlag AG | Quellenstrasse 4e | 9402 Mörschwil
Telefon +41 71 845 20 10 | Fax +41 71 845 20 91
info@klv.ch | www.klv.ch

Dr. Alois Stadlin (†)
dipl. Handelslehrer, ehemals Rektor der KV Zurich Business School und Lehrbeauftragter der Universität Zürich.

Bernd Riemek
Dipl.-Kaufmann und Dipl.-Handelslehrer, unterrichtete Volkswirtschaft, Betriebswirtschaft, Recht und Rechnungswesen an der Handelsschule KV Basel.

Andreas H. König
Betriebsökonom HWV und Wirtschaftslehrer, unterrichtet Volkswirtschaft, Betriebswirtschaft, Rechtslehre, Staatskunde und Rechnungswesen am Bildungszentrum kvBL in Liestal.

Dr. Stephan Wottreng
Geograph und Wirtschaftslehrer, unterrichtete Volkswirtschaft, Staatskunde, Geografie, Informatik sowie Kultur & Gesellschaft am Bildungszentrum kvBL in Liestal.

Internet-Link für Downloads:
www.klv.ch/wg15-LP
Benutzernamen: WG_band1_Lp-18
Passwort: Wg-18_Lp!

Inhaltsverzeichnis

1 Bedürfnisse, Güter & Produktionsfaktoren — 16

2 Unternehmensmodell — 34

3 Aufbauorganisation — 66

7 Allgemeiner Teil OR — 202

8 Kaufvertrag — 252

9 Verschuldungsproblematik — 286

10 Personalwesen   316

11 Verträge auf Gebrauchsüberlassung   332

12 Versicherungswesen   356

13 Verträge auf Arbeitsleistung — 390

14 Steuern — 424

15 Zivilgesetzbuch — 450

16 Dokumentation   488

Anhang   497

WuG Lernkarte

Rechnungswesen
Lehrmittel

Finanzwirtschaftliche
Zusammenhänge
(FWZ)

Wirtschaft und

Globalisierung
Kapitel 13 Band 2
LZ 1.5.4.7

Parteien und Verbände
Kapitel 14 Band 2
LZ 1.5.4.13

**Ziele der Wirtschafts-
und Sozialpolitik**
Kapitel 12 Band 2
LZ 1.5.4.6
(nur E-Profil)

Konjunktur
Kapitel 10 Band 2
LZ 1.5.4.5

**Sozialer Ausgleich
und AHV**
Kapitel 1 Band 2
LZ 1.5.4.10

**Gesamt-
wirtschaftliche und
-gesellschaftliche
Zusammenhänge**
(GWZ)

**Wachstum und
Strukturwandel**
Kapitel 9 Band 2
LZ 1.5.4.4

Geld- und Fiskalpolitik
Kapitel 11 Band 2
LZ 1.5.4.11
(nur E-Profil)

Arbeitslosigkeit
Kapitel 2 Band 2
LZ 1.5.4.8

**Bedürfnisse, Güter und
Produktionsfaktoren**
Kapitel 1 Band 1
LZ 1.5.4.1

Ökologie und Energie
Kapitel 6 Band 2
LZ 1.5.4.12

Geldwertstörungen
Kapitel 5 Band 2
LZ 1.5.4.9

Marktwirtschaft
Kapitel 4 Band 2
LZ 1.5.4.3

**Wirtschaftskreislauf
und -leistung**
Kapitel 3 Band 2
LZ 1.5.4.2

Personalwesen
Kapitel 10 Band 1
LZ 1.5.2.5

Aufbauorganisation
Kapitel 3 Band 1
LZ 1.5.2.4

Unternehmensmodell
Kapitel 2 Band 1
LZ 1.5.2.1
LZ 1.5.2.2
LZ 1.5.2.3

**Versicherungs-
wesen**
Kapitel 12 Band 1
LZ 1.5.2.8

Marketing
Kapitel 4 Band 1
LZ 1.5.2.6
LZ 1.5.2.7

**Finanzierung und
Kapitalanlage**
Kapitel 8 Band 2
LZ 1.5.2.9

**Betriebs-
wirtschaftliche
Zusammenhänge
(BWZ)**

ellschaft (W&G)

Recht und Staat
(R&S)

Zivilgesetzbuch
Kapitel 15 Band 1
LZ 1.5.3.11

**Einführung in die
Staatskunde**
Kapitel 5 Band 1
LZ 1.5.3.1

**Einführung in die
Rechtskunde**
Kapitel 6 Band 1
LZ 1.5.3.1
LZ 1.5.3.2

**Verträge auf
Arbeitsleistung**
Kapitel 13 Band 1
LZ 1.5.3.6

**Allgemeiner
Teil OR**
Kapitel 7 Band 1
LZ 1.5.3.3
LZ 1.5.3.4

**Verschuldens-
problematik**
Kapitel 9 Band 1
LZ 1.5.3.8

**Verträge auf
Gebrauchsüberlassung**
Kapitel 11 Band 1
LZ 1.5.3.7

Steuern
Kapitel 14 Band 1
LZ 1.5.3.10

Kaufvertrag
Kapitel 8 Band 1
LZ 1.5.3.5

**Gesellschafts-
recht**
Kapitel 7 Band 2
LZ 1.5.3.9
(nur E-Profil)

Vorwort

Wirtschaft und Gesellschaft (BiVo) ist ein Lehrmittel für den Einstieg in betriebswirtschaftliche und gesamtwirtschaftliche Zusammenhänge sowie die Rechts- und Staatskunde und richtet sich an Lernende aus der kaufmännischen Grundbildung im B- und E-Profil.

In dieser Neuauflage wurde das hirngerechte Lernen in den Mittelpunkt gesetzt. Eine Lernkarte verschafft die notwendige Übersicht, damit die Lernenden wissen, in welche Schublade das neu angeeignete Wissen zu verstauen ist. Leistungsziele zu Beginn jedes Kapitels fokussieren die Aufmerksamkeit auf die Kernpunkte und helfen dabei sich an die Vorbereitung für das Qualifikationsverfahren zu gewöhnen. Bilder lockern die Theorie auf und visualisieren einfache Tatbestände. QR Codes unterstützen das eigeninitiative Handeln und verweisen auf eine praxisorientierte Vertiefung der Inhalte. Zusammenfassungen zum Schluss jedes Kapitels bringen alles Wichtige nochmals visuell auf den Punkt.

Der Aufbau der einzelnen Kapitel setzt sich jeweils wie folgt zusammen:

Lernkarte
Gegliedert in die vier relevanten Richtziele: Finanzwirtschaftliche-, betriebswirtschaftliche- und gesamtwirtschaftliche Zusammenhänge sowie Recht und Staat.

Leistungsziele
Basierend auf dem Leistungszielkatalog Wirtschaft und Gesellschaft vom 26. September 2011 (Stand 1. Januar 2017).

Theorie
Die Theorie wird durch die QR Codes ergänzt. Dabei handelt es sich um Links zu weiterführenden Webseiten. Diese eignen sich sowohl zur selbstständigen Vertiefung durch die Lernenden, als auch für weiterführende Aufträge durch die Lehrperson.

Kontrollfragen (K-Fragen)
Die mit «K» bezeichneten Fragen dienen der laufenden Erfolgskontrolle und erlauben den Lernenden, sich anhand der beigegebenen Antworten selbst zu testen.

Visuelle Zusammenfassung des Kapitels (Auf den Punkt gebracht)
Die Inhalte der Zusammenfassung werden visuell dargestellt, was nochmals eine vertiefte Auseinandersetzung mit den Inhalten fördert.

Aufgaben
Die Lösungen sind in dem Lehrerband enthalten. Damit eignen sich Aufgaben insbesondere zum selektiven Gebrauch durch die Lehrperson.

Lösungen der K-Fragen für das eigenständige Kontrollieren der K-Fragen.

Da sich dieses Lehrmittel sowohl an Lernende des B-, wie auch des E-Profils richtet, sind sämtliche Abschnitte, die über das notwendige Wissen des B-Profils hinausgehen, mit dem Icon «Profil E» gekennzeichnet. Inhalte die auch die Leistungsziele des E-Profils überschreiten sind jeweils mit dem Icon «Nice to know» markiert.

Die Autoren

Abkürzungen

AG	Aktiengesellschaft
ArG	Arbeitsgesetz
BB	Bundesbeschluss
BBG	Bundesgesetz über die Berufsbildung (Berufsbildungsgesetz)
BBT	Bundesamt für Berufsbildung und Technologie
BG	Bundesgesetz
BGE	Bundesgerichtsentscheid
BGG	Bundesgerichtsgesetz
BVG	Gesetz über die berufliche Vorsorge
BV	Bundesverfassung
FusG	Bundesgesetz über Fusion, Spaltung, Umwandlung und Vermögensübertragung
GAV	Gesamtarbeitsvertrag
GestG	Gerichtsstandsgesetz
GSchG	Gewässerschutzgesetz
GlG	Bundesgesetz über die Gleichstellung von Frau und Mann (Gleichstellungsgesetz)
GmbH	Gesellschaft mit beschränkter Haftung
GV	Generalversammlung
HR	Handelsregister
IKO	Informationsstelle für Konsumkredit
KG	Kartellgesetz
KKG	Bundesgesetz über den Konsumkredit (Konsumkreditgesetz)
KVG	BG über die Krankenversicherung
NHG	Natur- und Heimatschutzgesetz
OR	Obligationenrecht
PartG	Bundesgesetz über die eingetragene Partnerschaft gleichgeschlechtlicher Paare (Partnerschaftsgesetz)
PrG	Bundesgesetz über Pauschalreisen (Pauschalreisegesetz)
PrHG	Produktehaftpflichtgesetz
RPG	Raumplanungsgesetz
SchKG	Schuldbetreibungs- und Konkursgesetz
SHAB	Schweizerisches Handelsamtsblatt
StGB	Strafgesetzbuch
StPo	Strafprozessordnung
SVG	Strassenverkehrsgesetz
USG	Umweltschutzgesetz
UVG	Unfallversicherungsgesetz
UWG	Bundesgesetz gegen den unlauteren Wettbewerb
VR	Verwaltungsrat
VVG	Bundesgesetz über den Versicherungsvertrag (Versicherungsvertragsgesetz)
VwVG	Bundesgesetz über das Verwaltungsverfahren (Verwaltungsverfahrensgesetz)
Weko	Wettbewerbskommission
ZGB	Zivilgesetzbuch
ZPO	Zivilprozessordnung

Hinweise

Zur Arbeit mit dem Buch benötigen Sie als Gesetzestexte mindestens das OR und das ZGB, möglichst neueste Ausgaben; hilfreich sind solche mit alphabetischem Sachregister.

Erklärung Icons

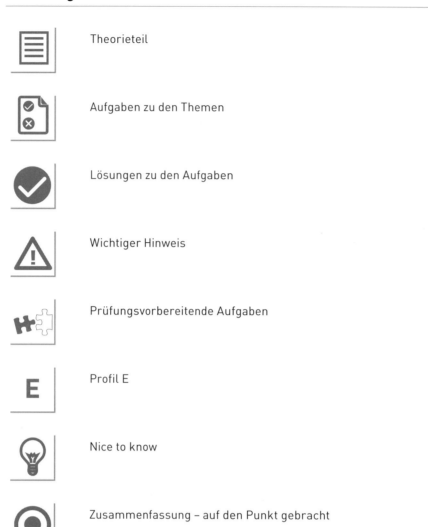

Theorieteil

Aufgaben zu den Themen

Lösungen zu den Aufgaben

Wichtiger Hinweis

Prüfungsvorbereitende Aufgaben

Profil E

Nice to know

Zusammenfassung – auf den Punkt gebracht

Theorie an einem Beispiel einfach erklärt (in Rahmen gesetzt)

Qualitätsansprüche

KLV steht für **K**LAR • **L**ÖSUNGSORIENTIERT • **V**ERSTÄNDLICH

Bitte melden Sie sich bei uns per Mail (feedback@klv.ch) oder Telefon (+41 71 845 20 10), wenn Sie in diesem Werk Verbesserungsmöglichkeiten sehen oder Druckfehler finden. Vielen Dank.

Globalisierung Kapitel 13 Band 2 LZ 1.5.4.7	**Parteien und Verbände** Kapitel 14 Band 2 LZ 1.5.4.13		**Finanzwirtschaftliche Zusammenhänge** (FWZ)	**Betriebswirtschaftliche Zusammenhänge** (BWZ)

Wirtschaft und Gesellschaft (W&G)

Ziele der Wirtschafts- und Sozialpolitik Kapitel 12 Band 2 LZ 1.5.4.6 (nur E-Profil)	**Konjunktur** Kapitel 10 Band 2 LZ 1.5.4.5	**Sozialer Ausgleich und AHV** Kapitel 1 Band 2 LZ 1.5.4.10	**Gesamt- wirtschaftliche und -gesellschaftliche Zusammenhänge** (GWZ)	**Recht und Staat** (R&S)

Wachstum und Strukturwandel Kapitel 9 Band 2 LZ 1.5.4.4	**Geld- und Fiskalpolitik** Kapitel 11 Band 2 LZ 1.5.4.11 (nur E-Profil)	**Arbeitslosigkeit** Kapitel 2 Band 2 LZ 1.5.4.8	**Bedürfnisse, Güter und Produktionsfaktoren** Kapitel 1 Band 1 LZ 1.5.4.1

Ökologie und Energie Kapitel 6 Band 2 LZ 1.5.4.12	**Geldwertstörungen** Kapitel 5 Band 2 LZ 1.5.4.9	**Marktwirtschaft** Kapitel 4 Band 2 LZ 1.5.4.3	**Wirtschaftskreislauf und -leistung** Kapitel 3 Band 2 LZ 1.5.4.2

Bedürfnisse, Güter & Produktionsfaktoren

Kapitel 1

1 Bedürfnisse, Güter & Produktionsfaktoren

Leistungsziele W&G E-Profil (2 Lektionen)	Leistungsziele W&G B-Profil (2 Lektionen)
1.5.4.1 **Bedürfnisse/Güterarten** Ich erkläre die Bedeutung und die Arten der verschiedenen Bedürfnisse und unterscheide die Güter (freie, wirtschaftliche Güter, Sachgüter und Dienstleistungen, Investitions- und Konsumgüter) als Mittel zur Befriedigung. (K2) Ich beschreibe die Produktionsfaktoren Arbeit, Kapital und Boden. (K2)	1.5.4.1 **Bedürfnisse/Güterarten** Ich erkläre die Bedeutung und die Arten der verschiedenen Bedürfnisse und unterscheide die Güter (freie, wirtschaftliche Güter, Sachgüter und Dienstleistungen, Investitions- und Konsumgüter) als Mittel zur Befriedigung. (K2)

1.1 Bedürfnisse

«Ich habe Durst und will etwas trinken.» «Ich fühle mich einsam und suche Gesellschaft.» «Ich habe die Fahrprüfung bestanden und möchte ein eigenes Auto.» Solche und ähnliche Situationen erlebt jede Person. In der Wirtschaftslehre spricht man von Bedürfnissen und definiert:

> Bedürfnis ist die Empfindung eines Mangels, verbunden mit dem Bestreben, diesen Mangel zu beheben.

Die Bedürfnisse der Menschen sind zahlreich und vielschichtig. Sie werden je nach Alter und Geschlecht, Ausbildung und Beruf, Herkunft und Kultur, Ort und Zeit unterschiedlich empfunden. Die physiologischen Grundbedürfnisse wie Essen, Trinken, Schlaf und Bewegung beruhen auf den normalen körperlichen Lebensvorgängen des Menschen. Andere Bedürfnisse werden durch das geistig-seelische Leben und die soziale Umwelt hervorgerufen, so die Bedürfnisse nach Sicherheit, nach Unterstützung, Zugehörigkeit und Zuneigung, nach Wertschätzung und Respekt. Und sehr viele Bedürfnisse erwachsen aus dem Lebensstandard und aus dem technischen Entwicklungsstand der Gesellschaft.

Es gibt grundsätzlich zwei verschiedene Arten, wie die vielfältigen Bedürfnisse übersichtlich eingeteilt werden können:

– die Bedürfnispyramide nach Maslow
– die Einteilung in Grund-, Wahl-, Individual- und Kollektivbedürfnisse

1.1.1 Maslow'sche Bedürfnispyramide

Der amerikanische Psychologe Abraham **Maslow** hat 1943 die menschlichen Bedürfnisse in fünf Motivgruppen aufgeteilt. Er meinte, dass der einzelne Mensch versuche, zuerst die Bedürfnisse der unteren Stufen zu befriedigen, bevor die Bedürfnisse der folgenden Stufen bedeutsam würden. Maslows Überlegungen sind empirisch nicht nachgewiesen, gleichwohl sind sie weitgehend anerkannt.

info@klv.ch

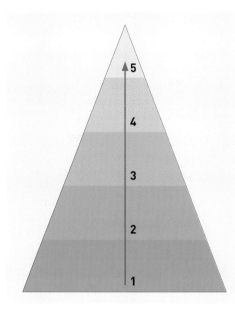

5 **Bedürfnis nach Selbstverwirklichung**
Das Streben einer Person, so zu sein und zu handeln, wie es ihren innersten Wünschen entspricht.

4 **Wertschätzungsbedürfnisse**
Der Wunsch nach Beachtung und Anerkennung durch andere Menschen.

3 **Soziale Bedürfnisse**
Menschen möchten einer Gruppe (Familie, Verein, Clique …) angehören. Sie suchen Sympathie und Liebe.

2 **Sicherheitsbedürfnisse**
Das Leben soll vor Bedrohungen jeder Art geschützt sein. Der Wunsch nach Vorsorge für eine ungewisse Zukunft entwickelt sich.

1 **Existenzbedürfnisse**
Aus fundamentalen Bedürfnissen (z. B. Hunger und Durst) entstehen starke Antriebskräfte, um das eigene Überleben zu sichern.

1.1.2 Grund- und Wahlbedürfnisse

Hier werden die Bedürfnisse nach der **Dringlichkeit ihrer Befriedigung** in zwei Gruppen unterteilt.

Grundbedürfnisse sind Bedürfnisse, ohne deren Befriedigung das Leben eines Menschen in hohem Masse gefährdet ist (wohnen, sich kleiden, essen, Arztbesuch, Fahrt zum Arbeitsplatz usw.).

Der Katalog von Grundbedürfnissen unterscheidet sich je nach allgemeinem Lebensstandard von Land zu Land. Während die Grundbedürfnisse der Menschen in einem Entwicklungsland den Existenzbedürfnissen bei Maslow entsprechen, gehen die Grundbedürfnisse der in der Schweiz lebenden Menschen weit darüber hinaus. Um sie konkret zu definieren, wählt man diejenigen Bedürfnisse, die einer von Sozialhilfe abhängigen Person zugestanden und vom Staat finanziert werden. Das entspricht etwa dem sogenannten Existenzminimum in Betreibungsfällen. Eine Beispielsrechnung sieht so aus:

Ihr betreibungsrechtliches Existenzminimum

Nahrung, Kleidung, Wäsche, Wohnungseinrichtung pauschal	CHF	1 100.00
Mietzins, z. B. für eine Zweizimmerwohnung	CHF	1 000.00
Krankenkasse, z. B.	CHF	350.00
Fahrtkosten zum Arbeitsplatz, z. B. ÖV-Abo	CHF	64.00
Evtl. berufsbedingte auswärtige Verpflegung, Sonderauslagen, z. B.	CHF	200.00
= total	**CHF**	**2 714.00**

Sie benötigen mindestens CHF 2 714.00 für die Finanzierung Ihrer Grundbedürfnisse.

Wahlbedürfnisse sind alle Bedürfnisse, die über die Grundbedürfnisse hinausgehen (Zweitwohnung, weitere Kleider, Ausgaben für Wellness, Ferien usw.).

Wahlbedürfnisse haben daher den Charakter von «verzichtbar», weil sie über das gesellschaftlich Notwendige hinausgehen. Wie jeder selber weiss, sind die Wahlbedürfnisse unendlich vielfältig. So liegt es an jedem Einzelnen, Prioritäten zu setzen, welches Wahlbedürfnis zuerst und welches später oder gar nie befriedigt werden kann.

Bedürfnisse des einzelnen Menschen:

Wahlbedürfnisse Es können nie alle Wahlbedürfnisse erfüllt werden.

Existenzbedürfnisse müssen erfüllt sein.

1.1.3 Individual- und Kollektivbedürfnisse

Hier erfolgt die Unterteilung der Bedürfnisse nach der **Art ihrer Befriedigung: Individualbedürfnisse** werden von jeder Person einzeln empfunden und befriedigt.
Kollektivbedürfnisse dagegen entstehen erst durch das Zusammenleben vieler Menschen (in der Gemeinde, in der Stadt, im Kanton, im Staat) und können deswegen auch nur von der Gemeinschaft (Gemeinde/Stadt/Kanton/öffentliche Institutionen) befriedigt werden.

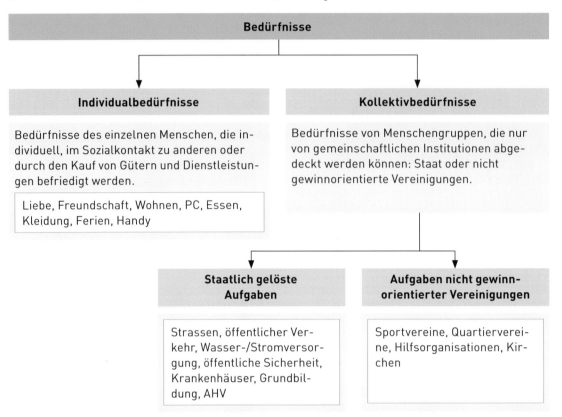

Bedürfnisse

Individualbedürfnisse

Bedürfnisse des einzelnen Menschen, die individuell, im Sozialkontakt zu anderen oder durch den Kauf von Gütern und Dienstleistungen befriedigt werden.

Liebe, Freundschaft, Wohnen, PC, Essen, Kleidung, Ferien, Handy

Kollektivbedürfnisse

Bedürfnisse von Menschengruppen, die nur von gemeinschaftlichen Institutionen abgedeckt werden können: Staat oder nicht gewinnorientierte Vereinigungen.

Staatlich gelöste Aufgaben

Strassen, öffentlicher Verkehr, Wasser-/Stromversorgung, öffentliche Sicherheit, Krankenhäuser, Grundbildung, AHV

Aufgaben nicht gewinnorientierter Vereinigungen

Sportvereine, Quartiervereine, Hilfsorganisationen, Kirchen

1.1.4 Vom Bedürfnis zur Nachfrage

Das Bedürfnis als empfundener Mangel führt noch nicht zu einer Nachfrage nach Gütern oder Dienstleistungen auf dem Markt. Erst wenn die Person über genügend finanzielle Mittel verfügt (= Kaufkraft), entsteht aus dem Bedürfnis ein für die Wirtschaft relevanter **Bedarf**: Die Person will auf dem Markt das Produkt oder die Dienstleistung kaufen. Das ist die **Nachfrage**.

Die folgende Grafik zeigt den Weg vom Bedürfnis bis zur Nachfrage:

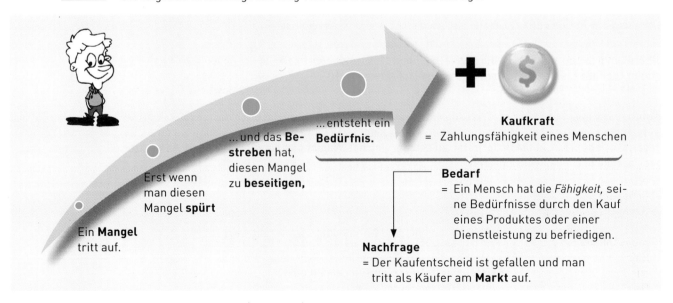

Ein **Mangel** tritt auf.

Erst wenn man diesen Mangel **spürt**

...und das **Bestreben** hat, diesen Mangel zu **beseitigen**,

...entsteht ein **Bedürfnis**.

Kaufkraft
= Zahlungsfähigkeit eines Menschen

Bedarf
= Ein Mensch hat die *Fähigkeit*, seine Bedürfnisse durch den Kauf eines Produktes oder einer Dienstleistung zu befriedigen.

Nachfrage
= Der Kaufentscheid ist gefallen und man tritt als Käufer am **Markt** auf.

info@klv.ch

Kontrollfragen

K 1.1   Welche fünf Stufen von Bedürfnissen hat der Psychologe Maslow unterschieden?

K 1.2   a) Welche Bedürfnisarten unterscheidet man bei der Einteilung nach der Dringlichkeit der Befriedigung?

b) Welche Bedürfnisarten unterscheidet man bei der Einteilung nach der Art des Be-dürfnisses?

K 1.3   Was ist der Unterschied zwischen einem Bedürfnis und dem Bedarf?

K 1.4   Erstellen Sie eine übersichtliche Baumstruktur mit folgenden Kästchen: Wahlbedürf-nisse; Kollektivbedürfnisse; Bedürfnisse; staatlich gelöste Aufgaben; Grundbedürfnisse; Aufgaben nicht gewinnorientierter Institutionen.

K 1.5   Jedes Bedürfnis ist gleichzeitig ein Individual- oder Kollektiv- bzw. ein Grund- oder Wahl-bedürfnis. Füllen Sie nachstehende Beispiele in das jeweils richtige Feld ein: *Autofahren (beruflich-geschäftlich); Ferien; Sport betreiben (Fussball/Skifahren); Autofahren (Freizeit); Ausbildung; Museen/Konzertsäle; Strassen; Krankenhäuser; Fussballplätze/Skipisten; Öf-fentlicher Verkehr; Strom-/Wasserversorgung; Schulen; Gesundheit; Wohnen; Kulturgenuss (Kunst/Konzert).*

	Individualbedürfnis	Kollektivbedürfnis
Grundbedürfnis		
Wahlbedürfnis		

→ Aufgaben 1, 2, 3

1.2   Güter

Die Bedürfnisse der Menschen wollen befriedigt werden. Dies geschieht mit **Gütern**, die als Sachgüter oder Dienstleistungen vorkommen.

Güter (= Sachgüter und Dienstleistungen) sind Mittel zur Bedürfnisbefriedigung.

Güter lassen sich je nach ihren Merkmalen auf vielfältige Weise unterteilen:

– **Freie Güter** sind unbeschränkt in der Natur vorhanden, daher gratis. **Wirtschaftliche Güter** sind knapp und haben daher einen Preis. Beachte: Gewisse Güter können je nach Situation freie oder wirtschaftliche Güter sein: Wasser als freies Gut: Regenwasser, Wasser im Bergsee, im Meer; Wasser als wirtschaftliches Gut: abgefülltes Sprudel- oder Still-Wasser im Laden und im Restau-rant; das Hahnenwasser im Haushalt (wird über die Miete bezahlt); Schwimmbäder mit Eintritt. Luft als freies Gut: die Atemluf; Luft als wirtschaftliches Gut: die abgefüllte Luft im Tauchgerät; die zugeführte Luft bei der Narkose im OP. Licht als freies Gut: Sonnenlicht; Licht als wirtschaft-liches Gut: Licht der Glühlampe; Taschenlampe; Strassenlaterne.

– **Sachgüter** sind stofflich (man kann sie anfassen). Sie kommen aus der Natur (Früchte, Gemüse) oder werden in Produktionsstätten hergestellt. **Dienstleistungen** sind immateriell: eine rein menschliche Service- oder Beratungstätigkeit ohne weitere Produktionsmittel.

– Sachgüter werden entweder privat benützt = **Konsumgüter**. Oder sie dienen einem Unternehmen zur Herstellung neuer Sachgüter = **Investitionsgüter** (auch Produktionsgüter genannt). Beachte: Das gleiche Sachgut kann je nach Verwendung Konsumgut oder Investitionsgut sein:

- Auto als Investitionsgut: das Geschäftsauto, der Dienstwagen, der Lastwagen
- Auto als Konsumgut: das Familienauto, das Wohnmobil für die Ferien
- Handy als Konsumgut: das private Handy jedes Einzelnen
- Handy als Investitionsgut: das Geschäftshandy, das vom Angestellten benützt werden kann
- Sportgerät als Investitionsgut: der Tennisschläger von Roger Federer, die Fussballschuhe von Ronaldo
- Sportgeräte als Konsumgut: der Tennisschläger bzw. die Fussballschuhe des Hobby-Spielers
- Die privat genutzten Konsumgüter sind entweder nach der ersten Verwendung aufgebraucht, nicht mehr vorhanden (= **Verbrauchsgüter**), oder sie können mehrmals, manchmal über mehrere Jahre hinweg, verwendet werden, bis sie ausgetauscht werden müssen (= **Gebrauchsgüter**).

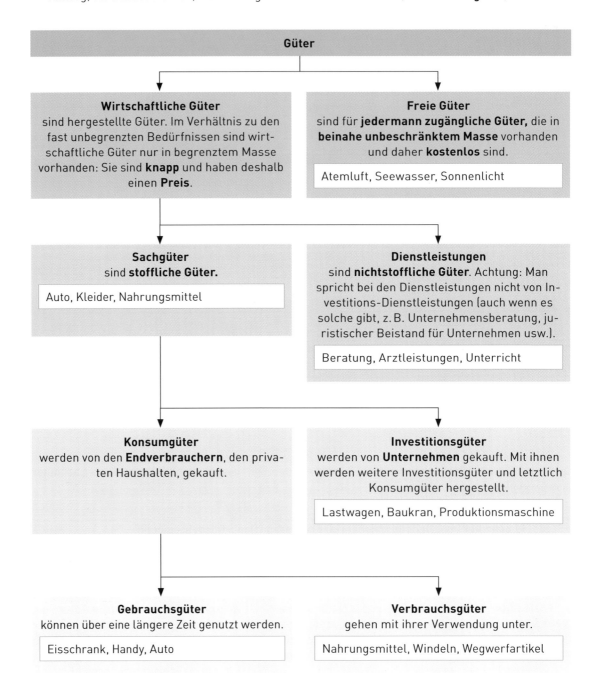

Güter

Wirtschaftliche Güter
sind hergestellte Güter. Im Verhältnis zu den fast unbegrenzten Bedürfnissen sind wirtschaftliche Güter nur in begrenztem Masse vorhanden: Sie sind **knapp** und haben deshalb einen **Preis**.

Freie Güter
sind für **jedermann zugängliche Güter,** die in **beinahe unbeschränktem Masse** vorhanden und daher **kostenlos** sind.

Atemluft, Seewasser, Sonnenlicht

Sachgüter
sind **stoffliche Güter.**

Auto, Kleider, Nahrungsmittel

Dienstleistungen
sind **nichtstoffliche Güter**. Achtung: Man spricht bei den Dienstleistungen nicht von Investitions-Dienstleistungen (auch wenn es solche gibt, z. B. Unternehmensberatung, juristischer Beistand für Unternehmen usw.).

Beratung, Arztleistungen, Unterricht

Konsumgüter
werden von den **Endverbrauchern**, den privaten Haushalten, gekauft.

Investitionsgüter
werden von **Unternehmen** gekauft. Mit ihnen werden weitere Investitionsgüter und letztlich Konsumgüter hergestellt.

Lastwagen, Baukran, Produktionsmaschine

Gebrauchsgüter
können über eine längere Zeit genutzt werden.

Eisschrank, Handy, Auto

Verbrauchsgüter
gehen mit ihrer Verwendung unter.

Nahrungsmittel, Windeln, Wegwerfartikel

info@klv.ch

K 1.6 Was ist die volkswirtschaftliche Definition von Gütern?

K 1.7 Was ist der Unterschied zwischen wirtschaftlichen Gütern und freien Gütern?

K 1.8 Erstellen Sie aus den folgenden Güterarten eine übersichtliche Baumstruktur: Dienstleistungen – Freie Güter – Sachgüter – Wirtschaftliche Güter.

K 1.9 Erstellen Sie aus den folgenden Güterarten eine übersichtliche Baumstruktur: Verbrauchsgüter – Investitionsgüter – Sachgüter – Konsumgüter – Gebrauchsgüter.

K 1.10 Was sind Investitionsgüter (Begriff und drei Beispiele)?

K 1.11 Welche der folgenden Behauptungen treffen zu (ankreuzen)?

a)	Freie Güter sind günstiger im Preis als wirtschaftliche Güter.	
b)	Wirtschaftliche Güter müssen hergestellt werden und sind daher, im Vergleich zu den Bedürfnissen, knapp.	
c)	Für Freie Güter gibt es keine Produktion und keinen Handel.	
d)	Ein Motorrad kann sowohl Konsumgut wie auch Investitionsgut sein.	
e)	Eine Dienstleistung kann auch Konsumgut sein.	
f)	Eine Glas-Getränkeflasche ist ein Verbrauchsgut.	

K 1.12 Welche der nachfolgenden Güter sind wirklich freie Güter? Zutreffende Beispiele ankreuzen; bei den nicht zutreffenden Beispielen: nennen Sie eine Begründung.

	Güter	Freie Güter	Begründung
a)	Trinkwasser aus dem Dorfbrunnen		
b)	Flusswasser (für den Badenden)		
c)	Wald (für den Wanderer)		
d)	der frei zugängliche Park am Seeufer		
e)	Sonnenlicht		
f)	Gratis-Parkplatz im Einkaufszentrum		
g)	Regenwürmer		
h)	Seewasser im städtischen Schwimmbad		

K 1.13 Ist ein Fahrrad ein Konsumgut oder ein Investitionsgut (vollständige Antwort mit Beispielen)?

→ Aufgaben 4, 5, 6

1.3   Produktionsfaktoren

Wortherkunft: lateinisch producere = hervorbringen; lateinisch facere = machen.

> Als **Produktionsfaktoren** (auch Produktionsmittel genannt) wird alles bezeichnet, was für eine Produktion von Sachgütern oder Dienstleistungen benötigt wird.

Für die Produktionsfaktoren wird auch der Begriff **Ressourcen** verwendet: die Ausgangsstoffe, aus denen Sachgüter und Dienstleistungen hergestellt werden. Für ihren Einsatz steht den Produktionsfaktoren eine Entschädigung zu.

Für die Herstellung von Sachgütern und Dienstleistungen sind die nachstehend aufgelisteten Produktionsfaktoren notwendig.

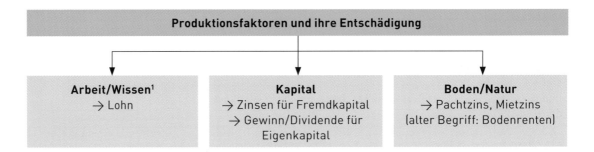

Nicht für jedes Produkt werden gleich viel von den Produktionsfaktoren benötigt:

- Dienstleistungen brauchen viel weniger Kapitaleinsatz und wenige Boden als Sachgüter.
- Massenprodukte brauchen im Verhältnis viel Kapital und wenig Arbeit (VW); Luxusprodukte brauchen mehr Arbeit im Vergleich zum Kapital (Rolls-Royce).

1.3.1   Arbeit/Wissen

Unter Arbeit versteht man alle körperlichen und geistigen Tätigkeiten, die zur Herstellung von Produkten und Dienstleistungen eingesetzt werden. Mit dem Wissen ist das Know-how gemeint: das Erfinden und Planen für die Erzeugung von Produkten und Dienstleistungen.

Zur statistischen Erfassung des Produktionsfaktors Arbeit/Wissen wird die **Erwerbsarbeit** verwendet: Jede geistige und körperliche Tätigkeit, mit der Einkommen erzielt und die vom Staat erfasst wird. Bei der Erwerbsarbeit werden aber wichtige Gruppen nicht erfasst, die zwar auch arbeiten, aber keinen Lohn verdienen oder von der Statistik nicht erfasst werden:

- Hausfrauen- und Hausmänner-Arbeit
- Menschen, die Freiwilligenarbeit verrichten oder sich sozial engagieren
- Schwarzarbeiter (= Arbeit, die dem Staat und den Sozialversicherungen nicht gemeldet wird)
- illegale Produktion und Handel, z.B. Drogenhandel

Der Produktionsfaktor Arbeit/Wissen wird den Unternehmen durch die erwerbstätige Bevölkerung zur Verfügung gestellt. Für die meisten Menschen ist die Arbeit der einzige Produktionsfaktor, den sie der Wirtschaft anbieten können und aus dessen Erlös sie ihren Lebensunterhalt bestreiten. Daraus resultiert der ewige «Kampf» um die Höhe der Löhne: Für das Unternehmen bedeuten sie Kosten, für die Arbeitnehmenden bedeuten sie Lebenseinkommen. Erwerbsarbeit sollte aber nicht nur Einkommen generieren, sie sollte auch befriedigend und sinnerfüllend sein, was bei vielen Jobs nicht gegeben ist.

---

1   In manchen Lehrbüchern wird das Wissen als separater, vierter Produktionsfaktor von der Arbeit unterschieden.

info@klv.ch

1.3.2 Kapital

Unter Kapital versteht man einerseits das in dem Unternehmen bereits vorhandene **Sachkapital**: Maschinen, Werkzeuge, Produktionsanlagen, Geschäftsfahrzeuge, Geschäftsmobiliar. Andererseits gehören zum Kapital auch die zur Investition in Produktionsmittel bestimmten Finanzmittel. Der Produktionsfaktor Kapital wird den Unternehmen von den Eigentümern zur Verfügung gestellt (Eigenkapital/Aktienkapital) oder über Kredite durch aussenstehende Investoren (Fremdkapital): Banken und Crowdfunding-Organisationen.

1.3.3 Boden/Natur als Produktionsfaktor

Der Produktionsfaktor Boden dient der Wirtschaft auf zwei Arten:

- als **Standort für Unternehmen**: Jedes Unternehmen braucht Geschäftsräume, Produktionsstätten, die Boden beanspruchen.
- als **Lieferant der natürlichen Ressourcen**: Gemüse, Früchte, Getreide aus der Landwirtschaft wachsen auf dem Boden; alle wichtigen Rohstoffe wie Erdöl und Kohle sowie die Edelmetalle wie Gold, Silber, Zink werden dem Boden entnommen.

Als Standort für Unternehmungen wird der Boden von den Grundstückbesitzern zur Verfügung gestellt. Zur Zeit der Industrialisierung im 18./19. Jh. war fast der gesamte Boden im Besitz der Bauern, und sie waren die ersten «Lieferanten» von Grundstücken für neue Unternehmungen. Inzwischen ist der Boden ein sehr knapp gewordener Produktionsfaktor und damit sehr teuer.

Als Lieferant der natürlichen Ressourcen treten vorwiegend die Landwirtschaftsbetriebe auf sowie alle Betriebe der «Urproduktion»: Bergwerke, Kiesgruben, Fischerei, Ölbohrfirmen usw.

Aus der intensiven Nutzung des Bodens und der natürlichen Ressourcen in den letzten 100 Jahren sind grosse gesellschaftliche Herausforderungen entstanden:

- die Bedrohung der Artenvielfalt und der Urwälder
- die Schädigung der Umwelt und die Klimaerwärmung (Klimawandel)

Daraus resultiert die Forderung nach einer **nachhaltigen Nutzung** des Bodens und der Natur, nämlich so, dass die zukünftigen Generationen durch die heutige Nutzung keine Lebenseinschränkungen erfahren dürfen.

1.3.4 Produktivität

Mit dem Begriff **Produktivität** wird ausgedrückt, wie gut, wie effizient die Produktionsfaktoren eingesetzt werden bei der Produktion von Gütern und Dienstleistungen. Gemessen wird dies anhand der **Arbeitsproduktivität:** der Ertrag (Output) pro geleisteter Arbeitsstunde einer Arbeitskraft.

Die Höhe der Arbeitsproduktivität ist abhängig vom Input aller drei Produktionsfaktoren:

- Arbeit/Wissen: vom Bildungsstand und von der Motivation der Arbeitskräfte
- Kapital: vom technologischen Stand und von der Menge der eingesetzten Produktionsmittel
- Boden/Natur: von der Menge, der Qualität und von der nachhaltigen Nutzung des Bodens bzw. der natürlichen Ressourcen

K 1.14 a) Welches sind die drei Produktionsfaktoren?
b) Wozu werden die Produktionsfaktoren benötigt?

K 1.15 Was ist der Unterschied zwischen Arbeit und Wissen als Produktionsfaktor?

K 1.16 Warum wird mit der statistischen Erfassung der Erwerbsarbeit nicht der ganze Produktionsfaktor Arbeit/Wissen abgedeckt?

Kontrollfragen

→

K 1.17 a) Was beinhaltet der Produktionsfaktor Kapital?
          b) Warum gehört nicht jede Form von Geld (Finanzen) zum Produktionsfaktor Kapital?

K 1.18 Kreuzen Sie an, ob die folgenden Begriffe zum Produktionsfaktor Kapital gehören. Begründen Sie die nicht zutreffenden Begriffe.

	Begriffe	Begründung
a)	der Industrieroboter im VW-Werk	
b)	das Car des Reiseunternehmens Worldtour	
c)	der Wohnwagen der Familie Meier	
d)	der Werkzeugkasten des Hobby-Bastlers Rudi S	
e)	die für den Kauf einer Produktionsanlage vorgesehenen CHF 2 Mio.	
f)	die Erbschaft von CHF 1 Million, mit der Frau X eine Villa kaufen wird	

K 1.19 In welcher zweifachen Hinsicht dient Boden als Produktionsfaktor?

K 1.20 a) Warum braucht auch die Webdesign-Unternehmen «Topdigital» Boden als Produktionsfaktor?
          b) In welchen Formen braucht eine Schokoladefabrik den Boden als Produktionsfaktor?

K 1.21 Welche gesellschaftlichen Probleme hängen eng zusammen mit der intensiven Nutzung des Produktionsfaktors Boden/Natur?

K 1.22 a) Was ist der Unterschied zwischen den Begriffen «Produktivität» und «Arbeitsproduktivität»?
          b) Nennen Sie die Faktoren, wovon der Output einer Arbeitskraft bei einstündigem Einsatz abhängt.

K 1.23 Von den folgenden sechs Begriffen haben vier einen direkten Zusammenhang mit einem oder mehreren der drei Produktionsfaktoren. Nennen Sie die zutreffenden Faktoren. Bei den übrigen zwei Begriffen schreiben Sie: «kein Zusammenhang».

a)	Ausbildung	
b)	Kreditzinsen	
c)	Arbeitsproduktivität	
d)	Lottogewinn	
e)	Ferien in Griechenland	
f)	Abholzen von Urwald für Rinderzucht	

→ **Aufgaben
7, 8, 9**

1.4 Auf den Punkt gebracht

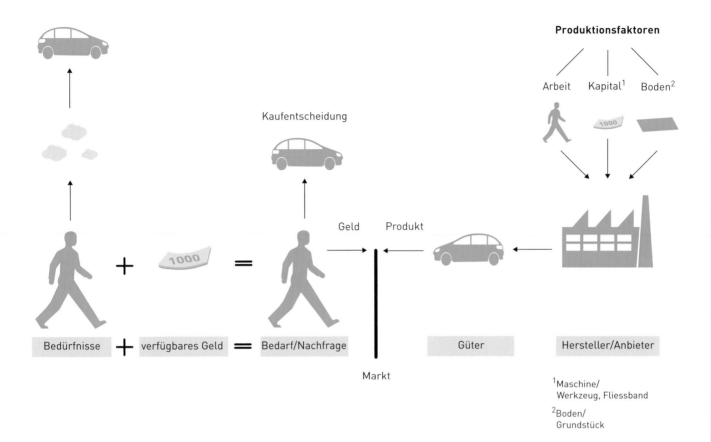

Aufgaben zu Kapitel 1

1. **Bedürfnisarten**
   Ordnen Sie die folgenden Bedürfnisse den verschiedenen Stufen der Bedürfnispyramide von Maslow zu.

   a) Ein junger Mann fühlt sich mitunter einsam und will einem trendigen Klub beitreten.

   Stufe 3: Soziale Bedürfnisse

   b) Eine Skifahrerin hat die Kälte unterschätzt und möchte sich wärmere Skikleidung kaufen.

   Stufe 1: Existenzbedürfnisse

   c) Eine junge Sportlerin will nach ihrer Ausbildung zwei Jahre keinen Beruf ausüben, sondern wie ein Profi trainieren. Sie möchte ihr sportliches Leistungsvermögen voll ausschöpfen.

   Stufe 5: Selbstverwirklichung

   d) Ein Schüler, der sich normalerweise im Unterricht kaum meldet, strengt sich bei einem Referat besonders an und hofft auf Anerkennung der Zuhörer.

   Stufe 4: Wertschätzung

   e) Ein Jugendlicher liest häufig in der Zeitung von Überfällen und möchte einen Selbstverteidigungskurs besuchen.

   Stufe 2: Sicherheit

2. **Grund- und Wahlbedürfnisse**
   Die 4-köpfige Familie Johnson lebte wohlbehütet und zufrieden in ihrer Villa in Fort Lauderdale, Florida, USA; mit grossem Swimmingpool, 3 Autos, einem home cinema: Vater 51, Mutter 48, Tochter 19, Sohn 17. Alle spielen Golf, fliegen zum Skilaufen nach Aspen, sind in den Ferien oft auf Kreuzfahrten.
   Dann brach am 10. September 2017 der Hurrican Irma über Florida herein: Die Villa brach teilweise auseinander, wurde vollständig überflutet, das ganze Hab und Gut, inklusive die Autos, war zerstört!

   a) Vergleichen Sie die Bedeutung von Grund- und Wahlbedürfnissen für die Familie Johnson vor und nach dem Hurrican in ganzen Sätzen.

   vor dem Sturm: die Grundbedürfnisse waren problemlos abgedeckt, die Auswahl der Wahlbedürfnisse stand im Zentrum des Lebens

   nach dem Sturm: die Wahlbedürfnisse sind ganz unwichtig: zuerst müssen jetzt die Grundbedürfnisse gedeckt werden!

   b) Nennen Sie sechs Wahlbedürfnisse, welche sich die Familie bis zum 10. September erfüllen konnte.

   Swimmingpool/Zweit- und Dritt-Auto/home cinema/Golf spielen/Skiferien/Kreuzfahrten

c) Um welche Grundbedürfnisse muss sich die Familie nach dem Sturm dringend kümmern?

Unterkunft: Schlafen, Wohnen

Ernährung: Essen, Trinken

Bekleidung

Fortbewegung (in den USA braucht man ein Auto zum Überleben, ausser Grossstädte)

3. Individual- und Kollektivbedürfnisse

Kollektivbedürfnisse entstehen aus einer Vielzahl von Individualbedürfnissen, das heisst: Neue und zunehmende Individualbedürfnisse können zu neuen Kollektivbedürfnissen führen. Nennen Sie die Kollektivbedürfnisse, die aus den aufgeführten Individualbedürfnissen entstehen.

	Individualbedürfnis	Kollektivbedürfnis
a)	In China hat die Zahl der Autobesitzer in den letzten zehn Jahren rasant zugenommen.	Strassen, Autobahnen Parkplätze, Parkhäuser
b)	Jedermann hat bereits ein mobile-Telefon. Aber neu wird damit mehr und intensiver im Internet gesurft.	W-LAN-Netze Stärkere und mehr Netzantennen
c)	Innerhalb der nächsten zehn Jahre wird der Anteil an e-Autos, wie z.B. Tesla, in der Schweiz um bis zu 50% zunehmen.	Ladestationen Stromanschlüsse in Garagen und Parkhäusern
d)	In den Schweizer Städten hat die Zahl der Velofahrer in den letzten fünf Jahren rasant zugenommen.	Velowege/Velostreifen Veloabstellplätze an Bahnhöfen

4. Verschiedene Tätigkeiten und ihre Güterarten

Mit welchen Güterarten haben die folgenden Tätigkeiten zu tun? Kreuzen Sie auf jeder Zeile alle zutreffenden Güterarten an, dabei können ein, zwei oder drei Ankreuzungen notwendig sein.

	Wirtschaftliches Gut	Freies Gut	Sachgut	Dienstleistung	Konsumgut	Investitionsgut
Wegen Beschwerden gehen Sie zum Arzt und lassen sich untersuchen.				✗		
Im Auftrag des Geschäftes kaufen Sie einen Drucker.	✗		✗			✗
Auf der Wanderung gehen Sie im Bergsee schwimmen.		✗				
Sie kaufen sich ein Handy der neuesten Generation.	✗		✗		✗	
Sie buchen einen Sprachkurs in der Migros-Klubschule.	✗			✗		

5. **Auswärts oder zu Hause essen?**

Wahrscheinlich essen Sie jeden Tag zu Hause. Öfters oder seltener essen Sie auch im Restaurant. Ob zu Hause oder auswärts – es gibt Gemeinsamkeiten und Unterschiede bezüglich der Güterarten, die dafür benötigt werden. Welche Güterarten sind wie betroffen?

Auswärts essen	Güter	Zu Hause essen
Investitionsgüter (Gebrauchsgüter)	Tisch, Stühle, Besteck, Teller	Konsumgüter (Gebrauchsgüter)
Konsumgüter (Verbrauchsgüter)	Speisen, Getränke	Konsumgüter (Verbrauchsgüter)
Dienstleistungen	Kochen, Servieren	Keine wirtschaftliche Tätigkeit (nicht entschädigt)

6. **Güterzuteilung und Verwendungszweck**

Je nach Situation und Verwendungszweck sind bei den folgenden Gütern zwei Zuteilungen möglich: freies Gut oder wirtschaftliches Gut; Konsumgut oder Investitionsgut; Gebrauchsgut oder Verbrauchsgut.

Bei jedem Begriff sind entweder Güterart oder Verwendungszweck vorgegeben. Ergänzen Sie dazu auf der zweiten Zeile die entsprechende Zuordnung.

Luft	**Güterart**	Freies Gut	Wirtschaftliches Gut
	Verwendung	Atemluft	Sauerstoffgerät Taucher
Licht	**Verwendung**	Sonnenlicht	elektrisches Licht/ Taschenlampe
	Güterart	Freies Gut	Wirtschaftliches Gut
Bohrmaschine	**Güterart**	Konsumgut	Investitionsgut
	Verwendung	für den Hobby-Gebrauch	in der Schreinerei
Wohnwagen	**Verwendung**	privat, für die Ferien	beim Zirkus oder Schausteller
	Güterart	Konsumgut	Investitionsgut
Ess-Besteck	**Güterart**	Verbrauchsgut	Gebrauchsgut
	Verwendung	Plastikbesteck take away	Silber Besteck Restaurant
Taschentuch	**Verwendung**	Papiertaschentuch	seidenes Taschentuch
	Güterart	Verbrauchsgut	Gebrauchsgut

info@klv.ch

7. Unternehmen und ihre Produktionsfaktoren

Beschreiben Sie möglichst vollständig, in welcher Form die aufgeführten Unternehmen die drei Produktionsfaktoren benötigen.

E

	Unternehmen	Arbeit/Wissen	Kapital	Boden/Natur
a)	Tauchschule	TauchlehrerTauchkenntnisse	Taucherausrüstung, Boote	Tauchstation, attraktive Unterwasserwelt
b)	Vollautomatisierte Produktion von Swatch-Uhren	Einrichtung, Unterhalt und Überwachung der Produktionsanlagen	Fabrikationsanlage, Industrieroboter	Fabrikationsstandort Rohmaterial für die Uhren
c)	Bratwurststand	Einkaufen, Stand einrichten, Braten, Verkaufen	Bratwurststand, Grillgerät, Kassencomputer	Standort Ressourcen: Würste aus Kalb- und Schweinefleisch
d)	Online-Ticketbörse	Betreiben der Internet-Plattform	Büroeinrichtung, Computer	Büroraum (keine natürlichen Ressourcen)

8. Produktionsfaktor

Je nach Produkt sind die drei Produktionsfaktoren verschieden stark an der Herstellung beteiligt:
1 = davon braucht es sehr viel
2 = davon braucht es viel
3 = davon braucht es weniger
Machen Sie die korrekte Zuteilung für jedes der aufgeführten Produkte

Produkt	Boden	Kapital	Arbeit
Kartoffelanbau in der Schweizer Landwirtschaft	1	2	3
Kartoffelanbau im Entwicklungsland Eritrea	1	3	2
Schokoladeherstellung bei der Firma Lindt und Sprüngli	3	1	2
Praliné-Herstellung in der Confiserie Bachmann, Winterthur	3	2	1

9. Berechnung der Produktivität

Zwei Handwerksbetriebe stellen modische Damenhandtaschen her.
Im Betrieb 1 können 8 Mitarbeitende in je 8½ Stunden pro Tag 48 Taschen herstellen.
Im Betrieb 2 stellen 3 Mitarbeitende in je 11 Stunden pro Tag 27 Taschen her.
Berechnen Sie die Arbeitsproduktivität in beiden Betrieben (auf zwei Kommastellen genau) und geben Sie an, um wie viele Prozente (auf eine Stelle genau) der eine Betrieb produktiver ist als der andere.

1: $8 \times 8½ = 68$ Stunden

48 Taschen : 68 Stunden = 0.70 Taschen pro Stunde

2: $3 \times 11 = 33$ Stunden

27 Taschen in 33 Stunden = 0.82 Taschen pro Stunde

0.70 → 100 %

0.82 → 117.1% → Betrieb 2 ist um 17.1 % produktiver

Antworten zu den Kontrollfragen

1.1   1. Existenzbedürfnisse, 2. Sicherheitsbedürfnisse, 3. Soziale Bedürfnisse 4. Bedürfnis nach Wertschätzung, 5. Bedürfnis nach Selbstverwirklichung

1.2   a)   Grund- und Wahlbedürfnisse
         b)   Individual- und Kollektivbedürfnisse

1.3   Nur diejenigen Bedürfnisse, für deren Befriedigung Geld ausgegeben wird, werden als Bedarf bezeichnet.

1.4

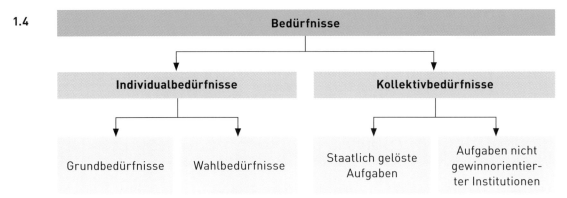

1.5

	Individualbedürfnis	Kollektivbedürfnis
Grundbedürfnis	– Autofahren (Beruf/Geschäft) – Gesundheit – Wohnen – Ausbildung	– Strassen – Krankenhäuser – Strom-/Wasserversorgung – Schulen
Wahlbedürfnis	– Ferien – Sport betreiben – Autofahren (Freizeit) – Kulturgenuss	– Öffentlicher Verkehr (auch richtig: bei Grundbedürfnis) – Fussballplätze/Skipisten – Strassen – Museen/Konzertsäle

1.6   Güter sind Sachgüter und Dienstleistungen, die der Befriedigung von Bedürfnissen dienen.

1.7   Wirtschaftliche Güter sind knapp und haben einen Preis; freie Güter sind unbeschränkt vorhanden und sind gratis.

1.8

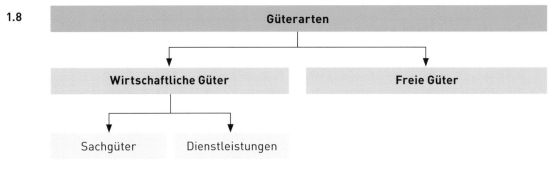

1.9

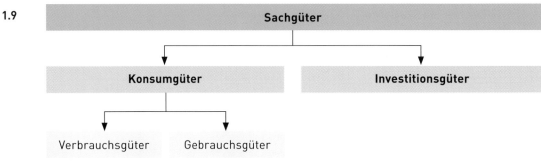

1.10 Investitionsgüter dienen der Produktion von weiteren Gütern, sowohl von Investitions- als auch von Konsumgütern. Beispiele: Maschinen, Lieferwagen, Büroeinrichtungen

1.11 Es treffen zu: b), c), d), e)

1.12

	Freie Güter	Begründung
a)		nicht wirklich: die Aufbereitung des Brunnenwassers wird über Steuern bezahlt
b)	✘	(ausserhalb von Schwimmbädern)
c)	✘	
d)		nicht wirklich: die Parkpflege wird über die Steuern bezahlt
e)	✘	
f)		nein: die Parkplätze werden über die Einkaufspreise indirekt bezahlt
g)	(✘)	ja: wenn man sie selber einsammelt nein: Fischer, die sie im Geschäft kaufen
h)		nein: das Schwimmbad kostet Eintritt

1.13 Das privat benützte Fahrrad (auch für den Weg zur Arbeit) ist Konsumgut, das geschäftlich benützte Fahrrad (Velokurier, Profi-Rennfahrer) ist Investitionsgut.

1.14 a) Arbeit, Boden, Kapital
b) Zur Herstellung von Sachgütern und Dienstleistungen

1.15 – Arbeit ist die körperliche und geistige Tätigkeit bei der Herstellung.
– Wissen ist das Know-how und der Erfindergeist für die Erzeugung neuer Produkte und Dienstleistungen.

1.16 Arbeiten ohne Lohn werden nicht erfasst:
– die Arbeit der Hausfrauen und Hausmänner
– Freiwilligenarbeit
– Schwarzarbeit und illegale Tätigkeiten

1.17 a) Sachkapital (Maschinen, Werkzeuge usw.) sowie zur Investition vorgesehene Finanzmittel
b) Geld auf Bankkonten oder Geld zur Bezahlung von Rechnungen gehören nicht zum Faktor Kapital; nur Geld, das für Produktionsmittel eingesetzt wird.

1.18

	Begriffe		Begründung
a)	der Industrieroboter im VW-Werk	✘	
b)	das Car des Reiseunternehmens Worldtour	✘	
c)	der Wohnwagen der Familie Meier		Einsatz für private Zwecke
d)	der Werkzeugkasten des Hobby-Bastlers Rudi S.		Einsatz für private Zwecke
e)	die für den Kauf einer Produktionsanlage vorgesehenen CHF 2 Mio.	✘	
f)	die Erbschaft von CHF 1 Million, mit der Frau X eine Villa kaufen wird		nicht für Produktionsmittel vorgesehen

1.19   Als Standort der Unternehmen und als Lieferant der Rohstoffe

1.20   a) Sie braucht Büros, die sind in einem Gebäude, und das braucht Boden.
           b) Einerseits als Standort der Fabrik, andererseits als Herkunft von Kakao, Zucker, Milch

1.21   – die Bedrohung der Artenvielfalt und der Urwälder
           – die Schädigung der Umwelt und die Klimaerwärmung

1.22   a) – Produktivität meint allgemein, wie wirksam die Produktionsfaktoren eingesetzt werden.
              – Arbeitsproduktivität misst die Produktivität anhand des Outputs von einer geleisteten Arbeitsstunde einer Arbeitskraft.
           b) – vom Bildungsstand und von der Motivation der Arbeitskräfte
              – vom technologischen Stand und von der Menge der benutzten Produktionsmittel
              – von der Menge, der Qualität und von der nachhaltigen Nutzung des Bodens

1.23

a)	Ausbildung	Arbeit
b)	Kreditzinsen	Kapital
c)	Arbeitsproduktivität	Arbeit, Kapital, Boden
d)	Lottogewinn	kein Zusammenhang
e)	Ferien in Griechenland	kein Zusammenhang
f)	Abholzen von Urwald für Rinderzucht	Boden

info@klv.ch

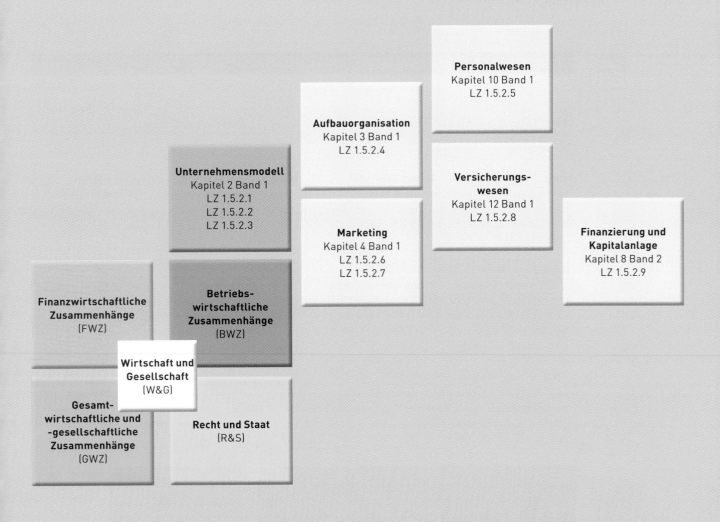

Unternehmensmodell

Kapitel 2

2 Unternehmensmodell

Leistungsziele W&G E-Profil (12 Lektionen)	Leistungsziele W&G B-Profil (12 Lektionen)
1.5.2.1 **Unternehmensmodell – Umweltsphären** Ich ordne anhand einfacher Fallbeispiele für das Unternehmen bedeutende Entwicklungen den Umweltsphären zu (ökonomisch, sozial, technologisch und ökologisch). (K2)	**1.5.2.1** **Unternehmensmodell – Umweltsphären** Ich ordne anhand einfacher Fallbeispiele für das Unternehmen bedeutende Entwicklungen den Umweltsphären zu (ökonomisch, sozial, technologisch und ökologisch). (K2)
1.5.2.2 **Unternehmensmodell – Anspruchsgruppen** Ich beschreibe anhand von Fallbeispielen die typischen Anliegen der Anspruchsgruppen an das Unternehmen und die Branche auf und schildere Zielkonflikte. (K2)	**1.5.2.2** **Unternehmensmodell – Anspruchsgruppen** Ich beschreibe anhand von Fallbeispielen die typischen Anliegen der Anspruchsgruppen an das Unternehmen und die Branche auf und schildere Zielkonflikte. (K2)
1.5.2.3 **Leitbild/Strategie/Unternehmenskonzept** Ich unterscheide in einfachen Fallbeispielen Leitbild, Unternehmensstrategie und Unternehmenskonzept. (K2)	**1.5.2.3** **Leitbild/Strategie/Unternehmenskonzept** Ich unterscheide in einfachen Fallbeispielen Leitbild, Unternehmensstrategie und Unternehmenskonzept. (K2)

Chemieunfall Sandoz

Chemieunfall Sandoz

Generalstreik 1918

In den frühen Zeiten unserer heutigen Dienstleistungsgesellschaften und in wenig entwickelten Volkswirtschaften, so z.B. in unserem Land noch im 18. und 19. Jahrhundert, waren die Ziele eines Unternehmens verhältnismässig einfach und beschränkt:

Gewinnmaximierung Möglichst grosser Profit für die Eigentümer (Inhaber, Teilhaber)		**Dauernde Erhaltung des Unternehmens** Gewinnmaximierung soll auch auf Dauer sichergestellt werden

Diese beiden Ziele wurden ohne Rücksicht auf das Geschehen ausserhalb des Unternehmens angestrebt, was zu vielen Fehlentwicklungen in den damaligen Industriegesellschaften führte. Man sah, dass eine rein wirtschaftliche Ausrichtung der Unternehmen zu einseitig ist. Rücksichtnahmen **sozialer** Art (auf die Mitmenschen) und **ökologischer** Art (auf die Natur) vernachlässigten viele Unternehmen und es entstand grosser Schaden für Wirtschaft und Gesellschaft.

- Ausbeutung und gesundheitliche Gefährdung der Arbeitskräfte
- Armut
- grosse Umweltschäden mit negativen Folgen für die Menschen

Für Unternehmen stellen Zielkonflikte eine grosse Herausforderung dar. So wurden schon bald Forderungen erhoben, die vor allem im Interesse der Arbeitnehmer lagen, wie zum Beispiel nach gerechter Entlohnung und guten Sozialleistungen. Vielen Managern und Wissenschaftlern wurde deutlich,

info@klv.ch

dass jedes Unternehmen neben wirtschaftlichen auch soziale Ziele berücksichtigen sollte und dass auf die gesamte Umwelt zu achten ist. Man erkannte, dass vor der Festlegung der eigenen Unternehmensziele das gesamte Umfeld analysiert werden sollte.

> Unternehmen dürfen sich heute nicht mehr ausschliesslich an ökonomischen Zielen ausrichten, sondern müssen sich als Teil ihrer sozialen und ökologischen Umwelt verstehen.

Ziele der Unternehmen heute

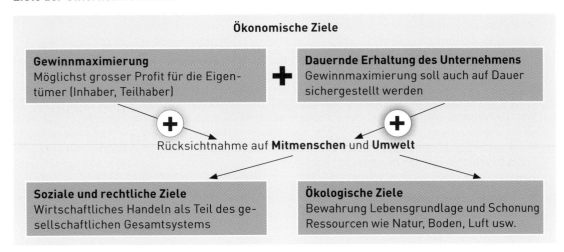

Aus diesen Überlegungen wird die Umwelt eines Unternehmens modellhaft in eine soziale/rechtliche, ökonomische, technologische und ökologische Umweltsphäre aufgegliedert.

2.1 Das Unternehmensmodell

Die vielfältigen Beziehungen zwischen Unternehmen und Umweltbereichen lassen sich systematisch anhand eines Unternehmensmodells verdeutlichen.

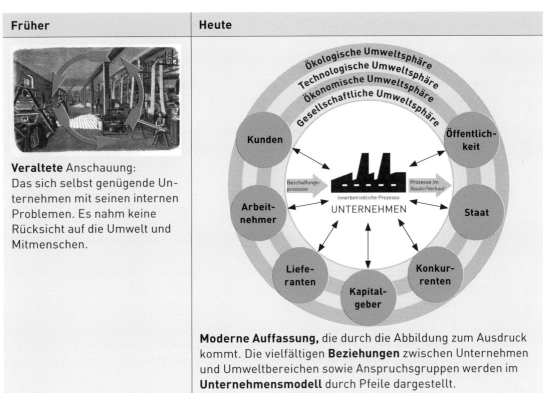

Früher	Heute

Veraltete Anschauung: Das sich selbst genügende Unternehmen mit seinen internen Problemen. Es nahm keine Rücksicht auf die Umwelt und Mitmenschen.

Moderne Auffassung, die durch die Abbildung zum Ausdruck kommt. Die vielfältigen **Beziehungen** zwischen Unternehmen und Umweltbereichen sowie Anspruchsgruppen werden im **Unternehmensmodell** durch Pfeile dargestellt.

2.1.1 Die Umweltsphären des Unternehmens

Jedes Unternehmen muss die Entwicklungen in den Umweltsphären gut beobachten und analysieren, um selbst wirkungsvoll planen zu können.

Die **soziale/rechtliche** Umwelt umfasst den einzelnen Menschen und das Zusammenleben der Menschen in der Familie, im Beruf, in Vereinen, in der Schule und im Staat. Moderne, offene Gesellschaften werden durch stetige Veränderungen geprägt.

Bevölkerung

– **Demografische Veränderungen** (Demografie = wirtschaftliche und sozialpolitische Struktur der Bevölkerung): Demografische Daten sind beispielsweise Alter und Altersverteilung, Geburtenrate, Migration, Einkommen und Vermögen, Familienstand, Religion und Bildungsgrad.

> – Seit Langem nimmt in Europa der Anteil von alten Menschen in der Bevölkerung zu.
> – Fachkräftemangel

Reif & anspruchsvoll

– **Werthaltungen:** Die grundlegenden Einstellungen und Überzeugungen der Menschen verändern sich. So wandelt sich die Einstellung verschiedener Bevölkerungsgruppen zur Rolle von Frau und Mann in der Gesellschaft, Ehe und Familie. Die Einstellung zur Arbeit, das Karrierestreben und Freizeitverhalten werden hinterfragt.

> – Work-Life-Balance
> – Pluralismus

– **Bedürfnisse:** Die genannten Veränderungen führen dazu, dass sich die Wünsche in der Gesellschaft wandeln. Ältere Menschen haben andere physische und psychische Bedürfnisse als die Jungen.

> – Bedürfnisse einer alternden Gesellschaft
> – Verstädterung

Abstimmungen

– **Recht:** Die Gesetzgebung wird den gesellschaftlichen Veränderungen angepasst (z. B. Reform des Energiegesetzes 2017) oder es wird über eine Anpassung diskutiert (z. B. Unternehmenssteuerreform III).

> – steigende Hygienevorschriften
> – Freihandelsabkommen

Die **ökonomische** Umwelt (Ökonomie = Wirtschaft) umfasst die gesamtwirtschaftlichen Vorgänge, die in der Volkswirtschaftslehre detailliert besprochen werden.

Arbeit & Erwerb

– **Beschäftigung:** Wie entwickelt sich der Arbeitsmarkt? Welche konkreten Auswirkungen haben die EU-Verträge auf das Angebot von Fachkräften?

> – Arbeitslosenquote
> – offene Stellen

Preise

– **Geldwert:** Wie hoch wird die Inflation (Geldentwertung) eingeschätzt? Wie hoch das Zinsniveau (Leitzins)?

> – Devisenkurse
> – Börsenkurse

Volkswirtschaft

– **Gesamtleistung der Volkswirtschaft:** Wie entwickelt sich der private Konsum (Konsumklima)? Wie viel wollen das Unternehmen investieren? Wie sind die Einkommensentwicklung und die Verteilung der Einkommen (Lorenzkurve)?

info@klv.ch

> - Bruttoinlandprodukt (BIP) & Volkseinkommen (VE)
> - Globalisierung von Konsumtrends

- **Aussenhandel:** Steigt die Einfuhr und die Ausfuhr von Waren und Dienstleistungen?

> - Wechselkursrisiko
> - Abschottungstendenzen

Die **technologische** Umwelt (Technologie = Lehre der Technik) setzt in verschiedenen Bereichen Impulse des technischen Fortschritts.

- Entwicklung der **Medien** (Internet als Konkurrent zu den klassischen Medien [Printmedien, Radio und Fernsehen] immer stärker, Social Media, Gratiszeitungen, Apps)

> - Affiliate-Marketing
> - Cloud-Angebote

Roboterfertigung in der Automobilindustrie

- Verbesserung der **Transporttechnik und Logistik** durch raschere, leistungsfähigere und sicherere Transportmittel (Containerschiffe, Roboter, Drohnen)

> - EURO-Palette, IBC-Tank, normierte Frachtcontainer
> - MAERSK, COSCO

- Veränderungen in der **Materialwirtschaft und Produktion** (Entwicklung von neuen Materialien [Karbonfaser, Nanomaterialien]; Verkleinerung von Gütern bei höherer Leistung insbesondere in der Elektronik [Smartphones sind viel Leistungsfähiger als frühere Computer])

> - 3-D-Druck
> - Miniaturisierung der technologischen Bauteile
> - Recycling als Rohstoffquelle

- Fortschritte in der **Medizin** (Krebstherapie, Genforschung)

> - bessere Diagnoseverfahren
> - personalisierte Medizin

Die **ökologische** Umwelt (Ökologie = Wissenschaft von Beziehungen zwischen den Lebewesen und ihrer Umwelt) umfasst die Auswirkungen des Rohstoffabbaus, der Produktion und des Konsums der Güter und Dienstleistungen eines Unternehmens auf die Natur. Die Last der negativen Auswirkungen wird oft von der Allgemeinheit oder den betroffenen Personen getragen anstatt vom Verursacher.

Brandrodung im Regenwald Brasiliens

– **Bodenerosion** als Folge extensiver Landwirtschaft

> – Monokulturen mit entsprechenden Düngemitteln und Pestizideinsatz
> – Brandrohdungen/Abholzungen

– **Abschmelzen** von Gletschern in Hochgebirgen, insbesondere den Alpen, und des Polareises als Folge der weltweiten Klimaerwärmung.

> – Wasserreserven verknappen
> – Meeresspiegel könnte ansteigen

– **Aussterben** von Tier- und Pflanzenarten als Folge der sich immer mehr ausbreitenden Zivilisation

> – Für immer verlorene Substanzen, die zum Beispiel einen medizinischen Nutzen gehabt hätten.
> – Systemrelevante Tiere sterben aus, wie zum Beispiel die Honigbiene.

– Zunahme von **Naturkatastrophen** als Folge der Klimaveränderung (Hochwasser) sowie von technischem und menschlichem Versagen (havarierte Ölplattform «Deepwater Horizon» 2010 im Golf von Mexiko)

> – Engpässe in der Nahrungsversorgung
> – Verlust von Eigentum und/oder durch Prozesskosten

Ein Unternehmen muss seine Umwelt stets beobachten und gegebenenfalls auf Veränderungen reagieren. Wenn eine starke Veränderung versäumt wird, kann dies schwerwiegende Konsequenzen für das Unternehmen haben. Dies reicht von einem Imageverlust bis zum Untergang der Firma.

2.1.2   Anspruchsgruppen des Unternehmens

Die Unternehmensleitung muss nicht nur die Entwicklung in den Umweltsphären analysieren, sondern sie muss auch wissen, wie sich die einzelnen Menschen und Gruppen verhalten, welche Ansprüche sie an das Unternehmen stellen.

Demgegenüber hat das Unternehmen auch Erwartungen gegenüber den Anspruchsgruppen (Stakeholder). Die Unternehmensleitung wird mögliche Wechselwirkungen bei ihren Entscheidungen berücksichtigen.

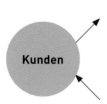

Sie wollen auf ihre **Bedürfnisse** abgestimmte Produkte oder Dienstleistungen zu einem **günstigen Preis**. Oft werden **zusätzliche Serviceleistungen** erwartet, z.B. Beratungen für Software über eine Hotline-Telefonnummer. Käufer von Markenprodukten identifizieren sich meist mit dem Image des Herstellers.

Das Unternehmen offeriert ein angemessenes Preis-Leistungs-Verhältnis und erwartet von den Kunden **pünktliche Zahlung**. Das Unternehmen ist sich bewusst, dass die Kunden die wichtigste Anspruchsgruppe bilden, und achtet sehr genau auf die öffentliche Meinung (Public Relations). Das Management überlegt sich Massnahmen, um für ein gutes Image des Unternehmens in der Öffentlichkeit zu sorgen.

Die Mitarbeitenden (= Arbeitnehmer) erwarten grosszügige **Entlohnung** und zeitgemässe **Sozialleistungen**, die ihnen ein menschenwürdiges Leben ermöglichen. Sie wollen sichere Arbeitsplätze, gute Weiterbildungsmöglichkeiten, Aufstiegschancen und ein angenehmes Arbeitsklima.

Das Unternehmen (= Arbeitgeber) ist an gut ausgebildeten, flexibel einsetzbaren Arbeitnehmern interessiert. Es wünscht Engagement und präzise Erfüllung der Aufgaben.

Sie leben davon, dass sie uns ihre Leistungen verkaufen können. Sie freuen sich über **regelmässige Bestellungen** und erwarten **pünktliche Zahlungen**, die auf **fairen Preisverhandlungen** beruhen. In der Industrie ist in den letzten Jahren die Zusammenarbeit mit den Lieferanten enger geworden: Vielfach arbeiten Produzenten schon in der Entwicklungsphase von Produkten mit Lieferanten zusammen. Der Lieferant bringt sein Know-how in das neue Produkt ein und kann so hoffen, langfristig Aufträge zu erhalten.

Das Unternehmen erwartet **termingerechte Lieferungen** in **einwandfreier Qualität**. In der Entwicklungszusammenarbeit kann von der Erfahrung des Lieferanten profitiert werden. Somit gelingt es, das Produkt optimal zu gestalten und zu niedrigen Kosten herzustellen.

Die Gläubiger (= Fremdkapitalgeber) verlangen eine **fristgerechte Rückzahlung** des gewährten Darlehens und richten sich bei der Festlegung des Zinssatzes nach ihren eigenen Finanzierungskosten und der Bonität des Kreditnehmers. Die Teilhaber, also **Eigenkapitalgeber (Shareholder),** zählen darauf, dass die Geschäftsleitung das Kapital sicher und gewinnbringend investiert.

Das Unternehmen wünscht sich, dass die Kapitalgeber ihr Kapital **nicht frühzeitig zurückziehen** und dass die Investoren bereit sind, weitere **Mittel einzuschiessen**, wenn sinnvolle neue Projekte oder Betriebserweiterungen geplant sind. In der Praxis haben vor allem die KMUs Probleme, weiteres Kapital zu erhalten.

Sie verlangen, dass der **Wettbewerb mit fairen Mitteln** und keineswegs unlauter geführt wird. So ist es einem Detaillisten verboten, Waren dauernd unter Einstandspreis zu verkaufen und mit solch unerlaubt tiefen Preisen (Dumpingpreisen) Kunden ins Geschäft zu locken. Ausserdem erwartet die Konkurrenz eine **Kooperation auf politischer Ebene**.

Das Unternehmen muss sich selbst ebenso **fair verhalten**, wie es das von der Konkurrenz erwartet. Es darf keine unlauteren Werbe- und Verkaufsmethoden einsetzen oder einen Kunden des Konkurrenten zum Vertragsbruch verleiten, um selber mit ihm einen Vertrag abschliessen zu können. Auch interessiert es sich für eine **politische Kooperation** mit der Konkurrenz.

Der Staat (Bund, Kanton, Gemeinde) erwartet, dass das Unternehmen regelmässig seine **Steuern** zahlt, dass es gut bezahlte, sichere **Arbeitsplätze** offeriert und die **gesetzlichen Vorschriften** (z. B. Arbeitsgesetz, Umweltschutzverordnungen) einhält.

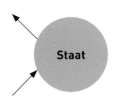

Andererseits erwartet das Unternehmen eine **intakte Infrastruktur** (Strassen, Wasser-, Energieversorgung usw.) und pocht darauf, dass der Staat das geltende **Recht** durchsetzt und alle Unternehmen gleich behandelt werden. Einige Betriebe erhalten Subventionen (z. B. landwirtschaftliche Betriebe, Kaufmännische Berufsschulen des KV).

Lokale Vereine erwarten Zuschüsse, um besondere Anlässe finanzieren zu können. Arbeitnehmerverbände (Gewerkschaften) wollen auch in konjunkturell schwierigen Zeiten zufriedenstellende Abschlüsse von Gesamtarbeitsverträgen für ihre Mitglieder erzielen. Arbeitgeberverbände erwarten Solidarität innerhalb einer Branche (z. B. Koordination der Lehrlingsausbildung). Parteien und Kirchen wünschen sich eine gesellschaftliche Entwicklung in ihrem Sinne. NGOs, also nicht staatliche Organisationen wie beispielsweise das Rote Kreuz oder Greenpeace, engagieren sich sozial- oder umweltpolitisch und sind auf Spenden von Unternehmen und Privatpersonen angewiesen. Medien möchten von den Unternehmen mit «News» versorgt werden. Presse, Internet, Radio und Fernsehen informieren die Gesellschaft über die geschäftliche Entwicklung von regionalen, nationalen und internationalen Unternehmen, berichten über die Erfolge oder Misserfolge bekannter Marken (z. B. Testberichte in Konsumentenzeitschriften).

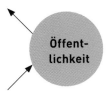

Das Unternehmen erwartet v. a. eine faire Darstellung in den Medien, da durch sie die öffentliche Meinung und nicht zuletzt das Konsumverhalten der Kunden entscheidend beeinflusst wird.

K 2.1 Welchen Umweltsphären sind die folgenden Entwicklungen zuzuordnen?
- a) Übergang zu neuen Arbeitsformen (z. B. Jahresarbeitszeit)
- b) Rückgang der Nachfrage wegen nachlassender Konjunktur
- c) Effiziente Nutzung der Wind- und Sonnenenergie
- d) Förderung der Rechtsgleichheit von Frau und Mann (gleiche Arbeitslöhne für gleiche Arbeit)
- e) Wirksame Krebsmedikamente

K 2.2 Nennen Sie die Partner, die die Ansprüche und Erwartungen an das Unternehmen stellen.
- a) Gewinn und Sicherheit für das eingesetzte Kapital
- b) Gute Entlohnung und angenehme Arbeitsbedingungen
- c) Preisgünstige Produkte und günstige Einkaufszeiten
- d) Vertragstreue und rechtzeitige Zahlung der Fakturen
- e) Vermeidung unlauteren Wettbewerbs
- f) Einhaltung gesetzlicher Vorschriften, Unternehmen als guter Steuerzahler

→ Aufgaben
1, 2, 3, 4, 5, 6, 7

2.1.3 Zielbeziehungen

Ein Unternehmen ist mit den Erwartungen der verschiedenen Anspruchsgruppen konfrontiert. Damit diese Erwartungen erfüllt werden, formuliert das Unternehmen Ziele und setzt sie um. Bevor ein Ziel umgesetzt werden kann, sollte geprüft werden, ob die Umsetzung andere Ziele beeinflusst. Das Ergebnis dieser Untersuchung sind drei Zustände: Die Ziele **widersprechen sich** (Zielkonflikt), die Ziele **ergänzen sich** (Zielharmonie) oder die Ziele **berühren sich nicht** (Zielneutralität).

Zielkonflikte (= Zielkonkurrenz)
Zwei Ziele können nicht gleichzeitig in vollem Ausmass erreicht werden, da die Erfüllung des einen Ziels das Erreichen des anderen Zieles erschwert oder verunmöglicht.

Boni

Keine Dividende

- Die Arbeitnehmer möchten eine grosszügige Entlohnung, während die Teilhaber (= Eigentümer des Unternehmens) am Ende des Geschäftsjahres einen möglichst hohen Anteil am Geschäftsergebnis (Gewinne bzw. Gewinnausschüttungen) erwarten. Diese Ansprüche widersprechen einander, weil Lohnzahlungen den Gewinn schmälern.
- Wenn das finanzielle Ziel «Steigerung der Rendite» durch Massnahmen im Personalbereich (Personalabbau) erreicht werden soll, so wird das soziale Ziel «Verbesserung der Mitarbeiterzufriedenheit» beeinträchtigt.

Wenn die Ansprüche, die von den Anspruchsgruppen gestellt werden, nicht gut vereinbar sind, entsteht für die Unternehmensleitung ein Zielkonflikt. Eine Massnahme, die dem Anspruch der einen Anspruchsgruppe dient, wirkt dem Anspruch einer anderen Gruppe entgegen.

Klassische Zielkonflikte im Unternehmen mit Anspruchsgruppen sind:

Schwacher Euro

Ladenöffnungszeiten

Lieferanten wollen höhere Preise durchsetzen. Höhere Einkaufspreise schmälern entweder den Gewinn oder die Verkaufspreise müssen erhöht werden. ←→ **Kunden** wollen möglichst hohe Qualität preisgünstig einkaufen. Verkaufspreise können nicht beliebig erhöht werden. Die Kundschaft vergleicht die Preise der Anbieter und kann sensibel reagieren.

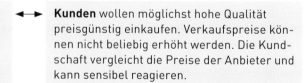

Arbeitnehmer möchten möglichst kurze Arbeitszeiten, um viel Freizeit geniessen zu können. ←→ **Kunden** erwarten lange Ladenöffnungszeiten, um ausserhalb ihrer eigenen Arbeitszeiten einkaufen zu können.

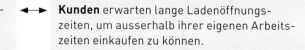

Kartell

Konkurrenten wollen mit uns Absprachen treffen, um Kosten zu sparen oder den Absatz zu sichern (Kartelle). ←→ Der **Staat** möchte mit gesetzlichen Massnahmen den Wettbewerb zwischen den Unternehmen sichern.

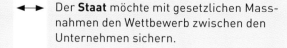

Aber auch innerhalb des Unternehmens selbst können Widersprüche entstehen. So kann das eingangs erwähnte Ziel der Gewinnmaximierung mit demjenigen der dauernden Erhaltung des Unternehmens in Konflikt geraten.

> Einem kurzfristigen Erfolg zuliebe spart das Unternehmen Kosten bei der Produktion ein; dies führt zwar zu einem höheren Gewinn, kann aber auch eine Minderung der Produktqualität bewirken, sodass das kurzfristige Ziel (Gewinnmaximierung) das langfristige Ziel (dauernde Erhaltung) gefährdet.

Besteht das Bestreben, mehrere Ziele gleichzeitig zu erreichen, kann dies auch einen positiven Einfluss auf die Qualität der Zielerreichung haben. Mitunter ist es möglich, ein Ziel zu verwirklichen und die Erreichung eines anderen Ziels dabei zu begünstigen (Zielharmonie). In anderen Fällen wirken Massnahmen unabhängig voneinander. Die angestrebten Ziele beeinflussen sich nicht gegenseitig (Zielneutralität).

Zielharmonie

Das Erreichen eines Zieles begünstigt die Erfüllung des anderen Zieles, d.h., sie wirken in die gleiche Richtung und verstärken sich somit.

> Die Arbeitnehmer erwarten eine grosszügige Bezahlung, um in Wohlstand leben zu können. Der Staat möchte ebenfalls, dass die Unternehmen ihre Angestellten gut bezahlen, weil er sich hohe Steuereinnahmen erhofft und Fürsorgeleistungen spart.
>
> Die «Motivation der Mitarbeiter» als soziales Ziel wird sicherlich gefördert, wenn moderne, ergonomisch einwandfreie Arbeitsgeräte beschafft werden, die zugleich das Ziel «Produktivität der Leistungserstellung» steigern.

Zielneutralität (Zielindifferenz)

Die Erreichung des einen Ziels berührt die Verwirklichung des anderen Ziels nicht, die Ziele beeinflussen sich nicht gegenseitig.

> Die Lieferanten wollen regelmässige Bestellungen von den Unternehmen und die Medien möchten mit «News» versorgt werden. Diese Ansprüche sind völlig unabhängig voneinander.
>
> Die Erschliessung eines neuen Absatzmarktes hat keinen Einfluss auf das Arbeitsklima im Büro.

Für das Unternehmen stellen v. a. **Zielkonflikte** eine grosse Herausforderung dar. Wenn zwei Unternehmensziele derart in einen Gegensatz zueinander geraten, stürzen sie die Unternehmensleitung in einen Zielkonflikt. Dies geschieht heute sehr oft und in vielen Unternehmen, vor allem weil die rein wirtschaftlichen Ziele der Unternehmen denjenigen des Umweltschutzes häufig widersprechen. Zusätzlich spielen die unterschiedlichen **Zeithorizonte** der beiden Ziele eine den Konflikt verschärfende Rolle: Während die ökologischen Ziele langfristiger Art sind, sind die ökonomischen Ziele des Unternehmens eher kurz- und mittelfristig ausgerichtet. Dann besteht die Gefahr, dass die langfristigen zugunsten der kurzfristigen Ziele vernachlässigt werden. Solcher Zielkonflikte, mit denen sich ein Unternehmen konfrontiert sieht, muss sich die Unternehmensleitung annehmen und Konzepte zur Lösung erarbeiten (vgl. Unternehmenskonzept).

Exkurs: Unterschied zwischen einem Ziel, einer Strategie und einem Konzept

<table>
<tr><td rowspan="1">Ziele</td><td>

Das Ziel ist ein «Wunsch», den man verwirklichen möchte. (Achtung, Wünsche bzw. Ziele sind nicht dasselbe wie Bedürfnisse, vgl. S. 18 ff.). Das Ziel ist ein angestrebter Zustand.

Gegenwart	Zukunft
IST-Zustand	SOLL-Zustand

Ziele sollten im Idealfall immer den IST-Zustand beschreiben, den **SOLL-Zustand messbar** festhalten und **Termine** zur Zielerreichung bestimmen.
</td></tr>
<tr><td>Strategien</td><td>

Die Strategie ist eine **planende, langfristige Vorgehensweise,** um Ziele zu erreichen, also den IST-Zustand in einen SOLL-Zustand zu überführen.
– Jede Strategie wird durch die eigene **Werthaltung** sowie durch eine **Vision** (= innere Vorstellung der gewünschten Zukunft) geprägt. Aus einer Strategie leiten sich meistens **Teilstrategien** zu bestimmten Anforderungen ab.
– Strategien setzen die Rahmenbedingungen für das konkrete Vorgehen, Ziele zu erreichen.
</td></tr>
<tr><td>Konzepte</td><td>

Ein Konzept enthält sowohl eine umfangreiche wie konkrete **Zusammenstellung von Zielen,** die daraus **entwickelten Strategien** und – zwingend – die dazugehörenden, konkreten **Massnahmen zur Umsetzung.** Zu einem Konzept gehören weiter:
– alle nötigen **Fakten** (Informationen) und **Kriterien** (= für Entscheide relevante Merkmale)
– **Ressourcenplanung** (= Wie und mit welchen Mitteln soll das Ziel erreicht werden?)
– konkrete **Terminplanung** (inkl. Festlegung, wann und wie die Zielerreichung überprüft werden soll)
– **abwägende Argumente** zu Nutzen, Chancen und Risiken
</td></tr>
</table>

Um bei Zielkonflikten den richtigen Entscheid zu treffen, muss die Unternehmensleitung Vor- und Nachteile der einzelnen Lösungsmöglichkeiten gegeneinander abwägen, am besten anhand einer übersichtlichen Darstellung wie zum Beispiel:

	Unternehmerisches Problem		
	Lösung A	**Lösung B**	**Lösung C**
Vorteile	...	...	...
Nachteile	...	...	...
Beurteilung, Bewertung	...	...	...
Entscheid	...	...	...

Eine weitere Möglichkeit besteht in der Analyse der Umwelt mit einem **Feedback-Diagramm**. Mit dieser Methode versucht man **nachteilige Auswirkungen**, die sich erst später bemerkbar machen, **frühzeitig aufzudecken**. Die Förderung des **vernetzten Denkens** durch das Feedback-Diagramm kann Rück- und Wechselwirkungen aufzeigen, die schon vor der eigentlichen Durchführung einer Massnahme gelöst werden.

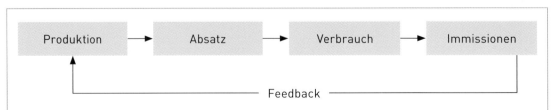

Die Wahl, ob wir unser Produkt in Mehrwegbehältern oder Kunststoffverpackungen verkaufen, hat einen entscheidenden Einfluss auf die Umwelt.
Die Auswahl der Zutaten kann Einflüsse auf die Gesundheit der Menschen nehmen.

info@klv.ch

Die Schäden, die durch ein Unternehmen verursacht werden, sollten auch von ihr getragen werden, das heisst, es kann für Schäden haftbar gemacht werden. Dies nennt man auch das **Verursacherprinzip**. Ein häufiges Problem, an dem das Verursacherprinzip jedoch scheitert, ist die Messbarkeit eines Schadens.

– Schäden durch Emissionen aus einem Schornstein/Auspuff
– Schäden durch die Immission von Schadstoffen durch die Flora und Fauna

Neben der Umwelt spielen noch weitere Faktoren eine enorme Rolle bei den Entscheiden von Unternehmen, wie die Sicherung von Arbeitsplätzen, die Erhaltung des Unternehmens, die Rentabilität, der Standort des Betriebes usw.

Welche Ziele die Unternehmensleitung bei ihren Entscheidungen begünstigt, hängt stark von der **Vision (Leitidee)** und den **Werthaltungen** des Unternehmens ab. Man spricht in diesem Zusammenhang auch von der **Unternehmenskultur**. Aus der Vision entstehen die Grundstrategie und das Leitbild.

Kontrollfragen

K 2.3 Wenn sich verschiedene Ziele gegenseitig ergänzen, spricht man von Zielharmonie. Was ist das Gegenteil davon und wann liegt diese Situation vor?

K 2.4 Wie nennt man die grundlegenden (auch ethischen) Einstellungen und Überzeugungen der Unternehmensleitung, die bei der Lösung von Zielkonflikten neben den langfristigen Unternehmungszielen eine massgebende Rolle spielen?

K 2.5 Welche grafische Darstellung kann dazu dienen, Vernetzungen (Zusammenhänge, Rückwirkungen, Wechselwirkungen) zwischen den einzelnen Teilen eines wirtschaftlichen Systems sichtbar zu machen?

K 2.6 Was ist unter dem Verursacherprinzip zu verstehen?

→ Aufgaben 8, 9, 10, 11

2.2 Grundstrategie, Leitbild & Unternehmenskonzept

«Ein italienischer Arzt ging eines Tages spazieren. Auf seinem Weg begegnete er einem Steineklopfer. Er fragte ihn: «Wie steht es mit Ihrer Motivation für diese Arbeit?» Der Steineklopfer antwortete: « Wie soll es wohl um meine Motivation stehen? Es gibt kaum eine schlimmere Arbeit, aber weil ich sonst keine Arbeit finde, habe ich diese angenommen.» Der Arzt fragte einen weiteren Steineklopfer: «Ist es schlimm für Sie, diese Steine zu klopfen?» Dieser Steineklopfer antwortete: «Nein, überhaupt nicht. Es macht mir sogar richtig Spass, da ich mit meiner Arbeit bei der Erschaffung des Domes (**Vision**) helfen darf.»

Goustave Courbet – Die Steineklopfer

Ein Unternehmen muss sein Verhalten und seine Tätigkeit auf langfristige Ziele ausrichten und darf sie nicht wegen kurzfristiger Vorteile aus den Augen verlieren. So wäre es z. B. grundfalsch, wegen eines momentan zu erzielenden grösseren Gewinns die Qualität der Produkte zu vernachlässigen. Als Folge davon könnten sich die Kunden von dem Unternehmen abwenden, da ihre Qualitätsansprüche nicht mehr erfüllt werden.

Damit den Betriebsangehörigen die «Marschrichtung» des Unternehmens für die nächsten fünf bis zehn Jahre klar wird, legt es sein Verhalten oft schriftlich in einer **internen** Grundstrategie und einem **öffentlichen** Leitbild nieder. Sie lassen sich dabei von ihren **Visionen** (Leitideen) und **Werthaltungen** leiten.

Visionen und Werthaltungen

Grundstrategie	Unternehmensleitbild
Darunter versteht man das Vorgehen für die langfristige Entwicklung des Unternehmens. Diese Grundstrategie wird in allgemeiner, aber verbindlicher Form in einem Papier festgehalten, das **nur für die obersten Führungskräfte** (das Management) bestimmt ist.	Dies ist die vereinfachte, neutralisierte Darstellung der Grundstrategie, die nicht nur für die oberste Führung bestimmt ist, sondern auch für **alle Mitarbeiter** sowie die **Öffentlichkeit.**

Die gewählte Grundstrategie ist entscheidend für das Wachstum oder sogar für das Überleben eines Unternehmens.

> Zum Beispiel bei einer Automobilfabrik der Entscheid, ob Hybridfahrzeuge gebaut werden sollen oder nicht

Das Leitbild trägt wesentlich zum **Erscheinungsbild** des Unternehmens in der Öffentlichkeit bei (Image). So kann es einer Firma nicht gleichgültig sein, ob sie in den Augen der Öffentlichkeit als umweltbewusster Betrieb oder als rücksichtsloser Umweltverschmutzer, als innovativer (für Neuerungen aufgeschlossener) oder aber als rückständiger Produzent, als sozialer oder als unsozialer Arbeitgeber erscheint.

Teilstrategien

Aus der **Grundstrategie** (Unternehmensstrategie) leiten sich **Teilstrategien** ab.

> Beispiele aus dem Verhalten gegenüber Kunden:
> – Wachstumsstrategie (neue Märkte erobern, Umsatzsteigerung erreichen)
> – Nischenstrategie (hochwertige oder spezielle Angebote in gesättigten Märkten)
> – Fokussierungsstrategie (Sortimentsbeschränkung, Rückbesinnung auf Kerngeschäft)
>
> Beispiele aus dem Verhalten gegenüber der Umwelt:
> – Nachhaltigkeitsstrategie (Erkennen ökologischer Probleme und Ergreifen von Massnahmen zur Vorbeugung)
> – Anpassungsstrategie (Anpassung an gesetzliche Vorschriften)

> Geben Sie in der Google-Suche die beiden Begriffe «Leitbild» und «Migros» ein: Sie finden ein modernes Leitbild. Ein Auszug daraus:
>
> «KUNDINNEN UND KUNDEN – UNSER ENGAGEMENT
> Wir bieten Qualitätsprodukte und -dienstleistungen zu günstigen Preisen an.»
>
> «MITARBEITERINNEN UND MITARBEITER – UNSER ENGAGEMENT
> Als vorbildliche Arbeitgeberin schaffen wir Voraussetzungen für ein motivierendes und leistungsorientiertes Arbeitsklima, das die besten Kräfte anzieht.»

Die Grundstrategie eines Unternehmens gibt Auskunft über die grundsätzliche Ausrichtung seiner Geschäftstätigkeit.

1. Welche **Bedürfnisse** wollen wir mit unseren Produkten oder Dienstleistungen befriedigen?

> Wollen wir als Reisebüro eher Privatkunden, die mit der Familie schöne Badeferien machen wollen, oder eher die Geschäftskunden (v. a. Fluggeschäft, Hotelreservationen) ansprechen? (Reisebüro)

2. Wie sollen Qualität, Preislage und Aussehen unserer **Produkte** oder Dienstleistungen sein?

> Billige Massenware oder Produkte für gehobenere Ansprüche? Legen wir Wert auf guten Kundenservice? (Möbelhaus)

3. Welches sind unsere grundlegenden Überlegungen zur **Finanzierung** des Unternehmens?

> Möchten wir als Eigentümer Einlagen erhöhen (Eigenkapital) oder nehmen wir bei unserer Hausbank ein Darlehen (Fremdkapital) auf, um ein Gästehaus (Hotel) bauen zu können?

4. Wie verhalten wir uns gegenüber **Marktpartnern** (Kunden, Lieferanten) und gegenüber dem **Staat**?

> Harte Konkurrenz oder Kooperation? (Handy-Netzanbieter)

5. Wie stellen wir uns gegenüber **gesellschaftlichen Anliegen**?

> Umweltschutz, Kulturförderung, Entwicklungshilfe, Sponsoring?

6. Wie sind wir gegenüber den Anliegen unserer **Mitarbeiter** eingestellt?

> Arbeitszeit, Art der Mitarbeiterführung, soziale Sicherung, Mitbestimmung, finanzielle Beteiligung?

Nach diesen Grundlagen richten sich die weiteren Einzelheiten des unternehmerischen Verhaltens, so die Unternehmenspolitik (Leitbild), das Unternehmenskonzept mit seinen Teilstrategien, die Führungsrichtlinien und weitere Hilfsmittel. Die Festlegung der Unternehmensstrategie und das Unternehmenskonzept sollen verhindern, dass einzelne Stellen im geschäftlichen Alltag kurzfristige Entscheide treffen, die den langfristigen Zielen des Unternehmens widersprechen und Schaden anrichten.

Da die Grundstrategie und das Leitbild nur Grundsätze, Absichten und Prioritäten enthalten, müssen die Einzelheiten dazu näher umschrieben werden, was oft in Form eines Unternehmenskonzeptes geschieht. Im folgenden Beispiel umfasst es drei Teile:

Leistungswirtschaftliches Konzept (Teilstrategie Leistung)
Die Ziele für die zu erstellenden Leistungen (Sach- oder Dienstleistungen), die dafür erforderlichen Mittel (Personal und Betriebsmittel) sowie die zum Erreichen der Ziele nötigen Verfahren (z. B. Massnahmen im Absatzbereich) werden festgelegt.

Finanzwirtschaftliches Konzept (Teilstrategie Finanzen)
Das Unternehmen setzt die finanziellen Ziele (z. B. Wirtschaftlichkeitsziele) fest, bestimmt das dafür nötige Kapital (Kapitalvolumen) sowie die finanziellen Massnahmen.

Soziales Konzept (Teilstrategie Soziales)
Die Ziele, die im gesellschaftlichen Bereich und bezüglich der Mitarbeiter erreicht werden sollen, werden definiert. Die dafür nötigen Mittel (Personal und Betriebsmittel) sowie die anzuwendenden Verfahren (Massnahmen) werden ermittelt.

Dabei nennt das Unternehmenskonzept jedes Mal ...

... die **Ziele**, die sich das Unternehmen setzt,
... die **Mittel**, die dafür zur Verfügung stehen müssen,
... und die **Verfahren**, nach denen man vorgehen muss, um das Ziel zu erreichen.

Die folgende Tabelle soll nur als Beispiel und Ergänzung zu unserem Unternehmensmodell dienen. Sie stellt keineswegs die einzig mögliche Lösung für ein Unternehmenskonzept dar. Die betriebswirtschaftlichen Probleme, auf die das Konzept eingeht, sind hier als Fragestellung formuliert. Weitere Beispiele dazu siehe Frage K 2.13.

Unternehmenskonzept

	Leistungswirtschaftliches Teilkonzept	Finanzwirtschaftliches Teilkonzept	Soziales Teilkonzept
Ziele Welche Ziele setzt sich das Unternehmen? (Vorgaben aus der Unternehmensstrategie)	**Produktziele** – Was produzieren? – Welches Absatzprogramm? – Wie viel? **Marktziele** – Auf welchem Markt absetzen? – Welchen Umsatz und welchen Marktanteil anstreben?	**Liquiditätsziele** – Welche Liquidität streben wir an? **Gewinnziele** – Wie hoch sollen Reingewinn, Cashflow-Marge, Rentabilität sein? **Wirtschaftlichkeitsziele** – Welche Produktivitätsziele wollen wir erreichen?	**Gesellschaftsbezogen Ziele** – Welche Umweltschäden vermeiden? **Mitarbeiterbezogene Ziele** – Förderung der Arbeitszufriedenheit? – Welche Sicherheiten wollen wir unseren Mitarbeitern geben (Einkommen, Arbeitsplatz, Altersvorsorge)?
Mittel Welche Ressourcen stehen dafür zur Verfügung?	**Personal** – Wie viel Personal mit welchen Qualifikationen? **Betriebsmittel** – Welche Gebäude, Maschinen, Werkzeuge, EDV-Anlagen verwenden wir?	**Kapitalbedarf** – Wie viel Kapital sehen wir vor? **Kapitalstruktur** – Wie viel Grundkapital, Fremdkapital, Reserven? – Wie setzt sich das Fremdkapital zusammen?	**Für die Gesellschaft** – Was setzen wir finanziell und personell ein? – Welche Materialien und Einrichtungen? **Für die Mitarbeiter** – Welche Einrichtungen (Ausbildungszentrum, Kantine, Sportanlagen usw.)?
Verfahren Welche Massnahmen sind für die Zielerreichung anzuwenden?	**Beschaffung** – Wie und wo Personal und Material beschaffen? **Produktionsverfahren** – Massen-, Serien- oder Einzelfertigung? **Absatzverfahren** – Welche Distributionswege benützen wir? – Marketingmix? **Organisation** – Wie Aufbau- und Ablauforganisation gestalten?	**Zahlungsbereitschaft** – Wie kontrollieren wir die Liquidität? **Gewinnverwendung** – Wie viel Gewinnausschüttung oder Selbstfinanzierung? **Wirtschaftlichkeit** – Wie die Wirtschaftlichkeit/Produktivität kontrollieren? **Finanzierung** – Wie beschaffen wir das Kapital? **Versicherung** – Welche Versicherungen wollen wir abschliessen?	**Gesellschaftsbezogen** – Wie verhalten wir uns gegenüber Öffentlichkeit und Staat? **Mitarbeiterbezogen** – Welche Richtlinien stellen wir für Mitwirkung, Information, Lohnpolitik, Beförderungen auf? **Organisation** – Wie organisieren wir uns und wie verhalten wir uns gegenüber den Mitarbeitern?

Anstelle eines Unternehmenskonzeptes wird in Theorie und Praxis vielfach auch mit einem **Business-plan** gearbeitet. Er enthält v. a. eine Risikoanalyse sowie Aussagen zur bisherigen und zukünftigen Entwicklung des Unternehmens, zu den Produkten und Dienstleistungen, zum Markt und den Kunden, zur Konkurrenz und zum Marketing. Er ist ein wichtiges Führungsinstrument und wird entworfen, wenn es darum geht, einen Geschäftspartner zu suchen, einen Kredit zu beschaffen oder ein Unternehmen zu verkaufen.

Businessplan

K 2.7 Vor allem grosse Unternehmen wollen der Öffentlichkeit die grundlegenden Ziele ihrer Geschäftstätigkeit zeigen. Dazu werden häufig Grundzüge aus der Unternehmensstrategie verwendet, gekürzt und in etwas allgemeinerer Form dargestellt. Wie nennt man diese Darstellung?

Kontrollfragen

K 2.8 Welches ist der Hauptunterschied zwischen Grundstrategie und Leitbild des Unternehmens?

K 2.9 Warum können Strategie und Leitbild nicht ständig geändert werden?

K 2.10 Nennen Sie stichwortartig mindestens drei Fragen, die in der Grundstrategie beantwortet sein können.

K 2.11 Nennen Sie mindestens drei Teilstrategien.

K 2.12 Was ist das charakteristische Merkmal einer Unternehmensstrategie und des Leitbildes im Gegensatz zu den laufenden Entscheidungen des Managements?

K 2.13 In welches Feld unserer Tabelle würden Sie die folgenden Teile eines Unternehmenskonzeptes einordnen? Setzen Sie die Buchstaben in das entsprechende Feld.

	L	F	S
Z			
M			
V			

    a) Welches Verhältnis Ertrag/Aufwand streben wir an?
    b) Welche Mitarbeiter (mit welchen Fähigkeiten) wollen wir einstellen?
    c) Stellen wir alle unsere Produkte selbst her oder sehen wir auch Fremdfertigung vor?
    d) Wollen wir die Arbeit in unserem Betrieb weiter humanisieren, d. h. möglichst menschenfreundlich gestalten?
    e) Nach welchen Regeln setzen wir die Preise unserer Produkte fest?
    f) Wie viel Umsatz wollen wir in den nächsten Jahren anstreben?
    g) Welche Auswirkung hätte es auf den Kapitalbedarf, wenn wir teilweise Fremdfertigung planen?
    h) Brauchen wir eine betriebsinterne Cafeteria für unsere Angestellten?
    i) Wer soll die Cafeteria betreiben, ein externes Catering-Unternehmen mit einem Leistungsauftrag oder eigene Mitarbeitende?
    j) Um wie viel kann die betriebliche Versicherung bei Fremdanfertigungen reduziert werden?

K 2.14 Ergänzen Sie den folgenden Lückentext mit den richtigen Begriffen.

Das Unternehmenskonzept umfasst die Ziele _____ und Verfahren in

den drei Bereichen Leistung, _____ und _____ .

Das Unternehmen muss ständig darum bemüht sein, die Wünsche der verschiedenen

Anspruchsgruppen zu erfüllen. Neben dem Staat, den Kapitalgebern, der Konkurrenz und

der Öffentlichkeit gibt es noch folgende wesentliche Anspruchsgruppen:

_____ , _____ und _____ . Für das Un-

ternehmen besteht dann ein _____ , wenn die Lösung eines unternehme-

rischen Problems die Erreichung eines anderen Ziels behindert oder gar verunmöglicht.

→ **Aufgaben**
12, 13, 14, 15, 16

2.3 Auf den Punkt gebracht

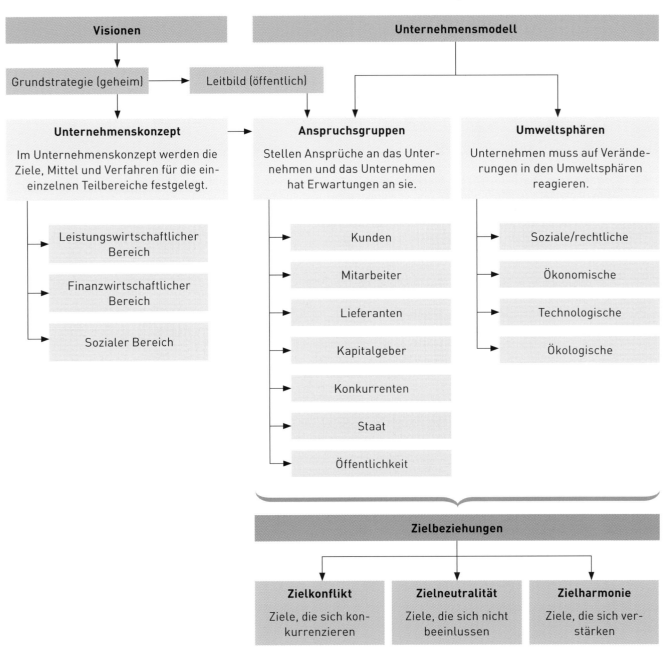

Unternehmensziele

- Gewinnmaximierung
- Dauernde Erhaltung des Unternehmens
- Soziale Ziele
- Ökologische Ziele

Visionen

- Grundstrategie (geheim) → Leitbild (öffentlich)

Unternehmensmodell

Unternehmenskonzept

Im Unternehmenskonzept werden die Ziele, Mittel und Verfahren für die einzelnen Teilbereiche festgelegt.

- Leistungswirtschaftlicher Bereich
- Finanzwirtschaftlicher Bereich
- Sozialer Bereich

Anspruchsgruppen

Stellen Ansprüche an das Unternehmen und das Unternehmen hat Erwartungen an sie.

- Kunden
- Mitarbeiter
- Lieferanten
- Kapitalgeber
- Konkurrenten
- Staat
- Öffentlichkeit

Umweltsphären

Unternehmen muss auf Veränderungen in den Umweltsphären reagieren.

- Soziale/rechtliche
- Ökonomische
- Technologische
- Ökologische

Zielbeziehungen

Zielkonflikt

Ziele, die sich konkurrenzieren

Zielneutralität

Ziele, die sich nicht beeinlussen

Zielharmonie

Ziele, die sich verstärken

info@klv.ch

Aufgaben zu Kapitel 2

1. **Veränderungen in der ökonomischen Umweltsphäre**
   In früheren Zeiten ging es bei uns vorwiegend um die Befriedigung von Existenzbedürfnissen, während soziale und kulturelle Bedürfnisse nicht dominant waren. Folgende Gründe können für die Vernachlässigung nicht wirtschaftlicher Ziele genannt werden:
   - Grosse Nachfrage nach Gütern und Dienstleistungen, selten Marktsättigung;
   - genügend Arbeitskräfte mit gutem Arbeitseinsatz (und langer täglicher Arbeitszeit);
   - viele offene Rationalisierungsmöglichkeiten, deren Durchführung eine Erhöhung der Löhne und Gewinne erlaubt, z. B. durch Erfindungen, Mechanisierung und Automatisierung;
   - geringe Anforderungen an das Unternehmen vonseiten der Gesellschaft, des Staates und der Mitarbeiter.

   a) Geben Sie an, inwiefern die oben genannten Gründe heute nicht mehr gelten.

      – Heute vielfach Sättigung des Marktes, begrenztes Aufnahmevermögen, Überkapazitäten;

      – gut ausgebildete Arbeitskräfte oft knapp, dadurch stärkere Position der Arbeitnehmer;

      – wirtschaftliches Wachstum mit Erhöhung von Löhnen und Gewinnen oft gebremst, dadurch

      Verteilungskämpfe;

      – wesentlich erhöhte Anforderungen der Umwelt (Gesellschaft, Staat, Mitarbeiter) an die

      Unternehmen.

   b) Die einseitig ökonomische Ausrichtung früherer Unternehmensziele hat in der modernen Industriegesellschaft zu vielen Fehlentwicklungen geführt. Versuchen Sie, solche aufzuführen und zu erklären.

      – Vernachlässigung der Arbeitsbedingungen der Mitarbeiter (ungesunde und unfallgefährdete

      Arbeitsplätze, lange Arbeitszeiten, Kinderarbeit usw.);

      – ungenügende soziale Sicherheit, z. B. bei Verlust der Erwerbsfähigkeit;

      – ungenügende Identifikation der Mitarbeiter mit dem Unternehmen mangels Information

      und Mitwirkungsmöglichkeiten;

      – fehlende Möglichkeiten der Weiterbildung und Freizeitgestaltung;

      – geringe Rücksichtnahme auf die Umwelt, besonders in sozialer und ökologischer Hinsicht.

2. Entwicklungen ausserhalb des Unternehmens können sich auf die Geschäftstätigkeit auswirken. Nennen Sie für die folgenden Beispiele die jeweils angesprochene **Umweltsphäre eines Waschmittelherstellers.**

    a) Die **kürzlichen Zinserhöhungen** haben die Kredite verteuert, weshalb wir die Betriebserweiterung unserer Fabrikhalle zurückstellen mussten.

        Ökonomische Umweltsphäre

    b) **Neue Produktionsanlagen** erlauben eine schnellere Produktion unserer Waschmittel. Wir können damit mehr und schneller produzieren. Dies dürfte sich positiv auf unsere Kostensituation auswirken.

        Technologische Umweltsphäre

    c) Die **Einstellung grosser Bevölkerungskreise** gegenüber umweltschädigenden Weissmachern und Phosphaten wird zunehmend kritischer. Wir spüren einen Absatzrückgang bei unseren Waschmitteln, die diese Stoffe enthalten.

        Gesellschaftliche Umweltsphäre

3. Ordnen Sie die folgenden fett geschriebenen Aussagen einer Umweltsphäre zu.

		Umweltsphäre
a)	Eine Spedition beobachtet, dass die Exporte aufgrund des **schlechten Euro-Kurses** zurückgehen.	Ökonomische Umweltsphäre
b)	Die Nachfrage nach Ölheizungen nimmt ab, weil der CO_2-Ausstoss **die Atmosphäre** belastet.	Ökologische Umweltsphäre
c)	Die Kunden einer Bank wollen grössere Kredite aufnehmen, weil **das Zinsniveau** sinkt.	Ökonomische Umweltsphäre
d)	Wegen der Gleichberechtigung wollen immer mehr Mütter nur **eine kurze Babypause** nach der Geburt eines Kindes einlegen.	Gesellschaftliche Umweltsphäre
e)	Der Nationalrat hat **das Mehrwertsteuergesetz geändert,** aber nicht den Einheitssteuersatz eingeführt.	Gesellschaftliche (rechtliche) Umweltsphäre
f)	Die Basler Regierung plant, im nächsten Jahr 5000 m² **Solarzellen der neuesten Generation** zu installieren.	Technologische Umweltsphäre

4. Nennen Sie zwei bis drei aktuelle Probleme aus jeder Umweltsphäre und beurteilen Sie sie.

    Individuelle Lösungen

    Stichworte: Bevölkerungszusammensetzung, neue Gesetze/Verfassungsartikel, Leitzinsentscheide, Arbeitslosenquoten, Inflation, neue Technologien, Umweltereignisse

5. Was sind die **Ansprüche** (je ein oder zwei Stichworte), die die folgenden Personengruppen oder Institutionen an ein Unternehmen stellen?

a)	Eigentümer (Eigenkapitalgeber)	Angemessene Rendite, Vermögenszuwachs
b)	Fremdkapitalgeber	Guter Zins, Sicherung ihrer Guthaben, Rückzahlung
c)	Arbeitnehmer und ihre Organisationen	Gute Entlöhnung, Sicherheit des Arbeitsplatzes, betriebliche Mitwirkung
d)	Arbeitgeberorganisationen	Zusammenarbeit, loyales Verhalten
e)	Kunden	Qualitativ hochstehende, preisgünstige und umweltgerechte Produkte und Dienstleistungen
f)	Lieferanten	Rasche und sichere Zahlung, regelmässige Folgeaufträge
g)	Konkurrenten	Faires Verhalten, kein unlauterer Wettbewerb
h)	Lokales Gemeinwesen	Steuereinnahmen, Anteilnahme an der regionalen und lokalen Politik, Sicherung/Ausbau Arbeitsplätze
i)	Gesamtstaat	Steuereinnahmen, Verhalten im Sinn der politischen und wirtschaftlichen Ziele des Staates, Beitrag zur wirtschaftlichen Stabilität

6. Welche Erwartungen (je ein oder zwei Stichworte) stellt das Unternehmen an die folgenden Anspruchsgruppen?

	Anspruchsgruppen	Erwartungen
a)	Kunden	Pünktliche Zahlung
b)	Lieferanten	Einwandfreie Qualität, pünktliche Lieferung
c)	Mitarbeiter	Engagement, Flexibilität
d)	Konkurrenz	Faires Verhalten, politische Kooperation
e)	Kapitalgeber	Neues Kapital, faire Bedingungen
f)	Staat	Intakte Infrastruktur, gute Rahmenbedingungen
g)	Öffentlichkeit	Faire Darstellung in den Medien

7. **Rolle als Lernende**

Denken Sie über **Ihre Rolle als Lernende/r in Ihrer Schule** nach. Sie sehen sich mit Ansprüchen von «verschiedenen Seiten» konfrontiert. Vielleicht macht es Ihnen Spass, mit vielen Personen zu kommunizieren, manchmal fühlen Sie sich aber auch überfordert.

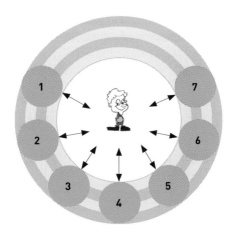

a) Welche Personengruppen (= **Anspruchsgruppen, Stakeholder**) erwarten etwas von Ihnen?
b) Was erwarten diese Gruppen genau von Ihnen? Nennen Sie jeweils Beispiele.
c) Was wünschen Sie sich von diesen Gruppen? Nennen Sie ebenfalls Beispiele.

	a) Anspruchsgruppen	b) Die Erwartungen der Anspruchsgruppen an Sie	c) Ihre Wünsche an die Anspruchsgruppen
1	Mitschülerinnen und Mitschüler	Solidarität, Hilfe bei schulischen Fragen	Solidarität, Hilfe bei schulischen Fragen
2	Klassenlehrperson	konstruktiver Teil der Klasse, Solidarität, sich an Klassenregeln/-abmachungen halten	gute Klassenführung, Beratungen
3	Fachlehrpersonen	aktive Mitarbeit im Unterricht, Engagement, positive Leistungsentwicklung	gute Erklärungen, angemessene Prüfungen, Vorbereitung auf Abschlussprüfungen
4	Freundinnen und Freunde	Freizeit zusammen verbringen, Zuhören, sich austauschen	Freizeit zusammen verbringen, Zuhören, sich austauschen
5	Eltern	Mithilfe im Haushalt, evtl. finanzieller Beitrag an das Familienbudget	Verständnis für die kleineren und grösseren Probleme
6	Verein	regelmässiger Besuch der Anlässe, Mithilfe, Bezahlung Mitgliederbeiträge	interessante Angebote für Freizeitgestaltung
7	weitere ...	(...)	(...)

Die Menschen stehen in vielfältigen **Beziehungen zu anderen Menschen**. Einzelne andere Menschen oder Gruppen von Menschen haben gegenüber anderen **Ansprüche** – und umgekehrt: Jeder hat selber **Erwartungen** gegenüber dem Verhalten anderer Menschen.

info@klv.ch

8. **Ein Statement zur Diskussion**
«Warum ist es gut oder warum ist es verwerflich, wenn ich Schnittblumen kaufe, die in Mittelamerika in Gewächshäusern auf Blumenplantagen gezogen wurden? Die Blumen machen mir Freude. Allerdings sind die Blumen pestizidgesättigt und in einer vergifteten Umgebung von Arbeitern kultiviert und gepflückt worden. Viele der Arbeiter tragen deshalb üble Gesundheitsschäden davon. Ohne die Blumenkultur hätten die angestellten Mittelamerikaner keinen Verdienst, vermutlich gar keine Arbeit. Der sehr kostengünstige Transport im Flugzeug nach Europa dient der Auslastung der Flugzeuge auf dem Rückweg nach Europa. Leer zu fliegen wäre absurd. Dass einige Abgase in die Atmosphäre gehen, nehme ich hin. Die Blumen sind schön. Ich stelle sie in meiner guten Stube ohne schlechtes Gewissen auf, denn sie sind ja schon längst gespritzt und gepflegt; die Leute sind schon krank, die Flugzeuge geflogen. Ich verschlimmere ja nichts, ich handle auch keinem Gesetz zuwider.»

a) Halten Sie sich vorerst im Urteilen über gut/schlecht zurück und ergänzen Sie das **Netzwerk der Anspruchsgruppen** in Mittelamerika, Europa mit ihren Beziehungen.
   Europa: Blumenkäufer, Transporteur und deren Mitarbeiter, der Verein «Pro 3. Welt» (eine NGO [Non-Governmental Organisation], die sich u. a. für gute Arbeitsverhältnisse in der sogenannten Dritten Welt einsetzt), Staat als Gesetzgeber
   Mittelamerika: Arbeiter im Gewächshaus, Eigentümer der Blumenplantagen, Staat als Gesetzgeber

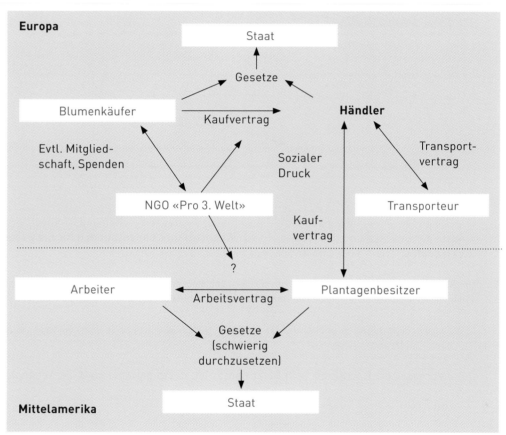

b) Diskutieren Sie das Für und Wider eines persönlichen Boykotts solcher Blumen und halten Sie einige Gedanken fest.

Pro Boykott

Ich selbst bin nicht mehr mitschuldig an der Schädigung der Arbeiterinnen in Mittelamerika.

Die fehlende Nachfrage zwingt die Plantagenbesitzer zur Verbesserung der Arbeitsverhältnisse.

Kontra Boykott

Den Arbeitern wird auf diese Weise der Arbeitsplatz zerstört. Das will ich auch nicht. Die anderen Nachfrager machen beim Boykott nicht mit. Da nützt mein Rückzug nichts.

9. **Feedback-Diagramm**

ABB ist schon jetzt die grösste Anbieterin von Schnellladestationen für Elektroautos. Jetzt will sie den Milliardenmarkt im grossen Stil aufrollen. In der Schweiz laufen Gespräche mit Migros und Coop.

Seit Sommer baut ABB in den Niederlanden das weltgrösste Tanknetz für Elektroautos. An mehr als zweihundert Tankstellen an den Autobahnen können die Kunden künftig innert 15 bis 30 Minuten ihr Elektroauto aufladen. ABB liefert für diese Schnellladestationen die Ladegeräte. Weltweit hat sie bereits rund tausend Stromtankstellen damit ausgerüstet.

Nun hat der Industriekonzern Hunger auf mehr. Im nächsten Jahr will er die wirklich grossen Märkte erobern. Oberste Priorität hat China.

«Der Markteintritt in China ist für 2014 geplant», sagt Hans Streng, Leiter des Elektro-Tankstellengeschäfts bei ABB. «China wird zum ganz grossen Markt.» Zu den möglichen Anbietern von Stromtankstellen gehören bestehende Tankstellen, Supermärkte und Flughäfen. «Das Volumen ist enorm», so Streng. «Da geht es nicht um Hunderte Ladestationen, sondern um Tausende, oder sogar mehr.»

© *Peter Burkhardt, Schweiz am Sonntag, 14.12.13*

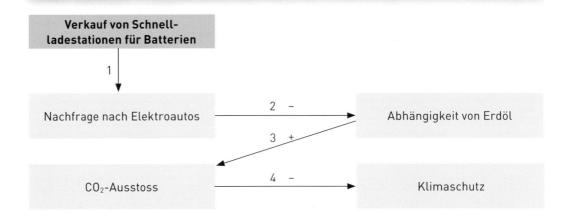

Beurteilen Sie anhand des Feedback-Diagrammes die ökonomischen und ökologischen Auswirkungen der Realisierung des Netzwerks für **Wechsel- und Ladestationen für die Batterien von Elektroautos.** Zwei Pfeile sind im Diagramm oben noch einzutragen.

Setzen Sie auch ein «+» oder «–», um die Art der Beziehung zu kennzeichnen. Gleichgerichtete Wirkungen sind mit einem Pluszeichen, entgegengerichtete mit einem Minuszeichen zu versehen.

1. *Je mehr Schnellladestationen für Batterien eingerichtet werden, desto mehr wird die Nachfrage nach Elektroautos steigen.*

2. Je grösser die Nachfrage nach Elektroautos ist, desto geringer wird die Abhängigkeit vom

   Erdöl sein.

3. Je geringer die Abhängigkeit von Erdöl ist, desto geringer wird der CO_2-Ausstoss sein.

4. Je geringer der CO_2-Ausstoss sein wird, desto besser wird das Klima geschützt.

info@klv.ch

10. Suchen Sie einen **Zielkonflikt,** der in einem Unternehmen entstehen kann ...

a) aus der ökonomischen und der ökologischen Umweltsphäre.

Ökonomisch gesehen sind Kunststoffe oft kostengünstig, ökologisch hingegen für die Umwelt

eine Belastung (z. B. Verpackungen).

b) aus der ökonomischen und der gesellschaftlichen Umweltsphäre.

Niedrige Arbeitslöhne wären für die Produktion ökonomisch erwünscht, sozial jedoch nach-

teilig.

c) aus der ökonomischen und der technologischen Umweltsphäre.

Oft ist ein Produktionsproblem technisch lösbar geworden (z. B. durch eine Erfindung), ist aber

unwirtschaftlich, weil es zu teuer ist.

d) aus der gesellschaftlichen und der ökologischen Umweltsphäre.

Ein Unternehmen sollte die umweltbelastende Produktion (Abgase, Lärm, Minderung des Er-

holungswertes der Landschaft) in einem Seitental aufgeben, zögert aber, weil die sozialen

Auswirkungen (Verlust der Arbeitsplätze in der Gegend) negativ sind.

e) aus der gesellschaftlichen und der technologischen Umweltsphäre.

Technisch bringt die Automatisierung und Zerlegung eines Produktionsablaufes und die «Ro-

boterisierung» Vorteile, sozial hingegen oft Nachteile (Eintönigkeit der Arbeit, Verlust von Ar-

beitsplätzen).

f) aus der technologischen und der ökologischen Umweltsphäre.

Oft ist die technische Verbesserung eines Produkts (z. B. Waschmittel) möglich, aber nur auf

Kosten der Umweltbelastung (Abwasser).

11. Kreuzen Sie die richtigen bzw. falschen Aussagen an (mit Begründung bei den falschen Aussagen).

		R	F
a)	Beispiel für eine Zielharmonie: Die Lieferanten wünschen sich regelmässige Bestellungen. Die Kunden möchten lange Öffnungszeiten. Begründung: Beispiel für Zielneutralität (= Zielindifferrenz)		✖
b)	Lieferanten wünschen sich grosse Bestellmengen, die aber beim Kunden zu hohen Lagerkosten führen. Begründung:	✖	
c)	Zielindifferenz bedeutet, dass das Erreichen eines Zieles das andere Ziel nur in geringem Ausmass beeinflusst. Begründung: Das andere Ziel wird gar nicht beeinflusst.		✖
d)	Zielbeziehungen sind verschieden ausgeprägt. Man unterscheidet Zielindifferenz, -harmonie und -konflikt. Begründung:	✖	
e)	Die gesellschaftliche Umweltsphäre umfasst Werthaltungen und die Entwicklung des Geldwertes. Begründung: Entwicklung des Geldwertes zählt zur ökonomischen Sphäre.		✖
f)	Die ökonomische Umweltsphäre umfasst die wirtschaftlichen Beziehungen zum Ausland, den inländischen Arbeitsmarkt usw. Begründung:	✖	

info@klv.ch

12. Lesen Sie die beiden **Leitbilder**. Sie stammen aus zwei verschiedenen Unternehmen. Beantworten Sie die unten stehenden Fragen.

Leitbild 1

Ein besserer Alltag

Die **FANTASIA AG** Geschäftsidee besteht darin, ein breites Absatzprogramm formschöner und funktionsgerechter Einrichtungsgegenstände zu Preisen anzubieten, die so günstig sind, dass möglichst viele Menschen sie sich leisten können.

Meistens sind schöne Einrichtungsgegenstände nur einem kleinen Kreis Wohlhabender vorbehalten. Von Anfang an ist FANTASIA AG einen anderen Weg gegangen. Wir haben uns auf die Seite der vielen Menschen gestellt.

Wir haben uns auf die Einrichtungswünsche von Menschen in der ganzen Welt eingestellt. Menschen mit unterschiedlichen Bedürfnissen, Vorlieben, Träumen, Ansprüchen und Geldbeuteln. Menschen, die ihr Zuhause verschönern und damit einen besseren Alltag schaffen möchten.

Es ist leicht, schöne, aber teure Möbel zu entwerfen. Schwieriger hingegen ist es, schöne und qualitativ hochwertige Möbel herzustellen, die nicht viel kosten. Das bedarf eines anderen Ansatzes: Einfache Lösungen finden, sparen und knausern – nur nicht an Ideen!

Das können wir nicht alleine. Unser Geschäft basiert auf der Partnerschaft mit unseren Kunden. Zuerst leisten wir unseren Teil: Unsere Designer tüfteln mit den Herstellern zusammen Möglichkeiten aus, wie existierende Produktionsprozesse für die Herstellung unserer Möbel genutzt werden können. Dann suchen unsere Einkäufer in der ganzen Welt nach guten Lieferanten und passenden Preisen für die Rohmaterialien. Schliesslich kaufen wir in grossen Mengen ein, um die besten Konditionen zu erhalten – und Sie die niedrigsten Preise.

Dann machen Sie Ihren Teil: Sie schauen den FANTASIA AG Katalog durch und besuchen eines unserer Einrichtungshäuser. Dort wählen Sie den gewünschten Artikel aus, transportieren ihn selbst nach Hause und montieren ihn dort. Deshalb zahlen Sie für nichts, was Sie nicht selber machen können. So sparen Sie Geld für einen besseren Alltag!

Leitbild 2

Unsere Aufgabe ist es, innovative Produkte zu entdecken, zu entwickeln und erfolgreich zu vermarkten, damit Krankheiten geheilt, Leiden gemildert und die Lebensqualität kranker Menschen verbessert werden können. Ausserdem wollen wir – **NOUVELLE S. A.** – eine unseren hervorragenden Leistungen entsprechende Aktionärsrendite erzielen und alle jene angemessen entschädigen, die Ideen und Arbeit in unser Unternehmen investieren.

Es ist uns ein Anliegen, das Leben vieler Menschen mit unseren Produkten positiv zu beeinflussen, Bedürfnisse zu befriedigen und die Erwartungen unserer Ansprechpartner sogar zu übertreffen. Wir streben ein nachhaltiges Wachstum unserer Erträge und eine Position unter den Besten unserer Branche an und setzen alles daran, den langfristigen Erfolg unserer Geschäftstätigkeit sicherzustellen. Wir möchten uns den Ruf eines Arbeitgebers erwerben, der Menschen faszinierende Tätigkeiten anbietet, in denen sie ihre beruflichen Ambitionen verwirklichen können. Wir sind bemüht, ein motivierendes Arbeitsumfeld zu schaffen, in dem Kreativität und Effizienz gefördert und die modernsten Technologien angewandt werden. Ausserdem haben wir uns zum Ziel gesetzt, mit unserer Wirtschaftstätigkeit, der positiven sozialen und ökologischen Wirkungen unserer Produkte und einem offenen Dialog einen gesellschaftlichen Beitrag zu leisten.

		«FANTASIA AG»	«NOUVELLE S. A.»
a)	In welchem Wirtschaftssektor ist das Unternehmen tätig?	Sekundärer Sektor (Design von Möbeln) Tertiärer Sektor (Einrichtungshäuser)	Sekundärer Sektor (Produktion von Medikamenten)
b)	In welcher Branche ist es tätig?	Warenhandel	Pharma
c)	Welche Anspruchsgruppen werden genannt?	Kunden, Mitarbeiter, Lieferanten	Kunden, Kapitalgeber (Aktionäre), Mitarbeiter
d)	Um welches bekannte Unternehmen könnte es sich handeln?	Ikea	Novartis

13. **Unternehmensstrategie und -leitbild**

Ordnen Sie die folgenden Ausschnitte den Fragen 1 bis 6 auf Seite 46 zu, indem Sie beispielsweise angeben: 1 und 2, usw.

	Beispiele aus Grundstrategien und Leitbildern verschiedener Unternehmen (Ausschnitte):	
a)	Die Stärke unseres Unternehmens liegt im jederzeit kurzfristig möglichen Einsatz von Maschinen und Personal bei hoher Qualität der Auftragserfüllung (Bauunternehmen).	1 und 2
b)	In den nächsten fünf Jahren werden nur Investitionen im Rahmen der Eigenfinanzierungsmöglichkeiten vorgenommen (Bauunternehmen).	3
c)	Unser Unternehmen unterstützt Aktivitäten von ideellen Gruppierungen, die eine Stärkung der schweizerischen Demokratie und der Landesverteidigung bezwecken. Sie pflegt bewusst die Sozialpartnerschaft. Dazu entwickelt sie Regeln für Mitwirkungsrechte der Mitarbeiter. Sie unterstützt die Übernahme von politischen Ämtern durch grosszügige vertragliche Regelungen (Bauunternehmen).	5 und 6
d)	Wir bemühen uns um gute Zusammenarbeit mit den Behörden und anderen öffentlichen Institutionen (Hilti AG, Schaan).	4 und 5
e)	Mit den Lieferanten, Lizenzgebern und Produktionsbetrieben streben wir eine von gegenseitigem Verständnis getragene, offene und dauerhafte Zusammenarbeit an. Im Wettbewerb sind wir gegenüber der freien Konkurrenz – im Rahmen der freien Marktwirtschaft – konsequent, aber fair (Ex Libris Verlag/Buchhandlung).	4
f)	In den nächsten fünf Jahren wird unser Unternehmen auf beträchtliche Fremdfinanzierung angewiesen sein. Dabei ist auf eine grösstmögliche Unabhängigkeit zu achten. Der Gewinn ist für die Selbstfinanzierung reserviert (Informatik/Softwarehaus).	3
g)	Individuelle und persönliche Beratung jedes Kunden ist uns ein wichtiges Anliegen. Wir empfangen den Kunden unverzüglich, beraten ihn umfassend und wickeln seine Geschäfte rasch und einfach ab (Gewerbekasse in Bern).	2 und 4
h)	Wir wollen verantwortungsbewusst und zuverlässig sein. Unsere Marke Lindt geniesst den Ruf der besten Chocolade der Welt. Jeder Mitarbeiter in seiner Tätigkeit trägt mit an der Verantwortung dafür, dass dies stets so bleibt (Schokoladefabrik).	2
i)	Wir wollen in allen Führungstätigkeiten die menschlichen Werte einbeziehen. Durch Delegieren von Kompetenzen und Vorgeben von Zielsetzungen streben wir eine ergebnisorientierte Personalführung an. Wir fördern teamorientierten Führungsstil und die Eigeninitiative (Bundesamt für Betriebe des Heeres).	6
j)	Unsere AG hat zum Zweck, qualitativ hochstehende Information über Politik, Wirtschaft und Kultur auf regionaler, nationaler und internationaler Ebene zu vermitteln und klare liberale Standpunkte zu den grossen Fragen und Herausforderungen unserer Zeit darzulegen (Neue Zürcher Zeitung).	1 und 2

(Teilweise sind bei Betonung eines speziellen Aspektes auch andere Lösungen denkbar.)

14. Welche der folgenden Aussagen sind richtig? Mit Begründung bei den falschen Sätzen.

		R	F
a)	Interessen- und Zielkonflikte entstehen dadurch, dass sich widersprechende Ansprüche der Umwelt an das Unternehmen gestellt werden. Begründung: _____	✘	
b)	Es ist üblich, dass ein Unternehmen seine Grundstrategie und sein Leitbild veröffentlicht. Begründung: Stimmt nur für das Leitbild.		✘
c)	Gewinnmaximierung ist das oberste Ziel eines Unternehmens, das auf dauernde Erhaltung ausgerichtet ist. Begründung: Heute spielen auch soziale und ökologische Ziele eine grosse Rolle.		✘
d)	Ein wichtiger Teil des Umweltschutzes gilt heute der Schonung der Ressourcen. Begründung: _____	✘	
e)	Die Wettbewerbsstrategie eines Unternehmens ist seine Grundstrategie Begründung: Sie ist eine Teilstrategie oder nur ein Teil der Grundstrategie.		✘
f)	Soziale Ziele eines Unternehmens sind zum Beispiel: gerechte Entlöhnung, Sicherheit der Arbeitsplätze, gute Arbeitsbedingungen und Unterstützung bei der Freizeitgestaltung der Mitarbeiter. Begründung: _____	✘	
g)	Das Verursacherprinzip führt dazu, dass auf die Umwelt immer weniger Rücksicht genommen wirdt. Begründung: Das Gegenteil ist richtig, weil dann der Verursacher eines Schadens auch die Kosten zu tragen hat, wodurch Schäden eher vermieden werden.		✘
h)	Grundstrategie und Leitbild eines Unternehmens sollen laufend modernisiert und à jour gehalten werden. Begründung: Sie sind langfristig ausgerichtet (auf mehrere Jahre).		✘

15. Ordnen Sie die *fett und kursiv* gedruckten Aussagen dem Unternehmenskonzept zu, indem Sie die Ziffern eintragen.

a) Emilio Sanchez möchte sein Glück mit einem Glacéstand versuchen. Er möchte ihn in guter Passantenlage aufstellen und fünf Monate im Jahr betreiben. Im ersten Jahr will er alleine etwa acht Stunden täglich an sechs Tagen in der Woche den Stand geöffnet halten, wenn das Wetter mitspielt. Er hat sich das folgende Konzept ausgedacht: Um den Stand in der gewünschten Lage aufstellen zu dürfen, hat sich Emilio bei der Stadtverwaltung die erforderliche Bewilligung beschafft. Er will selber *zu Hause* mit Unterstützung seiner Freundin mehrere feine Glacésorten *herstellen (1)*. Für die Anschaffung des *Standes (2)* und den Einkauf von hochwertigen Zutaten kalkuliert er *CHF 12 000.00 (3)*. Das nötige *Kapital will er sich bei einer Bank beschaffen (4)*. Er hofft, *pro Tag durchschnittlich 250 Kunden (5)* bedienen zu können, und glaubt, dass er *schon im ersten Jahr genügend Gewinn erzielen (6)* wird, um einen Teil des Darlehens zurückzahlen und anständig leben zu können.

b) Die Leitung einer Berufsschule denkt über die Entwicklung des Kursangebotes nach. Man möchte zusätzliche zeitgemässe Lehrgänge in der beruflichen Weiterbildung anbieten, die bisher in einem Umkreis von 40 km nicht offeriert werden. Deshalb überlegt man, mit welchen Lehrgängen an die Öffentlichkeit getreten werden soll. Weitere Abklärungen haben ergeben, dass die Ausbildung in der Personalwirtschaft ausgebaut werden sollte. Die Schulleitung stellt deshalb das folgende Konzept auf: Als erster neuer *Lehrgang* soll die *Ausbildung zum Projektleiter/-in SIZ (1)* ausgeschrieben werden. Die *Finanzierung wird je zur Hälfte durch Kursgelder und durch Subventionen des Kantons sichergestellt (2)*. Als *Lehrpersonen* sollen in den fachspezifischen Fächern ausschliesslich Persönlichkeiten mit *mindestens 3-jähriger Berufserfahrung* eingesetzt werden, während in allgemeinbildenden Fächern bewährte *Lehrpersonen aus dem Stammpersonal der Schule (3)* geworben werden sollen. *Die zuerst genannten Lehrpersonen sollen durch Inserate in der NZZ (4)* und durch bestehende Kontakte zu führenden Unternehmen der Agglomeration gewonnen werden. *Den Lehrpersonen sollen gute Arbeitsbedingungen geboten werden (5)*. Deshalb wird das Lehrerzimmer in den Sommerferien renoviert und mit *neuem Mobiliar (6)* ausgestattet. Bei der Auswahl der Möbel *darf die Lehrerschaft mitbestimmen und soll deshalb eine Kommission bilden (7)*. Die Kursräume werden durch *Beamer und Visualizer (8)* auf einen neuen technischen Stand gebracht.

a)	L	F	S
Z	5	6	
M	2	3	
V	1	4	

b)	L	F	S
Z	1		5
M	3, 8		6
V	4	2	7

16. Ein Warenhaus kann wiederholt die selbst gesteckten Umsatzziele nicht erreichen. Es analysiert die **Veränderungen in der Umwelt** (fett gedruckt) und überlegt sich Massnahmen (Verfahren), um wieder eine stärkere Position auf dem Markt zu erlangen.

a) Eine Marktstudie ergibt, dass die Kunden sowohl bei Kleidung als auch bei Lebensmitteln **vermehrt umweltverträgliche Waren kaufen** wollen.

b) Die **Gesetzgebung** ermöglicht längere Ladenöffnungszeiten.

c) Auf einer Messe werden **neuartige Regalsysteme** ausgestellt, die die Ware vorteilhafter zur Schau stellen als bisher und dem Kunden einen leichten Zugriff ermöglichen.

d) Das Personal ist über die **schleppende Konjunkturentwicklung** beunruhigt und befürchtet Entlassungen.

e) Das **Zinsniveau** verharrte relativ lange auf einem niedrigen Niveau, jedoch zeichnet sich **eine Trendwende zu höheren Zinsen ab.** Der Finanzchef überlegt, ob auf niedrig belehnten Liegenschaften Festhypotheken mit längerer Laufzeit aufgenommen werden sollen.

	Welche **Umweltsphäre** ist betroffen?	Welche **Massnahmen (Verfahren)** könnte das Warenhaus umsetzen (anwenden)?	Zu welchem **Bereich des Unternehmenskonzeptes** gehören die Massnahmen?
a)	Ökonomische Umweltsphäre	Verhandlungen mit Landwirten und Textilproduzenten, um den steigenden Bedarf von ökologisch einwandfreier Ware abdecken zu können.	Leistungswirtschaftlicher Bereich
b)	Gesellschaftliche Umweltsphäre	Prüfung, ob längere Öffnungszeiten von den Kunden gewünscht werden. Erfahrungsaustausch mit Betrieben in anderen Städten. Verhandlungen mit Personal über Arbeitszeitregelungen.	Leistungswirtschaftlicher Bereich Sozialer Bereich
c)	Technologische Umweltsphäre	Offerte erstellen lassen; eventuell zunächst nur in einer Abteilung des Kaufhauses Regale installieren und im Alltag testen lassen.	Leistungswirtschaftlicher Bereich (Die Regale sind «Mittel», die übrigen geschilderten Tätigkeiten sind «Verfahren»).
d)	Ökonomische Umweltsphäre	Gespräche mit Personalvertretern, in denen die Absichten der Geschäftsleitung erläutert werden. Eventuell Regelungen über Personalabbau vereinbaren (Sozialplan).	Sozialer Bereich
e)	Ökonomische Umweltsphäre	Verhandlungen mit Banken anhand von Businessplänen, die den Kapitalbedarf der nächsten Jahre aufzeigen und die Rentabilität der geplanten Projekte verdeutlichen	Finanzwirtschaftlicher Bereich

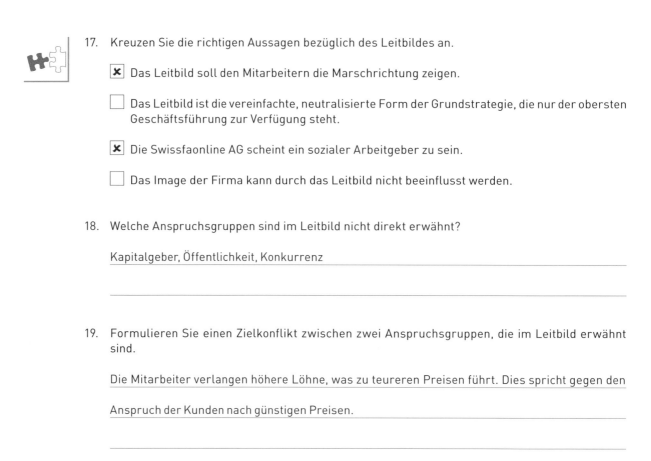

17. Kreuzen Sie die richtigen Aussagen bezüglich des Leitbildes an.

    ☒ Das Leitbild soll den Mitarbeitern die Marschrichtung zeigen.

    ☐ Das Leitbild ist die vereinfachte, neutralisierte Form der Grundstrategie, die nur der obersten Geschäftsführung zur Verfügung steht.

    ☒ Die Swissfaonline AG scheint ein sozialer Arbeitgeber zu sein.

    ☐ Das Image der Firma kann durch das Leitbild nicht beeinflusst werden.

18. Welche Anspruchsgruppen sind im Leitbild nicht direkt erwähnt?

    Kapitalgeber, Öffentlichkeit, Konkurrenz

19. Formulieren Sie einen Zielkonflikt zwischen zwei Anspruchsgruppen, die im Leitbild erwähnt sind.

    Die Mitarbeiter verlangen höhere Löhne, was zu teureren Preisen führt. Dies spricht gegen den

    Anspruch der Kunden nach günstigen Preisen.

info@klv.ch

Antworten zu den Kontrollfragen

2.1   a) Soziale Umweltsphäre
          b) Ökonomische Umweltsphäre
          c) Technologische Umweltsphäre
          d) Soziale Umweltsphäre
          e) Technologische Umweltsphäre

2.2   a) Eigenkapitalgeber
          b) Arbeitnehmer
          c) Kunden
          d) Lieferanten
          e) Konkurrenten
          f) Staat bzw. Gesellschaft

2.3   Zielkonflikt: Wenn die Verfolgung des einen Ziels das Erreichen eines anderen Ziels beeinträchtigt.

2.4   Werthaltungen

2.5   Das Feedback-Diagramm

2.6   Derjenige, der Kosten oder Schäden verursacht, sollte sie auch finanziell tragen.

2.7   Leitbild

2.8   Die Strategie ist nur für die oberste Führung bestimmt, das Leitbild hingegen für alle Mitarbeiter und auch für die Öffentlichkeit (oder kürzer: Das Leitbild ist öffentlich, die Strategie vertraulich).

2.9   Weil sie langfristig (auf 5 bis 10 Jahre) ausgerichtet sind.

2.10 Bedürfnisse – Produkte – Finanzierung – Marktpartner – Staat – gesellschaftliche Anliegen – Mitarbeiter u.a.

2.11 Produkt/Markt-, Absatz-, Wettbewerbs-, Finanz-, Umweltschutz-, Personalbeschaffungs- und viele andere Strategien

2.12 Strategie und Leitbild bleiben längere Zeit unverändert (oder: Sie sind langfristig orientiert).

2.13 a) Finanzwirtschaftlicher Bereich/Ziele (Stichwort: Wirtschaftlichkeitsziele)
          b) Leistungswirtschaftlicher Bereich/Mittel (Stichwort: Personal)
          c) Leistungswirtschaftlicher Bereich/Verfahren (Stichwort: Produktionsverfahren)
          d) Sozialer Bereich/Ziele (Stichwort: Mitarbeiterbezogene Ziele)
          e) Leistungswirtschaftlicher Bereich/Verfahren (Stichwort: Absatzverfahren)
          f) Leistungswirtschaftlicher Bereich/Ziel (Stichwort: Marketing)
          g) Finanzwirtschaftlicher Bereich/Mittel (Stichwort: Kapitalbedarf)
          h) Sozialer Bereich/Mittel (Stichwort: Einrichtung für die Mitarbeiter)
          i) Sozialer Bereich/Verfahren (Stichwort: Organisation im sozialen Bereich)
          j) Leistungswirtschaftlicher Bereich/Verfahren (Stichwort: Versicherungen)

2.14 Das Unternehmenskonzept umfasst die Ziele, **Mittel** und Verfahren in den drei Bereichen Leistung, **Finanzen** und **Soziales**. Das Unternehmen muss ständig darum bemüht sein, die Wünsche der verschiedenen Anspruchsgruppen zu erfüllen. Neben dem Staat, den Kapitalgebern, der Konkurrenz und der Öffentlichkeit gibt es noch folgende wesentliche Anspruchsgruppen: **Kunden**, **Lieferanten** und **Mitarbeiter**. Für das Unternehmen besteht dann ein **Zielkonflikt**, wenn die Lösung eines unternehmerischen Problems die Erreichung eines anderen Ziels behindert oder gar verunmöglicht.

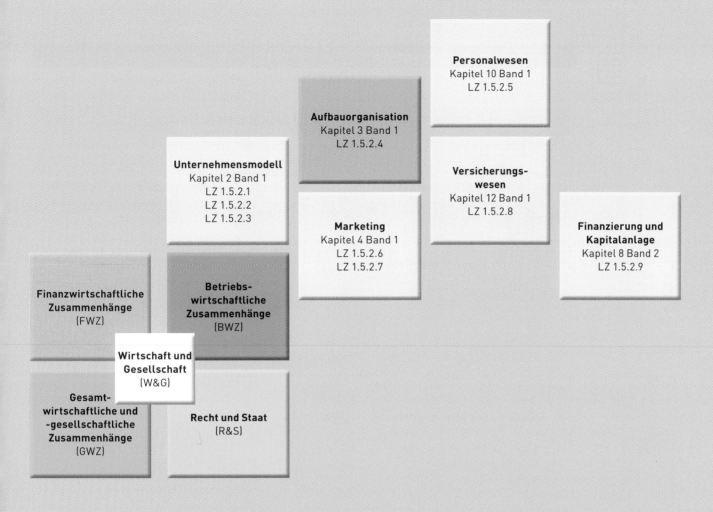

Aufbauorganisation

Kapitel 3

3 Aufbauorganisation

Leistungsziele E-Profil (10 Lektionen)	Leistungsziele B-Profil (10 Lektionen)
1.5.2.4 **Aufbauorganisation** Ich erkläre die Funktion der Aufbauorganisation und die folgenden Formen anhand von Fallbeispielen (Organigramm): – Organisationsformen (Linien-, Stab-Linien-Organisation) – Aufbauorganisation nach Funktionen – Aufbauorganisation nach Divisionen (Produkte, Märkte) – Profitcenter (K2) Für diese zeige ich die Besonderheiten bei den Aufgaben, der Kontrollspanne, beim Dienstweg und bei der Gliederung der Hierarchiestufen und Kompetenzen auf. (K2) Ich erkläre die Funktionen, die Inhalte und den Einsatz der folgenden Instrumente: – Stellenbeschreibung – Funktionendiagramm – Pflichtenheft (K2) Ich beurteile in einfachen Stellenbeschreibungen die Übereinstimmung von Aufgaben, Kompetenzen und Verantwortung. (K6)	1.5.2.4 **Aufbauorganisation** Ich erkläre die Funktion der Aufbauorganisation und die folgenden Formen anhand von Fallbeispielen (Organigramm): – Organisationsformen (Linien-, Stab-Linien-Organisation) – Aufbauorganisation nach Funktionen – Aufbauorganisation nach Divisionen (Produkte, Märkte) – Profitcenter (K2) Für diese zeige ich die Besonderheiten bei den Aufgaben, der Kontrollspanne, beim Dienstweg und bei der Gliederung der Hierarchiestufen und Kompetenzen auf. (K2) Ich erkläre die Funktionen, die Inhalte und den Einsatz folgender Instrumente: – Stellenbeschreibung – Pflichtenheft (K2)

3.1 Grundlagen der Organisationslehre

«Organisieren bedeutet die Gesamtaufgabe des Unternehmens, die von Menschen und Maschinen arbeitsteilig erfüllt werden muss, sinnvoll in Teilaufgaben zu gliedern und diese zueinander in Beziehung zu setzen, damit die Ziele des Unternehmens optimal erreicht werden.»[1]

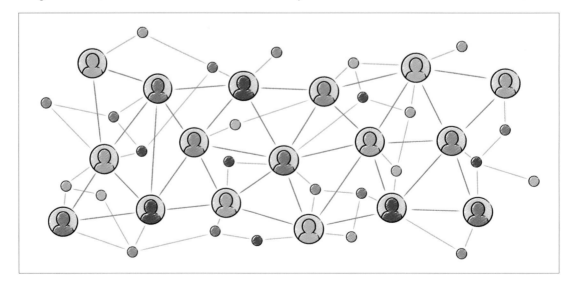

---

1 Thommen u.a., 2017, 8. Aufl., Allgemeine Betriebswirtschaftslehre, S. 38, Springer Gabler, Wiesbaden

Die **Arbeitsteilung** kann durch eine geschickte Organisationsform zu Effizienzsteigerungen führen. Das folgende Beispiel von **Adam Smith** (1723–1790, Schottland) mag diesen Punkt veranschaulichen.

Produktivitätssteigerung

Ein Nadelmacher stellte am Tag etwa 20 Nadeln her, wenn er alle Verrichtungen alleine ausführte: den Draht ziehen, strecken, schneiden, die Spitze schleifen, den Nadelkopf machen und ansetzen, die Nadel über dem Feuer härten, abschrecken und zuletzt die fertigen Nadeln in Papier einlegen. In einer Fabrik mit Arbeitsteilung stieg die Produktivität stark an: Jeder Arbeiter verrichtete nun nur einen oder wenige Arbeitsschritte. Mit dieser Spezialisierung soll – so Smith – die Produktivität auf 4800 Nadeln pro Tag angestiegen sein.

Diese **Arbeitsteilung** führte in Extremfällen dazu, dass ein Arbeiter nur noch einen Schritt ausführen musste. Durch eine solch monotone Arbeit ergaben sich diverse Probleme:

- physische und psychische Probleme der Arbeiter
- Produktionsstillstände, wenn hoch spezialisierte Arbeiter ausfallen

3.1.1 Aufbau- und Ablauforganisation

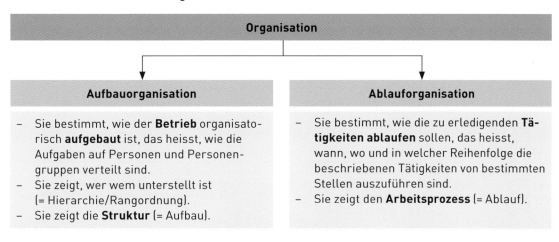

Organisation	
Aufbauorganisation	**Ablauforganisation**
– Sie bestimmt, wie der **Betrieb** organisatorisch **aufgebaut** ist, das heisst, wie die Aufgaben auf Personen und Personengruppen verteilt sind. – Sie zeigt, wer wem unterstellt ist (= Hierarchie/Rangordnung). – Sie zeigt die **Struktur** (= Aufbau).	– Sie bestimmt, wie die zu erledigenden **Tätigkeiten ablaufen** sollen, das heisst, wann, wo und in welcher Reihenfolge die beschriebenen Tätigkeiten von bestimmten Stellen auszuführen sind. – Sie zeigt den **Arbeitsprozess** (= Ablauf).

Der **Zweck** der Aufbauorganisation ist, die Teilaufgaben eines Unternehmens in Stellen so zusammenzufassen, dass die Leistung effizienter erstellt werden kann.

K 3.1 Welche Art von Organisation regelt …   **Kontrollfragen**
a) die Strukturierung des Unternehmens in organisatorische Einheiten (Abteilungen, Unterabteilungen, Stellen usw.)?
b) die Festlegung der Arbeitsprozesse?
c) die Unterstellungsverhältnisse?

K 3.2 Was ist der Zweck der Aufbauorganisation?

3.2 Aufgabenanalyse & Stellenbildung

Der erste Schritt zur Gestaltung der Aufbauorganisation besteht in einer **Aufgabenanalyse** (Prozessanalyse). Dabei wird die Gesamtaufgabe eines Unternehmens in Teilaufgaben aufgespalten und danach zu sinnvollen **Stellen** zusammengefasst.

Gesamtaufgabe eines Onlineshops
Waren werden aufgrund von Kundenbestellungen geliefert.
Die Auftragsabwicklung könnte zu folgenden Teilaufgaben führen:

- Kundenanliegen bearbeiten
- Kalkulation
- Einkauf von Handelswaren
- Lieferschein erstellen
- Lieferung zusammenstellen
- Lieferfähigkeit prüfen

- Zahlungseingang des Kunden prüfen
- Lagerhaltung
- Verpacken
- Auftrag annehmen
- Versenden
- Warenrücknahme

Im nächsten Schritt geht es um die Fragen: Wie oft ist eine Aufgabe zu erfüllen? Wie viel Zeit wird jeweils benötigt?

Häufigkeit und Dauer der Teilaufgabe «Lieferung zusammenstellen» ermitteln: Über einen bestimmten Zeitraum wird die benötigte Zeit zur Zusammenstellung einer Bestellung gemessen und dokumentiert.

Dossier-Nr.	Kunde	Start	Ende	Dauer
123	Meier	09:10	09:20	10 Min.
124	Cifci	09:21	09:26	5 Min.
125	Wild	09:28	09:45	17 Min.
[...]				
			Total	604 Min.

Umrechnung der Datenerfassung:
– 604 Minuten entsprechen ca. 10 Stunden.
– Die Netto-Arbeitszeit in unserem Betrieb beträgt pro Mitarbeiter ca. 8 Stunden.

Daraus ergibt sich für die Teilaufgabe «Auftragsannahme» ein Personalbedarf von 1.25 Mitarbeitende (MA); Berechnung: 10 Std./8 Std. = 1.25

Wie können nun diese Teilaufgaben sinnvoll in Stellen zusammengefasst werden? Aufgrund der Messungen, wie oft eine Aufgabe zu erfüllen ist und wie viel Zeit dafür verwendet wird, kommt es zur **Stellenbildung** in dem Unternehmen.

Stellenbildung Onlineshop

Stelle 1	2 MA	Stelle 2	4 MA	Stelle 3	3.5 MA
Auftrag annehmen	1.50	Lieferung zusammenstellen	3.00	Kundenanliegen bearbeiten	3,00
Lieferschein erstellen	0.25	Verpacken	0.75	Warenrücknahme	0.50
Zahlungseingang des Kunden prüfen	0.25	Versenden	0.25		

Im Beispiel ist es sinnvoll, die drei ausführenden Stellen 1–3, die direkt zusammenhängende Aufgaben erfüllen, einer **Instanz** (Leitungsstelle) zu unterstellen und somit zu der Abteilung «Auftragsabwicklung» zusammenzufassen.

Kontrollfragen

K 3.3 Wie nennt man ...
- a) den ersten Schritt der Aufbauorganisation?
- b) den Vorgesetzten von ausführenden Stellen?

K 3.4 Welcher Zusammenhang besteht zwischen Aufgabenanalyse und Stellenbildung?

3.3 Stellenarten

Die Stelle ist die **kleinste organisatorische Einheit** eines Unternehmens. Sie setzt sich aus verschiedenen Teilaufgaben zusammen, die einen bestimmten Aufgabenkomplex bilden. (Thommen, S. 685)

Organigramm Migros

In der Organisationslehre wird ein klarer Unterschied zwischen der Stelle und dem **Arbeitsplatz** gemacht. Der Arbeitsplatz ist der Ort (z. B. Schreibtisch, Maschine), an dem der Arbeiter seine Tätigkeiten ausführt. Eine Stelle hingegen kann aus mehreren Arbeitsplätzen (z. B. Sekretariat, Produktion) bestehen.

Die Organisationslehre unterscheidet die folgenden Stellen:

3.3.1 Leitungsstellen (Linienstelle)

Leitungsstellen sind bestimmten Stellen hierarchisch übergeordnet, können aber auch gewissen Stellen untergeordnet sein. Sie müssen die Funktionen «Planen», «Entscheiden», «Anordnen» und «Kontrolle» übernehmen, um zum Erfolg des Unternehmens beizutragen.

Linienstelle

Leitungsstelle, die die Stellen 1 – 3 führen soll:
→ **Planung**
- Vorgehen, um die Bonität (Zahlungsfähigkeit) neuer Kunden zu überprüfen?
- Wie werden die Abläufe organisiert, um die bestellten Artikel mit geringem Aufwand zu einem Paket zusammenzustellen?
- Welches und wie viel Personal benötigen wir?

→ **Entscheidung**
- Wann wird welcher Mitarbeiter wo eingesetzt?
- Ist die Bonität gewisser Kunden als zweifelhaft einzuschätzen?

→ **Anordnung**
- Welche Aufträge sind bevorzugt auszuführen?
- Welche Aufträge müssen zurückgestellt werden?

→ **Kontrolle**
- Werden die Aufträge einwandfrei ausgeführt?
- Werden die Rechnungen vollständig und fehlerfrei gestellt?

Kongruenzprinzip (A = K = V) (E-Profil)
Damit eine **Instanz** ihre Führungsaufgaben verantwortlich übernehmen kann, muss sie über die erforderlichen **Kompetenzen** (Rechte und Befugnisse) verfügen.

E

Die Leitung der Auftragsabwicklung muss Weisungsbefugnis gegenüber unterstellten Mitarbeitern und Unterschriftsberechtigung erhalten, denn ohne diese Kompetenzen könnte sie die zugewiesenen Aufgaben nicht erfüllen und keine entsprechende Verantwortung tragen.

Kongruenzprinzip

Das **Kongruenzprinzip** besagt nun, dass die **Aufgaben (A), Kompetenzen (K) und die Verantwortung (V) kongruent (= übereinstimmend)** sein sollen. Falls dieses Prinzip nicht eingehalten wird, können Probleme entstehen. Das folgende Beispiel soll dies verdeutlichen.

A = K = V ☺	A > K < V ☹	A < K > V ☹	A = K < V ☹
Die Aufgaben, Kompetenzen und übertragene Verantwortung des Mitarbeitenden sind kongruent (d. h. gleich).	Die Kompetenzen reichen bei dieser Angestellten nicht aus, um die aufgetragenen Aufgaben zu erfüllen, und deswegen wird sie ihre Verantwortung nicht wahrnehmen können.	Diese Mitarbeiterin hat mehr Kompetenzen, als sie für ihre Aufgabenerfüllung zu verantworten hat. Die Aufgaben sind kleiner als die Kompetenzen, die Kompetenzen sind wiederum grösser als die übertragene Verantwortung.	Jener Mitarbeiter wird für etwas zur Verantwortung gezogen, für das er weder beauftragt ist noch Kompetenzen hat. Die Aufgaben entsprechen den Kompetenzen, die Kompetenzen sind aber kleiner als die übertragene Verantwortung.

3.3.2 Ausführende Stellen (Linienstelle)

Ausführende Stellen sind einer oder mehreren Instanzen (Leitungsstellen) unterstellt und haben selbst keine Weisungsbefugnis gegenüber anderen Stellen, das heisst, sie erfüllen lediglich die Aufträge ihrer Leitungsstellen.

Linienstelle

3.3.3 Stabsstellen

Stabsstellen beraten (Experten), unterstützen, entlasten und stellen Informationen für die Linienstellen im Führungsprozess bereit, indem sie an der Entscheidungsvorbereitung beteiligt sind. Sie sind jedoch ohne direkte Weisungsbefugnis ausgestattet.

Stabsstelle

– Sekretariat	– Rechtsberatung
– Marktforschung	– Interne Dienste

Zentralabteilungen (Servicecenter)

Zentralabteilungenzentralisieren gleichartige Aufgaben von anderen Instanzen. Im Gegensatz zu Stabsstellen übernehmen sie nicht nur Aufgaben der übergeordneten Instanzen, sondern auch der untergeordneten Instanzen. Zudem besitzen sie Weisungsbefugnisse bezüglich ihres Fachbereiches.

– Personalwesen	– Facility Management
– Buchhaltung	– IT-Administration

Kontrollfragen

K 3.5 Wie nennt man ...
a) die kleinste organisatorische Einheit?
b) Rechte und Befugnisse mit einem anderen Ausdruck?

K 3.6 Welche Aufgaben übernehmen Leitungsstellen?

K 3.7 Was ist der Unterschied zwischen Leitungsstellen und ausführenden Stellen?

K 3.8 Was besagt das Kongruenzprinzip?

K 3.9 Was ist die Aufgabe von Stabsstellen?

info@klv.ch

3.4 Stellenbeschreibung (Pflichtenheft)

In einem nächsten Schritt muss für jede Stelle ein sogenanntes **Pflichtenheft** (= Stellenbeschreibung) erstellt werden. Es soll Klarheit über die Aufgaben der Stelle, die Verantwortung und Kompetenzen schaffen. Stellenbeschreibungen beschreiben die Anforderungen an den Stelleninhaber und seine Stellung im Unternehmen. Die Bestimmung eines Stellvertreters sorgt dafür, dass es zu keinen Verzögerungen kommt, wenn der Stelleninhaber abwesend ist. In Stellenbeschreibungen werden vorhersehbare Aufgaben beschrieben. Stellenbeschreibungen müssen periodisch überprüft werden, z. B. im Abstand von zwei Jahren, damit sie der Realität entsprechen.

Aus unserem Beispiel vom Onlineshop:

Stellenbezeichnung	Leiter Auftragsabwicklung
Stellenumfang	Der Beschäftigungsgrad beträgt 100 %.
Arbeitsort	Basel
Aufgaben	Planung, Ausführung und Kontrolle der Aufgaben von der Auftragsannahme bis zum Versand der Ware
Stellung im Unternehmen	übergeordnete Stelle: Geschäftsleiter
Verantwortung	Bonitätsprüfung der Kunden Termingerechter Versand der Ware und Erfüllung der damit verbundenen administrativen Aufgaben einschliesslich der Fakturierung
Kompetenzen	Abklärungen zur Bonitätsprüfung von Kunden Weisungsbefugnis gegenüber den unterstellten Mitarbeitern Unterschriftsberechtigung im Arbeitsbereich
Stellvertretung	Ein Mitarbeiter aus der Abteilung Auftragsabwicklung, der vom Leiter der Abteilung bestimmt wird
Anforderungen	Abschluss kaufmännische Lehre und mehrere Jahre Berufserfahrung im Warenhandel

Von der unternehmensbezogenen Stellenbeschreibung bzw. Pflichtenheft sind zu unterscheiden:

- **Stellenausschreibung** (= Stelleninserat): Werbung in einer Tageszeitung oder auf einem Internetportal, um auf dem Arbeitsmarkt für einen konkreten Arbeitsplatz die geeigneten Personen anzusprechen. Die nötigen Informationen für das Inserat kommen aus der Stellenbeschreibung und werden mit den Anforderungen an den Stelleninhaber ergänzt. Aus dem Kreis der Bewerber will das Unternehmen die geeignetste Interessentin oder den geeignetsten Interessenten für eine Anstellung gewinnen.
- **Arbeitsplatzbeschreibung:** In grossen Unternehmen mit einer komplexen Struktur kann es nötig sein, die Informationen einer Stellenbeschreibung auf eine spezielle Arbeitsplatzbeschreibung anzupassen. (In der Praxis, v. a. bei KMUs, sind die Stellenbeschreibung und die Arbeitsplatzbeschreibung meistens identisch.)

K 3.10	Wie nennt man die Stellenbeschreibung mit einem anderen Ausdruck?	Kontrollfragen
K 3.11	Warum ist die Regelung der Kompetenzen in der Stellenbeschreibung wichtig?	→ **Aufgaben** 1, 2

3.5 Formen der Aufbauorganisation

Die Aufbauorganisation eines Unternehmens wird in einem **Organigramm** dargestellt. Es zeigt die Struktur der Organisation in einer **grafischen Darstellung**, wobei Rechtecke (Linienstellen) und Ovale (Stabsstellen) symbolisieren. Die Inhaber von Linienstellen sind also verpflichtet, Weisungen auszuführen, oft aber auch berechtigt, Weisungen zu erteilen. Die Unterstellungsverhältnisse (= Hierarchie) sind durch die **Wurzelstruktur** des Organigramms leicht zu erkennen. Dagegen haben Stabsstellen keine Weisungsbefugnis. Sie werden oftmals von gut ausgebildeten Personen bekleidet, die beratende und unterstützende Funktionen ausüben. Stabsstellen sollen einer Überlastung der Leitungsstellen vorbeugen. Die Verbindungslinie zwischen den Stellen bezeichnet man als **Dienstweg**, auf denen Informationen weitergegeben, Entscheide und Anordnungen erteilt oder Beschwerden eingereicht werden. Die Aufbauorganisation unterscheidet zwischen der **Linienorganisation** und der **Stab-Linien-Organisation**.

Damit nun eine effiziente Organisationsform erreicht werden kann, müssen die Stellen auf sinnvolle Weise gegliedert werden. Die einfachste Art, Stellen zu gliedern, ist die **funktionale Gliederung (nach Funktionen)**, die auf der ersten **Unterstellungsebene** gegeben ist. In der Abteilung «Verkauf» hingegen wurde nicht funktional, sondern **nach Produkten (= produktorientiert)** gegliedert.

> Bei unserem Versandhandel wäre es sinnvoll, die Stellen Einkauf, Verkauf und Verwaltung zu schaffen.

3.5.1 Linienorganisation

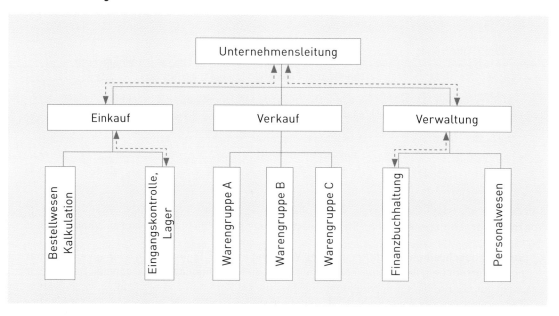

Dieses Beispiel eines Warenhandelsbetriebes (z. B. unser Onlineshop) stellt eine **reine Linienorganisation** dar. Jeder Mitarbeiter ist **nur einer einzigen Leitungsstelle (Instanz) direkt unterstellt** und hat nur von ihr Weisungen entgegenzunehmen (= **Einliniensystem**).

> Der Chef des Lagers ist dem Einkaufschef und dieser dem Unternehmensleiter unterstellt; der Dienstweg (gestrichelte Linie) geht vom Unternehmensleiter über den Einkaufschef zum Lagerchef und umgekehrt (Weisungsweg von oben nach unten, Berichtsweg auch von unten nach oben).

Die Einhaltung des Dienstweges soll verhindern, dass eine untergeordnete Stelle von verschiedenen Seiten Anweisungen erhält. Zwei gleich geordnete Instanzen (im Beispiel: Einkauf und Verkauf) sollten nicht unmittelbar miteinander Verbindung aufnehmen, sondern müssen den Umweg über die nächste übergeordnete Stelle (hier: Unternehmensleitung) nehmen. Die Unternehmensleitung selber ist keine Instanz, sondern sie setzt die Leitungsstellen ein. Auf dem Dienstweg werden Informationen weitergegeben, Entscheide und Anordnungen erteilt oder Beschwerden eingereicht.

Das **Einliniensystem** ist für kleinere Betriebe geeignet, da die Zuständigkeiten klar geregelt und schnelle Entscheidungen möglich sind. Dieses System hat aber den **Nachteil**, dass es bei grösseren Betrieben starr und schwerfällig wird, denn grundsätzlich darf der Dienstweg keine Instanz überspringen, weshalb er oft unnötig lang und umständlich wird. Dem kann hingegen durch **informale Kommunikationswege** zwischen Leitungsstellen gleicher Hierarchie entgegengewirkt werden.

Vorteile	Nachteile
– Klarheit und Übersichtlichkeit, Einfachheit – klare Abgrenzung von Kompetenzen und Verantwortung – straffe Regelung der Kommunikationsbeziehungen	– Starrheit – starke Belastung der Zwischeninstanzen – Länge und Umständlichkeit der formalen Dienstwege

Abteilung und Unterabteilung

Eine Leitungsstelle (Instanz) mit ihren unterstellten Linien- und Stabsstellen nennt man Abteilung. Bei grossen Unternehmen kommt es vor, dass eine grosse Abteilung sinnvollerweise in Unterabteilungen aufgespalten wird.

3.5.2 Stab-Linien-Organisation (nach Funktionen)

Je grösser ein Unternehmen wird, desto stärker werden die Leitungsstellen durch eine funktionale Gliederung beansprucht. Deswegen wurde die **Stab-Linien-Organisation** umgesetzt, damit die Leitungsstellen durch die **Stabsstellen** entlastet werden.

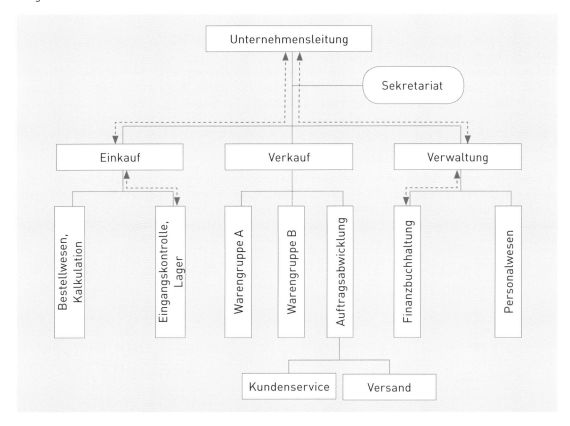

In diesem Beispiel wird die Unternehmensleitung nun durch die **Stabsstelle** «Sekretariat» entlastet.

3.5.3 Stab-Linien-Organisation (nach Divisionen)

Eine weitere Möglichkeit, um dieser Überlastung der Leitungsstellen entgegenzuwirken, ist, die Stellen nicht funktional, sondern nach sogenannten **Divisionen (= Sparten)** zu gliedern. Im folgenden Beispiel eines internationalen Produktionsbetriebes wurde die zweite **Führungsebene** geografisch gegliedert.

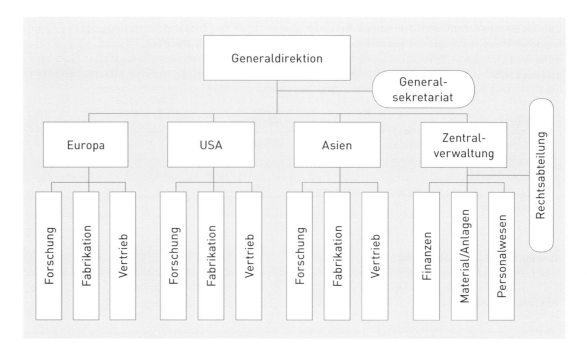

In diesem Beispiel gibt es neben den Linienstellen zwei Stabsstellen: Generalsekretariat und Rechts-abteilung. Durch die **Stäbe** werden die beiden Instanzen Generaldirektion und Zentralverwaltung ent-lastet. Ausserdem entsteht abhängig von der Delegation der Entscheidungsmacht an die Divisionen eine **Zentralabteilung** (= Servicecenter), die die nicht übertragenen Aufgaben erledigt bzw. aus Grün-den der Spezialisierung Teilbereiche des Unternehmens in sich vereinigt.

Gefahren bei der Stab-Linien-Organisation

Bei der Stablinienorganisation besteht die Gefahr, dass die Planung durch die Stäbe zu viel Gewicht erhält und Entscheidungen verzögert werden. Wenn die Mitarbeiter ihre Vorgesetzten nicht rechtzei-tig oder unvollständig informieren, kommt es zu Fehlentscheidungen.

3.5.4 Profitcenter-Organisation

Bei der Profitcenter-Organisation wird ein Unternehmen in Abteilungen aufgeteilt, die eine eigene Gewinnabrechnung führen. Damit diese Organisationsform etabliert werden kann, benötigt man **zwin-gend eine Gliederung der Stellen nach Divisionen** (= Sparten). Im folgenden Beispiel sieht man die **Divisionen** Privatkunden (B2C = Business to Customer) und Geschäftskunden (B2B = Business to Business).

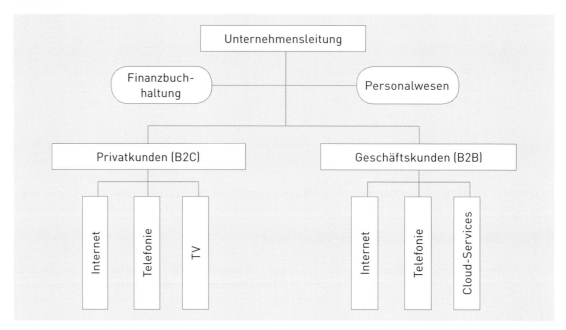

Dieses Beispiel zeigt ein Unternehmen aus der IKT-Branche (Informations- und Kommunikationstechnologie), das sein Organigramm kundenorientiert gegliedert hat.

Vorteile	Nachteile
– Spezialisierung auf einen Produktbereich und somit höhere Produktivität – Verantwortung des Erfolges und damit Kostenbewusstsein – Erfolgsbeteiligung und damit besondere Motivation der Mitarbeiter möglich	– Gefahr der Doppelspurigkeiten – Gefahr, dass trotz Erfolgsverantwortung zu geringe Entscheidungskompetenzen gewährt werden – hoher Kommunikationsbedarf

3.5.5 Gliederungsprinzipien der Hierarchieebenen

Wie die vorherigen Beispiele zeigen, können Organigramme auf unterschiedliche Weise gegliedert werden. Hier folgt eine Zusammenfassung der Gliederungsmöglichkeiten:

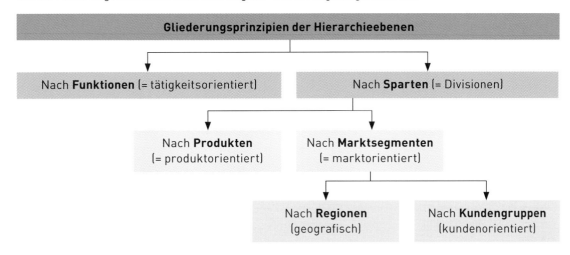

Für welche Gliederung sich ein Unternehmen entscheidet, hängt von diversen Faktoren ab, beispielsweise von der Anzahl an produzierten Produkten, der Grösse des Unternehmens, der Interaktion zwischen den Stellen, den Betriebsstandorten und weiteren Dimensionen, die einen Einfluss auf die Gesamtaufgabe des Unternehmens haben.

Kontrollfragen

K 3.12 Was ist ein Organigramm?

K 3.13 Mit welchem Symbol werden …
a) Linienstellen dargestellt?   b) Stabsstellen dargestellt?

K 3.14 Wie heisst die Organisationsform, bei der jeder Mitarbeiter nur einer einzigen Stelle unterstellt ist und der Dienstweg somit klar und eindeutig ist?

K 3.15 Welches ist der Hauptunterschied zwischen einer Linienstelle und einer Stabsstelle?

K 3.16 Wie nennt man die produkt- oder marktorientierte Gliederung eines Unternehmens auch (zwei Ausdrücke)?

K 3.17 a) Welches sind im Organigramm von Kapitel 3.5.2 die drei Funktionen?
b) Welches sind im Organigramm von Kapitel 3.5.3 die Sparten (oder Divisionen)?

K 3.18 Zu welcher Gliederungsmöglichkeit auf oberster Ebene im Organigramm würde die Einteilung nach Regionen (Absatz Inland, Europa, Übersee usw.) gehören?

K 3.19 a) Wie könnte eine Einteilung nach Kundengruppen aussehen?
b) Zu welcher der drei Gliederungsmöglichkeiten würde sie gehören?

→ Aufgabe 3

3.6 Kontrollspanne (Leitungsspanne)

Unter der Kontrollspanne versteht man die Anzahl Mitarbeiter, die einer Linienstelle direkt unterstellt sind. Die optimale Kontrollspanne hängt stark von der Interaktion zwischen der Linienstelle und ihren unterstellten ausführenden Stellen ab.

Die Gestaltung des Organigramms hängt auch davon ab, welche Kontrollspanne gewählt wird. Dabei versteht man unter Kontrollspanne die Leitungsspanne, also die Zahl der Mitarbeiter, die einer vorgesetzten Stelle direkt unterstellt sind. Sie liegt am häufigsten etwa zwischen drei und zehn bei Unterstellten mit unterschiedlichen Aufgaben. Sie soll aber weder zu gross noch zu klein sein.

3.6.1 Beurteilung eines Organigramms anhand der Kontrollspanne

Breitengliederung

Sie liegt vor, wenn die Kontrollspannen gross sind und nur wenige Hierarchieebenen (Führungsstufen) bestehen. Beispiel einer Autogarage (Mechaniker, Autoelektriker, Verkäufer, Sekretärin usw.)

Vorteile:
– kurze Kommunikationswege
– grössere Flexibilität

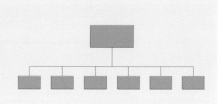

Tiefengliederung

Kleinere Kontrollspannen, dafür mehr Stufen in der Hierarchie (= Rangordnung); im Beispiel hat es vier Führungsstufen.

Vorteile:
– mehr Zeit für unterstellte Mitarbeiter
– mehr Aufstiegsmöglichkeiten

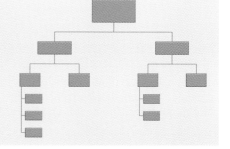

Die negierten Vorteile der Breitengliederung sind die Nachteile der Tiefengliederung und umgekehrt.

Kontrollfragen

K 3.20 Wie viele Abteilungen sind im Organigramm von Kapitel 3.5.3 abgebildet?

K 3.21 Bestimmen Sie die Kontrollspanne ...
   a) der Unternehmensleitung aus Kapitel 3.5.1.
   b) der Unternehmensleitung aus Kapitel 3.5.2.
   c) der Generaldirektion aus Kapitel 3.5.3.
   d) des Leiters der Abteilung Privatkunden aus Kapitel 3.5.4.

K 3.22 Welchen Nachteil sehen Sie bei einer starken Breitengliederung (= flache Organisation)?

→ Aufgaben 4, 5, 6, 7, 8, 9

K 3.23 Wie heisst die Gliederung eines Organigramms, in dem es eher viele Hierarchieebenen und kleine Kontrollspannen gibt?

info@klv.ch

3.7 Funktionendiagramm (E-Profil)

In einem Organigramm wird die globale Zuordnung von Aufgaben auf Stellen und die hierarchische Verbindung der Stellen ersichtlich. Im **Funktionendiagramm** kann diese Zuordnung **detaillierter** dargestellt werden. Dies geschieht in einer Tabelle (= Matrixform):

– In den Zeilen:
  die einzelnen Tätigkeiten zur Aufgabenerfüllung
– In den Spalten:
  die am Prozess mitbeteiligten Stellen

Ausschnitt aus dem Funktionendiagramm eines grossen Versandhandels (gemäss Götz Schmidt, Methode und Techniken der Organisation):

Aufgaben				Stellen				
				1	2	3	4	5
Auftrag prüfen	Lieferfähigkeit	Absage	verfassen	X				
			versenden	X				
	Vollständigkeit Bonität	klären	Rechnung					X
			Vorkasse					X
Auftrag annehmen	Zahlungseingang des Kunden prüfen	Eingang ablegen		X				
		Zahlungserinnerung						X
	Lieferschein und Rechnung drucken	Adressabgleich						
Versand	Lieferung zusammenstellen	übergeben			X			
	Vollständigkeit der Lieferung	prüfen	weiterleiten				X	
			vervollständigen		X			
	Verpackung	klären			X			
		etikettieren			X			
	Versand	quittieren			X			
...	...	...	...					

Das Funktionendiagramm stellt die **Zuständigkeiten für bestimmte Aufgaben dar** und **verhindert** somit **Kompetenzkonflikte**. Organisatorische Mängel lassen sich leicht erkennen. Als Nachteile lassen sich die Gefahr der Überorganisation und damit die Behinderung von Initiative und Kreativität nennen.

Das dargestellte Funktionendiagramm kann noch ausgebaut werden, indem die Planung, die Ausführung, die Entscheidungsbefugnis und die Ausführungsverantwortung oder die Kontrolle der verschiedenen Aufgaben festgelegt und eingetragen werden.

In den Schnittpunkten der Tabelle werden die Verantwortungsbereiche mit einem Code zugeordnet.

In der Personalabteilung unseres Versandbetriebs werden in den Schnittpunkten folgende Verantwortungsbereiche festgehalten:

– **«P»** für Planung und ggf. Antrag stellen
– **«I»** für Informationsrecht (Bringschuld)
– **«A»** für Ausführungsverantwortung
– **«K»** für Kontrollpflicht
– **«E»** für Entscheidungsbefugnis

	Direktor	Sparten-leitung	Abteilungs-leitung	Personal-abteilung
Personalplanung				
A1 Stellenschaffung	E	P		
A2 Stellenbeschreibung er-stellen			E	A
A3 Stellenplanung		E	P	
Anstellung				
B1 Bewerbungsverfahren			E	P/A
B2 Anstellung	I	E	P	A
B3 Entlassung	K	E	P	A

Kontrollfrage

K 3.24 Nennen Sie einen Vor- und einen Nachteil eines Funktionendiagramms.

3.8   Auf den Punkt gebracht

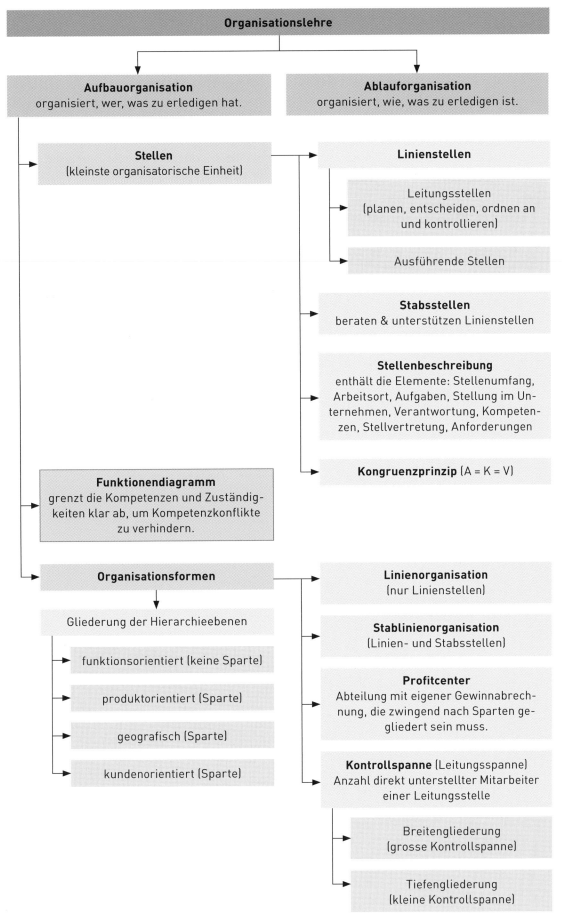

Organisationslehre

Aufbauorganisation
organisiert, wer, was zu erledigen hat.

Ablauforganisation
organisiert, wie, was zu erledigen ist.

Stellen
(kleinste organisatorische Einheit)

Linienstellen

Leitungsstellen
(planen, entscheiden, ordnen an
und kontrollieren)

Ausführende Stellen

Stabsstellen
beraten & unterstützen Linienstellen

Stellenbeschreibung
enthält die Elemente: Stellenumfang,
Arbeitsort, Aufgaben, Stellung im Unternehmen, Verantwortung, Kompetenzen, Stellvertretung, Anforderungen

Kongruenzprinzip (A = K = V)

Funktionendiagramm
grenzt die Kompetenzen und Zuständigkeiten klar ab, um Kompetenzkonflikte
zu verhindern.

Organisationsformen

Gliederung der Hierarchieebenen

funktionsorientiert (keine Sparte)

produktorientiert (Sparte)

geografisch (Sparte)

kundenorientiert (Sparte)

Linienorganisation
(nur Linienstellen)

Stablinienorganisation
(Linien- und Stabsstellen)

Profitcenter
Abteilung mit eigener Gewinnabrechnung, die zwingend nach Sparten gegliedert sein muss.

Kontrollspanne (Leitungsspanne)
Anzahl direkt unterstellter Mitarbeiter
einer Leitungsstelle

Breitengliederung
(grosse Kontrollspanne)

Tiefengliederung
(kleine Kontrollspanne)

Aufgaben zu Kapitel 3

1. Welche der folgenden Beispiele A bis D könnten in der **Stellenbeschreibung** einer kaufmänni-schen Angestellten im Bereich «Verantwortung» stehen? Kreuzen Sie an:

    A Sie verfasst und unterschreibt für das Unternehmen Absagebriefe auf Stellenbewerbungen. ☒

    B Sie schreibt selbstständig die Korrespondenz für die Vorgesetzten. ☐

    C Sie berichtet dem Personalchef über Änderungen, die sie für die Ausbildung der kaufmännischen Lehrlinge vorschlägt. ☐

    D Sie kontrolliert, ob auf der Korrespondenz alle Unterschriften stehen und veranlasst, dass die Korrespondenz rechtzeitig und richtig auf der Post aufgegeben wird. ☒

2. **Aufgaben, Kompetenzen und Verantwortung im Betrieb**

Aufgaben	Die **Verpflichtung,** eine an den Unternehmenszielen orientierte **Tätig-keit** auszuüben.
Kompetenzen	Das Recht, **eigenverantwortlich handeln** zu dürfen. Bei Instanzen zu-sätzlich die Befugnis, an unterstellte Mitarbeiter **Anordnungen geben** zu dürfen.
Verantwortung	Die Pflicht, **sich** gegenüber einer Instanz für seine Handlungen **recht-fertigen zu müssen** (d. h. genau begründen zu müssen).

    a) Vermutlich gingen oder gehen Sie einer Erwerbstätigkeit nach, sei es in einem Ferienjob, in einem Praktikum oder einer normalen Anstellung (z. B. Lehre). Halten Sie einen Moment inne und denken Sie über Ihre betriebliche Erfahrung nach. Welche Aufgaben wurden Ihnen zugewiesen?

    Individuelle Schülerantworten

    b) Welche Kompetenzen hat Ihnen Ihr Betrieb übertragen?

    Individuelle Schülerantworten

    c) Welche Verantwortungsbereiche wurden Ihnen zugewiesen?

    Individuelle Schülerantworten

d) Für Mitarbeitende gilt der Grundsatz, dass Aufgaben, Kompetenzen und Verantwortung eine Einheit bilden sollen. Das bedeutet zum Beispiel, dass man nur die Verantwortung für eine Aufgabe übernehmen soll, für die man auch die nötigen Kompetenzen erhält. Wie ist dies bei Ihnen?

Individuelle Schülerantworten

3. Welche der folgenden Aussagen sind richtig? Geben Sie bei den falschen Aussagen eine Begründung.

		R	F
a)	Wenn die Abteilungen eines Unternehmens so selbstständig sind, dass sie eigene Gewinnabrechnungen haben, nennt man sie Profitcenter. Begründung:	✘	
b)	Stabsstellen sind weisungsberechtigt. Begründung: Befolgungspflichtig, nicht weisungsberechtigt (haben nur beratende Funktion)		✘
c)	Das Organigramm eines Betriebes gibt Auskunft über die Hierarchie (Unterstellungsverhältnis, Rangordnung) im Betrieb. Begründung: Heute spielen auch soziale Ziele und Rücksichten auf die weitere Umwelt eine grosse Rolle.		✘
d)	Wenn Sie sich überlegen, welche Hausaufgaben Sie wann, wo und mit wem bearbeiten, handelt es sich um eine organisatorische Tätigkeit. Begründung:	✘	
e)	Kontrollspanne ist ein Begriff aus dem Rechnungswesen. Begründung: Aus der Organisationslehre, nicht aus dem Rechnungswesen		✘
f)	Die Bildung von Profitcenter in einem Unternehmen bedarf der divisionalen Gliederung (Spartenorganisation). Begründung:	✘	
g)	Ein Restaurant mit mehreren Mitarbeitern braucht keine Führung und Organisation, wenn sich alle gut miteinander verstehen. Begründung: Eine Ablauforganisation für die Gestaltung und Abstimmung von Tätigkeiten ist stets nötig, bei mehreren Mitarbeitenden auch eine Aufbauorganisation.		✘
h)	Eine Einzelunternehmerin braucht keine Organisation. Begründung: Falls Angestellte beschäftigt sind, ist bei jedem Unternehmen eine Aufbauorganisation nötig; der Ablauf jeder Tätigkeit muss organisiert sein.		✘

→

		R	F
i)	Sowohl Stabs- als auch Linienstellen sind weisungsberechtigt; Linienstellen sind aber zudem noch befolgungspflichtig. Begründung: Die Worte «weisungsberechtigt» und «befolgungspflichtig» sind auszutauschen.		✗

4. Ergänzen Sie die Aussagen in den Teilaufgaben a) bis c) mit den richtigen Begriffen:

a)

a_1) Es handelt sich um ein Organigramm mit ____Breiten____ gliederung.

a_2) Ein Vorteil dieser Organisation ist ...

... die **grössere Flexibilität** aufgrund kurzer **Kommunikationswege**.

a_3) Ein Nachteil dieser Gliederung ist ...

... dass die Leitung die **Übersicht** verlieren kann.

b)

Es handelt sich, verglichen mit a), um ein Organigramm mit ____Tiefen____ gliederung.

c) In den Organigrammen a) und b) fehlen Stellen, die nicht weisungsberechtigt sind. Solche Stellen bezeichnet man als ____Stabs____stellen. Sie haben vor allem ____beratende____ Funktion und sind, wie natürlich auch die Linienstellen, ____befolgungs____pflichtig.

d) Ist die folgende Feststellung richtig oder falsch (wenn falsch, warum)?: «Je breiter eine Linienorganisation gegliedert ist, desto länger werden die Dienstwege (oder Instanzwege).»

Falsch, es ist umgekehrt.

5. Die CASAG stellt Haushaltgeräte her. Für die Gesamtleitung ist ein Direktor verantwortlich. Ihm
    sind die Leiter der Hauptabteilungen Produktion, Absatz, Administration unterstellt. Im Weiteren
    bestehen die folgenden Abteilungen: Buchhaltung / Entwicklung und Konstruktion / Personalbüro
    / Fabrikation / Werbung / Einkauf und Materiallager / Fertiglager und Spedition / Verkaufsbüro.

    a) Zeichnen Sie zu diesem Unternehmen das Organigramm auf.

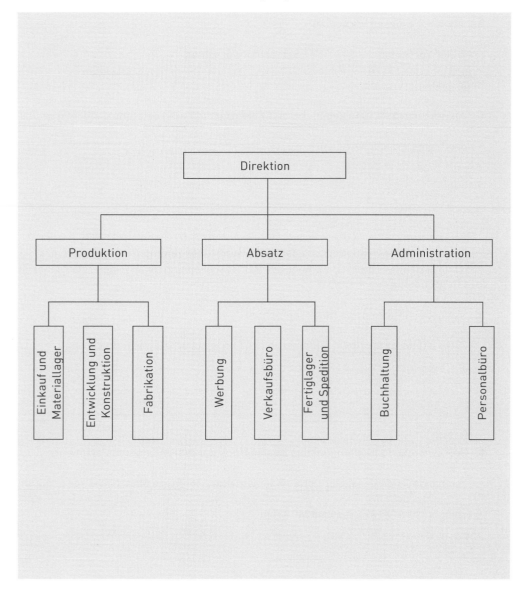

    b) Inwiefern unterscheidet sich diese **Organisation** von einer Profitcenter-Organisation?

       Bei der **Profitcenter-Organisation** würden selbstständige Teilbereiche gebildet, deren Erfolge

       rechnerisch eindeutig ermittelt werden können, so z. B. nach Produktegruppen, nach Kun-

       denkategorien oder nach geografischen Bereichen. Dies ist bei den hier genannten Abteilun-

       gen nicht durchweg möglich, besonders nicht bei der Administration: Sie kann keinen eigenen

       Gewinn ermitteln, denn sie steht im Dienst der anderen Abteilungen.

6. In einem Unternehmen soll eine Revisionsabteilung neu geschaffen werden, die kontrollieren soll, ob alle Geldzahlungen geschäftlich begründet und in der Buchhaltung korrekt erfasst worden sind.
   Die Geschäftsleitung plant, die **Revisionsabteilung als Stabsstelle** dem Abteilungsleiter «Finanzbuchhaltung» beizuordnen, weil die Revisionstätigkeit und die Buchführung eng miteinander verknüpft sind.

   Beurteilen Sie diesen Vorschlag.

   ☐ Guter Vorschlag   ☒ Schlechter Vorschlag

   Begründung:

   Da die Revisionsabteilung gegenüber der Finanzbuchhaltung befolgungspflichtig ist, kann sie ihre

   Kontrollaufgabe nicht wahrnehmen.

7. Im Folgenden werden aus verschiedenen **Stellenbeschreibungen** eines Grossbetriebes einzelne Abschnitte zitiert. Stammen sie eher aus der Beschreibung einer Linien- oder einer Stabsstelle (mit Begründung)?

   a) Aufgabe: Abfassen von Rechtsgutachten

      Stabsstelle, da die Rechtsabteilung eines Betriebes beratende Aufgaben hat.

   b) Verantwortung: Kostengünstige Beschaffung der Waren unseres Sortiments

      Linienstelle, da der Leiter der Einkaufsabteilung mehrere Mitarbeiter zur Erfüllung der umfangreichen Aufgaben einsetzen kann.

   c) Stellung im Betrieb: Direkt der Geschäftsleitung unterstellt

      Es könnte sich um eine Linien-, aber auch um eine Stabsstelle handeln.

   d) Aufgaben: Erstellung des Dienstplans für die Mitarbeiter der untergeordneten Stellen

      Linienstelle, da er eine Weisungsberechtigung benötigt, um den Dienstplan durchzusetzen.

8. Nachfolgend ist das **Organigramm** eines Unternehmens der Nahrungsmittelindustrie dargestellt.

a) Nach welchem Kriterium ist dieses Organigramm gegliedert?

1. Unterstellungsebene	Produkte
2. Unterstellungsebene	Funktionen
3. Unterstellungsebene	Märkte

b) Welches sind die Nachteile einer zu grossen Kontrollspanne? Erläutern Sie anhand des Anschauungsbeispiel die Kontrollspanne der Abteilungsleiterin Milchprodukte.

Nachteil einer zu grossen Kontrollspanne ist, dass die Leiterin der Stelle die Übersicht verliert und ihre Leitungsfunktion nicht professionell ausübt. Hier hat die Stelleninhaberin die Stellen Einkauf, Produktion und Vertrieb zu leiten, was einer fachkundigen Person gut gelingen sollte.

c) Das Direktionssekretariat ist als Stabsstelle gestaltet. Welche Aufgaben hat eine Stabsstelle und worin besteht der Unterschied zu einer Linienstelle?

Eine **Stabsstelle** hat beratende und unterstützende Funktion für eine Linienstelle. Sie hat aber keine Weisungsbefugnis wie eine Linienstelle.

d) Aufgrund einer strategischen Neuausrichtung müssen sämtliche Stellenbeschreibungen neu geschrieben werden. Nennen Sie wichtige Punkte, die eine Stellenbeschreibung beinhalten muss.

Inhalt einer Stellenbeschreibung: Bezeichnung der Stelle, Aufgaben, Stellung im Unternehmen, Verantwortung, Kompetenzen, Stellvertretung, Anforderungen usw.

9. Nachfolgend ist das **Organigramm** eines Generika-Herstellers dargestellt. Generika sind Medikamente, deren Wirkstoffe sich bewährt haben und deren Patente abgelaufen sind. So können die Medikamente durch ein beliebiges Pharma-Unternehmen kostengünstig hergestellt und preiswert verkauft werden.

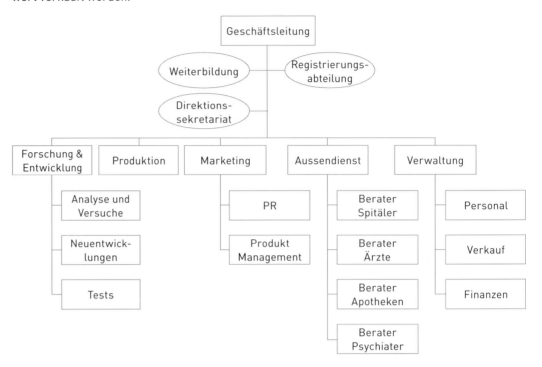

a) Welche der nachfolgenden Behauptungen zum oben dargestellten Organigramm sind richtig, welche sind falsch? Kreuzen Sie das entsprechende Feld an und korrigieren Sie die falschen Aussagen.

Richtig	Falsch	
✗		Die Kontrollspanne der Geschäftsleitung umfasst fünf Linien- und drei Stabsstellen.
✗		Die Abteilung Aussendienst ist befolgungsverpflichtet und weisungsberechtigt.
	✗	Bei der vorliegenden Organisationsform handelt es sich um ein Mehrliniensystem. Dies ist eine Stablinienorganisation.
✗		Die der Abteilung Verwaltung untergeordneten Stellen sind nach Funktionen gegliedert.
	✗	Die Abteilung Aussendienst ist nach Produkten gegliedert. Gliederungsprinzip: marktorientiert nach Kunden

b) Erläutern Sie, weshalb es sinnvoll ist, die Abteilung Aussendienst auf diese Weise zu gliedern.

Die marktorientierte Gliederung ermöglicht die gezielte Beratung und Bearbeitung der unterschiedlichen Kunden. Die Kunden haben unterschiedliche Bedürfnisse. Durch spezialisierte Berater können sie besser und effizienter bedient werden. Zudem haben die Kunden denselben Ansprechpartner; dadurch kann die Kundenbindung verstärkt werden.

c) Ordnen Sie die nachfolgenden Aussagen dem Unternehmenskonzept des Generika-Produzenten zu. Setzen Sie ein Kreuz im richtigen Feld.

c_1) Den Mitarbeitern stellen wir für die Ferien jeweils eine Apotheke mit Nachfolgemedikamenten gegen diverse gesundheitliche Probleme zur Verfügung.

	Leistung	Finanzen	Soziales
Ziele			
Mittel			✘
Verfahren			

c_2) Für die Erprobung von neuen Therapieformen zur Behandlung von Malaria-Erkrankungen benötigen wir im nächsten Geschäftsjahr CHF 1.5 Mio.

	Leistung	Finanzen	Soziales
Ziele			
Mittel		✘	
Verfahren			

c_3) In den nächsten drei Jahren möchten wir die Entwicklung der Malaria-Medikation zur Behandlung von akuten Fällen vorantreiben.

	Leistung	Finanzen	Soziales
Ziele	✘		
Mittel			
Verfahren			

c_4) Wir möchten unser Wachstum mit selbst erarbeiteten Mitteln finanzieren.

	Leistung	Finanzen	Soziales
Ziele			
Mittel			
Verfahren		✘	

d) Welche der fünf Abteilungen könnte als Profitcenter organisiert werden? Begründen Sie.

Der Aussendienst kann als Profitcenter geführt werden. Die Geschäftsleitung gibt Umsatzziele (Ertragsseite) und Kostendach (Aufwandsseite) vor. Wie der Aussendienst die Ziele mit dem Kostendach erreicht, ist ganz der Verantwortung des Leiters Aussendienst übertragen.

10. Welche Organisationsform in der Dokumentation (ab Seite 487) wurde gewählt?

Linienorganisation

11. Nach welchem Kriterium ist die der Unternehmensleitung unterstellte Hierarchieebene gegliedert?

Nach Funktionen (funktionsorientiert)

12. Sehen Sie Chancen, gewisse Abteilungen als Profitcenter zu führen? Begründen Sie!

    Ja, Fashion und Accessoires, da sie divisional (nach Sparten) gegliedert sind.

13. Was bedeutet Kontrollspanne und wie gross ist die Kontrollspanne von Mario Torricelli?

    Kontrollspanne ist die Anzahl direkt unterstellter Mitarbeiter einer Leitungsstelle. Sie beträgt 3.

14. Wie beurteilen Sie die Kontrollspanne?

    Die Kontrollspanne ist gut gewählt, da sie weder zu gross noch zu klein ist. Es liegt hier eine Tie-
    fengliederung vor, die Aufstiegsmöglichkeiten schafft und die Leitungsstellen entlastet.

Antworten zu den Kontrollfragen

3.1 a) die Aufbauorganisation (Struktur = Aufbau)
b) die Ablauforganisation (Prozess = Ablauf)
c) die Aufbauorganisation

3.2 Der Zweck der Aufbauorganisation ist, die Teilaufgaben eines Unternehmens in Stellen so zusammenzufassen, dass die Leistung effizienter erstellt werden kann.

3.3 a) Aufgabenanalyse
b) Instanz (Leitungsstelle)

3.4 Durch eine Aufgabenanalyse wird festgestellt, welche Teilaufgaben zu erledigen sind. Bei der Stellenbildung geht es darum, einzelnen Stellen Teilaufgaben zuzuweisen.

3.5 a) Stelle b) Kompetenzen

3.6 Leitungsstellen planen, entscheiden, ordnen an und kontrollieren.

3.7 Leitungsstellen sind weisungsberechtigt und evtl. befolgungspflichtig. Ausführende Stellen hingegen sind nur befolgungspflichtig und haben keine Weisungskompetenz.

3.8 Aufgaben, Kompetenzen und Verantwortung müssen kongruent (= übereinstimmend) sein.

3.9 Stabsstellen entlasten Leistungsstellen durch Beratung und Unterstützung.

3.10 Pflichtenheft

3.11 Ohne die erforderlichen Kompetenzen (Rechte und Befugnisse) kann ein Stelleninhaber die ihm übertragenen Aufgaben nicht erfüllen. Aufgaben, Kompetenzen und Verantwortung müssen kongruent (= übereinstimmend) sein.

3.12 Ein Organigramm ist eine grafische Darstellung der Organisation eines Unternehmens.

3.13 a) Rechteck   b) Oval

3.14 Einliniensystem (Linien- und Stab-Linien-Organisation)

3.15 Die Linienstelle (Instanz) hat Weisungsbefugnis nach unten, die Stabsstelle nicht.

3.16 Spartenorganisation (Sparte = Produktgruppe) oder Divisionalisierung (Division = Abteilung)

3.17 a) Einkauf, Verkauf, Verwaltung
b) Europa, USA, Asien (Zentralverwaltung ist keine Sparte)

3.18 marktorientiert, genauer geografische Gliederung (nach Regionen)

3.19 a) Wiederverkäufer (Händler), Grossverbraucher (z. B. Spitäler, Kantine), Privatkunden
b) Gliederung nach dem Markt (marktorientiert)

3.20 3

3.21 a) 3 b) 4 c) 5 d) 3

3.22 Zu grosse Kontrollspanne, damit zu umfangreiche Aufgaben für leitende Stellen, fehlende Übersicht

3.23 Tiefengliederung

3.24 Vorteil: Kompetenzkonflikte werden verhindert
Nachteil: Gefahr der Überorganisation und damit Behinderung von Initiative und Kreativität

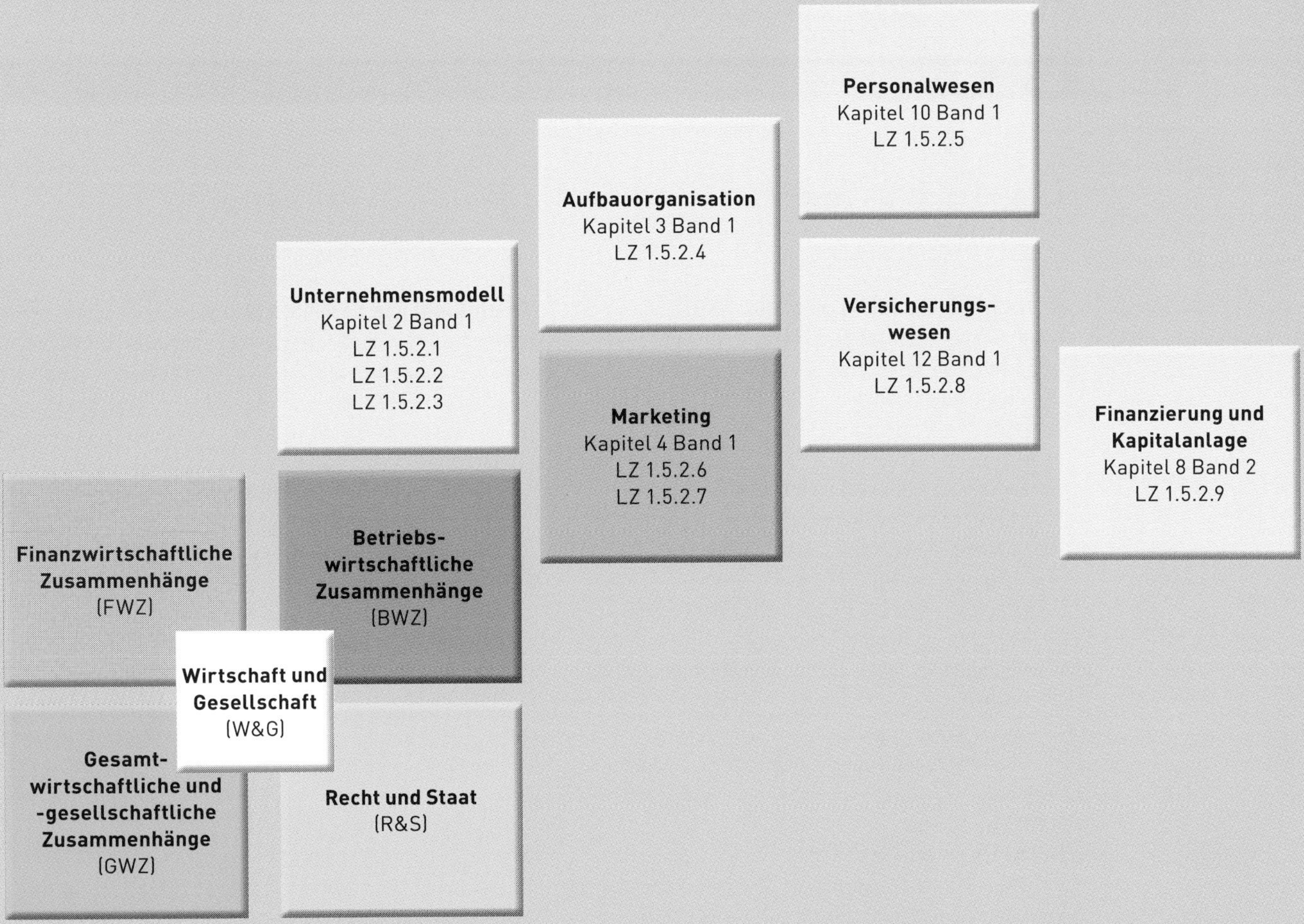

Personalwesen
Kapitel 10 Band 1
LZ 1.5.2.5

Aufbauorganisation
Kapitel 3 Band 1
LZ 1.5.2.4

Unternehmensmodell
Kapitel 2 Band 1
LZ 1.5.2.1
LZ 1.5.2.2
LZ 1.5.2.3

Versicherungs-
wesen
Kapitel 12 Band 1
LZ 1.5.2.8

Marketing
Kapitel 4 Band 1
LZ 1.5.2.6
LZ 1.5.2.7

Finanzierung und
Kapitalanlage
Kapitel 8 Band 2
LZ 1.5.2.9

Finanzwirtschaftliche
Zusammenhänge
(FWZ)

Betriebs-
wirtschaftliche
Zusammenhänge
(BWZ)

Wirtschaft und
Gesellschaft
(W&G)

Gesamt-
wirtschaftliche und
-gesellschaftliche
Zusammenhänge
(GWZ)

Recht und Staat
(R&S)

Marketing

Kapitel 4

4   Marketing

Leistungsziele W&G E-Profil (6 + 8 Lektionen)	Leistungsziele W&G B-Profil (8 + 8 Lektionen)
1.5.2.6 **Grundbegriffe des Marketings (K2)** Ich erkläre in einfachen Fallbeispielen die folgenden grundlegenden Zusammenhänge und Instrumente im Bereich des Marketings und zeige deren Bedeutung bzw. deren Aussagekraft auf: – Lebenszyklus von Produkten – Marktsegmentierung und Formen – Marktziele (Bedürfnisse, Teilmärkte, Kundensegmente) – Produktziele (Art und Qualität, Sortimentstiefe und -breite, Umsatz) – Marktgrössen (Potenzial, Anteil, Volumen, Segment) – Marktstellung – Marktforschung und deren Instrumente	**1.5.2.6** **Grundbegriffe des Marketings (K2)** Ich erkläre in einfachen Fallbeispielen die folgenden grundlegenden Zusammenhänge und Instrumente im Bereich des Marketings und zeige deren Bedeutung bzw. deren Aussagekraft auf: – Lebenszyklus von Produkten – Marktsegmentierung und Formen – Marktziele (Bedürfnisse, Teilmärkte, Kundensegmente) – Produktziele (Art und Qualität, Sortimentstiefe und -breite, Umsatz) – Marktgrössen (Potenzial, Anteil, Volumen, Segment) – Marktstellung – Marktforschung und deren Instrumente
1.5.2.7 **Marketingmix: 4 Ps (K5)** Ich gestalte für ein konkretes Produkt und eine konkrete Dienstleistung den Marketingmix stimmig. Dabei lege ich begründet die Marketinginstrumente hinsichtlich Product, Place, Price und Promotion fest.	**1.5.2.7** **Marketingmix: 4 Ps (K5)** Ich gestalte für ein konkretes Produkt und eine konkrete Dienstleistung den Marketingmix stimmig. Dabei lege ich begründet die Marketinginstrumente hinsichtlich Product, Place, Price und Promotion fest.

Die Leistung eines Unternehmens besteht in der Herstellung und Verteilung von Sachgütern und/oder Dienstleistungen. Diese Leistungen müssen so gestaltet und erzeugt werden, dass sie die **Bedürfnisse der Kunden** befriedigen.

Mit diesem Problem beschäftigt sich die Unternehmensleitung stets aufs Neue, denn die Ansprüche der Kundschaft verändern sich laufend und die Wünsche nehmen meist zu. Nicht nur die Geschäftsleitung, sondern auch alle Führungskräfte sollten sich mit diesen Ansprüchen auseinandersetzen, damit die Leistung marktgerecht erstellt und angeboten werden kann.

Um ein Unternehmen nachhaltig wirtschaftlich führen zu können, müssen also **alle betrieblichen Handlungen auf den Absatzmarkt ausgerichtet** werden. Diese Einstellung und Denkweise bezeichnet man als **Marketing.**

Marketing ist kundenorientiertes Denken, Entscheiden und Handeln im ganzen Unternehmen.

Es wäre nicht sinnvoll, Sach- oder Dienstleistungen zu erstellen, die vom Markt nicht verlangt werden. Marketing bedeutet somit, dass der Absatzbereich die anderen betrieblichen Bereiche massgeblich steuert – so sehr, dass davon das Gedeihen und die Existenz des Unternehmens abhängen.

> Eine Haushaltapparatefabrik kann ihre Kaffeemaschinen, auch wenn sie technisch noch so vollkommen sind, nicht einfach «drauflosproduzieren». Sie muss wissen, ob kleinere oder grössere, manuelle oder automatische, einfachere oder raffiniertere Modelle, Metall- oder Kunststoffgehäuse usw. gefragt sind. Oder: Eine Kleiderfabrik kann noch so gute Qualität produzieren, wenn ihre Erzeugnisse im Markt aus modischen Gründen nicht gefragt sind, liegt sie nicht mehr im Trend und wird wirtschaftlich einen Rückschlag erleiden.

info@klv.ch

K 4.1   Marketing wird heute oft als die (richtige) «Denkhaltung des Unternehmens» bezeichnet. Ist diese Aussage richtig?

K 4.2   Welche der beiden folgenden Definitionen von Marketing ist die umfassendere und modernere und warum?
- Marketing umfasst alle Massnahmen rund um den Absatz (Verkauf).
- Marketing ist marktorientierte Unternehmenspolitik.

K 4.3   Welche der folgenden Aussagen entspricht einem erfolgreichen Marketing?
- Das Unternehmen soll das verkaufen, was es produzieren kann.
- Das Unternehmen soll das produzieren, was es verkaufen kann.

Wie kann ein Unternehmen seine Leistungen auf den Markt ausrichten?
Dazu muss zunächst bekannt sein, was die Kunden wünschen. Eine Marktanalyse hilft hier weiter.

4.1   Marktforschung

Zur Entwicklung eines erfolgreichen Marktauftritts sind **Marktuntersuchungen** nötig. Je nachdem, ob diese nur beiläufig oder systematisch erfolgen, unterscheidet man:

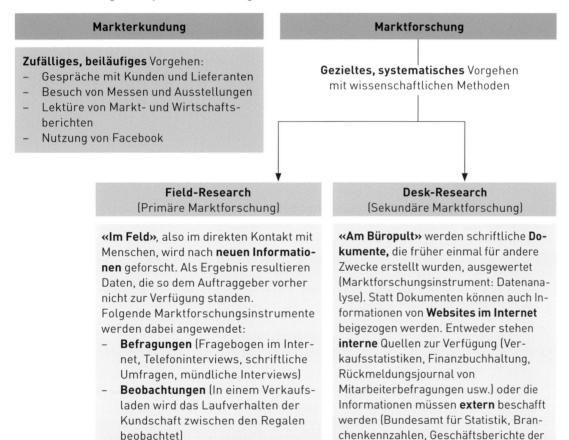

Markterkundung	Marktforschung
Zufälliges, beiläufiges Vorgehen: – Gespräche mit Kunden und Lieferanten – Besuch von Messen und Ausstellungen – Lektüre von Markt- und Wirtschaftsberichten – Nutzung von Facebook	**Gezieltes, systematisches** Vorgehen mit wissenschaftlichen Methoden

Field-Research (Primäre Marktforschung)	Desk-Research (Sekundäre Marktforschung)
«Im Feld», also im direkten Kontakt mit Menschen, wird nach **neuen Informationen** geforscht. Als Ergebnis resultieren Daten, die so dem Auftraggeber vorher nicht zur Verfügung standen. Folgende Marktforschungsinstrumente werden dabei angewendet: – **Befragungen** (Fragebogen im Internet, Telefoninterviews, schriftliche Umfragen, mündliche Interviews) – **Beobachtungen** (In einem Verkaufsladen wird das Laufverhalten der Kundschaft zwischen den Regalen beobachtet) – **Tests** (Kunden testen ein Produkt)	**«Am Büropult»** werden schriftliche **Dokumente,** die früher einmal für andere Zwecke erstellt wurden, ausgewertet (Marktforschungsinstrument: Datenanalyse). Statt Dokumenten können auch Informationen von **Websites im Internet** beigezogen werden. Entweder stehen **interne** Quellen zur Verfügung (Verkaufsstatistiken, Finanzbuchhaltung, Rückmeldungsjournal von Mitarbeiterbefragungen usw.) oder die Informationen müssen **extern** beschafft werden (Bundesamt für Statistik, Branchenkennzahlen, Geschäftsberichte der Konkurrenz).

Auftraggeber einer Marktforschung formulieren konkrete Fragestellungen zu Themenbereichen, über die sie mehr wissen möchten. Solche Fragen beziehen sich auf

- Kundenbedürfnisse/-wünsche/-erwartungen
- Kaufverhalten/-motive (z.B. Preis, Qualität, Produkteigenschaften)
- Kundenzufriedenheit
- Werthaltungen, Trends

Ein wichtiges Resultat der Marktforschung ist eine **Absatzprognose** (Voraussage der Marktentwicklung). Das Unternehmen erarbeitet daraufhin verschiedene Möglichkeiten, den **Absatz** zu **beeinflussen,** sei es durch Veränderungen des Produkts, des Preises oder des Angebotes von Zusatzleistungen.

Kontrollfragen

K 4.4   Wodurch unterscheidet sich die Marktforschung von der blossen Markterkundung?

K 4.5   Was ist der Unterschied zwischen Field-Research und Desk-Research? Wie lautet der Oberbegriff für beide?

K 4.6   Welche vier Marktforschungsinstrumente werden zur Informationsgewinnung beim Field- und Desk-Research verwendet?

4.2   Produkt/Markt-Konzept

Auf den **Ergebnissen der Marktuntersuchungen** aufbauend entwickelt die Unternehmensleitung ein Produkt/Markt-Konzept, das die **Produkt- und Marktziele** für die nächsten Jahre festlegt.

Marktziele	Produktziele
1. Bedürfnisse	1. Art und Qualität
2. Märkte/Marktsegmente	2. Sortiment
3. Marktstellung	3. Umsatz/Menge

4.2.1   Marktziele und Marktstellung

4.2.1.1   Drei Leitfragen zu den Marktzielen

Für die Festlegung der Marktziele sind vor allem folgende Fragen zu beantworten:

① **Welche Bedürfnisse der Nachfrager sollen befriedigt werden?**

Die Marktanalyse liefert Informationen über die Bedürfnisse unserer Kunden. Wer sind überhaupt unsere Kunden? Warum kaufen sie was?

- Soll eine Möbelfabrik einfache Büromöbel, Möbel für höhere Ansprüche oder extravagante Luxuseinrichtungen offerieren?
- Soll eine Fluggesellschaft ein Zweiklassensystem (First und Economy Class) oder ein Dreiklassensystem (zusätzlich Business Class) anbieten?

② **Auf welchen Märkten oder Marktsegmenten soll die Produktion abgesetzt werden?**

Es ist wichtig, die Kunden genau zu kennen. Wie sollte man sonst das richtige Produkt entwickeln? Wie könnte ohne diese Kenntnis die Werbung effektiv gestaltet werden? Das **Konzept der Marktsegmentierung** geht von der Grundannahme aus, dass sich die Kunden in ihren Bedürfnissen und Leistungserwartungen unterscheiden. Die Aufgabe der Marktsegmentierung besteht folglich darin, den **Gesamtmarkt in homogene (gleichartige) Marktsegmente zu unterteilen.** Somit erhält man Gruppen von Kunden mit ähnlicher Bedürfnisstruktur, von denen man annimmt, dass sie sich gleich oder ähnlich verhalten. Die eigenen Leistungen (Produkte oder Dienstleistungen) können folglich so gestaltet werden, dass die **Bedürfnisse der Zielgruppe** optimal abgedeckt werden.

Märkte können nach folgenden Kriterien **segmentiert werden:**

- **Geografisch:** regional, national; städtisch, ländlich usw. Manche Produkte werden den geografischen Gegebenheiten angepasst.

> Einbau einer Standheizung in ein Auto für den skandinavischen Markt

- **Demografisch:** nach Einkommen, Alter, Geschlecht, Haushaltsgrösse, Bildung u. a.

> Erlebnisreise für junge Leute mit niedrigem Einkommen

- **Kundenverhalten:** Werthaltung, Mediennutzung, Lebensstil u. a.

> eher moderne oder konservative Haltung; Nutzung von Onlinemedien oder klassischen Medien wie TV, Zeitungen; Lebensgestaltung eher geniesserisch oder sparsam

Man beachte: Marktsegmente sind nicht gleich Teilmärkte.

- **Marktsegmente:** Gruppen von Kunden mit ähnlicher Bedürfnisstruktur, auch Zielgruppen genannt (z. B. Jungen, Mädchen, Jugendliche, Damen, Herren)
- **Teilmärkte:** Produktgruppen, die zu den Marktsegmenten passen (z. B. Damenmode, Herrenmode usw.).

③ Welche Marktstellung soll angestrebt werden?

Jedes Unternehmen weiss, wie viele Produkte es verkauft hat. Es möchte darüber hinaus wissen, wie viel Prozent aller auf einem Markt verkauften Produkte von ihm stammen. Ein Unternehmen interessiert sich also für seinen **Marktanteil.** Um ihn berechnen zu können, muss das **Marktvolumen** bekannt sein. Aber auch das **Marktpotenzial** ist für weitergehende Überlegungen von Bedeutung:

- **Marktpotenzial (MP)**
  = theoretisch maximale Absatzmenge des Marktes für ein bestimmtes Produkt (500 Lernende besuchen heute die Berufsschule und könnten etwas zu Mittag essen)
- **Marktvolumen (MV)**
  = von allen Anbietern tatsächlich abgesetzte Menge des Produkts oder erzielter Umsatz (300 Lernende haben heute für ihr Mittagessen Geld ausgegeben)
- **Marktanteil (MA)**
  = die von einem Unternehmen abgesetzte Menge oder der Umsatzanteil in % des Marktvolumens (200 Lernende haben heute in der Mensa der Berufsschule eine Mahlzeit bezogen. Marktanteil = 66.67 %, nämlich 200 von 300 Lernenden).

Das **Marktpotenzial** kann sich v. a. durch Veränderungen in den Umweltsphären ausdehnen oder verkleinern.

> - Konjunkturaufschwung oder Rezession; Freihandelsabkommen öffnen neue Absatzmärkte
> - neue Technologien; gesellschaftliche und ökonomische Entwicklungen; Änderungen des Rechts

Das **Marktvolumen** ändert sich laufend. Manche Branchen entwickeln sich weiter, weil Forschung und Entwicklung zu neue Erkenntnissen und Verfahren führen. Ebenso können die Kunden ihre Ansprüche und Konsumgewohnheiten verändern.

> - Neue Produkte, die auf den Markt kommen, verdrängen etablierte Produkte.
> - Die Veränderung in der Bevölkerungsstruktur erhöht oder verringert das Marktvolumen einer Branche.

Den **Marktanteil** kann ein Unternehmen durch eigene Marketinganstrengungen ausbauen. In der Regel sinkt der Marktanteil, wenn nicht laufend neue Kunden gewonnen werden.

> – Bestehende Kunden ändern ihre Präferenzen, ziehen weg oder sterben gar.
> – Die Bedürfnisse und die Einkommenssituation der Kunden verändern sich.

Kontrollfragen

K 4.7 Wie nennt man einen Markt, der sich aus einer homogenen (gleichartigen oder einheitlichen) Käuferschicht zusammensetzt? Nennen Sie drei Beispiele.

K 4.8 Was hat der Umsatz mit der Marktsegmentierung zu tun?

K 4.9 Geben Sie die Fachausdrücke an für das, was (a) von einem bestimmten Produkt im Markt tatsächlich gesamthaft abgesetzt wird, (b) maximal abgesetzt werden könnte und (c) ein bestimmtes Unternehmen absetzt.

K 4.10 Welche Kennzahl ist am wichtigsten, um die Marktstellung beurteilen zu können?

→ Aufgaben 1, 2

K 4.11 Warum kann ein florierendes Unternehmen nicht auf das Marketing verzichten?

4.2.1.2 Marktstellung

Sind die **drei Leitfragen zu den Marktzielen** (Bedürfnisse, Märkte, Marktanteil) für das Unternehmen mehr oder weniger beantwortet, ist eine strategische Vertiefung nötig: Welche **Marktstellung** nehmen wir ein und auf welche Marktstellung wollen wir hinarbeiten?

Setzt sich ein Unternehmen mit der **eigenen Stellung im Markt** auseinander, beschafft es sich die nötigen Informationen, um das Marktpotenzial im betreffenden Teilmarkt, das Marktvolumen und seinen Marktanteil berechnen zu können. Die wichtigste Grösse ist der **Marktanteil,** der die Marktstellung eines Unternehmens im direkten Vergleich mit der Konkurrenz verdeutlicht. Der Marktanteil ist eine objektive, d. h. messbare Grösse und kann auf den **Absatz** (abgesetzte Menge) oder den erzielten **Umsatz** (= Absatz × Nettoverkaufspreis) bezogen werden.

> **Beschreibung des Teilmarktes Rasenmähroboter in der Schweiz**
> Einfamilienhäuser (EFH) verfügen oft über eine Rasenfläche. Der Hausbesitzer sollte diese von Frühling bis Herbst regelmässig mähen. Rasenmäher können von Hand gestossen sowie motorisiert mit Benzin oder Strom betrieben werden. Die Rasenpflege benötigt in einem Jahr zusammengerechnet einige Zeit. Es ist daher nicht verwunderlich, dass es Werbung für den Einsatz von vollautomatisierten Rasenmährobotern gibt.
>
> **Ausgangslage in der Schweiz**
> Das Bundesamt für Statistik[1] weist aus, dass es rund 1.7 Millionen Gebäude mit Wohnnutzung gibt. Davon sind **962 100** eigentliche EFH (im Jahr zuvor waren es noch **954 000** EFH). Experten schätzen, dass **ein Drittel** in städtischen Gebieten ohne eigenen Garten mit Rasen liegt. Die Branche interessiert sich also nur für die anderen zwei Drittel. Dabei geht sie davon aus, dass die durchschnittliche Lebensdauer eines konventionellen Rasenmähers bei zehn Jahren liegt. Das bedeutet, dass **10 %** der EFH-Besitzer jedes Jahr ihren Rasenmäher ersetzen. Diese, sowie alle, die ein neues EFH mit Garten bauen, können für den Kauf eines Mähroboters gewonnen werden. Diese **theoretisch möglichen** Kunden werden als **Marktpotenzial** bezeichnet:
>
> | Marktpotenzial (MP) | Letztes Jahr | Laufendes Jahr |
> |---|---|---|
> | $MP_{Mähroboter} = {}^2/_3 \times EFH \times 10\%$ | $= {}^2/_3 \times 954\,000 \times 10\%$
 = 63 600 EFH | $= {}^2/_3 \times 962\,100 \times 10\%$
 = 64 140 EFH |

---

1 Quelle: BfS, Gebäude nach Gebäudekategorie, Kantonen und Bauperiode (je-d-09.02.01.03); Zahlen gerundet; Zugriff via www.bfs.admin.ch/bfs/portal/de/index/themen/09/22/lexi.html

Das Marktpotenzial für Anbieter von Mährobotern in der Schweiz beträgt gerundet **64 000 Mähroboter** pro Jahr. Die Tendenz ist steigend. Es wurden **8 100 neue EFH** gebaut. Das Marktpotenzial weitet sich durch die Bautätigkeit weiter aus.

Die Realität sieht anders aus, wenn die **realen** Verkäufe betrachtet werden. Denn nicht jeder, der theoretisch infrage kommt, ein Produkt zu kaufen, kauft auch ein solches. Der reale Verkauf aller Anbieter einer Branche innerhalb eines Teilmarktes wird als **Marktvolumen** bezeichnet. Dass sich der Teilmarkt Rasenmähroboter im Wachstum befindet, vermutet die «Gardenia-Robotics» aufgrund der in ihrem Branchenverband erhobenen Absatzstatistik:

Marktvolumen (MV)	Letztes Jahr	Laufendes Jahr
Quelle Branchenstatistik	3 800 EFH	4 200 EFH

Ein einzelner Anbieter kann in Kenntnis dieser Gesamtumsatzzahlen den eigenen **Marktanteil** berechnen. Interessant ist die Entwicklung über einen Zeitraum. «Gardenia-Robotic» verkaufte im letzten Jahr **1 150**, im laufenden Jahr **1 400** Roboter.

Marktanteil (MA)	Letztes Jahr	Laufendes Jahr
$MA_{\text{Menge Mähroboter}} = \dfrac{\text{Unternehmensabsatz}}{\text{Marktvolumen (Menge)}} \times 100$	$= \dfrac{1\,150}{3\,800} \times 100 = \mathbf{30\,\%}$	$= \dfrac{1\,400}{4\,200} \times 100 = \mathbf{33\,\%}$

«Gardenia-Robotics» konnte also innerhalb eines Jahres ihren **Marktanteil von 30 % auf 33 % steigern.** Der Marktanteil von rund einem Drittel ist recht hoch. Wenn er über eine längere Zeit beobachtet wird, lassen sich **Rückschlüsse über die Wirkung und Ausrichtung des eigenen Marketings** ziehen.

Marktsättigung

Um die eigene Marktstellung nicht isoliert zu betrachten, ist die Frage zu stellen, wie weit der **Markt gesättigt** ist. Setzt man das Marktvolumen ins Verhältnis zum Marktpotenzial, erhält man mit dem **Marktsättigungsgrad** die Information, wie stark der betrachtete Markt gesättigt ist (Beispiel: 300 von 500 möglichen Lernenden haben für ihr Mittagessen Geld ausgegeben, also 60 %). Ein gesättigter Markt bedeutet, dass das Marktvolumen fast das Marktpotenzial erreicht (gegen 100 %). Das Gegenteil davon wäre ein nicht gesättigter Markt, also wenn das Marktvolumen noch weit vom Marktpotenzial entfernt ist und noch weiter entwickelt werden kann.

Die «Gardina-Robotics» beschafft sich beim Bundesamt für Statistik die Informationen über das Marktpotenzial (siehe oben im Beispiel) und vom Branchenverband (oder andere Quellen) die Information über das Marktvolumen. Mit diesen Zahlen lässt sich die Sättigung im konkreten Markt für Mähroboter berechnen:

Marktsättigungsgrad (MSG)	Letztes Jahr	Laufendes Jahr
$MSG_{\text{Mähroboter}} = \dfrac{\text{Marktvolumen}}{\text{Marktpotenzial}} \times 100$	$= \dfrac{3\,800}{63\,600} \times 100 = \mathbf{5.9\,\%}$	$= \dfrac{4\,200}{64\,140} \times 100 = \mathbf{6.5\,\%}$

In unserem Beispiel bietet die «Gardenia-Robotics» ihre Mähroboter in einem klar ungesättigten Markt an. Der Markt ist noch nicht ausgeschöpft.

Marktstrategien

Sind die Marktstellung und der Marktsättigungsgrad bekannt, ergeben sich für das eigene Unternehmen verschiedene **Strategiemöglichkeiten** zur Bearbeitung des Marktes:

In einem gesättigten Markt sind die Wachstumschancen gering; das **Marktpotenzial** ist weitgehend **ausgeschöpft.**

– Kleinere Anbieter haben in dieser Marktsituation gute Chancen mit einer **Nischenstrategie.**

> Lokale Bierbrauereien florieren trotz Konkurrenz grosser ausländischer Konzerne. Mit dem Slogan «Bier braucht Heimat» haben kleine Brauereien grossen Erfolg in ihrer Region.

– Finanzstarke Unternehmen können versuchen, **neue regionale Märkte** zu erschliessen oder **neue Käuferschichten** zu erreichen: Strategie der **Marktentwicklung.**

> Ikea sieht im westlichen Europa kaum Wachstumsmöglichkeiten und expandiert nach Brasilien.

Ist der Sättigungsgrad gering, so ergeben sich für alle Anbieter gute **Wachstumschancen**; das Marktpotenzial lässt Enwicklungsräume zu.

– Verhältnismässig «kleine» Anbieter werden versuchen, sich über ihre besonderen Stärken als **Qualitätsführer** am Markt zu behaupten. Da jedem bewusst ist, dass Qualität kostet, können so höhere Verkaufspreise gerechtfertigt werden.

> – Swiss und Emirates Airlines
> – Porsche

– Grosse Anbieter können versuchen, die Rolle des **Kostenführers** zu übernehmen. Dank günstigerer Kostenstruktur treten sie mit tieferen Preisen an und versuchen über höhere Umsätze erfolgreich zu sein.

> – easyJet und Ryanair
> – Dacia (rumänische Automarke im Renault-Konzern)

Portfolio-Analysen

In der Praxis ist es nötig, komplizierte Zusammenhänge zu vereinfachen. Hier helfen sogenannte Portfolio-Analysen[2] weiter. Die bei der Marktanalyse gewonnenen Erkenntnisse werden jeweils auf zwei Kriterien und Ausprägungen reduziert, um für das Unternehmen **Marktstrategien** abzuleiten. Hier beschränken wir uns auf das Marktwachstums- und Marktanteils-Portfolio der BCG – Boston Consulting Group[3] (= Produktportfolio-Analyse) und auf die Produkt/Markt-Strategie nach Ansoff[4] (Produkt/Markt-Portfolio).

---

2 Ein Portfolio ist eine Sammlung von Objekten eines bestimmten Typs, sozusagen eine Sammelmappe. Meistens versteht man darunter einen Bestand an Wertpapieren (französisch «Portefeuille»). Wertpapiere werden aufgrund verschiedener Kriterien zusammengestellt, z. B. Risiko, Rendite und Liquidität.

3 Die BCG – Boston Consulting Group ist international tätig und gehört zu den führenden Unternehmen im Bereich der Strategieberatung. Sie wurde 1963 in Boston gegründet und ist auf der ganzen Welt in Dutzenden von Ländern vertreten.

4 Harry Igor Ansoff (1918–2002) war ein amerikanischer Wirtschaftswissenschafter und Professor, der sich v. a. mit dem strategischen Management und der Unternehmensführung befasste.

Produktportfolio-Analyse (nach BCG)

Bei der Produktportfolio-Analyse werden das **Marktwachstum** und der **relative Marktanteil**[5] (Wettbewerbsposition) näher betrachtet. Es wird geprüft, ob diese beiden Merkmale niedrig oder hoch ausgeprägt sind.

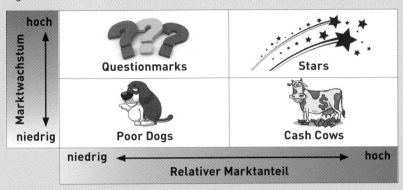

- **Questionmarks**   Die **«Fragezeichen»** (Nachwuchsprodukte) haben nur einen geringen Marktanteil im Vergleich zum stärksten Konkurrenten (relativer Marktanteil). Der Markt hat ein hohes Wachstumspotenzial. Es stellt sich die Frage, ob die Produkte aufgegeben werden sollen oder ob in die Produkte weiter investiert werden soll, um die Marktanteile zu erhöhen.

- **Stars**   Bei den **«Sternen»** übersteigen die Einnahmen deutlich die Ausgaben. In einem stark wachsenden Markt verdient das Unternehmen mit einem solchen Produkt viel Geld, da der relative Marktanteil hoch ist. Aus dem Einnahmeüberschuss (Cashflow) können leicht Investitionen bezahlt werden.

- **Cash Cows**   Die **«zu melkenden Kühe»** werden in einem kaum wachsenden Markt angeboten, haben aber einen relativ hohen Marktanteil. Ohne weitere Investitionen werden hohe Cashflows generiert. Oft handelt es sich um ältere Produkte, die immer noch ihre Käufer finden, der Markt wird «fertig gemolken».

- **Poor Dogs**   Die **«armen Hunde»** haben einen geringen relativen Marktanteil in einem Markt ohne Entwicklungspotenzial. Dieses sind die Auslaufprodukte im Unternehmen. Sobald mit den Produkten Geld verloren wird, ist eine **Desinvestitionsstrategie** zu empfehlen. Das Unternehmen sollte sich aus diesem Markt zurückziehen.

Produkt/Markt-Portfolio (nach Ansoff)

Ein anderer Ansatz, ist das Produkt/Markt-Portfolio von **Ansoff.** Es wird von Unternehmen eingesetzt, die auf Wachstum setzen. Die folgenden **Wachstumsstrategien** werden unterschieden:

Märkte	Produkte bestehende	Produkte neue
bestehende	Markt-durchdringung	Produkt-entwicklung
neue	Markt-entwicklung	Produkt-diversifikation

- **Marktdurchdringung**
  Das Unternehmen strebt eine Verbesserung des Marktanteils an, indem es mit seinen derzeitigen Produkten versucht, den bestehenden Kunden mehr als bisher zu verkaufen oder neue Kunden zu gewinnen.
  → Diese Strategie ist relativ risikolos, da keine wesentlichen Investitionen umgesetzt werden müssen.
  → Wenn der Markt gesättigt ist, erreicht diese Strategie ihre Grenzen.

---

5   **Relativer Marktanteil** = MA des eigenen Unternehmens im Verhältnis zum MA des stärksten Konkurrenten (eigener MA/MA stärkster Konkurrent × 100).

- **Produktentwicklung**

Mit dieser Strategie versuchen Unternehmen zu wachsen, indem sie neue Varianten ihrer Produkte oder ganz neue Produkte auf den bestehenden Markt bringen.

→ Sinnvoll ist dieses Vorgehen, wenn der Kundenkreis beschränkt und kaum entwicklungsfähig ist.

→ Die Entwicklung von neuen Produktvarianten und Produkten erfordert Investitionen, von denen man hofft, dass sie sich amortisieren.

- **Marktentwicklung**

Unternehmen, die sich für die Marktentwicklung entscheiden, wollen mit ihren bewährten Produkten zusätzliche geografische oder demografische Segmente des Marktes erschliessen.

→ Sie können auch ihre Marketinganstrengungen auf Kunden ausrichten, die sich durch ein anderes Verhalten von ihren bisherigen Kunden unterscheiden.

→ Bei dieser Strategie sind im Vergleich zur Marktdurchdringung grössere Investitionen in das Marketing erforderlich.

- **Produktdiversifikation**

Unternehmen, die Wachstum durch Diversifikation (Ausweitung, Veränderung) erreichen wollen, müssen am meisten investieren und gehen somit das relativ höchste Risiko ein, denn sie entwickeln neue Produkte und wollen zugleich neue Märkte erobern.

→ Die Chancen dieser Strategie liegen darin, dass ein Unternehmen in attraktive Märkte oder Branchen diversifiziert und seine Gewinnaussichten deutlich vergrössert.

→ Es werden drei Arten der Diversifikation unterschieden: Das bestehende Produktprogramm wird
  - ergänzt durch ähnliche Produkte **(= horizontale Diversifikation)**,
  - erweitert mit neuen Produkten der vor- oder nachgelagerten Stufen **(= vertikale Diversifikation)**,
  - ausgebaut dank neuer Produkte in neuen Märkten **(= laterale Diversifikation)**.

Kontrollfragen

K 4.12 Wann spricht man von einem gesättigten Markt?

K 4.13 Welche Marktstrategie wird ein Anbieter wählen, der in einem ungesättigten Markt tätig ist und ...
   a) niedrige Stückkosten hat?
   b) Produkte von hoher Qualität anbieten will?

K 4.14 Welche Marktstrategie wird ein Anbieter wählen, der in einem gesättigten Markt tätig ist und ...
   a) über grosses Kapital verfügt?
   b) ganz spezielle Produkte anbieten will?

→ Aufgaben 3, 4

4.2.2 Produktziele

Für die Bestimmung der Produktziele sind folgende Leitfragen zu beantworten:

① Von welcher Art und Qualität sollen unsere Produkte sein?

Diese Frage ist eng mit der ersten Leitfrage zu den Marktzielen «Welche Bedürfnisse?» verknüpft. Ein Anbieter muss sich an der Nachfrage orientieren, um sich erfolgreich auf seinem Markt behaupten zu können. Er muss sich also fragen, welche Produkte mit welchen Eigenschaften in welcher Qualität in dem ausgewählten Marktsegment besonders nachgefragt werden.

> Soll eine Kleiderfabrik modisch hochstehende und teure Kleider oder billigere Massenware fabrizieren?

② Wie breit und tief soll unser Absatzprogramm/Sortiment sein?

Das **Sortiment** wird je nach Branche unterschiedlich bezeichnet:

- Im Handelsbetrieb: **Sortiment**
- Im Produktionsbetrieb: **Produktionsprogramm**
- Im Dienstleistungsbetrieb: **Leistungsprogramm**

Breit ist ein Absatzprogramm, wenn viele verschiedene **Produktgruppen** angeboten werden. So kann in einem Warenhaus von einem sehr breiten Sortiment gesprochen werden, denn dort werden beispielsweise Lebensmittel, Kosmetika, Multimedia- und Drogerieartikel, Möbel, Gardinen, Stoffe und Sportartikel offeriert. Sind dagegen nur wenige Produktgruppen im Angebot, so bezeichnet man das Sortiment als **schmal.** Ein Sortiment ist **tief,** wenn es innerhalb der offerierten Produktgruppen eine grosse Auswahl gibt. Anderenfalls nennt man es **flach.** Fachgeschäfte zeichnen sich durch ihre Sortimentstiefe aus. Das Absatzprogramm eines Unternehmens vergleicht man sinnvollerweise mit dem Absatzprogramm eines Mitbewerbers.

siehe Kapitel 4.3.1.3

> - Ein Sportfachgeschäft hat ein breites und tiefes Sortiment im Teilmarkt Sportartikel.
> - Grosse Filialen der Grossverteiler haben bezüglich des Teilmarkts Sportartikel ein schmales und flaches Sortiment, im Teilmarkt Lebensmittel aber ein breites und tiefes.

③ Welche Produktionsmengen sollen geplant werden (mengenmässiger Umsatz)?

Die zu erzeugenden Produktionsmengen hängen vom **Marktanteil** ab. Die produzierten Mengen werden dem tatsächlichen Absatzvolumen angepasst, um allzu grosse Lagerbestände, die viel Kapital binden und eventuell nicht mehr verkäuflich sind, zu vermeiden.

Kontrollfragen

K 4.15 Wie wird das Sortiment eines Betriebes bezeichnet, das nur wenige Artikel, aber in vielerlei Farben und Ausführungen enthält (zwei Ausdrücke)?

K 4.16 In einem amerikanischen Drugstore werden vielerlei Artikel verkauft (Drogeriewaren, Süsswaren, Presseartikel, Schreib- und Spielwaren, Geschenkartikel, Bücher, Hotdogs, Getränke und vieles andere mehr), aber alles nur in einer Ausführung. Wie nennt man ein solches Sortiment?

K 4.17 Wovon hängt in erster Linie die produzierte Menge ab?

→ Aufgabe 5

4.3   Absatzverfahren: Das 4-P-Konzept

Dem Unternehmen steht ein Bündel verschiedener Absatzverfahren zur Verfügung, die in vier Gruppen aufgeteilt werden und als die **vier Ps** bekannt sind.

Product	Produktpolitik	Wie gestalten wir unsere Produkte und Dienstleistungen?
Price	Preispolitik	Wie setzen wir unsere Verkaufspreise und Verkaufsbedingungen fest?
Place	Distributions-politik	Auf welchem Weg gelangen unsere Produkte und Dienstleistungen zur Kundschaft?
Promotion	Kommunikations-politik	Wie machen wir unser Produkt bekannt?

Die optimale und gleichzeitige Kombination aller 4-P-Instrumente zu einem Konzept nennt man Marketingmix.

Unter Politik im Bereich Marketing versteht man alle Ziel- und Massnahmenentscheidungen zur Gestaltung der marktbezogenen Aktivitäten eines Unternehmens.

Überblick über die **Marketing-Instrumente**:

siehe Kapitel 4.3.1	**Produktpolitik**	**Produktgestaltung**	Qualität, Design, Verpackung, Marke, Umweltbeeinflussung
		Produktlebenszyklus	typische Umsatz-/Gewinnentwicklung eines Produkts
		Absatzprogramm (Sortiment)	nach belieferbaren Teilmärkten und Marktsegmenten (Programmtiefe, -breite, -struktur)
		Kundendienst	– Information und Beratung beim Einkauf Zustellung und Installation – Garantiedienstleistungen, Reparaturen
siehe Kapitel 4.3.2	**Preispolitik**	**Preissystem**	kostenorientiert – konkurrenzorientiert
		Rabattsystem	Mengen-, Aktions-, Treuerabatt · Konditionenpolitik
		Zahlungsbedingungen	Zahlung vor, bei oder nach der Lieferung
siehe Kapitel 4.3.3	**Distributions-politik**	**Absatzmethode**	– Absatzweg: direkter und indirekter Absatz – Absatzorgan: Einzel- und Grosshandel
		Physische Distribution	– Lagerwesen – Auftragsabwicklung – Transportwesen
siehe Kapitel 4.3.4	**Kommunikationspolitik**	**Werbung**	– Werbemittel, Werbeträger, Werbewirkungen – AIDA (**A**ttention, **I**nterest, **D**esire, **A**ction)
		Verkaufsförderung	Massnahmen der Verkaufsorgane, um zusätzliche Kaufanreize auszulösen (Warenpräsentationen usw.)
		Public Relations	Massnahmen zur Vertrauensbildung zwischen Unternehmen und Öffentlichkeit (Pressekonferenzen usw.)

Zu einer erfolgreichen Absatzpolitik gehört vor allem die richtige Mischung: der **Marketingmix.** Im Folgenden werden einige wichtige Marketinginstrumente ausführlicher dargestellt.

info@klv.ch

4.3.1 Produktpolitik (Product)

Die Produkte und Dienstleistungen eines Unternehmens werden so gestaltet, dass sie den Wünschen der **Zielgruppe** entsprechen. Oft wird ein **Bündel von Leistungen** offeriert, um den Nutzen für den Kunden zu steigern.

> – Ein Autokäufer weiss es zu schätzen, wenn der Verkäufer die Zulassung des Fahrzeugs orga-
>   nisiert und die Garantieleistungen über die OR-Bestimmungen hinausgehen.
> – Ein PC soll komplett konfiguriert sein; der Kunde wünscht ausserdem eine Hotline, die bei
>   Problemen kompetent Auskunft gibt.

Die Beantwortung folgender Leitfragen liefert die Grundlage für die Gestaltung der Produkt-
politik:

1. Welchen **Nutzen** erhalten die Kunden durch Inanspruchnahme unserer Leistung?
2. In welcher Phase des **Produktlebenszyklus** befindet sich unsere Leistung?
3. Wie gestalten wir unser **Leistungsprogramm (Sortiment)**?

4.3.1.1 Produktgestaltung

Die Produktentwicklung wird am **Produktnutzen** ausgerichtet, die die Kunden vom Produkt erwarten. Zu unterscheiden sind Grund- und Zusatznutzen. Der **Grundnutzen** ist objektiv messbar und ergibt sich aus dem Gebrauch des Produkts oder der Dienstleistung, während der **Zusatznutzen** im Marketing oft mit psychologischen Überlegungen erklärt wird und demzufolge subjektiv und unterschiedlich wahrgenommen wird:

– **Grundnutzen**   Hier geht es z.B. um die Funktionsfähigkeit, Zuverlässigkeit und Lebensdauer
                      (elektrisches Gerät), die Überwindung einer Distanz (Auto) und den Informations-
                      gehalt (Nachrichtensendung).

– **Zusatznutzen**   Das **Design** (Form, Farbe, Schriftzug) bestimmt das Aussehen eines Produkts
                      und wird den **ästhetischen Bedürfnissen** der Kunden angepasst. Es soll den **Zeit-
                      geist** widerspiegeln und zugleich funktional gestaltet sein, z.B. soll ein Kugel-
                      schreiber schlank aussehen, aber auch gut in der Hand liegen (Caran d'Ache).

                      Zusatznutzen wird auch durch vergleichsweise geringe Umweltbeeinflussung
                      (Verschmutzung von Luft und Wasser, Lärm) gestiftet. Dabei wird der Gestaltung
                      der Verpackung grosse Aufmerksamkeit geschenkt, denn sie ist zugleich Werbe-
                      träger und erfüllt eine Schutz- und Informationsfunktion.

Markenartikel (Herstellermarken z.B. Nestlé; **Eigenmarken,** z.B. Microspot) sollen von gleichbleibend hoher Qualität sein, für die der Kunde entsprechende Preise zu zahlen bereit ist. Sie verleihen dem Käufer ein bestimmtes Prestige und decken somit **soziale Bedürfnisse** der Kunden ab. **No-Name-Produkte,** also Produkte ohne Markennamen, werden zu erheblich günstigeren Preisen (Verzicht auf Werbung) verkauft.

K 4.18	Ordnen Sie die folgenden Designarten den Uhrenmarken Swatch, Cartier und Porsche-Design zu. a) traditionell-wertvoll b) sachlich-funktional c) trendorientiert (modeorientiert)	**Kontrollfragen**
K 4.19	Worin besteht der Hauptnutzen eines Langstreckenfluges?	
K 4.20	Worin besteht der Zusatznutzen… a) während des Fluges? b) vor dem Flug? c) nach dem Flug?	

4.3.1.2 Produktlebenszyklus

Die Umsätze von Produkten unterliegen grossen Schwankungen, die in einer Grafik gut zum Ausdruck kommen.

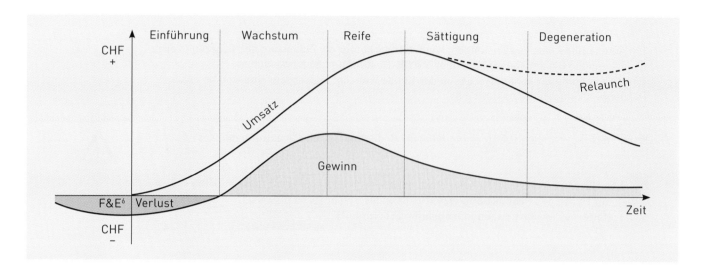

Einführungs-phase	Nach **Entwicklung** und **Test** des neuen Produkts wird es auf dem Markt ein-geführt. Die Aufwendungen für das **Marketing** sind sehr hoch (Werbung, Auf-bau einer Absatzorganisation). Der **Umsatz** ist noch gering, sodass **Verluste** hingenommen werden müssen.[6]
Wachstums-phase	Das Produkt setzt sich durch, falls es die Erwartungen der Kunden erfüllt. Mund-zu-Mund-Propaganda bewirkt, dass **viele neue Kunden** das Produkt kaufen. Die **Gewinnschwelle** wird überschritten, aber gleichzeitig kommt die Konkurrenz mit ähnlichen Produkten, von denen sich neue Käuferschichten angesprochen fühlen, auf den Markt. Das Marktvolumen steigt.
Reifephase	Mit Erinnerungswerbung werden nur noch geringe Umsatzsteigerungen be-wirkt. Die **Konkurrenz** um Marktanteile verschärft sich, sodass das Unter-nehmen die Verkaufspreise seines Produkts senken muss. **Das Gewinn-maximum** wird erreicht.
Sättigungs-phase	Die Verkäufe nehmen deutlich ab. Um einen frühzeitigen Niedergang zu ver-hindern, werden **Produktvarianten** angeboten, **Preisnachlässe** gewährt, ein **neues Design** entworfen. Gelingt dieser **Relaunch** (erneuter Start), erholen sich Umsatz und Gewinn, die Sättigungsphase dauert länger an.
Degenerations-phase	Verfehlt der Relaunch seine Wirkung, kann der Rückgang des Umsatzes nicht mehr hinausgezögert werden. Die Preise müssen weiter gesenkt werden, das Produkt erzielt nur noch **geringe Umsätze.** Es wäre gut für das Unternehmen, wenn es spätestens jetzt andere Produkte auf dem Markt hätte, die sich in der Wachstums- oder Reifephase befinden. Das Unternehmen wird eventuell wei-terhin durch Kosten belastet, auch wenn das **Produkt definitiv** vom Markt ge-nommen wurde (z. B. Garantiekosten, Entsorgungskosten, Abbau der Produk-tionskapazitäten).

Das beschriebene **Lebenszyklusmodell** kann bei einzelnen Produkten sehr unterschiedlich verlaufen. Manche Produkte sind kurzlebig (Modeartikel), andere bleiben unbekannt und erreichen nie ein star-kes Wachstum. Wieder andere halten sich Jahrzehnte auf dem Markt (z. B. Nivea-Creme, Coca-Cola).

---

6   F&E = Forschungs- und Entwicklungskosten

Kontrollfragen

K 4.21 Ein PC-Spiel-Entwickler kommt mit dem Action-Rollenspiel «Diabolo 5» auf den Markt. Ordnen Sie seine folgenden Aussagen den Phasen des Lebenszyklusmodells zu:
- a) Um weiterhin bei den Jugendlichen Erfolg zu haben, müssen wir die Entwicklung von «Diabolo 6» beschleunigen.
- b) Trotz unserer Werbeaktion meldet der Einzelhandel nur noch geringe Absatzzahlen. Gut, dass unser Spiel «Starcraft 6» kurz vor der Marktreife steht!
- c) Leider ist das Unternehmen XY mit einem ähnlichen Produkt auf den Markt gekommen.
- d) Wir müssen die Preise um 20 % senken.

K 4.22 Nennen Sie zwei Handlungsmöglichkeiten eines Unternehmens…
- a) in der Sättigungsphase,
- b) in der Degenerationsphase eines Produkts.

→ Aufgaben 6, 7

4.3.1.3 Absatzprogramm (Sortiment)

Da Unternehmen in der Regel mehrere oder viele Leistungen anbieten, kommt der Problemstellung, welche und wie viele Waren oder Produkte anzubieten sind, grosse Bedeutung zu.

Wie muss das **Sortiment** eines Handelsbetriebs oder das **Absatzprogramm** eines Industriebetriebs gestaltet werden, damit die Zusammenstellung einzelner Artikel innerhalb eines Verkaufsprogramms die Absatzchancen aller Artikel fördert? Ein Unternehmen hat sein Leistungsprogramm in seiner Breite und Tiefe zu bestimmen.

- Die **Sortimentsbreite** kennzeichnet die verschiedenartigen Produktgruppen eines Sortiments. Ein besonders **breites** Sortiment (z. B. Warenhäuser) setzt sich aus einer grossen Zahl von Produktgruppen zusammen, während ein **schmales** (enges) Sortiment nur wenige Produktgruppen enthält (z. B. Fachgeschäfte).
- Die **Sortimentstiefe** gibt Auskunft über die Vielzahl der Artikel und ihre vielfältigen Ausführungen innerhalb einer Produktgruppe. Ist die Anzahl der Artikel in den Produktgruppen jeweils umfangreich, so handelt es sich um ein **tiefes** Sortiment. Anderenfalls spricht man von einem **flachen** Sortiment.

Ausschnitt aus dem Sortiment «Bücher» des Internethändlers Amazon

		Sortimentsbreite schmaler ←——————————————————————→ breiter				
		Produktgruppen				
		Belletristik	**Kinder & Jugend**	**Fachliteratur & Lernen**	**Ratgeber & Freizeit**	**Sachbücher**	**[...]**
Sortimentstiefe flacher / tiefer	**Produkte**	– Fantasy, Science Fiction – Krimis & Thriller – Romane & Erzählungen	– Alle Kinderbücher – Alle Jugendbücher – Alter: bis 2, ab 2, ab 3 – ab 4, ab 6, ab 8, ab 10 – ab 12, ab 14	– Fachbücher – Lernen & Nachschlagen – Schulbücher & Lernhilfen – Sprachkurse & Wörterbücher – Amazon Student	– Alle Ratgeber – Computer & Internet – Ernährung & Diät – Freizeit, Haus & Garten – Kochbücher – Reiseführer & Abenteuerberichte – Sport & Fitness	– Alle Sachbücher – Biografien & Erinnerungen – Business, Karriere & Geld – Film, Kunst & Kultur – Naturwissenschaften & Technik – Politik & Geschichte – Religion & Glaube	[...]

Amazon gliedert sein Sortiment «Bücher» in 26 Produktgruppen (Belletristik u. a.). Innerhalb der Produktgruppe «Belletristik» werden die Artikelgruppen «Fantasy», «Krimis» u. a. unterschieden, die wiederum viele einzelne Artikel umfassen. Das Sortiment von Amazon ist somit sehr tief, da in jeder Produktgruppe eine Vielzahl von Artikeln erhältlich ist. Damit der Kunde den Überblick nicht verliert, sind in den Produktgruppen zunächst Artikelgruppen gebildet. Diese kann er z. B. im Internet finden und anklicken und gelangt so zu den einzelnen Produkten.

Mit der Unterscheidung zwischen Sortiments**breite** und **-tiefe** lassen sich die Leistungsangebote von Unternehmen **vergleichen**.

– Vergleich der Gemüseangebote eines VOLG-Dorfladens (schmaler und flacher) und eines Coop-Supermarkts (breiter und tiefer)
– Vergleich der Angebote an Unterhaltungselektronik eines Mediamarkts (breiter und tiefer) mit einem Interdiscount (weniger breit und flacher) oder einem Radio-/TV-Fachgeschäft (schmaler und tiefer)

Das Programm zu gestalten, ist eine grosse Herausforderung. In Märkten, die eine abnehmende Nachfrage verzeichnen und unter zunehmendem Konkurrenzdruck stehen, zeigt sich jedoch, dass immer billigere Angebote nicht die Lösung des Problems sein können. Weil die Konkurrenz die Preise auch senken wird, werden keine Marktanteile hinzugewonnen, höchstens wenn das Unternehmen bereit ist Verluste hinzunehmen.

Als **Strategien zur Programmgestaltung** kommen vielmehr in Betracht:

– Programmverbreiterung **(Diversifizierungsstrategie),** z. B. die Aufnahme von ökologisch erzeugten, regionalen und fair gehandelten Waren in das Sortiment. Ökoprodukte zeichnen sich häufig nicht nur durch ihren Beitrag zur Ressourcenschonung aus, sondern bieten darüber hinaus weiteren **Zusatznutzen.** So schmecken Biolebensmittel besser als konventionelle. Energiesparende Haushaltsgeräte senken z. B. die Strom- und Wasserkosten.
– Eine gegenläufige Entwicklung stellt die **Strategie der Programmbeschränkung** dar, bei der das Programm gestrafft wird, um durch Spezialisierung auf Produkte mit attraktiven Margen zu profitieren (z. B. der Markenartikelhersteller «Jura», der sich auf Produktion und Wartung hochwertiger Kaffeeautomaten beschränkt*).

vgl. Kapitel 4.3.2 Anders ist es in einem **Verkäufermarkt,** in dem die Preise steigende Tendenz haben. Ursache dafür ist ein Angebotsdefizit, das durch ein sinkendes Angebot bei konstanter Nachfrage entsteht, bzw. ein Nachfrageüberschuss, der sich bei steigender Nachfrage und konstantem Angebot ergibt. In dieser Situation haben Unternehmen bei der Preisgestaltung mehr Spielraum.

Kontrollfragen

K 4.23 Ordnen Sie die folgenden Sortimente einem kleinen Warenhaus, einem Fachhandel und einem Discountgeschäft zu ...
   a) schmales Sortiment mit Vollständigkeit
   b) Teilsortiment mit geringer Sortimentstiefe, nur ein enger Artikelkreis
   c) breites Sortiment mit eher geringer Tiefe

K 4.24 Wie wird die Strategie genannt, bei der das Unternehmen seine Angebotspalette ...
   a) verringert, um die Rendite zu erhöhen?
→ Aufgabe 8   b) erweitert, um durch die Aufnahme neuer Warengruppen zusätzliche Kunden zu gewinnen?

4.3.2   Preispolitik (Price)

Wie soll der Preis eines Produkts oder einer Dienstleistung bestimmt werden? Oft geht ein Unternehmen so vor, dass es ...

1. die **Kosten** seines Produkts (Sachgut oder Dienstleistung) ermittelt,
2. darauf den erwünschten **Gewinn** zuschlägt und
3. so den **Verkaufspreis** festsetzt.

Dieses Vorgehen ist jedoch nur möglich, wenn der Anbieter sich auf einem **Verkäufermarkt** bewegt oder gar eine **Monopolstellung** auf dem Markt hat, so z. B. mit einem patentierten oder neuen Produkt, das (noch) keine Konkurrenten hat. In diesem Fall kann er selbstständig Marktpreise und Marktmengen bestimmen und durch Veränderung beider Grössen den **Gewinn maximieren.** In den weitaus häufigeren Fällen befindet sich der Anbieter jedoch in einem mehr oder weniger **intensiven Wettbewerb.** Dann muss jeder einzelne Anbieter den Marktpreis als gegeben ansehen. Ähnlich ist es bei der **«Preisbindung der zweiten Hand»,** d. h. wenn der Produzent dem Detaillisten den Verkaufspreis für ein Produkt vorschreibt. Sie ist üblich bei Büchern und Medikamenten. Wenn also der **Marktpreis** für den Anbieter **gegeben** ist, so muss er von diesem aus **rückwärts rechnen** und ermitteln, welche Kos-

---

ten er sich für sein Produkt höchstens erlauben kann. In der Praxis kann man also vor allem zwei Verfahren der Preisbildung unterscheiden:

Kostenorientierte Preisbestimmung	Marktorientierte Preisbestimmung
Man rechnet von gegebenen Kosten aufwärts zum Verkaufspreis, auch genannt **aufbauende Kalkulation**.	Die Verkaufspreise werden an jene der Konkurrenz angepasst. Man kalkuliert rückwärts zu den Kosten, die maximal generiert werden dürfen. Dieses Vorgehen nennt man **abbauende Kalkulation**.

Im Fall der wettbewerbsorientierten Preisbildung kann der Anbieter kaum mehr eine eigene Preispolitik betreiben. Hingegen wird er vielleicht versuchen,

– entweder durch **Senkung seiner Kosten**, z. B. mittels Kosteneinsparungen oder grösserer Produktions- und Absatzmengen, seinen **Gewinn** zu **vergrössern**,
– oder durch **Unterbietung** der Konkurrenzpreise seinen **Marktanteil** zu **vergrössern**.

Das gleiche Ziel wie mit einer Preissenkung kann der Anbieter natürlich auch durch ent- sprechende **Lieferungs-, Rabatt- und Zahlungsbedingungen (Konditionenpolitik)** erreichen (Frankolieferung, Rabatt, Skonto usw.). Die Preispolitik hängt auch stark davon ab, ob ein Käufermarkt oder ein Verkäufermarkt herrscht. Unter **Käufermarkt** versteht man eine Marktlage, bei der die Nachfrager wegen eines Überangebotes von Verkäuferseite die stärkere Stellung besitzen als die Anbieter und deshalb eher Bedingungen stellen, z. B. Sonderrabatte verlangen können. Ein Käufermarkt zeigt fallende **Preistendenz** an. Für den **Verkäufermarkt** gilt entsprechend das Umgekehrte.

Kontrollfragen

K 4.25 Was heisst «kostenorientierte Bestimmung des Verkaufspreises»?

K 4.26 Wie geht ein gegenteiliges Verfahren vor sich? Von wem hängen dort die Verkaufspreise ab?

K 4.27 Was versteht man unter «Preisbindung der zweiten Hand»? Was tritt heute oft an ihre Stelle?

K 4.28 Wie nennt man die Beeinflussung des Absatzes mittels Rabatt, Skonto, Lieferbedingungen usw.?

K 4.29 Was ist ein Verkäufermarkt? Welche Preistendenz herrscht auf ihm?

→ **Aufgabe 9**

4.3.3   Distributionspolitik (Place)

Die Distributionspolitik entscheidet über die Absatzwege und -organe sowie über die Auslieferung der Ware. Grundsätzlich lassen sich die folgenden **Absatzwege** (oder **Absatzkanäle**) unterscheiden:

Direkter Absatz	Das produzierende Unternehmen liefert direkt an den Konsumenten, z. B. die Möbelschreinerei an den Möbelkäufer (häufig bei Einzelfertigung); dies ist auch bei vielen Investitionsgütern üblich.
	– Maschinen – Produktionsanlagen – V-Zug liefert einen Geschirrspüler direkt an eine Schulkantine
Indirekter Absatz	Hier treten selbstständige Handelsunternehmen zwischen Produzenten und Konsumenten. Allgemein üblich bei Konsumgütern.
	– Kleider – Nahrungsmittel – Autos – Fernsehgeräte

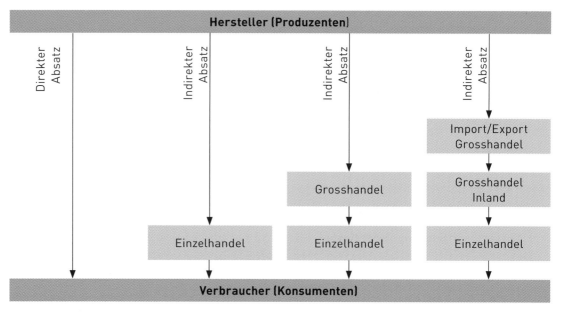

Am Beispiel des Computer- und Zubehörhandels:

Direktverkauf des Herstellers (z. B. DELL-Computer)	Der Einzelhandel bezieht direkt beim Produzenten (z. B. HP-Drucker)	Hersteller liefert an Grosshandel im In- und Ausland (z. B. KINGSTON Flash-Speicher)	Hersteller exportiert nicht selbst

---

Exkurs: Handel

Einzelhandel (Detailhandel)
Verkauf an den Endverbraucher (Konsumenten) einzeln in kleinen Mengen, Einkauf in grösseren Mengen. Zum Einzelhandel gehören auch Warenhäuser, Migros usw.

> Spezialgeschäft, Fachgeschäft, Filialgeschäft, Supermarkt, Einkaufszentrum (Shoppingcenter), Gemischtwarenladen, Versandhaus

Grosshandel (Engroshandel)
Einkauf in grossen Mengen, **Verkauf an Wiederverkäufer** (Detaillisten) und Grossverbraucher (z. B. Spitäler, Gaststätten)

> Sortimentsgrosshandel (z. B. Schweizer Buchzentrum), Spezialgrosshandel (z. B. für Papier, Stahl), Cash & Carry (mit Selbstbedienung, Abholung und Barzahlung für Wiederverkäufer und Grossverbraucher)

Man kann sich fragen, ob die **Warenvermittlung** durch besondere Handelsbetriebe nötig ist. Könnte sich der Verbraucher nicht direkt (und billiger) beim Produzenten (z. B. Schokoladefabrik) eindecken und dieser direkt beim Rohstofferzeuger (Kakaoplantage)? Eine nähere Betrachtung zeigt jedoch, dass der Handel, speziell der Detailhandel wichtige Funktionen übernimmt.

Funktionen des Handels
– **Beschaffungsfunktion**	Beschaffung der Waren bei verschiedenen Engroshändlern und/oder direkt bei Herstellern.
– **Sortimentsfunktion**	Zusammenstellung zu einem bedarfsgerechten Sortiment
– **Lagerfunktion**	Im Geschäft wird ein angemessener Warenvorrat für den Verbraucher bereitgehalten.
– **Beratungsfunktion**	In vielen Detailhandelsbetrieben wird der Kunde auf Wunsch beraten.
– **Verkaufsfunktion**	Dem Kunden eine Leistung anbieten
– **Servicefunktion**	Nach einem Kauf darf die Bedeutung der Kundenbetreuung nicht unterschätzt werden. Meistens ist der Handel die erste Anlaufstation bei Problemen, Reklamationen oder Garantiefällen.

info@klv.ch

K 4.30 a) Welcher Absatzweg ist üblich, wenn ein Kunde eine grosse Produktionsanlage be-stellt? Wie nennt man ein solches Gut?

b) Bei welcher Art von Gütern geht der Weg vom Produzenten zum Konsumenten meis-tens über den Handel? Wie heisst dieser Absatzweg?

K 4.31 Was versteht man unter Distribution?

K 4.32 a) Wie heisst der Einzelhandel auch? Was ist sein Hauptmerkmal?

b) Was ist das Gegenteil davon (zwei Ausdrücke)?

c) Zu welchen der beiden gehört ...

1. ein Warenhaus?
2. das Buchzentrum in Hägendorf (beliefert Buchhandlungen)?
3. ein Cash-&-carry-Geschäft?
4. ein Versandhaus?

4.3.4 Kommunikationspolitik (Promotion)

4.3.4.1 Werbung

Die **Werbung** ist das **wirkungsvollste Kommunikationsinstrument** eines Unternehmens. Um das Pro-dukt bei der Zielgruppe ins richtige Licht zu setzen, erstellen Spezialisten ein **Werbekonzept**, das folgende Fragen beantworten muss:

- Welche **Zielgruppe** sprechen wir an?
- Welche **Werbeziele** wollen wir erreichen? (Bekanntheitsgrad steigern? Marktanteil erhöhen? Er-innerungswerbung?)
- Welche **Werbebotschaft** (Aussagen und Gefühle) wollen wir übermitteln?
- Welche **Werbeträger** setzen wir ein?
- Welche **Werbemittel** nutzen wir?
- Welches **Werbebudget** benötigen wir oder steht uns zur Verfügung?

Das Werbekonzept ist so auszugestalten, dass es die grösstmögliche Wirkung erreicht. Das bekann-teste Wirkungsmodell ist die **AIDA-Formel**, die von den Werbefachleuten mehr oder weniger effektiv eingesetzt wird.

A	=	Attention	Aufmerksamkeit wecken, z. B. durch Blickfang
I	=	Interest	Interesse erregen, z. B. durch interessante Information
D	=	Desire	Wünsche wachrufen durch Erzeugung von Emotionen
A	=	Action	Zum Handeln veranlassen, z. B. durch Hinweis auf freie Besichtigung

Als Werbefachmann benötigt man vielerlei Kenntnisse. Hier ein Überblick über wichtige Fachausdrücke:

– **Werbeträger**	Medien (z. B. Zeitungen, Fernsehprogramme, Internet), auf denen Werbung ge-schaltet werden kann. Ebenso kann an Veranstaltungen oder auf Plakatsäulen geworben werden.
– **Werbemittel**	Gestaltungsmittel, um auf einem Werbeträger die Werbebotschaft in Form von Bildern, Texten, Symbolen, Tönen, Websites usw. platzieren zu können.
– **Werbebotschaft**	Werbung kann eher **informativ** aufgebaut sein, sachlich z. B. über Produkt-eigenschaften, Nutzen und Vorteile des Produkts orientieren. Oder sie enthält mehr **suggestive** Elemente, die vor allem die Emotionen ansprechen. Von **de-fensiver** Werbung spricht man, wenn man sich durch Dauerpräsenz bei den Kunden in Erinnerung behält. Bei Investitionsgütern spielt der informative Teil die grössere Rolle (Kosten-/Nutzenüberlegung), bei Konsumgütern der sugge-stive Anteil (ein verführerisches Deodorant, das sportlich-dynamische Auto).

4.3.4.2 Verkaufsförderung

Ähnliche Ziele wie die Werbung hat die sie unterstützende **Verkaufsförderung** (engl. **Salespromotion**). Dazu gehören die Instruktion und Unterstützung von Händlern und Verkaufspersonal beim einzelnen Verkauf, wie auch eher kurzfristige Aktionen und Massnahmen.

> Information des Käufers am Verkaufsort, die Warenpräsentation, Degustationen, Wettbewerbe

4.3.4.3 Public Relations (PR)

Umfassender als die Werbung (Ziel: höherer Absatz) ist die **Öffentlichkeitsarbeit** eines Unternehmens **(Public Relations).** Darunter versteht man alle Massnahmen, die das **Erscheinungsbild** des Unternehmens in der Öffentlichkeit (engl. **Image**) günstig gestalten sollen.

> Publikationen über die Firma, Pressekonferenzen, Betriebsbesichtigungen und das sogenannte Sponsoring (Unterstützung von sportlichen, kulturellen und anderen Anlässen)

Kontrollfragen

K 4.33 Obwohl sich Werbemittel und Werbeträger nicht immer scharf trennen lassen, lässt sich doch sagen, welchem der beiden die folgenden Beispiele zuzuordnen sind: Texte, Inserate, Melodien, Werbesprüche, Zeitungen, Radioprogramme, Verpackungen, Einkaufstaschen.

K 4.34 Welche Werbewirkungen werden gemäss AIDA-Formel angestrebt? Geben Sie die englischen und deutschen Stichworte auswendig und ohne abzulesen wieder.

K 4.35 Sind die folgenden zwei Arten von Werbung jeweils informativ oder suggestiv?
  a) Prospekt über eine Werkzeugmaschine mit technischen Angaben;
  b) Zigarettenreklame mit den «rauen Männern, der Natur, all die Gesundheit und Schönheit. Ohne Hinweise auf volle Aschenbecher, zugequalmte Räume, lästigen Husten...»

K 4.36 Was will das folgende Scherzwort des Werbeberaters eines Unternehmens ausdrücken: «Die Hälfte unserer Werbeausgaben könnten wir ebenso gut zum Fenster hinauswerfen, wir wissen nur nicht welche!»?

K 4.37 Nennen Sie mindestens zwei Beispiele für PR-Massnahmen (Public Relations) eines Unternehmens.

K 4.38 Der Verkäufer einer Computerfirma wird beim Besuch eines Kunden von einem zusätzlichen EDV-Spezialisten begleitet und unterstützt. Wie nennt man eine solche Massnahme (zwei Ausdrücke)?

→ Aufgaben 10, 11, 12, 13

K 4.39 Erklären Sie den Unterschied zwischen Verkaufsförderung (Salespromotion), Öffentlichkeitsarbeit (Public Relations) und Werbung.

4.4   Auf den Punkt gebracht

Marktforschung		
Markterkundung (zufällig beiläufig)	**Marktforschung** (gezielt, systematisch)	
	Field-Research (Kundenkontakt)	**Desk-Research (Büropult)**
Marktforschungs-instrumente	– Befragung – Beobachtung – Test	– Datenanalyse

Marktziele

1. **Bedürfnisse**

2. **Marktsegmente** = **Zielgruppen**, aufgrund von Kriterien festgelegt:
   (geografisch, demografisch, Kundenverhalten)
   Teilmärkte = Produktgruppen

3. Die Marktstellung wird anhand folgender **Marktgrössen** berechnet:
   – **Marktpotenzial** (maximal mögliche Anzahl Kunden, die ein Produkt kaufen können)
   – **Marktvolumen** (von allen Anbietern tatsächlich verkaufte Menge)
   – **Marktanteil** (verkaufte Menge eines Unternehmens in % vom Marktvolumen)
   – **Sättigungsgrad** (Marktvolumen in % vom Marktpotenzial)

Produktziele

1. **Art und Qualität** des Produkts/der Dienstleistung

2. **Sortiment:**
   – **breit/schmal** = Anzahl Produktgruppen
   – **tief/flach** = Auswahl innerhalb einer Produktgruppe

3. **Umsatz/Menge,** die eingekauft/produziert werden soll

Das 4-P-Konzept (Marketingmix)

Product (Produkt)	Price (Preis)	Place (Distribution)	Promotion (Kommunikation)
Produktgestaltung, **Sortiment**, Kundendienst, **Produktlebenszyklus**: – Einführung – Wachstum – Reife – Sättigung – Degeneration	Preissystem: – kostenorientiert – konkurrenzorientiert Konditionen: – Rabattsystem – Zahlungsbedingungen	Absatzmethoden: – **direkt** (vom Produzenten zum Konsumenten) – **indirekt** (über Gross- und/oder Detailhandel)	**Werbung** (Werbeziele, Werbebotschaft informativ/suggestiv, Werbeträger, Werbemittel, Werbebudget). Wirkungsmodell AIDA-Formel (Attention, Interest, Desire, Action) **Verkaufsförderung** (Unterstützung/Instruktion von Händlern beim Verkauf) **Public Relations** (Image der Firma verbessern)

Aufgaben zu Kapitel 4

1. Eine Region umfasst 200 000 Haushaltungen. Man schätzt, dass sich die Hälfte davon eine neu auf dem Markt erschienene Haushaltmaschine leisten könnte, aber nur 50 % dieser kaufkräftigeren Schicht sich tatsächlich eine leisten wird und dass unser Unternehmen 15 000 Stück absetzen wird. Wie gross sind Marktanteil, Marktvolumen und Marktpotenzial?

Marktpotenzial	100 000 Haushaltungen (= 50 % von 200 000)
Marktvolumen	50 000 Stück (= 50 % von 100 000 werden sich eine leisten)
Marktanteil	30 % (= 15 000 / 50 000 × 100)
Marktsättigung	50 % (MV in % vom MP)

2. Nach welchen Kriterien kann die **Marktsegmentierung** erfolgen? Führen Sie Beispiele an.

Kriterien und Beispiele	Als Kriterien für die Marktsegmentierung kommen infrage: – Geografische z. B. regionaler Markt, internationaler Markt – Demografische z. B. Märkte nach Alter, Geschlecht, Einkommen, Bildung der Kunden – Kundenverhalten z. B. Märkte für Kunden mit sparsamem oder verschwenderischem Lebensstil

3. **Produkt/Markt-Portfolio nach Ansoff und Produktportfolio-Analyse nach BCG[7]**

   a₁) Ergänzen Sie in dem folgenden Text die Lücken mit den Wörtern:

   Aufwand / begrenzt / Deutschland / diversifizieren / effizienter / generieren / Infrastruktur / kostengünstig / Markenlabel / Marktanteil / Marktdurchdringung / Markteinführung / Marktentwicklung / Markttrend / platzieren / Produktentwicklung / Schweiz / überschaubar

   Die Schokoladenfabrik Schoggi AG, Bottmingen, produziert und verkauft seit vielen Jahren in der Schweiz die «Alp-Schoggi», eine Alpenmilchschokolade in verschiedenen Varianten mit insgesamt betrachtet gutem Erfolg. Die Schoggi AG wird nun ihr Geschäft festigen und ausbauen:

   ① Das Unternehmen möchte auf dem Schweizer Heimmarkt seinen   Marktanteil   steigern und will deshalb seine Marketinginstrumente   effizienter   einsetzen. Die Risiken sind hier   überschaubar , andererseits ist auch das Marktwachstum   begrenzt . Ansoff nannte diese Strategie   Marktdurchdringung .

---

7   BCG = Boston Consulting Group

② Es will in Deutschland – zunächst in Baden-Württemberg – seine erfolgreiche «Alp-Schoggi» _____platzieren_____ . Die Schoggi AG glaubt mit ihrem Schweizer _____Markenlabel_____ im Nachbarland mit geringem _____Aufwand_____ gute Umsätze erzielen zu können. Ansoff nannte diese Strategie _____Marktentwicklung_____ .

③ Danach will die Schoggi AG eine neue Bitterschokolade mit sehr hohem Kakaogehalt entwickeln, produzieren und verkaufen. Sie hofft so vom _____Markttrend_____ «Gesundheit/Wellness» profitieren zu können. Denn diese sog. Bitterschokolade spricht vor allem gesundheitsbewusste Männer an, die gerne Schokolade essen und durch massvollen Genuss ihr Herz-Kreislauf-System stärken wollen. Diese neue Schokolade will die Schoggi AG zuerst in der _____Schweiz_____ verkaufen, wo sie ihre bestehende _____Infrastruktur_____ , also Logistik und Vertrieb, nutzen kann, um weiteres Wachstum zu _____generieren_____ . Ansoff nannte diese Strategie _____Produktentwicklung_____ .

④ Gleich nach der _____Markteinführung_____ in der Schweiz soll auch mit dieser neuen Bitterschokolade im gesamten deutschen Markt Fuss gefasst werden. Mit diesem Wachstumsschritt will die Schoggi AG also _____diversifizieren_____ . Wenn der Einstieg mit der Alpenmilchschokolade gelungen ist, sollte die Erweiterung des Sortiments in _____Deutschland_____ mit der Bitterschokolade _____kostengünstig_____ zu realisieren sein.

a₂) Beschriften Sie zuerst die beiden Titel der **Produkt/Markt-Matrix** mit den drei fehlenden Begriffen ①, ② und ③. Anschliessend vervollständigen Sie die Matrix in Bezug auf die Schoggi AG, wie es bereits im ersten Feld geschehen ist: Welche Strategie, welche Produkte in welchen Märkten?

b) Zu anderen Überlegungen kommt man, wenn das Marketing die **eigene Wettbewerbsposition** mit der **Produktportfolio-Analyse** näher betrachtet, um entsprechende Massnahmen abzuleiten. Welche Fragen muss die Schoggi AG überprüfen, um mit diesem Ansatz weiterzukommen?

Leitfrage zum **Marktanteil**		Welchen Marktanteil erreichen wir mit unseren Schokoladensorten?
Leitfrage zum **Marktwachstum**		Welches Marktwachstum können wir für unsere Schokoladensorten erwarten?
Fragen zu der **Wettbewerbsposition** der einzelnen **Produkte**	①	Haben wir einen **Star** in unserem Sortiment? → Produkt mit hohem Marktanteil in einem wachsenden Markt
	②	Hat eine unserer Schokoladen die Stellung einer **Cash Cow**? → hoher Marktanteil in einem stagnierenden Markt
	③	Gibt es bei uns Schokoladen mit einem **Questionmark**? → geringer Marktanteil in einem wachsenden Markt?
	④	Ist eine unserer Schokoladen ein **Poor Dog**? → geringer Marktanteil im Markt ohne Entwicklungspotenzial

4. Rivella ist ein bekanntes Schweizer Unternehmen im Getränkemarkt. Setzen Sie die Nummern ①–④ in die passenden Felder.
«① *Rivella startet eine breit angelegte Werbekampagne für Rivella rot.* ② *Rivella lanciert Rivella Grüntee.* ③ *Rivella lanciert die Rivella Dose (z. B. für Jugendliche).* ④ *Rivella expandiert nach Österreich.*»

		Produkte	
		bestehende ⟵⟶ neue	
Märkte	bestehende	Marktdurchdringung ①	Produktentwicklung ②
	neue	Marktentwicklung ④	Produktdiversifikation ③

5. Ordnen Sie die folgenden Aussagen dem **Produkt/Markt-Konzept** zu:

A Wir bieten marktfrische Früchte und verschiedene Backwaren an.
B Zielgruppe sind Schülerinnen und Schüler mit einem kleinen Budget.
C Es ist vorgesehen, geringe, aber konstante Mengen zu beschaffen.
D Wir wollen das Bedürfnis nach einer gesunden und günstigen Ernährung befriedigen.
E Unser Marktanteil ist klein. Wir streben 5 % an.
F Unser Sortiment ist tief im Bereich Backwaren und flach bei den Früchten.

Marktziele	**Produktziele**
Bedürfnis D Wir wollen das Bedürfnis nach einer gesunden und günstigen Ernährung befriedigen.	Produkt A Wir bieten marktfrische Früchte und verschiedene Backwaren an.
Marktsegment B Zielgruppe sind Schülerinnen und Schüler mit einem kleinen Budget.	Sortimentsgestaltung F Unser Sortiment ist tief im Bereich Backwaren und flach bei den Früchten.
Marktanteil E Unser Marktanteil ist klein. Wir streben 5 % an.	Produktionsmengen C Es ist vorgesehen, geringe, aber konstante Mengen zu beschaffen.

info@klv.ch

6. Beschreiben Sie die abgebildeten **Lebenszyklen von Produkten**. Welche Produkte könnten durch
    die Abbildungen repräsentiert sein?

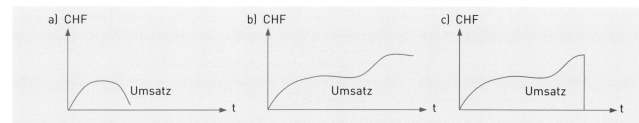

Die **Abbildung a)** stellt ein Produkt dar, das sich nicht lange auf dem Markt halten konnte. Es han-

delt sich um eine gescheiterte Neueinführung. Der Umsatz hat nie grosse Höhen erklommen. So-

mit ist fraglich, ob die für das Produkt aufgewendeten Entwicklungs- und Marketingkosten durch

die erzielten Nettoerlöse wieder in das Unternehmen zurückgeflossen sind.

Die **Abbildung b)** stellt dagegen ein erfolgreiches Produkt dar, dessen Lebensdauer durch beson-

dere Marketinganstrengungen verlängert wurde. Veränderungen am Produkt, am Design, an der

Verpackung haben bewirkt, dass die insgesamt erzielten Umsätze wesentlich gesteigert werden

konnten. Typisch sind solche Massnahmen z. B. für elektronische Produkte und für Automobile.

Die **Abbildung c)** zeigt einen abrupten Verkaufsstopp, der aus verschiedenen Gründen verursacht

sein kann:

–   ein von den Behörden verordneter Produktions- oder Verkaufsstopp

–   Verkauf der Produktionsrechte (und der neue Eigentümer stellt die Herstellung ein, um dieses

    Produkt vom Markt zu nehmen)

–   eine Umweltkatastrophe zerstört die wesentliche Produktionsanlage; die Produktion wird

    nicht mehr aufgenommen

7. **Produktportfolio-Analyse kombiniert mit dem Produktlebenszyklus**

a) Soll in die Entwicklung und Marktpositionierung eines Produkts weiter investiert oder sollen vielleicht nicht besser die finanziellen Mittel des Unternehmens für andere Produkte eingesetzt werden? Diese wichtige Strategiefrage lässt sich mit dem Produktlebenszyklus und der Produktportfolio-Analyse (Matrix der Boston Consulting Group) beantworten. Ergänzen Sie den abgebildeten Produktlebenszyklus mit den fehlenden Begriffen:
Cash Cows / CHF + / Degeneration / Einführung / Gewinn / Poor Dogs / Questionsmarks / Reife / Relaunch / Sättigung / Stars / Umsatz / Verlust / Wachstum / Zeit

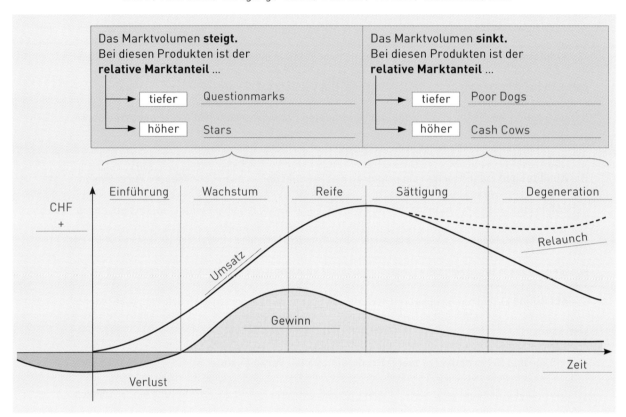

b) Ergänzen Sie den folgenden Lückentext und streichen Sie bei den *Wortpaaren* den falschen Begriff durch:

Unternehmen stellen ihre **Liquidität** sicher, indem Sie die **Ausgaben** den ___Einnahmen___

anpassen. Sieht man sowohl von der Aussenfinanzierung (Kapital wird von ausserhalb des

Unternehmens beschafft) als auch vom Verkauf von ___Vermögensteilen___ ab,

dann müssen Investitionen mit den erzielten Einnahmen gedeckt werden. Die sprudelnden

Gewinne der im Markt etablierten **Cash Cows** (*tiefer / hoher* relativer Marktanteil bei *sinken-*

dem / steigendem Marktvolumen) werden für die nötigen Investitionen bei den **Stars** (*tiefer /*

hoher relativer Marktanteil bei *sinkendem / steigendem* Marktvolumen) eingesetzt. Dagegen

werden keine Investitionen mehr in alternde **Poor Dogs** (*tiefer / hoher* relativer Marktanteil

bei *sinkendem / steigendem* Marktvolumen) getätigt, da sie sich eher am Ende ihres Lebens-

zyklus befinden. Bei den **Questionmarks** (*tiefer / hoher* relativer Marktanteil bei *sinkendem /*

steigendem Marktvolumen) liegt die Sachlage anders, wenn die Chancen gut stehen, dass aus

ihnen auch einmal ___Stars___ werden.

info@klv.ch

8. Wie ist das **Absatzprogramm (Sortiment)** in den folgenden Betrieben beschaffen? Kreuzen Sie an.

		Absatzprogramm			
		breiter	schmaler	tiefer	flacher
a)	– Ein Handelsgeschäft für italienische Weine		✘	✘	
	– Weinangebot in einem Bahnhof-Kiosk		✘		✘
	– Weinabteilung eines Discounters	✘			✘
b)	– Kleiderabteilung in einem MMM-Migros	✘			✘
	– Modehaus H&M	✘		✘	
	– Herrenkleider-Fachgeschäft		✘	✘	
c)	– Reisebüro, spezialisiert auf Trekking		✘	✘	
	– Reiseveranstalter KUONI	✘		✘	
	– Vögele Reisen	✘			✘

9. **Hugo Boss-Chef im Interview**

«Führende Marke für gehobene Anzüge»

Vorstandschef Chef Claus-Dietrich Lahrs erklärt, wie er noch mehr Flächen in Kaufhäusern selbst bewirtschaften will und drei Milliarden Euro Umsatz erreichen möchte.

Wirtschaftswoche: Herr Lahrs, Fussballstürmer Mario Gomez war bei der WM in Brasilien gar nicht dabei. Trotzdem wirbt Hugo Boss in Schaufenstern und Anzeigen mit ihm – ein klassischer Fehlpass, oder?

Claus-Dietrich Lahrs: Mario ist schon seit Jahren ein wichtiges Gesicht vor allem der Kampagnen für unseren Herrenduft, und wäre er nicht verletzt, würde er sicher eine wichtige Rolle bei der WM spielen. Aber so etwas passiert nun mal beim Profisport. Deshalb haben wir ja auch nicht allein auf einen Star gesetzt, sondern auf das ganze DFB-Team. (Anmerkung der Autoren: Das ist das Team der deutschen Fussballnationalmannschaft.)

Wirtschaftswoche: Profitiert Boss wirklich davon, mit der DFB-Elf zu werben?

Lahrs: Ja, wir sind bisher absolut zufrieden. Wir rüsten den kompletten Kader langfristig mit massgeschneiderten Anzügen, Schuhen und Hemden aus – ein gutes Dutzend Teile für jeden der 23 Spieler. Den Effekt spüren wir direkt beim Abverkauf. Die Anzüge aus der DFB-Kollektion werden sehr gut nachgefragt. Und die Hemden und Hosen, die Bundestrainer Jogi Löw während der Spiele trägt, verkaufen sich spürbar besser als vergleichbare Modelle.

Wirtschaftswoche: Wir dachten, Sie wollen Boss höherwertig positionieren. Wie passt Fussball dazu?

Lahrs: Wir setzen nicht nur auf Fussball, sondern engagieren uns seit mehr als 30 Jahren in der Formel 1, betreiben ein Hochsee-Segelteam und sind auch beim Golf aktiv – alles internationale Sportarten, die sehr gut zu unserer Marke passen. Der Fussball hat sich in den letzten Jahren sehr verändert und passt gut dazu. Zum anderen müssen wir Boss nicht höherwertig positionieren – wir haben das schon längst geschafft.

Wirtschaftswoche: Vielleicht im Vergleich zu Durchschnittsmarken, aber in Deutschland hängen Ihre 400-Euro-Anzüge im Kaufhaus neben Eigenmarken und preiswerterer Konkurrenz. Boss gilt hierzulande als zwar sehr gut, aber doch nicht auf Augenhöhe mit Luxusanbietern wie Armani und Zegna?

Lahrs: Langsam – wir sind mit Abstand die führende Marke der Welt, was gehobene Anzüge betrifft. Und der Umsatzanteil, den wir mit noch höherwertigeren Anzügen machen, die deutlich über dem von Ihnen genannten Preis liegen, hat sich Stück für Stück vergrössert – allein deshalb, weil wir heute fast 60 Prozent des Geschäfts in unseren eigenen Läden erzielen. In einem Markt wie China, wo wir ausschliesslich eigene Geschäf-

→

te betreiben, verkaufen wir mehr Anzüge zu Preisen von über 800 Euro als in Deutschland.

Wirtschaftswoche: Wie bringen Sie das dem Händler bei, der gern Ihre Marke verkaufen will, aber nicht in eigene Boss-Flächen investieren kann?

Lahrs: Wir sagen unseren Händlern: Lasst uns über die Art der Präsentation reden. Wir erzielen höhere Umsätze, wenn wir für uns allein sind und nicht neben Eigenmarken des Fachhandels oder Marken, die vom Preisniveau unter uns liegen. Davon profitiert am Ende auch der Handel, weil er mit uns zusammen wächst. Deshalb wollen wir auch in Deutschland mehr eigene Flächen bewirtschaften, also Shop-in-Shop-Systeme betreiben, bei denen wir uns um das komplette Warenmanagement kümmern, also Mieter auf der Fläche des Kaufhausbetreibers sind. Das tun wir schon in den Karstadt-Premiumhäusern, bei Saks Fifth Avenue in den USA oder El Corte Ingles in Spanien. Die Zahl der von uns kontrollierten Shop-in-Shops macht inzwischen gut 40 Prozent unserer mehr als 1 000 eigenen Verkaufsflächen weltweit aus.

Wirtschaftswoche: Und wenn der Händler nicht mitspielt?

Lahrs: Es gibt Händler, die das Geschäft lieber selbst betreiben wollen. Eine hochwertige Markenpräsentation ist dann für uns Voraussetzung.

Wirtschaftswoche: Kauft der einzelne Kunde mehr und teurer ein bei Boss als früher?

Lahrs: Ja, im Schnitt kauft jeder Kunde mehr als zwei Produkte bei uns. Das ist im Branchenvergleich ein sehr guter Wert. Gleichzeitig gibt er mehr Geld aus. In den USA etwa liegen wir beim Pro-Kopf-Einkauf bei circa 400 US-Dollar. Der Wert fiel früher um einiges niedriger aus.

© *Auszüge aus einem Interview von P. Steinkirchner und N. Hansen in der Wirtschaftswoche vom 15.07.2014*

a) Welchen Zweifel hegt die Wirtschaftswoche an dem Engagement von Hugo Boss im Fussball?

Die Interviewer hegen Zweifel, weil Hugo Boss hochwertige Anzüge zu hohen Preisen verkaufen will. Der Vorstandschef meint, dass sich der Fussball in den letzten Jahren sehr gewandelt hat. (Es ist tatsächlich auffallend, dass sich viele Trainer und auch Spieler oft in hochwertigen dunklen Anzügen präsentieren.)

b) Warum kann Hugo Boss in China Anzüge relativ teuer verkaufen?

Der Verkauf erfolgt ausschliesslich in eigenen Läden, in denen nicht gleichzeitig billigere Anzüge der Konkurrenten verkauft werden. So wird die kaufkräftige Kundschaft gezielt angesprochen.

c) Wie will der Vorstandschef erreichen, dass Hugo-Boss-Artikel mehr als bisher quasi ohne Konkurrenz auf eigenen Flächen verkauft werden?

Hugo-Boss-Artikel sollen nicht direkt neben Eigenmarken des Fachhandels oder Marken von niedrigerem Preisniveau präsentiert werden. Dazu will er vermehrt Shop-in-Shop-Systeme betreiben.

d) Aus welchem Grund sollte ein Kaufhaus bereit sein, ein solches Vertriebssystem zu unterstützen?

Das komplette Warenmanagement wird von Hugo Boss übernommen. Hugo Boss tritt also als

Mieter auf, der wohl bereit ist, eine recht hohe Miete zu zahlen. Eine starke Marke wie Boss

bringt neue Kunden in ein Kaufhaus, das von weiteren Verkäufen profitieren kann.

e) Wie argumentiert Herr Lahrs, um zu verdeutlichen, dass die Kunden relativ viel Geld im Geschäft ausgeben?

Jeder Kunde kauft durchschnittlich mehr als zwei Produkte; für die USA wird ein Umsatzbe-

trag pro Kunde genannt (ca. USD 400.00).

10. Antonio Bergamini, ein erfahrener Bergführer und Vogelkundler, und Ines Inderbizin, eine kaufmännische Angestellte, beabsichtigen in St. Gallen ein **Reisebüro** zu eröffnen.

a) Antonio und Ines überlegen sich, welche Markt- und Produktziele sie erreichen wollen. Formulieren Sie hierzu je zwei möglichst konkrete Fragen.

Marktziele: Welches Bedürfnis unserer Kunden wollen wir abdecken?

Welche Zielgruppe wollen wir mit unseren Reiseangeboten ansprechen?

Produktziele: Welche Spezialreisen wollen wir in welchen Ländern anbieten?

Wie viele Reisen pro Jahr wollen wir selbst organisieren?

b) Auch über den **Marketingmix** denken Antonio und Ines nach. Machen Sie für jedes **Absatzinstrument** einen konkreten Vorschlag, den Ines und Antonio umsetzen sollen.

	Vorschlag
Product	Wir bieten anspruchsvolle, geführte Bergwanderungen (Trekking) in den Alpen von unterschiedlicher Dauer an. Höhenwanderungen sowie Klettersteige unterschiedlichen Schwierigkeitsgrades stehen auf dem Programm. Für besonders gut trainierte Kunden offerieren wir jeweils Gipfelgänge auf 4000er.
Place	Die Reisen werden von uns «produziert» (in dieser Eigenschaft sind wir Reiseveranstalter) und im St. Galler Einzugsgebiet nur direkt über unser eigenes Reisebüro (in dieser Eigenschaft sind wir Reisevermittler) vertrieben. In anderen Städten der Deutschschweiz versuchen wir unsere Trekkingreisen über andere Reisebüros zu vertreiben (indirekter Absatz).

→

	Vorschlag
Price	Wir sprechen eine kaufkräftige Kundschaft an, die bereit und in der Lage ist, für den gebotenen individuellen Service auch einen angemessenen Mehrpreis zu bezahlen.
Promoti-on	Wir gestalten eine ansprechende Homepage und werben in Fachzeitschriften (z. B. ALPIN), die am Kiosk erhältlich sind. Für den Wiederverkauf über andere Reisebüros erstellen wir einen Reiseprospekt mit ansprechenden Bildern und Detailinformationen.

c) Was ist ganz allgemein der Unterschied zwischen Werbeträgern, Werbemitteln und Werbe-botschaften?

Werbeträger: Medien, auf/in denen das Werbemittel zum Einsatz kommen kann (gedruckt

z. B. Zeitungen, Werbebriefe; elektronisch z. B. Radio/TV oder allg. Internet)

Werbemittel: Gestaltungsmittel, um auf/im Werbeträger Werbebotschaften platzieren zu

können (z. B. Inserat in Zeitung, Bannerwerbung auf einer Homepage)

Werbebotschaft: Sachliche Information (informative Werbung), mit Emotionen Wünsche wecken

(Suggestivwerbung) und Dauerpräsenz beim Kunden erzeugen (defensive

Werbung)

11. Welche der folgenden Aussagen sind richtig? Bitte begründen Sie falsche Aussagen.

		R	F
a)	Unter Marketing versteht man die Gesamtheit aller Absatzmassnahmen. Begründung: Diese Fassung des Begriffs Marketing ist heute zu eng. Marketing ist vielmehr eine Denkhaltung, die auf alle unternehmerischen Tätigkeiten ausgerichtet ist.		✗
b)	Das Warenlager eines Handelsbetriebes sollte möglichst gross sein, denn man sollte allen Wünschen der Kunden entsprechen können. Begründung: Dadurch entstünden zu hohe Lagerkosten.		✗
c)	Marktsegmente sind Teilmärkte, die räumlich voneinander getrennt sind. Begründung: Marktsegmente unterteilen den Markt in Kundengruppen, Teilmärkte nach produkttechnischen Markmalen		✗

		R	F
d)	Markterkundung und Marktforschung erfolgen fortlaufend, systematisch und mit wissenschaftlichen Methoden. Begründung: Dies gilt nur für die Marktforschung, nicht aber für die Markterkundung.		✗
e)	Beim indirekten Absatz tritt zwischen Produzenten und Konsumenten ein Grosshandelsbetrieb. Begründung: Dies muss nicht unbedingt ein Grosshandelsbetrieb sein. Jeder geplante Zwischenhandel führt zu indirektem Absatz		✗
f)	Suggestivwerbung gibt es eher bei Konsumgütern, informative Werbung eher bei Investitionsgütern. Begründung:		✗
g)	Auf einem sog. Verkäufermarkt hat es viele Verkäufer, die sich gegenseitig stark konkurrenzieren. Begründung: Von einem Verkäufermarkt spricht man, wenn die Verkäufer eine stärkere Stellung haben als die Käufer, z. B. wegen zunehmender Nachfrage von vielen Käufern.		✗
h)	Bei der kostenorientierten Bestimmung des Verkaufspreises wird aufbauend kalkuliert. Begründung:		✗

12. Die Apotheke Bürgin arbeitet bei der Gestaltung ihres absatzpolitischen Instrumentariums mit den «4 P» (Product, Place, Price, Promotion). Kreuzen Sie an, welchem «P» die nachfolgenden Massnahmen zuzuordnen sind.

		Product	Place	Price	Promotion
a)	20 % Rabatt auf alle Estée-Lauder-Artikel am Valentinstag			✗	
b)	Alljährliche Degustationen der «Biotta»-Vitamingetränke				✗
c)	Rezeptpflichtige Medikamente werden erst nach Empfang der entsprechenden Rezepte verschickt.			✗	
d)	«Bachblütenessenzen» werden den individuellen Bedürfnissen der Kunden entsprechend zusammengestellt.	✗			

13. Bearbeiten Sie mithilfe der **Geschäftsbeschreibung** sowie des **Flyers** in der **Dokumentation Swissfaonline** am Ende des Lehrmittels folgende Aufgaben/Fragen:

a) Welche Rolle(n) übernimmt die Swissfaonline AG im Bereich der Distribution?

    ☐ Produzent
    ☒ Einzelhändler
    ☒ Grosshändler
    ☐ Konsument

Begründung:

Einzelhändler: verkauft Mode über einen Onlineshop an Konsumenten (B2C)

Grosshändler: bietet Firmenbekleidung für Unternehmen an (B2B)

b) Welche der «4 P» werden in der Vision angesprochen? Nennen Sie die passenden Stichworte aus der Vision.

	Passende Stichworte aus der Vision
Product	Sortiment, Service und Dienstleistungen, Rückgaberecht
Place	Onlineshop, Lieferfristen
Promotion	–
Price	günstig

c) Beurteilen Sie den Flyer (siehe «Ausschnitt Flyer») mithilfe des AIDA-Konzepts.

	Bedeutung	**Anwendung beim Flyer**
A	Attention	Aufmerksamkeit wecken durch «Sale» und «50 %» in Grossformat (= Blickfang)
I	Interest	Interesse zum Weiterlesen erregen durch Blumendekor und «Summer»
D	Desire	Wünsche nach sommerlicher, günstiger Mode hervorrufen
A	Action	Zum Handeln aufrufen: «shop now» und «nur solange Vorrat»

Antworten zu den Kontrollfragen

4.1 Die Aussage ist richtig: Marketing sollte die Denkhaltung von allen Unternehmen sein (also z. B. auch von öffentlich-rechtlichen Unternehmen [Staatsbetrieben] und solchen, die keinen Gewinn anstreben [Stiftungen, Vereine]). Die Aktivitäten sollten auf die Bedürfnisse der Bürger, die Mitglieder der Vereine usw. ausgerichtet sein.

4.2 Die zweite, weil sie sich auch auf die Bereiche Beschaffung und Produktion bezieht.

4.3 Die zweite Aussage: Grundsätzlich soll sich die Produktion dem Markt, also den Absatzmöglichkeiten, anpassen und nicht umgekehrt.

4.4 Die Marktforschung geschieht gezielt, systematisch und (meistens) mit wissenschaftlichen Methoden. Die Markterkundung geschieht im Alltag des Tagesgeschäftes (zufälliges Gespräch mit Kunden, Lieferanten usw.).

4.5 Field-Research = Primäre Marktforschung (Beschaffung neuer Informationen im Unternehmen, über die Anspruchsgruppen und über die Umweltsphären)
   – Desk-Research = Sekundäre Marktforschung (Beschaffung und Aufbereitung von intern oder extern vorhandenen Informationsquellen)
   – Oberbegriff: Marktforschung

4.6 Befragung, Beobachtung, Test, Datenanalyse

4.7 Marktsegment, z. B. Markt für Junioren, Senioren, Sportler, Diabetiker, bei einem Reisebüro für verschiedene Einkommensklassen

4.8 Die Marktsegmentierung soll den Gesamtmarkt in homogene Käufergruppen aufteilen. Es wird diejenige Kundengruppe als Zielgruppe ausgesucht, für die optimale Leistungen zu Preisen angeboten werden, die sowohl für die Kunden als auch für den Lieferanten attraktiv sind. Diese Vorgehensweise lässt üppige Umsätze erwarten.

4.9 a) Marktvolumen
   b) Marktpotenzial
   c) Marktanteil (in % des Marktvolumens)

4.10 Marktanteil

4.11 Bestehende Kunden ändern ihre Präferenzen und wechseln zur Konkurrenz, wenn ihre Bedürfnisse durch die Produkte oder Dienstleistungen nicht richtig angesprochen bzw. nicht befriedigt werden.

4.12 Ein Markt ist gesättigt, wenn das Marktvolumen fast das Marktpotenzial erreicht, also wenn der Marktsättigungsgrad fast 100 % beträgt.

4.13 a) Strategie der Kostenführerschaft   b) Strategie der Qualitätsführerschaft

4.14 a) Marktentwicklungsstrategie   b) Nischenstrategie

4.15 Schmal und tief

4.16 Breit und flach

4.17 Die produzierte Menge hängt vom tatsächlichen Absatz ab, damit nur kleine – aber doch ausreichende – Vorräte gelagert werden müssen und somit die Lagerkosten gering bleiben.

4.18 Swatch = c, Cartier = a, Porsche-Design = b

4.19 Überwindung einer grossen Distanz in kurzer Zeit

4.20 a) Verpflegung im Flugzeug, Bord-Entertainment
   b) dezentrales Check-in (z. B. zu Hause), Hotelreservierung

c) Schnelligkeit der Gepäckausgabe, Kombiticket Bahn-/Flugreise

4.21 a) Sättigungsphase   c) Wachstumsphase
b) Degenerationsphase   d) Reifephase

4.22 a) Produktvarianten offerieren, neues Design oder Verpackung entwerfen
b) Ein neues Produkt lancieren, Produkt vom Markt nehmen

4.23 a) Fachhandel
b) Discountgeschäft
c) Warenhaus

4.24 a) Strategie der Programmbeschränkung
b) Diversifizierungsstrategie

4.25 Berechnung des Verkaufspreises durch aufbauende Kalkulation von den Kosten zum Verkaufspreis

4.26 Konkurrenzorientierte Preisbestimmung: Preise werden an jene der Konkurrenz angepasst (abbauende Kalkulation).

4.27 Der Produzent schreibt dem Detaillisten den Verkaufspreis vor. Heute seltener, dafür eher Preisempfehlungen (Richtpreise).

4.28 Konditionenpolitik

4.29 Ein Markt, auf dem die Verkäufer die stärkere Stellung haben als die Käufer; Preistendenz steigend

4.30 a) Direktabsatz; Investitionsgut (auch Produktivgut, im Gegensatz zum Konsumgut)
b) Bei Konsumgütern; indirekter Absatz

4.31 Verteilung der Ware, Wahl der Absatzwege

4.32 a) Detailhandel; Verkauf an Verbraucher (Konsumenten)
b) Grosshandel oder Engroshandel
c) 1 und 4 = Einzelhandel; 2 und 3 = Grosshandel

4.33 – Werbemittel: Texte, Inserate, Melodien, Werbesprüche
– Werbeträger: Zeitungen, Radioprogramme, Verpackungen, Einkaufstaschen

4.34 A = Attention/Aufmerksamkeit
I = Interest/Interesse
D = Desire/Wunsch
A = Action/Handlung
(Aida ist bekanntlich eine Oper von Verdi, also leicht zu merken.)

4.35 a) sachlich, informativ, rational
b) emotional, gefühlsmässig, affektiv, suggestiv

4.36 Dass die Werbeerfolgskontrolle oft sehr schwierig ist

4.37 Sponsoring, Pressekonferenzen, Betriebsbesichtigungen, Tage der offenen Tür usw.

4.38 Verkaufsförderung oder Salespromotion

4.39 – Salespromotion will einen Kaufanreiz am Verkaufsort (point of sales) bewirken, sodass potenzielle Kunden zu einem sofortigen Kauf angeregt werden.
– Public Relations möchte auf indirektem Weg ein positives Bild des Unternehmens und dessen Produkte im öffentlichen Bewusstsein pflegen.
– Werbung ist jede Form der bezahlten und unpersönlichen Kontaktaufnahme mit möglichen Kunden, um den Absatz zu fördern. Sie will einen Kaufgrund schaffen (v.a. durch Anwendung der AIDA-Formel).

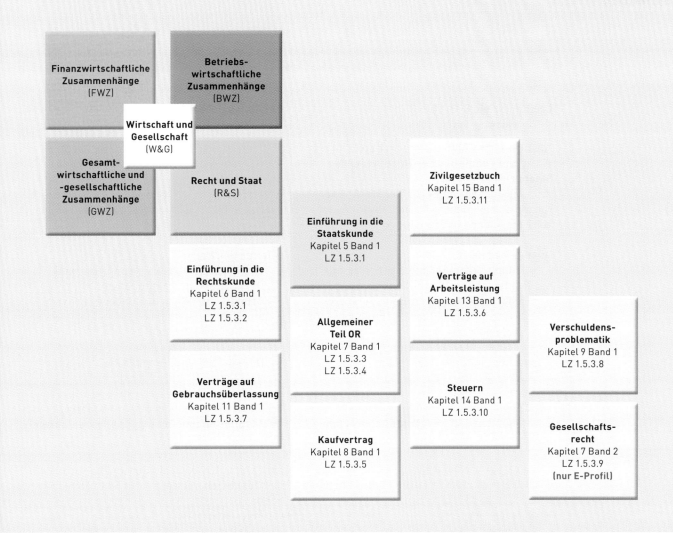

Einführung in die Staatskunde

Kapitel 5

5 Einführung in die Staatskunde

Leistungsziele E-Profil (13 Lektionen)	Leistungsziele B-Profil (15 Lektionen)
1.5.3.1 (weitere Teillernziele im Kapitel 6) **Wichtige Grundlagen des Rechts und des Staates** (K3) Ich zeige anhand von Beispielen die Anforderungen an ein modernes Rechtssystem und erkläre die folgenden Grundlagen: Öffentliches Recht – Wichtige Rechtsgebiete und Systematik – Rechtsstaat und Institutionen – Grundrechte (Kern und Bedeutung exemplarisch dargestellt an Eigentumsgarantie und Meinungsfreiheit) – Prinzip der Gewaltentrennung – Direkte/indirekte Demokratie – Rechte und Pflichten der Bürger	1.5.3.1 (weitere Teillernziele im Kapitel 6) **Wichtige Grundlagen des Rechts und des Staates** (K3) Ich zeige anhand von Beispielen die Anforderungen an ein modernes Rechtssystem und erkläre die folgenden Grundlagen: Öffentliches Recht – Wichtige Rechtsgebiete und Systematik – Rechtsstaat und Institutionen – Grundrechte (Kern und Bedeutung exemplarisch dargestellt an Eigentumsgarantie und Meinungsfreiheit) – Prinzip der Gewaltentrennung – Direkte/indirekte Demokratie – Rechte und Pflichten der Bürger
1.5.3.2 (weitere Teillernziele im Kapitel 6) **Rechtsquellen und Gesetzgebungsverfahren** (K2) Ich zeige auf, wie ich als Bürger/Bürgerin auf das Gesetzgebungsverfahren Einfluss nehmen kann: – Referendum – Initiative – Abstimmung	1.5.3.2 (weitere Teillernziele im Kapitel 6) **Rechtsquellen und Gesetzgebungsverfahren** (K2) Ich zeige auf, wie ich als Bürger/Bürgerin auf das Gesetzgebungsverfahren Einfluss nehmen kann: – Referendum – Initiative – Abstimmung (K2)

5.1 Einleitung

Die Schweiz findet ihre Einheit nicht in einer gemeinsamen Sprache oder Kultur. Man sagt, sie sei eine Willensnation, die durch historische Erfahrungen zur heutigen Staatsform gefunden hat. Wie jeder Staat besitzt die Schweiz ein Staatsgebiet, ein Staatsvolk und eine Staatsgewalt.

Das **Staatsgebiet** entspricht der Schweizer Grundfläche, die mit 41 285 Quadratkilometern international relativ klein ist. Damit ist sie ungefähr neun Mal kleiner als diejenige von Deutschland und beinahe einhundert Mal kleiner als diejenige von Russland.

Auswertungen zur Bevölkerung vom BFS

Das **Staatsvolk** umfasst alle Schweizerinnen und Schweizer. Im Jahr 2016 belief sich die Gesamtbevölkerung der Schweiz auf 8.36 Millionen, wovon 24.7 % Ausländer sind. Beinahe 70 % der Bevölkerung gehören dem Christentum an, weitere 5 % bekennen sich zum Islam und die übrigen 25 % sind mehrheitlich konfessionslos. Diese und weitere interessante Statistiken zu den Sprachen, Familien, Geburten und Zukunftsprognosen der Bevölkerung sind auf der Website des Bundesamtes für Statistik zu finden.

Die Herrschaftsgewalt, also das Recht und die Mittel eines Staates, die geltenden Gesetze durchzusetzen, wird **Staatsgewalt** genannt. Die Ausprägung der Staatsgewalt kann sehr unterschiedlich ausfallen. In dem aktuellen Kapitel werden verschiedene Regierungsformen, Staatsorganisationen und Säulen des Rechtsstaates aufgezeigt und dabei wird jeweils auch auf die Schweiz als Beispiel eingegangen.

info@klv.ch

Die Basis für den Aufbau und die Ziele der Schweizer Staatsgewalt sind in der Schweizer Bundesverfassung, dem Grundgesetz des Staates, niedergelegt. Dabei werden die nachfolgenden vier übergeordneten Ziele festgelegt:

1. Die Schweizerische Eidgenossenschaft schützt die Freiheit und die Rechte des Volkes und wahrt die Unabhängigkeit und die Sicherheit des Landes.
2. Sie fördert die gemeinsame Wohlfahrt, die nachhaltige Entwicklung, den inneren Zusammenhalt und die kulturelle Vielfalt des Landes.
3. Sie sorgt für eine möglichst grosse Chancengleichheit unter den Bürgerinnen und Bürgern.
4. Sie setzt sich ein für die dauerhafte Erhaltung der natürlichen Lebensgrundlagen und für eine friedliche und gerechte internationale Ordnung.

Art. 2 BV

5.2 Regierungsformen

5.2.1 Regierungsformen im Allgemeinen

Mehr Demokratie, jetzt!
Kompletter Artikel

> **Nach dem Brexit**
> # Mehr Demokratie, jetzt!
>
> **Für die meisten europäischen Spitzenpolitiker ist die direkte Demokratie eine Schreckvorstellung. Doch Europa braucht nach dem Brexit nicht weniger Referenden, sondern mehr.**
>
> Da gibt es diese alten Sätze von Jean-Claude Juncker, die seit dem Brexit neuerdings gar in Talkshows vorgelesen werden. Es sind Sätze aus dem Jahr 1999, aufgeschnappt hat sie der Brüsseler Korrespondent des «Spiegels», der Juncker folgendermassen zitierte: «Wir beschliessen etwas, stellen das dann in den Raum und warten einige Zeit ab, was passiert. Wenn es dann kein grosses Geschrei gibt und keine Aufstände, weil die meisten gar nicht begreifen, was da beschlossen wurde, dann machen wir weiter – Schritt für Schritt, bis es kein Zurück mehr gibt.» […]

Durch die Geschichte der einzelnen Staaten sind die unterschiedlichsten Regierungsformen entstanden. Diese unterscheiden sich von Staat zu Staat mehr oder weniger, lassen sich jedoch auf die nachfolgenden Formen grundsätzlich zusammenfassen.

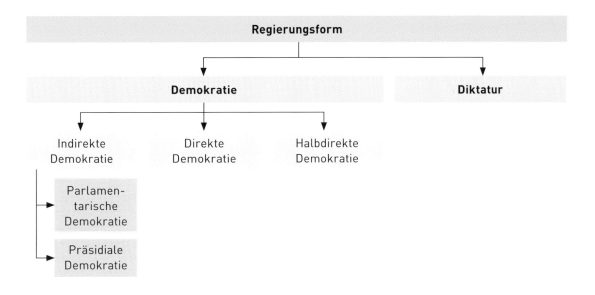

5.2.2 Demokratie

5.2.2.1 Im Allgemeinen

Der Begriff «Demokratie» kommt aus dem Griechischen und bedeutet «Herrschaft des Volkes». In der Aufklärung des 17. und 18. Jahrhunderts entstanden die wesentlichen Elemente einer modernen Demokratie: Gewaltentrennung, Menschenrechte, Trennung von Kirche und Staat.

In unserer Welt gibt es verschiedene Ausprägungen der Demokratie. Ihnen ist gemeinsam, dass unter Wettbewerbsbedingungen (Parteienwettbewerb) ein Parlament gewählt wird. Die gewählten Parlamentarier repräsentieren das Volk.

Alleine der Umstand, dass über Sachfragen abgestimmt werden kann, ist für eine gelebte Demokratie jedoch nicht entscheidend. Auch Diktatoren können ihr Volk über Sachfragen abstimmen lassen, weil sie wissen, dass sie die Meinungsbildung medial inszenieren und den Ausgang der Abstimmung manipulieren können. Entscheidend für die direkte bzw. halbdirekte Demokratie ist, dass eine Minderheit einen demokratischen Prozess gegen den Willen der politischen Mehrheit in Gang setzen kann. Während dieses Prozesses muss eine freie Meinungsbildung möglich sein, die bestenfalls mit einer gültigen Volksbefragung abgeschlossen wird.

5.2.2.2 Indirekte Demokratie

Bei der indirekten Demokratie werden zwei Formen unterschieden. Gemeinsam haben sie, dass das Volk die Vertreter (Parlament) frei wählt. Diese repräsentieren das Volk und treffen im Anschluss bis zu den nächsten Wahlen sämtliche relevante politische Entscheide. Über einzelne Sachvorlagen kann das Volk jedoch nicht abstimmen.

a) In der **parlamentarischen Demokratie** kann das Stimmvolk nur das Parlament (Legislative) wählen. Für die Ausgestaltung von Verfassung und Gesetzen ist alleine das Parlament zuständig. Es wählt die Regierung (Exekutive) und die Justiz (Gerichte). Die Regierung ist also an die Mehrheit im Parlament gebunden. Die Kontrollfunktion über die Regierungstätigkeit übernimmt die Opposition (= Parlamentsminderheit).

> Deutschland, Italien

b) In der **präsidialen Demokratie** wählt das Volk neben dem Parlament auch den Staatspräsidenten. Er beruft die Regierung und ist oft mit exklusiven Befugnissen ausgestattet (z. B. Aussenpolitik, Oberbefehlshaber der Armee). Da sowohl Parlament wie auch der Staatspräsident vom Volk gewählt werden, sind beide Gewalten voneinander unabhängig, können unterschiedlichen Parteien angehören und sind in der Lage, sich politisch zu konkurrenzieren.

> Frankreich, USA

5.2.2.3 Direkte Demokratie

In der direkten Demokratie trifft sich dafür das Stimmvolk im Kollektiv an einem Ort (= Versammlungsdemokratie) für Wahlen und Abstimmungen. Nur die Versammlung kann die Verfassung und Gesetze ändern und hohe Ämter durch Wahlen vergeben. Das anwesende Stimmvolk entscheidet endgültig. Diese Demokratie in Reinkultur ist für grössere Gemeinschaften kaum realisierbar und wird folglich nur auf kleineren Gebieten eingesetzt.

> - Auf Kantonsebene gibt es nur noch in den beiden Kantonen Glarus und Appenzell Innerrhoden sogenannten Landsgemeinden. Die Kantonsparlamente bereiten die dafür nötigen Geschäfte vor.
> - Gemeindeversammlungen in den meisten Gemeinden der Schweiz. Der Gemeinderat (Exekutive) bereitet die Versammlung vor.

5.2.2.4 Halbdirekte Demokratie

Auf Bundesebene kennt die Schweiz die halbdirekte Demokratie. Im Gegensatz zur direkten Demokratie hat das Volk gesetzgeberische Befugnisse verfassungsmässig an das Parlament übertragen, so wie dies bei der indirekten Demokratie der Fall ist. Dabei hat man sich jedoch Einflussmöglichkeiten der Parlaments- und Regierungsarbeit mittels Referendums- und Initiativrecht vorbehalten. Entscheide des Parlaments können dadurch umgestossen werden. Eine Volksbewegung kann ausserdem unter Umgehung des Parlaments Anliegen direkt zur Volksabstimmung bringen. Das Volk kann folglich bei relevanten Sachfragen dennoch abstimmen, so wie dies bei der direkten Demokratie gehandhabt wird. Abstimmungen und Wahlen auf Bundesebene erfolgen individuell an der Urne oder brieflich.

siehe Kapitel 5.4.4.3

5.2.3 Diktatur

In einer Diktatur konzentriert sich die Macht auf eine Gruppe von Menschen, im extremsten Fall sogar auf eine Einzelperson. Das Volk kann weder ein Parlament frei wählen noch über Sachvorlagen ungehindert abstimmen. Der Gegensatz zu einer Diktatur ist ein Rechtsstaat. Er wird bei uns als selbstverständlich betrachtet, ist es aber weltweit gesehen keineswegs: Erstens hat sich die Idee des Rechtsstaates erst im Laufe der Geschichte entwickelt, zweitens ist sie auch heute in totalitären Staaten (Diktaturen), aber auch in sogenannten Scheindemokratien nicht verwirklicht.

Kein Land bezeichnet sich selbst als Diktatur und tatsächlich ist der Übergang von einem Rechtsstaat zu einer Diktatur schleichend. Dennoch kann Nordkorea allgemein als Beispiel einer Diktatur genannt werden. Laut der Organisation Freedom House werden weltweit 50 Nationen gezählt, die nicht frei sind, und weitere 59 sind es bedingt. Lediglich 86 Länder werden als frei eingestuft und entsprechen damit einem Rechtsstaat.

Freie, eingeschränkte und nicht freie Staaten

Ländereinstufung von Freedom House

Die Unterschiede zwischen Rechtsstaat und totalitärem Staat können wie folgt zusammengefasst werden:

Rechtsstaat	Totalitärer Staat (Diktatur)
– **Legalitätsprinzip** – **Gewaltentrennung** – durch Verfassung und Gesetz **garantierte Grundrechte** des Bürgers, die wenn nötig durch regierungsunabhängige Gerichte geschützt werden	– keine oder geringe Bindung der Behörden an das Gesetz, freies Ermessen der Behörden, oft bis zur **Willkür** – **Konzentration der Macht** in den Händen der obersten Staatsbehörden oder sogar einer Einzelperson – keine oder nur formell umschriebene Grundrechte und nur, soweit sie dem (von den Behörden definierten!) Allgemeininteresse nicht zuwiderlaufen

siehe
Kapitel 5.4.2
Kapitel 5.4.3
Kapitel 5.4.4

K 5.1	Wodurch unterscheiden sich die parlamentarische und die präsidiale Demokratie?
K 5.2	Und die direkte und die halbdirekte Demokratie?

Kontrollfragen

→ Aufgaben 1, 2, 3

5.3 Arten der Staatsorganisation

5.3.1 Die Arten der Staatsorganisation

Wir unterscheiden drei verschiedene Arten, wie Staaten organisiert werden können.

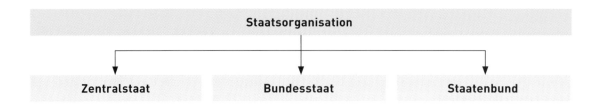

Zentralstaat

Übersicht aller Zentralstaaten

Die Staatsgewalt wird zentral von einer Hauptstadt über das ganze Land ausgeübt. Der Zentralstaat wird auch Einheitsstaat genannt. Die einheitliche Führung kann mehr oder weniger ausgeprägt sein. Von der Hauptstadt verwalten zum Beispiel eingesetzte Gouverneure eine Region einfach nur im Sinne der Zentrale. Die einzelnen Regionen besitzen keine Parlamente, um eigenständige Gesetze beschliessen zu können.

Frankreich, Finnland

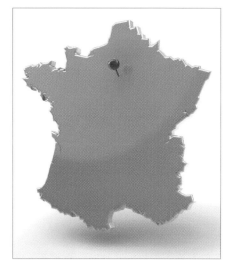

Frankreich wird aus Paris regiert.

Bundesstaat

Übersicht aller Bundesstaaten

Ein aus früher selbstständigen Staaten zusammengesetzter Staat, bei dem die Macht, Aufgaben und Zuständigkeiten zwischen einer Zentrale und mehreren Regionen aufgeteilt sind. Je nach Land haben diese Regionen mehr oder weniger Autonomie. Diese Staatsorganisation wird auch Föderalismus genannt. Um einzelnen staatlichen Institutionen nicht zu viel Macht zu übertragen, ist im Föderalismus die staatliche Macht auf die Bundesstaaten und den Zentralstaat verteilt. Dabei gelten die Gesetze des Zentralstaates für das ganze Land, die Gesetze der Bundesstaaten nur auf dem betreffenden Gebiet.

Schweiz, USA, Deutschland

Deutschland besteht aus 16 Ländern, Nordrhein-Westfalen z. B. hat in gewissen Bereichen eigenständige Gesetze.

Staatenbund

Ein Staatenbund ist ein vertraglicher Zusammenschluss von selbstständigen Staaten. Bei einem Staatenbund findet eine enge Zusammenarbeit auf einzelnen Gebieten (z. B. Wirtschaft, Kultur) statt. Die einzelnen Staaten behalten ihre Autonomie und Souveränität, verlieren also nicht ihre Selbstständigkeit, eigene Gesetze zu beschliessen. Vereinbarungen des Staatenbundes wirken sich somit höchstens indirekt auf die einzelnen Bürger aus.

NATO-Mitgliedstaaten

- die alte Eidgenossenschaft (bis zur ersten Bundesverfassung 1848; die Schweiz ist heute kein Staatenbund mehr)
- die Vereinten Nationen (UNO)
- das westliche Verteidigungsbündnis (NATO)

5.3.2   Die Schweiz als Bundesstaat

Die Kantone bilden zusammen seit 1848 einen Bundesstaat. In der Schweiz wird eine Beschränkung der staatlichen Macht angestrebt, um jedem Einzelnen die Entfaltung seiner individuellen Fähigkeiten zu ermöglichen. Jeder Bürger, jede Bürgerin soll selbstbestimmt und eigenverantwortlich leben können. Die Bundesverfassung (BV) hält fest:

Jede Person nimmt Verantwortung für sich selber wahr und trägt nach ihren Kräften zur Bewältigung der Aufgaben in Staat und Gesellschaft bei.	**Art. 6 BV**

Nur wenn es dem Einzelnen nicht möglich ist, Probleme selbst zu lösen, sollen schrittweise grössere Gruppen oder gar öffentliche Organisationen unterstützend (subsidiär) eingreifen. Auf die Schweiz übertragen bedeutet dies, dass der Bund nur dann in gesamtschweizerischen Fragen entscheiden soll, wenn die Ziele der Schweizerischen Eidgenossenschaft nicht auf der Ebene der Kantone erreichbar sind. Innerhalb der Kantone gibt es viele Gemeinden, die einen Teil der staatlichen Aufgaben übernehmen.

Ebene	Aufgaben mit grosser Autonomie (Auszug)
Bund	Aussen- und Sicherheitspolitik, Zoll- und Geldwesen, landesweit gültige Rechtsetzung
Kantone	Gesundheitswesen, Bildung und Kultur
Gemeinden	Schul- und Sozialwesen, Energieversorgung, Strassenbau, Ortsplanung

Bei der Zuweisung und Erfüllung staatlicher Aufgaben ist der Grundsatz der Subsidiarität zu beachten.	**Art. 5a BV**

Subsidiarität: Gesellschaftliches Prinzip, bei dem übergeordnete Institutionen nur jene Aufgaben übernehmen, die von untergeordneten Institutionen nicht wahrgenommen werden können.

Ein Kind muss vieles lernen, um Wissen und Fähigkeiten zu erwerben, die Voraussetzungen für ein aktives Leben in einer modernen Gesellschaft sind. Bei entsprechender Bildung wären die Eltern eventuell in der Lage, ihr Kind entsprechend zu fördern. Kaum ein Elternpaar möchte aber die eigenen Kinder selbst schulen. Deshalb ist es sinnvoll, Schulen einzurichten, die die Ausbildung der Kinder und Jugendlichen effektiv und umfassend gewährleisten. So unterhält (fast) jede Gemeinde Kindergärten und Primarschulen, in denen die Ausbildung der Kinder beginnt.

Kontrollfragen **K 5.3** Entscheidende Voraussetzung für einen Rechtsstaat ist, dass die Bürger auf dem Weg über Verfassung und Gesetz das Recht der Selbstbestimmung mittels Wahlen und Abstimmungen haben. Mit anderen Worten: dass alle Staatsgewalt direkt oder indirekt vom Volk ausgeht. Wie heisst eine solche Staats- oder Regierungsform?

K 5.4 Die Schweiz heisst offiziell «Schweizerische Eidgenossenschaft». Welcher Staat trägt ähnlich wie die Schweiz den föderalistischen Gedanken in der offiziellen Landesbezeichnung?

K 5.5 a) Nennen Sie für den Fachbegriff «subsidiär» das passende deutsche Wort.
b) Erklären Sie den Begriff «Subsidiarität» im politischen Sinn.

K 5.6 Warum hat das Prinzip der Subsidiarität in der Schweizer Politik eine so hohe Bedeutung?

K 5.7 Welche rechtsstaatliche Organisation muss eine Nation anwenden, wenn die Volksmehrheit einer Zentralregierung möglichst wenig Kompetenzen zuweisen will?

K 5.8 Seit wann ist die Schweiz ein Bundesstaat?

K 5.9 Was ist der Unterschied zwischen einem Bundesstaat, einem Staatenbund und einem Zentralstaat?

5.4 Säulen des Rechtsstaates

5.4.1 Übersicht

siehe Kapitel 5.1 Aufgrund der in Art. 2 BV recht allgemein formulierten Staatsziele könnte die Regierung den Bürgern praktisch vorschreiben und verbieten, was sie will. Damit dies nicht geschehen und der Staat seine Macht nicht missbrauchen kann, sind ihm durch das Recht Schranken gesetzt. Der Rechtsstaat stützt sich dabei insbesondere auf die folgenden Grundsätze:

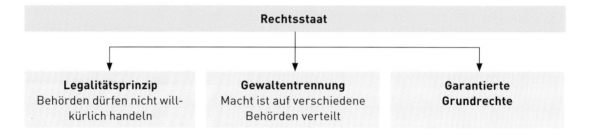

Rechtsstaat		
Legalitätsprinzip Behörden dürfen nicht willkürlich handeln	**Gewaltentrennung** Macht ist auf verschiedene Behörden verteilt	**Garantierte Grundrechte**

5.4.2 Legalitätsprinzip

Art. 5 BV Der Grundsatz der gesetzmässigen Verwaltung bedeutet, dass die Behörden und die staatliche Verwaltung an Rechtsnormen gebunden sind und nicht willkürlich gegen das Gesetz handeln dürfen. (Legal heisst gesetzlich, von lateinisch lex = Gesetz.)

5.4.3 Gewaltentrennung

Art. 144 BV

Die Medien als
vierte Gewalt

Dieses Prinzip bedeutet, dass die staatliche Macht auf verschiedene Organe (Behörden) verteilt wird, damit nicht eines davon allzu mächtig wird. Die drei Gewalten sind dabei die Legislative, die Exekutive und die Judikative.

Die Mitglieder des Nationalrates, des Ständerates, des Bundesrates sowie die Richterinnen und Richter des Bundesgerichts können zum Beispiel nicht gleichzeitig einer anderen dieser Behörden angehören. Die folgende Übersicht zeigt, wie die Staatsgewalt in der Schweiz auf die unterschiedlichen Organe aufgeteilt ist.

info@klv.ch

	Legislative (Parlament) = gesetzgebende Gewalt	**Exekutive** (Regierung) = ausführende Gewalt	**Judikative** (Gerichte) = richterliche Gewalt
Aufgabe	**Gesetzgebung** Erlass von Gesetzen und Aufsicht über die Exekutive	**Vollzug** der Gesetze, staatliche Verwaltung	**Rechtsprechung** Entscheid über Rechtsstreitigkeiten und -verletzungen
Bund	National- und Ständerat (Bundesversammlung)	Bundesrat	Bundesgericht, Eidg. Versicherungsgericht, Bundesstrafgericht, Bundesverwaltungsgericht
Kantone	Kantonsrat oder Grosser Rat	Regierungsrat oder Kleiner Rat	Obergericht, Kantonsgericht, Bezirks- oder Amtsgerichte
Gemeinden	Gemeinderat oder Gemeindeversammlung	(Kleiner) Gemeinderat oder Stadtrat	Friedensrichter, Vermittler

Legislative (Parlament)

Über die oberste Gewalt im Bund verfügt die Bundesversammlung, ausser in jenen Fragen, in denen das Volk und die Stände (traditioneller Ausdruck für Kantone) über dem Parlament stehen. Das Parlament besteht aus zwei Kammern.

Kammer	Anzahl Sitze	Wahl und Verhältnis
Nationalrat	200	Die Nationalräte vertreten das **Volk**. Diese Volksvertreter werden in den Kantonen alle vier Jahre und direkt nach dem Proporz gewählt. Die Sitze in der Volksvertretung werden nach der Bevölkerungszahl auf die Kantone verteilt, wobei jeder Kanton mindestens Anspruch auf einen Abgeordneten hat. z. B. Zürich hat 35 Sitze, das Wallis acht (Stand 2016).
Ständerat	46	Die Ständeräte vertreten die **Kantone**. Die Wahl in den Ständerat wird von jedem einzelnen Kanton selbstständig geregelt. Mit Ausnahme der Halbkantone[2] haben die Kantone Anspruch auf zwei Abgeordnete. Die Halbkantone haben nur Anspruch auf eine Vertretung im Ständerat.

Ständeratssitze nach Partei

Art. 148 BV
Art. 150 BV
siehe
Kapitel 5.4.4.3

Art. 149 BV

Nationalratssitze nach Partei

---

1 Die Kantone mit nur einem Ständerat und nur einer halben Standesstimme sind: Obwalden, Nidwalden, Basel-Stadt, Basel-Landschaft, Appenzell Ausserrhoden und Appenzell Innerrhoden.

Art. 158 f. BV   Die regelmässigen Zusammenkünfte des Parlaments werden Sessionen genannt und sind öffentlich. In den Räten entscheidet immer die Mehrheit der Stimmenden. Jede Kammer behandelt in ihrem eigenen Saal getrennt von der anderen Kammer die Ratsgeschäfte. Die wichtigsten sind:

Aufgabe (Auszug)	Erläuterung
Teilrevision BV	Verfassungsänderungen beschliessen, die jedoch zwingend dem Volk zur Abstimmung unterbreitet werden müssen (obligatorisches Referendum).
Gesetzgebung	Gesetze und Verordnungen beschliessen, die aufgrund der Bundesverfassung in den Kompetenzbereich des Bundes fallen; im Rahmen der Gesetzgebung dem Bundesrat Aufträge erteilen.
Aussenpolitik	Beziehungen zum Ausland beaufsichtigen und gestalten, völkerrechtliche Verträge genehmigen (ratifizieren).
Finanzen	Ausgaben des Bundes sowie das Bundesbudget festlegen und die Staatsrechnung abnehmen.
Oberaufsicht	Festlegung und Kontrolle der Tätigkeitsbereiche des Bundesrates und damit auch der Bundesverwaltung sowie die Oberaufsicht über die Tätigkeiten der Bundesgerichte und der anderen Organe, denen Bundesaufgaben übertragen sind; ebenso soll die Wirksamkeit der Massnahmen des Bundes überprüft werden.

Links zu den Zeilen:
Art. 194 BV siehe Kapitel 5.4.4.3 — Teilrevision BV
Art. 163 ff. BV — Gesetzgebung
Art. 166 BV — Aussenpolitik
Art. 167 BV — Finanzen
Art. 170 BV — Oberaufsicht

Art. 156 BV   Für Beschlüsse des Parlaments ist die Übereinstimmung der beiden Räte erforderlich. National- und Ständerat verhandeln getrennt. Wenn nach drei Beratungen in jedem Rat weiterhin Differenzen bestehen, ist ein spezielles Differenzbereinigungsverfahren vorgesehen.

Art. 157 BV   Nur in speziellen Situationen verhandeln National- und Ständerat gemeinsam. Diese **Vereinigte Bundesversammlung** tritt insbesondere für Wahlen der nachfolgenden Personen zusammen: Mitglieder des Bundesrates, die Bundeskanzlerin, Richter des Bundesgerichts sowie im Kriegsfall den General.

Exekutive (Regierung)

Als oberste leitende und vollziehende Behörde der Exekutive regieren die sieben Bundesräte die Schweizerische Eidgenossenschaft. Bei der Besetzung hat die Wahlbehörde, die Vereinigte Bundesversammlung, auf eine angemessene Vertretung der Landesgegenden und Sprachregionen Rücksicht zu nehmen. In seinen wöchentlichen Sitzungen entscheidet der Bundesrat über ca. 2000 Geschäfte pro Jahr. Über die meisten Entscheide wird die Öffentlichkeit in Medienmitteilungen orientiert. Die Entscheide müssen unabhängig von der persönlichen Meinung von allen sieben Mitgliedern des Bundesrats getragen werden: Dies nennt man das in der Bundesverfassung verankerte Kollegialitätsprinzip.

Aufgabe (Auszug)	Erläuterung
Bundesverwaltung	Der Bundesrat leitet die Bundesverwaltung. Er sorgt für ihre zweckmässige Organisation und eine zielgerichtete Erfüllung der Aufgaben. Die Bundesverwaltung wird in Departemente gegliedert; jedem Departement steht ein Mitglied des Bundesrates vor.
Regierungspolitik	Der Bundesrat bestimmt die Ziele und die Mittel seiner Regierungspolitik. Er plant und koordiniert die staatlichen Tätigkeiten.
Rechtssetzung	Der Bundesrat erlässt rechtsetzende Bestimmungen in der Form der Verordnung.
Finanzen	Der Bundesrat erarbeitet den Finanzplan, entwirft den Voranschlag und erstellt die Staatsrechnung.
Beziehungen zum Ausland	Der Bundesrat besorgt die auswärtigen Angelegenheiten unter Wahrung der Mitwirkungsrechte der Bundesversammlung; er vertritt die Schweiz nach aussen.

Links zu den Zeilen:
Art. 178 BV — Bundesverwaltung
Art. 180 BV — Regierungspolitik
Art. 183 BV — Rechtssetzung
Art. 183 BV — Finanzen
Art. 184 BV — Beziehungen zum Ausland

Judikative (Gerichte)

Das Bundesgericht ist die oberste rechtsprechende Behörde des Bundes. Beurteilt werden insbesondere Streitigkeiten von Bundesrecht. Unter anderem zählen hierzu die Bundesverfassung, das Strafrecht, das Strassenverkehrsgesetz, das Zivilgesetz und das Obligationenrecht. Für Streitigkeiten, die keine Rechtsfrage von grundsätzlicher Bedeutung betreffen, kann das Bundesgericht eine Streitwertgrenze vorsehen.

Webseite des Bundesgerichtes

Kontrollfragen

K 5.10 Wie heisst der Grundsatz, dass ...
a) ... die staatlichen Behörden sich an Gesetze halten müssen?
b) ... die staatliche Gewalt nicht in der Hand einer einzigen Behörde sein darf?

K 5.11 Wie nennt man einen Staat, in dem diese beiden Prinzipien missachtet werden? Was ist das Gegenteil davon?

K 5.12 Wodurch (ausser diesen beiden Prinzipien) zeichnet sich ein Rechtsstaat noch aus?

K 5.13 Setzen Sie bitte in der folgenden Aufstellung das Fehlende ein.

Staatliche Gewalt (Funktion)	Staatliches Organ	Behörde (allgemein)
Gesetzgebung		
		Regierung
	Judikative oder Justiz	

K 5.14 Ordnen Sie den Aussagen den passenden zwei Begriffen zu.

	Rechtsstaat	Totalitärer Staat
Konzentration der Macht bei der obersten Behörde		
Legalitätsprinzip		
Durch Gerichte garantierte Grundrechte des Bürgers		
Geringe Beschränkung der behördlichen Macht		

K 5.15 Wie wird die Bundesversammlung gebildet?

K 5.16 Nennen Sie zwei Aufgaben des Schweizerischen Parlaments.

K 5.17 Wie viele Parlamentarier hat der Nationalrat, wie viele der Ständerat?

K 5.18 Der Bundesrat soll seine Regierungsentscheide «mit einer Stimme» nach aussen vertreten, auch wenn die Entscheide nicht einstimmig gefällt wurden. Wie nennt man das Prinzip, das hier angewendet wird?

K 5.19 Wie viele Mitglieder hat der Bundesrat?

→ **Aufgaben 4, 5**

5.4.4   Rechte

Die Rechte in der Schweiz lassen sich in die politischen, die staatsbürgerlichen und die Menschenrechte gliedern. Nur die Menschenrechte, auch Grundrechte genannt, stehen jeder Person zu, die sich in der Schweiz befindet. Die staatsbürgerlichen und politischen Rechte setzen die Schweizer Staatsbürgerschaft voraus. Um die politischen Rechte zu haben, muss man zudem das 18. Lebensjahr vollendet haben.

Politische Rechte
gelten für alle Schweizer/-innen ab dem vollendeten 18. Lebensjahr

Staatsbürgerliche Rechte
gelten für alle Schweizer/-innen

Menschenrechte
gelten für alle Personen in der Schweiz

5.4.4.1   Grund- und Menschenrechte

Grund- und Menschenrechte sind Rechte, die jede Person unabhängig von Nationalität so wie Herkunft, Geschlecht und Hautfarbe als auch Sprache und Bildung usw. beanspruchen kann. Die Bundesverfassung äussert sich dazu in 30 Artikeln.

Recht (Auszug) *Die zwei hervorgehobenen Rechte werden im Anschluss detailliert behandelt.*	**Artikel**
Menschenwürde	Art. 7 BV
Rechtsgleichheit	Art. 8 BV
Schutz vor Willkür und Wahrung von Treu und Glauben	Art. 9 BV
Recht auf Leben und persönliche Freiheit	Art. 10 BV
Glaubens- und Gewissensfreiheit	Art. 15 BV
Meinungs- und Informationsfreiheit	**Art. 16 BV**
Versammlungsfreiheit	Art. 22 BV
Vereinigungsfreiheit	Art. 23 BV
Wirtschaftsfreiheit	Art. 7 BV
Eigentumsgarantie	**Art. 26 BV**
Petitionsrecht	Art. 33 BV

Einschränkung von Grundrechten

Die Grundrechte werden durch die Schweizer Bundesverfassung garantiert. Sie gelten jedoch nicht uneingeschränkt. In der Regel werden die Grundrechte so lange zugestanden, wie diese die Rechte von anderen nicht einschränken. Im Artikel 36 der Bundesverfassung ist die Einschränkung der Grundrechte unter bestimmten Voraussetzungen klar vorgesehen.

> **Art. 36 BV**
>
> [1] Einschränkungen von Grundrechten bedürfen einer gesetzlichen Grundlage. Schwerwiegende Einschränkungen müssen im Gesetz selbst vorgesehen sein. Ausgenommen sind Fälle ernster, unmittelbarer und nicht anders abwendbarer Gefahr.
>
> [2] Einschränkungen von Grundrechten müssen durch ein öffentliches Interesse oder durch den Schutz von Grundrechten Dritter gerechtfertigt sein.
>
> [3] Einschränkungen von Grundrechten müssen verhältnismässig sein.
>
> [4] Der Kerngehalt der Grundrechte ist unantastbar.

Hervorzuheben ist insbesondere, dass eine Einschränkung der Grundrechte einer gesetzlichen Grundlage bedarf. Diese darf folglich nicht willkürlich getroffen werden.

info@klv.ch

Die Anwendung der Einschränkung ist in der nachfolgenden Tabelle exemplarisch anhand zweier Grundrechte dargestellt.

	Meinungs- und Informationsfreiheit Art. 16 BV	Eigentumsgarantie Art. 26 BV	
Artikel	1 Die Meinungs- und Informationsfreiheit ist gewährleistet. 2 Jede Person hat das Recht, ihre Meinung frei zu bilden und sie ungehindert zu äussern und zu verbreiten. 3 Jede Person hat das Recht, Informationen frei zu empfangen, aus allgemein zugänglichen Quellen zu beschaffen und zu verbreiten.	1 Das Eigentum ist gewährleistet. 2 Enteignungen und Eigentumsbeschränkungen, die einer Enteignung gleichkommen, werden voll entschädigt.	
Beschreibung des Rechts	In der Bundesverfassung wird der Personenkreis nicht eingeschränkt. Ob Inländer oder Ausländer, ob Erwachsene oder Jugendliche: jede Person hat das Recht, sich über einen beliebigen Kommunikationsweg eine Meinung zu bilden oder ihre Meinung zu äussern. In demselben Verfassungsartikel wird die Informationsfreiheit gewährleistet, die Voraussetzung für eine fundierte Meinungsbildung ist. Der Staat fördert Transparenz über die Tätigkeit der Verwaltung, indem er den Zugang zu amtlichen Dokumenten ermöglicht, und verzichtet ausdrücklich auf Zensur, d. h. Kontrolle der Informationen, die durch die Medien verbreitet werden.	Zusammen mit der Wirtschaftsfreiheit ist das Eigentum die Grundlage für eine freie Wirtschaftsordnung, die eine unabhängige Lebensweise des Einzelnen ermöglichen soll. Je breiter das Eigentum gestreut ist, desto unabhängiger können die Bürger leben. Das Privateigentum darf nicht grundsätzlich abgeschafft werden (Institutsgarantie), indem es vom Staat übernommen wird («Verstaatlichung»). Der Erwerb des Eigentums wird ebenso geschützt wie das Eigentum, welches jemand bereits besitzt (Bestandesgarantie).	
Mögliche Einschränkungen	Einschränkungen der Meinungsfreiheit finden sich im Strafgesetzbuch. Dies setzt Grenzen, um den Schutz der Persönlichkeit zu gewährleisten: - Ehrverletzungen und üble Nachrede sind untersagt, vor allem wenn die Aussagen auf Unwahrheit beruhen und sich auf das Privat- oder Familienleben beziehen. - Verleumdungen – also wenn man den guten Ruf von jemandem wider besseren Wissens schädigt, indem man ihm unehrenhaftes Verhalten vorwirft – können bei planmässigem Vorgehen des Täters mit einer Freiheitsstrafe bis zu drei Jahren geahndet werden. - Die gleiche Strafe droht bei Rassendiskriminierung: Wer öffentlich gegen eine Person oder eine Gruppe wegen ihrer Rasse, Ethnie oder Religion zu Diskriminierung aufruft. Ferner wird die Meinungsfreiheit eingeschränkt durch: - die Wahrung des Brief-, Post- und Fernmeldegeheimnisses. - das Militärgesetz, das das Geheimhaltungsinteresse des Staates im militärischen Bereich schützt. - Berufsgeheimnisse (Schweigepflicht im medizinischen Bereich usw.).	Auf Bundesebene wird die gesetzliche Grundlage durch das Bundesgesetz über die Enteignung (EntG) und durch andere Gesetze geschaffen, welche die Enteignung zu bestimmten Zwecken ermöglichen: - Umweltschutz - Gewässerschutz - Natur- und Heimatschutz - Raumplanung Der Staat muss beim Eingriff in das Eigentumsrecht den Grundsatz der Verhältnismässigkeit wahren, d. h., er darf bei seinen Einschränkungen nicht weitergehen, als es das öffentliche Interesse fordert. Schränkt der Staat das Eigentum ein, so muss er Entschädigung leisten (Wertgarantie). - formelle Enteignung: Der Staat benötigt Land für die Erstellung seiner Infrastruktur wie z. B. Strassen. Der Eigentümer verliert sein Eigentum. - materielle Enteignung: Der Eigentümer kann sein Land nicht mehr so verwenden, wie es bisher möglich gewesen wäre (Rückzonung). - Dagegen ist keine Entschädigung zu zahlen, wenn die Eigentumsbeschränkung dem Schutz des Grundeigentümers dient (Hochwasserschutz).	Art. 173 StGB Art. 174 StGB Art. 261bis1 StGB Art. 13 BV

5.4.4.2 Staatsbürgerliche Rechte

Wer das Schweizer Bürgerrecht hat, darf sich an jedem Ort in der Schweiz niederlassen. Die Schweiz darf jederzeit verlassen werden. Schweizerinnen und Schweizer dürfen jederzeit wieder einreisen. Diese Rechte werden als Niederlassungsfreiheit bezeichnet und sind Bürgerrechte, weil sie ausdrücklich Schweizerbürgern garantiert werden.

Ein weiteres Bürgerrecht ist der Schutz vor Ausweisung, Auslieferung und Ausschaffung. Schweizerinnen und Schweizer dürfen nicht ausgewiesen werden; ohne ihr Einverständnis werden sie nicht an eine ausländische Behörde wie z.B. ein ausländisches Gericht ausgeliefert.

Das Bürgerrechtsgesetz sieht verschiedene Möglichkeiten vor, wer das Bürgerrecht erhält:

Geburt:
- Vater oder Mutter sind Schweizer oder Schweizerin und sind miteinander verheiratet.
- Die mit dem Vater nicht verheiratete Mutter ist Schweizer Bürgerin.

Adoption:
- Wird ein minderjähriges ausländisches Kind von einem Schweizer Bürger adoptiert, so erwirbt es das Kantons- und Gemeindebürgerrecht des Adoptierenden.

Kontrollfragen

K 5.20 Welches Freiheitsrecht ist so eng mit dem Recht auf freie Meinungsäusserung verknüpft, dass man von «Zwillingsrechten» sprechen könnte?

K 5.21 Auf welche Möglichkeit wird in der Bundesverfassung ausdrücklich verzichtet, um die Meinungsfreiheit nicht einzuschränken?

K 5.22 Wie fördert der Staat die Transparenz über die Tätigkeit der Verwaltung?

K 5.23 Welche Tatbestände werden durch das Strafgesetzbuch sanktioniert (= unter Strafe gestellt) und schränken dadurch das Recht auf Meinungsfreiheit ein?

K 5.24 Welche garantierten Rechte bilden die Grundlage für eine freiheitliche Wirtschaftsordnung?

K 5.25 Was bedeutet die sogenannte Institutsgarantie?

K 5.26 Was ist Voraussetzung dafür, dass der Staat die freie Verfügung über ein Rechtsobjekt einschränkt?

→ Aufgaben 6, 7, 8, 9

K 5.27 In welchen Fällen einer Enteignung ist vom Staat keine Entschädigung zu zahlen?

5.4.4.3 Politische Rechte

In der Bundesverfassung sind allen Schweizerinnen und Schweizern, die das 18. Altersjahr zurückgelegt haben und die nicht wegen Geisteskrankheit oder Geistesschwäche entmündigt sind, die politischen Rechte garantiert. Alle haben die gleichen politischen Rechte und Pflichten. Sie können an den Wahlen und an den Abstimmungen des Bundes teilnehmen sowie Volksinitiativen und Referenden in Bundesangelegenheiten ergreifen und unterzeichnen.

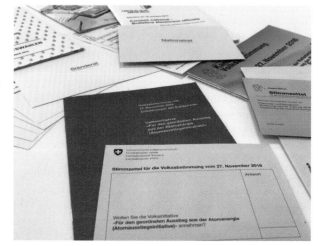

Wahl- und Stimmunterlagen auf Bundes- und Kantonsebene

info@klv.ch

	Politische Rechte	
Wahlrecht		**Stimmrecht**
Personen für ein Amt oder eine staatliche Behörde zu bestimmen. Das Wahlsystem unterscheidet das aktive und das passive Wahlrecht.		Bedeutet, die Stimmberechtigten entscheiden über **Sachfragen**. Auf Bundesebene wird über Referenden und Initiativen abgestimmt. In Kantonen und Gemeinden stimmen die Bürger über Finanz- und Verwaltungsfragen ab.

Wahlrecht

Das Recht, sich in ein Amt wählen zu lassen, nennen wir **passives Wahlrecht**. So darf sich z. B. jede Schweizerin und jeder Schweizer ab 18 Jahren in den Nationalrat wählen lassen. Seine Schranken findet das passive Wahlrecht in der Amtszeitbeschränkung.

> So ist z. B. die Amtszeit der Bundesräte auf vier Jahre, diejenige der Bundesrichter auf sechs Jahre beschränkt. Eine Wiederwahl ist möglich.

Informationen zu den Eidgenössischen Wahlen

Das **aktive Wahlrecht** nehmen die Wahlberechtigten auf Bundesebene wahr, wenn sie National- und Ständeräte wählen. Es gibt zwei Wahlverfahren:

	Majorzwahl (Mehrheitswahl)	**Proporzwahl** (Verhältniswahl)
Wer erhält die Stimmen?	Der Wähler gibt seine Stimme einer Person (mit oder ohne Parteizugehörigkeit).	Der Wähler gibt seine Stimme in erster Linie einer Partei. Die Sitze im Parlament werden proportional zur Parteistärke verteilt.
Wer gewinnt eine Wahl?	Die Sitze werden gemäss der durch die Wahl erzielten Rangfolge auf die Kandidaten mit den meisten Stimmen verteilt: – Variante **absolute Mehrheit** – Variante **relative Mehrheit**	Die Stimmen der Wähler werden auf den entsprechenden Stimmkonten der Parteien verbucht. Je mehr Stimmen eine Partei erhält, desto mehr Sitze werden ihr zugesprochen. Innerhalb der Partei werden dann die gewonnenen Sitze auf die Kandidaten mit den meisten Stimmen verteilt.
Vorteile	– Die Persönlichkeit des Kandidaten steht im Vordergrund. – Es bilden sich eher deutliche Mehrheiten heraus, was das Regieren einfacher machen kann.	– Zu wählende Parteien mit ihrem Wahlprogramm stehen im Mittelpunkt. – Kleinere Parteien haben auch Wahlchancen und können sich im Parlamentsbetrieb profilieren.
Nachteile	– Minderheiten verlieren alles (System: «the winner takes it all») – Polarisierung in der politischen Auseinandersetzung	Gibt es keine sogenannte Sperrklausel (z. B. wie die Fünf-Prozent-Hürde in Deutschland), kann es zu einer Zersplitterung der Parteienlandschaft kommen (in der Schweiz wegen der halbdirekten Demokratie weniger bedeutsam).
Beispiele	– Regierungsrats- und Ständeratswahlen – Bundesratswahl	Parlamentswahlen in den Kantonen Nationalratswahlen

Art. 149 BV
Art. 150 BV

Majorzwahl

Wahlen in den Kantonen

Zu den kantonalen Besonderheiten gehören unterschiedliche Regelungen, wann jemand gewählt ist (absolute Mehrheit, relative Mehrheit), wie die Wahlen ablaufen oder wer stimmberechtigt ist. Jeder Kanton bestimmt in seiner Kantonsverfassung, nach welchem Wahlverfahren die Ständeratswahl durchgeführt wird. In 24 der 26 Kantone wurde 2015 das Majorzverfahren bei der Ständeratswahl angewendet (Ausnahmen sind die Kantone Neuenburg und Jura).

Kanton Wallis 2015 (Ständeratswahl)[3]

Die Ständeratswahlen werden nach dem Mehrheitssystem (Majorz) durchgeführt. Gewählt ist, wer die Mehrheit der Stimmen erhalten hat (1. Wahlgang: absolutes Mehr; 2. Wahlgang: relatives Mehr). Zu vergeben sind zwei Sitze. Dadurch ist die mögliche Anzahl Stimmen höher als die Anzahl Stimmender.

– **Absolutes Mehr:** Eine Person ist dann gewählt, wenn sie mehr als die Hälfte der gültigen Stimmen erhalten hat.
– **Relatives Mehr:** Eine Person ist dann gewählt, wenn sie am meisten Stimmen erhalten hat.

Kandidierende nach erhaltenen Stimmen (1. Wahlgang)

Name	Partei	Stimmen	Gewählt Ja/Nein
Fournier, Jean-René	CVP	45690	Nein
Rieder, Beat	CVP	37100	Nein
Ruppen, Franz	SVP	29539	Nein
Grichting, Pierre-Alain	FDP	28357	Nein
Burgener, Thomas	SP	20942	Nein
Clivaz, Christophe	GPS	14369	Nein
Métrailler, Robert	CSP	4721	Nein

Im ersten Wahlgang wurde niemand gewählt. Das notwendige absolute Mehr hätte 61033 betragen.

Kandidierende nach erhaltenen Stimmen (2. Wahlgang)

Name	Partei	Stimmen	Gewählt Ja/Nein
Fournier, Jean-René	CVP	50853	Ja
Rieder, Beat	CVP	46286	Ja
Grichting, Pierre-Alain	FDP	44805	Nein

Im zweiten Wahlgang war das relative Mehr ausschlaggebend, dass Jean-René Fournier und Beat Rieder gewählt worden sind.

Auswertung	1. Wahlgang	2. Wahlgang
Stimmberechtigte	210926	210687
Stimmende	127535	97351
Leere Wahlzettel	3360	3849
Ungültige Wahlzettel	2110	1210
Gültige Wahlzettel	122065	92292
Absolutes Mehr	61033	46147
Beteiligung (%)	60.46	46.21

---

2   www.politik-stat.ch/srw2015VS_de.html, Zugriff: 26.07.2017

info@klv.ch

Proporzwahl

Bei der Nationalratswahl wird das Proporzverfahren (Verhältniswahl) angewendet. Jede Partei stellt für jeden Wahlkreis, d.h. für jeden Kanton eine Wahlliste mit ihren Kandidaten auf. Die Wahlberechtigten geben die Liste unverändert ab, wenn sie eine Partei unterstützen wollen. Beabsichtigen sie jedoch, bestimmte Personen zu unterstützen, so können sie eine eigene Liste eigenhändig und handschriftlich zusammenstellen oder eine vorgegebene Liste abändern. Die Wähler können also:

- **kumulieren:** Wählerinnen dürfen, wenn in ihrem Wahlkreis mehrere Stimmen zu vergeben sind, Kandidatinnen und Kandidaten zweimal auf ihrem Wahlzettel aufschreiben.
- **panaschieren:** Wähler dürfen auf dem vorgedruckten Wahlzettel Kandidaten streichen und an deren Stelle handschriftlich die Namen von Kandidaten anderer Listen (Parteien) aufführen.
- **streichen:** Aus der Wahlliste können Kandidaten entfernt werden (durchstreichen).

Bei der Auszählung der Stimmzettel ermitteln die Wahlhelfer zunächst, wie viele Sitze jeder Partei zustehen. Anschliessend bestimmen sie innerhalb der Listen diejenigen Kandidaten mit den meisten Stimmen als Nationalratsmitglieder.

Kanton Bern 2015 (Nationalratswahl)[4]

Aufgrund der Anzahl Einwohner im Kanton Bern stehen ihm 25 Nationalräte zu.

Die einzelnen Parteien haben die folgenden Anzahl Stimmen erhalten:

Partei	Parteistimmen	%	Sitze
SVP	2907045	33	9
SP	1727002	20	6
BDP	1031778	12	3
FDP	818912	9	2
Grüne	746609	9	2
GLP	526402	6	2
EVP	378049	4	1
Andere Parteien	...	...	0
Total	8776598	100	25

Wer nun innerhalb der Partei die Sitze erhält, ist nachfolgend exemplarisch anhand der Grünen dargestellt.

Die Grünen haben zwei Nationalratssitze im Kanton Bern zugute. Die einzelnen Nationalratskandidaten der Grünen haben die folgenden Stimmen erhalten:

Name	Anzahl Stimmen	Gewählt Ja/Nein
Rytz, Regula	65837	Ja
Häsler, Christine	57664	Ja
Trede, Aline	49035	Nein
Übrige, Kandidaten	...	Nein

Die zwei Kandidaten mit der höchsten Anzahl Stimmen werden gewählt.

3 www.wahlarchiv.sites.be.ch/wahlen2015/nawastat/nawa/action/ResultatWahlkreisAction12b9.html?method=read&wk=A&sprache=d, Zugriff: 26.07.2017

Kontrollfragen

→ Aufgaben
10, 11

K 5.28 Wie unterscheiden sich aktives und passives Wahlrecht?

K 5.29 Wem geben Sie bei einer Majorzwahl eine Stimme, wem bei einer Proporzwahl?

K 5.30 Nennen Sie einen Vorteil von Majorz- und einen von Proporzwahlen.

K 5.31 Welchen Nachteil hat das Majorzverfahren?

K 5.32 Was bedeutet «kumulieren», was bedeutet «panaschieren»?

Stimmrecht

Das Schweizer Volk kann im Gegensatz zu den Ländern mit der indirekten Demokratie zusätzlich zum Wählen auch über Sachvorlagen abstimmen und direkt auf die Gesetzgebung Einfluss nehmen. Dabei wird zwischen der Initiative, dem obligatorischen und dem fakultativen Referendum unterschieden.

Initiant	Art der Mitbestimmung und deren Zustandekommen	Kriterien für die Abstimmung	Zu verändernde Hierarchiestufen des geschriebenen Rechts
Volk	**Initiative** 100 000 Unterschriften in 18 Monaten	**Doppeltes Mehr** Volksmehr und Ständemehr	BV
Parlament	**Obligatorisches Referendum** Keine Unterschriftensammlung notwendig	**Doppeltes Mehr** Volksmehr und Ständemehr	BV
Parlament	**Fakultatives Referendum** 50 000 Unterschriften in 100 Tagen	**Einfaches Mehr** Nur Volksmehr	**Bundesgesetze**
Regierung	Kein Mitspracherecht		**Verordnungen**

siehe
Kapitel 6.2.1
Mitbestimmung des Volkes auf Bundesebene

info@klv.ch

	Initiative	Referendum	
		Obligatorisches Referendum	**Fakultatives Referendum**
Erläuterung	Das Volk kann von sich aus eine Änderung der Verfassung verlangen. Das Parlament berät den Änderungsvorschlag und empfiehlt dem Volk zuzustimmen oder die Initiative abzulehnen. Das Parlament wird eventuell einen Gegenvorschlag unterbreiten: Das Volk entscheidet, ob es den Initiativtext oder den Gegenvorschlag bevorzugt.	Bei Parlamentsentscheiden auf Verfassungsstufe ist ein obligatorisches Referendum vorgesehen. Jede Änderung der Bundesverfassung sowie der Beitritt zu Organisationen für kollektive Sicherheit oder zu supranationalen Gemeinschaften unterstehen einer Volksabstimmung, dem obligatorischen Referendum.	Bei Parlamentsentscheiden auf Gesetzesstufe ist ein fakultatives Referendum vorgesehen, wenn ein Teil der Bevölkerung nicht einverstanden ist und die Einführung eines neuen Gesetzes verhindern möchte.
Erfordernis zum Zustandekommen	In 18 Monaten 100000 Unterschriften von Stimmberechtigten	Keine Sammlung von Unterschriften erforderlich. Es ist obligatorisch.	In 100 Tagen 50000 Unterschriften von Stimmberechtigten
Welche Stufe des Rechtes ist betroffen?	Bundesverfassung (BV)	Bundesverfassung (BV)	Bundesgesetz
Welches Mehr wird zur Annahme benötigt?	Die Gesetzesvorlage ist angenommen, wenn das **Volksmehr** und das **Ständemehr** erreicht wurde. Man spricht vom **doppelten Mehr** (siehe nachfolgend).	Die Gesetzesvorlage ist angenommen, wenn das **Volksmehr** und das **Ständemehr** erreicht wurde. Man spricht vom **doppelten Mehr** (siehe nachfolgend).	Das **Volksmehr** reicht zur Annahme aus. Das **Ständemehr** wird nicht benötigt, da es keine Verfassungsänderung mit sich bringt.

Art. 138 BV
Art. 139 BV
Art. 140 BV
Art. 141 BV

Abstimmung vom 03.03.2013 (obligatorisches Referendum)

Thema: «Bundesbeschluss über die Familienpolitik»
Da es sich bei diesem Bundesbeschluss um eine Verfassungsänderung handelt, war ein obligatorisches Referendum die Folge. Bei einem obligatorischen Referendum ist das **doppelte Mehr** für die Annahme erforderlich. Bei der Abstimmung vom 3. März 2013 kamen die folgenden Ergebnisse zustande:

Volksmehr
Es wird die Mehrheit der gültigen Stimmen für die Annahme einer Abstimmungsvorlage benötigt. Von den 2362482 gültigen Stimmen in der ganzen Schweiz betrug der JA-Stimmenanteil 54.3 %. Damit war das Volksmehr gegeben.

Ständemehr
Bei Abstimmungen auf Bundesebene werden die Resultate nicht nur im Total (Volksmehr), sondern auch innerhalb der Kantone separat ausgewertet. Das kantonale Ergebnis einer eidgenössischen Volksabstimmung gilt als seine Standesstimme (bei Halbkantonen eine halbe Stimme) – im Total 20 Kantone und sechs Halbkantone. Die Mehrheit der Kantonsstimmen beträgt zwölf Kantone. Dieses Ständemehr ist nur im Zusammenhang mit dem doppelten Mehr von Bedeutung.

Wie in der nachfolgenden Darstellung ersichtlich, haben sich 13 Kantone gegen und zehn für den Beschluss ausgesprochen. Damit war das Ständemehr nicht gegeben.

Informationen zum Bundesbeschluss

Politischer Atlas der
Schweiz (Ergebnisse
der Nationalrats-
wahlen seit 1919 und
der eidgenössischen
Volksabstimmungen
seit 1866)

Erklärung
Röstigraben

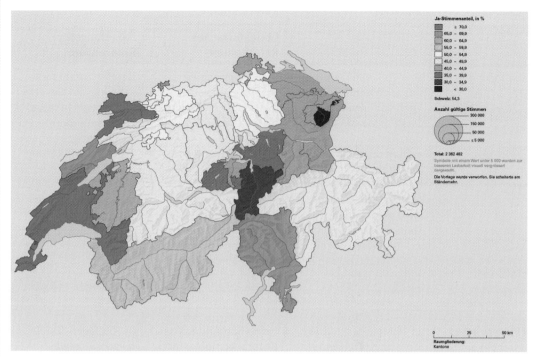

© Kartengrundlage: BFS, ThemaKart.

Kantonale Ergebnisse der Abstimmung vom 03.03.2013 zum «Bundesbeschluss über die Familienpolitik»[5]

Bestimmung des Kantonsentscheids (Auszug)

Kanton	Anzahl gültige Stimmen	JA-Stimmenanteil	Bundesbeschluss angenommen Ja/Nein
Zürich	401 960	53.6 %	Ja
St. Gallen	136 348	42.8 %	Nein
Uri	10 711	31.8 %	Nein
...	...	...	...
Total	2 362 482	54.3 %	10 Ja, 13 Nein

Schlussfolgerung
Da bei einem obligatorischen Referendum sowohl das **Volksmehr** als auch das **Ständemehr** benötigt werden, wurde diesem Bundesbeschluss nicht zugestimmt. Er scheiterte am Ständemehr, obwohl die Mehrheit der Schweizer Bevölkerung dem Bundesbeschluss zugestimmt hat.

In der Schweiz ist jede Abstimmung unabhängig von der Stimmbeteiligung gültig. Leer eingelegte Stimmzettel werden nicht beachtet. Die gültigen Stimmen beziehen sich auf die korrekt abgegebenen Stimmen der Stimmberechtigten.

Kontrollfragen

K 5.33 Wie unterscheiden sich Stimm- und Wahlrecht?

K 5.34 Formulieren Sie eine knappe Definition für das Referendumsrecht.

→ **Aufgabe 12** **K 5.35** Wie unterscheidet sich das Initiativrecht vom Referendum?

Gesetzgebungsverfahren

Die Entwicklung der Gesellschaft macht es notwendig, dass Gesetze ständig angepasst und neue erarbeitet werden. Der nachstehende Ablauf dokumentiert, wie in der Schweiz ein Gesetz entsteht.

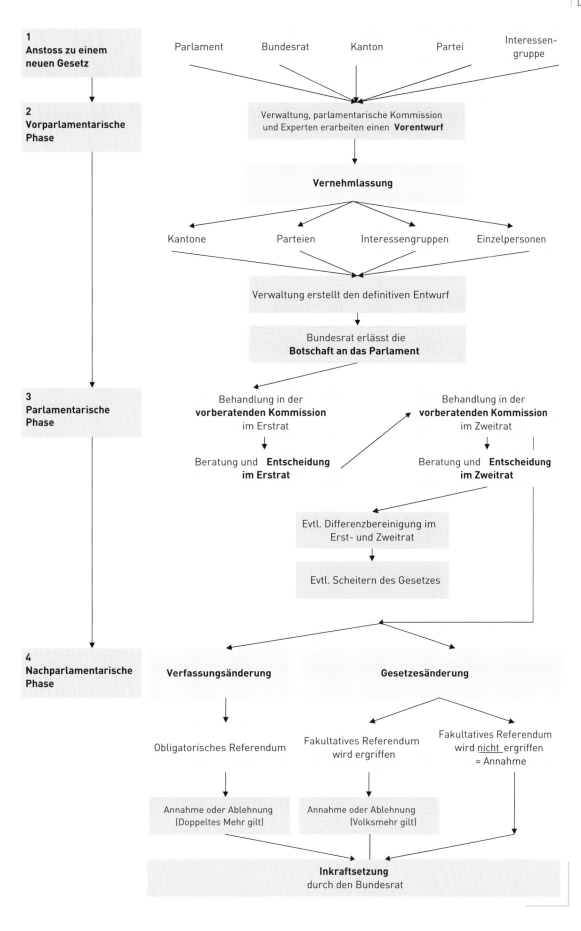

1
Anstoss zu einem neuen Gesetz

2
Vorparlamentarische Phase

3
Parlamentarische Phase

4
Nachparlamentarische Phase

Parlament Bundesrat Kanton Partei Interessengruppe

Verwaltung, parlamentarische Kommission und Experten erarbeiten einen **Vorentwurf**

Vernehmlassung

Kantone Parteien Interessengruppen Einzelpersonen

Verwaltung erstellt den definitiven Entwurf

Bundesrat erlässt die **Botschaft an das Parlament**

Behandlung in der **vorberatenden Kommission** im Erstrat

Beratung und **Entscheidung im Erstrat**

Behandlung in der **vorberatenden Kommission** im Zweitrat

Beratung und **Entscheidung im Zweitrat**

Evtl. Differenzbereinigung im Erst- und Zweitrat

Evtl. Scheitern des Gesetzes

Verfassungsänderung

Gesetzesänderung

Obligatorisches Referendum

Fakultatives Referendum wird ergriffen

Fakultatives Referendum wird <u>nicht</u> ergriffen = Annahme

Annahme oder Ablehnung (Doppeltes Mehr gilt)

Annahme oder Ablehnung (Volksmehr gilt)

Inkraftsetzung durch den Bundesrat

5.4.5 Pflichten

In der Bundesverfassung ist festgelegt, dass in der Schweiz lebende Personen gewisse Pflichten zu erfüllen haben. Diese sind:

Informationen zum
Militärdienst

Informationen zur
Steuerpflicht

Pflicht	Erläuterung	Artikel
Militärdienst- und Zivilschutzpflicht	Schweizer Männer sind verpflichtet, Militärdienst zu leisten. Sie unterstützen damit die Armee bei der Erfüllung ihrer durch Bundesverfassung und Militärgesetz zugewiesenen Aufgaben: Verteidigung, Unterstützung der zivilen Behörden, Friedensförderung im internationalen Rahmen. Wer aus Überzeugungsgründen keinen Militärdienst absolvieren will, kann Zivildienst leisten. Voraussetzung hierfür ist, dass er bei der Rekrutierung als militärdiensttauglich eingestuft wurde. Gemäss Zivildienstgesetz kommt der Zivildienst dort zum Einsatz, wo Ressourcen für die Erfüllung wichtiger Aufgaben der Gemeinschaft fehlen oder nicht ausreichen.	Art. 59 und Art. 61 BV
Schulpflicht	Alle Kinder müssen die Grundschule besuchen, in der Wissen und Fähigkeiten vermittelt werden, die Voraussetzungen für ein aktives Leben in einer modernen Gesellschaft sind.	Art. 62 BV
Versicherungs- pflicht	In verschiedenen Bereichen gibt es eine Versicherungspflicht für jeden Bürger. Obligatorisch sind z.B. die AHV für Erwerbstätige sowie für alle eine Krankenversicherung.	Art. 111 ff. BV
Steuerpflicht	Der Staat muss seine Aufgaben finanzieren. Zu diesem Zweck erhebt er von den Steuerpflichtigen verschiedene Steuern, zum Beispiel die Einkommens- oder die Mehrwertsteuer. Soweit es die Steuer zulässt, sind die Steuerpflichtigen nicht gleichmässig zu besteuern, die Besteuerung hat nach deren wirtschaftlichen Leistungsfähigkeit zu erfolgen.	Art. 127 ff. BV

Kontrollfragen

K 5.36 Militärdienst müssen in der Schweiz nur … leisten.

K 5.37 In welchen Bereichen besteht Versicherungspflicht für alle Bürgerinnen und Bürger?

K 5.38 Welche Pflicht hängt auch von der wirtschaftlichen Leistungsfähigkeit ab?

K 5.39 Warum hat jede in der Schweiz lebende Person die Pflicht, die Grundschule zu besuchen?

info@klv.ch

5.5 Auf den Punkt gebracht

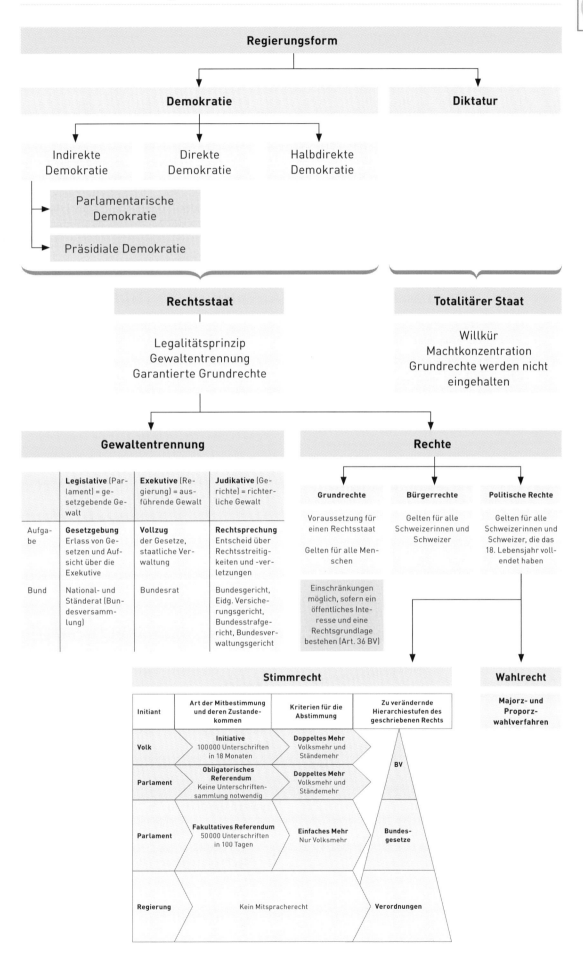

Regierungsform

Demokratie — **Diktatur**

- Indirekte Demokratie
- Direkte Demokratie
- Halbdirekte Demokratie

Parlamentarische Demokratie

Präsidiale Demokratie

Rechtsstaat

Legalitätsprinzip
Gewaltentrennung
Garantierte Grundrechte

Totalitärer Staat

Willkür
Machtkonzentration
Grundrechte werden nicht eingehalten

Gewaltentrennung

	Legislative (Parlament) = gesetzgebende Gewalt	Exekutive (Regierung) = ausführende Gewalt	Judikative (Gerichte) = richterliche Gewalt
Aufgabe	**Gesetzgebung** Erlass von Gesetzen und Aufsicht über die Exekutive	**Vollzug** der Gesetze, staatliche Verwaltung	**Rechtsprechung** Entscheid über Rechtsstreitigkeiten und -verletzungen
Bund	National- und Ständerat (Bundesversammlung)	Bundesrat	Bundesgericht, Eidg. Versicherungsgericht, Bundesstrafgericht, Bundesverwaltungsgericht

Rechte

Grundrechte	Bürgerrechte	Politische Rechte
Voraussetzung für einen Rechtsstaat	Gelten für alle Schweizerinnen und Schweizer	Gelten für alle Schweizerinnen und Schweizer, die das 18. Lebensjahr vollendet haben
Gelten für alle Menschen		
Einschränkungen möglich, sofern ein öffentliches Interesse und eine Rechtsgrundlage bestehen (Art. 36 BV)		

Stimmrecht

Initiant	Art der Mitbestimmung und deren Zustandekommen	Kriterien für die Abstimmung	Zu verändernde Hierarchiestufen des geschriebenen Rechts
Volk	**Initiative** 100 000 Unterschriften in 18 Monaten	**Doppeltes Mehr** Volksmehr und Ständemehr	BV
Parlament	**Obligatorisches Referendum** Keine Unterschriftensammlung notwendig	**Doppeltes Mehr** Volksmehr und Ständemehr	
Parlament	**Fakultatives Referendum** 50 000 Unterschriften in 100 Tagen	**Einfaches Mehr** Nur Volksmehr	**Bundesgesetze**
Regierung	Kein Mitspracherecht		**Verordnungen**

Wahlrecht

Majorz- und Proporzwahlverfahren

Aufgaben zu Kapitel 5

1. **Revolution in Ägypten 2011/12**

   Allaa al Aswani war einer der Wortführer der ägyptischen Oppositionsbewegung. Seine Bücher und Zeitungsartikel fanden schon vor der Revolution in den westlichen Medien Anklang (vgl. Bericht unten). Nach wochenlangen Demonstrationen auf dem Tahir-Platz wurde in Ägypten 2011 der Diktator Mubarak aus dem Amt gejagt und vor Gericht gestellt. Das Volk erkämpfte sich Wahlen: 70 % der Stimmen erhielten islamistische Parteien. Die politische Lage in Ägypten hatte sich danach nicht beruhigt. Im Sommer 2012 wurde der Vertreter der Muslimbruderschaft, einer als konservativ-islamisch geltenden Organisation, Mohammed Mursi zum Präsidenten gewählt. Das Militär setzte ihn im Juli 2013 nach massiven Strassenprotesten wieder ab. Im gleichen Jahr wurde die Muslimbruderschaft per Gerichtsbeschluss verboten und von der ägyptischen Regierung als Terrororganisation eingestuft. 2015 wurde Mursi zunächst zu 20 Jahren Haft verurteilt, weil man ihm eine Mitverantwortung am Tod von mindestens zehn Demonstranten im Jahr 2012 zur Last vorwarf. Im Mai wird wegen der Weitergabe von Staatsgeheimnissen das Todesurteil über ihn verhängt.

Das grösste Problem in Ägypten ist die Diktatur

Der ägyptische Schriftsteller Allaa al Aswani (52) hat mit seinen Romanen über die ägyptische Gesellschaft internationale Bestseller verfasst.

Kairo. Aswani kritisiert regelmässig die ägyptische Politik. Er bezeichnet sie als Krankheit und Ursache für die Probleme, mit denen sein Land zu kämpfen hat.

Allaa al Aswani behandelt in seiner Zahnarztklinik zweimal die Woche die Zähne seiner Klienten. Der 52-Jährige, grossgewachsen und von kräftiger Statur versprüht Lebensfreude. Kein Wunder. Er ist auch der erfolgreichste arabische Autor der Gegenwart. In seinen Büchern und Kolumnen für die oppositionelle Zeitung «Al Shourouk» setzt er sich mit der ägyptischen Politik auseinander. Sein Interesse gilt vor allem dem Wandel seines Landes. Er vergleicht die ägyptische Diktatur mit einer Krankheit. Der Mediziner ist davon überzeugt, wenn es gelinge sie zu heilen, verschwänden auch die Symptome. Dazu gehört Armut, soziale Ungerechtigkeit, Korruption, religiöser Fanatismus und viele weitere. Jede Kolumne beende er mit dem Satz «Die Demokratie ist die Lösung».

© Basler Zeitung, 31.10.09

Versuchen Sie, die Wörter entweder der Diktatur oder der Demokratie zuzuteilen. Es gibt auch Begriffe, die beide Systeme für sich beanspruchen können (diese Zuordnung ist zu begründen).

Gewaltentrennung   **Alleinherrschaft**   **Judikative**
(= Gerichte)

Legalitätsprinzip
(= Behörden sind gleichermassen wie Bürger an die Gesetze gebunden)

Machtkonzentration

Wahlen

Legislative
(= gesetzgebende Gewalt)

Exekutive
(= Regierung)

Bürgerliche Grundrechte

Führerkult

Willkür

Typisch für Demokratien	Typisch für Diktaturen
– Gewaltentrennung	– Alleinherrschaft
– Legalitätsprinzip	– Führerkult
	– Machtkonzentration
	– Willkür

info@klv.ch

In Demokratie und Diktatur in unterschiedlichen Ausprägungen möglich

Legislative, Exekutive und **Judikative**
- in Demokratien mit Gewaltentrennung
- in Diktaturen ohne oder mit kaum Gewaltentrennung

Wahlen
- in Demokratien frei und geheim
- in Diktaturen manipuliert

Bürgerliche Grundrechte
- in Demokratie geschützt und durch Gerichte geschützt
- in Diktaturen nur so weit geduldet, wie es ins Konzept des machthabenden Regimes passt (sonst Repressionen)

2. **Direkte, indirekte Demokratie**
Ordnen Sie die genannten Merkmale bzw. Aussagen entweder der Demokratie oder der Diktatur, der direkten sowie der indirekten Demokratie und der Proporz- bzw. der Majorzwahl zu.

		Demokratie	Diktatur
a)	Menschenrechte werden vom Staat eingehalten.	✗	
b)	Wahlen werden manipuliert.		✗
c)	Gesetze werden durch das Staatsoberhaupt erlassen.		✗
d)	Menschenrechte stehen nur «auf dem Papier».		✗
e)	Der Staat garantiert die freie Meinungsäusserung.	✗	
f)	Die Presse wird durch den Staat manipuliert.		✗

		direkt	indirekt
g)	Eine Gemeindeversammlung tagt und entscheidet über Projekte.	✗	
h)	Gesetze werden ausschliesslich durch das Parlament beschlossen.		✗
i)	Die Schweiz ist für diese Art der Demokratie bekannt.	✗	
j)	Initiativrecht	✗	
k)	In den Nachbarländern gibt es vor allem diese Art der Demokratie.		✗
l)	Der Einzelne ist ohne Einfluss auf politische Sachentscheidungen.		✗

3. **Direkte Demokratie und indirekte Demokratie**

    a) Recherchieren Sie je drei Vor- und Nachteile der repräsentativen Demokratie (z. B. mittels www.wikipedia.de, in der Mediathek oder in Gruppengesprächen).

        Vorteile der repräsentativen Demokratie:

        – Entscheidungsfindungen sind schneller und preisgünstiger.

        – Die Repräsentanten können sich voll auf ihre politische Arbeit konzentrieren und der politische Entscheidungsprozess wird so professionalisiert.

        – Für komplexe Sachverhalte wie Einzelfragen zur Steuer- und Sozialgesetzgebung kann so Expertenwissen genutzt werden, über das der durchschnittliche Bürger nicht verfügt.

        – Repräsentative Systeme gelten auch als weniger anfällig für kurzzeitige Einflüsse durch Demagogie und Populismus und des «Volkszorns».

        Nachteile der repräsentativen Demokratie:

        – Die repräsentative Demokratie konzentriert die Macht in den Händen einer Oligarchie (Herrschaft einiger weniger Personen).

        – Die Wahrscheinlichkeit von Korruption und Lobbyismus wird dadurch erhöht.

        – Das Volk hat auf gesetzlicher Ebene keine Möglichkeit mehr zur Einflussnahme auf politische Entscheidungen seiner Vertreter.

    b) Warum heisst die direkte Demokratie «direkt»?

        Der Stimmbürger kann einzelne Sachfragen durch Abstimmungen direkt beeinflussen.

    c) Welcher Demokratieform geben Sie den Vorzug? Warum?

        ☐ Direkte Demokratie   ☐ Indirekte Demokratie

        Individuelle Schülerantworten

4. **Aufgabenteilung zwischen Bund und Kantonen**

In der Bundesverfassung ist die Aufgabenteilung zwischen Bund und Kantonen klar geregelt. Lesen Sie in der Bundesverfassung nach, ob der Bund, die Kantone oder gar beide die im genannten Artikel beschriebene Aufgabe auszuführen hat.

		Bund	Kantone
Art. 77	Schutz des Waldes	✘	
Art. 78	Natur und Heimatschutz		✘
Art. 63	Berufsbildung	✘	
Art. 67a	Förderung der musikalischen Bildung	✘	✘
Art. 39	Regelung der Ausübung der politischen Rechte	✘	✘
Art. 130	Erhebung der Mehrwertsteuer	✘	
Art. 104	Nachhaltige Produktion der Landwirtschaft	✘	
Art. 89	Energiepolitik	✘	✘

5. **Vimentis informiert**

Ergänzen Sie den folgenden Lückentext des neutralen Informationsportals Vimentis mit den folgenden Fachbegriffen:

Begnadigungen, Bundesrates, Bundesversammlung, Berufsparlament, getrennt, Kammern, Milizparlament, Nationalrat, Nationalratspräsidenten, Ständerat, Vereinigte Bundesversammlung, Wahlen, Zweikammersystem

Das Parlament ist in demokratischen Verfassungsstaaten die Volksvertretung in der Willensbildung des Staates. Das Schweizer Parlament, die ___Bundesversammlung___, wird durch die zwei Kammern ___Nationalrat___ und ___Ständerat___ gebildet.

Das Parlament ist somit als ___Zweikammersystem___ organisiert.

Vergleicht man das Schweizer Parlament mit den ausländischen, so fallen insbesondere zwei Dinge auf:

1. Das Parlament in der Schweiz ist ein ___Milizparlament___, d. h., die Nationalräte und Ständeräte üben ihr Amt nicht hauptberuflich (wie im ___Berufsparlament___) aus, sondern nebenamtlich.

2. Beide Parlamentskammern haben dieselben Kompetenzen. Zu diesen gehören: Rechtssetzung, Wahl der Mitglieder des ___Bundesrates___, Aufsicht über die Verwaltungsbehörden, Wahl der Bundesrichter und Entscheid über die Gültigkeit von Volksinitiativen. Um ein Gesetz zu verabschieden, müssen ihr beide ___Kammern___ mit der absoluten Mehrheit zustimmen.

Normalerweise üben der Nationalrat und der Ständerat ihre Aufgaben ___getrennt___ in ihren Kammern aus. Es gibt jedoch drei Aufgaben, worüber beide Kammern als ___Vereinigte Bundesversammlung___ unter dem Vorsitz des ___Nationalratspräsidenten___ verhandeln. Die beiden Räte tagen zusammen, um erstens ___Wahlen___ vorzunehmen, zweitens Zuständigkeitskonflikte zwischen den obersten Bundesbehörden zu entscheiden und

drittens _____ Begnadigungen _____ auszusprechen. Wenn der Bundesrat eine Erklärung

abgibt oder ein besonderer Anlass vorliegt, dann tagt ebenfalls die Vereinigte Bundesversammlung.

6. Die in der Bundesverfassung garantierten Freiheitsrechte des Bürgers sind vor allem: Glaubens- und Gewissensfreiheit, Vereins- und Versammlungsfreiheit, Niederlassungs- und Auswanderungsfreiheit, Wirtschaftsfreiheit (mit Einschränkungen), Pressefreiheit. Nennen Sie zu den einzelnen dieser Freiheitsrechte tatsächliche oder denkbare Beispiele, in denen eine Verwaltungsbehörde ihr Ermessen überschreitet.

Glaubens- und Gewissensfreiheit	Verbot oder Behinderung gottesdienstlicher Handlungen
Vereins- und Versammlungsfreiheit	Verbot einer Versammlung oder Demonstration ohne genügenden Grund
Niederlassungsfreiheit	Wegweisung eines unwillkommenen Schweizerbürgers aus dem Gemeindegebiet
Auswanderungsfreiheit	Wegen offener Steuerschulden verweigert eine Einwohnerkontrolle die Abmeldebestätigung ihres Bürgers.
Wirtschaftsfreiheit (mit Einschränkungen)	Verbot des Betriebs eines Spielsalons oder einer Gastwirtschaft ohne gesetzliche Grundlage
Pressefreiheit	Übertriebene präventive oder repressive Kontrollmassnahmen gegen eine Zeitung oder andere Massenmedien

Erklären Sie, welche Bedeutung das Ermessen im Verwaltungsrecht eines Rechtsstaates hat.

Ermessen der Verwaltung bedeutet, dass sie in Fällen, wo keine genauen, abschliessenden oder

überhaupt keine Rechtsnormen bestehen, aufgrund eigener Beurteilung und Wertung entscheiden

muss, beispielsweise bei Bau- oder anderen Gesuchen. Dazu benötigt sie einen gewissen Ermessensspielraum. Ohne ihn könnte sie nicht funktionieren und ihre Aufgaben nicht erfüllen.

7. **Grundrechte**

Die Meinungsfreiheit ist weltweit unter Beschuss

Vom «arabischen Frühling» ist wenig geblieben. Auch in Russland, China oder der Türkei werden die Kräfte geschwächt, die die staatliche Macht gefährden könnten, zeigt eine Studie von «Freedom House».

Die Hoffnungen, die viele mit dem «arabischen Frühling» verbunden haben, sind enttäuscht worden. In Tunesien und Ägypten ist das Aufblühen demokratischer Knospen unterbrochen durch den Einzug eines Winters, der die pluralistischen Kräfte in der Region zu lähmen scheint. Zu diesem Schluss kommt der jährliche Bericht der regierungsunabhängigen Organisation «Freedom House», der die Lage der Freiheitsrechte in der Welt untersucht.

So kann ein Land frei sein, bezogen auf den politischen Wettbewerb, die Handlungsspielräume der Medien oder der Gewährleistung von Bürgerrechten. Oder es ist teilweise frei, wenn die politischen Rechte oder die pluralistischen Kräfte mit Einschränkungen leben müssen. Als unfrei gelten Staaten den Autoren zufolge, wenn den Bürgern dort grundlegende Freiheitsrechte verwehrt bleiben [...].

© WeltN24 GmbH, 2015

a) Welche Länder werden von Freedom House wegen fehlender Freiheitsrechte kritisiert?

Russland, China, Türkei, Tunesien, Ägypten

b) Welche Kriterien legt Freedom House seiner Beurteilung zugrunde?

Politischer Wettbewerb, Handlungsspielräume der Medien, Gewährleistung von Bürgerrechten

c) Welche Bedeutung die Freiheitsrechte für die Schweiz haben, kann exemplarisch auch durch den folgenden Lückentext gezeigt werden. Setzen Sie die Ausdrücke in die Textlücken ein: *akzepteren / Bundesgericht / Eigentümer / enteignen / Enteignung / entzogen / Gerichtsverfahren / Infrastruktur / Instanzen / Stromleitungen / von öffentlichem Interesse*

Den Eigentümern des Golfplatzes Randa wurde per _____ Gerichtsverfahren _____ das Recht am eigenen Boden entzogen. In der Begründung dazu heisst es, der Tourismus sei von öffentlichem Interesse.

Die beiden Grundeigentümer des Golfplatzes Randa-Täsch kündigten den Pachtvertrag mit der «Golf Mischabel AG» nach fünf Jahren, wie das Nachrichtenmagazin 10 vor 10 in einem Beitrag berichtet. Die Golfplatzbetreiber wollten die Kündigung allerdings nicht _____ akzeptieren _____ und verlangten beim Walliser Staatsrat die _____ Enteignung _____ für dieses Stück Boden. Der Staatsrat entschied zu Gunsten der «Golf Mischabel AG». Den Eigentümern wurde das Land daraufhin _____ entzogen _____, gestützt auf das Walliser Tourismusgesetz. Nach diesem Gesetz sind derartige Enteignungen für touristische Zwecke möglich.

Der Staat darf _____ Eigentümer _____ nur dann _____ enteignen _____, wenn Bauten _____ von öffentlichem Interesse _____ sind, so etwa beim Bau von Autobahnen, bei transnationalen _____ Stromleitungen _____ oder auch bei grösseren Flusskorrekturen. Staatsrat Jean-Michel Cina erklärt, der Golfplatz sei eine _____ Infrastruktur _____ von öffentlichem Interesse, da die Wirtschaft im Wallis stark mit dem Tourismus verbunden sei. Die enteigneten Parteien gingen mit ihrem Anliegen durch alle _____ Instanzen _____ bis vor das _____ Bundesgericht _____ und wurden abgewiesen. (Quelle: Walliser Bote, 08.02.2012)

8. **Menschenrechte**

Art. 7 BV	Menschenwürde		Art. 20 BV	Wissenschaftsfreiheit
Art. 8 BV	Rechtsgleichheit		Art. 21 BV	Kunstfreiheit
Art. 9 BV	Schutz vor Willkür und Wahrung von Treu und Glauben		Art. 22 BV	Versammlungsfreiheit
			Art. 23 BV	Vereinigungsfreiheit
Art. 10 BV	Recht auf Leben und auf persönliche Freiheit		Art. 26 BV	Eigentumsgarantie
			Art. 27 BV	Wirtschaftsfreiheit
Art. 11 BV	Schutz der Kinder und Jugendlichen		Art. 28 BV	Koalitionsfreiheit
			Art. 29 BV	Allgemeine Verfahrensgarantien
Art. 12 BV	Recht auf Hilfe in Notlagen		Art. 29a BV	Rechtsweggarantie
Art. 13 BV	Schutz der Privatsphäre		Art. 30 BV	Gerichtliche Verfahren
Art. 14 BV	Recht auf Ehe und Familie		Art. 31 BV	Freiheitsentzug
Art. 15 BV	Glaubens- und Gewissensfreiheit		Art. 32 BV	Strafverfahren
Art. 16 BV	Meinungs- und Informationsfreiheit		Art. 33 BV	Petitionsrecht
			Art. 34 BV	Politische Rechte
Art. 17 BV	Medienfreiheit		Art. 35 BV	Verwirklichung der Grundrechte
Art. 18 BV	Sprachenfreiheit		Art. 36 BV	Einschränkungen von Grundrechten
Art. 19 BV	Anspruch auf Grundschulunterricht			

Ordnen Sie die folgenden Fälle den Grundrechten zu.

Eine 22-jährige Studentin ...

	Fälle	Grundrechte
a)	... möchte an der Jahresversammlung ihres Sportvereins teilnehmen.	Versammlungsfreiheit (Art. 22 BV)
b)	... mit sechs Freundinnen einen neuen Cheerleader-Verein gründen.	Vereinigungsfreiheit (Art. 23 BV)
c)	... beschwert sich, dass ihre Post geöffnet wurde.	Schutz der Privatsphäre (Art. 13 BV)
e)	... beklagt sich darüber, dass ein gleichaltriger Kollege mit gleicher Ausbildung für die gleiche Arbeit einen höheren Lohn erhält.	Rechtsgleichheit (Art. 8 BV)
f)	... möchte sich zur Durchsetzung ihrer Interessen (vgl. e) mit Kollegen zusammenschliessen.	Koalitionsfreiheit (Art. 28 BV)
g)	... wird daran gehindert, ihren Anspruch (vgl. e) von einem Gericht beurteilen zu lassen.	Rechtsweggarantie (Art. 29a BV)

9. **Drei Pressemitteilungen eines Tages: Alle vom 25. Januar 2012**

«Wenn ich Kopftuch tragen muss, gehe ich nicht mehr nach Ägypten»

Ein Jahr nach der Revolution zieht die Ägypterin Dina El Sharbasi Bilanz. Die Unsicherheit und der Einfluss der islamistischen Parteien machen ihr Sorgen ...

Im Videointerview zeigt sie sich einerseits erfreut über den Sturz des verhassten Regimes. Andererseits bemängelt sie die schlechte Sicherheitslage, unter der vor allem Frauen leiden, und den wachsenden Einfluss der islamistischen Parteien.

Für sie ist klar: «Wenn ich ein Kopftuch tragen muss, gehe ich nicht mehr nach Ägypten.» Klar ist für sie auch: Ein neues Ägypten braucht Zeit. «Ägypten fängt nicht bei Null an, sondern im Minus». Die Hoffnung gibt Dina El Sharbasi nicht auf: «Ich hoffe und ich wünsche, dass Ägypten das schönste Land wird und die jungen Leute und Kinder eine bessere Zukunft haben.»

© baz.ch/Newsnet, 25.01.12

Aufstände in den arabischen Ländern verändern Rangliste stark – Wachsende Gegensätze in Europa

Wie eng Demokratie und Medienfreiheit zusammenhängen, zeigt die Rangliste der Pressefreiheit, die Reporter ohne Grenzen (ROG) in diesem Jahr zum 10. Mal herausgibt. Die Liste spiegelt die turbulenten Ereignisse des vergangenen Jahres wider, die die Innenpolitik einzelner Staaten zum Teil gravierend veränderten …

In vielen Ländern wurden 2011 deutlich mehr Journalisten verhaftet, entführt oder geschlagen als in den vergangenen Jahren. Für totalitäre Regime wurde die Kontrolle der Medien zur Überlebensfrage. Ein Schwerpunkt der Gewalt waren die Straßenkämpfe in den arabischen Ländern. Immer stärker rückten dort auch Blogger und Bürgerjournalisten ins Visier der Behörden. Sie füllten Lücken, wo konventionelle Medien zensiert und ausländische Berichterstatter nicht zugelassen wurden. Die weltweiten Unruhen nur negativ zu bewerten, greift nach Ansicht von Reporter ohne Grenzen jedoch zu kurz: «Wenn Auseinandersetzungen langfristig zu mehr Demokratie führen, kann das auch positive Folgen für die Pressefreiheit haben», so ROG-Vorstandssprecher Michael Rediske …

Zu welch unterschiedlichen Ergebnissen die arabischen Aufstände geführt haben, zeigen exemplarisch Tunesien und Bahrein, die auf der Rangliste weit voneinander entfernt stehen. Tunesien, wo im Januar Diktator Ben Ali gestürzt wurde, verbesserte sich um 30 Positionen auf Platz 134, obwohl auch das neue Regime eine unabhängige Presse nicht bedingungslos akzeptiert. Bahrein dagegen, wo friedliche Proteste brutal niedergeschlagen und zahlreiche Menschenrechtler verhaftet wurden, fiel um 29 Positionen auf Platz 173.

© Pressemitteilung der ROG, 25.01.12

Chinesische Polizisten erschießen mehrere Tibeter

Die Ausschreitungen im Südwesten Chinas eskalieren. Bei einer Demonstration eröffneten Polizisten erneut das Feuer auf protestierende Tibeter, mindestens zwei Menschen starben. Der exiltibetische Premier fordert den Westen nun zum Eingreifen auf – und verlangt ein klares Signal an Peking …

Die Tibeter machen mit den Protesten auf die Unterdrückung in Klöstern und tibetischen Regionen Chinas aufmerksam. Binnen eines Jahres haben sich bereits 16 Menschen selbst in Brand gesetzt, um gegen die Zustände zu protestieren, wie die Nachrichtenagentur AP berichtet. Die chinesischen Behörden bestätigten die tödlichen Schüsse, sprachen aber nur von einem Toten. Aufrührer hätten eine Polizeistation mit Benzinflaschen, Messern und Steinen angegriffen und 14 Polizisten verletzt.

© Spiegel online, 25.01.12

Lesen Sie die drei Pressemitteilungen und beantworten Sie folgende Fragen.

a) Welche Grundrechte, die in den Verfassungen vieler Staaten garantiert sind, werden verletzt?

Recht auf Leben und auf persönliche Freiheit, Pressefreiheit / Medienfreiheit

b) Im Jahr 2011 wurden die Aufstände in verschiedenen arabischen Ländern aufmerksam durch die Weltpresse verfolgt. Welches Land hat Fortschritte auf dem Weg zur Demokratie gemacht, welches dagegen nicht?

In Tunesien gibt es Fortschritte, obwohl die Presse noch nicht völlig unabhängig agieren kann.

In Bahrein dagegen wurden friedliche Proteste gewaltsam niedergeschlagen und Menschen-

rechtler inhaftiert.

c) Wie beurteilt die in Zürich lebende Ägypterin die Lage in ihrem Heimatland?

Die Ägypterin bemängelt die schlechte Sicherheitslage, obwohl das alte diktatorisch Regime

durch die ägyptische Revolution beseitigt wurde. Besonders hätten die Frauen zu leiden.

e) Was wollen die tibetischen Demonstranten erreichen? Wie gehen sie vor?

Sie demonstrieren gegen die Unterdrückung in buddhistischen Klöstern und in Tibet. Men-

schen haben sich selbst in Brand gesetzt. Die chinesische Regierung behauptet, die Demons-

tranten hätten eine Polizeistation mit Benzinflaschen, Messern und Steinen angegriffen. (Zu-

satzinformation: Als ein Auslöser der arabischen Revolution gilt die vermeintliche

Selbstverbrennung eines tunesischen Gemüsehändlers am 17.12.2010 aus Protest gegen will-

kürliches Vorgehen der Behörden.)

f) Welches grosse Land unterdrückt Nachrichten zur arabischen Revolution? Haben Sie eine Vermutung?

China blockiert Nachrichten zu den aktuellen Entwicklungen in den arabischen Ländern.

(Diese Antwort geht nicht aus den Texten hervor.)

10. **Wie viele Stimmen benötigt der Sieger/die Siegerin, um gewählt zu werden?**
Vier Kandidaten stehen zur Wahl. Nur einer kann einen Parlamentssitz erhalten. Markus hat 3562 Stimmen, Alfredo 2140, Clara 1989 Stimmen erhalten. Wie viele Stimmen benötigt Tanja, die vierte Kandidatin, um gewählt zu werden, wenn das Majorzverfahren angewendet wird und ...

a) ... das relative Mehr gelten soll?

Tanja benötigt 3563 Stimmen, also eine Stimme mehr als derjenige mit der zweithöchsten

Stimmenzahl.

b) ... das absolute Mehr gelten soll?

Sie benötigt so viele Stimmen, wie die anderen Kandidaten zusammen erhalten haben, und

eine Stimme zusätzlich. Also 3562 + 2140 + 1989 +1 = 7692 Stimmen.

info@klv.ch

11. **Proporz und Majorzwahlverfahren**

Ordnen Sie die genannten Merkmale bzw. Aussagen der Proporz- sowie der Majorzwahl zu.

		Proporz	Majorz
a)	Die Sitze werden im Verhältnis der Stimmen von 3 : 1 : 2 verteilt.	✗	
b)	Nur die Person mit den meisten Stimmen ist gewählt.		✗
c)	Viele Stimmen werden nicht berücksichtigt.		✗
d)	Kleine Parteien haben eine Chance, ins Parlament zu kommen.	✗	
e)	Auch Parteilose haben eine Chance, gewählt zu werden.		✗
f)	Ein recht kompliziertes Wahlverfahren.	✗	

12. **Gesetzgebungsverfahren**

Vervollständigen Sie den nachfolgenden Lückentext und setzen Sie die folgenden Worte an der richtigen Stelle ein.

– 100 000	– Initiativrecht	– Stimm-
– 18 Jahre alt	– kantonale	– Stimmenden
– 50 000	– Kantone	– Urne
– brieflich	– kommunale	– Verfassung
– Bundesverfassung,	– mündig	– viermal
– fakultatives Referendum	– obligatorische Referendum	– Wahlzettel
– Gesetzgebungsverfahren	– persönlich	
– Initiativ-Komitee	– Schweizer	

Wie kann ich als Bürgerin oder Bürger Einfluss auf das _____Gesetzgebungsverfahren_____ nehmen? Wenn wir als Bürgerinnen oder Bürger die _____Verfassung_____ ändern wollen, können wir uns auf das _____Initiativrecht_____ berufen. Wir helfen einem _____Initiativ-Komitee_____ mit, innerhalb von 18 Monaten die geforderten _____100 000_____ Unterschriften von Stimmberechtigten zu sammeln, oder unterschreiben selber bei einem Initiativ-Komitee.

Anders ist es, wenn die Bevölkerung mit einem Gesetz des eidg. Parlaments nicht einverstanden ist. Engagierte Bürgerinnen und Bürger ergreifen ein Referendum, indem sie innert 100 Tagen _____50 000_____ Unterschriften sammeln. Eine Volksabstimmung, das sogenannte _____fakultatives Referendum_____, wird abgehalten. Geht es um eine Änderung der _____Bundesverfassung_____, so findet ohne Unterschriftensammlung ein Referendum statt, das sogenannte _____obligatorische Referendum_____. Die Verfassungsänderung ist angenommen, wenn sowohl die Mehrheit der _____Stimmenden_____ als auch der _____Kantone_____ (Stände) die Vorlage annimmt.

Alle _____Schweizer_____ Personen, die _____18 Jahre alt_____ und _____mündig_____ sind, sind stimmberechtigt. Sie werden _____viermal_____ pro Jahr aufgefordert, über eidgenössische, _____kantonale_____ und _____kommunale_____ Vorlagen abzustimmen oder Kandidaten für ein Parlament zu wählen. Dabei hat jeder die Möglichkeit _____persönlich_____ oder _____brieflich_____ abzustimmen oder zu wählen. Die Abstimmungsmaterialien werden vor der Abstimmung bzw. vor der Wahl per Post zugestellt. Die _____Stimm-_____ und _____Wahlzettel_____ inkl. des unterschriebenen Stimmausweises können bis zu einem festgelegten Datum zurückgeschickt werden. Am Abstimmungs- bzw. Wahlwochenende sind Stimmlokale geöffnet, wo die Stimmberechtigten an der _____Urne_____ ihre Stimm- und Wahlzettel einwerfen können.

Antworten zu den Kontrollfragen

5.1 In einer parlamentarischen Demokratie kann das Stimmvolk nur das Parlament wählen, in einer präsidialen Demokratie wählt das Volk ausserdem den Staatspräsidenten.

5.2 **Direkte Demokratie:** Nur das Volk kann die Verfassung und die Gesetze ändern.
Halbdirekte Demokratie: Das Volk delegiert einige gesetzgeberische Befugnisse an das Parlament, behält sich aber die Kontrolle der Parlaments- und Regierungsarbeit mittels Referendums- und Initiativrecht vor.

5.3 Demokratie (d. h. Volksherrschaft, abgeleitet vom griechischen demos = Volk und kratos = Herrschaft, Macht)

5.4 USA = United States of America (Vereinigte Staaten von Amerika)

5.5 a) unterstützend (Hilfe leistend)
b) Subsidiarität ist ein gesellschaftliches Prinzip, bei dem zuerst immer die tiefstmögliche Institution (im Extremfall der einzelne Mensch) Verantwortung übernehmen soll. Erst wenn sie eine Aufgabe nicht mehr wahrnehmen kann, soll eine nächsthöhere Organisationseinheit (z. B. Familie) unterstützend mithelfen, die Aufgaben zu lösen.

5.6 Im Mittelpunkt steht jede einzelne Bürgerin und jeder einzelne Bürger, die ihre Fähigkeiten frei entwickeln wollen und sollen. Der Staat soll nur helfen, wenn es unbedingt nötig ist.

5.7 Föderalismus

5.8 Seit der ersten Bundesverfassung von 1848

5.9 **Bundesstaat:** Selbstständige Staaten verzichten in gewissen Teilbereichen auf ihre Autonomie, Kompetenzen und Macht, die sie an eine übergeordnete Staatsmacht (z. B. einen Bund) abtreten.
Staatenbund: Selbstständige Staaten schliessen einen Vertrag zur Zusammenarbeit ab.
Zentralstaat: Eine einheitliche Führung über alle Regionen eines Landes wird durch eine zentrale Regierung mit entsprechend ausgestatteten Machtbefugnissen sichergestellt.

5.10 a) Legalitätsprinzip
b) Prinzip der Gewaltentrennung

5.11 Totalitär/ Rechtsstaat

5.12 Durch die garantierten Grundrechte des Bürgers, genannt Freiheitsrechte.
Beispiele: Rechtsgleichheit, verschiedene Freiheiten wie Religions-, Vereins- und Wirtschaftsfreiheit usw.

5.13

Staatliche Gewalt (Funktion)	Staatliches Organ (allgemein)	Behörde (allgemein)
Gesetzgebung	**Legislative**	**Parlament**
Vollzug	**Exekutive**	Regierung
Rechtsprechung	Judikative oder Justiz	**Gerichte**

5.14 **Rechtsstaat:** Legalitätsprinzip + garantierte Grundrechte
Totalitärer Staat: Machtkonzentration + behördliche Macht kaum beschränkt

5.15 Sie besteht aus den Parlamentariern des National- und Ständerats.

5.16 National- und Ständerat haben die Aufgabe, Gesetze zu verabschieden. Die Bundesversammlung wählt den Bundesrat sowie Bundespräsident oder Bundespräsidentin. Das Parlament bestimmt die Tätigkeitsbereiche des Bundesrats und übt die Oberaufsicht in verschiedenen Bereichen aus.

5.17 200 Nationalräte, 46 Ständeräte (2 je Vollkanton, 1 je Halbkanton)

5.18 Kollegialitätsprinzip

5.19 Sieben

5.20 Recht auf Informationsfreiheit

5.21 Zensur

5.22 Durch das Öffentlichkeitsgesetz wird der Zugang zu amtlichen Dokumenten ermöglicht.

5.23 Ehrverletzungen und üble Nachrede, Verleumdungen und Rassendiskriminierung

5.24 Wirtschaftsfreiheit und Eigentumsgarantie

5.25 Das Privateigentum darf nicht grundsätzlich abgeschafft werden.

5.26 Es gibt hierfür eine gesetzliche Grundlage und ein öffentliches Interesse.

5.27 Wenn die Eigentumsbeschränkung dem Schutz des Grundeigentümers dient.

5.28 Jede Bürgerin und jeder Bürger ab 18 Jahren dürfen wählen. Sie besitzen das in der Bundesverfassung garantierte aktive Wahlrecht. Jede volljährige Schweizerin und jeder volljährige Schweizer dürfen sich auch zur Wahl stellen, sich also wählen lassen (passives Wahlrecht).

5.29 **Majorzwahlen** → Person
Proporzwahlen → Partei

5.30 **Majorzwahl:** Persönlichkeit der Kandidatin, des Kandidaten steht im Vordergrund, deutliche Mehrheiten werden gebildet.
Proporzwahl: Die Partei bzw. ihr Programm steht im Vordergrund; kleinere Parteien haben die Chance, im Parlament vertreten zu sein.

5.31 Die Stimmen der Minderheiten gehen verloren.

5.32 **Kumulieren:** Einen Kandidaten zweimal auf einer Wahlliste aufführen.
Panaschieren: Einen Kandidaten von der einen Wahlliste auf eine andere Wahlliste aufführen.

5.33 Der Bürger **stimmt** für oder gegen eine Sache oder ein Projekt (er sagt zu einer geschlossenen Frage «Ja» oder «Nein»). Die Bürgerin, der Bürger **wählt** dagegen eine Person.

5.34 Durch das Referendum hat das Volk die Möglichkeit, ein Gesetz des eidgenössischen Parlaments abzulehnen.

5.35 Beim Initiativrecht wird das Volk konstruktiv tätig: Das Initiativkomitee formuliert einen Gesetzesvorschlag, über den das Stimmvolk entscheidet. (Eventuell gibt es noch einen Gegenvorschlag des Parlaments.)

5.36 Männer

5.37 AHV und Krankenversicherung

5.38 Steuerpflicht

5.39 Es geht um die Vermittlung von Wissen und Fähigkeiten, die Voraussetzungen für ein aktives Leben in einer modernen Gesellschaft sind.

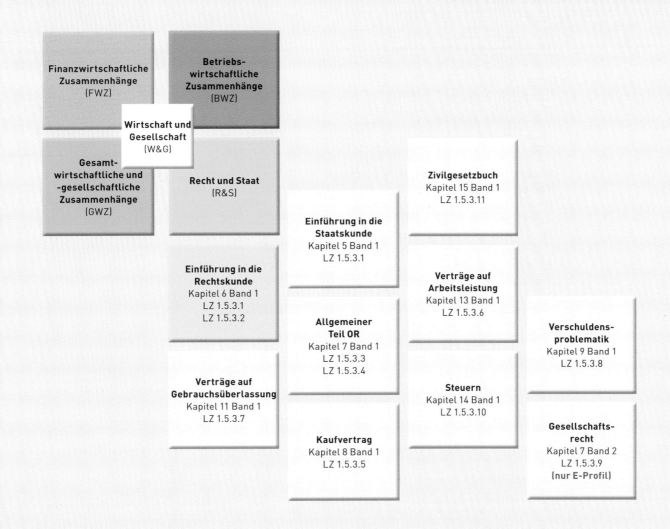

Einführung in die Rechtskunde

Kapitel 6

Leistungsziele E-Profil (11 Lektionen)	**Leistungsziele B-Profil** (11 Lektionen)
1.5.3.1 (weitere Teillernziele im Kapitel 5) **Wichtige Grundlagen des Rechts und des Staates** (K3) Ich zeige anhand von Beispielen die Anforderungen an ein modernes Rechtssystem und erkläre die folgenden Grundlagen:	1.5.3.1 (weitere Teillernziele im Kapitel 5) **Wichtige Grundlagen des Rechts und des Staates** (K3) Ich zeige anhand von Beispielen die Anforderungen an ein modernes Rechtssystem und erkläre die folgenden Grundlagen:
Öffentliches Recht Wichtige Rechtsgebiete und Systematik	Öffentliches Recht Wichtige Rechtsgebiete und Systematik
Privatrecht – Wichtige Rechtsgebiete und Systematik – Rechtsgrundsätze (Guter Glaube, Handeln nach Treu und Glauben, Beweislast) – Rechtssubjekt und Rechtsobjekt – Rechtsfähigkeit und Handlungsfähigkeit – Sachenrecht (Eigentum, Eigentumsvorbehalt und Besitz)	Privatrecht – Wichtige Rechtsgebiete und Systematik – Rechtsgrundsätze (Guter Glaube, Handeln nach Treu und Glauben, Beweislast) – Rechtssubjekt und Rechtsobjekt – Rechtsfähigkeit und Handlungsfähigkeit – Sachenrecht (Eigentum, Eigentumsvorbehalt und Besitz)
Zivilprozess, Strafprozess, Verwaltungsprozess – Gegenstand anhand von typischen Beispielen – Beteiligte	Zivilprozess, Strafprozess, Verwaltungsprozess – Gegenstand anhand von typischen Beispielen – Beteiligte
1.5.3.2 (weitere Teillernziele im Kapitel 5) **Rechtsquellen und Gesetzgebungsverfahren** (K2) Ich nenne die Quellen des Rechts und erkläre die Unterschiede zwischen Verfassung, Gesetz und Verordnung.	1.5.3.2 (weitere Teillernziele im Kapitel 5) **Rechtsquellen und Gesetzgebungsverfahren** (K2) Ich nenne die Quellen des Rechts und erkläre die Unterschiede zwischen Verfassung, Gesetz und Verordnung.

6.1 Entstehung & Aufgabe des Rechts

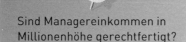

Sind Managereinkommen in Millionenhöhe gerechtfertigt?

Soll das Bankgeheimnis in der Schweiz aufgehoben werden?

Dauerhaftes Bleiberecht für Asylanten?

Gentechnik – Ja oder Nein?

Als Bürger werden wir immer wieder mit grundsätzlichen Fragestellungen verschiedenster Art konfrontiert. Die solchen Fragen zugrundeliegende Problematik ist vielschichtig. Daher ist es schwierig, begründet Stellung zu beziehen.

Wir informieren uns durch die Medien, diskutieren mit Kollegen und bilden uns eine eigene Meinung. Bei Abstimmungen nehmen wir am Gesetzgebungsverfahren teil. Unsere Stimme hat Einfluss auf die Fortentwicklung der Rechtsordnung.

Die Gesamtheit aller Rechtsvorschriften (Rechtsnormen) nennt man Rechtsordnung. Sie ist nötig für das Zusammenleben in der menschlichen Gesellschaft, damit nicht Faustrecht und Chaos herrschen. Sie soll helfen, Konflikte zu lösen oder noch besser: sie zu vermeiden.

Zwar wird das Verhalten der Menschen nicht nur durch **Rechtsnormen**, sondern auch durch die **Sitte** und durch die **Moral** bestimmt, doch genügen diese allein nicht für ein harmonisches Zusammenleben, da sie nicht erzwungen werden können. So lässt sich zum Beispiel der moderne Strassenverkehr schon längst nicht mehr mit moralischen Grundsätzen oder Appellen regeln. Die Rechtsordnung und damit die Rechtsnormen (Regeln, Vorschriften) kann der Staat hingegen durchsetzen, wenn nötig mit staatlicher Gewalt wie z. B. durch Strafen (Geldstrafe, Freiheitsstrafe).

Wodurch unterscheiden sich Moral, Sitte und Recht?

Moral	Sitte	Recht
Innere Einstellung, Gesinnung, Wertehaltung Beispiele: gegenüber fremdem Eigentum, menschlichem Leben, Umwelt	Regeln für das **äussere Verhalten** Beispiele: Umgangsformen, Anstand, Höflichkeit und Benehmen	Vorschriften für das **äussere Verhalten** Beispiele: im Strassenverkehr, im Geschäftsverkehr, Verbot von Diebstahl, Raub, Umweltschädigung
Nicht erzwingbar	**Nicht erzwingbar**	Kann vom Staat **erzwungen werden.**

Diese drei Bereiche zusammen bestimmen weitgehend das menschliche Verhalten. Eine ähnliche Bedeutung wie Moral hat auch der Ausdruck Ethik. Hingegen bedeutet Sitte etwas anderes, nämlich so viel wie Brauch. So sagt man etwa, ein bestimmtes Verhalten sei «Brauch und Sitte».

Das Recht ist eine durch den Staat geschaffene und erzwingbare Ordnung zum Schutz der menschlichen Lebensinteressen und Lebensgüter. Es soll dem gesellschaftlichen Anspruch an Gerechtigkeit, Veränderlichkeit sowie Durchsetzbarkeit in der Praxis genügen.

Moral und Sitte sind nicht nur in vielen Ländern und Kulturen sehr verschieden, sondern sie unterliegen auch einem zeitlichen Wandel (Stichworte: Kleidermode, Gesichtsschleier der Frau, Einstellung zu Nacktheit, Sexualität, Todesstrafe, Konkubinat usw.). Da sich die Rechtsnormen eines Landes weitgehend nach den Sitten und Moralvorstellungen der Bevölkerung richten, ist somit auch das Recht einer gewissen Entwicklung und Veränderung unterworfen.

Übliche Sitte bei einer Begrüssung: das Händeschütteln

Veränderung des Rechts aufgrund veränderter Moralvorstellungen in der Schweiz.

Wirkungen der Ehe von 1907 bis 1988 (Auszug)	Aktuelle Wirkungen der Ehe (Auszug)
Art. 160 ZGB – Der Ehemann ist das Haupt der Gemeinschaft. – Er bestimmt die eheliche Wohnung und hat für den Unterhalt von Weib und Kind in gebührender Weise Sorge zu tragen.	Art. 162 ZGB – Die Ehegatten bestimmen gemeinsam die eheliche Wohnung.
Art. 161 ZGB – Die Ehefrau steht dem Manne mit Rat und Tat zur Seite und hat ihn in seiner Sorge für die Gemeinschaft nach Kräften zu unterstützen. – Sie führt den Haushalt.	Art. 163 ZGB – Die Ehegatten sorgen gemeinsam, ein jeder nach seinen Kräften, für den bührenden Unterhalt der Familie.

Kontrollfragen

K 6.1 Was ist der Hauptunterschied zwischen Recht und Sitte?

K 6.2 Setzen Sie bitte die drei Begriffe Moral, Sitte, Recht in die Kästchen:

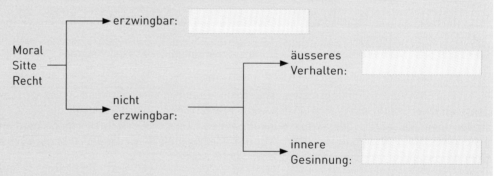

K 6.3 Zu welchem der drei Normenbereiche (Moral/Sitte/Recht) gehört ... (Einige dieser Beispiele gehören nicht nur einem, sondern zwei oder allen drei Normbereichen an. Erklären Sie das anhand von c).
a) ... das Benehmen im Alltag?
b) ... die innere Ablehnung von Betrug und Diebstahl?
c) ... das Verbot des Diebstahls im Strafgesetzbuch?
d) ... die Rücksichtnahme auf andere Fussgänger auf dem Trottoir?
e) ... die innere Ablehnung (oder Befürwortung) der Todesstrafe?
f) ... das Fahren ohne Gurte oder Helm im Motorfahrzeugverkehr?
g) ... der Brauch, dem Zeitungsausträger am Jahresende ein Trinkgeld zu geben?

K 6.4 Welcher der drei Normenbereiche hat seinen Ursprung v. a. in der Religion (Christentum, Islam, Judentum, Buddhismus u. a.) und in der Philosophie (Liberalismus, Aufklärung, Marxismus u. a.)?

→ Aufgaben 1, 2

info@klv.ch

6.2 Die Rechtsquellen

Unterschiedliche Ziele, Meinungen oder Wertvorstellungen können zu Konfliktsituationen führen, in denen Rechte beteiligter Personen verletzt werden. Es ist sicherlich die falsche Reaktion, wenn eine Partei sofort das Gericht anrufen will. Jeder Prozess ist zeitraubend und birgt das Risiko hoher Kosten in sich. Wie aber sollten Meinungsverschiedenheiten aus dem Weg geräumt werden?

Die beste Konfliktlösung ist, sich im Gespräch zu einigen. Beide Parteien legen ihre Absichten und Ansprüche dar, hören der Gegenpartei aufmerksam zu und versuchen gemeinsam eine Lösung zu finden. Sollte dies nicht gelingen, so kann ein Vermittler die Probleme eingrenzen und bei der Lösung helfen. Erst wenn die Mediation (Vermittlung) gescheitert ist, wird man den aufwendigen Weg zum Gericht gehen. Aber auch der Richter versucht ein letztes Mal, den Rechtsstreit durch einen Vergleich beizulegen. Gelingt dies nicht, so beurteilt das Gericht die Rechte und Pflichten der streitenden Parteien und schliesst den Prozess durch ein begründetes Urteil ab. Die Rechtsprechung stützt sich auf Rechtsquellen ab. Diese sind im Art. 1 ZGB geregelt.

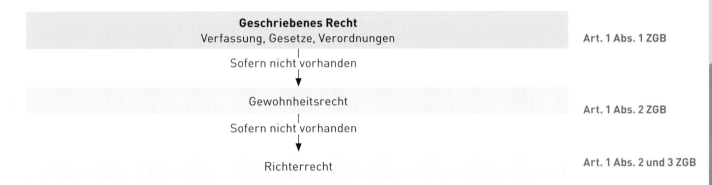

Geschriebenes Recht	
Verfassung, Gesetze, Verordnungen	Art. 1 Abs. 1 ZGB
Sofern nicht vorhanden ↓	
Gewohnheitsrecht	Art. 1 Abs. 2 ZGB
Sofern nicht vorhanden ↓	
Richterrecht	Art. 1 Abs. 2 und 3 ZGB

Empfehlung für einheitliches Zitieren

Um Verwirrungen zu vermeiden erfolgt die Angabe eines Gesetzesartikels jeweils in standardisierter Form. Nachfolgend ist die Zitierweise der Rechtslehre anhand von fünf Beispielen ersichtlich.

1. Artikel	2. Absatz (falls vorhanden)	3. Ziffer oder Buchstabe (falls vorhanden)	4. Gesetz
Art. 2	Abs. 2	–	ZGB
Art. 197	Abs. 2	Ziff. 1	ZGB
Art. 128	–	Ziff. 2	OR
Art. 336c	Abs. 1	lit. b	OR
Art. 273	Abs. 2	lit. a	OR

In weniger formalen Texten und an den Abschlussprüfungen wird eine etwas abgeänderte Zitierweise akzeptiert. Aus «Art. 190 Abs. 2 OR» wird dann z. B. «OR 190 II». Das Gesetz rückt an die erste Stelle, die Abkürzung «Art.» entfällt. Die übrigen Elemente sind nicht betroffen.

6.2.1 Geschriebenes Recht

Dies ist heute die wichtigste Rechtsquelle, die insbesondere nach der Rangordnung (Hierarchie) unterteilt wird. Dabei präzisieren die Gesetze die Verfassung und die Verordnungen die Gesetze.

Ver-
fassung

Gesetze

Verordnungen

Hierarchie des Rechts

Stufe	Erläuterung	Beispiel (Auszüge)
Verfassung	Die Verfassung ist das oberste Gesetz oder Grundgesetz eines Staates und regelt die wichtigsten Bereiche in ihren Grundzügen. Verfassungsrecht ist das «stärkste» Recht, und kein Gesetz darf der Verfassung widersprechen. Die Verfassung kann nicht ohne Zustimmung des **Volkes** geändert werden (obligatorisches Referendum).	Art. 107 Abs. 1 Bundesverfassung Der Bund erlässt Vorschriften gegen den Missbrauch von Waffen, Waffenzubehör und Munition.
Gesetze	Gesetze dienen der näheren Ausführung einzelner Verfassungsartikel und werden vom **Parlament** (Legislative) erlassen, wobei in der Schweiz die Stimmbürger häufig das letzte Wort haben (fakultatives Referendum).	Art. 4 Abs. 1 lit. c Waffengesetz Als Waffen gelten: Messer, deren Klinge mit einem einhändig bedienbaren automatischen Mechanismus ausgefahren werden kann.
Verordnungen	Verordnungen enthalten nähere Ausführungen zu einem Gesetz oder sonstige Einzelheiten und dürfen nicht im Widerspruch zu Verfassung und Gesetz stehen. Sie werden von der **Regierung** (Exekutive) erlassen. In der Praxis heissen sie oft auch Reglemente, Ordnungen, Regulative oder ähnlich.	Art. 7 Abs. 1 Waffenverordnung Messer gelten als Waffen, wenn sie: – einen einhändig bedienbaren Spring- oder anderen automatischen Auslösemechanismus aufweisen; – geöffnet insgesamt mehr als 12 cm lang sind; und – eine Klinge haben, die mehr als 5 cm lang ist.

Handlungsspielraum der Vertragsparteien

siehe Kapitel 6.3

Im geschriebenen Recht sind viele Bestimmungen zwingend, gewisse jedoch auch ergänzend (= dispositiv), um im Privatrecht den Parteien möglichst viele Freiräume zu gewähren.

Zwingendes Recht	Ergänzendes (dispositives) Recht
Rechtssätze mit zwingendem Charakter, die **eingehalten werden müssen** und nicht durch vertragliche Vereinbarungen umgangen werden dürfen, so praktisch das ganze **öffentliche Recht**, aber auch Teile des **Privatrechts**.	Rechtssätze, die ergänzenden Charakter haben, also **nur gelten, wenn nichts anderes vereinbart ist**. Man nennt sie auch nachgiebige Bestimmungen. Dies ist der Fall bei vielen Bestimmungen des **Privatrechts**, da es den Vertragsparteien möglichst viel freien Spielraum für ihre Abmachungen lassen will.
– Haftung der Teilhaber einer Kollektivgesellschaft (Art. 568 OR) – Mindestgrundkapital bei AG und GmbH (Art. 621 und Art. 773 OR) – Verjährungsfristen (Art. 129 OR)	– Gewinnverteilung bei Kollektiv- und Kommanditgesellschaft (Art. 557, 598 und 533 OR) – Übernahme der Transportkosten beim Kaufvertrag (Art. 189 OR)

6.2.2 Gewohnheitsrecht

Dies sind seit Langem übliche Gebräuche, die als allgemein verbindlich angesehen werden. Zum Gewohnheitsrecht zählen «ungeschriebene» Normen, für die zum Beispiel die Begriffe «Ortsgebrauch», «Übung» oder «Usanz» verwendet werden.

– deutsche Zinsrechnungsusanz (jeder Monat zu 30 Tagen)
– Ortsgebrauch (z. B. ortsübliche Termine bei Kündigungen im Mietrecht)

info@klv.ch

Heute ist das Gewohnheitsrecht nicht mehr so wichtig wie früher, weil immer häufiger auch Einzelheiten kodifiziert (d. h. gesetzlich geregelt) werden. Das geschriebene Recht hat deshalb an Umfang immer mehr zugenommen (allein in den letzten 50 Jahren um ein Mehrfaches!), und man klagt heute oft über die zunehmende Zahl von Gesetzeserlassen und die «überbordende Gesetzesproduktion». Das Gewohnheitsrecht hat vor allem dort noch Bedeutung, wo Lücken im geschriebenen Recht (Gesetzeslücken) bestehen. In einem Rechtsstreit ist natürlich das geschriebene Recht, also das Gesetz, selbstverständlich stärker als ein allfälliges Gewohnheitsrecht.

6.2.3   Richterrecht

Wo weder geschriebenes Recht noch Gewohnheitsrecht als Rechtsquellen vorliegen, besteht eine sogenannte Gesetzeslücke. In diesem Fall muss das Gericht so entscheiden, wie wenn es selbst Gesetzgeber wäre (richterliche Lückenfüllung, richterliche Rechtsschöpfung bzw. Richterrecht als Rechtsquelle).

Gerichte haben aber vor allem die Aufgabe, bestehendes geschriebenes Recht im Streitfall auszulegen und anzuwenden. Dabei können frühere Gerichtsurteile (sogenannte Präjudizien – die Gesamtheit dieser Gerichtsurteile nennt man **Judikatur**), namentlich Entscheide des Bundesgerichtes (BGE), wichtige Orientierungspunkte sein. Dies führt zu einer Vereinheitlichung der Rechtsprechung in der Schweiz. Da viele Rechtsfälle sich nicht nach dem Gesetz allein beurteilen lassen, sondern nur bei genauer Kenntnis der Judikatur, ist oft die Hilfe eines Anwaltes nötig.

Das Gericht muss dabei gemäss Art. 4 ZGB nach «Recht und Billigkeit» entscheiden, also alle objektiv wesentlichen Umstände des Einzelfalls berücksichtigen, damit sein Urteil möglichst gerecht wird. Billigkeit bedeutet hier so viel wie Gerechtigkeit.

Art. 4 ZGB

Kontrollfragen

K 6.5 In Art. 266c und d OR steht, dass (sofern vertraglich nichts anderes vereinbart) Mietobjekte wie Wohnungen und Geschäftsräume «auf einen ortsüblichen Termin» gekündigt werden können. An vielen Orten gelten als übliche Kündigungstermine der 31. März und der 30. September. Welche der vier Arten von Rechtsquellen wird hier angesprochen?

K 6.6 Nennen Sie die drei Hauptgruppen von Rechtsquellen, die einem Richter bei der Beurteilung von Rechtsstreitigkeiten zur Verfügung stehen.

K 6.7 Wonach entscheidet der Richter, wenn er sich auf keine dieser Rechtsquellen stützen kann (Art. 4 ZGB)?

K 6.8 Zu welcher der erwähnten Rechtsquellen gehören Handelsusanzen?

K 6.9 a) Wie heisst ein Gerichtsurteil, das späteren Gerichtsentscheiden als «Vorlage» dient?
b) Wie heisst die Gesamtheit dieser Gerichtsurteile?
c) Welches Gericht ist dafür besonders massgebend?
d) Welche Auswirkung hat diese Rechtspraxis?
e) Was ist der Unterschied zwischen Judikatur und richterlichem Ermessen?

K 6.10 Welche Behörde ist, allgemein gesprochen (also sowohl im Bund wie im Kanton), zuständig für den Erlass ...
a) ... von Gesetzen?   b) ... von Verordnungen?

K 6.11 Welcher Teil des geschriebenen Rechts kann niemals ohne Zustimmung des Volkes geändert werden, auch nicht vom Parlament allein?

K 6.12 Wie heisst das Instrument, aufgrund dessen jede Änderung der Verfassung dem Volk zur Abstimmung vorgelegt werden muss?

K 6.13 In welchem Teil des geschriebenen Rechts steht nach Ihrer Meinung der folgende Satz?

«Art. 3: Die Kantone sind souverän, soweit ihre Souveränität nicht durch die Bundesverfassung beschränkt ist; sie üben alle Rechte aus, die nicht dem Bund übertragen sind.»

K 6.14 a) Wann kommt dispositives Recht zur Anwendung?
b) Nennen Sie zwei gleichbedeutende Ausdrücke für «dispositiv».

K 6.15 Geben Sie zu den folgenden Artikeln des OR an, ob sie zwingenden oder ergänzenden Charakter haben.
a) 74 Abs. 2   b) 947 Abs. 4   c) 626   d) 216

→ Aufgaben 3, 4

6.2.4 Juristische Methodik und Arbeitstechnik

6.2.4.1 Juristische Methodenlehre

Das geschriebene und ungeschriebene Recht ist keineswegs immer eindeutig. Es wäre eine falsche Vorstellung, dass in den Rechtstexten die eindeutigen Lösungen für Rechtsprobleme zu finden sind. So einfach ist es nicht. Vielmehr müssen die Rechtsanwendenden (Richter, Verwaltungsbehörden, Anwälte usw.) das Recht (Rechtsnormen, aber auch z. B. Verträge) auslegen. Die Auslegung dient dem genauen Verständnis einer Rechtsnorm oder z. B. einer Vertragsklausel; sie geschieht aber nicht einfach nach Bauchgefühl, sondern nach bestimmten Richtlinien. Diese Richtlinien sind Gegenstand der juristischen Methodenlehre und geben Orientierung, wie eine Auslegung angegangen werden kann. Die juristische Methodenlehre gilt nicht nur für ein bestimmtes Rechtsgebiet, sondern für alle Rechtsdisziplinen. Dies bedeutet gleichzeitig, dass sie keine inhaltlichen Aussagen über eine Rechtsnorm macht, sondern nur über die Regeln, die es bei der Auslegung zu befolgen gilt. Es geht nicht um das WAS, sondern um das WIE. Die Methodenlehre beschreibt den Weg, wie man das Ziel – nämlich die Feststellung des Inhalts einer Rechtsnorm oder z. B. einer Willenserklärung in einem Testament – erreichen kann.

6.2.4.2 Bedeutung der Sprache

Weshalb sind Rechtsnormen nicht eindeutig und müssen ausgelegt werden? Hierzu gibt es verschiedene Gründe. Recht und die Rechtsprechung sind eng mit Sprache verbunden. Sprache ist nicht immer eindeutig und präzise. Worte können missverständlich oder mehrdeutig sein und werden in unterschiedlichen Zusammenhängen unterschiedlich verwendet. Beispiel: Was verstehen Sie unter «Schuld»? Was versteht man unter «Schuld» im Obligationenrecht und welche Bedeutung hat die «Schuld» im Strafrecht? Wir merken – das Wort «Schuld» ist nicht eindeutig und muss fallbezogen ausgelegt werden. Sie werden das Wort «Besitz» umgangssprachlich anders verstehen als das Gesetz. Im Alltag wird «Besitz» mit «Eigentum» synonym verwendet: Wenn jemand etwas besitzt, gehört es ihm. Im juristischen Kontext bedeutet «Besitz» lediglich tatsächliche Herrschaft über eine Sache, nicht aber das Eigentum an dieser Sache. Manchmal erläutert der Gesetzestext einen Begriff. Wo dies allerdings nicht der Fall ist, muss der Begriff von der rechtsanwendenden Instanz näher bestimmt werden.

In mehrsprachigen Ländern wie in der Schweiz oder in supranationalen Rechtsordnungen (z. B. Völkerrecht) müssen die Rechtstexte in mehreren Sprachen verfasst werden. Diese Mehrsprachigkeit kann durchaus dazu führen, dass die verschiedenen Übersetzungen nicht exakt dieselbe Bedeutung haben.

6.2.4.3 Generell abstrakte Formulierungen

Rechtsnormen sind generell und abstrakt formuliert. Dies bedeutet, dass eine Norm nicht für einen Einzelfall, sondern für eine unbestimmte Vielzahl von Fällen geschrieben ist. Die Norm richtet sich an eine grosse Zielgruppe und muss mit unterschiedlichsten Sachverhalten aus dem täglichen Leben zurechtkommen. Damit muss eine Norm zwingendermassen abstrakter formuliert sein und kann nicht spezifisch auf jeden einzelnen Fall eingehen. Eine Rechtsordnung muss deshalb bis zu einem gewissen Grad immer lückenhaft sein. Der Gesetzgeber muss darauf vertrauen können, dass diese Lücken im Einzelfall durch die Rechtspraxis angemessen geschlossen werden. Dieser Grundsatz wird im Art. 1 Abs. 1 ZGB festgehalten: «Das Gesetz findet auf alle Rechtsfragen Anwendung, für die es nach Wortlaut oder Auslegung eine Bestimmung enthält.» Nicht selten ist es sogar die Absicht des Gesetzgebers, die Normen nicht zu spezifisch zu formulieren. Durch eine eher offene Formulierung hat die rechtsanwendende Behörde die Möglichkeit, die besonderen Gegebenheiten eines Einzelfalls sinnvoller zu berücksichtigen.

- Art. 21 Abs. 1 OR (Übervorteilung): «Wird ein offenbares Missverhältnis zwischen der Leistung und der Gegenleistung durch einen Vertrag begründet, dessen Abschluss von dem einen Teil durch Ausbeutung der Notlage, der Unerfahrenheit oder des Leichtsinns des andern herbeigeführt worden ist, so kann der Verletzte innerhalb Jahresfrist erklären, dass er den Vertrag nicht halte, und das schon Geleistete zurückverlangen.»
- Art. 16 ZGB (Urteilsfähigkeit): «Urteilsfähig im Sinne dieses Gesetzes ist jede Person, der nicht wegen ihres Kindesalters, infolge geistiger Behinderung, psychischer Störung, Rausch oder ähnlicher Zustände die Fähigkeit mangelt, vernunftgemäss zu handeln.»

6.2.4.4 Lösen von Rechtsproblemen

Wie gehen wir sinnvollerweise vor, wenn wir einen konkreten Rechtsfall zu lösen haben? Wichtig ist, dass wir systematisch vorgehen und nicht vorschnell mit der (scheinbar richtigen) Lösung aufwarten. Es gilt, den Fall Schritt für Schritt zu erarbeiten. Die Falllösung geschieht in vier Schritten:

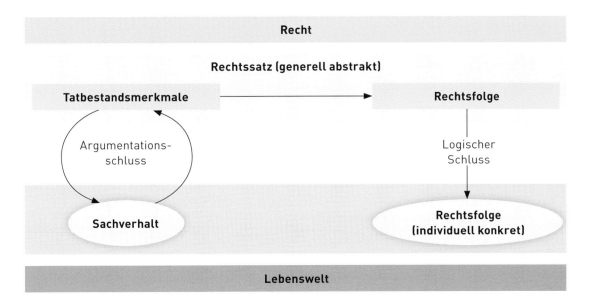

1. **Sachverhalt**

   Zunächst muss der konkrete Vorfall (Sachverhalt) genau studiert werden. Was hat sich zugetragen? Wer ist beteiligt? Wie ist die zeitliche Abfolge der Ereignisse? Welche rechtlichen Fragen stellen sich?

2. **Tatbestand**

   Im zweiten Schritt wird der konkrete Sachverhalt mit der generell abstrakten Ebene des Rechts in Verbindung gebracht. Welche Rechtsgebiete sind betroffen? Welche gesetzliche Regelung ist für den vorliegenden Sachverhalt vorgesehen? Die richtigen Regeln zu finden ist keine einfache Aufgabe. Es braucht ein systematisches Verständnis über das Recht. Manchmal ist der Blick in das Stichwortregister des jeweiligen Gesetzes nicht zielführend. Arbeiten Sie besser mit logischen Überlegungen, verwenden Sie die Marginalien (Randtitel) und das Inhaltsverzeichnis des Gesetzes. Oft müssen der Rechtssatz und der Sachverhalt mehrmals miteinander verglichen werden. Deshalb sind die Pfeile in beiden Richtungen gezeichnet. Versuchen Sie durch Argumente die anwendbare Rechtsregel zu finden.

   Wenn die Regel gefunden ist, überprüfen Sie die konkreten Voraussetzungen (sogenannte Tatbestandsmerkmale) der jeweiligen Rechtsnorm. Der Tatbestand meint die rechtlich bedeutsamen Merkmale des Sachverhaltes. Nur wenn alle Tatbestandsmerkmale überprüft und erfüllt sind, gehen Sie weiter zu Schritt drei.

   > Prüfen Sie Art. 41 OR. Was muss in einem bestimmten Sachverhalt alles gegeben sein, damit die Regel der ausservertraglichen Haftung zur Anwendung kommt? Es gelten vier Voraussetzungen: Schaden, natürlicher und adäquater Kausalzusammenhang, Widerrechtlichkeit und Verschulden (siehe hierzu im Glossar).

   Nur wenn alle Tatbestandsmerkmale für den zu beurteilenden Sachverhalt erfüllt sind, können Sie die Rechtsfolgen ableiten, ansonsten entfällt die Rechtsfolge.

3. **Rechtsfolge (abstrakt)**

   Welches ist die gesetzlich vorgesehene Folge aufgrund eines Sachverhaltes? In diesem Schritt geht es darum, die generell abstrakten Rechtsfolgen basierend auf der Rechtsnorm festzuhalten.

   > Bei Art. 41 OR ist es meist eine Schadenersatzforderung. Die konkrete Bestimmung des Schadens ist sodann gemäss Art. 42 ff. OR vorzunehmen.

4. **Rechtsfolge (individuell konkret)**

Im letzten Schritt wird die generell abstrakte Ebene des Rechts verlassen und die Konsequenz für den Einzelfall, z. B. in Form eines Urteils oder einer Verfügung, festgehalten. Was bedeutet die generell abstrakte Rechtsnorm für den individuell konkreten Rechtsfall? Was haben die Beteiligten im Einzelnen zu tun oder zu erwarten? Die generell abstrakten Rechtsvorschriften bzw. die Rechtsfolgen sind oft nicht ganz genau bestimmt, sondern lassen den Rechtsanwendenden einen gewissen Handlungsspielraum.

Beispiel «Lösen von Rechtsfällen»

1. Sachverhalt

   Alex fährt mit übersetzter Geschwindigkeit auf der Autobahn, da er nicht auf den Tachometer achtet. Er kommt ins Schleudern und beschädigt ein anderes Fahrzeug.

2. Relevanter Gesetzesartikel: Art. 41 OR – Tatbestandsmerkmale bestimmen:
   - **Wiederrechtlichkeit**

     Sowohl das zu schnelle Fahren als auch jemandem sein Eigentum zu beschädigen ist widerrechtlich.
   - **Schaden**

     Es ist ein Schaden am Fahrzeug entstanden, der in CHF beziffert werden kann.
   - **Adäquater Kausalzusammenhang**

     Beim normalen Lauf der Dinge wäre der Schaden am Fahrzeug ohne Alex, Verschulden nicht entstanden.

     Beispiele: Adäquater Kausalzusammenhang gegeben

     Ein vom Balkon herunterfallender Blumentopf verletzt einen Fussgänger, wenn er am Kopf getroffen wird.
     - Adäquater Kausalzusammenhang nicht gegeben

       Ein angeketteter Hund schiesst aus einer Scheune eines Bauernhofs heraus und zerreisst den Mantel eines Spaziergängers. Dessen Begleiterin will auf eine Leiter, die an einem Rohbau steht, flüchten, verfehlt aber die Sprossen und stürzt in eine Baugrube (102 II 237 BGE).
   - **Verschulden** (Fahrlässigkeit oder Absicht)

     Alex hat das Fahrzeug fahrlässig beschädigt.

3. Rechtsfolge (abstrakt):

   Ersatz des Schadens

4. Rechtsfolge (individuell konkret)

   Da alle vier Tatbestandsmerkmale erfüllt sind, tritt die Rechtsfolge ein. In diesem Fall bedeutet dies, dass Alex den Schaden am anderen Fahrzeug ersetzen muss.

6.2.4.5 Arbeitstechnik (allgemeine Hinweise)

- Keine Entscheide ohne rechtliche Grundlage: Sie müssen all Ihre Argumente, Begründungen und Entscheidungen mit einer Rechtsnorm belegen können. Lösungen ohne Rechtsgrundlagen sind juristisch gesehen nicht verwendbar.
- Genau Lesen: Lesen Sie die Sachverhalte sorgfältig. Was steht konkret im Sachverhalt und was nicht? Es sollte nichts «hinzugedichtet», weggelassen oder verfälscht werden.
- In eigenen Worten erläutern: Versuchen Sie einen anspruchsvollen Sachverhalt oder eine Rechtsnorm nicht nur genau zu lesen, sondern auch in eigenen Worten wiederzugeben. Gelingt das nicht oder nur unbefriedigend, ist das ein Zeichen, dass der Inhalt noch nicht vollständig verstanden wurde.
- Skizze machen: Rechtsfälle sind regelmässig vielschichtig, weil mehrere Personen, mehrere Rechtsbeziehungen und mehrere Rechtsgrundlagen auftreten. Hier kann man schnell den Überblick verlieren. Deshalb hilft es, eine Skizze der Ausgangslage oder eine Zeitskala anzufertigen, um sich einen Überblick zu verschaffen und den Rechtsfall vollständig zu erfassen.
- Mehrere Rechtsgebiete: Ein konkreter Rechtsfall orientiert sich nicht an den Gesetzestexten. Es ist häufig so, dass verschiedene Rechtsgebiete betroffen sind und damit Rechtsgrundlagen aus unterschiedlichen Disziplinen zur Anwendung kommen. Merke: Ein und derselbe Sachverhalt kann gleichzeitig Gegenstand verschiedener Prozesse sein (z. B. Strafprozess gegen den Unfallverursacher wegen schwerer Körperverletzung und Zivilprozess zwecks Geltendmachung des infolge des Unfalls eingetretenen Schadens).
- Systematisch mit einem Falllösungsschema arbeiten. Das strukturierte und systematische juristische Arbeiten braucht Zeit. Üben Sie konsequent mit dem Schema. Nur wer regelmässig mit den juristischen Hilfsmitteln arbeitet, gewinnt Vertrauen, Routine und Sicherheit.

Rechtsunkenntnis schadet

Man kann sich nie damit entschuldigen, eine Rechtsvorschrift nicht gekannt zu haben. Ein Minimum an Rechtskenntnissen ist deshalb für den Beruf wie für das Privatleben notwendig und nützlich, wenn man sich Unannehmlichkeiten oder schwere Nachteile ersparen will.

| K 6.16 | Lesen Sie Art. 13 ZGB und nennen Sie die Tatbestandsmerkmale und die Rechtsfolge. | Kontrollfrage |

6.3 Gliederung des Rechts

Wodurch unterscheiden sich die folgenden Rechtsfälle der linken von jenen der rechten Spalte?

– Die Polizei entzieht einem Verkehrssünder den Fahrausweis wegen Fahrens im angetrunkenen Zustand. – Ein Mörder wird von einem Strafgericht zu 15 Jahren Freiheitsstrafe verurteilt.	– Ein Lieferant und sein Kunde streiten darüber, wer die Transportkosten einer Warenlieferung zu tragen hat. – Zwei Erben geraten in Streit über den Nachlass ihres verstorbenen Vaters.
Diese Fälle sind **öffentliche** Angelegenheiten, die vom Staat behandelt werden.	Dies sind **private** Streitigkeiten und gehen den Staat nichts an (solange die Streitparteien nicht vor Gericht gehen).

Entsprechend diesen Unterschieden wird das gesamte Gebiet des Rechts in zwei grundsätzlich verschiedene Teile gegliedert:

Öffentliches Recht	Privates Recht (Zivilrecht)
Es umfasst jene Rechtsnormen, die mit dem **Staat** und seiner Tätigkeit zu tun haben, also ...	Es regelt die Rechtsbeziehungen von **Privatpersonen** (natürlichen und juristischen) unter sich.
Beziehungen zwischen ... Staat – Privatpersonen Staat – Unternehmen Staat – Staat Organisation des Staates und seiner Einrichtungen.	Käufer – Verkäufer Gläubiger – Schuldner Arbeitgeber – Arbeitnehmer Schädiger – Geschädigter Aktionäre – AG Mieter – Vermieter Wenn der Staat als Vertragspartner auftritt, dann gehört dies ebenfalls zum Privatrecht. Wenn das VBS (Departement für Verteidigung, Bevölkerungsschutz und Sport) Lastwagen einkauft, so tritt es als Käufer gegenüber dem Lieferanten ähnlich wie eine Privatperson auf, und das Geschäft wird gemäss OR beurteilt, gehört also zum Privatrecht.

siehe
Rechtsgebiete
Kapitel 6.3.1 und
Kapitel 6.3.2

Merkmale

Unterordnungsverhältnis

Staat

P = Privatperson

Zwingende Vorschriften
Öffentliche Angelegenheiten

Merkmale

Gleichstellungsverhältnis

P = Privatpersonen
Mehrheitlich ergänzende (dispositive)
Vorschriften
Private Angelegenheiten

siehe
Kapitel 6.2.1

6.3.1 Öffentliches Recht

Das öffentliche Recht ist sehr umfassend. Es enthält zum grössten Teil Vorschriften, die zwingend eingehalten werden müssen. Im Alltag und in den Medien begegnen wir regelmässig Teilen daraus. Die folgende Tabelle enthält die wesentlichsten Gebiete des öffentlichen Rechts. Detaillierter betrachtet wird die Bundesverfassung im Kapitel 5 und das Schuldbetreibung und Konkursgesetz im Kapitel 9.

siehe
Kapitel 5 und
Kapitel 9

Rechtsgebiet	Erläuterung
Völkerrecht	Ein Teilgebiet des öffentlichen Rechts ist das Völkerrecht bzw. Internationale Recht, also eine überstaatliche Rechtsordnung, durch die die Beziehungen von gleichberechtigten Staaten geregelt werden. Wichtigste Rechtsquelle des Völkerrechts ist die Charta der Vereinten Nationen und das in ihr niedergelegte Allgemeine Gewaltverbot, das jedem Staat einen Angriffskrieg verbietet. – Das Völkerrecht bestimmt, dass alle Staaten die einmal gezogenen Landesgrenzen, die international anerkannt wurden, gegenseitig respektieren. Die Wahrung der territorialen Integrität ist eine Voraussetzung für Frieden. – Bedeutung kommt der Frage zu, wie die Landesgrenzen an Küsten gezogen werden, weil damit Fischereirechte verknüpft sind. Das internationale Seerecht spricht einem Staat – von der Küstenlinie aus gesehen – eine 12-Meilen-Zone als Hoheitsgebiet zu. Für Grenzflüsse wie den Rhein gilt die Flussmitte als Staatsgrenze. – Das Internationale Rote Kreuz erinnert Konfliktparteien regelmässig daran, das humanitäre Völkerrecht zu respektieren. Die Genfer Abkommen von 1864 regeln den Schutz der Opfer von internationalen bewaffneten Konflikten und Bürgerkriegen.
Staatsrecht	Auf nationaler Ebene ist der wichtigste Teil des öffentlichen Rechts das Staatsrecht, das auf Bundesebene durch die Bundesverfassung (= BV) gesetzt wird. – Die BV legt die Grund- und Bürgerrechte sowie das Sozialziel des Staates fest. – Das Verhältnis zwischen Bund und Kantonen (Wer ist wofür zuständig?) wird ebenso beschrieben wie das Verfahren der Rechtsetzung (Wie entstehen Gesetze?) und die Aufgaben der Bundesbehörden (Was macht der Bundesrat und andere Behörden?).
Verwaltungsrecht	Verwaltungsrecht ist das Recht der Staatsverwaltung (Exekutive). Es regelt insbesondere die Rechtsbeziehungen des Staates zu seinen Bürgern, aber auch die Funktionsweise der Behörden (staatliche Verwaltung) und ihr Verhältnis zueinander, sowie den Rechtsschutz des Bürgers gegen Entscheide der Behörden. Zum Verwaltungsrecht und damit zum öffentlichen Recht gehört z. B. auch das **Bundesgesetz über die Berufsbildung** (abgekürzt: Berufsbildungsgesetz oder BBG); es ist zusammen mit dem OR massgebend für die Berufslehren. Weitere Beispiele sind nachfolgend aufgeführt. – Jeder Staat benötigt ein **Steuerrecht**, das festlegt, wie die vielfältigen Aufgaben des Staates finanziert werden sollen. Geprägt wird das schweizerische Steuerrecht durch die föderalistische Staatsstruktur. (Das bedeutet, dass die staatliche Macht auf Bund, Kantone und Gemeinden verteilt ist.) So muss die Einkommenssteuer sowohl an den Bund als auch an Kantone und Gemeinden von den Bürgerinnen und Bürgern bezahlt werden. – Das **Strassenverkehrsgesetz** (SVG) beschreibt die Anforderungen an Fahrzeuge und Fahrer, setzt Verkehrsregeln fest, stellt Anforderungen an Haftpflicht und Versicherung und enthält Strafbestimmungen für Verkehrssünder.
Strafrecht	Das Strafrecht legt fest, welche Handlungen (oder Unterlassungen) strafbar sind und wie sie geahndet werden. Unter anderem wird Folgendes geregelt: – Strafen (Freiheitsstrafe, Geldstrafe, gemeinnützige Arbeit) – Massnahmen (therapeutische Massnahmen, Verwahrung) – Vollzug von Strafen – Bewährungshilfe – Verjährung – Beschreibung der einzelnen Straftaten, z. B: strafbare Handlungen gegen Leib und Leben, strafbare Handlungen gegen das Vermögen wie Veruntreuung und Diebstahl sowie strafbare Handlungen gegen die sexuelle Integrität wie sexuelle Handlungen mit Kindern oder Abhängigen – Zusammenarbeit mit INTERPOL und der Datenschutz kriminalpolizeilicher Informationen.

info@klv.ch

Rechtsgebiet	Erläuterung
Verfahrens-recht	Die **Schweizerische Zivilprozessordnung** (ZPO) regelt den Ablauf von gerichtlichen Auseinandersetzungen in zivilrechtlichen Fragen. Das bedeutet, dass die Verfahrensgrundsätze und Prozessvoraussetzungen sowie die Art der Klagen und die damit verbundenen Prozesskosten für die ganze Schweiz festgelegt sind. Eventuell ist der Prozess für eine Partei ganz oder teilweise kostenlos (= unentgeltliche Rechtspflege). Mediation (= Vermittlung, also ein freiwilliges Verfahren zur konstruktiven Beilegung eines Konfliktes) und das behördliche Schlichtungsverfahren werden ebenso beschrieben wie die Rechtsmittel (Wie kann ich vorgehen, wenn ich mit dem Gerichtsurteil nicht einverstanden bin?). Das Bundesgesetz über **Schuldbetreibung und Konkurs** (SchKG) zeigt auf, wie sich Gläubiger mit staatlicher Hilfe wehren können, wenn ihre Schuldner nicht bereit sind, ihren Verpflichtungen nachzukommen. Ein Kunde, der Ware für CHF 30 000.00 erhielt, wurde mehrfach gemahnt, den fälligen Betrag zu zahlen. Ihm wurde die Betreibung angedroht. Nun leitet der Verkäufer die Betreibung mithilfe des Betreibungsamtes ein.

6.3.2 Privatrecht

Vor allem das Schweizerische Zivilgesetzbuch (ZGB) und das Obligationenrecht (OR) sind in diesem Buch erläutert. Das ZGB ist in vier grundlegende Teile gegliedert, wobei das OR als fünfter Teil des ZGB bezeichnet wird. Spezialgesetze wie das Urheber-, Patent- und Markenschutzgesetz werden hier nicht behandelt und stellen auch kein Leistungsziel dar.

Rechtsgebiet	Erläuterung	
ZGB	Einleitung	Allgemeine Regeln im Privatrecht.
	1. Personenrecht	Der erste Teil des ZGB regelt die Rechte und Pflichten von Personen.
	2. Familienrecht	Es behandelt alle Rechtsvorschriften, die die persönlichen und vermögensrechtlichen Beziehungen der Familienmitglieder regeln.
	3. Erbrecht	Hier geht es um die gesetzlichen Erben, Testament und Erbvertrag, den Erbgang und die Teilung der Erbschaft.
	4. Sachenrecht	Es regelt die Rechte an Sachen wie Eigentum und Besitz sowie die beschränkten dinglichen Rechte (z. B. Grundlasten).
OR	1. Abteilung	Allgemeine Bestimmungen über Obligationen (= Schuldverhältnisse), die Entstehung, Wirkung, Erfüllung, Erlöschen usw.
	2. Abteilung	Die einzelnen Vertragsverhältnisse wie Kaufvertrag, Mietvertrag, Arbeitsvertrag.
	3. Abteilung	Die Handelsgesellschaften (KG, KmG, AG, GmbH) und die Genossenschaft.
	4. Abteilung	Handelsregister, Geschäftsfirmen und kaufmännische Buchführung.
	5. Abteilung	Die Wertpapiere.
Urheberrecht	Das Urheberrecht regelt den Schutz der Urheber und Urheberinnen von Werken wie Texten, Bilder und Musik.	
Patentrecht	Bei dem Patentrecht werden gewerblich anwendbare technische Erfindungen geschützt.	
Markenschutzgesetz	Das Markenschutzgesetz dient dem Schutz von eingetragenen Marken.	

K 6.17 Nennen Sie mindestens zwei typische Merkmale des öffentlichen Rechts (im Gegensatz zum Privatrecht). Nur Stichworte.

K 6.18 Aus welchen fünf Teilen besteht das schweizerische Zivilrecht? Welche davon sind im ZGB enthalten?

K 6.19 Warum kann kein Staat ohne Steuerrecht auskommen? Schliesslich zahlt doch niemand gerne Steuern.

K 6.20 Wenn diskutiert wird, ob die sog. Hoheitsgewässer an Meeresküsten ausgedehnt werden sollen, dann handelt es sich um eine Frage des ...?

K 6.21 Warum regelt das Strassenverkehrsgesetz auch Versicherungsfragen?

K 6.22 Welcher Teil der Bundesverfassung ist entscheidend, wenn es um die Freiheitsrechte der einzelnen Bürgerinnen und Bürger geht?

→ **Aufgaben**
5, 6, 7, 8

K 6.23 Welcher Teil der Rechtsordnung besteht praktisch nur aus zwingenden Rechtsnormen?

6.4 Privatrecht

6.4.1 Allgemeine Rechtsgrundsätze

Für den praktischen Umgang mit dem Recht sind einige allgemein gültige Regeln wichtig, die in der Einleitung zum Zivilgesetzbuch enthalten sind:

	Rechtsgrundsatz	Erläuterung
Art. 2 ZGB	Handeln nach Treu und Glauben	Das Gesetz verlangt, dass man ehrlich und redlich, also fair handelt und andere nicht zu übervorteilen sucht. Es sagt: «Der offenbare Missbrauch eines Rechtes findet keinen Rechtsschutz.» Rechtsmissbrauch liegt z. B. vor, wenn ein Vertragspartner sich mithilfe einer absichtlich unklaren Vertragsbestimmung einen ungerechtfertigten Vorteil auf Kosten des anderen verschaffen will.
Art. 271 OR		– Im **Mietrecht** ist eine Kündigung anfechtbar, wenn diese durch den Vermieter ausgesprochen wird, «weil der Mieter nach Treu und Glauben Ansprüche aus dem Mietverhältnis geltend macht». Eine sogenannte Rachekündigung, die erfolgt, weil der Mieter einer Altbauwohnung auf notwendigen Reparaturen beharrt, verstösst gegen den Grundsatz von Treu und Glauben.
Art. 321c OR		– Im **Arbeitsrecht** heisst es, der Arbeitnehmer kann zu Überstundenarbeit verpflichtet werden, soweit er sie «zu leisten vermag und sie ihm nach Treu und Glauben zugemutet werden kann». Was aber heisst zumutbar? Angestellte, die dringenden persönlichen Verpflichtungen nachkommen müssen, können nicht zu Überstunden angehalten werden. Einer Mutter zum Beispiel, die spätestens um sechs Uhr abends ihre Kinder aus der Krippe holen muss, sind Überstunden nicht zuzumuten.
Art. 2 UWG		– Verstösse gegen Treu und Glauben kommen auch in der Werbung oft vor. Das Gesetz gegen den **unlauteren Wettbewerb** stützt sich deshalb besonders deutlich auf diesen Grundsatz, wenn es sagt: «Unlauter und widerrechtlich ist jedes täuschende oder in anderer Weise gegen den Grundsatz von Treu und Glauben verstossende Verhalten oder Geschäftsgebaren, welches das Verhältnis zwischen Mitbewerbern oder zwischen Anbietern und Abnehmern beeinflusst.»

Rechtsgrundsatz	Erläuterung	
Guter Glaube	Es wird davon ausgegangen, dass alle Vertragsparteien fair und ehrlich handeln. In diesem guten Glauben wird man vom Gesetz geschützt. Der gutgläubige Käufer eines Fahrrades muss dieses dem rechtmässigen Eigentümer auch dann nicht zurückgeben, wenn der Verkäufer des ihm anvertrauten Fahrrades kein Recht hatte, das Fahrrad zu verkaufen.	Art. 3 ZGB
	Auf diese Gutgläubigkeit kann man sich jedoch nicht berufen, sofern man bei genügend Aufmerksamkeit hätte erkennen können, dass der Verkäufer nicht der rechtmässige Eigentümer sein kann (z. B. Verkaufspreis liegt deutlich unter Marktwert).	Art. 933 ZGB
	Sollte es sich beim Fahrrad um Diebesgut und nicht um eine anvertraute Sache handeln, kann man sich ebenfalls nicht auf den guten Glauben berufen.	Art. 934 ZGB
Beweisregeln	Grundsätzlich muss derjenige, der ein Recht geltend macht, auch den Beweis für seine Behauptung antreten (Beweislast). Oftmals bekommt jemand vor Gericht nicht Recht, obwohl er im Recht ist, und dies nur, weil er es nicht beweisen kann. Es empfiehlt sich deshalb, alle wichtigeren Vereinbarungen schriftlich niederzulegen, auch dort, wo das Gesetz dies nicht verlangt, wie z. B. beim Kauf- oder beim Mietvertrag. Zudem sollten wichtige Korrespondenzen, die später vielleicht bewiesen werden müssen, mit eingeschriebener Post gesandt oder gegen Empfangsbestätigung (so z. B. bei Kündigung eines Arbeitsvertrages) übergeben werden.	Art. 8 ZGB

K 6.24 Ein Schuldner versucht seinen ahnungslosen Gläubiger arglistig davon abzuhalten, seine Forderung rechtzeitig geltend zu machen, und beruft sich dann auf die eingetretene Verjährung der Schuld. Gegen welchen Grundsatz verstösst dieses Verhalten? **Kontrollfragen**

K 6.25 Ein Schuldner und ein Gläubiger streiten über die Rechtmässigkeit einer Forderung. Welcher von beiden muss vor Gericht seine Behauptung beweisen und wie?

6.4.2 Personenrecht

Wenn im Recht von Personen **(Rechtssubjekte)** die Rede ist, so sind damit nicht nur **natürliche Personen**, also Menschen gemeint, sondern auch **juristische Personen**[1] (Unternehmen). Dies sind durch das Recht geschaffene, künstliche Gebilde wie Vereine, Aktiengesellschaften oder Gesellschaften mit beschränkter Haftung, die wie eine menschliche Person Rechte und Pflichten erwerben, Verträge abschliessen und Geschäfte führen können. Man sagt: Sie haben eine eigene, von ihren Mitgliedern unabhängige Rechtspersönlichkeit. Zu welchem Zeitpunkt die Privatpersonen ihre Handlungsfähigkeit erlangen, ist nachfolgend beschrieben.

Im Gegensatz dazu sind die **Rechtsobjekte** zu nennen, d. h. **Dinge**, über die im Recht verfügt wird: materielle Güter (Geld, Mobilien, Immobilien), immaterielle Güter (z. B. Patente, Lizenzen und andere Rechte), Einkommen und Vermögen. Früher, als es noch Leibeigene und Sklaven gab, konnten auch Menschen Rechtsobjekte sein und gehandelt werden.

---

1   Neben diesen juristischen Personen des Privatrechts gibt es noch die **juristischen Personen des öffentlichen Rechts,** wie politische Gemeinden, staatliche Spitäler, Universitäten, Kantonalbanken, SBB u. a., die hier jedoch nicht behandelt werden.

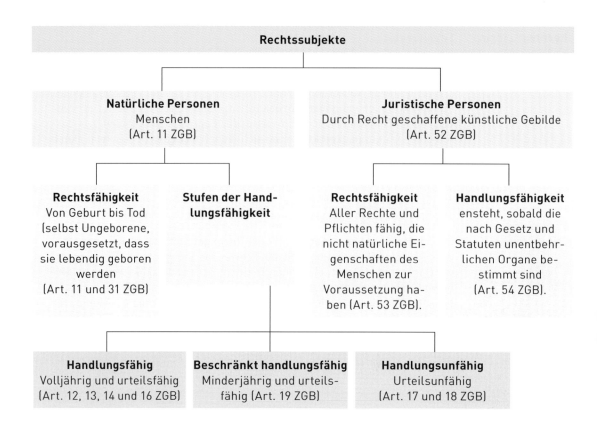

Die Rechtssubjekte sind rechtsfähig, d. h., sie können Rechte und Pflichten haben, also Träger von Rechten und Pflichten sein. Rechtsfähig ist jede Person, auch ein Baby. So besitzt es z. B. ein Bürgerrecht und es kann das Recht auf eine Erbschaft erhalten, selbst wenn der Erblasser während der Schwangerschaft verstorben ist.

Davon zu unterscheiden ist die **Handlungsfähigkeit**. Dies ist die Fähigkeit, durch eigene Handlungen Rechte und Pflichten zu begründen, also aktiv zu schaffen und nicht nur passiv zu haben. Man ist sozusagen **vertragsfähig**.

> Einen Mietvertrag abschliessen, ein Testament errichten

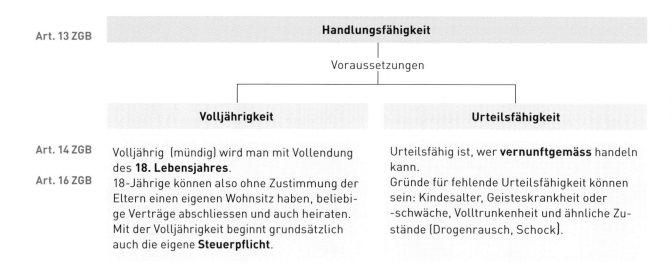

Beschränkte Handlungsunfähigkeit

Art. 19 ff. ZGB   Natürliche Personen erreichen ihre volle Handlungsfähigkeit und damit ihre volle Vertragsfähigkeit erst mit der Volljährigkeit. Wenn sie zwar urteilsfähig, aber noch minderjährig (oder entmündigt) sind, sind sie **beschränkt handlungsunfähig** und können sich nur mit Zustimmung ihres gesetzlichen Vertreters (Eltern oder Beistand) durch Verträge verpflichten.

Diese Zustimmung darf vermutet werden, wenn die Verpflichtungen im Rahmen dessen liegen, wozu der gesetzliche Vertreter die Zustimmung in der Regel ohne Weiteres gibt, also vor allem für alltägliche, kleinere Geschäfte wie etwa den Kauf von Büchern, Schallplatten oder Nahrungsmitteln. Wie weit eine solche stillschweigende Zustimmung angenommen werden darf, hängt nicht nur von der Grösse des Geschäftes und dem Alter des Jugendlichen ab, sondern auch davon, ob er ein eigenes Einkommen hat oder nicht. Was das Kind nämlich durch eigene Arbeit erwirbt, steht unter seiner Verwaltung und Nutzung.

Im Zweifelsfall tut der Vertragspartner eines Minderjährigen jedoch gut daran, die Zustimmung der Eltern (oder des Beistandes) einzuholen, sonst könnte es ihm passieren, dass im Streitfall das Gericht den Vertrag für ungültig erklärt.

Beschränkte Handlungsunfähigkeit in der Praxis

Art. 323 ZGB

Dinge des alltäglichen Lebens dürfen auch beschränkt handlungsunfähige Personen kaufen.

Kontrollfragen

K 6.26 Welches sind die vier Teile des ZGB und welcher fünfte Teil gehört ebenfalls zum Privat- oder Zivilrecht?

K 6.27 Unter welchem Oberbegriff kann man natürliche und juristische Personen zusammenfassen?

K 6.28 Was ist der Unterschied zwischen Rechtssubjekt und -objekt?

K 6.29 Wie heisst die Fähigkeit, Rechte und Pflichten nicht bloss passiv zu haben, sondern sie aktiv begründen (d. h. schaffen) zu können?

K 6.30 Ein Kleinkind erhält aufgrund des Testamentes seines verstorbenen Paten eine Erbschaft zugesprochen. Setzt dies dessen Rechts- oder Handlungsfähigkeit voraus?

K 6.31 Nennen Sie die zwei Voraussetzungen der vollen Handlungsfähigkeit.

K 6.32 Mit wie viel Jahren wird der Schweizer und die Schweizerin volljährig?

K 6.33 Was fehlt einem Geisteskranken oder einem stark Betrunkenen zur Handlungsfähigkeit, was hingegen einem Kleinkind?

K 6.34 a) Kann der 16-jährige Lernende (Lehrling) Dani Schiess einen Vertrag über den Kauf eines Occasionsautos für CHF 12 000.00 rechtsgültig unterschreiben?
b) Ist die 19-jährige Lernende (Lehrtochter) Claudia Hess berechtigt, bei einer Kleinkreditbank einen Konsumkredit gegen den Willen ihrer Eltern aufzunehmen?

K 6.35 Was wäre nötig, damit der obige Kauf von Dani Schiess rechtsgültig würde?

K 6.36 Welche Fähigkeit ist Voraussetzung für die Vertragsfähigkeit (nur ein Begriff)?

K 6.37 Kann eine juristische Person Träger von Rechten und Pflichten sein?

→ **Aufgaben
9, 10**

6.4.3 Sachenrecht

«Was gehört mir, was gehört dir?» – Das scheint die Kernfrage der modernen Leistungsgesellschaft zu sein. Ohne Eigentumsrechte ist eine private Wirtschaft undenkbar. Wer würde Geld und Arbeit investieren wollen, wenn ihm das Ergebnis seiner Arbeit nicht gehörte und er es nicht verwerten könnte? Etwas seinen Besitz oder gar sein Eigentum nennen zu können, ist eine grosse Motivation für ein Engagement. Denn ist man Eigentümer einer Sache, darf man es tauschen oder verkaufen und kommt so zu einem anderen Vermögenswert oder Geld.

Besitz und Eigentum an materiellen Gütern werden im Sachenrecht, dem 4. Teil des ZGB, rechtlich geschützt.

Der **Eigentümer** hat das Verfügungsrecht an der Sache.	Normalfall Eigentümer ist auch Besitzer einer Sache	Der **Besitzer** hat die Möglichkeit, eine Sache zu nutzen.

Eigentum

Art. 641 ZGB «Wer Eigentümer einer Sache ist, kann in den Schranken der Rechtsordnung **über sie nach seinem Belieben verfügen.**» Eigentümer ist derjenige, dem die Sache gehört. Beispielsweise darf der Eigentümer einer Eigentumswohnung sie verkaufen, er darf sie aber auch vermieten. Der Eigentümer eines Wertpapieres darf es verpfänden, verkaufen oder sogar (unklugerweise) vernichten.

Das Eigentum ist das umfassendste Recht an einer Sache (dingliches Recht). Es verleiht die alleinige Herrschaft über eine Sache, unterliegt jedoch den Schranken, die die Rechtsordnung aufstellt.

- Bauvorschriften
- Umweltschutzvorschriften
- Enteignungsrecht des Staates für den Bau und Erhalt der Infrastruktur

Es wird dabei zwischen Grundeigentum (nicht beweglich) und Fahrniseigentum (beweglich) unterschieden.

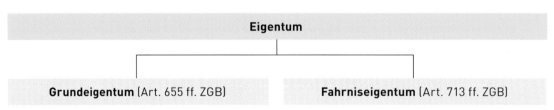

Eigentum	
Grundeigentum (Art. 655 ff. ZGB)	**Fahrniseigentum** (Art. 713 ff. ZGB)

Art des Eigentums	Erwerb	Artikel
Grundeigentum	Zum Erwerbe des Grundeigentums bedarf es der Eintragung in das Grundbuch.	Art. 656 ZGB
Fahrniseigentum	Übergang des Besitzes an den Erwerber. Dass bedeutet, dass man bei Übergabe der Sache Eigentümer wird und nicht bei der Bezahlung.	Art. 714 ZGB

Besitz

Art. 919 ZGB «Wer die tatsächliche Gewalt über eine Sache hat, ist ihr Besitzer.» Besitzer ist also, wer über die Sache verfügt, sie also innehat.

- der Mieter einer Wohnung
- der Käufer bei Eigentumsvorbehalt
- die Bank als Pfandnehmerin

info@klv.ch

Der blosse Besitzer darf die Sache nicht verändern, zerstören, veräussern (= verkaufen) oder verpfänden. Sehr oft sind Eigentümer und Besitzer ein und dieselbe Person; so wird der Käufer einer Ware bei der normalen Übergabe zugleich Besitzer und Eigentümer.

Spezialfall Eigentumsvorbehalt

Beim Kauf einer beweglichen Sache geht das Eigentum normalerweise mit der Übergabe der Kaufsache an den Käufer über – und nicht etwa erst bei der Zahlung. Das erkennt man daran, dass der Käufer mit der Sache tun und lassen kann, was er will, auch wenn sie noch nicht bezahlt ist.

Art. 715 ZGB
Art. 10 KKG

Abweichend davon kann jedoch vereinbart werden, dass der Verkäufer bis zur vollständigen Bezahlung Eigentümer bleibt. Am häufigsten ist ein solcher Eigentumsvorbehalt beim Kauf auf Abzahlung. Er bewirkt, dass die Sache so lange Eigentum des Verkäufers bleibt, als sie noch nicht ganz bezahlt ist.

Wirkungen des Eigentumsvorbehalts

– Beim Kauf unter Eigentumsvorbehalt wird der Käufer vorerst nur Besitzer, aber nicht Eigentümer der Kaufsache. Er darf sie deshalb nur benützen (ähnlich wie eine Mietsache), aber nicht z. B. abändern, veräussern oder zerstören.
– Wenn der Käufer mit seinen Zahlungen in Verzug ist, in Konkurs gerät oder gepfändet wird, kann der Verkäufer die verkaufte Sache vom Käufer zurückfordern. Der Verkäufer muss die bisher erhaltenen Abzahlungen unter Abzug eines Mietzinses und einer Entschädigung für Abnützung zurückerstatten.

Art. 716 ZGB

Ein Eigentumsvorbehalt ist jedoch nur rechtsgültig, wenn er ...

– vor oder spätestens bei der Übergabe der Sache vereinbart wird und
– ins Eigentumsvorbehaltsregister beim Betreibungsamt am Wohnort des Schuldners eingetragen wird.

Wer nichts von dem Eintrag weiss, dem kann der Inhalt des Eigentumsvorbehaltsregisters nicht entgegengehalten werden. Somit erwirbt ein gutgläubiger Erwerber einer unter Eigentumsvorbehalt stehenden Sache das Eigentum an dieser Sache, obwohl der Verkäufer nicht zum Verkauf befugt war.

Art. 933 ZGB

Exkurs: Umgang mit Fundgegenständen

Wer eine Sache findet, ist Besitzer, jedoch nicht Eigentümer dieser Sache. Ein Fundgegenstand darf auch nicht behalten werden, sondern muss dem Eigentümer, der Polizei oder einer mit der Aufsicht betrauten Person (z. B. Hauswart) abgegeben werden, sofern dieser einen Wert von zehn Franken übersteigt.
Sollte der rechtmässige Eigentümer innerhalb von fünf Jahren nicht gefunden werden, erhält der Finder die Sache zu Eigentum. Wird die Sache jedoch zurückgegeben, hat man einen Anspruch auf einen angemessenen Finderlohn (Richtwert zehn Prozent).

Art. 720 ZGB
Art. 722 ZGB

Finderlohn und Umgang mit Fundgegenständen in der Praxis

K 6.38	Ist jemand Eigentümer oder ist er Besitzer einer Sache (oder beides), wenn er ...

Kontrollfragen

K 6.38 Ist jemand Eigentümer oder ist er Besitzer einer Sache (oder beides), wenn er ...
 ... eine Sache gegen Eigentumsvorbehalt verkauft?
 ... einen Fernsehapparat vermietet?
 ... eine Ware gemäss Kaufvertrag geliefert erhält?

**→ Aufgaben
11, 12**

K 6.39 Was ist für den Übergang des Eigentums beim Kauf einer beweglichen Sache nötig?

6.5   Prozessarten

Das Prinzip der Subsidiarität besagt, dass nur diejenigen Aufgaben vom Bund übernommen werden, bei denen es keinen Sinn macht, sie kantonal zu regeln. Hierzu gehört auch das Prozessrecht, in dem geregelt ist, an welchem Ort ein Prozess stattzufinden hat, wie sich die beteiligten Parteien zu verhalten haben und anhand welcher Regeln die Gerichte ihre Urteile fällen. Bis vor einigen Jahren existierten 26 unterschiedliche kantonale Zivilprozessgesetze, die 2011 durch die einheitliche Schweizerische Zivilprozessordnung ersetzt wurden. Damit wurde sichergestellt, dass nicht nur die gleichen Bundesgesetze zur Anwendung kommen, sondern auch die Prozesse an sich einheitlich ablaufen. Die Gerichtsorganisation dagegen ist weiterhin den Kantonen überlassen. Damit bleibt es den Kantonen weitestgehend selber freigestellt, welche Spezialgerichte (u. a. Jugendstrafgericht, Zwangsmassnahmengericht, Kriminalgericht) sie führen und wie die einzelnen Gerichtsinstanzen benannt werden. Im Folgenden gehen wir auf drei Prozessarten detaillierter ein.

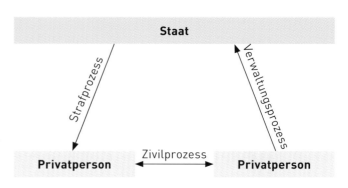

6.5.1   Zivilprozess

Beteiligte Parteien	Zwei Privatpersonen (natürliche oder juristische) Privatperson ←→ Privatperson (Kläger und Beklagter)
Typische Beispiele	Zwei Parteien haben einen Streitfall aus dem Privatrecht. – Ehescheidung – Mietverträge – Erbrecht – Kaufverträge – Arbeitsverträge

Ablauf

Schlichtungsverhandlung	Ein Kläger muss seine Klage in der Regel beim Gericht am Ort des Beklagten einreichen. Man nennt diesen Ort den ordentlichen (d. h. normalen) Gerichtsstand. Der Friedensrichter, auch Vermittler oder Gemeinderichter genannt, kann bei kleinen Streitwerten bis CHF 2000.00, auf Antrag einen Entscheid fällen und in der Regel bis CHF 5000.00 einen Urteilsvorschlag machen. Bei höheren Streitwerten versucht er, zwischen den Parteien zu vermitteln und einen Vergleich herbeizuführen. Wenn ihm das nicht gelingt, erhält der Kläger eine Klagebewilligung, die ihn berechtigt, an das Gericht der ersten Instanz zu gelangen. Die Schlichtungsverhandlung kann in gewissen Fällen auch übersprungen werden, so z. B. bei Scheidungen. In diesem Fall kann man direkt an das Gericht erster Instanz gelangen.
Gericht erster Instanz	In der Regel Bezirks-, Amts-, Kreis- oder Zivilgericht heisst in vielen Kantonen das untere, d. h. erstinstanzliche Gericht. Bei Prozessen mit niedrigem Streitwert (bis CHF 30000.00) amtet in der Regel der Präsident dieses Gerichts als Einzelrichter im Vereinfachten Verfahren. Bei Prozessen mit höherem Streitwert hingegen das ganze Gericht mit drei bis neun Richtern als Kollegialgericht. Damit eine Prozesspartei sich nicht mit dem möglicherweise fehlerhaften Entscheid eines Gerichts abfinden muss, sind als obere Instanzen höhere Gerichte geschaffen worden. Innerhalb einer bestimmten Frist, der Rechtsmittelfrist (oft 30 Tage), kann der Entscheid einer unteren Instanz mittels Berufung oder Beschwerde an die höhere Instanz weitergezogen werden. Wird ein Rechtsmittel nicht oder nicht rechtzeitig ergriffen, so wird das Urteil des erstinstanzlichen Gerichtes rechtskräftig.

Gericht zweiter Instanz	Ober- oder Kantonsgericht. Die Gerichte oberer Instanzen sind in der Regel Kollegialgerichte. Sie entscheiden als Kollegialgericht in der Besetzung von mindestens drei Richtern. Ihre Hauptaufgabe erfüllen sie als Rechtsmittelinstanzen, d. h. als obere Instanz, an die eine Prozesspartei den Entscheid einer unteren Instanz weiterziehen kann.
Bundesgericht	Das ist das oberste schweizerische Gericht mit Sitz in Lausanne. Es wirkt unter anderem als oberste Berufungsinstanz bei zivilrechtlichen Streitigkeiten mit besonders hohem Streitwert, der mindestens CHF 30 000.00 beträgt (Ausnahme Arbeits- und Mietrecht – CHF 15 000.00 und Fälle von grundsätzlicher Bedeutung). Diese Funktion als Rechtsmittelinstanz gegenüber kantonalen Gerichten bewirkt eine weitgehende Einheitlichkeit in der Rechtsprechung des ganzen Landes, da sich die unteren Gerichte bei ihren Urteilen nach früheren Entscheiden (Präjudizen) der oberen Gerichte und diese nach früheren Bundesgerichtsentscheiden richten.

Zusätzliche Informationen

Ein Zivilprozess kommt nur zustande, wenn eine Privatperson (natürliche oder juristische) eine Klage einreicht. Es gilt der Grundsatz: Wo kein Kläger, da ist auch kein Richter.

Grundsätzlich steht es jeder Partei (Kläger und Beklagtem) frei, ihre Rechte vor Gericht selbst zu vertreten. In den meisten Fällen empfiehlt sich jedoch der Beizug eines Anwalts, weil der juristische Laie wichtige Verfahrensvorschriften leicht übersehen kann oder sie gar nicht kennt.

Neben den ordentlichen Zivilgerichten gibt es in verschiedenen Kantonen noch Gerichte mit besonderen Aufgaben, vor allem die folgenden:

- Arbeitsgerichte: Sie entscheiden Streitigkeiten zwischen Arbeitnehmern und Arbeitgebern. Die Arbeitsgerichte sind, damit sie möglichst fachmännisch urteilen können, nicht nur von Berufsrichtern (Juristen) besetzt, sondern zusätzlich von Berufsleuten aus verschiedenen Wirtschaftszweigen. Diese Verfahren sind kostenlos und der Sachverhalt muss von Amtes wegen (und nicht von den Parteien) ermittelt werden.
- Mietgerichte: Sie entscheiden Streitigkeiten aus Miet- und Pachtverhältnissen und sind neben Juristen paritätisch (zu gleichen Teilen) aus Mietern und Vermietern zusammengesetzt. In manchen Kantonen heissen sie «Schlichtungsstelle für Mietangelegenheiten».
- Handelsgerichte: Sie entscheiden Streitigkeiten zwischen im HR eingetragenen Firmen und sind neben Berufsrichtern in wechselnder Zusammensetzung mit sachkundigen Kaufleuten aus verschiedenen Branchen (Laienrichtern) besetzt.

Es wird grundsätzlich zwischen Gerichts- und Parteikosten unterschieden. Die Gerichtskosten sind von der klagenden Partei vorzuschiessen und sind abhängig von dem Streitwert. Die unterliegende Partei hat die Gerichtskosten und Parteikosten zu übernehmen. Obsiegt eine Partei nur teilweise oder einigen sich die Parteien auf einen Vergleich, werden die Gerichts- und Parteikosten geteilt.

Arbeitsgerichte und die Schlichtungsbehörden für Mietverhältnisse arbeiten in der Regel kostenlos. Darin sind die Parteikosten (Anwalt) nicht enthalten.

6.5.2 Strafprozess

Beteiligte Parteien	Staat und Privatperson Staat → Privatperson (Ankläger und Angeklagter)
Typische Beispiele	Hier werden Delikte (strafbare Handlungen) vom Staat beurteilt. – Diebstahl – Einbruch – Betrug – Ehrverletzung – Körperverletzung – Widerhandlungen gegen das Strassenverkehrs-, Waffen- und Betäubungsmittelgesetz

Zusätzliche Informationen

Im Gegensatz zum Zivilprozess ist im Strafprozess eine Verurteilung nur für Handlungen möglich, die im Gesetz ausdrücklich mit Strafe bedroht sind. In einem Rechtsstaat gilt hier der Grundsatz: Keine Strafe ohne Gesetz! Damit ist der Bürger vor staatlicher Willkür geschützt und kann nicht, wie z. B. in einem totalitären Staat, verhaftet und bestraft werden, ohne dass er sich eines Unrechts bewusst ist. In diesem Sinne kann der Bürger sich nicht damit entschuldigen, nichts von der Strafbarkeit seiner Handlung gewusst zu haben, denn normalerweise gilt der Grundsatz: Unkenntnis des Gesetzes schützt vor Strafe nicht!

Bevor ein strafrechtliches Hauptverfahren durch das Strafgericht durchgeführt wird, kommt es stets zu einem Vorverfahren gemäss Strafprozessordnung (polizeiliches Ermittlungsverfahren und Untersuchungen der Staatsanwaltschaft). Die Staatsanwaltschaft nimmt die erforderlichen Untersuchungen vor, wenn sie von einer Straftat erfährt. Hat eine Person in diesem Vorverfahren ihre Schuld eingestanden oder ist die Schuld anderweitig ausreichend geklärt, so erlässt die Staatsanwaltschaft einen Strafbefehl, wenn sie eine der folgenden Strafen für ausreichend hält:

– Busse
– Geldstrafe von höchstens 180 Tagessätzen (bis zu CHF 3 000.00 pro Tag)
– gemeinnützige Arbeit von höchstens 720 Stunden
– Freiheitsstrafe von höchstens sechs Monaten

Gegen den Strafbefehl kann bei der Staatsanwaltschaft innert zehn Tagen schriftlich Einsprache erhoben werden. Ohne gültige Einsprache wird der Strafbefehl zum rechtskräftigen Urteil.

Durch Strafbefehle werden in der Schweiz mehr als 90 % der Delikte erledigt. Die Gerichte werden erheblich entlastet. Die Strafe wird relativ schnell nach der widerrechtlichen, strafbaren Handlung festgelegt und ist deshalb sehr wirkungsvoll.

Der Strafprozess kann nicht nach Belieben der Parteien abgebrochen werden, er muss zu Ende geführt werden. (Ausnahmen bei Antragsdelikten und Ehrverletzungsprozessen). Dabei liegt die Beweislast ganz bei der Anklagebehörde. Im Strafrecht unterscheidet man:

Antragsdelikte

Hier überlässt es der Staat dem Geschädigten, ob er einen Strafantrag stellen will oder nicht.

Diebstahl zum Nachteil eines Angehörigen

Offizialdelikte

Hier verfolgt der Staat eine Straftat von Amtes wegen (lateinisch officium = Amt).

Schwere Vergehen, Verbrechen

6.5.3 Verwaltungsverfahren

Beteiligte Parteien	Staat und Privatperson Privatperson → Staat
Typische Beispiele	Hier werden Einsprachen der Privatpersonen gegen die Verwaltungsbehörden behandelt. – Baurecht – Fürsorgewesen – Steuerrecht – Ausländerrecht – Straf- und Massnahmenvollzug – Administrativmassnahmen im Strassenverkehr – Polizeirecht

Zusätzliche Informationen

Die Verwaltungstätigkeit von Bund, Kantonen und Gemeinden erstreckt sich vor allem auf folgende Gebiete: Bauwesen, Schulen, Finanzen (Steuern, Zölle, Abgaben), AHV und andere Sozialversicherungen, Gesundheitswesen, öffentliche Betriebe (SBB, Die Post, Elektrizitätswerke u. a.), Militär und Polizei. Diese Aufgaben haben in der letzten Zeit immer mehr zugenommen, und entsprechend umfangreich ist heute das Verwaltungsrecht, ein wichtiger Teil des öffentlichen Rechts.

Ähnlich wie ein Richter hat auch eine Verwaltungsbehörde bei ihren Entscheiden oft einen gewissen Spielraum des Ermessens, da im Gesetz nicht alle denkbaren Fälle im Voraus geregelt werden können. So kann z.B. ein Bauamt je nachdem die Bewilligung zum Bau eines Hauses erteilen oder verweigern. Damit der Ermessensspielraum aber nicht zu gross wird oder sogar reine Willkür der Behörde (oder eines einzelnen Beamten) herrscht, müssen dabei gewisse Grundsätze des Rechtsstaates eingehalten werden. Die wichtigsten davon sind:

– Gesetzmässigkeit der Verwaltung (Legalitätsprinzip)
  Jede Verwaltungstätigkeit muss sich auf eine gesetzliche Grundlage stützen, im vorhin genannten Beispiel auf Baugesetz und -verordnung.
– Schutz der Grund- und Bürgerrechte
  Auch die Verwaltungsbehörden müssen die durch die Verfassung garantierte Rechtsgleichheit und die Freiheitsrechte des Bürgers respektieren.
– Verhältnismässigkeit
  Ein behördlicher Eingriff in die Rechte des Bürgers ist nur so weit zulässig, als er wirklich notwendig ist; die Schwere des Eingriffs muss in einem vernünftigen Verhältnis zur Bedeutung des angestrebten Zweckes stehen (so z.B. bei einem Demonstrationsverbot oder bei einem Polizeieinsatz). Der Staat soll nur eingreifen, wenn es nötig ist oder im öffentlichen Interesse liegt (so z.B., um Verkehrsstörungen oder Unruhen zu vermeiden).

Einsprache, Rekurs, Verwaltungsbeschwerde
Damit diese Grundsätze wenn nötig auch durchgesetzt werden können, muss sich das betroffene Rechtssubjekt (Bürger) gegen ungerechtfertigte Verfügungen der öffentlichen Verwaltung wehren können, so z.B. gegen die Verweigerung einer Baubewilligung, eine zu hohe Steuerrechnung oder den Entscheid einer Schulpflege oder einer Prüfungskommission.

Damit der betroffene Bürger weiss, mit welchem dieser Rechtsmittel er sich wehren kann, muss dem Verwaltungsentscheid ähnlich wie bei einem Gerichtsurteil eine Rechtsmittelbelehrung angefügt werden.

Bürger können sich wehren:

– mittels Einsprache, die bei der gleichen Instanz eingereicht wird
– mit einem Rekurs (z.B. Steuerrekurs) oder einer Verwaltungsbeschwerde an eine höhere Instanz
– durch eine Klage oder Beschwerde vor Gericht. (Für eine Klage bzw. Beschwerde gibt es in den Kantonen ein besonderes Verwaltungsgericht, das eine von der Verwaltung unabhängige Instanz ist.)

> Der Lehrling Michael B. hat die Lehrabschlussprüfung nicht bestanden und das Fähigkeitszeugnis nicht erhalten. Er erhebt Einspruch gegen den Entscheid der Prüfungskommission, weil er glaubt, eine Fachnote sei falsch berechnet worden. Die Prüfungskommission teilt ihm mit, dass sie seine Einsprache abweisen muss, und begründet ihren Entscheid. Sie fügt den folgenden Vermerk an, genannt ...

– Rechtsmittelbelehrung
  Gegen diesen Entscheid kann innert 30 Tagen seit der Mitteilung Rekurs an das Amt für Berufsbildung des Kantons Zürich, 8005 Zürich, erhoben werden. Ein allfälliger Rekurs ist schriftlich einzureichen. Die Rekursschrift muss einen bestimmten Antrag und dessen Begründung enthalten. Die Rüge der Unangemessenheit ist ausgeschlossen.

K 6.40 Welches Verfahren kommt in den folgenden Fällen zur Anwendung?
    a) Ein Bürger geht gerichtlich gegen die Steuerrechnung des Kantons vor.
    b) Jemand möchte gerichtlich erreichen, dass sein Nachbar einen im Laufe der Jahre enorm gewachsenen Baum fällt.
    c) Ein junger Mann muss sich vor Gericht verantworten, weil er nachts einen ihm unbekannten Passanten überfallen und mittelschwer verletzt hat.

Kontrollfragen

d) Ein Landwirt zeigt jemanden wegen Diebstahls an, weil er im «Blumenland» einen grossen Blumenstrauss gepflückt hat und davoneilte, ohne zu bezahlen.

e) Ein Versandhaus klagt gegen eine Kundin, die eine Forderung über CHF 243.00 bestreitet und nicht bezahlt.

f) Ein Automobilist bestreitet, sein Auto gefahren zu sein, als es mit erheblicher Geschwindigkeitsüberschreitung von einem Radarsystem erfasst wurde.

K 6.41 Wie heissen die beiden Parteien im Strafprozess und wie im Zivilprozess?

K 6.42 Wer ist in einem Prozess beweispflichtig?

K 6.43 Wie heisst der in einem Gerichtsurteil enthaltene Hinweis, dass es an eine höhere Instanz weitergezogen werden kann?

→ **Aufgaben**
13, 14, 15, 16, 17

K 6.44 Stimmt der Satz: «Neben dem öffentlichen Recht und dem Privatrecht gibt es ein drittes grosses Rechtsgebiet: das Verwaltungsrecht.»?

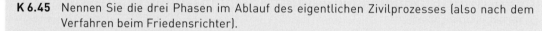

K 6.45 Nennen Sie die drei Phasen im Ablauf des eigentlichen Zivilprozesses (also nach dem Verfahren beim Friedensrichter).

K 6.46 In welchen Fällen kommt es im Zivilprozess nicht bis zum Urteilsverfahren?

K 6.47 Wie heisst ...
a) ... das Streitverfahren vor dem Friedensrichter?
b) ... das Gerichtsverfahren zur Anfechtung behördlicher Entscheide?

K 6.48 Was ist Voraussetzung für das Zustandekommen eines Zivilprozesses?

K 6.49 Wo befindet sich in der Regel der ordentliche Gerichtsstand für einen Zivilprozess?

K 6.50 Geben Sie einen anderen Ausdruck für «Delikt».

K 6.51 a) Welche zwei Arten von Delikten unterscheidet das Strafrecht in Bezug auf die Strafverfolgung? Erklären Sie die beiden Begriffe.
b) Zu welcher Gruppe gehören wohl ...
... Mord und schwere Körperverletzung?
... Beschimpfung, Ehrverletzung, Zechprellerei?

K 6.52 Kann ein Prozess vor Gericht abgebrochen werden?

K 6.53 Nennen Sie Rechtsmittel für den Weiterzug von Gerichtsurteilen.

K 6.54 Welche Wirkung auf die Rechtsprechung hat die Möglichkeit des Weiterzugs von Gerichtsurteilen?

K 6.55 An wen hat der Kläger (in den meisten Kantonen) zu gelangen, bevor er eine Klage beim ordentlichen Gericht einreichen kann?

K 6.56 In welchen Fällen entscheidet diese Stelle endgültig?

K 6.57 Was ist der Gegensatz zu «Kollegialgericht»?

K 6.58 Ordnen Sie die folgenden Gerichte in der Reihenfolge des sogenannten Instanzenzuges, d.h. vom untersten zum obersten: Bundesgericht – Friedensrichter – Obergericht – Bezirksgericht. Welche dieser Gerichte sind kantonale Gerichte?

K 6.59 Nennen Sie mindestens zwei Sondergerichte.

K 6.60 Beschreiben Sie in kurzen Worten die drei wichtigsten rechtsstaatlichen Grundsätze, die bei Verwaltungsentscheiden einzuhalten sind.

K 6.61 Wie heisst der Spielraum, über den die öffentliche Verwaltung innerhalb der Gesetze verfügt, den sie aber nicht durch Willkürentscheide überschreiten darf?

K 6.62 Wie heisst das Gericht, das in vielen Kantonen für Beschwerden bei den Verwaltungsbehörden zuständig ist?

K 6.63 Genügt ein Rekurs, der ausser der Unterschrift nur aus dem folgenden Satz besteht: «Ich erhebe Einsprache gegen Ihren Entscheid vom 10.07.20..»? Antwort bitte mit Begründung.

6.6 Auf den Punkt gebracht

Recht

Rechtssatz (generell abstrakt)

Rechtsfolge

Logischer Schluss

Rechtsfolge (individuell konkret)

Tatbestandsmerkmale

Argumentationsschluss

Sachverhalt

Lebenswelt

Moral

Sitte

Recht

Privatrecht

ZGB
OR

Rechtsquellen

Geschriebenes Recht
– Verfassung
– Gesetze
– Verordnungen

Gewohnheitsrecht

Richterrecht

Gleichstellungsverhältnis
Private Angelegenheiten
Privatperson – Privatperson
Mehrheitlich dispositive Vorschriften

Öffentliches Recht

Strafrecht
Verwaltungsrecht
Völkerrecht

Unterordnungsverhältnis
Öffentliche Angelegenheiten
Staat – Privatperson/Staat
Zwingende Vorschriften

Allgemeine Rechtsgrundsätze

Handeln nach Treu und Glauben
Guter Glaube
Beweislast

Personenrecht

Sachenrecht

Besitz [Art. 919 ZGB]

Eigentum [Art. 641 ff. ZGB]

Grundeigentum [Art. 655 ZGB]

Fahrniseigentum [Art. 713 ZGB]

Rechtssubjekte

Natürliche Personen [Art. 11 ZGB]

Juristische Personen [Art. 52 ZGB]

Rechtsfähigkeit [Art. 11 und 31 ZGB]

Handlungsfähig [Art. 12, 13, 14 und 16 ZGB]

Stufen der Handlungsfähigkeit

Beschränkt handlungsfähig [Art. 19 ZGB]

Handlungsunfähig [Art. 17 und 18 ZGB]

Rechtsfähigkeit [Art. 53 ZGB].

Handlungsfähigkeit [Art. 54 ZGB]

Strafprozess
Staat ⟶ Privatperson

Verwaltungsverfahren
Staat ⟶ Privatperson

Zivilprozess
Privatperson ⟷ Privatperson

Aufgaben zu Kapitel 6

1. **Moral, Sitte und Recht**

   Moral, Sitte und Recht sind nicht immer leicht und eindeutig voneinander abzugrenzen. Versuchen Sie es trotzdem, indem Sie ein oder zwei Verbindungen sowohl von den Beispielen wie auch von den Merkmalen zu den drei grundlegenden Begriffen ziehen.

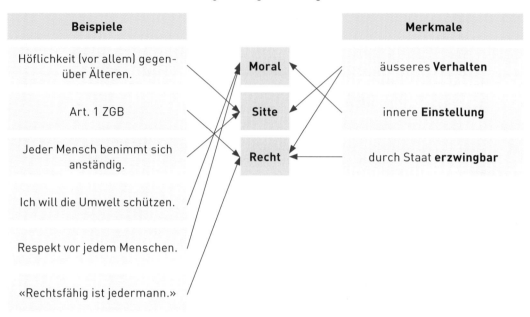

2. **Handy-Stalking**

   # Ewiges Handy-Verbot

   Rom. SDA/APA. Zwei junge Italiener müssen lebenslang auf ihr Handy verzichten.

   Das beschloss das Römer Kassationsgericht in dritter und letzter Instanz. Die beiden Jugendlichen verfolgten ihre Ex-Freundinnen monatelang per SMS und Telefonanrufen. Mit dem Präzedenzurteil wollen die italienischen Richter das Stalking – die Verfolgung von Personen unter anderem mit Telefonanrufen und Drohungen – bekämpfen.

   Die beiden verurteilten Jugendlichen aus der norditalienischen Stadt Vicenza hatten sich mit dem Ende ihrer Beziehungen nicht abgefunden. Tag und Nacht belästigten sie per Handy ihre Ex-Freundinnen, bedrohten sie mit dem Tod und schickten Obszönitäten über das Mobilfunknetz. Erstinstanzlich hatte ein Richter die Handys der Burschen beschlagnahmt.

   Dies blieb wirkungslos. In zweiter Instanz verbot dann ein Gericht den Mobilfunkgesellschaften, Verträge mit den beiden abzuschliessen. Freunde oder Verwandte, die den Jugendlichen ihr Telefon ausleihen, machen sich mitverantwortlich, betonte der Richter. © BaZ

   a) Was wurde in den jeweiligen **Instanzen** (gerichtlicher Verfahrensabschnitt) entschieden?

1. Instanz	Ihre Handys wurde vom Richter beschlagnahmt.
2. Instanz	Verbot gegenüber den Mobilfunkgesellschaften, mit ihnen einen Vertrag abzuschliessen.
3. Instanz	Lebenslanges Handyverbot

b) Alle Rechtsvorschriften (Regeln, Vorschriften, Verhaltensnormen) zusammengenommen nennt man Rechtsordnung. Die Rechtsordnung basiert auf drei Grundbereiche:
→ Sitte und Brauch bezeichnen ein zur Tradition gewordenes Verhalten der Bevölkerung.
→ Die Moral/Ethik orientiert sich an den Grundwerten wie Gerechtigkeit und Wahrheit. Dabei geht es um eine Einstellung, um eine Haltung zu allen Fragen des Lebens.
→ Das Recht ist ein Sammelbegriff für alle in einem Staat geltenden «Spielregeln» wie Verfassung, Gesetze und Verordnungen.

Sind die unten aufgelisteten Aussagen eher der Moral, der Sitte oder dem Recht zuzuordnen? (Mehrfachkombinationen sind möglich.)

		Moral	Sitte	Recht
b₁)	Er liebt seine Exfreundin immer noch.	✘		
b₂)	Deshalb kennt die Eifersucht des Jugendlichen keine Grenzen.	✘		
b₃)	Trotzdem gehört es sich nicht, eine Person derart zu belästigen.		(✘)	✘
b₄)	Der Staat erliess Gesetze, um Täter zur Rechenschaft zu ziehen.			✘
b₅)	Der 16-Jährige muss den Entscheid seiner Freundin akzeptieren.	(✘)	✘	
b₆)	Der Rechtsspruch der dritten Instanz beinhaltet ein Verbot.			✘
b₇)	Die Exfreundin verliess ihn, weil er nicht ehrlich zu ihr war.	✘		

c) Gegen welche Regeln der Gesellschaft hätte der Jugendliche in der Schweiz verstossen? Erwähnen Sie die dazugehörenden Gesetzesartikel.

Er verstiess gegen die Sitte und das Recht der Gesellschaft.

Sitte: Der Jugendliche verstiess gegen den Anstand, Benehmen, Höflichkeit etc, also Grundwerte der Gesellschaft.

Recht: Er verletzt widerrechtlich jemanden in seiner Persönlichkeit. (ZGB 27 und 28)

d) Welche der vorherig genannten Grundlagen der Rechtsordnung enthalten Regeln der Gesellschaft, die erzwingbar sind? Und welche sind nicht erzwingbar? Warum?

Erzwingbar: Recht

Es sind Regeln (Gesetze), die vom Staat erlassen und von der Gesellschaft anerkannt worden sind. Sie werden von staatlichen Organen (Behörden, Polizei, Gerichte) auch durchgesetzt.

Nicht erzwingbar: Sitte/Brauch und Moral. Es sind Regeln, die im täglichen Zusammenleben der Menschen entstanden sind. Sie sind nicht mit staatlicher Gewalt durchsetzbar.

3. **Rechtsquellen**

a) Das ZGB beschreibt im Artikel 1 die verschiedenen Rechtsquellen, mit denen rechtliche Probleme beurteilt werden sollen. Lesen Sie Art. 1 im ZGB. Welche Formulierungen der aufgeführten Absätze des Artikels sind den genannten Rechtsquellen zuzuordnen?

   A Geschriebenes Recht

   B Gewohnheitsrecht

   C Richterrecht

Art. 1 Abs. 1 ZGB	Wortlaut (= genaue Formulierung des Textes) oder Auslegung (= Sinndeutung des Wortlauts) einer Bestimmung im ZGB	A
Art. 1 Abs. 2 ZGB	Kann dem Gesetz keine Vorschrift entnommen werden, so soll das Gericht nach Gewohnheitsrecht …	B
Art. 1 Abs. 2 und 3 ZGB	Überlieferung und nach der Regel entscheiden, die es als Gesetzgeber aufstellen würde	C

b) Ordnen Sie die folgenden vier Zitate den in der Teilaufgabe a) genannten Rechtsquellen A, B und C zu.

B

«Zahlt ein Arbeitgeber mindestens drei Jahre lang am Jahresende eine Gratifikation oder eine Erfolgsbeteiligung aus, ohne dass er ausdrücklich darauf hingewiesen hat, dass es sich um eine freiwillige Leistung handelt, so hat man als Angestellter auch künftig Anspruch auf diesen Zustupf.» (srf.ch)

C

«Art. 9 BV; Art. 24 Abs. 2 BV; Abmeldebestätigung der Einwohnerkontrolle.

Es verstösst gegen das Willkürverbot, einer Person die polizeiliche Abmeldung nicht zu bestätigen, weil sie offene Steuerschulden hat.» (Aus BGE 127 I 97)

A

«Schutz vor Willkür und Wahrung von Treu und Glauben

Jede Person hat Anspruch darauf, von den staatlichen Organen ohne Willkür und nach Treu und Glauben behandelt zu werden.» (Art. 9 BV)

C

«4. Unter diesen Umständen ist noch über die Verteilung und die Festsetzung der Prozesskosten zu befinden. Die Parteien beantragen, diese der jeweils anderen Partei aufzuerlegen.

   a) Nach Art. 106 ZPO werden die Prozesskosten grundsätzlich der unterliegenden Partei auferlegt. Nach Art. 107 Abs. 1 Bst. e ZPO kann das Gericht indes von den Verteilungsgrundsätzen abweichen und die Prozesskosten namentlich dann nach Ermessen verteilen, wenn das Verfahren als gegenstandslos abgeschrieben wird und das Gesetz nichts anderes vorsieht. […]» (Kantonsgericht Staat Freiburg, Schweiz)

4. Welche der folgenden Aussagen über das **dispositive** (ergänzende) Recht sind richtig, welche sind falsch?

		R	F
a)	Das dispositive Recht umfasst alle Rechtsnormen, die nicht durch vertragliche Abmachungen abgeändert werden dürfen.		✗
b)	Diese Vorschriften gelten nur, wenn die Vertragsparteien nichts oder nicht etwas anderes vereinbart haben.	✗	
c)	Es sind Rechtsvorschriften, die nur für den Schuldner Gültigkeit haben, nicht auch für den Gläubiger.		✗
d)	Dispositives Recht regelt die Beziehungen zwischen Bürger und Staat.		✗
e)	Dispositives Recht kommt im Privatrecht vor, nicht im öffentlichen Recht.	✗	
f)	Durch dispositive Rechtsvorschriften wird der Gläubiger bevorzugt.		✗

5. Ordnen Sie die Sachverhalte (z. T. Gesetzeszitate) den verschiedenen Gebieten des öffentlichen Rechts zu.

A = Völkerrecht　　**B** = Staatsrecht　　**C** = Verwaltungsrecht　　**D** = Strafrecht
E = Steuerrecht　　**F** = Strassenverkehrsgesetz　　**G** = Zivilprozessordnung

a)	Wer in angetrunkenem Zustand ein Motorfahrzeug fährt, wird mit Busse bestraft.	F
b)	Die Befugnis Mehrwertsteuer zu erheben, ist durch die Verfassung (Art. 106 BV) bis 2020 befristet.	B
c)	Die Schweiz will mit mehreren Nachbarländern Abkommen über die Information zu Bankdaten schliessen.	A
d)	Das Gesuch um Zugang zu amtlichen Dokumenten ist an die Behörde zu richten, die das Dokument erstellt.	C
e)	Auf Antrag sämtlicher Parteien tritt eine Mediation an die Stelle des Schlichtungsverfahrens.	G
f)	Die Erben unterstützen die Verwaltung vorbehaltlos bei der Feststellung der hinterzogenen Vermögens- und Einkommensbestandteile.	E
g)	Wer sich eine ihm anvertraute fremde bewegliche Sache aneignet, um sich oder einen andern damit unrechtmässig zu bereichern.	D

6. **Tatbestand und Rechtsfolge**
Sachverhalt: Felix Suter lebt mit Rose, seiner Konkubinatspartnerin, zusammen. Felix hat seinem Neffen Marc sein drei Jahre altes gebrauchtes Auto geschenkt, als er sich ein neues Fahrzeug kaufte. Wenige Monate später entwendet Marc aus dem Besitz von Rose CHF 5000.00, weil er in Geldnöten steckte. Felix Suter verlangt nun von dem undankbaren Neffen das geschenkte Auto zurück.

a) Im Art. 249 OR liest Felix Suter:

> «Bei der Schenkung von Hand zu Hand und bei vollzogenen Schenkungsversprechen kann der Schenker die Schenkung widerrufen und das Geschenkte, soweit der Beschenkte noch bereichert ist, zurückfordern:
> 1. wenn der Beschenkte gegen den Schenker oder gegen eine diesem nahe verbundene Person eine schwere Straftat begangen hat; [...]»

a₁) Nennen Sie die **Tatbestandsmerkmale** dieses Artikels.

Der Beschenkte begeht gegen den Schenker oder gegen eine diesem nahe verbundene

Person eine schwere Straftat. Der Beschenkte ist noch bereichert.

a₂) Wie lautet die **Rechtsfolge**?

Der Schenker kann die Schenkung widerrufen und das Geschenkte zurückfordern.

a₃) Tritt diese Rechtsfolge in dem geschilderten Fall ein? Begründen Sie Ihre Antwort.

Felix Suter kann das geschenkte Auto zurückverlangen, denn der Neffe hat eine Straftat

(Diebstahl) begangen.

b) Dieses Gesetz zählt zum **privaten Recht**. Nennen Sie ein Unterscheidungsmerkmal zum **öffentlichen Recht**.

– Das öffentliche Recht regelt Rechtsverhältnisse zwischen Staat und Privaten, das private

 Recht solche nur zwischen Privaten. Oder:

– Im öffentlichen Recht gilt der Grundsatz der Unterordnung, im Privatrecht der Grundsatz

 der Gleichordnung (oder Gleichstellung). Oder:

– Öffentliches Recht ist zwingendes Recht, privates Recht zum grossen Teil ergänzendes

 Recht.

c) Nennen Sie zwei Gesetze, die zum öffentlichen Recht gezählt werden.

Beispiele: SchKG, BBG, AHV-Gesetz, StGB, SVG (= Strassenverkehrsgesetz)

7. Geben Sie an, ob es sich bei den nachstehenden Rechtsnormen um öffentliches Recht oder um Privatrecht handelt. Geben Sie weiter an, welchem Gebiet des öffentlichen Rechts bzw. welchem Teil des Privatrechts diese Rechtsnormen entnommen worden sind.
Beispiele: «Alle Menschen sind vor dem Gesetze gleich.» = öffentliches Recht/Staatsrecht
«Die Aktien lauten auf den Namen oder auf den Inhaber.» = Privatrecht/Obligationenrecht

a) «Oberstes Organ der Aktiengesellschaft ist die Generalversammlung der Aktionäre.»

Privatrecht, Obligationenrecht

b) «Das Konkursamt macht den Abschluss des Konkursverfahrens öffentlich bekannt.»

Öffentliches Recht/ Verfahrensrecht (SchKG)

c) «Die Berufsprüfungen stehen unter der Aufsicht des Bundes.»

Öffentliches Recht/Verwaltungsrecht

8. Welche der folgenden Aussagen sind richtig? Mit Begründung bei den falschen Sätzen.

		R	F
a)	Das Legalitätsprinzip bedeutet: Die staatlichen Organe müssen ihre Entscheide auf Gesetze stützen können. Begründung: _____	✗	
b)	Judikative und Judikatur sind dasselbe. Begründung: Judikative = richterliche Behörde, Judikatur = Rechtsprechung, Gesamtheit der Gerichtsurteile		✗
c)	Handelsusanzen gehören zum Gewohnheitsrecht. Begründung: _____	✗	
d)	Gewohnheitsrecht hat nur dort Gültigkeit, wo gesetzliche Regelungen fehlen. Begründung: _____	✗	
e)	Zuständig für den Erlass von Bundesgesetzen ist der National- und Ständerat. Begründung: _____	✗	
f)	Wenn eine kantonale Amtsstelle Büromaschinen und Büromöbel einkauft, ist das eine Angelegenheit des öffentlichen Rechts. Begründung: Bei diesem Geschäft ist die Amtsstelle ein Vertragspartner gemäss OR (Privatrecht). Bei einem Rechtsstreit kommt deshalb nicht öffentliches Recht zur Anwendung.		✗
g)	Ein Lehrverhältnis untersteht zugleich dem öffentlichen und dem Privatrecht. Begründung: _____	✗	
h)	Bei Auslegung von Vertragstexten hat das Kleingedruckte meist keine Bedeutung. Begründung: Das Kleingedruckte ist grundsätzlich Bestandteil des Vertrages (sofern es nicht geradezu verborgen und für den Vertragspartner sehr leicht zu übersehen ist).		✗

9. Beurteilen Sie, ob diese Verträge ohne ausdrückliche Zustimmung des gesetzlichen Vertreters gültig sind.

a) Ein 17-jähriger Mittelschüler nimmt bei einer Bank ein Darlehen für CHF 5 000.00 auf.

Nicht gültig, da 17-Jähriger nicht voll handlungsfähig

_____

b) Ein 9-jähriges Mädchen kauft eine Tafel Schokolade. (Obwohl dabei nichts schriftlich vereinbart und auch nicht auf Kredit gekauft wird, handelt es sich rechtlich gesehen um einen Kaufvertrag.)

Gültig

c) Ein 14-jähriger Sekundarschüler kauft in der Buchhandlung ein Schulbuch für CHF 15.00 auf Kredit.

Gültig, da geringer Betrag

d) Der gleiche Schüler bestellt ein 10-bändiges Lexikon für CHF 900.00.

Ungültig (gültig nur mit Zustimmung des gesetzlichen Vertreters)

e) Eine 17-jährige Lehrtochter mit einem Monatslohn von CHF 800.00 kauft ein Mofa für CHF 1 600.00.

Gültig, da selbstverdienend

10. Welche Aussagen aus dem **Personenrecht** sind richtig? Mit Begründung bei den falschen Sätzen:

		R	F
a)	Handlungsfähigkeit im Sinne des ZGB setzt Volljährigkeit und Urteilsfähigkeit voraus. Begründung:	✗	
b)	Vertragsfähigkeit setzt Handlungsfähigkeit voraus. Begründung:	✗	
c)	Ein Richter ist eine juristische Person im Sinne des ZGB. Begründung: Er ist eine natürliche Person. Juristische Personen sind künstliche Rechtsgebilde.		✗
d)	Ein Kleinkind ist rechtsfähig. Begründung:	✗	
e)	Die Fähigkeit, Rechte und Pflichten zu haben, heisst Handlungsfähigkeit, und solche zu begründen heisst Rechtsfähigkeit. Begründung: Gerade umgekehrt wäre richtig.		✗
f)	Ein urteilsfähiger Minderjähriger ist beschränkt handlungsfähig. Begründung: Er ist beschränkt handlungsunfähig.		✗

info@klv.ch

11. **Besitz oder Eigentum?**

	Besitz	Eigentum
K. Sutter wohnt in einem Haus, das er zu 60 % durch ein Hypothekardarlehen finanziert.	✘	✘
In einem Test benutzt Beat den Taschenrechner seines Kollegen.	✘	
Sandra kauft einen MP3-Player. Der Verkäufer überreicht das Gerät.	✘	✘
Laura hütet während der Ferien die Meerschweinchen der Nachbarn bei sich zu Hause.	✘	

12. Eines Tages finden Sie auf der Strasse ein Portemonnaie mit CHF 200.00 Inhalt. Dürfen Sie sich als Eigentümer dieser Fundsache betrachten oder können Sie Eigentümer werden? Was haben Sie zu tun? Art. 720 ff. ZGB gibt Ihnen genauen Aufschluss. Was versteht man wohl unter Fundunterschlagung?

Sie dürfen sich nicht als Eigentümer der Fundsache betrachten, sondern müssen den Verlierer benachrichtigen. Wenn er nicht bekannt ist, muss der Fund der Polizei angezeigt werden, sofern der Wert der Sache zehn Franken übersteigt. Ausserdem hat der Finder die Sache angemessen aufzubewahren (so müsste er z. B. ein gefundenes und aufgenommenes Tier auch ernähren). Wenn der Eigentümer der Sache gefunden werden kann, muss er dem Finder die entstandenen Kosten vergüten und einen Finderlohn zahlen.

Wenn sich der Verlierer nicht finden lässt, so darf sich der Finder erst nach einer Frist von fünf Jahren als rechtmässiger Eigentümer betrachten. Bei Tieren, die im häuslichen Bereich und nicht zu Vermögens- und Erwerbszwecken gehalten werden, beträgt die Frist zwei Monate. Art. 722 ZGB.

Würden Sie einen Fund nicht wie vorgeschrieben anzeigen, sondern einfach für sich behalten, so wäre das eine Fundunterschlagung und strafbar (Art. 141 und Art. 332 des StGB).

13. Welche Verfahren kommen infrage bei Auseinandersetzungen zwischen Bürgern und Staat? Setzen Sie die Ausdrücke auf die Linien. Welche der drei Verhältnisse unterliegen dem öffentlichen und welche dem Privatrecht?

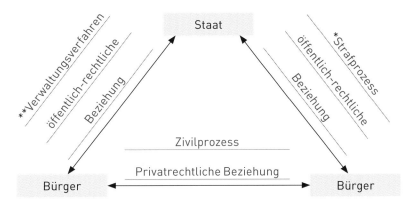

14. a) Kreuzen Sie bei den folgenden Aussagen jene an, die für einen **Zivilprozess** zutreffen.

a₁)	Die Parteien nennt man Kläger und Angeklagter.
a₂)	Im Gerichtsurteil wird festgehalten, ob sich eine Partei strafbar gemacht hat.
a₃)	Die richterliche Instanz beurteilt grundsätzlich nur die durch die Parteien vorgebrachten und bewiesenen Tatsachen. ✖
a₄)	Der Kläger wird vertreten durch den Staatsanwalt.
a₅)	Eine Rechtsmittelbelehrung ist beim Zivilprozess nicht möglich.
a₆)	Gegenstand des Streites sind hauptsächlich Angelegenheiten aus dem OR und ZGB. ✖

b) In Art. 8 ZGB ist die **allgemeine Beweispflicht** geregelt. Nennen Sie im folgenden Streitfall, was der Kläger beweisen muss: Die ARBECO AG klagt die sie konkurrenzierende ARBIXO AG ein und verlangt eine Änderung des Geschäftsnamens der ARBIXO AG gemäss Art. 956 Abs. 2 OR.

Beweis von ARBECO AG:

Verwechslungsgefahr, Beeinträchtigung durch unbefugten Gebrauch der Firma.

15. Ordnen Sie die folgenden **Verfahren** ...

A = Zivilprozess   **C** = Verwaltungsverfahren
B = Strafprozess   **D** = Zwangsvollstreckung

... den nachfolgenden Sachverhalten zu. Es sind nur die Buchstaben anzugeben:

a)	H. Hasselbach hat in einer Villa, ohne weiteren Schaden anzurichten, Schmuck im Wert von CHF 200 000.00 gestohlen. Der Schmuck konnte bei der Verhaftung von Hasselbach sichergestellt und dem Eigentümer bereits zurückgegeben werden.	B
b)	K. Kurt schuldet aufgrund einer Schuldanerkennung B. Braun CHF 2500.00, die er nicht bezahlen will.	D
c)	G. Ganz möchte sich von seiner Frau scheiden lassen.	A
d)	B. Bauer hat ein Baugesuch für den Bau einer grösseren Einstellhalle eingereicht. Dieses Baugesuch ist wegen eines Formfehlers abgewiesen worden. B. Bauer ist damit nicht einverstanden.	C
e)	S. Späth liefert die vertraglich fix zugesicherten Waren nicht rechtzeitig. Z. Zack möchte Schadenersatz im Sinne des Verspätungsschadens geltend machen.	A
f)	Die Cobourg AG ficht die Projektvergabe für ein Innenstadtparking der Regierung gerichtlich an.	C

16. **Wirtschaftsprozess**
Versuchen Sie die folgenden Ausdrücke in die Textlücken des Zeitungsausschnittes einzusetzen:

Appellationsgericht / Berufung / Strafe / dritter Instanz / erster Instanz / erstinstanzlichen Urteil / Forderungsklage / Freispruch / höhere Gerichte / juristische / Konkurs / Neubeurteilung / oberste / rechtskräftigen / Vorinstanzen / strafrechtlichen / zweite Instanz

Die Geschichte holt die Zürcher Bank Furoire ein

Die belgische Justiz hat in _dritter Instanz_ **ein Urteil zugunsten der Bank aufgehoben.**

Die Geschichte geht zehn Jahre zurück: Die Bank hatte Ende der 90er-Jahre von der Genfer Gio die belgische Gesellschaft Simoni übernommen. Diese war als Holding für verschiedene Beteiligungen gedacht. Eine davon sollte die Zenossi sein, an der die Furoire bereits beteiligt war und weitere Optionen hielt. Kaum eingestiegen, verkaufte die Zürcher Bank die Firmen wieder an die Gio. Im Oktober 1992 ging das Gio-Konglomerat in den _Konkurs_, der Scherbenhaufen betrug fünf Mrd. Franken. Seither läuft die _juristische_ Aufräumarbeit.

2006 schloss die Furoire mit der belgischen Justiz ein Agreement ab, in dem die rechtlich umstrittenen und undurchsichtigen Handänderungen bereinigt wurden. Dank der Vereinbarung sollten alle zivil- wie _strafrechtlichen_ Verfahren vom Tisch sein. Ein schweizweit bekannter Manager erhielt unter diesen Bedingungen eine bedingte _Strafe_ von 22 Monaten; jener sprach von einem _Freispruch_.

Neue Verfahren. Entgegen den Erwartungen der Furoire war die Geschichte damit nicht vorbei. Im Jahr 2010 legte ein ehemaliger Mitarbeiter offen, dass im Zusammenhang mit dem Konkurs der Zenossi erneut Verfahren gegen die Furoire eröffnet worden seien. Zum einen ein Verantwortlichkeitsprozess, der gemäss Aussagen des Pressesprechers noch in _erster Instanz_ feststecke. Zum anderen eine _Forderungsklage_, in der sich die Furoire auf gutem Weg wähnte. Doch der _oberste_ Gerichtshof hob die Klageabweisung der Vorinstanz auf und wies den Fall zur _Neubeurteilung_ zurück. Die schriftliche Begründung steht noch aus.

Hintergrund dieses Verfahrens ist eine Option in Höhe von 45 Millionen Franken auf die Zenossi, die von der Furoire im raschen Kauf und Verkauf ihrer Tochterfirmen nicht wahrgenommen wurde. Die Kläger argumentieren, es habe sich in Wirklichkeit um einen nicht vollzogenen Kauf und nicht wie behauptet um eine blosse Option gehandelt.

Kehrtwende. Im Furoire-Jahresbericht 2010 ist die Rede von einem _erstinstanzlichen_ _Urteil_ zur Zahlung von zig-Millionen Franken. Die Bank rekurrierte und hielt einen Mittelabfluss für unwahrscheinlich; grössere Rückstellungen wurden nicht gemacht. Ein belgisches _Appellationsgericht_ warf den Entscheid des Einzelrichters bereits um und sprach sich gegen die Forderung aus. Nun, einige Jahre später, ist auch dieses Urteil nichtig.

Bis zu einem _rechtskräftigen_ Urteil werden weitere Jahre verstreichen. Denn nun ist wieder die _zweite Instanz_ gefordert, und auch dagegen kann _Berufung_ eingelegt werden.

Die lange Verfahrensdauer ist im belgischen Rechtssystem nicht aussergewöhnlich. Typisch für Wirschaftsprozesse ist jedoch, dass _höhere Gerichte_ eher milder urteilen als ihre _Vorinstanzen_. Doch darauf kann die Furoire nicht mehr hoffen. *(2009)*

17. **Drei Prozessarten**

Um in einem Staat das Recht durchzusetzen, sind mitunter Gerichtsprozesse erforderlich. Je nach dem rechtlichen Problem werden Zivil-, Straf- oder Verwaltungsprozesse geführt.

Bitte lesen Sie zuerst die drei Zeitungsausschnitte. Zu jedem passt eine der drei Prozessarten. Dann ordnen Sie die Artikel dem Zivil-, Straf- oder Verwaltungsprozess zu. Und zum Schluss erklären Sie diese drei Prozessarten mit eigenen Worten.

Eigenes Restaurant abgefackelt

Ein «warmer Abbruch» war wohl die letzte Hoffnung des Angeklagten. Es wäre wohl eine ansehnliche Versicherungssumme ausbezahlt worden.

Indische Küche erlebte in Zürich in den letzten Jahren einen wahren Boom. Es gibt aber auch Verlierer. So hat ein hoch verschuldeter Pakistaner aus Verzweiflung sein eigenes Lokal in Zürich-Wiedikon angezündet.

Am 10. März 2009 ging das Wiediker Take Away Lokal des Angeklagten in Flammen auf. Ein Sachschaden von über 100 000 Franken entstand. Die Ursache war eine gut vorbereitete Brandstiftung. Der Wirt wurde in Untersuchungshaft genommen. Alle Indizien sprachen gegen den Restaurantinhaber, denn er war der einzige der einen Schlüssel für sein Lokal hatte. Zudem fand man an seinen Kleidern Benzinrückstände.

Anstelle des erhofften Abbaus von Schulden, wird es für den Gastronomen sehr teuer. Das Bezirksgericht Zürich verurteilte den Angeklagten zu einer bedingten Freiheitsstrafe von 18 Monaten. Dazu wurde ihm noch die Gerichtsgebühr von 6000 Franken auferlegt.   © 20min, 21.12.09

---

65 Millionen Franken für Berlusconis Ex

Diesen Betrag fordert Veronica Lario für die Eskapaden ihres Mannes.

Vor dem Scheidungsvollzug wird heftig ums Geld gestritten: Die Noch-Ehefrau des italienischen Ministerpräsidenten Silvio Berlusconi verlangt laut Medienberichten 65 Millionen Franken jährlich an Unterhalt. Das sind gut 5.3 Millionen Franken pro Monat.

Der italienische Ministerpräsident Silvio Berlusconi habe seiner Noch-Ehefrau, die wegen der Abenteuer ihres Mannes die Scheidung will, 200 000 Euro monatlich angeboten. Er sei sogar bereit auf 300 000 Euro zu erhöhen. In den Ruin dürfte der Rosenkrieg Berlusconi nicht treiben. Auf der «Forbes»-Liste der reichsten Personen wird der 72-jährige Politiker und Medienmogul an 70. Position geführt: geschätztes Vermögen: 6.5 Milliarden Dollar (6.5 Milliarden Franken).

Lario brachte Berlusconi mit dem Scheidungsantrag in die Schlagzeilen. Sie erklärte, sie habe genug von den Affären ihres Mannes mit jungen Frauen. Ihre Forderungen an ihren Mann sind eindeutig.   © 20min, 27.11.09

Raser aus dem Verkehr gezogen

Drei Autolenker mussten ihren Führerausweis auf der Stelle abgeben – der vierte war trotz Führerausweisentzugs unterwegs.

Vier Autoraser sind am Dienstag bei einer Geschwindigkeitskontrolle in Eiken AG der Kantonspolizei Aargau ins Netz gegangen.

Der schnellste Lenker war ausserorts mit 143 km/h unterwegs. Die anderen zwei Lenker hatten 121 und 125 km/h auf dem Tacho, wie die Kantonspolizei mitteilte. Erlaubt sind an der Messstelle 80 km/h.

Ein vierter Raser donnerte trotz eines früheren Entzugs des Führerausweises über die Strasse zwischen Eiken und Laufenburg – mit 117 km/h. Auch er musste sein Auto stehen lassen.

Vom mobilen Messgerät der Polizei geblitzt wurden zwei weitere Lenker. Sie fuhren mit Tempo 114 und 115 km/h. Nach einer Verzeigung konnten sie weiterfahren. Sie müssen jedoch damit rechnen, dass ihnen das Strassenverkehrsamt den Führerausweis entzieht.   © 20min, 27.11.09

	Zivilprozess	Strafprozess	Verwaltungsprozess
Zeitungsartikel	Artikel 2 (Berlusconi)	Artikel 1 (Restaurant)	Artikel 3 (Raser)
Erklärung	Im Zivilprozess wird bei Streitigkeiten zwischen-Personen entschieden.	Im Strafprozess werden Täter, die etwas Verbotenes tun, bestraft.	Im Verwaltungsprozess werden Entscheide der staatlichen Verwaltung beurteilt.

Antworten zu den Kontrollfragen

6.1 Das Recht ist erzwingbar, die Sitte nicht.

6.2 **Erzwingbar:** Recht
   Nicht erzwingbar: Äusseres Verhalten = Sitte; Innere Gesinnung = Moral

6.3 a) Sitte   c) Recht   e) Moral   g) Sitte
   b) Moral   d) Sitte   f) Recht
   Diebstahl ist nicht nur im Strafgesetz verboten, sondern auch von der Moral und der Sitte aus.

6.4 Die Moral (oder Ethik)

6.5 Gewohnheitsrecht, hier auch Ortsgebrauch genannt

6.6 Geschriebenes Recht/Gewohnheitsrecht/Gerichtspraxis (Präjudizien, Judikatur)

6.7 Nach seinem (richterlichen) Ermessen (und dabei nach «Recht und Billigkeit»)

6.8 Zum Gewohnheitsrecht

6.9 a) Das Präjudiz
   b) Die Judikatur
   c) Das Bundesgericht (Bundesgerichtsentscheide)
   d) Die Vereinheitlichung der Rechtsprechung
   e) Die Judikatur enthält bereits vorliegende Entscheide (Präjudizien), beim richterlichen Ermessen werden solche hingegen neu gefällt.

6.10 a) Parlament, Legislative
    b) Regierung, Exekutive

6.11 Die Verfassung

6.12 Obligatorisches Referendum

6.13 In der Bundesverfassung

6.14 a) Wenn die Vertragsparteien über die betreffende Frage nichts vereinbart haben (und Meinungsverschiedenheiten entstehen).
    b) ergänzend, nachgiebig

6.15 Zwingend: b), c), d); ergänzend: a)

6.16 a) Mündigkeit und Urteilsfähigkeit
    b) Handlungsfähigkeit
   (In diesem Artikel wird zuerst die Rechtsfolge und erst nachher der Tatbestand genannt. Oft erstrecken sich Tatbestand und Rechtsfolge auch über mehrere Artikel, weshalb man nicht einen einzelnen Satz aus dem Zusammenhang reissen und für sich allein betrachten kann.)

6.17 – Angelegenheiten des Staates
   – Unterordnungsverhältnis
   – zwingende Bestimmungen

6.18 – Personenrecht
   – Familienrecht
   – Erbrecht   } ZGB (Merkwort als Hilfe: PFESO)
   – Sachenrecht
   – Obligationenrecht

6.19 Es muss festgelegt werden, wie die Aufgaben des Staates finanziert werden sollen. Es bedarf Steuergesetze, damit gleiches Recht für alle Bürger gilt und niemand das Gefühl hat, ungerecht durch die Finanzbehörde behandelt zu werden.

6.20 ... Seerechts, also des Völkerrechts bzw. Internationalen Rechts. (Heute spricht man von der Zwölf- Meilen-Zone, die ein Staat vor seiner Meeresküste beanspruchen darf.)

6.21 Schäden, die im Strassenverkehr entstehen können, sind zum Teil sehr hoch. Deshalb werden die Halter von Motorfahrzeugen verpflichtet, eine Haftpflichtversicherung abzuschliessen.

6.22 Es geht um die Abschnitte, die die Grund- und Bürgerrechte festlegen.

6.23 Das öffentliche Recht

6.24 Gegen Treu und Glauben

6.25 In erster Linie hat der Gläubiger (als Kläger) zu beweisen, dass die Schuld besteht, z. B. anhand von Fakturen, Lieferscheinen, Frachtbriefen, Korrespondenzen oder anderen Belegen, eventuell auch von Zeugen (die die Ablieferung der Ware gesehen haben). Wenn der Schuldner dies bestreitet, hat aber er zu beweisen, dass die Schuld nicht (mehr) besteht, z. B. anhand von Quittungen.

6.26 Personen-, Familien-, Erb- und Sachenrecht sowie das OR (Merkwort: PFESO)

6.27 Rechtssubjekte

6.28 **Rechtssubjekt** = Träger von Rechten und Pflichten (also Personen);
Rechtsobjekt = Dinge, über die rechtlich verfügt wird (also Sachen).

6.29 Handlungsfähigkeit

6.30 Nur seine Rechtsfähigkeit

6.31 Volljährigkeit und Urteilsfähigkeit

6.32 Mit 18 Jahren

6.33 Dem Geisteskranken und dem Betrunkenen: die Urteilsfähigkeit; dem Kleinkind: die Volljährigkeit (und je nach Alter auch die Urteilsfähigkeit).

6.34 a) Nein, er ist nicht handlungs- und nicht vertragsfähig. Er ist zwar urteilsfähig, aber noch minderjährig und damit nicht voll handlungsfähig.
b) Ja, denn sie ist volljährig und damit handlungs- und vertragsfähig.

6.35 Die (vorgängige oder nachträgliche) Zustimmung des gesetzlichen Vertreters (Inhaber der elterlichen Gewalt oder Vormund). Eine stillschweigende Zustimmung darf bei dieser Grösse des Betrages jedoch nicht vermutet werden.

6.36 Die Handlungsfähigkeit

6.37 Ja, denn sie ist ein Rechtssubjekt und als solche Trägerin von Rechten und Pflichten.

6.38 a) Eigentümer   b) Eigentümer   c) Eigentümer und Besitzer

6.39 Übergabe (Lieferung) der Ware (oder: Übergang in den Besitz des Käufers)

6.40 a) Verwaltungsprozess   c) Strafprozess   e) Zivilprozess
b) Zivilprozess   d) Strafprozess   f) Verwaltungsprozess

6.41 Strafprozess: Ankläger (Staatsanwalt) und Angeklagter
Zivilprozess: Kläger und Beklagter

6.42 Zivilprozess: Derjenige, der aus einer behaupteten Tatsache ein Recht ableitet
Strafprozess: Der Ankläger (Staat)

6.43 Rechtsmittelbelehrung

6.44 Nein, denn das Verwaltungsrecht ist ein Teil des öffentlichen Rechts.

6.45 Hauptverfahren/Beweisverfahren/Urteil

6.46 Bei Rückzug der Klage, bei Anerkennung der Klage oder bei Vergleich

6.47 a) Vermittlungsverfahren
b) Verwaltungsprozess (auch Verwaltungsverfahren)

6.48 Einreichung einer Klage

6.49 Am Ort des Beklagten (sofern zwischen den Parteien nicht ausdrücklich etwas anderes vereinbart wurde und eine solche Vereinbarung nicht zwingendem Recht widerspricht)

6.50 Strafbare Handlung

6.51 a) **Antragsdelikte:** Strafverfolgung nur, wenn Geschädigter klagt
Offizialdelikte: Strafverfolgung von Amtes wegen
b) Die erstgenannten sind Offizialdelikte (da schwere Verbrechen), die zweite Gruppe hingegen Antragsdelikte (und im Strafgesetzbuch ausdrücklich als solche bezeichnet).

6.52 Nur der Zivilprozess, der Strafprozess meistens nicht.

6.53 Wenn die Rechtsmittelfrist unbenützt abgelaufen ist.

6.54 Vereinheitlichung der Rechtsprechung in der ganzen Schweiz

6.55 An den Friedensrichter (in einigen Gemeinden auch genannt Vermittler, Sühnbeamter oder Gemeinderichter)

6.56 In Fällen mit niedrigem Streitwert (z. B. Bagatellstreitigkeiten, im Kanton Zürich bis CHF 500.00)

6.57 Einzelrichter

6.58 Friedensrichter
Bezirksgericht } kantonale Gerichte
Obergericht
Bundesgericht

6.59 Arbeits-, Handels-, Mietgericht

6.60 – Gesetzmässigkeit (Legalität): Keine Verwaltungsentscheide ohne gesetzliche Grundlage!
– Schutz der Bürgerrechte: Keine Verletzung der Freiheitsrechte oder der Rechtsgleichheit!
– Verhältnismässigkeit: Nicht «mit Kanonen auf Spatzen schiessen»!

6.61 Ermessen (oder Ermessensspielraum)

6.62 (Kantonales) Verwaltungsgericht

6.63 Nein, er genügt nicht. Es fehlt darin ein konkreter Antrag, was geschehen soll, sowie die Begründung dafür.

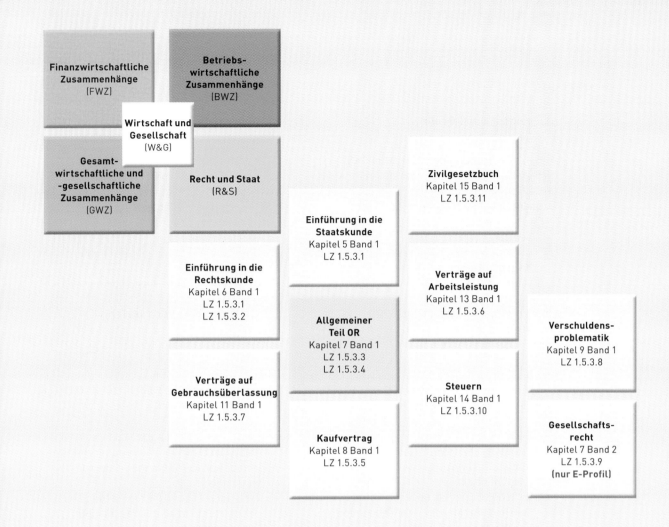

Allgemeiner Teil OR

Kapitel 7

Leistungsziele E-Profil (18 Lektionen)	Leistungsziele B-Profil (18 Lektionen)
1.5.3.3 Entstehung der Obligation (K5) Ich stelle in einfachen Rechtsfällen fest, ob eine Obligation entstanden ist, und zeige die wesentlichen Rechtsfolgen auf: – Vertrag – Unerlaubte Handlung (Verschuldens- und Kausalhaftung) – Ungerechtfertigte Bereicherung **1.5.3.4 Allgemeine Vertragslehre** Ich beschreibe die Funktion und die Wirkung von Sicherungsmitteln für Verträge. (K2) Ich löse einfache Rechtsfälle zur Entstehung und Erfüllung von Verträgen. Dabei erläutere ich die folgenden Aspekte (K3): – Entstehung (Vertragsfähigkeit der Parteien; Formvorschriften; Willensübereinstim-mung: Antrag/Annahme/Widerruf; Ver-tragsinhalt) – Vertragsmängel (Übervorteilung; wesentli-cher Irrtum; absichtliche Täuschung; Furchterregung) – Nichtigkeitsgründe – Erfüllung (Gegenstand, Ort, Zeit) – Nicht-/Schlechterfüllung – Verjährung und Verjährungsfristen	**1.5.3.3 Entstehung der Obligation** (K5) Ich stelle in einfachen Rechtsfällen fest, ob eine Obligation entstanden ist, und zeige die wesentlichen Rechtsfolgen auf: – Vertrag – Unerlaubte Handlung (Verschuldens- und Kausalhaftung) – Ungerechtfertigte Bereicherung **1.5.3.4 Allgemeine Vertragslehre** Ich beschreibe die Funktion und die Wirkung von Sicherungsmitteln für Verträge. (K2) Ich löse einfache Rechtsfälle zur Entstehung und Erfüllung von Verträgen. Dabei erläutere ich die folgenden Aspekte (K3): – Entstehung (Vertragsfähigkeit der Parteien; Formvorschriften; Willensübereinstim-mung: Antrag/Annahme/Widerruf; Ver-tragsinhalt) – Vertragsmängel (Übervorteilung; wesentli-cher Irrtum; absichtliche Täuschung; Furchterregung) – Nichtigkeitsgründe – Erfüllung (Gegenstand, Ort, Zeit) – Nicht-/Schlechterfüllung – Verjährung und Verjährungsfristen

siehe Kapitel 8

Denise telefoniert mit ihrer Freun-din Seraina und erzählt von ihrem Erlebnis auf einem Flohmarkt. Sie hat ein Fahrrad gekauft, aber die vereinbarten CHF 40.00 nicht dabeigehabt. Sie hat dem Verkäu-fer versprochen, Geld von ihrem Konto abzuheben und gleich zu-rückzukommen. Inzwischen hat sie Zweifel an dem Deal und bittet Seraina um Rat.

Bei einem Vertrag entstehen zwischen den Ver-tragsparteien Verpflichtungen, genannt Obligatio-nen. Sie sind im Obligationenrecht (OR) umschrie-ben. Wir befassen uns deshalb zuerst mit der Obligation (= Schuldverhältnis) und erst nachher mit dem Vertrag. Zuerst werden Ihnen diese allgemein gültigen Ausführungen vielleicht etwas abstrakt vorkommen. Sie sind aber eine unerlässliche Grund-lage, damit Sie die einzelnen Verträge richtig verste-hen können, die im Geschäfts- wie im Privatleben wichtig sind.

info@klv.ch

7.1 Die Obligation

7.1.1 Was ist eine Obligation?

Eine Obligation ist ein Rechtsverhältnis, aufgrund dessen eine Partei (der Gläubiger) von der anderen Partei (dem Schuldner) eine bestimmte Leistung verlangen kann. Aus Perspektive des Gläubigers spricht man von einer Forderung, die dieser gegenüber dem Schuldner geltend machen kann. Aus Sicht des Schuldners spricht man dagegen von Verbindlichkeit, Verpflichtung oder Schuld (vom lateinischen obligare, franz. obliger = verpflichten). Als Obligationen werden auch die von Unternehmen oder Staaten ausgegebenen festverzinslichen Wertpapiere bezeichnet. Nachfolgend ist unter dem Begriff der Obligation jedoch stets ein Schuldverhältnis im Sinne des OR zu verstehen.

Das OR befasst sich also mit **Schuldverhältnissen** zwischen zwei oder mehreren Personen (Parteien):

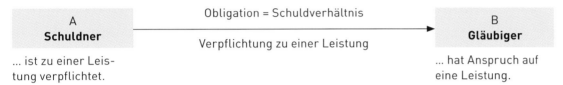

A **Schuldner**	Obligation = Schuldverhältnis ⟶ Verpflichtung zu einer Leistung	B **Gläubiger**
… ist zu einer Leistung verpflichtet.		… hat Anspruch auf eine Leistung.

Vielfach besteht die geschuldete Leistung aus einer **Geld**zahlung – aber nicht nur. Die Obligation kann z. B. auch bestehen in

	Beispiel
– einer **Arbeitsleistung,**	Arbeitnehmer gegenüber Arbeitgeber
– einer **Warenlieferung** oder	Lieferant gegenüber Käufer
– der **Überlassung eines Mietobjekts.**	Vermieter gegenüber Mieter

Die Begriffe «Schuldner» und «Gläubige» bedeuten im OR also nicht immer **Geld**schuldner oder **Geld**gläubiger, sondern ganz allgemein Schuldner oder Gläubiger für irgendeine Leistung (Lieferung von Waren, Anlageberatung, Unterlassung der Konkurrenzierung des Arbeitgebers, Erstellung eines Hauses u. a.).

K 7.1	Kann ein Käufer, der Anrecht auf eine Warenlieferung hat, als Gläubiger bezeichnet werden?	**Kontrollfragen**
K 7.2	Wer könnte in Art. 92 Abs. 1 OR als Gläubiger gemeint sein? Nennen Sie den nächstliegendsten Fall.	
K 7.3	Inwiefern ist ein Wohnungsvermieter ein Schuldner?	
K 7.4	Definieren Sie den Begriff der «Obligation» im Sinne des OR.	**→ Aufgabe 1**

7.1.2 Wie entsteht eine Obligation?

Das OR nennt drei Entstehungsarten:

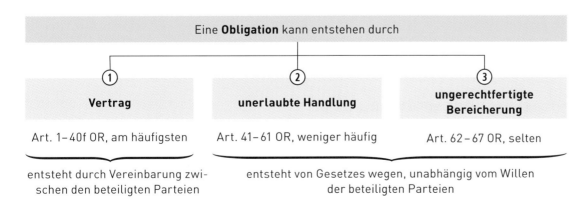

Eine **Obligation** kann entstehen durch

① **Vertrag**	② **unerlaubte Handlung**	③ **ungerechtfertigte Bereicherung**
Art. 1–40f OR, am häufigsten	Art. 41–61 OR, weniger häufig	Art. 62–67 OR, selten
entsteht durch Vereinbarung zwischen den beteiligten Parteien	entsteht von Gesetzes wegen, unabhängig vom Willen der beteiligten Parteien	

① Die Entstehung der Obligation durch Vertrag

Art. 1 OR Die meisten Obligationen entstehen durch Verträge, also durch Vereinbarungen zwischen zwei oder mehreren Personen **(Parteien)**.

Vertrag über den Kauf eines Autos.

Bei diesem (Kauf-)Vertrag entstehen **zwei** Obligationen, denn beide Parteien werden zugleich Schuldner, die eine für die Autolieferung, die andere für die Geldzahlung.

Im OR heisst das für den Vertragsabschluss erforderliche Einverständnis **«übereinstimmende gegenseitige Willensäusserung»**. Sobald sie zustande kommt, wird der Vertrag für die Beteiligten verbindlich, und keine Partei kann mehr einfach davon zurücktreten.

Art. 41 OR ### ② Die Entstehung der Obligation durch unerlaubte Handlung

Art. 41–61 OR sowie einige weitere Bestimmungen (z. B. Art. 333 ZGB) regeln das Recht der unerlaubten Handlung (auch Haftpflichtrecht genannt). In diesem Rechtsgebiet unterscheidet man zwei Haftungsarten:

– die Verschuldenshaftung (Art. 41 Abs. 1 OR)
– die einfachen Kausalhaftungen (Art. 55, 56, 58 OR und Art. 333 ZGB u. a.)

Verschuldens- Art. 41 Abs. 1 OR sagt: «Wer einem andern widerrechtlich Schaden zufügt, sei es mit Absicht, sei es **haftung** aus Fahrlässigkeit, wird ihm zum Ersatze verpflichtet.»

Im Vordergrund steht bei diesem Artikel die Frage, ob eine Person einer anderen Person in widerrechtlicher und vorwerfbarer Weise einen Schaden zugefügt hat. Ist dies der Fall, so kann der Geschädigte vom Schädiger Schadenersatz verlangen. Um in einem konkreten Fall beurteilen zu können, ob eine Obligation aus unerlaubter Handlung entstanden ist, müssen die Voraussetzungen (Tatbestandsmerkmale) von Art. 41 Abs. 1 OR jeweils geprüft werden. Die einzelnen Voraussetzungen sind:

– **Schaden:** finanzielle Auswirkungen einer Schädigung (z. B. Arzt- und Heilungskosten, Reparaturkosten, Einkommensverlust, Ersatzwert einer zerstörten Vase usw.)
– **Widerrechtlichkeit:** Widerrechtliches Verhalten des Schädigers (immer gegeben, wenn wichtige Güter betroffen sind; z. B. Beschädigung von Eigentum, Körperverletzung oder Tötung)
– **Kausalzusammenhang** zwischen rechtswidrigem Verhalten und finanziellem Schaden (juristische Beurteilung des Zusammenhangs zwischen schädigender Handlung und eingetretenem Schaden)
– **Verschulden** des Schädigers (es sind zwei Punkte zu prüfen: 1. Urteilsfähigkeit des Schädigers, da das Handeln des Urteilsunfähigen nach Art. 18 ZGB keine rechtlichen Wirkungen herbeizuführen vermag; 2. Vorsätzliches oder fahrlässiges Verhalten [Unachtsames, nicht sorgfältiges Fehlverhalten genügt schon, damit diese Voraussetzung bejaht werden kann. Es geht um die Feststellung eines vorwerfbaren Fehlverhaltens.])

Beispiele inkl. Prüfung der Voraussetzungen
Aufgrund zu hoher Geschwindigkeit verliert ein Velofahrer die Kontrolle über sein Fahrrad, rutscht aus und beschädigt den Gartenzaun eines Anwohners.

Prüfung der Tatbestandsmerkmale:
– Schaden: Reparaturkosten Gartenzaun
– Widerrechtlichkeit: Beschädigung Gartenzaun (Eigentumsverletzung)

– Verschulden: dem Velofahrer kann man vorwerfen, zu schnell gefahren zu sein (fahrlässiges, vorwerfbares Handeln gegeben). Zudem ist von Urteilsfähigkeit auszugehen.
– Kausalzusammenhang zwischen unachtsamem Verhalten, Beschädigung des Gartenzauns und entstandenen Reparaturkosten ist gegeben.

Rechtsfolge: Schadenersatzanspruch in Höhe der Reparaturkosten (Rechnung des für die Reparatur des Zauns engagierten Gärtners ist hier massgebend) ist gegeben.

Ein Skifahrer stösst aus Unachtsamkeit oder Übermüdung mit einem anderen Skifahrer zusammen und verletzt ihn.

Prüfung der Tatbestandsmerkmale:
– Schaden: Heilungskosten, Kosten für Kuren oder Therapien, Erwerbsausfall usw.
– Widerrechtlichkeit: Körperverletzung
– Verschulden: dem Skifahrer kann man vorwerfen, übermüdet oder unachtsam die Piste runtergefahren zu sein (fahrlässiges, vorwerfbares Handeln gegeben). Zudem ist von Urteilsfähigkeit auszugehen.
– Kausalzusammenhang zwischen fahrlässigem Verhalten, der eingetretenen Körperverletzung und den entstandenen Heilungskosten ist gegeben.

Rechtsfolge: Schadenersatzanspruch in Höhe der Heilungskosten ist gegeben.

Der **Schädiger** (Velofahrer bzw. Skifahrer) wird dem **Geschädigten** gegenüber in beiden Beispielen zu **Schadenersatz** verpflichtet. Es ist in beiden Fällen eine Obligation aus unerlaubter Handlung entstanden. Erst durch Zahlung des Schadenersatzes erlöschen die entstandenen Obligation wieder. Eine unerlaubte Handlung kann auch unabsichtlich begangen werden. Strafbarkeit oder Böswilligkeit sind nicht vorausgesetzt. Es geht auch um Fälle der unabsichtlichen Zufügung eines **Personen- oder Sachschadens**.

Typisches Beispiel einer Verschuldenshaftung

Daneben gibt es auch Fälle, wo kein Verschulden vorliegt, aber der Schädiger trotzdem haftpflichtig wird, allein deshalb, weil er den Schaden verursacht hat. Absicht oder Fahrlässigkeit spielen hier keine Rolle. Diese Art der Haftung heisst Kausalhaftung (von lateinisch causa, franz. la cause = Ursache). Sie gilt nur für die im Gesetz ausdrücklich genannten Fälle, zum Beispiel:

Kausalhaftung

Geschäftsherr (Arbeitgeber) in Art. 55 OR	Ein Betrieb schädigt die Umwelt durch giftige Abwässer, weil ein Mitarbeiter ein Rohr falsch verlegt hat. **Spezifische Tatbestandsmerkmale:** – Angestellter (Arbeitsvertragliche Anstellung) – Schädigung bei Verrichtung der Arbeit – Misslingen Sorgfaltsbeweis (hohe Anforderungen in Praxis)
Tierhalter in Art. 56 OR	Ein Hund verletzt jemanden oder zerreisst ihm die Kleider. **Spezifische Tatbestandsmerkmale:** – Eigenschaft des Tierhalters (kurze Aufsicht über ein Tier genügt nicht, um Tierhalter zu sein) – Tier schädigt aus eigenem Antrieb – Misslingen Sorgfaltsbeweis
Werkeigentümer (z. B. Hauseigentümer) in Art. 58 OR	Ein Passant wird durch eine vom Hausdach rutschende Schneemasse verletzt. **Spezifische Tatbestandsmerkmale:** – Werkeigenschaft (fest mit dem Boden verbunden) – Werkmangel (Ursprung der Schädigung)
Familienhaupt (Vater, Mutter) in Art. 333 ZGB	Ein kleiner Junge schlägt beim Nachbarn eine Fensterscheibe ein. **Spezifische Tatbestandsmerkmale:** – Familienhaupt (Eltern, Tagesmutter, Krippe usw.) – Schädigung durch aufsichtsbedürftige Person (Kleinkind, geistig behinderte Person) – Misslingen Sorgfaltsbeweis

Einige der Kausalhaftungen sehen einen sogenannten Entlastungsbeweis vor. Dies gilt etwa für die Geschäftsherrenhaftung, die Tierhalterhaftung und die Haftung des Familienhaupts. Bei der Werkeigentümerhaftung sieht das Gesetz dagegen keinen Entlastungsbeweis vor. Der Arbeitgeber kann sich zum Beispiel von der Geschäftsherrenhaftung befreien, indem er beweist, dass er den Arbeitnehmer richtig ausgewählt, instruiert und kontrolliert hat. Die Anforderungen an diesen Entlastungsbeweis sind in der Praxis sehr hoch. Er gelingt nur sehr selten. Eher möglich ist ein Entlastungsbeweis des Familienhauptes. Weist es nach, dass es z. B. ein Kind sorgfältig beaufsichtigte, so kann es sich womöglich von der Haftung befreien. Ab einem gewissen Alter haften urteilsfähige Handlungsunfähige selbst für begangene unerlaubte Handlungen (vgl. Art. 19 Abs. 3 ZGB). Dauerhaft Urteilsunfähige haften dagegen nicht, wenn sie jemanden schädigen. Ausnahmsweise kann ein Richter allerdings aus Gerechtigkeitsgründen dennoch eine Haftung vorsehen (vgl. Art. 54 Abs. 1 OR). Ist die Urteilsunfähigkeit, z. B. wegen übermässigen Alkohol- oder Drogenkonsums, selbstverschuldet eingetreten, so haftet der Schädiger für den eingetretenen Schaden vollumfänglich (Art. 54 Abs. 2 OR).

Haftpflicht und Versicherung

Gegen die meisten Haftpflichtrisiken kann man sich **versichern** lassen. Bei der Motorfahrzeug-Haftpflicht ist die Versicherung sogar obligatorisch, sonst käme mancher Geschädigte nicht zu seinem Schadenersatz. Grundsätzlich ist aber in erster Linie der Schädiger schadenersatzpflichtig. (Von der **Haftpflichtversicherung** zu unterscheiden ist die **Kaskoversicherung**, die nichts mit der Haftpflicht gegenüber Dritten zu tun hat, sondern Schäden am eigenen Fahrzeug deckt.)

Ungerechtfertigte Bereicherung in der Praxis

(3) Die Entstehung der Obligation aus ungerechtfertigter Bereicherung

Art. 62 OR

Dazu zwei Fälle: Aus Versehen haben Sie ein Zeitungsabonnement zweimal bezahlt oder den Betrag einer Handwerkerrechnung an eine falsche Adresse überwiesen. In beiden Fällen ist der Empfänger der Zahlung «ungerechtfertigt bereichert» worden, d. h. **ohne gültigen Rechtsgrund**. Damit entsteht für ihn natürlich die Verpflichtung (Obligation), Ihnen den **Betrag zurückzuerstatten**. Wenn nötig, könnten Sie ihn durch Betreibung zurückfordern. Ungerechtfertigte Bereicherung liegt auch vor, wenn sich ein Vertrag als ungültig erweist und bereits Leistungen ausgetauscht wurden.

K 7.5 Auf welche Art entstehen die meisten Obligationen?

K 7.6 Bei welcher Entstehungsart liegt der Obligation eine ausservertragliche Haftung (Haftpflicht) zugrunde?

K 7.7 Welche Art einer Obligation entsteht, wenn jemandem irrtümlich eine nicht für ihn/sie bestimmte Geldzahlung überwiesen wird?

K 7.8 Die drei Entstehungsarten von Obligationen sind im OR in drei Abschnitten festgehalten. Sehen Sie im Inhaltsverzeichnis des OR nach, wie sie nummeriert sind, und geben Sie an, unter welchem «Titel» die drei Abschnitte zusammengefasst sind. (Solche Fragen dienen dazu, dass Sie den Aufbau des OR besser kennenlernen.)

K 7.9 Geben Sie an, auf welche Art in den nachfolgenden Fällen eine Obligation entstanden ist:
a) Vereinbarungsgemäss erhalten Sie von Ihrer Bank ein Darlehen, das Sie in vier Jahren zurückzahlen werden.
b) Ihre Bank schreibt Ihnen aus Versehen einen Betrag auf Ihrem Konto gut.
c) Eine Skiliftgesellschaft wird infolge fehlerhafter Absperrung des Skigeländes für einen dadurch entstandenen Unfall (Sturz eines Skifahrers in ein Tobel) belangt.
d) Sie haben eine Anzahlung für eine Warenlieferung gemacht, die aber nachträglich im gegenseitigen Einverständnis annulliert (rückgängig gemacht) wird.
e) Ein Fussgänger stösst aus Unachtsamkeit mit einer alten Frau zusammen, die stürzt und einen Knochenbruch erleidet.
f) Nach Ihrer Lehrzeit werden Sie von Ihrem Lehrgeschäft als Angestellte(r) weiter beschäftigt.
g) Ein Angestellter eines Malunternehmens stösst versehentlich im Treppenhaus eine Vase eines Mieters um.

K 7.10 Kennzeichnen Sie, in welchen der obigen Fälle von «unerlaubten Handlungen» eine Verschuldenshaftung und in welchen eine blosse Kausalhaftung (ohne Verschulden des Haftpflichtigen) vorliegt.

K 7.11 Ein Eisklotz löst sich vom Dach eines Hauses und fällt unglücklicherweise auf den Kopf einer Passantin.
a) Wer haftet für den eingetretenen Schaden?
b) Gestützt auf welche Bestimmung?

→ **Aufgaben**
2, 3, 4, 5, 6, 7 , 8, 9, 10

7.2 Der Vertragsabschluss

7.2.1 Entstehung eines Vertrages

Art. 12–19 ZGB

Vertragsfähig, d.h. berechtigt, einen Vertrag rechtsgültig abzuschliessen, ist, wer **handlungsfähig** ist. Die rechtliche Handlungsfähigkeit beginnt normalerweise mit der Mündigkeit, also mit dem vollendeten 18. Lebensjahr. Im Geschäftsleben sind die Vertragsparteien voll handlungsfähige Personen, während im privaten Bereich oft auch beschränkt Handlungsfähige Verträge von geringerer Bedeutung abschliessen. Die Handlungsfähigkeit ist im Zivilgesetzbuch (Personenrecht) geregelt.

Art. 19 Abs. 1 ZGB
Art. 323 ZGB

> Eine 16-jährige Lernende kauft mit ihrem Lehrlingslohn eine Hi-Fi-Anlage für CHF 420.00. Sofern der Preis mit selbst verdientem Einkommen bezahlt werden kann, ist der Vertrag auch ohne Zustimmung der Eltern gültig abgeschlossen worden.

Das folgende Gespräch auf einem Flohmarkt zeigt, wie ein mündlicher Kaufvertrag zustande kommen kann:

K: Wie viel kostet dieser Schrank?
V: Neunhundert Franken.
K: Zu diesem Preis erhalte ich einen neuen.
V: Aber die neuen sind weniger solid gearbeitet.
K: Ich biete Ihnen sechshundert.
V: Halbieren wir die Differenz. } **Anträge**
K: Dann müssen Sie aber den Transport übernehmen.
V: Geht in Ordnung, die Lieferung erfolgt morgen Vormittag. } **Annahme**

Art. 1 OR

Der Vertrag kommt in dem Augenblick zustande, wo die beiden Parteien (Käufer und Verkäufer) einig sind und dies zum Ausdruck bringen, laut OR also, wenn die **«übereinstimmende gegenseitige Willensäusserung»** vorliegt. Solange dies nicht der Fall ist, stellt das Angebot und jedes Gegenangebot bloss einen Antrag dar. Erst wenn **Antrag** und **Annahme** übereinstimmen, entsteht der **Vertrag**. Ist ein Vertrag abgeschlossen, so sind die Parteien verpflichtet, die vertraglich vereinbarten Leistungen vertragsgemäss zu erbringen. Verträge sind einzuhalten. Notfalls können die vertraglich vereinbarten Leistungen auch mit staatlicher Hilfe (Gerichte, Betreibungswesen) eingefordert werden.

Der Vertrag ist ein zweiseitiges Rechtsgeschäft

Der Grund liegt darin, dass für den gültigen Vertragsschluss die Willenserklärung von zwei Parteien erforderlich ist.

> Beim Kaufvertrag müssen sich die beiden Parteien, Käufer und Verkäufer, über den Kaufpreis und den zu übergebenden Kaufgegenstand einigen. Es sind zwei Willenserklärungen nötig, nämlich diejenige des Verkäufers und diejenige des Käufers, damit der Vertrag als gültig betrachtet werden kann.

Daneben gibt es aber auch Rechtsgeschäfte, bei denen die Willensäusserung nur von einer Person (Partei) ausgehen muss, damit eine Rechtswirkung eintritt. Sie heissen **einseitige Rechtsgeschäfte**.

Art. 498 ff. ZGB
Art. 335 ff. OR

> Ein Erblasser errichtet ein Testament; ein Angestellter kündigt seine Stelle. Dies sind keine Verträge, denn sie gehen nur von einer Partei allein aus.

info@klv.ch

Verbindlichkeit des Antrages

Nun stellt sich die Frage, **wie lange ein Antragsteller an eine Offerte gebunden** ist. Muss die Offerte, damit ein Vertrag zustande kommt, von der Gegenpartei sofort angenommen werden, oder kann die Annahme auch später erfolgen?

> Anton möchte gerne das im Büro von Simon hängende Originalbild kaufen. Simon bietet Anton das Bild für CHF 20000.00 an. Dies erscheint Anton zunächst ein zu hoher Preis zu sein. Zwei Stunden später ruft er Simon an und teilt ihm mit, dass er das Bild doch zum offerierten Preis von CHF 20000.00 kaufe. Simon ist jedoch nicht mehr bereit, das Bild zu diesem Preis zu verkaufen.
>
> **Frage**
> Muss Simon Anton das Bild nun für CHF 20000.00 verkaufen? Mit anderen Worten: Ist das frühere Angebot noch verbindlich und Anton somit im Recht, oder ist Simon nicht mehr an das frühere Angebot gebunden? Mithilfe von Art. 4 Abs. 1 OR können Sie die Antwort geben.

Je nachdem wie ein Antrag (Angebot, Offerte) gestellt wird, ist die **Verbindlichkeit für den Antragsteller** verschieden (lesen Sie dazu die OR-Artikel):

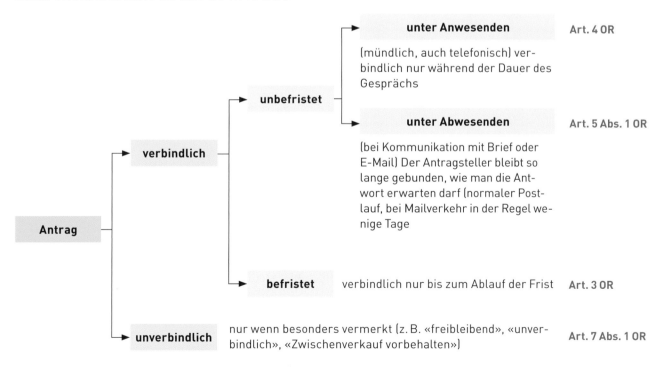

Wie lange darf ein Kunde überlegen, wenn er ein schriftliches Angebot erhält? Im kaufmännischen Verkehr normalerweise ein bis zwei Tage. Der Kunde muss ein gleich schnelles Übermittlungsmedium wie der Antragsteller wählen. Wann müsste also der Lieferant, der seine Offerte mit A-Post versendet hat, spätestens die Antwort des Kunden erhalten?

Art. 7 Abs. 2 und 3 OR

Tarife und Preislisten bedeuten an sich kein verbindliches Angebot. Dagegen gilt die Auslage von Waren mit Preisangabe im **Schaufenster** als verbindlich.

Ein allfälliger **Widerruf** eines Angebots (= Antrag) ist nur wirksam, wenn er beim Empfänger spätestens gleichzeitig mit dem Angebot eintrifft. Er ist also eventuell per Fax oder Express aufzugeben oder telefonisch, aus Beweisgründen mit nachfolgender schriftlicher Bestätigung. Entsprechendes gilt für den Widerruf einer Bestellung (= Erklärung, ein Angebot annehmen zu wollen).

Art. 16 UWG

Bei Waren, die dem Konsumenten angeboten werden, schreiben das «Gesetz gegen den unlauteren Wettbewerb» (UWG) und die gestützt darauf erlassene Preisbekanntgabeverordnung vor, dass der tatsächlich zu bezahlende Preis angegeben werden muss, und zwar an der Ware selbst oder unmittelbar daneben. Ausnahmen gibt es aus Sicherheitsgründen für Luxusgüter über CHF 5 000.00. Hier reicht es, im Geschäft Preislisten aufzulegen. Die **Preisbekanntgabepflicht** gilt auch für **Dienstleistungen**, wie etwa im Gastgewerbe (z. B. für Speisen und Getränke), bei Reisebüros oder bei Autogaragen für Serviceleistungen der eigenen Marke.

Kontrollfragen

K 7.12 Wie heissen Angebot und Gegenangebot in der Sprache des OR?

K 7.13 Wie heisst in Art. 1 OR die inhaltliche Übereinstimmung von Antrag und Annahme?

K 7.14 Um welche Art von Antrag handelt es sich im obigen Beispiel des Kunsthändlers? Wer ist im Recht und warum?

K 7.15 Welche Schwierigkeit brächte es für den Kunsthändler, wenn sein Angebot auch nach Abschluss des Gesprächs für ihn noch verbindlich wäre?

K 7.16 Ist ein Antrag ohne besonderen Vermerk grundsätzlich ...
a) ... verbindlich oder unverbindlich?
b) ... befristet oder unbefristet?

K 7.17 Welcher Antrag ist weniger lang verbindlich, ein befristeter oder ein unbefristeter?

K 7.18 Können Sie von einem Ladenbesitzer verlangen, dass er Ihnen den im Schaufenster ausgestellten Mantel zum angeschriebenen Preis verkauft?

K 7.19 Stellt ein Zeitungsinserat (z. B. für den Verkauf eines Occasionswagens zu CHF 8 000.00) nach Ihrer Meinung ein verbindliches oder unverbindliches Angebot dar? Mit Begründung. Sie finden die richtige Antwort leichter, wenn Sie sich in die Lage des Inserenten denken.

K 7.20 Umschreiben Sie kurz, in welchen Fällen von einem Angebot «unter Anwesenden» auszugehen ist.

K 7.21 a) Was für eine Art von Rechtsgeschäft stellt der Vertrag dar?
b) Es gibt auch Rechtsgeschäfte, bei denen nur eine Willenserklärung erforderlich ist, damit die beabsichtigten Rechtswirkungen eintreten. Wie wird ein solches Rechtsgeschäft bezeichnet? Nennen Sie zudem zwei Beispiele.

K 7.22 a) Wie lange ist es möglich, einen Antrag oder eine Annahme zu widerrufen? Wie würden Sie den Widerruf senden?
b) Wie lange ist eine mündliche Offerte gültig? Und eine telefonische?

K 7.23 a) Was für eine Art von Rechtsgeschäft stellt der Vertrag dar? Begründen Sie diesen Ausdruck.
b) Es gibt auch Rechtsgeschäfte, bei denen nur eine Partei einen Willen ausdrückt. Wie würden Sie ein solches Rechtsgeschäft bezeichnen? Nennen Sie zwei Beispiele.

K 7.24 a) Was stellt das Ausstellen von Ware mit Preisanschrift im Selbstbedienungsladen rechtlich dar?
b) Was liegt rechtlich vor, wenn der Kunde die Ware vom Gestell nimmt und zur Kasse bringt?

→ Aufgaben 11, 12, 13, 14

7.2.2 Die Form des Vertrages

Unter einem Vertrag darf man keineswegs nur Geschriebenes vorstellen. Der Detailverkauf z. B. beruht grösstenteils auf **mündlichem** Vertragsabschluss. Auch **stillschweigender** Vertragsabschluss kommt heute häufig vor, so etwa beim Kauf einer Ware am Automaten oder im Selbstbedienungsladen. Aus der Verhaltensweise lässt sich der Vertragswille erkennen **(konkludentes Verhalten)**.

Nach OR gilt der **Grundsatz der Formfreiheit**, d. h., grundsätzlich kann ein Vertrag in beliebiger Form abgeschlossen werden: schriftlich, mündlich, telefonisch, durch Fax oder E-Mail usw. oder auch stillschweigend. Eine besondere Form ist nur dort nötig, wo das Gesetz es vorschreibt. Oft ist es aber ratsam oder üblich, auch jene Verträge schriftlich auszufertigen, die mündlich rechtsgültig abgeschlossen werden dürften (z. B. Mietvertrag, Arbeitsvertrag). Schriftlichkeit ist vor allem zu empfehlen, wenn es sich um grössere Beträge, um viele Regelungsbereiche oder um langfristige Verpflichtungen handelt. Im Prozessfall hat man so ein Beweismittel.

Formlosigkeit
Art. 11 OR

Das Gesetz kennt vor allem folgende **Formvorschriften** (Ausnahmen von der Formlosigkeit):

Formvorschriften

Einfache Schriftlichkeit
Diese schreibt das Gesetz vor allem vor, wenn es die Vertragsparteien vor übereilten oder unüberlegten Handlungen bewahren oder für den Streit oder Prozessfall Beweismittel sicherstellen will.

Art. 12 OR

- **Abtretung** von Forderungen **(Zession)**
- **Konkurrenzverbot** im Arbeitsvertrag

Art. 165 OR
Art. 340 OR

Zur schriftlichen Form gehört normalerweise die eigenhändige **Unterschrift**[1] aller aus dem Vertrag Verpflichteten, genannt **einfache Schriftlichkeit**. Als schriftliche Form gilt auch der Brief. Beim Fax und E-Mail ist die Rechtslage umstritten, da die Originalunterschrift fehlt. In der Praxis werden aber Fax- und E-Mail-Geschäfte häufig abgeschlossen. Die **elektronische Signatur** auf einem qualifizierten Zertifikat beruhend ist der konventionellen Unterschrift gleichgestellt.

Art. 13 OR

Qualifizierte Schriftlichkeit
Bei gewissen Rechtsgeschäften ist das Gesetz besonders streng. Zum Beispiel wird bei gewissen Verträgen ausser der blossen **Unterschrift** verlangt, dass im Schriftstück **bestimmte Vertragspunkte enthalten** sein müssen (z. B. Lehrvertrag, Konsumkreditvertrag). Die Mitteilung einer Mietzinserhöhung durch den Vermieter einer Wohnung muss mittels eines amtlich genehmigten Formulars erfolgen. Gleiches gilt für die Kündigung eines solchen Mietverhältnisses. Auch das Testament fällt in diese Kategorie, weil es handschriftlich verfasst und mit gewissen Angaben (Ort, Datum) versehen sein muss.

Art. 344a OR
Art. 9 KKG
Art. 269d Abs. 2 OR
Art. 505 Abs. 1 ZGB

Öffentliche Beurkundung[2]
Gewisse Verträge müssen unter Mitwirkung einer von den Behörden bezeichneten **Urkundsperson** schriftlich aufgesetzt und von ihr öffentlich beurkundet werden. Solche Urkundspersonen sind je nach Kanton Notare, Rechtsanwälte, Fürsprecher oder Grundbuchverwalter.

- Kauf- und Verpfändung von Liegenschaften
- Feststellungen der Gründungsversammlung einer AG oder GmbH
- Ehe- und Erbvertrag
- Bürgschaftserklärung einer natürlichen Person über CHF 2 000.00

Art. 216 OR
Art. 629 Abs. 1 OR
Art. 184 u. 512 ZGB
Art. 493 Abs. 2 OR

---

1 Unterschriftenstempel und andere Nachbildungen der Unterschrift (Faksimile) gelten im gewöhnlichen Verkehr nicht, sondern nur bei in grosser Zahl ausgegebenen Urkunden (Banknoten, Aktien, Obligationen usw.).

2 Von der **öffentlichen Beurkundung** zu unterscheiden ist die **Beglaubigung**. Sie ist bloss die Bestätigung einer Amtsstelle, dass eine Unterschrift echt ist oder dass eine Abschrift mit dem Original übereinstimmt, ohne sich mit dem Inhalt zu befassen.

Eintrag in ein öffentliches Register

Der Eintrag ist keine Formvorschrift. Das Gesetz sieht jedoch vor, dass gewisse Rechtswirkungen erst mit der Eintragung in ein öffentliches Register eintreten. Dies gilt vor allem für folgende öffentliche Register: **Handelsregister, Grundbuch, Eigentumsvorbehaltsregister.**

Art. 643 Abs. 1 OR
Art. 656 Abs. 1 ZGB

- Die AG entsteht erst mit Eintragung im Handelsregister.
- Der Käufer eines Grundstücks wird erst rechtmässiger Eigentümer mit der Eintragung im Grundbuch.

Wie diese Beispiele zeigen, ist in gewissen Fällen sowohl die öffentliche Beurkundung als auch der Eintrag in ein öffentliches Register vorgeschrieben.

Kontrollfragen

K 7.25 Was bedeutet der «Grundsatz der Formfreiheit im Vertragsrecht»?

K 7.26 Nennen Sie zwei mögliche Gründe, warum das Gesetz für gewisse Verträge Schriftlichkeit verlangt.

K 7.27 Nennen Sie Beispiele für formlose Verträge.

K 7.28 Wodurch unterscheidet sich die qualifizierte von der einfachen Schriftlichkeit?

K 7.29 Was versteht das Gesetz unter qualifizierter Schriftlichkeit bei einem eigenhändigen Testament? Siehe Art. 505 ZGB.

K 7.30 Welche Formvorschrift besteht für einen Grundstückkauf wie auch für die Bürgschaftsverpflichtung einer natürlichen Person über CHF 2000.00? Vgl. Art. 216 Abs. 1 und Art. 493 Abs. 2 OR.

K 7.31 Nennen Sie mindestens zwei öffentliche Register.

K 7.32 a) Aus welchem Grund schreibt der Gesetzgeber für gewisse Verträge wohl die öffentliche Beurkundung vor?
b) Wie heisst die Bestätigung einer Amtsstelle (z.B. Notar), dass eine Abschrift mit dem Original übereinstimmt oder dass eine Unterschrift echt ist? Befasst sie sich auch mit dem Inhalt des Schriftstücks?
c) Nennen Sie zwei Vertragsarten, die neben der öffentlichen Beurkundung auch noch den Eintrag in ein öffentliches Register erfordern.

→ Aufgabe 15

7.2.3   Inhalt und Abschluss des Vertrages

Das OR kennt nicht nur den Grundsatz der **Formfreiheit** der Verträge, sondern auch den Grundsatz der **Vertragsfreiheit**. Das heisst, dass beliebige Verträge mit beliebigem Inhalt zwischen beliebigen Partnern abgeschlossen werden können.

Art. 19 OR

So sind auch Verträge möglich, die nur einer der Vertragsparteien Verpflichtungen (Obligationen) bringen. Dies ist jedoch nicht zu verwechseln mit ein- und zweiseitigen Rechtsgeschäften. Auch einseitig verpflichtende Verträge sind zweiseitige Rechtsgeschäfte.

–   Schenkungsvertrag (Art. 239 OR)
–   Bürgschaftsvertrag (Beim Bürgschaftsvertrag verpflichtet sich lediglich der Bürge zu einer Leistung. Die Gegenpartei – in der Regel eine Bank – geht gegenüber dem Bürgen der Bürgschaft keine Verpflichtung ein.)

Art. 492 OR

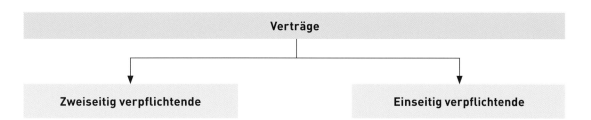

7.2.4   Nichtige und anfechtbare Verträge

Grundsätzlich müssen die Parteien entscheiden, was Gegenstand eines Vertrages sein soll. Auch teils moralisch und ethisch umstrittene Leistungen können Gegenstand eines gültigen Vertrages sein (z. B. Verkauf von anrüchigen Fotoaufnahmen). Das Gesetz sieht allerdings Grenzen vor, die von den Bürgern zu respektieren sind. Die **Vertragsfreiheit** wird im OR dadurch **eingeschränkt**, dass gewisse Verträge von vornherein ungültig, d. h. **nichtig** sind, andere jedoch nur dann ungültig werden, wenn sie von einer Partei **angefochten** werden. Anfechten ist nichts anderes als dem anderen Vertragspartner zu erklären, dass der Vertrag aufgrund eines Anfechtungsgrundes nicht weiter gelten solle. Es ist wichtig, sich bewusst zu sein, dass ein abgeschlossener Vertrag grundsätzlich gültig ist. Es gelingt nur selten, dass ein Vertrag nachträglich für ungültig erklärt wird. Deshalb muss man stets gut aufpassen, mit wem man zu welchen Bedingungen einen Vertrag abschliesst. Oft ist empfehlenswert, die Sache nochmals in Ruhe zu überdenken, anstatt einfach mal bedenkenlos seine Unterschrift unter einen Vertrag zu setzen.

Nichtige und anfechtbare Verträge

| Ein Vertrag ist nichtig …   Art. 20 OR | Ein Vertrag ist anfechtbar …   Art. 21–31 OR |

Ein Vertrag ist nichtig …   **Art. 20 OR**

d. h. von vornherein **ungültig**, wenn …
… der Vertragsinhalt gänzlich **unmöglich** ist.
… er **widerrechtlich** ist.
… er **unsittlich** ist.

Ein nichtiger Vertrag findet keinen Rechtsschutz, rechtlich existiert er gar nicht. Somit kann ein Partner, der die Abmachung nicht einhält, vom anderen **vor Gericht nicht eingeklagt** werden. Allfällig bereits erfolgte Leistungen können nicht zurückgefordert werden.

Art. 66 OR
Art. 31 OR
Art. 21 OR

Art. 23 OR

Zu beachten: Betrifft der Mangel nur einen Teil des Vertrags, so ist nur dieser Teil nichtig. Wäre aber der ganze Vertrag bei Fehlen dieses nichtigen Teils nicht abgeschlossen worden, ist der ganze Vertrag ungültig (Art. 20 Abs. 2 OR).

Art. 20 Abs. 2 OR

① Unmöglichkeit

Art. 28 OR

Es wird eine Leistung versprochen, die – objektiv gesehen – nicht erbracht werden kann, z. B. Verkauf der richtigen Lottozahlen des nächsten Samstages, Anleitung zum Bau eines Perpetuum mobile (technisch unmögliche Energieerzeugung).

② Widerrechtlichkeit

Der Vertrag oder eine Klausel in einem Vertrag verstösst gegen zwingende Vorschriften und ist somit rechtswidrig, z.B. Gewährung von nur zwei Wochen Ferien pro Jahr, obwohl das Gesetz für Arbeitnehmer zwingend vier Wochen Ferien vorsieht.

Art. 29 OR
Art. 21 OR

③ Unsittlichkeit

Art. 20 OR

Die vereinbarte Leistung verstösst gegen die guten Sitten, z. B. Ghostwriter-Vertrag zwischen Doktorand und Ghostwriter zwecks Verfassung einer Doktorarbeit, umstritten in Bezug auf Verträge über sexuelle Dienstleistungen (Untere Gerichte erachten solche Verträge zunehmend nicht mehr als sittenwidrig, so z. B. das Bezirksgericht Horgen in einem Entscheid aus dem Jahr 2013. Es sprach damals einer Dirne den Dirnenlohn zu, und führte aus, dass zumindest im Raum Zürich solche Verträge nicht mehr als sittenwidrig aufgefasst werden können.)

Ein Vertrag ist anfechtbar …   **Art. 21–31 OR**

d. h. für eine Partei **nicht verbindlich** bei …
… **wesentlichem Irrtum** (Art. 23 und 24 OR).
… **absichtlicher Täuschung** (Art. 28 OR).
… **Drohung** (Furchterregung) (Art. 29 und 30 OR).
… krasser **Übervorteilung** (Art. 21 OR).

Anfechtbar sind Verträge, bei denen einer der im Gesetz vorgesehenen **Anfechtungsgründe** erfüllt ist. Die benachteiligte Partei kann sich innert Jahresfrist, nach Entdecken des Mangels, der Beseitigung der Furcht bzw. ab Vertragsschluss bei der Übervorteilung (Art. 21 Abs. 2 und Art. 31 OR), wehren und erklären, dass sie den Vertrag für nicht verbindlich halte.

① Wesentlicher Irrtum

Ein Irrtum ist nur dann wesentlich, wenn davon auszugehen ist, dass ohne diesen Irrtum der Vertrag nicht abgeschlossen worden wäre (mehr dazu siehe folgende Seite).

② Absichtliche Täuschung

Ein Autohändler verkauft einen Unfallwagen wissentlich als unfallfrei.

③ Drohung

Ein Vertragspartner wird durch Drohungen zur Unterschrift genötigt.

④ Übervorteilung

Thomas, äusserst verzweifelt ob des akuten und prekären Gesundheitszustandes seiner Frau, kommt zum weit und breit einzigen Apotheker Stefan, um lebensnotwendige Medikamente zu kaufen. Stefan wittert die Gunst der Stunde und verlangt für die fiebersenkenden Medikamente CHF 320.00 statt CHF 32.00.

Was ist ein «wesentlicher Irrtum»?

Es wird oftmals nicht gelingen, sich im Nachhinein auf Irrtum berufen zu können. Unterschreibt man einen Vertrag, so ist man grundsätzlich gebunden. Zu sagen, man habe nicht genau gewusst, was im Vertrag drin steht, genügt nicht, um den Vertrag anfechten zu können. Folgende Fälle gemäss Art. 24 Abs. 1 OR sind hier zu nennen:

Art. 24 Abs. 1 OR

Erklärungsirrtum

- Irrtum über die **Art** des Vertrages, z. B. Kauf- statt Mietvertrag
- Irrtum über die **Sache** oder die **Person**, z. B. Bestellung des Rechtskunde- statt des Betriebskundebuches
- Irrtum über den **Umfang der Leistung**, z. B. Bestellung von 100 statt zehn Büchern

... Ziff. 1

... Ziff. 2

... Ziff. 3

Grundlagenirrtum

- Irrtum über einen **eine wesentliche Grundlage des Vertrages**, z. B. die Grösse der gemieteten Wohnung, die im schriftlichen Mietvertrag um 15 m² grösser angegeben wurde, als sie effektiv, ist oder die Echtheit eines Perserteppichs

... Ziff. 4
Bundesgerichtsurteil zum wesentlichen Irrtum

Wichtig

Ein einfacher **Motivirrtum**, der sich lediglich auf den subjektiven **Beweggrund** zum Vertragsabschluss bezieht, ist **kein** wesentlicher Irrtum und berechtigt nicht zur Anfechtung; z. B. ein Aktienkäufer erlebt, dass die Wertpapiere einen Tag nach dem Kauf einen massiven Kurssturz erleiden.

Art. 24 Abs. 2 OR

Blosse **Rechnungsfehler** in einem Vertrag gelten ebenfalls nicht als wesentlicher Irrtum und berechtigen somit nicht zur Anfechtung. Sie sind aber zu berichtigen. Das heisst, der Vertrag läuft dann mit den angepassten Konditionen weiter.

Art. 24 Abs. 3 OR

K 7.33 Nennen Sie zwei Beispiele von einseitig verpflichtenden Verträgen. Was stellen im Gegensatz dazu Kauf-, Miet-, Arbeits- und die meisten anderen Verträge dar?

Kontrollfragen

K 7.34 a) In welchen drei Fällen ist ein Vertrag nichtig? (Antwort in Stichworten)
b) Nennen Sie in vier Stichworten die Fälle, in denen ein Vertrag anfechtbar ist.

K 7.35 a) Jemand wollte einen Mietvertrag für einen Computer abschliessen, hat aber aus Versehen einen Kaufvertrag unterschrieben. Damit fehlte die Grundlage für seine Willenserklärung. Gilt dieser Irrtum gemäss OR als wesentlich? Wie nennt man ihn?
b) Berechtigt er zur Anfechtung des Vertrages?
c) Nennen Sie einen Irrtum (ein Wort), der nicht als wesentlich gilt.

K 7.36 Wie wird ein anfechtbarer Vertrag ungültig?

K 7.37 Damit ein Vertrag wegen Übervorteilung angefochten werden kann, muss ein «offenbares Missverhältnis zwischen der Leistung und der Gegenleistung» bestehen. Das allein genügt aber nicht. Es müssen gemäss Art. 21 OR zusätzlich weitere Voraussetzungen erfüllt sein. Welche sind das?

→ **Aufgaben 16, 17, 18, 19, 20, 21**

7.3 Die Vertragserfüllung

7.3.1 Gegenstand, Ort und Zeit der Erfüllung

Gegenstand der Erfüllung

Mit dem Abschluss des Vertrages verpflichten sich die Parteien dazu, bestimmte Leistungen zu erbringen. Die entstandenen Obligationen erlöschen erst wieder, wenn die Leistungen vertragsgemäss erbracht worden sind. Grundsätzlich ist es Sache der Parteien, zu bestimmen, wie, wo oder wann eine bestimmte Leistung zu erbringen ist. Vereinbaren die Parteien zum Beispiel keinen bestimmten Erfüllungsort, so hilft das Gesetz mit dispositivem Recht weiter. Gleiches gilt für den Zeitpunkt der Erfüllung. Legen die Parteien diesen nicht fest, so gelten die diesbezüglichen dispositiven Bestimmungen. Es geht zum Beispiel um folgende Fragen:

In welcher **Qualität** ist die Leistung zu erbringen? Von **wem**? Ist das **Eigentum** an einer Sache zu übertragen? Oder soll die Sache nur zum **Gebrauch** überlassen werden? Wurde eine **persönliche Leistung** vereinbart? Wann soll die **Entschädigung** beglichen werden? Die Erfüllung sieht je nach geschuldeter Leistung anders aus:

- Ein Hauseigentümer erhält wie mit dem Lieferanten vereinbart am 15. Oktober die bestellte Heizöllieferung.
- Der Künstler beginnt mit der Erstellung des in Auftrag gegebenen Porträts.
- Bei einem Kaufvertrag wird der Käufer durch Übergabe des gekauften Rasenmähers Eigentümer.
- Bei einem Mietvertrag darf der Mieter die Wohnung gebrauchen.
- Der Arzt berät den Patienten, der in seine Sprechstunde kommt.
- Ein Kreditnehmer bezahlt der Bank Zinsen.

Die Vertragsparteien können weitgehend selbst bestimmen, wie, wo und wann die vertraglichen Pflichten (Obligationen) zu erfüllen sind (= Vertragsfreiheit). Die meisten OR-Bestimmungen hierüber gelten nur für den Fall, dass nichts vereinbart wurde, stellen also grösstenteils **ergänzendes** (dispositives) **Recht** dar.

Art. 74 OR   **Erfüllungsort**

Geldschulden	Bestimmte Sachen	Andere Verbindlichkeiten
Sie sind am **Wohn-/Geschäftssitz des Gläubigers** zu zahlen. Man bezeichnet sie deshalb als **«Bringschulden»** (der Schuldner muss dem Gläubiger das Geld bringen oder senden). Der zahlende Schuldner hat selbstverständlich Anspruch auf eine Quittung (vgl. Art. 88 Abs. 1 OR).	D.h. Sachen, die einmalig und nicht durch andere ersetzbar sind (z.B. ein Kunstwerk, gebrauchter Gegenstand, ein Rennpferd), hat der Verkäufer dort zu übergeben, wo sie sich **zur Zeit des Vertragsabschlusses** befinden. In diesem Fall spricht man von **Spezieswaren**.	Sind am **Wohn-/Geschäftssitz des Schuldners** zu erfüllen. Dies gilt also für den Grossteil aller Warenlieferungen wie Getreide, Holz, Heizöl, Serienmöbel, Gold, Nahrungsmittel usw. Sie heissen **Gattungswaren**, weil sie nur der Gattung (Art) nach und nicht individuell bestimmt sind und es nicht auf ein bestimmtes Exemplar ankommt.
Warenschulden sind also **« Holschulden».**		

Der Erfüllungsort ist für den Kaufvertrag von besonderer Bedeutung. Vereinbaren die beiden Parteien, dass die geschuldete Sache an den Verkäufer versendet werden soll, so spricht man von einem **Distanzkauf**. Dabei müssen auseinandergehalten werden:

- **Bestimmungsort:** Ort, wo die Ware hingesandt wird, rechtlich ohne Bedeutung.

Art. 189 OR
- **Erfüllungsort:** Normalerweise beim Verkäufer, rechtlich von Bedeutung. Mit der Aufgabe zum Versand ist der Verkäufer seinen Pflichten nachgekommen. Aus dem Erfüllungsort lässt sich ableiten, dass die **Transportkosten** vom Käufer zu tragen sind, sofern nicht etwas anderes vereinbart worden ist.

     info@klv.ch

Ein Kürbis kann sowohl Gattungs- als auch Speziesware sein. Möchten Sie einen Kürbis kaufen, so handelt es sich um Gattungsware. Möchten Sie hingegen einen bestimmten Kürbis haben, ist es Speziesware.

Zeit der Erfüllung

Der Zeitpunkt, ab dem eine Partei die Leistung von einer anderen Partei verlangen kann, heisst Fälligkeitstermin. Setzt man eine Frist, während der erfüllt werden kann, so ist die Leistung zunächst nur erfüllbar, nicht aber fällig (z. B. zahlbar innert 30 Tagen). Mit Ablauf der gesetzten Frist wird die Leistung fällig (z. B. bei Nichtzahlung in den entsprechenden 30 Tagen). Nach Art. 75 OR sind Leistungen mangels anderer Abmachung sofort erfüllbar und fällig. Man nennt das ein **Zug-um-Zug-Geschäft** (d. h. Ware gegen Geld) oder auch **Barkauf**. Die Erfüllung muss während der gewöhnlichen Geschäftszeit vom Schuldner vollzogen und vom Gläubiger angenommen werden.

Art. 75 OR

Die Folgen der Nichterfüllung[3]

Wer einen Vertrag durch eigenes **Verschulden** nicht richtig oder gar nicht erfüllt, muss der Gegenpartei den dadurch entstandenen **Schaden ersetzen**. So kann z. B. ein Lieferant einer Maschine, der diese nicht wie vereinbart am 15. Juni geliefert hat, für den dadurch entstandenen Produktionsausfall schadenersatzpflichtig gemacht werden.

Art. 97 OR ist die allgemeine Bestimmung für verschiedene Vertragsverletzungen. Oft gibt es allerdings im besonderen Teil des OR spezifische Bestimmungen für die einzelnen Vertragstypen, die Art. 97 OR vorgehen. Im gesamten Vertragsrecht kann man eigentlich nur Schadenersatz von einer anderen Partei verlangen, wenn vier Voraussetzungen erfüllt sind:

– **Vertragsverletzung** (Nichtleistung, zu späte Lieferung oder Schlechtleistung)
– **Verschulden** (individueller Vorwurf, einen Fehler gemacht zu haben)
– finanziell nachweisbarer **Schaden** (in Franken anzugeben)
– **adäquater Kausalzusammenhang** zwischen Vertragsverletzung und eingetretenem Schaden

Ein **Geldschuldner**, der mit seiner Zahlung im Verzug ist, schuldet seinem Gläubiger einen **Verzugszins** von 5 %, selbst wenn ein geringerer vereinbart wurde. Im kaufmännischen Verkehr kann allenfalls ein höherer Zinssatz berechnet werden. Massgebend ist hier der Zinssatz für ungedeckte Kontokorrentkredite.

Art. 104 OR

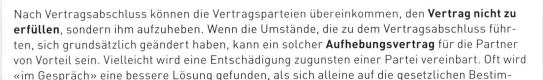

Exkurs: Aufhebungsvereinbarung

Nach Vertragsabschluss können die Vertragsparteien übereinkommen, den **Vertrag nicht zu erfüllen**, sondern ihm aufzuheben. Wenn die Umstände, die zu dem Vertragsabschluss führten, sich grundsätzlich geändert haben, kann ein solcher **Aufhebungsvertrag** für die Partner von Vorteil sein. Vielleicht wird eine Entschädigung zugunsten einer Partei vereinbart. Oft wird «im Gespräch» eine bessere Lösung gefunden, als sich alleine auf die gesetzlichen Bestimmungen zu verlassen.

---

3 Weitere Ausführungen zum Thema Vertragsverletzung finden Sie jeweils im Kapitel 8 Kaufvertrag.

Kontrollfragen

K 7.38 a) Wie heissen Waren, die individuelle, nicht durch andere ersetzbare Einzelstücke darstellen?
b) Geben Sie dafür mindestens zwei Beispiele.
c) Wo ist für die Lieferung solcher Waren der Erfüllungsort?

K 7.39 a) Für welche Art von (Waren-)Schulden ist der Erfüllungsort ohne anderweitige Vereinbarung beim Lieferanten?
b) Was für einen Schluss ziehen Sie daraus für die Transportkosten im Fall eines Distanzkaufes?

K 7.40 a) Wo ist der Erfüllungsort für Geldschulden?
b) Wie heissen solche Schulden demzufolge?
c) Wie viel Verzugszins kann der Gläubiger beim Zahlungsverzug vom Schuldner gemäss OR fordern, wenn 3 % vereinbart waren?

K 7.41 Die Erfüllungsorte merken Sie sich am einfachsten anhand einer Warenlieferung. Ergänzen Sie:
a) Für die Geldschuld: Beim _____ (Käufer/Verkäufer?)
b) Für Lieferung von Gattungsschulden: Beim _____
c) Für Speziesschulden (Beispiel Gemälde): Standort der Ware bei _____
d) Oder noch einfacher: Immer beim Verkäufer, ausgenommen bei _____
oder wenn anders vereinbart.

K 7.42 Wie heisst ein Geschäft, bei dem die Leistung und Gegenleistung gleichzeitig und in der Regel beim oder gleich nach dem Vertragsabschluss erfolgen? Kommen solche Geschäfte häufig vor?

→ Aufgaben 22, 23, 24, 25

K 7.43 Was entsteht für einen Vertragspartner, wenn er seine vertragliche Obligation nicht oder nicht richtig erfüllt?

7.3.2 Die Verjährung

Art. 127 OR

Art. 130 OR

Wenn ein Gläubiger sich um seine Guthaben lange Zeit nicht kümmert und sie nicht eintreibt, verjähren sie nach einer gewissen Zeit, d. h., er kann sie dann nicht mehr zwangsweise, also gegen den Willen des Schuldners, eintreiben. Die nachfolgend genannten, wichtigsten Verjährungsfristen können in der Regel durch die Parteien nicht abgeändert werden. Sie betragen, ab Fälligkeitsdatum der Forderung gerechnet:

Allgemeine Verjährungsfrist

Art. 127 OR Gutscheine oft länger gültig als angegeben 	**10 Jahre** — **für alle Forderungen, für die das Gesetz nichts anderes bestimmt**, so beispielsweise: – für die Forderungen aus Warenlieferungen im kaufmännischen Geschäftsverkehr – Darlehensschulden (zehn Jahre nach Rückzahlungstermin) – Unbefristete Gutscheine (ein Verfalldatum fehlt)

Wichtige Verjährungsfristen

Art. 149a Abs. 1 SchKG	**20 Jahre** — für **Verlustscheinforderungen** gegenüber dem Schuldner. (Gegenüber den Erben verjähren die Verlustscheine ein Jahr nach dem Erbantritt.)

Art. 128 OR	**5 Jahre** — – für **periodische** (regelmässig wiederkehrende) Leistungen, wie:
	  – Lohnzahlungen
	  – Kapitalzinsen
	  – Mietzinsen
	– Forderungen aus **kleineren alltäglichen Geschäften** wie:
	  – Ladenschulden
	  – Anwalts- und Arzthonorare
	  – Handwerkerrechnungen

Art. 210 Abs. 2 und Art. 219 Abs. 3 OR Art. 371 Abs. 1 und 2 OR	– **Sach- und Werkmängel** im Zusammenhang mit unbeweglichen Werken oder dem Einbau von beweglichen Sachen in unbewegliche Werke.

info@klv.ch

2 Jahre	– Kauft ein Konsument von einem Händler eine neue bewegliche Sache, so gilt eine zwingende Verjährungsfrist von zwei Jahren. Hierzu sind weitere Angaben im Kapitel Kaufvertrag ersichtlich.	Art. 210 Abs. 1 OR
	– bei **Werkmängeln** von **beweglichen** Sachen	Art. 371 Abs. 1 OR
	– bei **Versicherungsleistungen**	Art. 46 Abs. 1 VVG
1 Jahr	– als «relative» **Verjährungsfrist** (d.h. ab Kenntnis) von einem Jahr innerhalb der absoluten Verjährungsfrist von zehn Jahren:	
	– Schadenersatzansprüche aus unerlaubter Handlung	Art. 60 OR
	– Ansprüche aus ungerechtfertigter Bereicherung	Art. 67 OR

keine Verjährung		
	bei Grundpfandforderungen (Hypotheken)	Art. 807 ZGB

Verjährungsunterbruch		
	Die Verjährung wird **unterbrochen**, und die **Frist beginnt wieder von vorne**, wenn	Art. 135 OR
	– der Schuldner die Forderung **anerkennt**, z.B. in einem Brief, durch ein Stundungsgesuch, eine Zins- oder Abschlagszahlung, oder wenn	
	– der Gläubiger die **Betreibung einleitet** oder eine **gerichtliche Klage** einreicht. Eine blosse **Mahnung**, selbst mit eingeschriebenem Brief, **genügt nicht**.	

Ein Schuldner, der seine Schuld beglichen hat, sollte dies innerhalb der Verjährungsfrist jederzeit beweisen können. **Quittungen** und sonstige Beweismittel sind deshalb mindestens so lange aufzubewahren, bis die Schuld verjährt ist, im Zweifelsfall mindestens zehn Jahre lang. Das OR schreibt auch vor, dass jeder Buchführungspflichtige die Geschäftskorrespondenz, die Buchungsbelege und die Geschäftsbücher während **zehn Jahren** aufzubewahren hat.   Art. 958f Abs. 1 OR

Bezahlt ein Schuldner trotz Verjährung seine Schulden, so kann er den gezahlten Betrag **nicht** zurückverlangen.   Art. 63 Abs. 2 OR

K 7.44 Was heisst «eine Forderung ist verjährt»?   Kontrollfragen

K 7.45 Wie viel beträgt die Verjährungsfrist für
   a) eine Zahnarztrechnung?
   b) eine Forderung aus einer Engros-Warenlieferung?
   c) Zins- und Dividendencoupons von Obligationen und Aktien?
   d) ein Guthaben der Maschinenfabrik X bei ihrem Kunden Y?
   e) die Hypothekarforderung einer Bank gegenüber einem Hauseigentümer?
   f) das Lohnguthaben eines Angestellten gegenüber seinem Arbeitgeber?
   g) ein Guthaben des Milchhändlers gegenüber einer Kundin?

K 7.46 Wie können Sie als Gläubiger den drohenden Ablauf einer Verjährungsfrist gegenüber einem säumigen Schuldner verhindern?

K 7.47 Welche Folge hätte es für Sie, wenn Sie als Schuldner eine Rechnung beglichen hätten, aber keine Verjährungsfristen existieren würden?   → **Aufgaben 26, 27, 28, 29**

7.4   Die Sicherung der Vertragserfüllung

Sicherungsmittel haben eine sehr grosse Bedeutung im Wirtschaftsleben. Sie dienen der Absicherung von Schulden oder anderen Verpflichtungen und damit der Risikominimierung.[4]

Die im Gesetz erwähnten Sicherungsmittel lassen sich in zwei Gruppen einteilen:

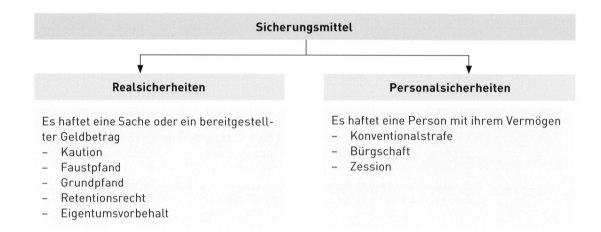

Kaution

Art. 330 OR   Ein **Geldbetrag** wird vom Schuldner als Garantie für richtige Vertragserfüllung **hinterlegt**.
Art 257e OR

> – **Arbeitsvertrag:** Angestellte, die mit grossen Geldbeträgen zu tun haben (z. B. Bankkassiere, Filialleiter), müssen bisweilen eine Kaution leisten.
> – **Mietvertrag:** Oft verlangt der Vermieter einer Wohnung vom Mieter die Leistung einer Kaution, die der Sicherung allfälliger Schadenersatzansprüche oder Mietzinsausfälle dient.

Oft tritt anstelle der Kaution eine **Bankgarantie**. In diesem Fall garantiert die Bank dem Gläubiger, für allfällige Verpflichtungen einzustehen.

Oft tritt anstelle der Kaution eine **Bankgarantie**. In diesem Fall garantiert die Bank des Schuldners dem Gläubiger, für allfällige Verpflichtungen einzustehen.

Faustpfand

Art. 884 ff. ZGB   Eine **bewegliche Sache**, im Gesetz Fahrnis genannt (im Gegensatz zu Grundstücken), kann man rechtsgültig nur verpfänden, wenn man sie dem Gläubiger **übergibt**. Eine blosse Verschreibung des Pfandes ohne Übergabe würde nicht genügen und wäre für den Gläubiger wertlos.

Als **Faustpfänder** kommen vor allem infrage:

– **Wertschriften**, besonders Obligationen und Aktien
– **Lebensversicherungspolicen** (mit Rückkaufswert)
– **Wertgegenstände** wie Schmuck, Gold, Kunstgegenstände, eingelagerte Rohstoffe usw.

Grundpfand

Art. 793 ZGB   Wenn ein Darlehensschuldner seinem Gläubiger (meist eine Bank) eine **unbewegliche Sache**, also ein
Art. 799 ZGB   Grundstück verpfändet, so spricht man von Grundpfand oder **Hypothek**. Während ein Faustpfand dem
Art. 942 ff. ZGB   Gläubiger in die Hand (Faust) übergeben werden muss, bedarf die Verpfändung eines Grundstücks der **öffentlichen Beurkundung** und der **Eintragung im Grundbuch**. Dieses ist ein ausführliches, von der Behörde geführtes Verzeichnis aller Grundstücke, ihrer Eigentümer und Belastungen (z. B. Hypotheken) und ist öffentlich.

---

4   Oft verlangt ein Gläubiger von seinem Schuldner eine Sicherheit, um für den Fall der Nichterfüllung gedeckt zu sein. Solche Sicherheiten werden besonders häufig bei **Bankkrediten** (= Darlehensverträgen) gefordert.

Man kann das gleiche Grundstück mehrfach verpfänden, wobei für jede Hypothek ein bestimmter **Rang und Betrag** angegeben wird. Im Falle einer Pfandverwertung würde zuerst der Hypothekargläubiger im ersten Rang befriedigt, dann derjenige im zweiten Rang usw. Grundpfandforderungen unterliegen **keiner Verjährung**.

Art. 817 ZGB

Das ZGB kennt v. a. folgende Arten des Grundpfandes:

Grundpfandverschreibung	Papier-Schuldbrief
– stellt keine Forderung, sondern nur das **Pfandrecht** für eine solche dar – kein **Wertpapier**; reine Sicherungsfunktion – für **veränderliche** Vorschüsse wie Baukredite und Kontokorrentkredite, auch für noch nicht bestehende, sondern erst künftig mögliche Forderungen (z. B. beim Bau eines Hauses)	– **Forderung** + dazugehörendes **Pfandrecht** – **Wertpapier** (Namen- oder Inhaberschuldbrief) ; Wert des Bodens wird so in einem Wertpapier verkörpert. Dieses kann als Kapitalanlage von beliebigen Personen erworben werden.) – für **feststehende** Darlehensbeträge

Register-Schuldbrief
Seit 2012 auch als **Register-Schuldbrief** möglich.[5]

Retentionsrecht

Der **Gläubiger hat das Recht, Sachen** (und Wertpapiere), die sich mit Willen des Schuldners im Besitz des Gläubigers befinden, zur Sicherstellung einer mit diesem Gegenstand im Zusammenhang stehenden fälligen Forderung **zurückzubehalten**. (Das Retentionsrecht ähnelt dem Faustpfandrecht. Im Unterschied zu diesem muss es aber nicht vereinbart werden, sondern besteht von Gesetzes wegen.)

Art. 895 ZGB

– **Werkvertrag:** Die Autoreparaturwerkstätte kann das reparierte Auto zurückbehalten, wenn der Kunde die Rechnung nicht, wie vereinbart, bar bezahlen will.
– **Mietvertrag:** Der Vermieter eines Ladenlokals kann Einrichtungsgegenstände des Mieters zurückbehalten, wenn er z. B. den Mietzins während der letzten sechs Monate nicht bezahlt hat. Dieses Retentionsrecht gilt nur für Geschäftsräume, nicht aber für Wohnräume.

Art. 268 OR

Das Retentionsrecht ähnelt dem Faustpfandrecht. Im Unterschied zu diesem muss es aber nicht vereinbart werden, sondern besteht von Gesetzes wegen.

Eigentumsvorbehalt

(bereits besprochen, vgl. Seite 179)

Formulare für das Eigentumsvorbehaltsregister Zürich

Konventionalstrafe

Im Vertrag wird schriftlich eine bestimmte Summe **vereinbart**, die der Gegenpartei **im Falle der nicht richtigen Erfüllung des Vertrages** bezahlt werden muss (Vertragsstrafe). Eine Konventionalstrafe wird oft dann vereinbart, wenn man voraussieht, dass die Höhe eines allfälligen Schadens schwierig zu beweisen wäre oder wenn an der richtigen Vertragserfüllung ein grosses Interesse besteht, so z. B. an der Fertigstellung eines Bauwerks auf einen bestimmten Termin hin. Ihr grosser Vorteil besteht darin, dass der Gläubiger den **erlittenen Schaden nicht beweisen** muss; sie muss selbst dann bezahlt werden, wenn kein Schaden bewiesen werden kann.

Art. 160 OR

---

5   Der **Register-Schuldbrief** entsteht durch **Eintragung im Grundbuch.** Er kann durch Löschung des bisherigen und Eintragung des neuen Eigentümers im Grundbuch übertragen werden. Hierzu ist eine schriftliche Erklärung des bisherigen Gläubigers notwendig. Der Register-Schuldbrief ist **kein** Wertpapier.

Art. 340b OR	– **Arbeitsvertrag:** Ein Angestellter verpflichtet sich zur Bezahlung einer Konventionalstrafe, falls er das mit dem Arbeitgeber (schriftlich) vereinbarte Konkurrenzverbot missachtet. – **Werkvertrag:** Ein Bauunternehmer verpflichtet sich, im Falle der nicht rechtzeitigen Fertigstellung des Bauwerks pro Tag Verspätung einen bestimmten Betrag zu zahlen. – **Verbandswesen:** Die Mitglieder verpflichten sich, bei Verstössen gegen die Abmachungen einen bestimmten Betrag als Strafe zu bezahlen.

Die Bürgschaft

Art. 492 OR
Die Bürgschaft ist eine typische Personalsicherheit. Hier stellt der Schuldner, genannt **Hauptschuldner**, dem Gläubiger einen **Bürgen** für den Fall, dass er selbst nicht zahlen kann.

Art. 495 OR
Das Obligationenrecht unterscheidet zwei Arten von Bürgschaften:

Tipps zur Bürgschaft

Einfache Bürgschaft

Hier kann der Gläubiger den Bürgen erst belangen, wenn die **Zahlungsunfähigkeit** des Hauptschuldners erwiesen ist (z. B. durch Konkurs, fruchtlose Betreibung, Flucht ins Ausland). Für den Gläubiger kann es also mühsam werden, wenn er den Hauptschuldner zuerst betreiben muss.	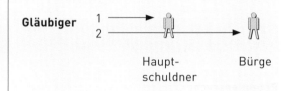

Solidarbürgschaft

Hier kann der Gläubiger den Bürgen rascher belangen. Er muss den Hauptschuldner nicht vorher betreiben, sondern nur **mahnen**, und wenn das nichts nützt, kann er die Schuld vom Bürgen einfordern. Eine Solidarbürgschaft liegt nur vor, wenn dies in der Bürgschaftsverpflichtung ausdrücklich erwähnt ist.	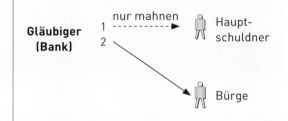

Banken nehmen keine einfachen, sondern nur Solidarbürgschaften an, weil sie dem Gläubiger ein einfacheres Vorgehen erlauben und mehr Sicherheit bieten.

Die Bürgschaft ist nur gültig, wenn die **Formvorschriften** gemäss OR eingehalten werden:

Juristische Personen und alle Gesellschaften

Art. 493 OR

Der Bürgschaftsvertrag muss **schriftlich** abgefasst sein und – wie bei jeder Bürgschaft – den **Höchstbetrag** der Haftung enthalten.

Natürliche Personen	
Bürgschaften bis CHF 2000.00	**Haftungsbetrag** und das **Wort «solidarisch»** müssen **handschriftlich** in die Bürgschaftsurkunde eingetragen werden (qualifizierte Schriftlichkeit).
Bürgschaften über CHF 2000.00	**Öffentliche Beurkundung**
Art. 494 OR Verheirateter Bürge, eingetragener Partner	benötigen zusätzlich die **schriftliche Zustimmung** des Ehegatten bzw. des Partners.

info@klv.ch

Die Zession (Abtretung)

Eine **Zession** oder **Abtretung** ist die vertragliche **Übertragung** einer Forderung (z. B. gegenüber Kunden) an jemanden (meist eine Bank), um diesem Kreditsicherheit zu bieten.

Art. 164 OR

Beispiel in Verbindung mit einem Darlehensvertrag: Der Darlehensschuldner einer Bank (Kreditnehmer) tritt seine Kundenguthaben (Buchforderungen) an seine Bank ab, damit diese eine Sicherheit für den gewährten Kredit hat.

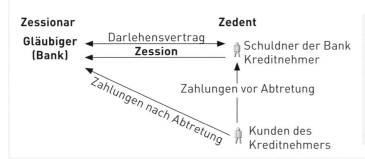

Fachausdrücke

Zession	=	Abtretung einer Forderung
zedieren	=	abtreten
Zessionar	=	Erwerber der Abtretung (hier Bank)
Zedent	=	Abtretender

Kontrollfragen

K 7.48 Sowohl Kaution wie Faustpfand sind Realsicherheiten. Worin besteht der Unterschied?

K 7.49 Welche zwei Formvorschriften sind für die Errichtung eines Grundpfandes zu beachten?

K 7.50 Was versteht man unter Retentionsrecht (verwandt mit dem französischen retenir = zurückbehalten)?

K 7.51 Dürften Sie jemandem, der Ihnen einen Betrag schuldet, aber nie bezahlt, einfach ein Vermögensstück (z. B. ein Velo oder ein für ihn bestimmtes Postpaket) wegnehmen unter Berufung auf das Retentionsrecht? Mit Begründung.

K 7.52 Was ist der Hauptunterschied des Retentionsrechts gegenüber dem gewöhnlichen Faustpfandrecht?

K 7.53 Aus welcher logischen Überlegung heraus kann ein Eigentumsvorbehalt nicht erst nach der Übergabe der Kaufsache angebracht werden?

K 7.54 Welchen Vorteil für den Gläubiger hat die Konventionalstrafe gegenüber einer gewöhnlichen Schadenersatzforderung?

K 7.55 Welche Art von Bürgschaft nehmen Banken nur an? Mit Begründung.

K 7.56 Wer ist Eigentümer von an eine Bank verpfändeten Wertpapieren, und wer ist Besitzer?

→ **Aufgaben**
30, 31, 32, 33, 34

7.5 Auf den Punkt gebracht

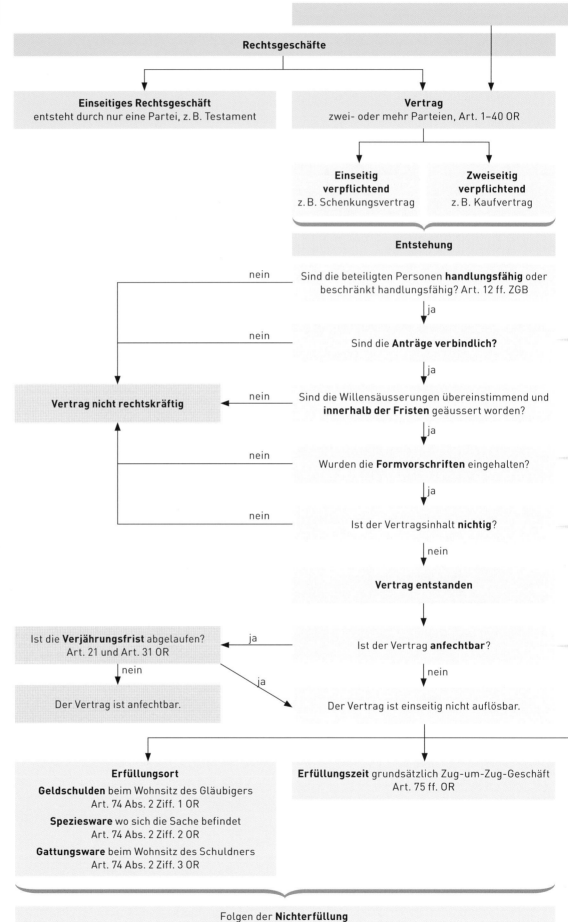

Rechtsgeschäfte

Einseitiges Rechtsgeschäft
entsteht durch nur eine Partei, z.B. Testament

Vertrag
zwei- oder mehr Parteien, Art. 1–40 OR

Einseitig verpflichtend
z.B. Schenkungsvertrag

Zweiseitig verpflichtend
z.B. Kaufvertrag

Entstehung

nein — Sind die beteiligten Personen **handlungsfähig** oder beschränkt handlungsfähig? Art. 12 ff. ZGB
ja

nein — Sind die **Anträge verbindlich?**
ja

nein — Sind die Willensäusserungen übereinstimmend und **innerhalb der Fristen** geäussert worden?
ja

Vertrag nicht rechtskräftig

nein — Wurden die **Formvorschriften** eingehalten?
ja

nein — Ist der Vertragsinhalt **nichtig**?
nein

Vertrag entstanden

Ist die **Verjährungsfrist** abgelaufen?
Art. 21 und Art. 31 OR

ja — Ist der Vertrag **anfechtbar**?
nein

nein

Der Vertrag ist anfechtbar.

ja

Der Vertrag ist einseitig nicht auflösbar.

Erfüllungsort

Geldschulden beim Wohnsitz des Gläubigers
Art. 74 Abs. 2 Ziff. 1 OR

Spezieswaren wo sich die Sache befindet
Art. 74 Abs. 2 Ziff. 2 OR

Gattungsware beim Wohnsitz des Schuldners
Art. 74 Abs. 2 Ziff. 3 OR

Erfüllungszeit grundsätzlich Zug-um-Zug-Geschäft
Art. 75 ff. OR

Folgen der **Nichterfüllung**
Warenschuldner (vgl. Kapitel 8)
Geldschuldner Verzugszins von 5%, Art. 104 OR

info@klv.ch

Eine **Obligation** kann entstehen durch

unerlaubte Handlung Art. 41 OR		ungerechtfertigte Bereicherung Art. 62–67 OR

Verschuldenshaftung Art. 41 OR	**Kausalhaftung** (ohne Verschulden)	**Tatbestandsmerkmale** Ungerechtfertigt bereichert
Tatbestandsmerkmale Finanzieller Schaden Widerrechtlichkeit Kausalzusammenhang Verschulden	Geschäftsherr, Art. 55 OR Tierhalter, Art. 56 OR Werkeigentümer, Art. 58 OR Familienhaupt, Art. 333 ZGB	**Rechtsfolge** Bereicherung zurückerstatten
Rechtsfolge Schaden ersetzen		

Antrag

verbindlich			**unverbindlich** (nur wenn besonders vermerkt) Art. 7 OR
	unbefristet		
befristet (bis zum Ablauf der Frist verbindlich), Art. 3 OR	**Unter Anwesenden** (mündlich, während der Dauer des Gesprächs) Art. 4 OR	**Unter Abwesenden** (schriftlich, ungefähr zehn Tage) Art. 5 OR	

Widerruf (nur möglich falls Eintreffen vor Kenntnisnahme vom Antrag), Art. 9 OR

formlos Art. 11 OR z. B. Arbeitsvertrag, Art. 320 OR	**einfache Schriftlichkeit** Art. 12 f. OR, z. B. Konkurrenzverbot beim Arbeitsvertrag, Art. 340 OR	**qualifizierte Schriftlichkeit** z. B. Lehrvertrag Art. 344a OR	**öffentliche Beurkundung** z. B. Kauf von Liegenschaften, Art. 216 OR, Art. 657 ZGB

Ein Vertrag ist **nichtig** ... Art. 20 OR

Unmöglichkeit z. B. Verkauf der richtigen Lottozahlen vor der Ziehung	**Widerrechtlichkeit** z. B. Handel mit Diebesgut	**Unsittlichkeit** z. B. Anstiftung zur Erbschleicherei

---

Ein Vertrag ist **anfechtbar** ... Art. 21–31 OR

Wesentlicher Irrtum **Erklärungsirrtum** Art, Sache und Umfang derLeistung, Art. 24 Abs. 1 Ziff. 1–3 OR **Grundlagenirrtum** Art. 24 Abs. 1 Ziff. 4 OR Ausnahme **Motivirrtum** Art. 24 Abs. 2 OR	**Absichtliche Täuschung** Art. 28 OR z. B. Ein Autohändler verkauft wissentlich einen Unfallwagen als unfallfrei.	**Drohung** Art. 29 OR z. B. Ein Vertragspartner wird durch Drohungen zur Unterschrift genötigt.	**Übervorteilung** Art. 21 OR z. B. Einem 87-jährigen, alleinstehenden Nachbarn wird eine Scheune zu einem Preis abgekauft, der 55 % unter dem Marktwert liegt.
	Anfechtung innerhalb eines Jahres, Art. 31 OR		**Anfechtung** innerhalb eines Jahres, Art. 21 OR

Wichtige Verjährungsfristen	**Weitere Verjährungsfristen**
Keine Verjährung für Grundpfandforderungen Art. 807 ZGB	**20 Jahre** für Verlustscheinforderungen Art. 149a SchKG
10 Jahre für alle Forderungen, wo nichts anderes bestimmt ist Art. 127 OR	**1 Jahr** für Schadenersatzansprüche aus unerlaubter Handlung Art. 60 OR
5 Jahre für alle periodischen Leistungen und alltäglichen Geschäfte, Art. 128 OR	**1 Jahr** für Ansprüche aus ungerechtfertigter Bereicherung Art. 67 OR
2 Jahre Gewährleistung wegen Mängel der Sache (vgl. Kapitel 8) Art. 210 OR	

Sicherungsmittel bei Verträgen

Realsicherheiten					**Personalsicherheiten**	
Kaution z. B. Art. 257e OR	Faustpfand Art. 884 ff. ZGB	Grundpfand Art. 793 ff. ZGB	Retentionsrecht Art. 895 ZGB	Eigentumsvorbehalt Art. 715 ZGB	Konventionalstrafe Art. 160 OR	Bürgschaft Art. 492 f. OR

Aufgaben zu Kapitel 7

1. **Die Obligation**

   Wenn wir von einer Obligation als Finanzierungsinstrument sprechen, reden wir von einem Wertpapier. In diesem Kapitel der Rechtskunde meinen wir mit Obligation eine _____ Schuldverpflichtung _____. Die Verpflichtung besteht oft in einer _____ Geldschuld, kann aber
   auch eine Leistungsschuld sein, wie z. B. eine _____ Arbeits- oder Warenleistung.
   Die Schuldverpflichtung erlischt, wenn der _____ Schuldner _____ seine Schuld
   beim _____ Gläubiger _____ der Leistung erfüllt. Auf den Mietvertrag bezogen bedeutet dies,
   dass der _____ Vermieter _____ dem _____ Mieter _____ die verspro-
   chenen Räume in der vereinbarten Qualität zwecks Gebrauch zur Verfügung zu stellen hat.

2. Ist rechtlich eine **Obligation** entstanden? Begründen Sie.

		Ja	Nein	Begründung
a)	Ein Velofahrer überfährt ein Rotlicht und verursacht einen Unfall.	✘		Unerlaubte Handlung (Art. 41 OR)
b)	Ein Kunde bezahlt irrtümlich eine Rechnung zweimal.	✘		Ungerechtfertigte Bereicherung (Art. 62 OR)
c)	Elvira joggt im Wald. Aus Unachtsamkeit rutscht sie aus und verletzt sich.		✘	Keine Fremdeinwirkung (Hinweis: Die Unfallversicherung übernimmt dafür die entsprechenden Heilungskosten. Nichterwerbstätige müssen hierfür allerdings die entsprechende Zusatzdeckung in der Krankenversicherung hinzufügen.)
d)	Ein Angestellter kündigt seine Arbeitsstelle.		✘	Kündigung ist ein einseitiges Rechtsgeschäft (kein Vertrag!).
e)	Ein Lieferant bietet eine Ware zu bestimmten Bedingungen an.		✘	Nur Offerte, kein Vertrag
f)	Sie mieten ein Velo.	✘		Mietvertrag (Art. 253 OR)
g)	Ein Kind wird vom Hund des Nachbarn gebissen und muss zum Arzt.	✘		Unerlaubte Handlung (Kausalhaftung, Art. 56 OR)

3. **Schneelawine**

Im Winter rutscht eine kleine Schneelawine vom Dach eines Hauses und verletzt einen Passanten auf dem Trottoir. Muss der Hauseigentümer für den entstandenen Schaden aufkommen?

Gesetzesanalyse						Anwendung des Gesetzesartikels auf die Situation
Gesetz →	OR	**Artikel** →	58	**Absatz** →	1	
Tatbestands-merkmal(e) (TBM)	1. Werkeigenschaft (fest mit dem Boden verbunden) 2. Werkmangel (Ursprung der Schädigung) 3. Schaden 4. Widerrechtlichkeit 5. Rechtlicher bzw. adäquater Kausalzusammenhang					– zu TBM 1: Ein Haus ist ein Werk, da es dauerhaft mit dem Boden verbunden ist. – zu TBM 2: Gemäss Sachverhalt wurde das Gebäude unzureichend unterhalten. Der Werkmangel ist gegeben. Der Eigentümer hätte den Schnee rechtzeitig vom Dach räumen müssen. – zu TBM 3: Als finanzielle Folgen kommen die Heilungskosten (Arztbesuche, Medikamente usw.) sowie ein möglicher Erwerbsausfall in Betracht. – zu TBM 4: Die Widerrechtlichkeit ist gegeben, da eine Person verletzt wurde. – zu TBM 5: Es entspricht dem gewöhnlichen Lauf der Dinge und der allgemeinen Lebenserfahrung (so die Theorie des adäquaten Kausalzusammenhangs), dass nicht weggeräumter Schnee vom Dach runterrutscht und dadurch ein Personenschaden verursacht wird.
Rechts-folge(n) (RF)	– Der Eigentümer eines Gebäudes hat den Schaden zu ersetzen.					– Der Hauseigentümer haftet für den eingetretenen Personenschaden (Kosten, die dem verletzten Passanten aufgrund des Unfalls erwachsen).
Aussage bezüglich Situation	– Ja, der Hauseigentümer haftet nach Art. 58 OR. Ein Hauseigentümer muss – je nach Konstruktion des Daches – im Winter besorgt sein, dass die Schneelast nicht lawinenartig vom Dach rutscht und Schäden anrichtet. Das Gewicht des Schnees auf dem Dach wird meist unterschätzt. Es sollte rechtzeitig geräumt werden. Hinweis: Die Unfallversicherung des Passanten, die in der Regel die Heilungskosten zunächst übernimmt, wird auf den Hauseigentümer zurückgreifen. Dieser ist allerdings in der Regel dank einer Gebäudehaftpflichtversicherung vor solchen Schäden abgesichert.					

4. Regina fährt mit ihrem Fahrrad rücksichtslos Thomas über den Haufen. Diesem entstehen dadurch erhebliche Arztkosten. Zudem muss er mehrere Konzerte absagen, weshalb ihm insgesamt CHF 5000.00 an Einnahmen entgehen. Haftet Regina gegenüber Thomas? Prüfen Sie die erforderlichen Voraussetzungen?

Art. 41 Abs. 1 OR (Verschuldenshaftung)

Voraussetzungen der Haftung:

– Widerrechtlichkeit: Körperverletzung, gegeben.

– Verschulden: Urteilsfähigkeit von Regina ist anzunehmen. Regina fährt zudem rücksichtslos. Entsprechend ist die Fahrlässigkeit und damit das Verschulden klar gegeben (Man kann ihr einen Vorwurf machen).

– Adäquater Kausalzusammenhang zwischen rücksichtslosem Verhalten von Regina, verursachtem Unfall und eingetretenen Schaden gegeben.

– Schaden: Finanzielle Folgen, hier entgangene Einnahmen von CHF 5000.00 und Arztkosten.

5. Vor einigen Jahren meldeten die Zeitungen, im Kanton Luzern seien wegen eines Computerfehlers Lohnzahlungen in der Höhe von rund 10 Millionen Franken **doppelt ausbezahlt** worden. Die Panne war auf einen Fehler im EDV-System des entsprechenden Unternehmens zurückzuführen. Wie beurteilen Sie die rechtliche Situation?

Es handelt sich um ungerechtfertigte Bereicherungen. Die Empfänger der Doppelzahlungen müssen die zu viel erhaltenen Beträge zurückerstatten. Art. 62 ff. OR.

6. **Falsche Geldüberweisung**

Ein Lehrling aus München vertippte sich beim Online-Banking

Falsche Überweisung – Empfänger gibt sofort die EUR 3000 aus

Der Münchner Axel B. tippte zwar die richtige Zahl ein, 3000 Euro. Er kaufte sich ein Motorrad und wollte dem Händler den Kaufpreis überweisen. Doch dann die falsche Kontonummer einzugeben kommt ihn nun teuer zu stehen.

Statt das Motorrad zu bezahlen, überwies er die Summe einer Arbeitslosen in Hamburg. Da jene schon knapp bei Kasse war und dazu noch Spielschulden hatte, nutzte sie diese einmalige Chance, um schon lang geplante Anschaffungen zu tätigen. [...]

a) Welche Obligation liegt hier im Sinne des Obligationenrechts vor?

Obligation aus ungerechtfertigter Bereicherung (Art. 62 OR)

b) Welchen Anspruch hätte eine Person, der ein solches Missgeschick in der Schweiz passiert?

Gemäss Art. 62 OR könnte man den überwiesenen Betrag zurückverlangen, da der Empfänger der Zahlung zu Unrecht das Geld empfangen hat.

c) Könnte sich die unverhoffte Empfängerin des Geldes in der Schweiz auf Art. 64 OR berufen?

Die Empfängerin hat keineswegs in gutem Glauben das Geld ausgegeben, sodass der Anspruch auf Rückerstattung weiterhin besteht.

d) Wie schätzen Sie die Chancen in diesem Fall ein, das Geld zurückzubekommen?

Die Chancen stehen eher schlecht, da die Empfängerin des Geldes offenbar eine Spielerin ist,

die über kein weiteres Vermögen verfügt. Möglicherweise kann man die schon lange geplanten

Anschaffungen pfänden lassen. In der Praxis ist es allerdings oft schwierig, in solchen Fällen

den Geldbetrag wieder zurückzuholen. Das betreibungsrechtliche Existenzminimum der Emp-

fängerin wird in der Schweiz geschützt. (vgl. Kapitel Verschuldungsproblematik).

e) Welche Lehre kann aus diesem Fall für den Alltag, sei es im Beruf oder privat, gezogen werden?

– Minutiöse Kontrolle der Zahlungsinformationen, sei es beim Online-Banking oder auf

klassischem Weg via Zahlungsauftrag.

– Vollständige Angaben zum Empfänger (Name, Adresse usw.) anbringen. Bei Differenzen

zur Kontonummer bei der Empfängerbank sollte diese reagieren.

– Beim Online-Banking elektronischen Belegleser verwenden.

7. Die Ausdrücke **Verschuldenshaftung** und **Kausalhaftung** bedeuten nicht, dass bei der Verschuldenshaftung kein Kausalzusammenhang zwischen Ereignis und Schaden gegeben sein muss. Im Gegenteil: Ein Kausalzusammenhang ist immer Voraussetzung für das Entstehen einer Haftpflicht,
nur kommt bei der Verschuldenshaftung neben dem Kausalzusammenhang noch das Verschulden als nötige und jeweils zu prüfende Voraussetzung (als sogenanntes Tatbestandsmerkmal)
dazu, während dieses bei der Kausalhaftung keine Rolle spielt. Ergänzen Sie zu dieser Thematik
die folgende Aufstellung:

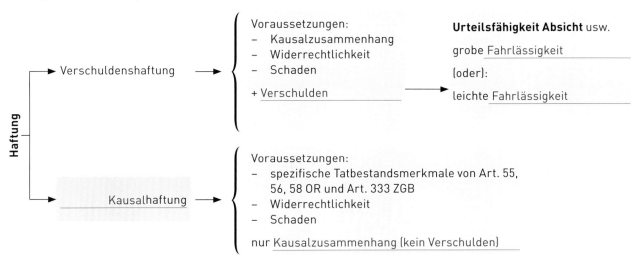

Kausalhaftung tritt nur bei den im __Gesetz (OR)__ genannten Fällen ein, Verschuldenshaftung

hingegen generell aufgrund von Art. __41__ OR.

Einführung in das Obligationenrecht – Die misslungene Kanufahrt
(Ausgangssituation für die Aufgaben 8–10)

John und Marijana wollen die nächsten Ferien mit Kollegen verbringen und planen eine Kanutour. Zur Vorbereitung kauft Marijana ein Kanu bei der «Boot AG» und macht mit ihren Kollegen, die in zwei anderen Kanus sitzen, eine Übungsfahrt auf dem Rhein bei Schaffhausen. Ein Motorbootfahrer, David, fährt viel zu schnell in dichtem Abstand zwischen zwei Kanus hindurch und touchiert das dritte Boot. Das Kanu schlägt leck und läuft voll Wasser. John und Marijana, die in diesem Boot sitzen, kön- nen sich gerade noch ans Rheinufer retten und sind auf den Fahrer des Motorboots sauer. Der begeht glücklicherweise keine Fahrerflucht, sondern meldet sich bei den Gestrandeten und sieht seine Schuld ein. Er will die Reparatur des Kanus – geschätzte Kosten 400 Franken – bezahlen. Zwei Wochen später – das Kajak ist repariert – erhält Marijana die Bankgutschrift von Davids Überweisung. Sie stutzt: «David hat mir 600 Franken überwiesen. Soll ich die Differenz zurückerstatten?»

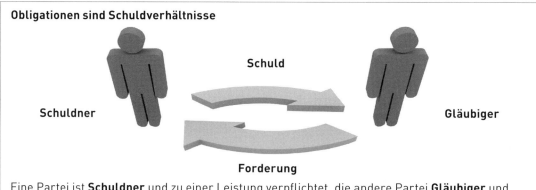

Obligationen sind Schuldverhältnisse

Schuld

Schuldner

Gläubiger

Forderung

Eine Partei ist **Schuldner** und zu einer Leistung verpflichtet, die andere Partei **Gläubiger** und damit zur Forderung einer Leistung berechtigt.

8. **Drei Arten von Obligationen** (Bezug auf oben aufgeführte Ausgangslage)
   Marijanas Kajakfahrt beinhaltet drei Schuldverhältnisse (Obligationen). Beschriften Sie in den nachfolgenden drei Skizzen jeweils die konkreten Verpflichtungen und bestimmen Sie die betroffenen Personen, indem Sie die Namen hinschreiben. Schlagen Sie dafür die Artikel im Obligationenrecht nach.

   a) Obligation aus Art. 1 OR

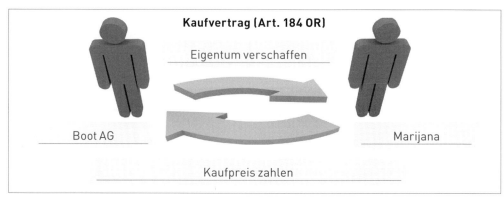

Kaufvertrag (Art. 184 OR)

Eigentum verschaffen

Boot AG

Marijana

Kaufpreis zahlen

b) Obligation aus Art. 41 OR

c) Obligation aus Art. 62 OR

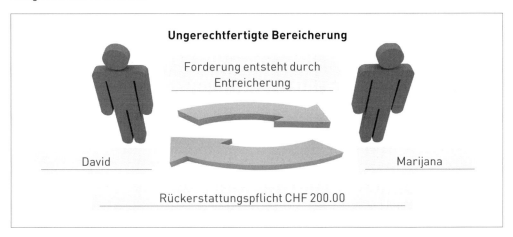

Schuld-/Forderungsverhältnisse (Obligationen) können auf drei verschiedene Arten entstehen. Doch die meisten Schuldverhältnisse entstehen durch **Verträge**.

9. **Obligation aus ungerechtfertigter Bereicherung (Art. 62–67 OR)**
   (Bezug auf Ausgangslage Seite 230)
   In eher seltenen Fällen geht es um Bereicherung, für die keine Rechtsgrundlage existiert. Wird eine Rechnung versehentlich doppelt bezahlt, ist der Empfänger des Geldes ohne Grund (d. h. ungerechtfertigt) bereichert. Welche Aussage ist korrekt?

   a) Marijana muss CHF 200.00 an David zurückerstatten, weil er zu viel Geld überwiesen hat.
   b) David muss CHF 200.00 an Marijana zurückerstatten, weil sie zu viel Geld überwiesen hat.

   a) ist richtig.

10. **Obligation aus unerlaubter Handlung (OR 41–61)**(Bezug auf Ausgangslage Seite 230)
    Den «klassischen» Artikel 41 OR haben Sie schon gelesen. Analysieren wir ihn noch genauer, weil ihm in der Rechtslehre grosse Bedeutung zukommt. Es müssen vier Voraussetzungen erfüllt sein, damit als Rechtsfolge Schadenersatz gefordert werden kann. Solche Voraussetzungen werden Tatbestandsmerkmale genannt:

    a) Tatbestandsmerkmal: **Eintritt eines Schadens**
       Es muss ein messbarer finanzieller Schaden nachgewiesen werden. Schaden im Falle Marijanas?

       Das Kanu schlägt leck und läuft voll Wasser. Die Reparatur kostet CHF 400.00.

b) Tatbestandsmerkmal: **Widerrechtlichkeit**

Die Handlung, die zum Schaden führt, muss widerrechtlich sein. Sie muss gegen irgendein Recht verstossen, z. B. Schutz vor Gewalt, Drohungen oder Nachstellungen (Verstoss gegen Art. 28b ZGB), Verletzung des Eigentums (Art. 641 ZGB) oder des Besitzes (Art. 928 ZGB). Widerrechtlichkeit im Falle Marijanas?

Verletzung des Eigentums

c) Tatbestandsmerkmal: **Verschulden (Absicht oder Fahrlässigkeit)**

Die Handlung, die zu dem Schaden führte, wurde schuldhaft ausgeführt. Das ist dann der Fall, wenn sie absichtlich oder fahrlässig erfolgte. Absicht bedeutet, der Schaden wurde bewusst herbeigeführt. Fahrlässig heisst, dass der Schaden durch mangelnde Vorsicht oder unsorgfältiges Handeln verursacht wurde. Verschulden im Falle Marijanas?

Fahrlässigkeit

d) Tatbestandsmerkmal: **Adäquater Kausalzusammenhang**

Dieses Tatbestandsmerkmal ist im Gesetz nicht ausdrücklich genannt, sondern wird nur durch die Wörter «Wer ... zufügt» angedeutet. Die Juristen sagen, es muss zwischen dem schädigenden Ereignis und dem Schaden ein angemessener Zusammenhang bestehen. Dieses kann man an einem Negativbeispiel verdeutlichen: Angenommen, das Kanu, das repariert werden soll, wird auf dem Weg zur Reparaturwerkstatt durch einen weiteren Unfall zerstört, so ist David sicherlich nicht für den Schaden verantwortlich zu machen, da kein adäquater Kausalzusammenhang besteht. Adäquater Kausalzusammenhang im Falle Marijanas?

Durch das Rammen des Motorboots ist das Kanu leckgeschlagen.

11. **Vertrag? Vertrag!**

Ist in den folgenden Fällen ein Vertrag zustande gekommen? Begründen Sie Ihre Antwort, bei einem «Ja» und bei einem «Nein».

		Ja	Nein	Begründung
a)	Ein Hauseigentümer bestellt beim Brennstofflieferanten 10 000 kg Pellets der Qualität DINPlus zu dem Preis, der ihm «freibleibend» genannt wurde.		✗	Es liegt eine unverbindliche Offerte vor. Somit ist die Bestellung des Hauseigentümers als Antrag zu verstehen, dem der Händler zustimmen kann.
b)	Ein Münzsammler entdeckt eine Münze, die er schon lange Zeit erwerben wollte. Da der Preis attraktiv ist, möchte er das Sammlerstück erwerben.		✗	Der Münzsammler hat seine Kaufabsicht noch nicht mitgeteilt. Entsprechend kann noch kein Vertrag zustande gekommen sein.
b_1)	Der Sammler bestellt die Münze aufgrund eines Zeitungsinserats.		✗	Zeitungsinserate sind unverbindlich (Art. 7 Abs. 2 OR).
b_2)	Der Sammler hat die Münze, die mit CHF 180.00 angeschrieben ist, in einem Schaufenster gesehen.	✗		Die Schaufensterauslage gilt als verbindliches Angebot (Art. 7 Abs. 3 OR).
c)	Eine Papeterie offeriert einer langjährigen Kundin per A-Post schwarze Folienstifte für CHF 1.50 pro Stück.		✗	Nur Offerte unter Abwesenden (Art. 5 OR), kein Vertrag
c_1)	Die Kundin bestellt am nächsten Tag 50 Stück, will aber nur CHF 1.20 pro Stift zahlen.		✗	Die Bestellung der Kundin zu einem niedrigeren Preis ist als Gegenangebot zu verstehen.
c_2)	Die Kundin geht zwei Wochen später persönlich im Laden vorbei und bestellt 50 Stifte zu CHF 1.50.		✗	Die Bestellung erfolgt zu spät. Sie stellt ein neues Angebot dar, dem die Papeterie zustimmen kann (vgl. Art. 5 Abs. 1 OR). Die Zustimmung kann aber z. B. durch Zusendung der Folienstifte erfolgen.

12. **Tagesanzeiger am Kiosk**

An einem Kiosk nimmt eine Passantin den neuen Tagesanzeiger aus der Auslage und gibt ihn der Verkäuferin. Diese scannt die Ware ein, kassiert das Geld und überreicht dem Kunden die Zeitung. Ist ein Vertrag zustande gekommen?

Gesetzesanalyse						Anwendung des Gesetzesartikels auf die Situation
Gesetz →	OR	**Artikel** →	1	**Absatz** →	1 + 2	
Tatbestands-merkmal(e) (TBM)	1. Übereinstimmende gegenseitige Willensäusserung der Parteien (Fachbegriff dafür: Konsens).					(zu 1.) Zeitungsauslage: Angebot für Passanten zum Kauf. Stillschweigend einigen sich Käuferin und Verkäuferin durch ihre Handlungsweise. (✓)
Rechtsfolge(n) (RF)	Abschluss des Vertrages.					Ein Kaufvertrag ist zustande gekommen.
Aussage bezüglich Situation	Ja, es kam ein Vertrag nach Art. 1 OR zustande. Es ist nicht unbedingt nötig, dass die Parteien ihre Willenserklärungen ausdrücklich austauschen. Verträge werden oft stillschweigend (treffender: durch aktives schlüssiges Verhalten) abgeschlossen – abgesehen von Begrüssung und Abschied, die Käufer und Verkäufer austauschen. Der Vertrag wird hier zugleich erfüllt, da die Verkäuferin die Ware aushändigt und der Käufer sofort bar zahlt.					

13. Auf ein Angebot bestellte Fritz Burgener, Hotelier in Basel, am 28. Juli bei einem Weinimporteur schriftlich per B-Post 2000 Flaschen Burgunderwein «Côte de Beaune AC 2005» zu CHF 13.70 je Flasche. Kurz darauf wurde ihm die gleiche Sorte von einem anderen Importeur für CHF 11.00 angeboten. Deshalb rief Burgener am 29. Juli morgens in Genf an: «Ich widerrufe meine Bestellung von gestern.» Muss der Genfer Importeur diesen **Widerruf** akzeptieren?

Nach Art. 9 OR ist der Widerruf einer Erklärung wirksam, wenn er spätestens mit der Erklärung

beim Empfänger eintrifft. Der Genfer Importeur muss also den Widerruf akzeptieren, da die telefo-

nische Benachrichtigung erfolgt, bevor die schriftliche Bestellung bei ihm eintrifft.

14. Ein Eisenwarengeschäft hat am 20. Juni telefonisch ein **unbefristetes Angebot** für einen Posten Schraubenzieher erhalten. Der Geschäftsführer kann sich jedoch nicht sofort entscheiden. Nach reiflicher Überlegung gibt er dann am nächsten Tag doch eine schriftliche Bestellung auf. Muss der Lieferant liefern? Begründen Sie Ihre Antwort.

Nein. Angebote unter Anwesenden (auch Telefon) sind nur während der Gesprächsdauer

verbindlich (vgl. Art. 4 Abs. 1 OR).

15. Welche **Formvorschrift** ist in den folgenden Fällen allenfalls zu beachten?

    a) Antonio soll nach den Sommerferien seine Ausbildung als Autoelektroniker beginnen.

    Qualifizierte Schriftlichkeit, da der Lehrvertrag gemäss Art. 344a OR zwingend gewisse Informationen enthalten muss (Lehrvertrag).

    b) Florence erwirbt in einer Drogerie eine Körperlotion.

    Für Fahrniskaufverträge gilt Formfreiheit im Sinne von Art. 11 Abs. 1 OR.

    c) Herr Meier ist Angestellter in der Marketingabteilung eines Zürcher Weinhandels. Er verpflichtet sich, zwei Jahre nach Ausscheiden aus dem Betrieb nicht zur Konkurrenz im Raum Zürich zu wechseln.

    Ein arbeitsvertragliches Konkurrenzverbot bedarf gemäss Art. 340 Abs. 1 OR der einfachen Schriftlichkeit.

    d) Frau Bär hat eine beträchtliche Geldsumme geerbt und erwirbt eine 3-Zimmer-Eigentumswohnung.

    Grundstückkäufe bedürfen gemäss Art. 216 Abs. 1 OR der öffentlichen Beurkundung.

    e) Der Vater unterschreibt bei einer Bank, dass er für das an seinen Sohn ausgerichtete Darlehen (CHF 4000.00) einsteht, wenn dieser seinen Verpflichtungen nicht nachkommt.

    Die Bürgschaft einer natürlichen Person über CHF 2000.00 bedarf gemäss Art. 493 Abs. 2 OR der öffentlichen Beurkundung.

    f) Das Darlehen beträgt nur CHF 1999.00 (vgl. e)).

    Bei Bürgschaften von natürlichen Personen unter CHF 2000.00 muss die Bürgschaftserklärung gemäss Art. 493 OR nur qualifiziert schriftlich erfolgen.

16. **Runter von meinem Mond**

> Eigentlich sind die Grundstücke, die Holger Czajka verkauft, echte Schnäppchen: 1 000 Quadratmeter gross, ruhig gelegen, sensationeller Ausblick, praktisch unverbaubar. Und billig obendrein: ab 26.99 Euro, und zwar nicht pro Quadratmeter, sondern für das gesamte Gelände. Blöd ist nur, dass die Ländereien ziemlich weit weg sind.

«Verunzieren Sie nicht meinen lunaren Vorgarten mit Weltraum-Schrott, Herr Bush!» So zitiert der Spiegel den «glücklichen» Erwerber eines ausserterristischen Grundstücks, Herrn Sendler.

a) Welches rechtliche Problem verbirgt sich hinter der Forderung des Herrn Sendler an den US-Präsidenten?

Kann Herr Sendler überhaupt das Grundstück auf dem Mond erworben haben?

b) Welcher OR-Artikel kann eventuell angewendet werden?

Art. 20 OR

c) Zitieren Sie das entscheidende Tatbestandsmerkmal.

anfänglicher objektiv unmöglicher Vertragsinhalt

d) Wie lautet die Rechtsfolge?

Der Vertrag ist nichtig.

e) Wie beurteilen Sie die Forderung des Herrn Sendler?

Herr Sendler hat das lunare Grundstück nicht erworben. Er kann also keine Forderung an den

US-Präsidenten stellen.

17. Fredi Schatzmann hat an seinem Geburtstag mit einigen Kollegen weit über den Durst getrunken. Im Verlauf des Festes liess er sich vom Vertreter eines Reisebüros zur schriftlichen Anmeldung für eine dreiwöchige Ferienreise verleiten. Am nächsten Tag, wieder nüchtern, erschrickt er über seine überstürzte Anmeldung und will sie beim Reisebüro annullieren lassen.
Ist der **Vertrag**, den Schatzmann mit dem Reisebüro abgeschlossen hat, **gültig**? Welches Problem entsteht für ihn, wenn das Reisebüro seine Annullierung nicht annehmen will und ein Rechtsstreit entsteht?

Der Vertrag ist ungültig. In Art. 16 ZGB wird Trunkenheit als mögliche Ursache der Urteilsunfähig-

keit ausdrücklich erwähnt. Wer sich allerdings auf Urteilsunfähigkeit beruft, muss dies beweisen.

Die Urteilsfähigkeit wird vermutet. Womöglich gelingt es Herr Schatzmann, die Urteilsunfähigkeit

mithilfe von Zeugen, die am Fest dabei waren, zu beweisen.

18. Geben Sie in den folgenden Fällen von **Irrtum** an, unter welchem Absatz und welcher Ziffer von Art. 24 OR sie zu subsumieren (= einzuordnen) sind:

	Fälle von Irrtum	Art. 24 Abs. ...
a)	Ein Skifahrer überlegt sich, eine Skiausrüstung zu kaufen oder alternativ sie nur zu mieten. Das Sportgeschäft gibt ihm Vertragsentwürfe für beide Varianten mit. Letztlich entscheidet er sich für die Miete, unterschreibt jedoch versehentlich den Kaufvertrag.	Art. 24 Abs. 1 Ziff. 1 OR
b)	Ein als echt gekauftes Gemälde erweist sich später als Kopie.	Art. 24 Abs. 1 Ziff. 4 OR
c)	Ein Kunde verwechselt eine Bestellnummer im Katalog und erhält dadurch einen falschen Artikel zugestellt.	Art. 24 Abs. 1 Ziff. 2 OR
d)	Eine von einem Händler eingekaufte Ware erweist sich als unverkäuflich, weshalb er den Vertrag für seinen Einkauf infolge Irrtums anficht.	Art. 24 Abs. 2 OR (nur Motivirrtum, nicht anfechtbar)

19. Entscheiden Sie, ob, und falls ja, unter welchen Voraussetzungen, die folgenden Verträge wegen **Übervorteilung** erfolgreich angefochten werden können:

a) Sandro padelt in seinem Ruderboot in gemächlichem Tempo über den Zürichsee. Ein grösseres, mit überhöhter Geschwindigkeit auf ihn zufahrendes Motorboot erschrickt Sandro dermassen, dass er die Paddel fallen lässt. Aufgrund der starken Strömung werden die Paddel rasch weggetrieben. Melanie, die von ihrem Segelboot aus das Missgeschick mitbekommen hat, schlägt Sandro vor, ihm die Ruder zurückzuholen, wenn er sie hierfür mit CHF 1500.00 entschädigt. Sandro willigt insbesondere aus Angst vor dem herannahenden Sturm in den Deal ein.

Übervorteilung gemäss Art. 21 Abs. 1 OR:

Es liegt ein offenbares Missverhältnis zwischen Leistung und Gegenleistung vor, Sandro befindet sich in einer Notlage (herannahender Sturm) und Melanie will diese Situation ausnutzen (Ausbeutungsabsicht). Alle drei Voraussetzungen sind erfüllt. Der Vertrag ist für den Übervorteilten, hier Samdro, einseitig unverbindlich. Die Anfechtung muss innerhalb eines Jahres nach Abschluss des Vertrages erklärt werden (vgl. Art. 21 OR).

b) Thomas stellt nach zwei Monaten in der neu gemieteten Wohnung mit Entsetzen fest, dass die Wohnung 20 m² kleiner ist, als ursprünglich in den Verträgen angegeben. Dies war mit blossem Auge aufgrund der verwinkelten Wohnung nicht sofort ersichtlich. Kann er nun gegen den Vermieter vorgehen?

Thomas kann den Vertrag wegen Grundlagenirrtums (Art. 24 Abs. 1 Ziff. 4 OR) anfechten. Es werden folgende Voraussetzungen verlangt:

– objektive Wesentlichkeit: Auch für eine durchschnittliche Person wäre der Umstand, dass die Wohnung 20 m² kleiner ist, ein für den Vertragsabschluss wesentlicher Punkt. Hätte man dies gewusst, so hätte man den Mietvertrag nicht abgeschlossen.

info@klv.ch

– subjektive Wesentlichkeit: Für Thomas war es subjektiv wesentlich. Hätte er es gewusst, so hätte er den Vertrag nicht abgeschlossen.

Die Anfechtungsfrist richtet sich nach Art. 31 Abs. 1 OR. Hinweis: In analoger Anwendung von Art. 20 Abs. 2 OR kann der zu hohe Mietzins als Folge der Anfechtung auf das faire Mass angepasst werden.

c) Die Krankenschwester Anna Gerber kaufte einen vierjährigen VW Golf für CHF 14 000.00. Nach Ansicht von Fachleuten war der Wagen aber höchstens CHF 12 000.00 wert.

Das Bundesgericht hat in einem ähnlichen Fall, wo ein Arzt ein gebrauchtes Auto für CHF 7 500.00 gekauft hatte, während Fachleute den Wert des Autos auf CHF 5 500.00 einschätzten, eine Anfechtung gestützt auf die Tatbestände der Übervorteilung (Art. 21 OR) oder des Grundlagenirrtums (Art. 24 Abs. 1 Ziff. 4 OR) verneint. Man muss sich bewusst sein, dass es in einer freien Marktwirtschaft stets Sache der Parteien ist, das angemessene Verhältnis zwischen Leistung und Gegenleistung auszuhandeln. Die Übervorteilung greift nur in wirklich stossenden Ausnahmefällen, die in der Regel auch den strafrechtlichen Tatbestand des Wuchers erfüllen (Art. 157 StGB). Auch die Anforderungen an den Grundlagenirrtum sind recht hoch und vorliegend mit Sicherheit nicht erfüllt.

20. Erika Hess hat in einer Buchhandlung ein **Buch bestellt**, das aus dem Ausland bezogen werden musste. In der Zwischenzeit bekam sie es von einer Freundin geschenkt, weshalb sie das bestellte Buch in der Buchhandlung nicht mehr abholte. Nun verlangt die Buchhandlung von ihr, dass sie das Buch abhole und bezahle oder aber eine Gebühr von CHF 42.00 entrichte. Sie möchte das aber nicht und fragt Sie, ob sie dazu verpflichtet sei. Welche Auskunft geben Sie ihr aufgrund Ihrer Rechtskenntnisse?

Erika Hess muss den Vertrag grundsätzlich einhalten und kann sich nicht auf Irrtum berufen, da höchstens ein Motivirrtum vorliegt, der vom OR nicht als wesentlicher Irrtum anerkannt wird. Sie muss somit das Buch annehmen und bezahlen oder mindestens die verlangte Gebühr entrichten.

Wenn sie nicht bezahlt, verletzt sie den Vertrag. Allerdings entsteht der Verkäuferin im Falle der →

Vertragsverletzung auch nicht ein allzu grosser Schaden, da sie das Buch ja noch hat. Immerhin

könnte die Verkäuferin aber den entgangenen Gewinn sowie allfällige Aufwände (Telefonkosten

usw.) von Erika verlangen. In der Schweiz gibt es kein gesetzliches Rücktritts- bzw. Widerrufsrecht

wie in anderen EU-Ländern (Ausnahme: Haustürgeschäft nach Art. 40a ff. OR). Deshalb muss man

stets gut aufpassen, wozu man einwilligt.

21. **Sonderverkauf**
Gregor kauft im Sonderverkauf in einem Geschäft in der Bahnhofstrasse zehn DVDs zu CHF 21.00. Zu Hause bemerkt er, dass der Verkäufer CHF 24.00 verrechnete. Ist der Vertrag anfechtbar oder gar nichtig?

Gesetzesanalyse						Anwendung des Gesetzesartikels auf die Situation
Gesetz →	OR	**Artikel** →	24	**Absatz** →	3	
Tatbestands-merkmal(e) (TBM)	Blosse Rechnungsfehler ...					Der Verkäufer hat hier offenbar einen falschen Preis verrechnet. (✓)
Rechts-folge(n) (RF)	... hindern die Verbindlichkeit des Vertrages nicht, sind aber zu berichtigen.					Der Kaufvertrag ist verbindlich, jedoch muss der Verkäufer die Rechnung korrigieren.
Aussage bezüglich Situation	Nein, der Vertrag ist weder anfechtbar noch nichtig; vgl. Art. 24 Abs. 3 OR. Ein Fehler bei der Rechnungsstellung sollte nicht passieren, ist aber möglich. Die in dem Vertrag vorgesehene Leistung ist jedoch zu dem vereinbarten Preis zu erstellen bzw. zu liefern.					

22. Ein Alters- und Pflegeheim mit Werkstätte in Zürich kauft bzw. verkauft Folgendes:

    a) 100 Büchsen Gemüsekonserven von einem Lieferanten in Rorschach.
    b) 500 kg Speisekartoffeln von einem Lieferanten in Meilen, der die Kartoffeln von einem Land-wirt in Rüti bezieht.
    c) Zwei Originalgemälde für den Speisesaal des Heimes werden von einem Künstler in Basel gekauft; die Bilder sind an einer Ausstellung in Schaffhausen bestellt worden und müssen bis zum Ende der Ausstellung dort bleiben.
    d) Aus der Ausführung eines Auftrages durch die Werkstatt besitzt das Heim ein Guthaben von CHF 1 500.00 gegenüber einem Auftraggeber in Horgen (die angefertigten Massenartikel sind nach Weisung des Bestellers direkt nach Frauenfeld geliefert worden).

    Wo befindet sich für die Fälle a) bis d) der gesetzliche **Erfüllungsort**, wenn darüber nichts ver-einbart worden ist?

	Fall	Erfüllungsort
a)	Rorschach? Zürich? Anderer Ort, dann wo?	Rorschach (Art. 74 Abs. 2 Ziff. 3 OR, da Gattungsschulden Holschulden sind)
b)	Meilen? Rüti? Zürich? Anderer Ort, dann wo?	Meilen (Art. 74 Abs. 2 Ziff. 3 OR, da Gattungsschulden Holschulden sind)
c)	Basel? Schaffhausen? Zürich? Anderer Ort, dann wo?	Schaffhausen (Art. 74 Abs. 2 Ziff. 2 OR, da Speziesschulden Holschulden sind)
d)	Frauenfeld? Horgen? Zürich? Anderer Ort, dann wo?	Zürich (Art. 74 Abs. 2 Ziff. 1 OR, da Geldschulden Bringschulden sind)

23. Entscheiden Sie bei den nachfolgenden Beispielen, wo der gesetzliche **Erfüllungsort** ist. In kei-nem der Beispiele ist eine spezielle Vereinbarung getroffen worden, es gilt das OR.

	Fall	Erfüllungsort
a)	Die Contex AG, mit Geschäftssitz St. Gallen, zahlt an W. Werfeli, Schaffhausen, ein Darle-hen von CHF 20 000.00 zurück.	Schaffhausen (Art. 74 Abs. 2 Ziff. 1 OR, da Geldschulden Bringschulden sind)
b)	Der Velohändler R. Ruchti aus Worb bestellt bei dem Grosshändler VILAX, mit Sitz in Buss-wil, 100 Fahrräder.	Busswil (Art. 74 Abs. 2 Ziff. 3 OR, da Gattungsschulden Holschulden sind)
c)	Der Teppichhändler Schlau, Gockhausen, ver-kauft D. Dürr, Gossau, einen einmaligen Gobelin-Wandteppich aus dem 18. Jahrhundert, der in Morges ausgestellt ist. Der Kaufvertrag wurde während einer Geschäftsreise von Schlau im Bahnhofbuffet Genf abgeschlossen.	Morges (Art. 74 Abs. 2 Ziff. 2 OR, da Speziesschulden Holschulden sind; Ort, wo sich Sache im Moment des Vertragsschlusses befindet.)

24. Zwischen einem Lieferanten und seinem Kunden ist für den Fall des Zahlungsverzuges ein **Verzugszins** von 4 % vereinbart worden. Die Zahlung des Käufers verzögert sich trotz mehr-maliger Mahnungen und Ansetzung einer Zahlungsfrist um sechs Monate, die Faktura beträgt CHF 10 000.00.

    a) Wie viel Verzugszins kann der Gläubiger verlangen (in % und CHF)? Siehe Art. 104 OR.

    4 % pro Jahr, somit CHF 200.00, da Art. 104 Abs. 1 OR dispositiv ist. Wenn die Parteien einen

    anderen Verzugszins vereinbaren, so ist dieser massgebend.

b) Warum verzichten Gläubiger in der Praxis teilweise auf die Geltendmachung des Verzugs-
zinses?

Um den Kunden nicht zu verärgern und eventuell zu verlieren.

25. **Antiquität**
Ein Kunstsammler aus Appenzell kauft in Zürich einen Porzellanteller aus dem 18. Jahrhundert
für CHF 2 600.00.

Geldschuld: Wo ist der vereinbarte Preis zu bezahlen?

Gesetzesanalyse							Anwendung des Gesetzesartikels auf die Situation
Gesetz →	OR	Artikel →	74	Absatz Ziffer →	2 1		
Tatbestands-merkmal(e) (TBM)	Wenn Geldschulden ...						Gläubiger der Geldschuld ist der Verkäufer des Porzellantellers, der in Zürich wohnt. (✓)
Rechtsfolge(n) (RF)	... sind diese am Ort zu zahlen, wo der Gläu-biger seinen Wohnsitz hat.						Der Käufer hat also in Zürich seine Schuld zu begleichen.
Aussage bezüglich Situation	Gemäss Art. 74 OR ist in Zürich der Kaufpreis zu zahlen. Der Käufer ist erst von seiner Geldschuld befreit, wenn der Verkäufer den Kaufpreis erhält. Dies gilt für Barzahlungen und Überweisungen.						

Warenschuld: Wo ist der Teller zu übergeben?

Gesetzesanalyse							Anwendung des Gesetzesartikels auf die Situation
Gesetz →	OR	Artikel →	74	Absatz Ziffer →	2 2		
Tatbestands-merkmal(e) (TBM)	Wird eine bestimmte Sache geschuldet, (Fachbegriff dafür: Speziesschuld) ...						Der Verkäufer schuldet dem Käufer einen bestimmten Porzellanteller. (✓)
Rechtsfolge(n) (RF)	... so ist sie da zu übergeben, wo sie sich zur Zeit des Vertragsabschlusses befindet.						Der Verkäufer muss dem Käufer den Porzellanteller in Zürich übergeben.
Aussage bezüglich Situation	Gemäss Art. 74 Abs. 2 Ziff. 2 OR ist der Porzellanteller auch in Zürich zu übergeben.						

info@klv.ch

26. Bezahlen einer verjährten Schuld
Kann man Geld zurückfordern, wenn man eine verjährte Rechnung bezahlt? Eine knifflige Frage...

a) Erklären Sie zunächst den Fachbegriff «Verjährung».

Eine Schuld kann nicht mehr mit staatlicher Hilfe (Betreibungsverfahren und die daraus fol-

genden Gerichtsverhandlungen) eingetrieben werden.

b) Ordnen Sie den Verjährungsfristen die Tatbestandsmerkmale zu.

1 Jahr für Forderungen aus ...	... unerlaubter Handlung (Art. 41 OR) ... ungerechtfertigter Bereicherung (Art. 67 OR)
2 Jahre für Forderungen aus ...	... Versicherungsleistungen (Art. 46 VVG) ... Schadenersatzansprüchen im Zusammenhang mit Motorfahrzeugen
5 Jahre für Forderungen aus ...	... periodischen Leistungen, Ansprüche aus Arbeitsvertrag, Kleinverkauf von Waren, Handwerkerarbeiten, Arzt-/Anwaltsrechnungen usw. ... Steuerschulden
10 Jahre (= allg. Verjährung) für Forderungen aus ...	... Darlehensschulden ... Schuldurkunden
20 Jahre für Forderungen aus ...	... Verlustscheinen
Unverjährbar	... Grundpfandforderungen (Hypotheken, vgl. Art. 807 ZGB)

27. Schreinermeister Otto Schwarz hat etwas Mühe mit der Büroarbeit. Da er schon einige Forderungen wegen **Verjährung** verloren hatte, liess er auf seinen Rechnungsformularen den folgenden Text aufdrucken: «Diese Forderung ist unverjährbar».

    a) Was halten Sie von dieser Regelung?

    Gemäss Art. 129 OR können die im 3. Titel des OR (Erlöschen der Obligation) aufgeführten Verjährungsfristen nicht abgeändert werden. (Anders ist es mit der Verjährung von Gewährleistungsansprüchen beim Kauf- und Werkvertrag, Art. 210 und Art. 371 OR.)

    b) Welches ist die normale Verjährungsfrist für seine Rechnungen?

    Fünf Jahre gemäss Art. 128 Ziff. 3 OR

28. a) Ordnen Sie folgenden Sachverhalten die richtige **Verjährungsfrist** zu:

	Sachverhalt	Verjährungsfrist
a_1)	Dividendenforderungen der Aktionäre	5 Jahre (Art. 128 Ziff. 1 OR)
a_2)	Forderungen aus der Warenlieferung eines Grossisten an einen Wiederverkäufer	10 Jahre (Art. 127 OR)
a_3)	Forderung eines Handwerkers aus Handwerksarbeit	5 Jahre (Art. 128 Ziff. 1 OR)
a_4)	Grundpfandforderung gegen den Schuldner	keine Verjährung (Art. 807 ZGB)
a_5)	Kapitalforderung gegen den Darlehensschuldner	10 Jahre (Art. 127 OR, allerdings erst ab vereinbartem Rückzahlungstermin)

    b) Erklären Sie die Rechtswirkung der Verjährung.

    Die Forderung besteht immer noch, geht nicht unter. Sie kann aber nicht mehr gegen den Willen des Schuldners durchgesetzt werden.

29. Können Sie in der Vorschrift von Art. 129 OR, wonach die **Verjährungsfristen** von den Beteiligten nicht abgeändert werden können, einen Sinn sehen?

    Die zwingende Vorschrift von Art. 129 OR über die Unveränderlichkeit der Verjährungsfristen für Obligationen dient hauptsächlich dem Schutz des schwächeren Vertragspartners, der sonst leicht von vornherein zu ungebührlichen Zugeständnissen genötigt werden könnte. Letztlich dient diese Vorschrift der Rechtssicherheit und der Vermeidung unnötiger Streitigkeiten.

30. Was haben **Grundpfand** und **Faustpfand** gemeinsam (bitte ankreuzen)?

Eintrag in ein öffentliches Register.	
Sicherungsmittel für Vertragserfüllung.	✘
Nur bei Liegenschaften bzw. Grundstücken möglich.	
Bei der verpfändeten Sache findet kein Eigentümerwechsel statt.	✘

31. Geben Sie anhand von Art. 493 OR an, bei welchen **Bürgschaften** die folgenden Formvorschriften zu beachten sind.

	Formvorschrift	Bürgschaften
a)	Unterschrift des Bürgen	alle Bürgschaften
b)	Angabe des Höchstbetrages der Haftung	alle Bürgschaften
c)	Eigenhändige Angabe des Bürgschaftsbetrages ohne öffentliche Beurkundung	Bürgschaften natürlicher Personen bis CHF 2000.00
d)	Öffentliche Beurkundung	Bürgschaften natürlicher Personen über CHF 2000.00
e)	Zustimmung des Partners	Wenn Bürge verheiratet oder in eingetragener Partnerschaft lebt.

Frage

Bei welchen Bürgschaften ist also die öffentliche Beurkundung nicht nötig? Aus welchem Grund?

Eine öffentliche Beurkundung ist nicht nötig, wenn der Bürge eine juristische Person (z. B. eine AG)

ist. Bei ihnen wird unterstellt, dass sie geschäftlich erfahren sind und deshalb keine Aufklärung

durch eine Urkundsperson benötigen. Bei natürlichen Personen geht man von geschäftlicher

Unerfahrenheit aus und schreibt die Beratung durch einen Notar vor, wenn die Bürgschaft

CHF 2000.00 übersteigt.

32. Um welches **Sicherungsmittel** handelt es sich in den folgenden Fällen?

	Fall	Sicherungsmittel
a)	Ein Bauunternehmer verpflichtet sich gegenüber dem Bauherrn, die Maurerarbeiten spätestens am 29. August beendet zu haben. Für jeden Tag, um den dieser Termin überschritten wird, zahlt der Bauunternehmer CHF 2000.00.	Konventionalstrafe (Art. 160 ff. OR)
b)	Für allfällige Schadenersatzansprüche verlangt ein Vermieter vom Mieter bei Vertragsabschluss ein Depot in der Höhe eines Monatszinses.	Kaution (Art. 257e OR)

	Fall	Sicherungsmittel
c)	Ein Möbelgeschäft holt die vor sieben Monaten auf Abzahlung verkauften Möbel wieder ab, da der Kunde nicht mehr in der Lage ist, die Monatsraten zu bezahlen.	Eigentumsvorbehalt (Art. 715 ff. ZGB)
d)	Ein Vater verpflichtet sich gegenüber der Bank, das dem Sohn gewährte Darlehen samt Zinsen zu bezahlen, sollte der Sohn zahlungsunfähig werden.	Garantieerklärung/ Bürgschaftserklärung (Art. 493 ff. OR)
e)	Ein Garagist will seinem Kunden das Auto erst dann herausgeben, wenn er die Rechnung für die ersetzte Auspuffanlage bezahlt hat.	Retentionsrecht (Art. 895 ff. ZGB)

33. **Sicherungsmittel**

Im Kapitel «Einführung in die Rechtskunde» haben Sie den Eigentumsvorbehalt kennengelernt. Dies ist ein Sicherungsmittel, das von einem Verkäufer eingesetzt wird, um gegenüber dem Käufer seine Forderung abzusichern.

a) Um was für eine Forderung des Verkäufers kann es sich hier beispielsweise handeln? Nennen Sie eine Möglichkeit.

Kreditgeschäft: Ein Käufer erwirbt einen Gegenstand wie ein Auto, das er nicht vollständig

bezahlen will oder kann.

b) Erinnern Sie sich, welche Wirkungen der Eigentumsvorbehalt hat?

Beim Kauf unter Eigentumsvorbehalt wird der Käufer vorerst nur Besitzer, aber nicht Eigentü-

mer der Kaufsache. Der Käufer hat ein Gebrauchsrecht.

Er hat aber kein Recht, die Sache abzuändern, zu veräussern oder zu zerstören. Wenn der Käu-

fer mit seinen Zahlungen in Verzug ist, in Konkurs gerät oder gepfändet wird, kann der Verkäu-

fer die verkaufte Sache vom Käufer zurückfordern.

Es gibt noch weitere Sicherungsmittel, die alle den Zweck haben, eine Forderung abzusichern.

Ein Geschäft, das seine Leistungen auf Rechnung verkauft, könnte, wenn es selber einen Kredit bei einer Bank beantragt, die Forderungen gegen die Kunden als Sicherheit der Bank überlassen (= **Zession**). Ein Vermieter sichert sich gerne durch eine **Kaution** von bis zu drei Monatsmieten für den Fall ab, dass der Mieter die Wohnung verlässt, aber noch Schäden zulasten des Mieters behoben werden müssen. Eine Bank wird von Ihnen eine **Bürgschaft** verlangen, falls Sie einen Kredit beantragen. Dann müssten Sie jemanden suchen, der für Sie bürgt, der also zahlen würde, falls Sie nicht in der Lage sind, Zinsen und Raten aufzubringen. Ein Garagist darf von Gesetzes wegen ein repariertes Auto zurückbehalten, falls der Eigentümer die Rechnung nicht bar bezahlen kann (= **Retentionsrecht**). Wer dringend einen Kredit braucht, übergibt vielleicht einen wertvollen Gegenstand als Sicherheit für ein Darlehen (**Faustpfand**). Ein Wohnungs- oder Hauskäufer wird nur selten den Kaufpreis vollständig aus eigenen Mittel bezahlen. Meistens wird die Immobilie grösstenteils durch einen Hypothekarkredit finanziert. Die Wohnung bzw. das Haus dient hier als **Grundpfand**. Ein Bauherr möchte sicherstellen, dass ein beauftragtes Bauunternehmen das Bauwerk – wie vereinbart – pünktlich fertig stellt. Zur Sicherheit wird eventuell eine **Konventionalstrafe** vereinbart, die fällig wird, wenn der Vertrag nicht fristgerecht erfüllt wird.

Die verschiedenen Sicherheiten werden unterteilt in Real- und Personalsicherheiten:
- **Realsicherheiten:** Es haftet eine **Sache** (oder ein bereitgestellter Geldbetrag).
- **Personalsicherheiten:** Es haftet eine Person mit ihrem **Vermögen**.

c) Banken bevorzugen Realsicherheiten, weil sie auf konkreten Gegenständen beruhen. Ordnen Sie den Eigentumsvorbehalt und die übrigen beschriebenen Sicherheiten den beiden Oberbegriffen zu.

Realsicherheiten	Personalsicherheiten
– Eigentumsvorbehalt – Faustpfand – Grundpfand – Kaution – Retentionsrecht	– Bürgschaft – Konventionalstrafe – Zession

d) Welche **Sicherungsmittel** eignen sich für die folgenden Fälle bzw. Forderungen? (Es können jeweils auch mehrere infrage kommen.)

	Fall	Sicherungsmittel
d_1)	Rückzahlung eines Baukredits	Grundpfand (Umgangssprache Hypothek; Art. 793 ff. ZGB)
d_2)	Einhaltung vereinbarter Lieferfristen	Konventionalstrafe (Art. 160 ff. OR)
d_3)	Rückzahlung eines Kontokorrentkredits durch einen Handelsbetrieb	Faustpfand (Art. 884 ff. ZGB), Grundpfand (Art. 793 ff. ZGB), Zession (Art. 163 ff. OR)
d_4)	Rückgabe eines gemieteten Ruderbootes	Kaution (Art. 257e OR)
d_5)	Mietzinsforderung für Geschäftsräume	Retentionsrecht (bei Wohnräumen nicht möglich; Art. 268 ff. OR) und Kaution (Art. 257e OR)
d_6)	Reparaturrechnung eines Uhrmachers	Retentionsrecht (Art. 895 ff. ZGB)
d_7)	Garantieleistungen aus Werkverträgen	Bank- oder Versicherungsgarantie, sowie Konventionalstrafe (Art. 160 ff. OR)
d_8)	Rückzahlung eines Lombardkredites	Faustpfand (Art. 884 ff. ZGB) (z. B. Wertpapiere)

	Fall	Sicherungsmittel
d₉)	Vertragliches Konkurrenzverbot	Konventionalstrafe (Art. 160 ff. OR)
d₁₀)	Allfällige Schadenersatzforderungen an einen Wohnungsmieter	Kaution (Art. 257e OR)
d₁₁)	Forderungen von Bauhandwerkern gegenüber dem Bauherrn	Grundpfand (Bauhandwerkerpfandrecht gemäss Art. 839 ff. ZGB; dies ist ein gesetzliches Grundpfandrecht zur Sicherung der Forderungen von Bauhandwerkern)
d₁₂)	Betriebskredit an eine Einmann-AG	Faustpfand (Art. 884 ff. ZGB), Zession (Art. 163 ff. OR), auch Bürgschaft (Art. 493 ff. OR) (Alleinaktionär haften lassen)
d₁₃)	Forderung des Kaufpreises aus einem Kauf auf Abzahlung	Eigentumsvorbehalt (Art. 715 ff. ZGB)
d₁₄)	Rückzahlung eines Konsumkredites durch eine Angestellte	Faustpfand (Art. 884 ff. ZGB) oder Bürgschaft (Art. 493 ff. OR) (Lohnzession bei Kleinkrediten nicht erlaubt; vgl. Art. 325 OR)

34. Matthias Lochmatter, der Zuständige für die Einkäufe der Swissfaonline AG, wurde in letzter Zeit mit verschiedenen rechtlichen Fragen konfrontiert.

Sachverhalt

Der Firmenbekleidungshersteller Safework AG, Brig, bietet die neue Softshelljacke XJ160 an. Matthias Lochmatter möchte diesen Artikel in das Sortiment der Swissfaonline AG aufnehmen. Er nimmt am 16. März 2017 mit der Safework AG telefonisch Kontakt auf und lässt sich 60 Softshelljacken XJ160 offerieren. Am 18. März 2017 erhält er eine schriftliche Offerte mit den folgenden Angaben:
Softshelljacke XJ160, Preis pro Jacke CHF 93.75, ab Bestellmenge 10 St. 20 % Mengenrabatt.
Am 22. März 2017 bestellt Matthias Lochmatter telefonisch 60 Softshelljacken XJ160 zum Preis von CHF 75.00 pro Stück. Am 26. März 2017 werden die Jacken durch die Safework AG der Post zum Versand aufgegeben. Am 28. März 2017 wird die bestellte Ware bei der Swissfaonline AG geliefert. Am 16. April 2017 wird die Rechnung durch die X AG bezahlt.

a) Beurteilen Sie, ob die nachfolgenden Aussagen richtig, oder falsch sind. Korrigieren Sie die falschen Aussagen und begründen Sie die richtigen.

	Aussagen	Richtig	Falsch
a₁)	Die Offerte vom 18. März 2017 stellt rechtlich einen unverbindlichen Antrag unter Abwesenden dar. Korrektur/Begründung: Verbindlichen Antrag		✗

	Aussagen	Richtig	Falsch
a₂)	Die Willensäusserungen von Swissfaonline AG und Safework AG stimmen inhaltlich überein. Korrektur/Begründung: Sowohl Anzahl als auch Produkt als auch Preis stimmen überein (CHF 93.75 abzüglich 20% Mengenrabatt = CHF 75.00).	✘	
a₃)	Unter der Voraussetzung, dass die Willensäusserungen der beiden Vertragspartei-en übereinstimmen, entsteht der Kaufvertrag am 16. April 2017. Korrektur/Begründung: Der Vertrag entsteht am 22. März.		✘
a₄)	Am 16. April wird die Swissfaonline AG Eigentümerin der Ware. Korrektur/Begründung: Am 28. März		✘

b) Am 23. Juni lässt Matthias Lochmatter nochmals zwanzig weitere Softshelljacken des Mo-dells XJ160 durch Jens Stolte bei der Safework AG bestellen. Da Jens Stolte bei der Bestellung nicht ganz konzentriert ist, vertippt er sich und gibt eine falsche Bestellnummer an. Vier Tage später wird statt der gewünschten XJ160 die günstigere Variante XJ90 geliefert.
Muss die Swissfaonline AG die gelieferten Artikel annehmen und bezahlen?
Begründen Sie Ihre Antwort und geben Sie den relevanten Artikel an.

Nein. Es liegt ein Erklärungsirrtum vor. Eine falsche Sache wurde bestellt. Der Vertrag ist so-

mit anfechtbar. Art. 24 Abs. 1 Ziff. 2

Antworten zu den Kontrollfragen

7.1   Ja, im Sinne des OR ist er (Waren-)Gläubiger (siehe z. B. Art. 91 und Art. 92 OR).

7.2   Der Käufer beim Kaufvertrag, wenn er gelieferte Ware nicht annimmt.

7.3   Er schuldet dem Mieter die Überlassung der Mietwohnung, d. h., er ist zu dieser Leistung verpflichtet.

7.4   Eine Obligation ist ein Schuldverhältnis zwischen zwei Parteien (oder: eine Schuldverpflichtung).

7.5   Durch Verträge

7.6   Bei der unerlaubten Handlung

7.7   Ungerechtfertigte Bereicherung

7.8   1. Abschnitt: Die Entstehung durch Vertrag   } Titel:
        2. Abschnitt: Die Entstehung durch unerlaubte Handlungen   Entstehung der
        3. Abschnitt: Die Entstehung aus ungerechtfertigter Bereicherung   } Obligationen

7.9   a) Vertrag (Darlehensvertrag)
        b) Ungerechtfertigte Bereicherung
        c) Unerlaubte Handlung
        d) Ungerechtfertigte Bereicherung
        e) Unerlaubte Handlung
        f) Vertrag (Arbeitsvertrag)
        g) Unerlaubte Handlung

7.10 Fall e): Verschuldenshaftung/Fälle c) und g): Kausalhaftung Art. 58 bzw. Art. 55 OR

7.11 a) Der Eigentümer des Hauses
        b) Art. 58 OR (Haftung des Werkeigentümers)

7.12 Antrag

7.13 Übereinstimmende gegenseitige Willensäusserung

7.14 Um ein verbindliches, unbefristetes Angebot unter Anwesenden. Der Kunsthändler ist im Recht. Nach Beendigung des ersten Gesprächs ist er nicht mehr an sein Angebot gebunden Art. 4 Abs. 1 OR.

7.15 Er könnte das Gemälde nachher nicht jemand anderem anbieten oder es verkaufen.

7.16 a) verbindlich
        b) unbefristet

7.17 In der Regel der unbefristete Antrag, da die Frist, die in den meisten Fällen in befristeten Anträgen gesetzt wird, länger als eine Woche ist.

7.18 Ja. (Ausgenommen bei wesentlichem, deutlich erkennbarem Irrtum, so wenn z. B. der Preis mit CHF 190.00 anstatt CHF 910.00 angegeben wäre. Siehe dazu auch Art. 2 ZGB und Art. 24 Abs. 1 Ziff. 3 OR.)

7.19 Das Zeitungsinserat ist unverbindlich. Der Verkäufer des Autos kann sich ja nur einem einzigen Interessenten gegenüber binden, aber nicht mehreren zugleich (vgl. Art. 7 Abs. 2 OR).

7.20 Ein solches Angebot ist dadurch gekennzeichnet, dass man dieses der Gegenpartei direkt während eines Gesprächs (persönlich, telefonisch, per Skype usw.) unterbreitet.

7.21 a) Ein zweiseitiges Rechtsgeschäft, weil die Willenserklärungen von zwei Parteien erforderlich sind, damit die beabsichtigte Rechtsfolge eintreten kann.

b) Ein einseitiges Rechtsgeschäft, z. B. Verfassung eines Testaments, Mitteilung einer Kündigung eines Arbeitsverhältnisses oder Wahl der Wandelung (Rückgängigmachung eines Kaufvertrages) im Falle eines gekauften Rasenmähers, der von Anfang an nicht funktioniert (vgl. Art. 205 OR).

7.22 a) Bis zum Eintreffen des Antrags bzw. der Annahme beim Empfänger. Übermittlung durch Expressbrief oder mündlich (z. B. Telefon), letzteres wenn nötig mit Zeugen

b) Nur während der Dauer des Gesprächs bzw. des Telefongesprächs

7.23 a) Ein zweiseitiges Rechtsgeschäft, weil zwei Parteien dabei ihren Willen zum Ausdruck bringen.

b) Als einseitiges Rechtsgeschäft, z. B. Testament, Kündigung

7.24 a) Einen Antrag (in der Alltagsprache: ein Angebot)

b) Die Annahme

7.25 Grundsätzlich kann ein Vertrag ohne Beachtung einer Formvorschrift abgeschlossen werden (also formlos), sofern das Gesetz nicht etwas anderes verlangt (vgl. Art. 11 OR).

7.26 Schutz vor Übereilung, Schaffung eines Beweismittels

7.27 Kauf am Kiosk (i. d. R. mündlicher Vertragsabschluss), Kauf am Kaffeeautomaten (stillschweigender Vertrag)

7.28 Bei der qualifizierten Schriftlichkeit muss ein amtlich bewilligtes Formular verwendet werden, es müssen bestimmte Vertragspunkte angegeben werden oder es sind ausser der Unterschrift noch bestimmte weitere Angaben handschriftlich einzusetzen.

7.29 Der Erblasser muss das ganze Testament (= letztwillige Verfügung) von Hand schreiben.

7.30 Öffentliche Beurkundung (beim Grundstückkauf zusätzlich noch Eintrag ins Grundbuch); vgl. Art. 656 Abs. 1 ZGB)

7.31 Handelsregister, Grundbuch, Eigentumsvorbehaltsregister

7.32 a) Zum Schutz der Vertragsparteien vor überhasteten Entscheidungen. Zudem kann die Urkundsperson die Beteiligten auf die Folgen des Vertrages hinweisen und auch für die juristisch korrekte Formulierung des Vertrages besorgt sein.

b) Beglaubigung. Sie befasst sich nicht mit dem Inhalt.

c) Gründung einer AG (oder GmbH)/Kauf (oder Verpfändung) eines Grundstücks

7.33 Einseitig verpflichtend sind Bürgschaft und Schenkung. Die meisten anderen sind zweiseitig verpflichtende Verträge.

7.34 a) Wenn Vertragsinhalt unmöglich, widerrechtlich, gegen gute Sitten

b) Wesentlicher Irrtum/absichtliche Täuschung/Drohung (oder: Furchterregung)/Übervorteilung)

7.35 a) Ja, Erklärungsirrtum, Art. 24 Abs. 1 Ziff. 1 OR

b) Ja

c) Motivirrtum/Rechnungsfehler

7.36 Anfechtung, innert Jahresfrist

7.37 Ausbeutung von Notlage, Unerfahrenheit oder Leichtsinn eines Partners (Hieraus ersieht man, dass nicht einfach jeder, der sich übervorteilt fühlt, den eingegangenen Vertrag anfechten kann. Grundsätzlich ist man an den eingegangenen Vertrag gebunden. Der Gesetzgeber verlangt von den Vertragsparteien eine gewisse Sorgfalt vor Vertragsabschluss.)

7.38   a) Spezieswaren oder Speziessachen

          b) Kunstgegenstände (Originale), Antiquitäten, Liebhaberobjekte, Rennpferde, Zuchtstiere, ein bestimmtes (einmaliges) Möbelstück und vieles andere mehr

          c) Dort, wo sich die Sache zur Zeit des Vertragsabschlusses befindet (sofern nichts anderes vereinbart, vgl. Art. 74 Abs. 2 Ziff. 2 OR).

7.39   a) Für Gattungswaren (vgl. Art. 74 Abs. 2 Ziff. 3 OR)

          b) Die Transportkosten gehen zulasten des Käufers, sofern nichts anderes vereinbart wurde. Suchen Sie die Bestätigung für diese Antwort in Art. 189 Abs. 1 OR.

7.40   a) Beim Gläubiger (vgl. Art. 74 Abs. 2 Ziff. 1 OR)

          b) Bringschulden

          c) 5 % (vgl. Art. 104 Abs. 1 OR)

7.41   Einzusetzen sind: Verkäufer/Verkäufer/Vertragsabschluss/Speziesschulden

7.42   Zug-um-Zug-Geschäft. Solche Käufe sind sehr häufig, nämlich fast alle (mündlichen und stillschweigenden) Käufe im Detailhandel.

7.43   Schadenersatzpflicht

7.44   Die Verjährungsfrist ist abgelaufen, die Forderung somit nicht einklagbar.

7.45   a) 5 Jahre   c) 5 Jahre   e) keine Verjährung   g) 5 Jahre

          b) 10 Jahre   d) 10 Jahre   f) 5 Jahre

7.46   Am einfachsten durch Einleitung einer Betreibung. Einleitung der Betreibung am Ort, wo der Schuldner seinen Wohnsitz oder Sitz hat. Eine Mahnung zu versenden, reicht nicht.

7.47   Sie müssten Ihre Beweismittel (Quittungen) unbeschränkt lange aufbewahren, weil Sie sonst eine Betreibung auch nach 10 und mehr Jahren noch befürchten müssten.

7.48   Bei der Kaution dient ein Geldbetrag als Sicherheit, beim Faustpfand eine andere bewegliche Sache.

7.49   Öffentliche Beurkundung und Eintragung im Grundbuch

7.50   Das Recht des Gläubigers auf Zurückbehaltung von Sachen und Wertpapieren des Schuldners zur Sicherstellung einer Forderung

7.51   Nein. Das Retentionsrecht besteht nur an Sachen, die sich mit Willen des Schuldners im Besitz des Gläubigers (oder in dessen vermieteten Geschäftsräumen) befinden (Art. 895 ZGB).

7.52   Das Retentionsrecht muss nicht vereinbart werden, sondern gilt von Gesetzes wegen.

7.53   Normalerweise wird der Käufer schon bei der Übergabe Eigentümer der Sache, was später nicht mehr rückgängig gemacht werden kann.

7.54   Der Gläubiger muss einen allfälligen Schaden nicht beweisen.

7.55   Solidarbürgschaften, weil sie den Bürgen belangen können, ohne den Hauptschuldner zuerst betreiben zu müssen (Mahnung genügt).

7.56   Eigentümer = Verpfänder; Besitzer = Pfandgläubiger (Bank)

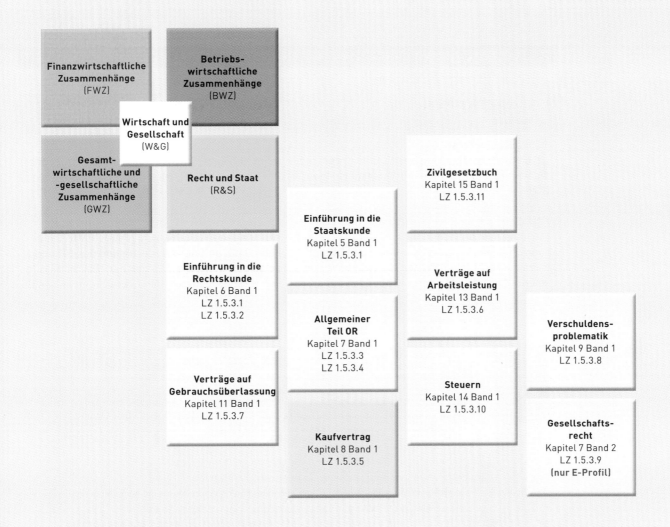

Kaufvertrag

Kapitel 8

8 Kaufvertrag

Leistungsziele E-Profil (6 Lektionen)	Leistungsziele B-Profil (6 Lektionen)
1.5.3.5 **Kaufvertrag** Ich beschreibe die Arten des Kaufvertrags und die Rechte und Pflichten der Vertragsparteien. (K2) Ich löse einfache Rechtsprobleme in den Bereichen Lieferungsverzug, mangelhafte Lieferung und Zahlungsverzug anhand des OR und zeige die rechtlichen Folgen der Nichterfüllung von Kaufverträgen in den Grundzügen auf. (K3)	1.5.3.5 **Kaufvertrag** Ich beschreibe die Arten des Kaufvertrags und die Rechte und Pflichten der Vertragsparteien. (K2) Ich löse einfache Rechtsprobleme in den Bereichen Lieferungsverzug, mangelhafte Lieferung und Zahlungsverzug anhand des OR und zeige die rechtlichen Folgen der Nichterfüllung von Kaufverträgen in den Grundzügen auf. (K3)

Claudine beabsichtigt in den Weinhandel einzusteigen und insbesondere einen Onlineshop zu betreiben. Sie überlegt sich nun, welche rechtlichen Probleme im Weinhandel auf sie zukommen könnten. Unter anderem stellt sie sich folgende Fragen:

– Kann Claudine einfach Weine an mögliche Kunden senden und sie auffordern, entweder zu bezahlen oder den Wein zurückzusenden?
– Kann nach Gesetz ein Käufer mehrerer Weinflaschen vom Vertrag zurücktreten, wenn er dieselben Weine irgendwo anders günstiger erwerben kann?
– Hat bei der Lieferung von Wein der Käufer oder der Verkäufer die Transportkosten zu bezahlen, wenn diesbezüglich nichts vereinbart wurde?
– Kann der Käufer, der mangelhaften Wein geliefert erhält, diesen dem Lieferanten einfach zurücksenden und vom Vertrag zurücktreten?

Art. 184–236 OR

Art. 1–183 OR

Der Kaufvertrag ist im 6. Titel des OR geregelt. Wenn in den entsprechenden Artikeln zu einer bestimmten Frage keine Regelung enthalten ist, so sind die allgemeinen Bestimmungen über Vertrag und Obligation anzuwenden. Mit anderen Worten ist der Grundsatz zu beachten, dass die **besonderen Bestimmungen den allgemeinen** vorgehen. In erster Linie massgebend sind jedoch – ausgenommen im Falle zwingender Gesetzesbestimmungen – die vertraglichen Vereinbarungen zwischen den Parteien. Das Kaufvertragsrecht ist im Gegensatz zum Arbeits- oder Mietrecht überwiegend von **dispositiven** Bestimmungen geprägt.

Art. 184 ff. OR

Art. 237 ff. OR

Art. 239 ff. OR

Der Kaufvertrag gehört neben dem **Tausch** und der **Schenkung** zu den **Veräusserungsverträgen**: Der Garagist verkauft ein Auto. Zwei Freunde tauschen DVDs, eine Person verschenkt die Möbel an eine Bekannte. Diese Verträge dienen dazu, das Eigentum an Gegenständen oder Rechten auf eine andere Person zu übertragen. Der wichtigste Veräusserungsvertrag ist der Kauf. Ziel des Kaufvertrages ist es, dem Käufer das Eigentum an einer **Sache** oder einem **Recht gegen Entgelt** zu übertragen. Es handelt sich somit um einen zweiseitigen Vertrag, bei dem durch den Abschluss für die Vertragsparteien die folgenden Rechte und Pflichten entstehen:

info@klv.ch

Sache/Recht

Recht auf Sache/Recht
Pflicht zu zahlen

| Käufer | ← → | Verkäufer |

Geld

Pflicht, Sache/Recht zu liefern
Recht auf Zahlung

Das Gesetz unterscheidet nach der **Art des Kaufgegenstands** den **Fahrniskauf**[1] (= Kauf von beweglichen Sachen, im Gesetz Fahrnis genannt) und **Grundstückkauf** (= Kauf von Boden und Liegenschaften) und nach dem **Zeitpunkt der Bezahlung** zwischen dem **Barkauf** (= Zug-um-Zug-Geschäft, d. h. sofort bei Übergabe zahlen) und dem **Kreditkauf** (= Zahlung erfolgt erst nach Übergabe).

Art. 187 ff. OR
Art. 216 ff. OR

K 8.1 Welche Rechte und welche Pflichten haben …
  a) … Käufer?
  b) … Verkäufer?

Kontrollfragen

K 8.2 In den OR-Artikeln Art. 189 Abs. 1, 201 Abs. 1 und 213 Abs. 2 wird ausdrücklich auf Handelsusanzen hingewiesen. Mit welchen Ausdrücken geschieht dies jeweils?

→ Aufgabe 1

Für den Abschluss eines Kaufvertrages über bewegliche Sachen ist **keine Form** vorgeschrieben. In der Praxis werden jedoch **wichtige Verträge – aus Beweisgründen – schriftlich** abgeschlossen. Kaufgegenstand und Preis werden genau beschrieben. Nebenpunkte wie Liefer- und Zahlungsbedingungen sind meistens enthalten. Sollten jedoch solche Nebenbedingungen im Vertrag nicht genannt werden, so gelten die allgemeinen Vorschriften des OR.

8.1   Übergang des Eigentums

In welchem Augenblick wird der Käufer einer Ware ihr Eigentümer und darf damit frei über sie verfügen, sie also abändern, verbrauchen oder veräussern?

siehe
Kapitel 6.4.3

> Die CARBURA AG lieferte der IMMOBILIA AG im Juli 200 000 Liter Heizöl, zahlbar in 60 Tagen. Kurz darauf machte die IMMOBILIA AG Konkurs. Einem Schuldenberg von 50 Millionen Franken stand noch ein Vermögen von 5 Millionen gegenüber. – Es stellt sich die Frage: Darf die CARBURA AG das Heizöl wieder herausverlangen?

Sachenrechtlich geht das Eigentum **mit der Übergabe der Kaufsache** auf den Käufer über, also nicht erst mit der Zahlung oder, wie etwa in Frankreich, mit Vertragsschluss.

Art. 714 Abs. 1 ZGB

Das Eigentum am Heizöl ging mit der Übergabe an die IMMOBILIA AG in deren Eigentum über. Die CARBURA AG kann das Heizöl **nicht mehr zurückfordern**. Es besteht für sie die Gefahr, aufgrund des Konkurses der IMMOBILIA AG einen grösseren Verlust zu erleiden.

Art. 641 ZGB

K 8.3 Ab welchem Zeitpunkt wird der Käufer einer Ware ihr rechtmässiger Eigentümer?
  ☐ Beim Vertragsabschluss?
  ☐ Bei der Lieferung?
  ☐ Bei der Zahlung?

Kontrollfragen

K 8.4 In welchem Gesetz und in welchem Teil ist der Übergang des Eigentums geregelt?

K 8.5 Welche Folge hätte es für den Käufer einer Ware, wenn das Eigentum erst mit der Zahlung überginge?

→ Aufgabe 2

---

1 Im Folgenden beschränken wir uns lehrplanmässig auf den **Fahrniskauf.**

8.2 Übergang von Nutzen & Gefahr

Hier stellt sich die Frage, **wann das Risiko** an der Ware – im OR genannt «Nutzen und Gefahr» – vom Verkäufer auf den Käufer übergeht: bei Vertragsabschluss oder erst bei der Lieferung?

Nach mehrwöchigen Verhandlungen einigte sich ein Basler Sammler mit dem in Sitten ansässigen Kunsthändler telefonisch über den Kauf eines Gemäldes zum Preis von CHF 1 480 000.00. Die schriftliche Bestätigung des Verkäufers wurde vom Kunstliebhaber unterzeichnet und zurückgeschickt. Wenige Tage später wurde das Bild in den Räumen des Verkäufers in Sitten durch ein Erdbeben zerstört.

Frage:
Muss der Käufer das Gemälde trotzdem bezahlen?

Antwort:
Art. 119 OR
Art. 185 Abs. 1 OR
Ja, da die Gefahr des zufälligen Untergangs (weder vom Verkäufer, von dessen Angestellten oder sonstigen beigezogenen Hilfspersonen noch vom Käufer verschuldete Zerstörung des Bildes) geht beim Spezieskauf mit Abschluss des Kaufvertrages über (Art. 185 Abs. 1 OR). Rechtlich ist es ein Fall der nachträglichen, von keiner Partei verschuldeten Unmöglichkeit im Sinne von Art. 119 OR. Kein Mensch kann das Gemälde mehr liefern, da es untergegangen ist.
Die Forderung des Basler Sammlers ist erloschen aufgrund von Art. 119 Abs. 1 OR (nachträgliche unverschuldete Unmöglichkeit). Ob die Gegenforderung des Kunsthändlers ebenfalls erloschen ist, bestimmt sich nach Art. 119 Abs. 2 und 3 OR. Art. 119 Abs. 2 OR kommt nicht zur Anwendung, weil eine Ausnahme im Sinne von Art. 119 Abs. 3 OR gegeben ist. Der Gefahrenübergang ist nämlich bereits erfolgt, da beim Spezieskauf der Vertragsabschluss massgebend ist (Art. 185 Abs. 1 OR). Im Ergebnis resultiert eine absurde Situation: Der Käufer, also der Basler Sammler, muss die Gefahr für den zufälligen Untergang der Sache tragen und den Kaufpreis zahlen (Art. 119 Abs. 3 OR), obwohl er noch gar nicht Eigentümer des Gemäldes war und ohne dass er einen Anspruch auf finanziellen Ersatz vom Kunsthändler hätte (Art. 119 Abs. 1 OR). Beachte aber, dass eine allfällige Versicherungssumme, die der Kunsthändler erhält, an den Basler Sammler gehen würde (sogenanntes «stellvertretendes commodum»).

Die aufgezeigte Gefahrtragungsregel hat ihren Ursprung im römischen Recht. In den damaligen Marktverhältnissen mag sie sinnvoll gewesen sein. Heute ist sie überflüssig und wird von zahlreichen Experten als nicht sachgerecht eingestuft. Weiss man um diese Bestimmung, so kann man es freilich einfach anders regeln, am besten in einem schriftlichen Vertrag. Es braucht hierzu genau eine einzige zusätzliche Klausel, nämlich Folgende:

Die Gefahr des zufälligen Untergangs oder der zufälligen Verschlechterung geht abweichend von der dispositiven Regelung in Art. 185 Abs. 1 OR erst mit Übergabe des gekauften Gemäldes auf den Käufer über.

Die Frage, wer ab wann welches Risiko trägt, ist verschieden zu beantworten, je nachdem, ob es sich um einen **Spezieskauf** (Einzelstücke bzw. individuelle Bestimmung des Kaufgegenstandes durch die Parteien) oder um einen **Gattungskauf** (Bezeichnung des Kaufgegenstandes nach der Gattung, z. B. einen neuen VW Golf, schwarz, Automatikgetriebe) handelt. Wenn die Parteien den Übergang von Nutzen und Gefahr nicht abweichend regeln, gilt das dispositive Gesetzesrecht (siehe Grafik auf Folgeseite). Wichtig ist, dass die Frage des Übergangs von Nutzen und Gefahr nicht mit dem Übergang des Eigentums verwechselt werden darf.
Es gilt Folgendes:

Wer trägt das Verlustrisiko beim Transport – Käufer oder Verkäufer?

- Gemäss Art. 185 OR gehen **Nutzen und Gefahr oft schon vor der Lieferung** auf den Verkäufer über. Von diesem Augenblick an trägt der Käufer das Risiko der zufälligen Verschlechterung der Ware, auch wenn er sie noch gar nicht ausgehändigt erhalten hat.
- Der Übergang des **Eigentums** erfolgt grundsätzlich erst **mit der Übergabe** der Ware. Von diesem Augenblick an ist die Ware im Eigentum des Käufers und er kann über sie nach Belieben verfügen.

Übergang von Nutzen und Gefahr

Speziesschuld

(nicht vertretbare Sache, ein «spezielles», **einzigartiges** Stück)

Hier gehen Nutzen und Gefahr **sofort** mit dem Abschluss des Vertrages auf den Erwerber über. Von diesem Augenblick an trägt der Käufer das Risiko für zufällige Beschädigung oder Untergang der Ware.

Gattungsschuld

(u. a. vertretbare, d. h. austauschbare Sachen, Massenware)

Hier gehen Nutzen und Gefahr erst später auf den Erwerber über.

Art. 185 OR

Platzkauf

(die Ware wird nicht an einen anderen Ort gesandt)

Übergang von Nutzen und Gefahr: wenn der Verkäufer die Ware in seinem Lager **ausscheidet**.

Ein Kunde vereinbart mit dem Verkäufer, dass er den Kaufgegenstand am nächsten Dienstag abholen kommt. Am Montagabend nimmt ein Angestellter des Verkäufers den Kaufgegenstand aus dem Lager und stellt ihn für den Kunden bereit. In diesem Moment, der Ausscheidung, gehen «Nutzen und Gefahr» auf den Käufer über.

Distanzkauf

(die Ware wird vom Erfüllungsort an einen anderen Ort gesandt)

Übergang von Nutzen und Gefahr: wenn der Verkäufer die Ware ausgeschieden hat und **zum Versand aufgibt**.

Ein Käufer bestellt bei seinem Lieferanten Ware, die er ihm zusenden soll. Die Lieferung erfolgt meist durch eine Spedition, die Post oder Bahn. Mit Aufgabe des Pakets gehen «Nutzen und Gefahr» auf den Käufer über.

Kontrollfragen

K 8.6 Handelt es sich beim Beispiel des Gemäldes um einen Spezies- oder um einen Gattungskauf?

K 8.7 Beantworten Sie jetzt die beim Beispiel gestellte Frage, ob der Käufer des Gemäldes es trotz der Zerstörung zahlen muss.

K 8.8 Wie hätte sich der Käufer in unserem Beispiel gegen das Risiko schützen können? Nennen Sie zwei Möglichkeiten.

K 8.9 Entscheiden Sie, ob es sich um einen Spezies- oder um einen Gattungskauf handelt, wenn ...
   a) ... Sie einen fabrikneuen schwarz-gelben Smart bestellen;
   b) ... Sie in einem Laden auf eine Melone zeigen und sagen: «Ich möchte diese kaufen»;
   c) ... Sie einen Oldtimer kaufen;
   d) ... jemand zehn Schindler-Obligationen kauft;
   e) ... ein Bauer auf dem Viehmarkt einen Zuchtstier kauft.

K 8.10 Herta Hollenstein sucht ein günstiges Auto und findet beim «Autohaus Müller AG, St. Gallen» einen gebrauchten Audi A3 für CHF 15 000.00. Sie unterzeichnet einen entsprechenden Kaufvertrag. Herta Hollenstein möchte das Auto am 16. Dezember (in einer Woche) abholen, weil sie ab dann einen freien Garagenplatz hat; der Verkäufer ist damit einverstanden. Am 14. Dezember wird das Fahrzeug auf dem Garagengelände infolge einer Überschwemmung völlig zerstört. Versicherungen sind bei den folgenden Fragen ausser Acht zu lassen. Bitte mit Begründung und Angabe der Gesetzesartikel!

a) Muss Herta Hollenstein die CHF 15000.00 zahlen?

b) Variante: Herta Hollenstein hat die CHF 15000.00 bereits unmittelbar nach dem Vertragsabschluss bezahlt. Kann sie das Geld zurückfordern?

c) Variante: Herta Hollenstein hat nicht einen Gebrauchtwagen gekauft, sondern einen im Schauraum ausgestellten Neuwagen (Vorführwagen). Würde sich an Ihrer Antwort unter a) etwas ändern?

d) Variante: Herta Hollenstein hat nicht einen Gebrauchtwagen gekauft, sondern einen Neuwagen bestellt. Von dem bestellten Modell hat die «Autohaus Müller AG, St. Gallen» einige Exemplare an Lager. Das Lagergebäude brennt am Tag nach der Vertragsunterzeichnung ab. Würde sich an Ihrer Antwort unter a) etwas ändern?

K 8.11 In welchem Augenblick gehen beim Platzkauf einer Gattungsware Nutzen und Gefahr auf den Käufer über?

K 8.12 Und beim Platzkauf einer Speziesware?

K 8.13 Und beim Distanzkauf einer Gattungsware?

K 8.14 Ein Bauer kauft 100 Hühner. Wem gehören die Eier, falls die Hühner während des Transportes Eier legen? Handelt es sich bei den Hühnern um Gattungs- oder Speziesware?

→ **Aufgaben 3, 4, 5**

K 8.15 Ein Verkäufer in Bern liefert einem Käufer in Basel Ware, die auf dem Bahntransport beschädigt wird. Auf wessen Gefahr reist die Ware, und wer hat sich über den Schadenfall mit der Bahn auseinanderzusetzen? Mit Begründung.

8.3 Erfüllungsort, Transportkosten & Gerichtsstand

Erfüllungsort und Transportkosten

Art. 74 OR — Aus der allgemeinen Vertragslehre ergibt sich, dass der **Erfüllungsort** für Warenlieferungen in den meisten Fällen **beim Verkäufer** liegt. Warenschulden sind also **Holschulden**, d.h., der Käufer müsste die Ware eigentlich beim Verkäufer «abholen». Ein Versand an einen anderen Ort (Distanzkauf) geht deshalb zulasten des Käufers. Das OR sagt:

Sofern nichts anderes vereinbart oder üblich ist, werden die Kosten wie folgt verteilt:

Art. 188 OR — Der **Verkäufer** trägt ⟶ die Kosten des **Messens** und **Wägens**.

Art. 189 OR — Der **Käufer** trägt ⟶ die **Verpackungskosten** und die **Transportkosten**.

Art. 189 Abs. 2 OR — Von dieser (dispositiven) Regelung wird oft abgewichen durch Vereinbarung einer **Frankolieferung** (franko = frei, d.h. für den Käufer frei von Transportkosten). In diesem Fall gehen die Transportkosten zulasten des Verkäufers, mit anderen Worten: Sie sind im Verkaufspreis inbegriffen.

Gerichtsstand

Dies ist der Ort, an dem ein Rechtsstreit gerichtlich entschieden wird. Ordentlicher Gerichtsstand und Betreibungsort befinden sich, abgesehen von einzelnen in der ZPO und SchKG genannten Ausnahmen, am **Wohnsitz des Beklagten**. Oft wird aber in Verträgen vereinbart, dass Streitigkeiten vor dem Richter desjenigen Ortes ausgetragen werden, wo der Lieferant sein Domizil hat.

Art. 32 und 35 ZPO — Wird eine solche Vereinbarung in einem Konsumentenvertrag vereinbart, so ist diese Gerichtsstandsklausel ungültig, da die ZPO einen zwingenden Gerichtsstand am Ort, wo der Konsument seinen Wohnsitz hat, vorsieht. Dies gilt jedoch ausschliesslich für Streitigkeiten im Zusammenhang mit Konsumentenverträgen. Mit dieser im Zuge der Einführung der schweizerischen Zivilprozessordnung im Jahre 2011 eingeführten Bestimmung beabsichtigte man eine Stärkung des **Konsumentenschutzes**. Es soll den Konsumenten im Streitfall ein zwingender Gerichtsstand am Ort, wo sie wohnen, ermöglicht werden. Selbst wenn der Konsument selbst klagt, kann er die gegen den Anbieter gerichtete Klage dort anhängig machen, wo er seinen Wohnsitz hat.

Im internationalen Geschäftsverkehr ist es vorteilhaft und üblich, für den Fall eines Rechtsstreites nicht nur den Gerichtsstand festzulegen, sondern auch das Land, dessen Recht anzuwenden ist (so-

info@klv.ch

genannte «Rechtswahl»-Klausel). Gerade in internationalen Verhältnissen ist es oft schwierig, die Ansprüche durchsetzen zu können. Die Gerichte und Behörden können nur im eigenen Land hoheitliche Anordnungen treffen. In solchen Fällen ist der Beizug eines Rechtsanwalts oft empfehlenswert, am besten schon bei der Vertragsgestaltung.

K 8.16 Nennen Sie zwei Fälle, in denen der Erfüllungsort für die Warenlieferung nicht der Wohn-/Geschäftssitz des Verkäufers ist.

Kontrollfragen

K 8.17 Ein Kunde streitet sich mit einer Buchhandlung, weil sie ihm bei einer grösseren Büchersendung (Lexikon) für Porto und Verpackung CHF 16.00 fakturiert hat. Er ist der Meinung, dass diese Spesen zulasten des Verkäufers gehen. Wer hat sie zu tragen?

K 8.18 Wo befindet sich der gesetzliche Gerichtsstand, wenn ...
a) ... wegen fehlender Zahlung der Verkäufer gegen den Käufer klagt?
b) ... wegen mangelhafter Lieferung der Käufer, ein Detaillist, gegen den Verkäufer klagt?
c) ... ein Konsument gegen den Verkäufer wegen mangelhafter Lieferung klagt?

→ **Aufgabe 6**

8.4 Vertragsverletzungen durch den Verkäufer

In der Praxis kommt es relativ häufig vor, dass der Verkäufer (Waren-Schuldner) den Vertrag nicht wie vereinbart erfüllt.

Welche Art der Vertragsverletzung liegt vor?

Nichterfüllung		Schlechterfüllung
Unmöglichkeit Art. 97/119 OR	Schuldnerverzug Art. 102 ff. OR Art. 190 ff. OR	Gewährleistungsrechte OR BT (Art. 197–210 OR)
Die Leistung ist **nicht mehr möglich.**	Die Leistung ist **noch möglich**. Sie erfolgt aber nicht im vereinbarten Zeitpunkt. Es kommen die Bestimmungen des Schuldnerverzugs zur Anwendung (Art. 102–109 OR sowie spezielle Bestimmungen im OR BT, insbesondere Art. 190 OR für den kaufmännischen Verkehr).	Der Käufer erhält den vertraglich vereinbarten Kaufgegenstand. Dieser weist jedoch Mängel auf, ist mit anderen Worten **mangelhaft**. Hier kommen die Bestimmungen zur sogenannten Sachgewährleistung (Art. 197–210 OR; oft auch mit Garantie bezeichnet) zur Anwendung.
Ein Antiquitätenhändler verkauft Sandra eine Vase. Die Vase wird nach Vertragsschluss aufgrund eines durch einen Blitzeinschlag verursachten Brandes des Antiquitätengeschäfts zerstört. Die Rechtsfolgen richten sich nach Art. 119 und Art. 185 Abs. 1 OR. Es ist ein Fall der unverschuldeten Unmöglichkeit. Aufgrund des Gefahrenübergangs im Zeitpunkt des Vertragsschlusses muss der Käufer den Kaufpreis bezahlen.	Das Möbelgeschäft Möbelblitz und Hans vereinbaren, dass die Lieferung der bestellten Möbel am 15. August erfolgen solle. Am 15. August kann das Möbelgeschäft die Möbel jedoch nicht liefern, da der italienische Lieferant seinerseits in Verzug geraten ist.	Ullrich kauft ein neues Smartphone. Aufgrund eines Softwarefehlers funktioniert es von Anfang an nicht richtig.

8.4.1 Unmöglichkeit

Der Verkäufer kommt seiner **Lieferverpflichtung** nicht nach. Zwei Fälle sind zu unterscheiden.

Leistung nicht nachholbar: Unmöglichkeit	
Verschulden des Schuldners Schadenersatz, Art. 97 Abs. 1 OR	**kein Verschulden des Schuldners** Erlöschen der Leistungspflichten, Art. 119 OR

Art. 119 OR

Ohne Verschulden des Schuldners
Nach Vertragsabschluss wird die Leistung unmöglich, ohne dass eine der beiden Vertragsparteien diese Unmöglichkeit zu vertreten hat. Der Lieferant kann nichts dafür, dass es ihm **unmöglich** wird, den Vertrag ganz oder teilweise zu erfüllen.

> Während des Zweiten Weltkrieges verkaufte die Aprikosix AG spanisches Aprikosenmark in Blechbüchsen an eine schweizerische Detailhandelskette. Nachdem die spanischen Behörden ein Ausfuhrverbot für Aprikosenmark erlassen hatten, konnte der Vertrag nicht mehr wie abgemacht erfüllt werden. Die Leistung war unmöglich geworden. Nach Art. 119 Abs. 1 und 2 OR mussten beide Parteien die versprochenen Leistungen nicht mehr erbringen.
>
> Weiteres Beispiel aus dem Mietrecht, weil Art. 119 OR für die meisten Vertragsverhältnisse massgebend ist: Infolge eines Blitzschlages brennt ein Mehrfamilienhaus total ab.
> **Rechtsfolge:** Der Vermieter wird von seiner Leistungspflicht befreit und kann auch nicht gezwungen werden, das Haus wieder aufzubauen. Er muss allerdings bereits vorausbezahlte Mietzinsen zurückerstatten.

Art. 119 Abs. 3 OR
Art. 185 Abs. 1 OR

Ausnahme gilt bei **Spezieswaren**: Der Übergang von Nutzen und Gefahr erfolgt sogleich bei Vertragsabschluss.

> Ein Reiter kauft ein erfolgreiches Springpferd für mehrere Millionen Franken. Nach dem Vertragsabschluss wird das Pferd von einem Blitz auf der Weide des Verkäufers getroffen.
> **Rechtsfolge:** Der Verkäufer ist von der Leistungspflicht befreit. Trotzdem muss der Käufer den Kaufpreis für das inzwischen tote Pferd bezahlen.

Art. 97 Abs. 1 OR

Mit Verschulden des Schuldners
Die Erfüllung ist **nicht mehr möglich**, weil eine Vertragspartei (in der Regel ist es der Schuldner der Warenlieferung) die Unmöglichkeit **schuldhaft verursacht** hat.

> Der Antiquitätenhändler lässt die gekaufte Vase nach Vertragsschluss fallen. Die Rechtsfolgen richten sich nach Art. 97 Abs. 1 OR, weil der Antiquitätenhändler schuldhaft den Vertrag verletzt hat. Gestützt auf diesen Artikel kann der Käufer Schadenersatz verlangen, z. B. wenn er nachweisen kann, dass er die Vase bereits zu einem höheren Preis weiterverkauft hat. In diesem Fall kann er den Differenzbetrag als Schadenersatz vom Antiquitätenhändler verlangen.

8.4.2 Schuldnerverzug

Art. 102 OR

Beim Schuldnerverzug erfolgt die Leistung nicht im vereinbarten Zeitpunkt, kann aber danach noch erbracht werden (dies im Unterschied zur Unmöglichkeit, die sehr viel seltener vorkommt als der Verzug).

Wissenswertes zum
Lieferverzug

Grundsätzlich braucht es eine Mahnung, damit ein Lieferant in Verzug kommt. Wird aber ein bestimmter Tag vereinbart, an dem die Leistung erbracht werden soll, so kommt der Schuldner mit Ablauf dieses Tages automatisch in Verzug. Betreffend Verzugseintritt ist also die Unterscheidung in Mahn- und Verfalltagsgeschäft wichtig.

Mahngeschäft (Art. 102 Abs. 1 OR)	Verfalltagsgeschäft (Art. 102 Abs. 2 OR)
Der Käufer muss den Verkäufer **mahnen**, damit er **in Verzug** kommt. Mit der Mahnung fordert er den Lieferanten unmissverständlich auf, die vertraglich geschuldete Leistung endlich zu erbringen. Die Mahnung kann mündlich ausgesprochen werden. Vorausgesetzt ist einzig, dass sie gegenüber dem Lieferanten ausgesprochen wird. Aus Beweisgründen ist Schriftlichkeit zu empfehlen.	Wenn **bis zu einem bestimmten Tag** oder an einem bestimmten Tag geliefert werden muss **(= Verfalltag)**. Der Lieferant gerät mit Ablauf des Verfalltages und damit **ohne Mahnung automatisch in Verzug**.
	Als vereinbarte Verfalltage gelten unter anderem folgende Klauseln: – in 20 Tagen – in zwei Wochen – 30 Tage nach Vertragsschluss – am 15. August
Urs verkauft Simone ein Auto. Die beiden vereinbaren, dass das Auto in ca. zwei Wochen geliefert wird. Drei Wochen nach Vertragsschluss hat Simone das Auto immer noch nicht von Urs bekommen. Sie muss Urs mahnen, damit er in Verzug kommt.	Keine Verfalltagsgeschäfte und damit klassische Mahngeschäfte sind etwa: – in ca. 20 Tagen – in 4–6 Wochen – demnächst – sobald als möglich
	Sobald man das Lieferdatum oder das spätestmögliche Lieferdatum kalendermässig genau bestimmen kann, ist von einem Verfalltagsgeschäft auszugehen. Im Zweifel schadet es nicht, eine Mahnung auszusprechen.

Verzugsfolgen

Nach dem Eintritt des Verzuges gilt Folgendes:

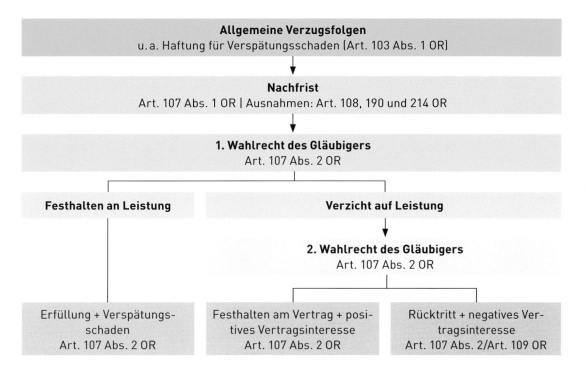

Angemessene Nachfrist

Kommt der Lieferant mit seiner Warenlieferung in Verzug, so kann der Käufer nicht einfach dem Verkäufer mitteilen, er möchte die Leistung nun nicht mehr. Gemäss Art. 107 Abs. 1 OR muss er dem Lieferanten vielmehr eine angemessene Nachfrist setzen. Mit anderen Worten muss er ihm nochmals etwas Zeit für die Erfüllung gewähren, z. B. nochmals zwei Wochen für die Lieferung der Möbel.

Ausnahmen von der Nachfristsetzung

Nur in Ausnahmefällen muss der Käufer dem Lieferanten keine Nachfrist mehr zugestehen. Diese Fälle bezeichnen wir einfachheitshalber grundsätzlich als **Fixgeschäfte** und sind in Art. 108 OR geregelt.

> Aufgrund des Verzugs wurde die Leistung für den Gläubiger nutzlos.
> Die Geburtstags- oder Hochzeitstorte muss am Tag des Festes geliefert werden. Danach macht eine Lieferung für den Gläubiger regelmässig keinen Sinn mehr. Entsprechend muss in diesem Fall keine Nachfrist mehr gewährt werden.

Ein Fixgeschäft wird ebenfalls oft durch nachfolgende Klauseln begründet: «genau am», «spätestens bis zum» oder «nicht später als».

Wahlrechte

Wird die Leistung auch in der Nachfrist nicht erbracht oder ist wegen eines in Art. 108 OR geregelten Falls gar keine Nachfrist erforderlich, so stehen dem Gläubiger (i.d.R. Käufer) drei Wahlrechte zur Verfügung.

1. **Beharren** (Standard, falls nicht Variante zwei gefordert wird): Art. 107 Abs. 2 OR: Käufer kann weiterhin Erfüllung, also die Lieferung, verlangen und zusätzlich Schadenersatz fordern, wenn ihm durch die Verspätung ein Schaden erwachsen ist.
2. Der Käufer kann aber auch auf die Leistung verzichten (ebenfalls in Art. 107 Abs. 2 OR). In diesem Fall erhält er die Lieferung nicht mehr. Nun geht es nur noch darum, ob er vom Verkäufer gegebenenfalls Schadenersatz fordern kann. Dies kann er nur, wenn ihm aufgrund der letztlich nicht erfolgten Lieferung kausal ein Schaden entstanden ist. Das Gesetz sieht zwei Möglichkeiten vor, wie man den Schadenersatz bestimmen kann.
   Variante a) **Verzichten**: Festhalten am Vertrag und Forderung des sogenannten positiven Interesses (im Gesetzestext des Art. 107 Abs. 2 OR erkennbar als «Ersatz des aus der Nichterfüllung entstandenen Schadens»): Man vergleicht die finanzielle Situation des Käufers mit derjenigen, wie wenn der Verkäufer rechtzeitig geliefert hätte.
   Hätte der Lieferant den bestellten Stoff für CHF 20 000.00 rechtzeitig geliefert, so hätte der Käufer nicht anderswo kurzfristig Stoff in derselben Qualität für CHF 25 000.00 kaufen müssen. Der Gläubiger kann nun die Differenz von CHF 5 000.00 vom Lieferanten als Schadenersatz verlangen.
   Variante b) **Rücktritt** vom Vertrag (Art. 107 Abs. 2 OR i.V.m. Art. 109 OR) und Forderung des sogenannten negativen Interesses (im Gesetzestext des Art. 109 Abs. 2 OR erkennbar als „Ersatz des aus dem Dahinfallen des Vertrages erwachsenen Schadens.) Man vergleicht die finanzielle Situation des Käufers mit derjenigen, wie wenn er nie einen Vertrag mit dem Verkäufer abgeschlossen hätte. In diesem Fall kommen als mögliche Schadenersatzposten vor allem Aufwände im Hinblick auf den Vertragsschluss infrage.

> Flug- oder Hotelkosten, die nicht angefallen wären, wenn man den Vertrag nicht abgeschlossen hätte.

Abweichende Verzugsregelungen für den kaufmännischen Verkehr

Kaufmännischer Verkehr ist gegeben, wenn jemand einen Kauf zwecks Weiterverkauf tätigt, also Waren einkauft und diese weiterverkauft. Kauft aber ein Bäcker Mehl ein und verarbeitet es zu Gipfeln, die er dann weiterverkauft, liegt kein kaufmännischer Verkehr mehr vor.

Beim kaufmännischen Verkehr weichen die Bestimmungen in mehreren Punkten von den allgemeinen Verzugsregeln in Art. 102–109 OR ab.

1. Liegt kaufmännischer Verkehr vor und ist ein bestimmter Liefertermin vereinbart (z. B. am 15. August 2017), so wird vermutet, es sei ein relatives Fixgeschäft vereinbart worden (vgl. Art. 108 OR) und kein Verfalltagsgeschäft.
2. Entsprechend ist dem sich in Verzug befindenden Lieferanten keine Nachfrist mehr zu gewähren (vgl. Art. 190 OR).
3. Im normalen Verzug kann der Käufer zwischen den drei oben erklärten Wahlrechten auswählen. Im kaufmännischen Verkehr wird dagegen vermutet, dass er die Leistung nicht mehr will (Verzicht), und zudem vom Verkäufer Schadenersatz wegen Nichterfüllung verlangt (vgl. Art. 190; dies entspricht der Forderung des positiven Interesses gemäss Art. 107 Abs. 2 OR). Gemäss Art. 190 Abs. 2

OR kann der Käufer aber alternativ auch weiterhin die Leistung verlangen. Er muss dies allerdings dem Lieferanten unverzüglich anzeigen.

Kontrollfragen

K 8.19 In welchen Fällen liegt ein Verschulden des Lieferanten vor ?
   a) Im Copyshop wird der USB-Stick mit gespeicherten Originalen durch Fehlmanipulation zerstört.
   b) Ein Blitzschlag tötet eine bereits verkaufte Kuh.
   c) Ein Industrieunternehmen bezahlt die Arbeitnehmer deutlich unter dem vereinbarten Tariflohn. Die Angestellten streiken, worauf die Fabrik nicht liefern kann.

K 8.20 Entscheiden Sie, ob ein Fix- oder ein Mahngeschäft vorliegt:
   a) Ein Grossist bestellt bei einer Fabrik Waren «lieferbar spätestens am 1. April» (Art. 190 OR).
   b) Ein Privatmann bestellt bei einer Möbelhandlung einen Fauteuil, lieferbar in sechs Wochen.
   c) Ein Detaillist bestellt bei einer Fabrik 300 kg Spaghetti und verlangt «sofortige Lieferung».

K 8.21 Welches ist die rechtlich wichtigste Konsequenz bei einem Mahn- gegenüber einem Fixgeschäft?

K 8.22 Handelt es sich um kaufmännischen oder nicht kaufmännischen Verkehr?
   a) Ein Händler beschafft sich zehn Schreibtische zum Weiterverkauf.
   b) Er beschafft sie sich zur Ausstattung seines Verwaltungsgebäudes.
   c) Der Staat kauft zur Erfüllung seiner Aufgaben beim Händler Waren ein.

K 8.23 Prüfen Sie anhand von Art. 107 Abs. 2 OR, für welche Möglichkeit sich der Käufer entscheidet, wenn er bei Nichterfüllung am Ende der Nachfrist schweigt. Wie wäre es bei Art. 190 Abs. 1 OR?

K 8.24 Handelt es sich bei den folgenden Situationen um ein Mahngeschäft (M), Verfalltagsgeschäft (V) oder Fixgeschäft (F)?
   a) Ich stehe im Weinfachgeschäft und sage: «Für meinen Geburtstag bestelle ich zehn Flaschen Champagner. Die Flaschen brauche ich am 15. Oktober.»
   b) In einem E-Mail steht: «Lieferung bis spätestens in zwei Wochen, dringend!»
   c) Sie bereiten den Auftritt an einer Gewerbeschau vor (kleine Messe, organisiert von den lokalen Gewerbetreibenden). Sie bestellen nun dafür die Ware auf den 6. Februar.
   d) Es trifft ein Fax ein. Mit fett gedruckten Buchstaben wird geschrieben: «Die Lieferung von zwölf Flaschen Champagner wird bis 15. Oktober um 16:00 Uhr erwartet.

→ Aufgaben 7, 8, 9, 10

8.4.3   Mangelhafte Lieferung (nicht gehörige Erfüllung)

Der Verkäufer haftet gegenüber dem Käufer dafür, dass die Ware im Zeitpunkt des Gefahrenübergangs[2] einwandfrei ist. Diese Haftung wird **Sachgewährleistung**[3] genannt und verjährt beim Kauf von beweglichen Gütern[4] **grundsätzlich** nach **zwei Jahren**.

Art. 197 Abs. 1 OR
Art. 210 Abs. 1 OR

---

2   Zur Erinnerung (vgl. Art. 185 OR):
   – Gefahrenübergang beim **Platzkauf** von Gattungswaren   → Sobald der Gegenstand von den übrigen Waren ausgeschieden ist.
   – Gefahrenübergang beim **Distanzkauf** von Gattungswaren → Sobald die Ware zum Versand aufgegeben ist.
   – Gefahrenübergang bei **Spezieswaren**   → Sofort bei Vertragsabschluss.

3   Die hier besprochene **Gewährleistungspflicht des Verkäufers** ist deutlich zu unterscheiden von der **Produktehaftpflicht.** Bei der Produktehaftpflicht geht es um mögliche ausservertragliche Schadenersatzansprüche gegenüber dem Hersteller, weil das von ihm in Verkehr gebrachte Produkt Sach- und Personenschäden verursacht. Bei der kaufvertraglichen Gewährleistung geht es dagegen um die Geltendmachung vertraglicher Ansprüche gegenüber dem Verkäufer, dessen verkaufte Ware mangelhaft ist.

4   Die Sachgewährleistung bei **un**beweglichen Sachen (z. B. Gebäuden) beträgt fünf Jahre (Art. 219 Abs. 3 OR) und z. B. bei Kulturgütern 30 Jahre (Art. 210 Abs. 3 OR).

Art. 210 Abs. 4 OR

- In Verträgen mit **gewerblichen Käufern** kann die Verjährungsfrist verkürzt werden.
- Verkauft ein Geschäft einem Konsumenten einen Gegenstand (sogenannter Konsumentenkauf), z. B. einen neuen Rasenmäher, so darf die Verjährungsfrist dagegen nicht verkürzt werden.
- Ein gewerblicher Verkäufer kann mit einem gewerblichen Käufer die Verjährungsfrist vertraglich frei abändern, ebenso ein privater Verkäufer mit einem privaten Käufer (dispositives Recht).

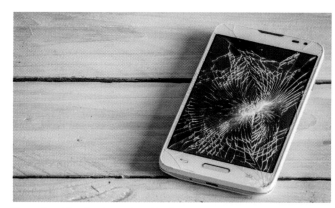

Die rechtzeitige Prüfung eines Kaufgegenstandes ist elementar, um die eigenen Ansprüche geltend machen zu können.

Verjährungsfristen bei beweglichen Sachen

Die Praxis bei Occasions-Fahrzeugen sieht auch Garantien unter einem Jahr vor. Diese ist jedoch von der gesetzlichen Gewährleistungspflicht zu unterscheiden.

Gewerbliche Käufer	**Private Käufer**			
↓	↓		↓	
... erzielen mit ihrer Tätigkeit einen Ertrag, sei der Einkauf bei einem gewerblichen oder privaten Verkäufer.	... erwerben Gegenstände zum persönlichen oder familiären Gebrauch.			
	↓		↓	
	kaufen **neue** Sachen		kaufen **gebrauchte** Sachen	
	↓	↓	↓	↓
	bei einem **gewerblichen** Verkäufer	bei einem **privaten** Verkäufer	bei einem **gewerblichen** Verkäufer	bei einem **privaten** Verkäufer
↓	↓	↓	↓	↓

Wie lange haftet ein Verkäufer nach Gesetz für eine Sache?

→ **2 Jahre** (oder länger, wenn er die Haftung für eine längere Zeit übernimmt)

Kann diese gesetzliche Verjährungsfrist vertraglich verkürzt werden?

→	Ja	**Nein,** sie beträgt **mind. 2 Jahre** (zwingendes Recht)	Ja	**Ja,** aber sie beträgt **mind. 1 Jahr** (zwingendes Recht)	Ja

Darf der Verkäufer die Haftung ganz ausschliessen?

→ **Ja!**
Verkäufer und Käufer können die **Haftung gänzlich ausschliessen**. Dann nützt es dem Kunden auch nichts, dass es eine zwingende ein- oder zweijährige Verjährungsfrist gibt. Sehr verbreitet ist es, die gesetzlichen Ansprüche auf Wandelung (Rückgängigmachen des Kaufs) und Minderung (Preisreduktion) auszuschliessen. Anstelle dessen behalten sich die Verkäufer oft vor, entweder die Sache zu reparieren oder auszutauschen. Private Verkäufer schliessen die Gewährleistung meist aus (z. B. bei einem privaten Gebrauchtwagenverkauf).

info@klv.ch

Kontrollfragen

K 8.25 Sind folgende vertragliche Regelungen gültig?
a) Lena kauft für ihren Tablet-PC einen neuen Ersatzakku bei einem Online-Händler in der Schweiz. In den Vertragsbestimmungen steht: «Die Garantie für dieses Ersatzteil beträgt sechs Monate.»
b) Kevin kauft für seinen Roller einen gebrauchten Motor bei der Motorrad-Center GmbH in Luzern, um ihn selber einbauen. In den Vertragsbestimmungen steht: «Die Garantie für dieses Ersatzteil beträgt sechs Monate.»

K 8.26 Wie heisst im OR ...
a) ... die Garantie des Verkäufers für einwandfreie Ware?
b) ... der Ablauf der sogenannten Garantiefrist? Siehe Art. 210 OR.

K 8.27 Lesen Sie Art. 210 Abs. 4 OR und beantworten Sie die folgenden Fragen:
a) Unter welchen Bedingungen kann ein gewerblicher Verkäufer die allgemeine Sachgewährleistungsfrist von zwei Jahren verkürzen?
b) Wie sieht es aus, wenn Sie als Privatperson etwas verkaufen?

Im Fall einer mangelhaften Lieferung hat der Käufer **drei Pflichten**, wenn er den Verkäufer nachher haftbar machen will.

1. Prüfung	Er muss die erhaltene Ware rasch prüfen.	Art. 201 OR
2. Anzeige	Er muss dem Verkäufer die festgestellten Mängel **sofort** melden (= **Mängelrüge**). Die Mängel müssen **genau** beschrieben werden. Blosse allgemeine Bemerkungen wie «die Ware befriedige nicht» genügen nicht. Bei versteckten Mängeln, die erst später auftreten, muss sofort nach der Entdeckung gerügt werden (Art. 201 Abs. 3 OR).	Beispiel einer Mängelrüge
3. Aufbewahrung	Bei einem Distanzkauf darf der Käufer die Ware nicht einfach zurücksenden, sondern muss sie vorläufig aufbewahren, bis der Fall geklärt ist.	Art. 204 OR

Das Gesetz gibt keine bestimmte Rügefrist vor. Bei verderblicher Ware wie Gemüse muss innert wenigen Stunden reagiert werden, während die Gerichte bei Masshemden acht Tage für angemessen hielten. Bei technischen Geräten ist die Frist eher länger zu bemessen, so z. B. bei einem im Sommer erworbenen Schneepflug, der erst beim ersten Schneefall richtig getestet werden kann. Der Käufer verliert seine Gewährleistungsrechte, wenn er nicht rasch reagiert.

Welche Rechte kann ein Käufer nach rechtzeitig erhobener Mängelrüge geltend machen?

Art. 205 und 206 OR

Möglichkeiten des Käufers

Kauf rückgängig machen und auf **Ware verzichten**. Im OR genannt: **Wandelung**	**Preisnachlass** (Rabatt) verlangen und **Ware behalten**. Im OR genannt: **Minderung**	**Ersatzlieferung einwandfreier Ware** (Umtausch) verlangen. Dies geht nur bei Gattungssachen, nicht bei Speziessachen.

Oft wird durch einen besonderen Garantieschein von dieser gesetzlichen Regelung abgewichen. Allerdings werden die Garantiescheine manchmal auch von der Herstellerin und nicht von der Verkäuferin ausgestellt. Durch eine sogenannte **Garantie** wird versprochen, dass die verkaufte Ware während einer gewissen Zeit gewisse Eigenschaften aufweist, z. B. nicht rostet. (Der Begriff «Garantie» kommt im Obligationenrecht im Zusammenhang mit dem Kaufvertrag nicht vor.) Es geht vielmehr um zukünftige Eigenschaften, z. B. die Funktionsfähigkeit eines Gerätes während zwei oder mehr Jahren, wie es bei neuen Autos verschiedener Marken üblich ist. Oft wird anhand dieser Garantien die gesetzliche Gewährleistung eingeschränkt, indem das **Minderungs- und Wandelungsrecht ausgeschlossen** wird.

Art. 199 OR

Dies ist zulässig, da das Kaufrecht weitgehend dispositiv ist. Oft wird zudem vereinbart, dass man nur einen Reparaturanspruch hat. Einen solchen Anspruch sieht das Gesetz nicht vor.

Zu der Regel, wonach der Käufer zwischen Wandelung, Minderung und Ersatz wählen kann, bestehen drei **Ausnahmen**:

1. Naturgemäss ist nur bei **Gattungsware** Ersatz möglich.

Art. 206 Abs. 2 OR
2. Beim **Platzkauf** (Gattungsware) kann der Verkäufer auf einer Ersatzlieferung bestehen.

Art. 205 Abs. 2 OR
3. Der **Richter** kann z. B. bei geringfügigen Mängeln statt Wandelung bloss Minderung zusprechen.

Art. 192 OR
Art. 195 OR
Art. 934 ZGB
Der Verkäufer einer Sache haftet auch dafür, dass der Käufer das Eigentum an der gekauften Sache erwirbt. Das Gesetz regelt die **Rechtsgewährleistung**: Falls eine berechtigte dritte Person (z. B. ein Bestohlener) dem Käufer die Sache wieder wegnimmt (vollständige Entwehrung), so kann der Käufer den Kaufpreis zurückverlangen und Ersatz des durch die Wegnahme entstandenen Schadens (z. B. Gerichtskosten) verlangen.

Kontrollfragen

K 8.28 Die Importhandel AG in Basel kaufte bei der Compagnie Commerciale Tangeroise SA in Tanger 2 000 kg Thonkonserven gegen Akkreditiv. Der Preis belief sich auf CHF 24 000.00. Bei der Ankunft der Ware in Zürich stellte die Käuferin durch Stichproben fest, dass der Thon ausgetrocknet und zum Teil verdorben war.
a) Muss die Importhandel AG die Ware annehmen?
b) Kann sie den Preis zurückverlangen?
c) Darf sie die Ware einfach zurückschicken?
d) Wie viel Zeit steht ihr für die Reklamation zur Verfügung?

K 8.29 Welche Folgen hat es, wenn der Käufer bei mangelhafter Ware seine Anzeigepflicht versäumt? Siehe Art. 201 Abs. 2 OR. (Benützen Sie in dieser und in den folgenden Fragen das OR, ohne dass sie alles dort Gelesene auswendig zu lernen brauchen. Wichtiger ist, dass sie es einmal durchgedacht haben und wissen, wo die Antworten im konkreten Fall zu finden sind.)

K 8.30 Welche drei Pflichten hat der Käufer, wenn er eine Mängelrüge anbringen will?

K 8.31 Zwischen welchen drei Möglichkeiten kann der Käufer nach einer berechtigten Mängelrüge bei einem Kauf von Gattungssachen grundsätzlich wählen?

K 8.32 Warum kommen nicht oder nicht unbedingt alle drei Möglichkeiten infrage ...
a) ... beim Spezieskauf?
b) ... bei einem Platzkauf? Siehe Art. 206 Abs. 2 OR.
c) ... wenn durch Reparatur ein leicht behebbarer, geringfügiger Mangel (z. B. kleine Beule an einem neuen Auto) beseitigt werden kann? Siehe Art. 2 ZGB.

K 8.33 Nach den «Usanzen für den Handel mit Früchten» beträgt die Frist für die Prüfung der Ware bei inländischen Kirschen und Beeren nur drei Stunden. Die «Schweizerischen Holzusanzen» bestimmen hingegen bei Brennholzlieferungen eine Frist von sechs Tagen. Wie erklären Sie sich die unterschiedlichen Fristen?

K 8.34 In welchem Fall muss der Empfänger mangelhafter Ware beim Distanzkauf sie nicht aufbewahren? Was hat dann zu geschehen? Siehe Art. 204 Abs. 3 OR. Haben Sie vorher schon eine Vermutung?

K 8.35 Wie heisst in Art. 205 OR ...
a) ... das Rückgängigmachen des Kaufes durch den Käufer infolge Mängelrüge?
b) ... das Verlangen des Käufers nach Preisnachlass (Rabatt)?

→ Aufgaben
11, 12, 13, 14, 15, 16
K 8.36 Was hat ausser der Rückgabe der Ware zu geschehen wenn, der Käufer infolge berechtigter Mängelrüge den Vertrag rückgängig macht (Wandelung)? Siehe Art. 208 Abs. 2 OR.

8.5 Vertragsverletzungen durch den Käufer

Nicht nur der Verkäufer, sondern auch der Käufer kann seine vertraglichen Verpflichtungen verletzen, nämlich auf zwei Arten:

Annahmeverzug	oder	**Zahlungsverzug**[5]
Er verweigert die (rechtzeitige) Annahme der Ware.		Er zahlt den Kaufpreis nicht oder nicht rechtzeitig. Zinsen bei Geldschulden: Bei Geldschulden sind ab Inverzugssetzung 5% Zins geschuldet, sofern nichts anderes vereinbart wurde (vgl. Art. 104 Abs. 1 OR).

Annahmeverzug

Was kann der Verkäufer tun, wenn ein Käufer entgegen der ursprünglichen Vereinbarung die bestellten Möbel nicht entgegennimmt oder das bestellte Heizöl für den leeren Tank nicht wie vereinbart annimmt? In solchen Fällen kann der Verkäufer die Ware **auf Gefahr und Kosten des Käufers** in einem Lagerhaus **lagern** und nötigenfalls mit Bewilligung des Richters öffentlich verkaufen lassen (genannt **Selbsthilfeverkauf**). Selbstverständlich kann er für den dabei erlittenen **Schaden** (z. B. Mindererlös) vom Käufer **Ersatz** verlangen.

Art. 211 OR
Art. 91 OR

Zahlungsverzug

Wenn der Käufer mit der Zahlung des **fälligen** Kaufpreises im Verzug ist, so muss unterschieden werden, ob er die Ware bereits erhalten hat (**Kreditkauf**) oder nicht (**Bar-** und **Vorauszahlungskauf**):

Art. 102 OR
Art. 214 OR

Im Falle des Kreditkaufs kann der Verkäufer grundsätzlich nur noch den Kaufpreis fordern, nicht aber die Ware zurückverlangen. Ein Rücktritt ist beim Kreditkauf nur möglich, wenn die Parteien einen solchen vorher vereinbart haben (entweder mittels eines vertraglichen Rücktrittsvorbehalts oder eines Eigentumvorbehalts). Ohne entsprechende Vereinbarung muss er den Käufer betreiben.

Art. 714 ZGB

Mahngeschäft	Es ist kein genauer Zahlungstermin vereinbart, sondern eine ungenaue Formulierung gewählt (z. B. «Ich bezahle dann bald nach der Lieferung» oder «Zahlung 30 Tage netto»). Durch Mahnung wird der Käufer in **Verzug** gesetzt.	Art. 102 Abs. 1 OR
Verfalltagsgeschäft	Am vereinbarten Erfüllungstermin (z. B. «Zahlung bis 01.10.») ist der Rechnungsbetrag fällig. Der Käufer ist automatisch nach Ablauf des Erfüllungstermins in **Verzug**.	Art. 102 Abs. 2 OR
Wirkung des Verzugs	Der Verkäufer kann in der Regel **5% Verzugszins** verlangen.	Art. 104 Abs. 1 OR

Der Verkäufer kann ohne Weiteres vom Vertrag zurücktreten, muss dies jedoch dem Käufer sofort mitteilen. Im kaufmännischen Verkehr kann der Käufer den Schadenersatz nach der Differenz zwischen dem vereinbarten Kaufpreis und dem Preis, für den er die Ware in guten Treuen weiterverkauft hat, berechnen.

Art. 214 OR
Art. 215 OR

---

5 Sind beim Abschluss des Kaufvertrages die **Zahlungsmodalitäten** nicht speziell abgemacht oder wurde einfach eine Rechnungsstellung ohne Zahlungsziel (z. B. in 30 Tagen) abgemacht, dann ist die Geldforderung im Sinne des **Zug-um-Zug-Geschäftes** (Barkauf) **sofort** fällig. Das heisst, der Käufer ist schon bei Erhalt der Leistung in Verzug. Der Verkäufer könnte ab Datum des Kaufvertrages Verzugszinsen verlangen. In der Praxis wird er allerdings aus Kulanz darauf verzichten.

Kontrollfragen

K 8.37 Warum findet man den Annahmeverzug des Käufers im OR unter der Bezeichnung «Verzug des Gläubigers» (Art. 91 ff. OR)?

K 8.38 Was ist Voraussetzung, damit beim Zahlungsverzug des Käufers der Verkäufer ohne Weiteres vom Vertrag zurücktreten (und damit auf die Lieferung verzichten) kann?

K 8.39 Welche Möglichkeit hat der Verkäufer, wenn die Ware bereits beim Käufer ist? Gibt es Ausnahmen davon?

K 8.40 Warum kann ein Verkäufer trotz Zahlungsunfähigkeit des Käufers die bereits gelieferte Ware nicht mehr zurückverlangen? Nennen Sie den dafür massgebenden ZGB-Artikel.

K 8.41 Wie viel beträgt der Verzugszins bei Zahlungsverzug mindestens? Von wann an darf er berechnet werden? Siehe Art. 104 Abs. 1 und Art. 102 Abs. 1 OR.

K 8.42 Setzen Sie in der folgenden Übersicht die richtigen Ausdrücke ein.

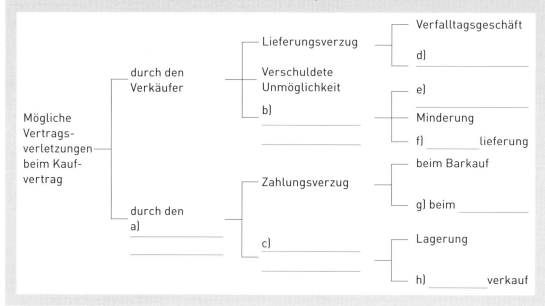

→ **Aufgaben 17, 18, 19**

8.6   Auf den Punkt gebracht

Rechte und Pflichten im Allgemeinen

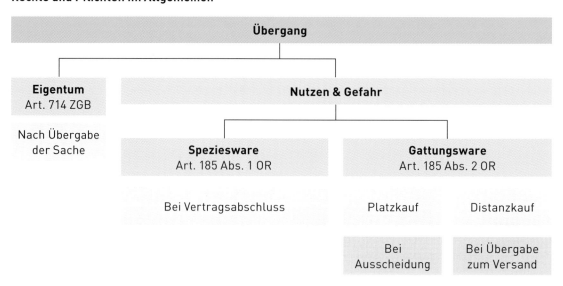

info@klv.ch

Vertragsverletzungen durch den Verkäufer

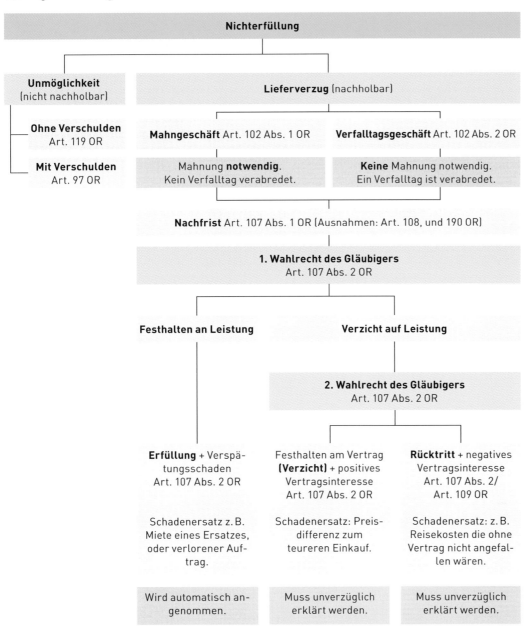

Nichterfüllung

Unmöglichkeit (nicht nachholbar)

Ohne Verschulden Art. 119 OR

Mit Verschulden Art. 97 OR

Lieferverzug (nachholbar)

Mahngeschäft Art. 102 Abs. 1 OR
Mahnung **notwendig**. Kein Verfalltag verabredet.

Verfalltagsgeschäft Art. 102 Abs. 2 OR
Keine Mahnung notwendig. Ein Verfalltag ist verabredet.

Nachfrist Art. 107 Abs. 1 OR (Ausnahmen: Art. 108, und 190 OR)

1. Wahlrecht des Gläubigers Art. 107 Abs. 2 OR

Festhalten an Leistung

Verzicht auf Leistung

2. Wahlrecht des Gläubigers Art. 107 Abs. 2 OR

Erfüllung + Verspätungsschaden Art. 107 Abs. 2 OR

Schadenersatz z. B. Miete eines Ersatzes, oder verlorener Auftrag.

Wird automatisch angenommen.

Festhalten am Vertrag **(Verzicht)** + positives Vertragsinteresse Art. 107 Abs. 2 OR

Schadenersatz: Preisdifferenz zum teureren Einkauf.

Muss unverzüglich erklärt werden.

Rücktritt + negatives Vertragsinteresse Art. 107 Abs. 2/ Art. 109 OR

Schadenersatz: z. B. Reisekosten die ohne Vertrag nicht angefallen wären.

Muss unverzüglich erklärt werden.

Ausnahmen von der Nachfristsetzung

Art. 108 OR zählt Fälle auf, bei welchen keine Nachfrist zu setzen ist.
– Ziff.1: Lieferant erklärt die Lieferung auch in der Nachfrist nicht tätigen zu können.
– Ziff. 2: Lieferung wird nutzlos. Z.B. Hochzeitstorte.
– Ziff. 3: **Fixgeschäft**. Lieferung «genau am», «spätestens bis zum», nicht nur ein Datum.

Kauf zwecks Weiterverkauf
Art. 190 OR Liegt ein Verfalltag im kaufmännischen Verkehr vor, wird vermutet es liegt ein **Fixgeschäft** vor. Dies hat mehrere Folgen:
– Nachholfrist muss nicht gesetzt werden.
– Es wird der «Verzicht» angenommen und nicht das «Beharren». Sofern man Lieferung dennoch möchte, muss man dies melden.

Schlechterfüllung

Mangelhafte Lieferung

1. Prüfen Art. 201 OR

2. Anzeige Art. 201 OR

3. Aufbewahrung Art. 204 OR

Wahlmögichkeiten des Gläubigers

Wandelung (Ware verzichten) Art. 205 OR

Minderung (Preisnachlass) Art. 205 OR

Ersatzleistung (Umtausch – nur bei Gattungsware möglich) Art. 206 OR

Verjährung Art. 210 OR (Versteckte Mängel)

– Private Verkäufer können Frist beliebig verkürze
– Gewerbliche Verkäufer können Frist beliebig verkürzen, falls gewerblicher Käufer
– falls private Käufer: neue Sachen min. 2 Jahre/gebrauchte Sachen min. 1 Jahr.

Haftungsausschluss Art. 199 OR
Die Verjährungsfristen können wie beschrieben, nicht beliebig verkürzt werden. Sie können jedoch ganz ausgeschlossen werden. D. h. gar keine Haftung. Dies ist nur möglich, wenn nicht arglistig Mängel verschwiegen werden.

Vertragsverletzungen durch den Käufer

Annahmeverzug

Pflicht Ware anzunehmen Art. 211 OR

Schuldner der Ware kann diese auf Kosten des Gläubigers hinterlegen, nötigenfalls mit Bewilligung des Richters zu verkaufen. Art. 91 f. OR

Zahlungsverzug

Bar- und Vorauszahlungskauf

Verkäufer kann vom Vertrag zurücktreten. Art. 214 OR

Kreditkauf
(Ware kann nicht zurückverlangt, ausser Eigentumsvorbehalt wurde vereinbart. Art. 714 ZGB)

Mahngeschäft
(z. B. Bezahlung so rasch wie möglich)
Art. 102 Abs. 1 OR

Durch Mahnung in Verzug setzen.
Wirkung:
5 % Verzugszinsen.
Art. 104 OR

Verfalltagsgeschäft
(z. B. Zahlung bis 31.01.)
Art. 102 Abs. 2 OR

Nach Ablauf des Verfalltags in Verzug.
Wirkung:
5 % Verzugszinsen.
Art. 104 OR

info@klv.ch

Aufgaben zu Kapitel 8

1. Zug-um-Zug

In Art. 184 Abs. 2 OR steht: «Sofern nicht Vereinbarung oder Übung entgegenstehen, sind Verkäufer und Käufer verpflichtet, ihre Leistungen gleichzeitig – Zug-um-Zug – zu erfüllen.»

a) Handelt es sich hier um zwingendes oder dispositives Recht?

dispositives (= ergänzendes) Recht

b) Wie nennt man einen «Deal», bei dem zuerst geliefert und später bezahlt wird?

Kreditkauf (vgl. Art. 214 OR zu den drei möglichen Arten; Kauf mit Vorausbezahlung kommt

heutzutage praktisch nicht mehr vor.)

c) Kreuzen Sie die Aussagen an, bei denen es sich um ein «Zug-um-Zug-Geschäft» handelt:

- ☒ Am Kiosk kaufen Sie ein Fachmagazin.
- ☒ Sie bezahlen im Bahnhofladen mit Ihrer Postomat-Karte.
- ☐ Das bestellte Smartphone ist gemäss beiliegender Rechnung innert 30 Tagen zu bezahlen.
- ☒ Sie kaufen am Postschalter eine Prepaidkarte für Ihr Handy.
- ☐ Sie laden Ihr Gesprächsguthaben des Handys damit auf.
- ☐ Sie telefonieren mit Ihrem Handy.

2. Eigentumsvorbehalt

> **In den allgemeinen Geschäftsbedingungen (AGB) stehen zum Teil quirlige Dinge.**
>
> # Darf ein Online-Sportshop die Ware zurückfordern?
>
> Ich bin ein aktiver Freizeitsportler. Meine Sportausrüstung bestelle ich immer im Internet. Im Moment hat es mir Badminton angetan. In einem Center spiele ich regelmässig mit Kollegen über Mittag.
>
> In einem Internet-Shop habe ich bei einem Händler Folgendes in den AGB gelesen:
>
> - «Bestellungen werden normalerweise per Rechnung zugestellt. Die Zahlung hat innert 20 Tagen netto zu erfolgen. [...]
> - Sämtliche Lieferungen bleiben bis zur vollständigen Bezahlung Eigentum des Verkäufers. Sie unterstehen dem Eigentumsvorbehalt.»
>
> Ich frage mich, wie denn das geht? Ich kaufe und spiele mit einem Racket, und es soll mir nicht gehören, solange ich noch nicht bezahlt habe? Könnte ich das Racket dann zurückgeben, wenn es kaputtginge; es wäre dann ja noch Eigentum des Sportshops …
>
> **Sind solche Formulierungen zum Eigentumsvorbehalt überhaupt rechtsgültig?**
>
> © *Michel B. aus Bern*

a) Wie wird man Eigentümer an einer Sache?

Durch (freiwillige) Übergabe (Art. 714 Abs. 1 ZGB).

b) Warum möchte sich der Internet-Shop das Eigentum vorbehalten?

Bei Rechnungsstellung besteht immer ein Risiko für den Verkäufer, dass der Kunde seinen

finanziellen Verpflichtungen nicht nachkommt.

c) Suchen Sie den Gesetzesartikel zum Eigentumsvorbehalt im Zivilgesetzbuch und analysieren Sie ihn bezüglich Tatbestandsmerkmalen und Rechtsfolge. (Gehen Sie davon aus, dass entgegen der beschriebenen Situation ein rechtsgültiger Eigentumsvorbehalt erfolgt sei.)

Gesetzesanalyse						Anwendung des Gesetzesartikels auf die Situation
Gesetz →	ZGB	**Artikel** →	715	**Absatz** →	1	
Tatbestands-merkmal(e) (TBM)	1. Es geht nur um bewegliche Sachen, die jemandem übertragen wurden. 2. Es muss einen Eintrag am Wohnort des Käufers in das öffentliche Register geben.					– Rackets sind bewegliche Sachen (✓) – Da gemäss Aufgabenstellung ein gültiger Eintrag erfolgte: Bern. (✓)
Rechts-folge(n) (RF)	Rechtliche Wirksamkeit des Eigentumsvorbehalts					Michel wird nur Besitzer des Rackets, aber noch nicht dessen Eigentümer. (✓)
Aussage bezüglich Situation	Erfolgt spätestens bei der Übergabe des Rackets ein Eintrag ins Eigentumsvorbehaltsregister in Bern, hat der Sportshop eine Sicherheit für die ausstehende Forderung gegenüber dem Kunden. In der Praxis wird allerdings nur sehr selten vom Eigentumsvorbehalt Gebrauch gemacht.					

3. **Übergang von Nutzen und Gefahren**
    Bitte studieren Sie die beiden nachfolgenden Gesetzesartikel **Art. 185 Abs. 1 OR** (zweite Abteilung OR, einzelne Vertragsverhältnisse, Kaufvertrag) und **Art. 103 Abs. 1 OR** (erste Abteilung OR, Allgemeine Bestimmungen zur Entstehung einer Obligation aus Vertrag):

Art. 185 Abs. 1 OR	Art. 103 Abs. 1 OR
«Sofern nicht besondere Verhältnisse oder Verabredungen eine Ausnahme begründen, gehen Nutzen und Gefahr der Sache mit dem Abschlusse des Vertrages auf den Erwerber über.»	«Befindet sich der Schuldner im Verzuge, so hat er Schadenersatz wegen verspäteter Erfüllung zu leisten und haftet auch für den Zufall.»

a) Von welcher Art von Waren ist in Art. 185 Abs. 1 OR die Rede?

Speziesstücke (Einzelstücke)

b) Wer ist gemäss Art. 103 Abs. 1 OR der Schuldner?

Es gibt zwei Schuldner:

– Der Verkäufer ist der Warenschuldner.

– Der Käufer ist der Geldschuldner.

c) Joe schaut sich bei der Automarkt GmbH die ausgestellten Occasionsfahrzeuge an. Die Fahrzeuge stehen auf einem gut abgesicherten Gelände. Nach ein paar Probefahrten entscheidet sich Joe für einen Renault Clio, Sportversion mit V-6 Motor und schliesst sogleich mit der Automarkt GmbH einen schriftlichen Vertrag ab. Beurteilen Sie die folgende Situation:

Er vereinbart mit dem Verkäufer, das Auto in drei Tagen abzuholen. Just in der Nacht nach Vertragsschluss dringen einige Vandalen in das Gelände der Automarkt GmbH ein und beschädigen den von Joe gekauften Renault. Wer muss für diesen Schaden aufkommen?

Ein Occasionsauto ist ein Speziesstück. Die Gefahr der zufälligen Verschlechterung geht bereits mit Vertragsschluss über (Art. 185 Abs. 1 OR). Joe muss diesen Schaden selbst übernehmen.

4. Der Käsermeister Fritz Züger, Braunau, kauft das Schweinefutter seit Jahren bei der Roggenmühle AG in Goldach. Um Frachtkosten zu sparen, holt er die Ware immer mit dem eigenen Lastwagen ab. Am 15. Mai bestellte er telefonisch 600 kg Futtermehl. Darauf wurde das Mehl in Säcke abgefüllt, und die Säcke wurden zum Abtransport bereitgestellt. In der Nacht vom 18. auf den 19. Mai deckte ein heftiger Sturm das Dach der Mühle ab. Die Säcke wurden völlig durchnässt.

a) Wer trägt den **Schaden**?

Der Käufer Fritz Züger trägt den Schaden (sofern er keine Versicherung dafür hat). Begründung: Gemäss Art. 185 Abs. 2 OR sind Nutzen und Gefahr auf den Käufer übergegangen, als die Säcke zum Abtransport bereitgestellt wurden und dadurch die Ware deutlich als Sache des Käufers kenntlich gemacht wurde. Hinweis: Eine allfällige Versicherungsleistung müsste die Roggenmühle AG herausgeben.

b) Wer müsste den Schaden tragen, wenn das Mehl zur Zeit des Sturms noch im Silo gewesen wäre?

Der Verkäufer, weil die Ware noch nicht ausgeschieden wäre.

c) Wer müsste den Schaden tragen, wenn man vereinbart hätte, dass die Ware dem Käufer durch die Bahn zugestellt wird?

Der Verkäufer, weil die Ware noch nicht «zur Versendung abgegeben» war (Art. 185 Abs. 2 OR).

5. Ergänzen Sie bitte das folgende Schema:

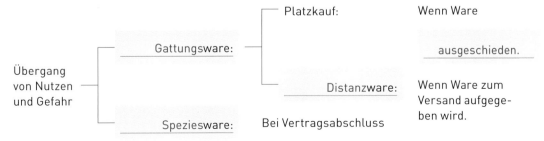

6. Was geschieht rechtlich bei **Kaufvertrag** und **Warenlieferung**? Füllen Sie bitte die Lücken aus.

Vertrags-abschluss Bestellung	Ausscheidung der Ware bzw. Versand	Übergabe der Ware	Zahlung

Übergang von Nutzen und Gefahr, Art. 185 Abs. 1 OR) wenn. Speziesware

Übergang von Nutzen und Gefahr, Art. 185 Abs. 2 OR) wenn Gattungsware

Übertragung des Eigentums am Kaufgegenstand (Art. 714 Abs. 1 ZGB)

Erfüllungsort für Warenlieferung, sofern Parteien nichts vereinbart haben:

- bei **Gattungsware** = Ort des Verkäufers ⎤
- bei **Speziesware** = Ort der Ware bei Vertragsabschluss ⎦ Die Warenschuld ist eine Holschuld .

Erfüllungsort für Zahlung = Sitz/Wohnsitz des Verkäufers, genannt Bringschuld

Ordentlicher Gerichtsstand immer beim Ort des Beklagten (Ausnahme: Konsumentenkauf)

Alles nur, soweit vertraglich nicht anders vereinbart (dispositive Rechtsbestimmungen).

7. Der Gemüsehändler Bottinelli bestellte bei einem Grossisten 400 kg Tomaten. Die Lieferung wurde vereinbart «auf Freitag, 24. Mai 2017, spätestens um 18:00 Uhr»; Preis CHF 1.70 je kg. **Da die Ware nicht rechtzeitig eintraf,** kaufte Bottinelli die Tomaten am folgenden Morgen an der Gemüsebörse für CHF 2.10 je kg, um sie noch rechtzeitig an die verschiedenen Verkaufsstände verteilen zu können.

a) Muss Bottinelli die Tomaten des Grossisten noch annehmen, wenn er mit einem Tag Verspätung liefert?

Nein, Bottinelli muss die Tomaten nicht annehmen, denn es liegt ein relatives Fixgeschäft vor.

Die Voraussetzungen von Art. 190 OR sind erfüllt:

1. bestimmter Liefertermin, 2. Schuldner befindet sich in Verzug, 3. kaufmännischer Verkehr.

Die Parteien haben ein sogenanntes relatives Fixgeschäft vereinbart (vgl. Art. 108 Ziff. 3 OR). Es ist

kaufmännischer Verkehr, da es um einen Warenkauf zum Zweck des Weiterverkaufs geht. Drittens

befindet sich der Grossist als Schuldner bereits im Verzug, da er nicht rechtzeitig geliefert hat.

Rechtsfolge: Es wird angenommen, dass der Käufer auf die Lieferung verzichtet und Schaden-

ersatz wegen Nichterfüllung beansprucht.

b) Kann Bottinelli gegenüber dem Grossisten eine **Schadenersatzforderung** geltend machen? Wenn ja, in welcher Höhe? Siehe Art. 191 Abs. 2 OR.

Ja, Schadenersatz gemäss Art. 191 Abs. 2 OR: CHF 0.40 je kg (Differenz zwischen CHF 1.70 und

CHF 2.10), total CHF 160.00, eventuell dazu noch Umtriebskosten

8. **Kaufmännischer oder nicht kaufmännischer Verkehr?**
Rolf Häni ist Selbstständigerwerbender. Das bedeutet, er ist nicht bei meinem Unternehmen angestellt. Er hat also keinen Arbeitsvertrag, sondern er geschäftet auf eigene Rechnung.
Situation 1: Er bestellt bei einem PC-Lieferanten online ein Netbook für sich selber (Eigengebrauch).
Situation 2: Er bestellt bei einem anderen PC-Lieferanten per Fax einen Desktop-PC, den er an das Altersheim Aumatt weiterverkauft.

a) Ordnen Sie den beiden Situationen das Begriffspaar «Kaufmännischer Verkehr» und «Nicht kaufmännischer Verkehr» zu. Welche Gesetzesartikel (Art. 102, 190 und 191 OR) gelten jeweils?

Situation 1	– nicht kaufmännischer Verkehr, also ein normaler Kaufvertrag zwischen Verkäufer und einem Endkonsumenten. Häni tätigt also diesen Kauf als Konsument, selbst wenn er das Netbook für den professionellen Eigengebrauch bestellt. – Die allgemeinen Verzugsbestimmungen (Art. 102 ff. OR) sind hier massgebend.
Situation 2	– Spezialfall: Kaufmännischer Verkehr (Definition = Kauf zum Zweck des Weiterverkaufs), da der Desktop für den Wiederverkauf bestimmt ist. – Art. 190 und Art. 191 OR gehen als spezifische Bestimmungen den allgemeinen Verzugsregelungen in Art. 102 ff. OR vor.

b) Seine Bestellungen können unterschiedliche «Qualitäten» bezüglich der Verpflichtung des Warenschuldners haben, sofern der PC-Lieferant seine Bestellung dann auch akzeptiert und somit ein gültiger Vertrag zustande gekommen ist.
Fall 1 (Art. 102 Abs. **1** OR) **Mahngeschäft**
Bitte liefern Sie uns die Geräte ...
... (ohne Nennung eines Datums).
... so rasch wie möglich.   ... Ende Monat.

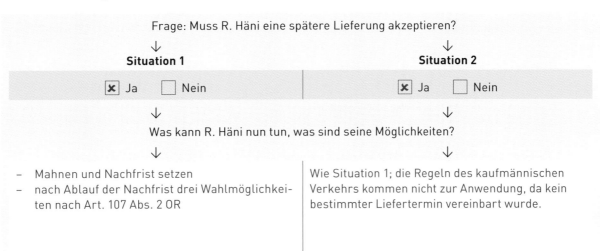

Frage: Muss R. Häni eine spätere Lieferung akzeptieren?

↓	↓
Situation 1	**Situation 2**
☒ Ja ☐ Nein	☒ Ja ☐ Nein

Was kann R. Häni nun tun, was sind seine Möglichkeiten?

↓	↓
– Mahnen und Nachfrist setzen – nach Ablauf der Nachfrist drei Wahlmöglichkeiten nach Art. 107 Abs. 2 OR	Wie Situation 1; die Regeln des kaufmännischen Verkehrs kommen nicht zur Anwendung, da kein bestimmter Liefertermin vereinbart wurde.

Fall 2 (Art. 102 Abs. 2 und Art. 190/191 OR) **Verfalltagsgeschäft**
Bitte liefern Sie ...

... bis zum 19. Oktober.   ... am 19. Oktober.   ... 30 Tage nach Rechnungsdatum.

Frage: Muss R. Häni eine spätere Lieferung akzeptieren?

↓	↓
Situation 1	**Situation 2**
[x] Ja [ ] Nein	[ ] Ja [x] Nein

↓ Was kann R. Häni nun tun, was sind seine Möglichkeiten? ↓

Situation 1	Situation 2
– Er muss keine Mahnung schicken (weil der Lieferant gemäss Art. 102 Abs. 2 OR mit Ablauf des Verfalltages automatisch in Verzug kommt). – Danach muss R. Häni gemäss Art. 107 Abs. 1 OR dem Lieferanten eine Nachfrist setzen. – Nach Ablauf der Nachfrist stehen ihm die drei Wahlmöglichkeiten nach Art. 107 Abs. 2 i.V.m Art. 109 OR zur Verfügung. (mehr siehe Fall 3)	– Da der Desktop zum Wiederverkauf bestimmt ist und ein bestimmter Liefertermin vereinbart wurde, gilt die gesetzliche Vermutung, wonach R. Häni auf die Lieferung verzichtet und zusätzlich Schadenersatz wegen Nichterfüllung verlangt (positives Interesse = er möchte schadenersatzmässig so gestellt werden, wie wenn der Vertrag korrekt erfüllt worden wäre. Möchte er die Leistung doch noch, so müsste er dies gemäss Art. 190 Abs. 2 OR dem Lieferanten sofort mitteilen.) – Im kaufm. Verkehr gelten Art. 190 und 191 OR.

Fall 3 (Art. 108 Ziff. 2 und 3 OR) **Fixgeschäft**
Bitte liefern Sie ...

... genau am 19. Oktober vor 10:00 Uhr, damit wir unsererseits ... (relatives Fixgeschäft bzw. Termingeschäft nach Art. 108 Ziff. 3 OR).

... unbedingt vor dem 19. Oktober, da ich das Gerät dann zwingend brauche (relatives Fixgeschäft bzw. Termingeschäft nach Art. 108 Ziff. 3 OR).

... nicht später als am 19. Oktober, da an diesem Tag xy stattfindet (Leistung wäre danach für Gläubiger nutzlos im Sinne von Art. 108 Ziff. 2 OR).

Frage: Muss R. Häni eine spätere Lieferung akzeptieren?

↓	↓
Situation 1	**Situation 2**
[ ] Ja [x] Nein	[ ] Ja [x] Nein

↓ Was kann R. Häni nun tun, was sind seine Möglichkeiten? ↓

– Es ist **keine Mahnung nötig** (da Verzug automatisch gemäss Art. 102 Abs. 2 OR).

– Es ist **keine Nachfrist nötig** (da die Ausnahmetatbestände der Art. 108 und 190 OR erfüllt sind).

und in ...

↓	↓
Situation 1	**Situation 2**
Nach Ablauf Nachfrist: **drei Wahlmöglichkeiten** nach Art. 107 Abs. 2 OR 1. Auf nachträgliche Lieferung beharren und zusätzlich evtl. Schadenersatz für den Verspätungsschaden fordern. 2. Auf nachträgliche Lieferung verzichten 3. a) Aufrechterhalten des Vertrages und Forderung des positiven Interesses (Art. 107 Abs. 2 OR) b) Rücktritt vom Vertrag und Forderung des negativen Interesses (Art. 107 Abs. 2 i.V.m. Art. 109 OR)	– Im kaufm. Verkehr geht man davon aus, dass eine nachträgliche Lieferung nicht mehr gewollt wird. – Deshalb hat der Verkäufer anzunehmen, dass sich Häni auf eine andere Weise das Gerät besorgt. – Es gelten Art. 190/191 OR. – Folgen: a) Verzicht auf Lieferung b) Schadenersatz wegen Nichterfüllung (analog wie Wahlrecht 3a) in Situation 1.). Gemäss Art. 190 Abs. 2 OR könnte Häni auch noch die Lieferung verlangen. Er müsste dies aber sofort kundtun.

9. Im Hinblick auf die EM bestellt sich Michael Berner einen Beamer der neuesten Generation für CHF 3 480.00 inkl. Installation. Das Gerät soll bis zum 6. Juni geliefert werden. Er möchte die Spiele im HDTV-Format verfolgen können und lässt eine Wand im Wohnzimmer versetzen, damit die Sicht auf die Leinwand optimal wird. Der Umbau kostet CHF 5 600.00.
    Die EM beginnt, aber der Beamer ist noch nicht da! Der Händler teilt Herrn Berner mit, die Nachfrage sei im Moment so gross, dass er nicht lieferfähig sei. Herr Berner möge sich noch drei Wochen gedulden.
    Herr Berner könnte das gleiche Gerät für CHF 3 800.00 bei der Konkurrenz kaufen (Deckungskauf) und noch am 7. Juni aufstellen lassen.

    a) Welche rechtlichen Möglichkeiten hat Herr Berner? Wie hoch wäre jeweils der Schadenersatz? Gehen Sie davon aus, dass ein Fixgeschäft vorliegt. Siehe Art. 108 OR.

        Gemäss OR 108 Ziff. 3 braucht Herr Berner dem Händler keine Frist zu setzen. Herr Berner hat

        drei Möglichkeiten (vgl. Art. 107 Abs. 2 OR und Art. 109 Abs. 2 OR):

        1. Herr Berner kann auf nachträglicher Erfüllung bestehen. Er könnte zwar die Übertragung

            nicht zu Hause in einer Top-Übertragungsqualität geniessen, hätte aber keine Vermögens-

            einbusse (entgangener Gewinn, Spesen). Er hätte also keinen Schadenersatzanspruch.

        2. Er bestellt den Beamer bei der Konkurrenz. Er könnte die Mehrkosten von CHF 320.00

            als Schadenersatz wegen Nichterfüllung des Vertrages durchsetzen.

        3. Er tritt vom Vertrag zurück und verlangt Schadenersatz wegen Dahinfallen des Vertrages

            (Ersatz von besonderen Vorbereitungen). Er macht die Umbaukosten von CHF 5 600.00 geltend.

    b) Für welche Möglichkeit entscheidet sich Herr Berner, wenn er nichts unternimmt?

        Beharren auf Lieferung (vgl. Art. 107 Abs. 2 OR)

    c) Was ist bei einem Vertragsrücktritt zu beachten ? Siehe Art. 44 OR.

        Gemäss Art. 44 OR hat Herr Berner eine Schadenminderungspflicht. Ein Richter würde somit

        kaum die Umbaukosten als Schadenersatz anerkennen.

10. Probleme bei verspäteten Lieferungen
    Beim Lieferverzug sind drei Möglichkeiten zu unterscheiden:

    – **Mahngeschäft**
    Der Liefertermin ist aus den Umständen nicht klar erkennbar oder nicht von entscheidender Bedeutung.
    – **Verfalltagsgeschäft**
    Wenn bis zu einem bestimmten Tag geliefert werden muss (= Verfalltag).
    – **Fixgeschäft**
    Wenn ein bestimmter Liefertermin vereinbart wurde (= Stichtag) in der für beide Parteien erkennbaren Absicht, dass eine verspätete Lieferung für den Käufer nutzlos wäre.

    a) Ordnen Sie bei den folgenden Beispielen eine der drei oben genannten Möglichkeiten zu.
    (M = Mahngeschäft; V = Verfalltagsgeschäft; F = Fixgeschäft)

	Fälle	
a_1)	Sie sehen anfangs Jahr im Internet bei www.digitec.ch eine neue Spiegelreflex-Fotokamera und bestellen sie online.	M
a_2)	Sie telefonieren mit Herrn Kropf von «Kropf-Multimedia» und erklären bei der Bestellung eines Fotostativs, dass Sie es für eine USA-Reise bis spätestens Ende März haben müssten.	V
a_3)	Sie zeigen Ihren Kollegen die schönen USA-Ferienfotos. Die gefallen so, dass Sie als offizieller Fotograf für eine Hochzeit (am 14.07.20..) angefragt werden. Damit Sie am 14. Juli tolle Porträtbilder machen können, vereinbaren Sie mit Herrn Kropf, dass Sie am 13. Juli im Laden ein Profi-Blitzgerät abholen werden.	F
a_4)	Bei einem Werbebüro bestellen Sie eine Leinwand, die als Hintergrund für die Porträtfotos dienen soll. Darauf steht: «Just married 14.07.20..»	F

    b) In welchen Fällen hätte eine verspätete Lieferung eventuell noch einen Nutzen?

    a_1), a_2), a_3)

    c) Ordnen Sie den Fällen die folgenden Artikel zu:
    – Art. 102 Abs. 1 OR
    – Art. 102 Abs. 2 OR
    – Art. 107 Abs. 1 OR
    – Art. 108 OR

	Fälle	Artikel
c_1)	Spiegelreflex-Fotokamera	Art. 102 Abs. 1 OR
c_2)	Fotostativ	Art. 102 Abs. 2 OR
c_3)	Profi-Blitzgerät	Art. 107 Abs. 1 OR
c_4)	Leinwand	Art. 108 OR

info@klv.ch

11. In einem **Prospekt (Flugblatt)** werden Laptops zu CHF 1 900.00, sofort lieferbar, nur solange Vorrat, angeboten. Kreuzen Sie bei den folgenden Aussagen an, ob sie richtig oder falsch sind.

		R	F
a)	Nach der Übergabe des Computers an den Käufer wird von ihm von Gesetzes wegen erwartet, dass er das Gerät auf allfällige Mängel überprüft.	✗	
b)	Wenn die Parteien beim Kaufvertrag über den Lieferort nichts vereinbart haben, ist der Vertrag nichtig.		✗
c)	Das Eigentum am Computer geht mit dem Vertragsabschluss auf den Käufer über.		✗
d)	Da beim Kaufvertrag zwei gegenseitige Willensäusserungen notwendig sind, handelt es sich um ein zweiseitiges Rechtsgeschäft.	✗	
e)	Bis zur vollständigen Bezahlung des Kaufpreises hat der Verkäufer ein gesetzliches Retentionsrecht.		✗

12. Ein Warenhaus bestellte bei einem Importeur 5 000 Christbaumkugeln. Die Lieferung erfolgte am 15. September per Lastwagen. Da einige Angestellte in den Ferien waren, wurden die Kisten ungeöffnet im Lager abgestellt. Ende November stellte sich heraus, dass etwa 30 % der Kugeln zerbrochen waren. Das Warenhaus forderte darauf 30 % des bereits bezahlten Kaufpreises zurück.
Muss der Importeur auf die **Mängelrüge** eingehen?

Nein, der Verkäufer muss auf die Mängelrüge nicht eingehen. Sie hätte sofort, d. h. wenige Tage

nach dem 15. September erfolgen müssen (Art. 201 OR).

13. Ein Velohändler erhält von der Fabrik eine Sendung Velos. Der Transport wurde vom Velohändler organisiert. Er schloss mit der SBB einen Frachtvertrag ab. Der Velohändler stellt beim Abholen fest, dass die **Ware beschädigt** ist. Was würden Sie in diesem Fall tun? Mit Begründung.

Schriftliche Tatbestandsaufnahme durch die Bahn veranlassen, um die Umstände möglichst gut

beweisen zu können, und sofort den Lieferanten benachrichtigen. Nach Abklärung, ob der Schaden

während des Bahntransportes oder schon vorher entstanden ist, entweder gestützt auf Art. 97 OR

(Verletzung des Frachtvertrages) Schadenersatz von der Bahn verlangen oder schriftliche Män-

gelrüge (mit genauer Beschreibung des Schadens; vgl. Art. 201 Abs. 1 OR) an den Lieferanten, dazu

die Angabe, für welches Wahlrecht Sie sich entscheiden:

a)   Rückgängigmachen des Kaufs (Wandelung; Art. 205 Abs. 1 OR) oder

b)   Preisnachlass (Minderung; Art. 205 Abs. 1 OR) oder

c)   Ersatzlieferung, da Gattungsware (Art. 206 Abs. 1 OR).

Dazu unter Umständen Schadenersatz geltend machen (z. B. Rückerstattung von Transportaus-   →

lagen oder anderen Kosten; gestützt auf Art. 208 Abs. 2 und 3 OR bei der Wandelung und Art. 97 OR

im Falle der Minderung oder der Ersatzlieferung). Vorläufig Aufbewahrungspflicht für die Ware,

also nicht einfach zurücksenden, sondern Bericht des Lieferanten abwarten.

14. Im **«Garantieschein»** des Verkäufers für einen Taschenrechner steht:

«Wir gewähren vom Tage des Verkaufs für drei Monate Garantie auf alle Teile des Gerätes, die infolge Material- oder Fabrikationsfehler schadhaft werden. Die Garantie beschränkt sich auf die Reparatur. Sie schliesst alle anderen Rechtsansprüche aus Sachgewährleistung ausdrücklich aus.»

Beurteilen Sie diese Klausel aus der Sicht des Käufers und vergleichen Sie sie mit der Regelung, die das Gesetz für die Gewährleistung vorsieht.

Diese Garantieklausel bedeutet für den Käufer eine Verschlechterung seiner Stellung im Vergleich

zur gesetzlichen Regelung: Die Frist ist auf drei Monate verkürzt (anstatt zwei Jahre laut Art. 210

Abs. 1 und Abs. 4 OR), und die Garantie ist auf die Reparatur (Nachbesserung) beschränkt. Wande-

lung, Minderung und Ersatzlieferung sind somit ausgeschlossen. Die Verkürzung der Verjährungs-

frist ist nicht rechtens, da beim Konsumentenkauf zwingend zwei Jahre vorzusehen sind. Dagegen

ist es zulässig, die gesetzlichen Wahlrechte (Wandelung, Minderung und Ersatzlieferung) auszu-

schliessen und stattdessen als einzige Möglichkeit die Reparatur vorzusehen. Die Reparatur ist im

Kaufvertragsrecht nicht geregelt (anders Art. 368 Abs. 2 OR für den Werkvertrag).

15. **Ergänzen Sie den Lückentext passend**

Gewerbliche Verkäufer können die gesetzlichen Verjährungsfristen ganz

ausschliessen oder über das gesetzliche Minimum hinaus _verlängern_ .

Sie können es aber _nicht_ beliebig verkürzen. Bei _neuen_ Sachen gilt: Sie

können die Haftung ganz ausschliessen oder müssen mindestens _zwei Jahre_ für

die Sachgewährleistung einstehen. Bei gebrauchten Sachen gilt: Sie können die Haftung ganz

ausschliessen oder müssen mindestens _ein Jahr_ für die Sachgewährleistung

einstehen.

Private Verkäufer können die gesetzliche Verjährungsfrist ganz ausschliessen,

über das gesetzliche Minimum verlängern oder _beliebig_ verkürzen.

16. Die BLESA AG bietet in der BASLER ZEITUNG vom 12. Mai Getreidemühlen für CHF 1 800.00 an. Dem **Inserat** ist ein Bestellschein beigefügt, den Karl Korn am 17. Mai ausfüllt und unterschrieben abschickt. Am 28. Juni erhält er nach langem Warten die gewünschte Mühle mit Rechnung vom 24. Juni zugesandt. Auf der Rechnung steht «zahlbar 30 Tage netto». Am 1. Juli mahlt er erstmals mehrere Kilogramm Getreide für sein eigenes Brot; am 20. Juli überweist er den Rechnungsbetrag.

a) Entscheiden Sie, ob die folgenden auf den Sachverhalt bezogenen Aussagen richtig oder falsch sind:

	R	F
Das Inserat ist ein verbindliches Angebot.		✘
Die Bestellung ist eine unbefristete verbindliche Offerte unter Abwesenden.	✘	
Der Versand der Mühle am 24. Juni bedeutet Entstehung des Vertrages.		✘
Die Zahlklausel auf der Rechnung hat eine rechtliche Bedeutung.	✘	
Das Eigentum an der Mühle geht am 20. Juli mit der Zahlung auf K. Korn über.		✘

b) Wie lange haftet der Verkäufer gemäss OR für Sachmängel?

Frist	2 Jahre (also bis 28. Juni des übernächsten Jahres)
OR Art.	210 Abs. 1

17. Eine Grossgarage verkaufte einem **Occasionshändler** sechs Gebrauchtwagen für insgesamt CHF 30 000.00. Es wurde vereinbart, dass die Autos eine Woche später abgeholt und bar bezahlt würden. Da der Occasionshändler am Liefertermin nicht in der Lage war, die CHF 30 000.00 aufzubringen, teilte ihm die Garage sofort mit, dass sie die Autos anderweitig verkaufen werde und ihn für einen allfälligen Preisunterschied verantwortlich mache. Es gelang ihr schliesslich, die sechs Autos für CHF 27 500.00 einem anderen Händler zu veräussern. Doch der Occasionshändler weigerte sich, den Unterschied von CHF 2 500.00 zu bezahlen.

a) Handelt es sich in unserem Beispiel um kaufmännischen Verkehr (d. h. Wiederverkauf) oder nicht?

Ja, kaufmännischer Verkehr, da Kauf zum Zweck des Weiterverkaufs

b) Muss der Occasionshändler die CHF 2 500.00 bezahlen? Siehe Art. 214 Abs. 1 und Art. 215 Abs. 1 OR

Ja, da die Voraussetzungen von Art. 215 Abs. 1 OR erfüllt sind:

– kaufmännischer Verkehr (vgl. Teilaufgabe a));

– Verzug des Käufers (Leistung war fällig bei Übergabe; Käufer zahlte nicht).

Rechtsfolge: Forderung des Differenzbetrages (ursprünglich vereinbarter Preis abzüglich

dem tieferen tatsächlich erzielten Preis) von CHF 2 500.00

c) Aus welchen Worten im Art. 215 Abs. 1 OR schliessen Sie, dass die Grossgarage nicht die ganze Differenz hätte fordern dürfen, wenn sie die Autos zu einem beliebig niedrigen Preis an einen guten Freund abgegeben hätte?

«in guten Treuen»

18. Jens Stolte bestellt 30 Silberringe des Modells «light 606» bei der Silber- und Goldschmied Luxor AG. Sie sollen bis zum 24. Oktober 2017 geliefert werden. Da sie selbst am 26. Oktober 2017 noch nicht bei der Swissfaonline AG eingetroffen sind, tätigt Jens Stolte einen Deckungskauf bei einem Konkurrenten der Silber- und Goldschmied Luxor AG. Als dann am 29. Oktober 2017 die 30 Silberringe der Silber- und Goldschmied Luxor AG dann doch noch geliefert werden, weigert sich Jens Stolte, sie anzunehmen.

Muss die Swissfaonline AG die gelieferten Artikel annehmen und bezahlen?
Begründen Sie Ihre Antwort und geben Sie den relevanten Artikel an.

Nein. Es liegt ein kaufmännischer Verkehr vor. Dabei wird angenommen, dass der Käufer auf die

Lieferung verzichtet, sobald sie sich im Verzug befindet.

Sollte der Käufer die Lieferung doch wünschen (Beharren), so müsste er das dem Lieferanten un-

verzüglich melden. Art. 190 Abs. 1 OR

19. Die Swissfaonline AG vertreibt auch Haarklemmen. Das Produkt «Invisible» ist seit einem Monat im Onlineshop verfügbar. Dabei handelt es sich um eine Haarklemme, die trotz des sehr flachen Designs die Haare gut fixieren soll. Der neue Artikel stösst bei der Kundschaft auch auf grosses Interesse, jedoch sind in den letzten Wochen Reklamationen zu vernehmen, dass die Haarklemme nach mehrmaligem Gebrauch bereits in zwei Teile bricht, was auf einen Materialfehler in der Serie hindeutet.

a) Das OR gibt den Kunden grundsätzlich drei Wahlmöglichkeiten bei mangelhafter Ware. Welche beiden Wahlmöglichkeiten des OR machen im beschriebenen Fall für die Kundschaft der Swissfaonline Sinn? Geben Sie jeweils den entsprechenden Gesetzesartikel mit Absatz an.

Wahlmöglichkeit	Artikel	Absatz	Gesetz
Rücktritt vom Vertrag (Wandelung)	205	1	OR
Umtausch (mängelfreie Ersatzlieferung)	206	1	OR

b) Die Swissfaonline AG reklamiert darauf ihrerseits am 5. Oktober 2017 bei dem Lieferanten der «Invisible»-Haarklemme. Der Lieferant weigert sich jedoch, die verbleibenden Haarklemmen zurückzunehmen. Der Stellungnahme des Lieferanten ist Folgendes zu entnehmen: «Gemäss OR hat man das Recht, vom Vertrag zurückzutreten, sofern eine gelieferte Sache Mängel aufweist. Hierzu müssen die empfangenen Waren sofort auf ihre Tauglichkeit geprüft werden. Da Sie die Ware bereits am 9. September 2017 erhalten haben, ist diese Frist bereits abgelaufen. Deshalb können wir Ihrem Wunsch nicht nachkommen.»
Wer ist im Recht? Begründen Sie Ihre Antwort und geben Sie den dazugehörenden Gesetzesartikel mit Absatz an.

☒ Swissfaonline AG
☐ Lieferant

Begründung: Es handelt sich um einen versteckten Mangel, der erst durch eine Reklamation

der Kunden bemerkt werden konnte. Art. 201 Abs 2 oder 3 OR

Antworten zu den Kontrollfragen

8.1   a) **Käufer:** Recht auf Verschaffung des Eigentums am Kaufgegenstand; Pflicht, den vereinbarten Kaufpreis zu zahlen.

    b) **Verkäufer:** Recht, den vereinbarten Kaufpreis zu erhalten, Pflicht, das Eigentum an der Sache oder ein Recht auf den Käufer zu übertragen.

8.2   «Üblich», «nach dem üblichen Geschäftsgange», «wenn die Übung es mit sich bringt»

8.3   Bei der Lieferung (genauer mit der Übergabe gemäss Art. 714 Abs. 1 ZGB).

8.4   Im ZGB, Sachenrecht

8.5   Der Käufer dürfte die Ware weder verbrauchen noch verarbeiten oder verkaufen, weil sie noch Eigentum des Verkäufers wäre. (Beispiel: Eine gekaufte, aber nicht bezahlte Torte dürfte er nicht essen!)

8.6   Um einen Spezieskauf

8.7   Ja, er muss es zahlen, denn er trägt Nutzen und Gefahr (also das Risiko) vom Augenblick des Vertragsabschlusses an; die Einigung erfolgte telefonisch. Die vom Käufer unterzeichnete schriftliche Bestätigung dient dem Verkäufer des Gemäldes als Beweisstück.

8.8   Entweder …   … indem er mit dem Verkäufer vereinbart, dass Nutzen und Gefahr erst später auf ihn übergehen, z. B. bei der Ankunft des Gemäldes in Basel,

          … oder indem er das Gemälde sofort versichern lässt.

8.9   a) und d) sind Gattungskäufe; b), c) und e) sind Spezieskäufe (also Kauf eines «speziellen» Stücks).

8.10   a) Ja, Herta Hollenstein muss zahlen (Art. 119 Abs. 2 und 3 OR i. V. m. Art. 185 Abs. 1 OR: Speziessache). Die Forderung von Herta Hollenstein ist dagegen erloschen (Art. 119 Abs. 1 OR).

    b) Nein, Herta Hollenstein muss zahlen (Art. 119 Abs. 2 und 3 OR i. V. m. Art. 185 Abs. 1 OR: Speziessache). Das bereits Geleistete kann sie deshalb nicht zurückfordern.

    c) Nein, Herta Hollenstein muss zahlen (Art. 185 Abs. 1 OR), denn es handelt sich beim gekauften Fahrzeug um ein individualisiertes Objekt (das Modell im Schauraum), sodass es sich auch um einen Spezieskauf handelt.

    d) Ja, Herta Hollenstein muss zahlen, denn es handelt sich offensichtlich um einen Gattungskauf (Neuwagen), und das Objekt ist noch nicht ausgeschieden worden (Art. 185 Abs. 2 OR: Platzkauf). Damit ist die Gefahr des zufälligen Untergangs nicht übergegangen. Herta muss zahlen, da der Vertrag nach wie vor gültig ist. Die AG muss dafür den Neuwagen besorgen. Solange noch Stücke aus der Gattung vorhanden sind, trifft den Schuldner nämlich eine Beschaffungspflicht. Wäre das Auto schon ausgeschieden gewesen, so hätte Herta einfach bezahlen müssen, ohne eine Gegenleistung zu erhalten (dafür hätte sie in diesem Fall wohl Anspruch auf Versicherungsleistungen).

8.11   Sobald die gekaufte Ware ausgeschieden wird (und damit als Ware des Käufers erkennbar ist).

8.12   Bei Vertragsabschluss (Aber in all diesen Fällen nur, sofern nichts anderes vereinbart wurde, vgl. Art. 185 Abs. 1 OR.)

8.13   Wenn sie zur Versendung aufgegeben worden ist (vgl. Art. 185 Abs. 2 OR).

8.14   Die Eier würden ohne gegenteilige Vereinbarung dem Käufer gehören (vgl. Art. 185 Abs. 2 OR). (Dies wäre einer der seltenen Fälle von Nutzen anstatt Gefahr; er dürfte allerdings in Wirklichkeit kaum je vorkommen.) Die Hühner sind Gattungsware, denn sie könnten durch andere ersetzt werden.

8.15   Die Ware reist auf Gefahr des Käufers und er hat sich mit der Bahn auseinanderzusetzen (sofern nichts anderes vereinbart wurde). Grund siehe Art. 185 OR

8.16 a) Beim Spezieskauf, wenn die Ware bei Vertragsabschluss nicht im Domizil des Verkäufers liegt, sondern z. B. in einer Ausstellung (vgl. Art. 74 Abs. 2 Ziff. 2 OR) oder ...

b) ... sofern eine Vereinbarung getroffen wurde, die von den Bestimmungen des OR abweicht (vgl. Art. 74 Abs. 1 OR).

8.17 Der Kunde hat die Spesen zu tragen (sofern nichts anderes vereinbart war; vgl. Art. 189 Abs. 1 OR).

8.18 a) Gericht am Wohnsitz des Käufers (vgl. Art. 32 Abs. 1 lit. b ZPO)

b) Gericht am Ort, wo der Verkäufer seinen Sitz oder Wohnsitz hat (vgl. Art. 31 ZPO); des Verkäufers, da kein Konsumentenvertrag

c) Das Gericht am Wohnsitz oder Sitz einer der Parteien. In der Regel wird der Konsument die Klage am Ort einleiten, wo er seinen Wohnsitz hat (vgl. Art. 32 Abs. 1 lit a ZPO).

8.19 a) und c)

8.20 a) Fixgeschäft, da bis zum 1. April geliefert werden muss (Art. 102 Abs. 2 OR).

b) Mahngeschäft (kein genauer Termin, auf den es ankommt, zudem nicht kaufmännischer Verkehr) Art. 102 Abs. 1 OR

c) Mahngeschäft (kein exakter Termin)

8.21 Beim Mahngeschäft ist im Falle einer Lieferverspätung das Ansetzen einer Nachfrist nötig, beim Fixgeschäft nicht. Warum? Weil der Käufer nur zurücktreten darf, wenn der Verkäufer eine klar gesetzte Frist überschreitet. Eine blosse Mahnung ohne Ansetzung einer Nachfrist genügt also im nicht kaufmännischen Verkehr nicht für einen Rücktritt, selbst wenn sie mehrmals (z. B. telefonisch) erfolgt.

8.22 a) kaufmännischer Verkehr

b) nicht kaufmännischer Verkehr, da die Tische nicht zum Zwecke des Weiterverkaufs beschafft wurden

c) nicht kaufmännischer Verkehr

8.23 Stillschweigen bedeutet in Art. 107 Abs. 2 OR, dass der Käufer die Lieferung annimmt. (Verzichten kann er nur, wenn er es «unverzüglich erklärt».) In Art. 190 Abs. 1 OR bedeutet Stillschweigen Verzicht auf die Lieferung. Unterschied: Es handelt sich bei Art. 190 Abs. 1 OR um ein Fixgeschäft, und zwar im kaufmännischen Verkehr, wo der Liefertermin strengere Bedeutung hat als im nicht kaufmännischen. (Auch wenn Sie nicht alle Einzelheiten des Gesetzes im Kopf behalten, sollten Sie doch wissen, **dass** hier ein Unterschied zwischen Fix- und Mahngeschäft besteht und **wo** Sie nachschlagen können.)

8.24 a) F   b) M   c) F

d) Fallunterscheidung nötig:

Nichtkaufmännisches Geschäft = V   Kaufm. Verkehr = F

8.25 a) Eine solche Bestimmung wäre nach Art. 210 Abs. 4 OR ungültig, da der Onlinehändler als gewerblicher Verkäufer handelt. Weil Lena eine Konsumentin ist, muss die Garantie auf den neuen Ersatzakku **mind. zwei Jahre** betragen. Aber die Garantie könnte auch ganz ausgeschlossen werden (Art. 199 OR).

b) Hier handelt es sich um ein Occasionsteil. Die Motorrad-Center GmbH handelt hier als gewerblicher Verkäufer und verkauft an einen Konsumenten. Daher darf die Garantie gemäss Art. 210 Abs. 4 OR **nicht unter ein Jahr** fallen. Sie könnte aber ganz ausgeschlossen werden (Art. 199 OR).

8.26 a) Gewährleistung

b) Verjährung

8.27 a) Wenn der **gewerbliche Verkäufer** eine **neue** Sache an jemanden verkauft, der sie nicht persönlich (oder für seine Familie) gebraucht, kann er die zweijährige Frist beliebig verkürzen. Wenn der gewerbliche Verkäufer eine **gebrauchte Sache** an eine **Privatperson** veräussert, kann er die Frist auf **ein Jahr** reduzieren. Wenn er die Occasion aber an einen gewerblichen Käufer weitergibt, kann die Verjährungsfrist beliebig verkürzt werden.

b) **Privatpersonen** dürfen die Verjährungsfrist beliebig verkürzen.

info@klv.ch

8.28 a) Nein, sie kann den Kauf nach ihrer Wahl rückgängig machen (= Wandelung; Art. 205 Abs. 1 OR).
b) Ja (Art. 208 Abs. 2 OR)
c) Nein, sie muss sie aufbewahren, bis der Verkäufer entscheiden kann, was damit geschieht (vgl. Art. 204 Abs. 1 OR).
d) Die Mängelrüge muss sofort erfolgen (Art. 201 Abs. 1 OR).

8.29 Die gekaufte Sache gilt trotz der Mängel als genehmigt.

8.30 Prüfung, Anzeige und Aufbewahrung

8.31 Wandelung (Rückgängigmachen des Kaufes; vgl. Art. 205 Abs. 1 OR) / Minderung (Preisnachlass; Art. 205 Abs. 1 OR) / Ersatzlieferung (nur bei Gattungsstücken, vgl. Art. 206 Abs. 1 OR)

8.32 a) Bei Speziessachen (= nicht vertretbarer Ware; einmalige Stückschuld) ist Ersatzlieferung nicht möglich; hingegen wäre eine sofortige Behebung des Schadens durch Reparatur denkbar, wenn die Parteien sich hierauf einigen. Reparatur ist im Kaufvertragsrecht nicht vorgesehen, kann aber natürlich vereinbart werden (vgl. aber Art. 368 Abs. 2 OR zum Werkvertrag. Dort ist dies mit «Nachbesserung» vorgesehen).
b) beim Platzkauf kann der Verkäufer sofort einwandfreien Ersatz liefern (Art. 206 Abs. 2 OR).
c) Hier darf der Käufer nicht missbräuchlich auf seinem Recht beharren. Dem Verkäufer steht ein Recht auf Nachbesserung zu.

8.33 Kirschen und Beeren verderben schneller; deshalb muss sofort festgestellt werden, ob die Mängel bei der Ankunft der Ware schon vorhanden waren oder ob sie erst später aufgetreten sind.

8.34 Bei schnell verderblicher Ware: Verkauf unter Mitwirkung einer Amtsstelle (damit nicht Missbrauch zuungunsten des Verkäufers möglich ist) und sofortige Mitteilung an den Verkäufer

8.35 a) Rückgängigmachen des Kaufes = Wandelung
b) Preisnachlass = Minderung

8.36 Der Verkäufer hat dem Käufer den allfällig schon bezahlten Kaufpreis zurückzuzahlen (abgesehen von einem allfälligen Schadenersatz).

8.37 Weil der Käufer Gläubiger der Warenlieferung ist.

8.38 Die Ware darf noch nicht im Besitz des Käufers sein (Barkauf).

8.39 Er kann nur noch den Kaufpreis fordern. Ausnahmen: Ausdrücklich vereinbarter Rücktritts- oder Eigentumsvorbehalt

8.40 Das Eigentum an der Ware geht bereits mit der Lieferung auf den Käufer über, nicht erst bei der Zahlung. Art. 714 ZGB

8.41 Mindestens 5 %, vom Datum der Mahnung (= in Verzug setzen) an; war eine bestimmte Zahlungsfrist gesetzt (z.B. «bis zum 1. September»), dann schon von diesem Verfalltag an.

8.42 a) Käufer
b) Mangelhafte Lieferung/Schlechterfüllung
c) Annahmeverzug/Gläubigerverzug
d) Mahngeschäft
e) Wandelung
f) Ersatz(lieferung)
g) beim Kreditkauf
h) Selbsthilfe(verkauf)

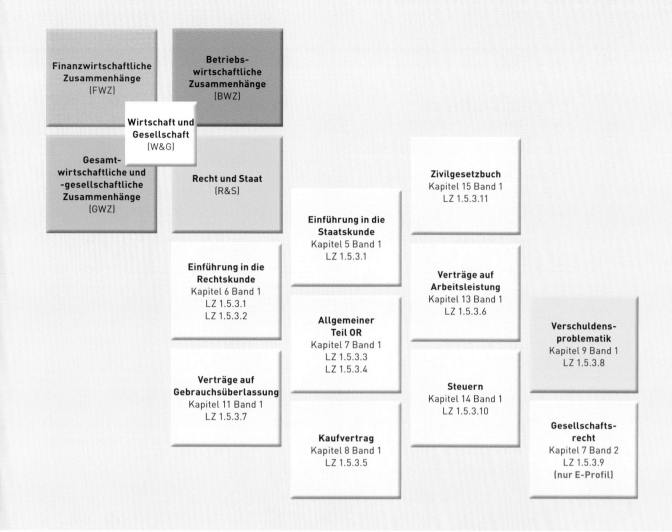

Verschuldungs-problematik

Kapitel 9

9 Verschuldungsproblematik

Leistungsziele E-Profil (5 Lektionen)	Leistungsziele B-Profil (5 Lektionen)
1.5.3.8 **Verschuldung/Zwangsvollstreckung**	1.5.3.8 **Verschuldung**
Ich beschreibe das Einleitungsverfahren bei der Zwangsvollstreckung. (K2)	Ich erstelle für meinen privaten Bereich ein sinnvolles Budget. (K3)
Ich erläutere die wichtigsten Aspekte der Betreibung auf Pfändung, auf Pfandverwertung auf Konkurs und zeige die wichtigsten inhaltlichen Unterschiede auf. (K2)	Ich erkläre die Gefahren der privaten Verschuldung. Ich nenne die Verschuldungsfallen. (K2)
Ich erstelle für meinen privaten Bereich ein sinnvolles Budget. (K3)	Ich erkläre die Abläufe und rechtlichen Rahmenbedingungen bei einem Privatkonkurs. (K2)
Ich erkläre die Gefahren der privaten Verschuldung. Ich nenne die Verschuldungsfallen. (K2)	

Statistiken zur Verschuldung vom BFS

Gregor hat seinem Kollegen Paul CHF 1000.00 für den Kauf eines PC geliehen, erhält aber trotz **Mahnung** sein Geld nicht zurück. Ihm geht die Geduld aus. Er setzt dem zweifelhaften Freund eine Nachfrist – und das mit eingeschriebenem Brief. Ob er so sein Geld zurückbekommt oder ob er das entliehene Geld abschreiben muss? Wenn auch das nichts nützt, bleibt ihm nichts anderes übrig, als Paul zu betreiben.
In der Schweiz gehen pro Jahr durchschnittlich 4 Milliarden Franken dadurch verloren, dass Schuldner ihre Rechnungen nicht bezahlen. Es werden ca. 2.8 Mio. **Zahlungsbefehle** zugestellt, worauf es in der Folge zu mehr als 1.5 Mio. **Pfändungen** kommt.

Was hätte Paul unternehmen können, um gar nicht erst in eine so schlechte finanzielle Situation zu geraten?

Ein persönliches **Budget** hilft, die Ausgaben mit den Einnahmen in Einklang zu bringen. Damit wäre ihm aufgefallen, dass er sich den PC gar nicht hätte leisten können, bzw. er hätte Gregor nicht gefragt, ihm dafür Geld auszuleihen. Wenn sich Pauls Verhaltensweise wiederholt, droht ihm die **Verschuldungsfalle:** Er verschuldet sich immer weiter, um reklamierende Gläubiger zu besänftigen. Als letzte Möglichkeit bleibt Gregor, seinen Kollegen Paul zu **betreiben**.

9.1 Der richtige Umgang mit Geld – die Budgetierung[1]

9.1.1 Warum ein Budget?

Jeder hat schon erlebt, dass man nicht weiss, wo das ganze Geld geblieben ist. Man wundert sich, wie schnell das verdiente Geld ausgegeben ist. Das Rezept zur Vorbeugung: Ein Budget erstellen. **Budgetieren** heisst, dass man seine **Ausgaben plant**, um dafür zu sorgen, dass
- zum richtigen Zeitpunkt das nötige Geld für grössere Anschaffungen oder Weiterbildungen vorhanden ist;
- eine Veränderung der Lebenssituation (Lehre, Studium, Konkubinat, Heirat, Familie usw.) nicht zu einem finanziellen Fiasko führt;
- man nicht in eine Verschuldungsfalle gerät.

---

1 Die Lernenden im **Profil B** behandeln dieses Kapitel erst im 4. Semester.

Wie erstellt man ein Budget?

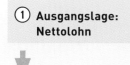

① Ausgangslage: Nettolohn

Die **Einnahmen** sind leicht zusammengestellt. In erster Linie zählt der Nettolohn.

② Ausgaben erfassen

Dann müssen **Ausgaben erfasst und geplant** werden. Dazu durchsuchen Sie abgelegte Rechnungen des vergangenen Jahres und tragen die Rechnungsbeträge in eine Tabelle ein. Nach Themen geordnete Ablagen erleichtern die Budgetplanung.

Zu unterscheiden sind fixe (feste) und variable (veränderliche) Ausgaben bzw. Kosten.

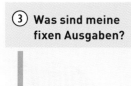

③ Was sind meine fixen Ausgaben?

Zu den **festen Ausgaben** gehören:
– Wohnungsmiete mit Nebenkosten
– Steuerrechnung
– alle Versicherungsprämien
– Auto (Versicherung, Service usw.)
– Abonnemente (Handy, Zeitungen usw.)
– andere wiederkehrende feste Ausgaben

und

Gewisse fixe Kosten fallen monatlich an, andere sporadisch über das Jahr verteilt oder nur einmal jährlich. Um ein Durchschnitts-Monatsbudget zu erstellen, müssen Steuern, Jahresprämien und vierteljährliche Zahlungen durch die Anzahl Monate geteilt werden.

④ Meine variablen Ausgaben?

Die **veränderlichen Ausgaben** lassen sich mit dem Wort «Lebensbedarf» umschreiben. Sie umfassen die laufenden Haushaltausgaben und die persönlichen Ausgaben der einzelnen Haushaltmitglieder wie z. B. Kleider, Taschengeld, Freizeit und Gesundheit. Die **variablen Kosten** sind individuell sehr verschieden und richten sich nach der Anzahl Personen im Haushalt, der Familiensituation, dem Alter der Kinder und den persönlichen Bedürfnissen und Ansprüchen. «Bei diesen Zahlen tun sich viele schwer, denn hier stellt sich die Frage: Was ist üblich? Wie viel ist angemessen? Was ist zu viel? In vielen Haushalten ist dies der Topf, aus dem sich alle bedienen und niemand die Übersicht über die Ausgaben hat.»
(Quelle: www.budgetberatung.ch)

⑤ Konsequenzen ziehen

Sind die geplanten Kosten niedriger als das Einkommen, so überlegt man sich, wie man «das **Plus**» verwendet:
– langfristig: Sparen für etwas Besonderes?
– kurzfristig: Taschengeld für Ausgang erhöhen?

Wenn man nach dem ersten Planungsdurchgang jedoch im **Minus** ist: Sofort reagieren, nicht zu lange warten. Das «Minus» löst sich nicht von alleine auf:
1. Das Budget muss nach **Einsparmöglichkeiten** durchsucht werden.
2. Sofern möglich, müssen die **Einnahmen erhöht** werden (gelingt meistens nicht).

Sofort realisierbar ist, die Ausgaben im Bereich **Haushalt** und **Freizeit zu kürzen**. Ist aber das Defizit gross und wiederkehrend, muss man sich Gedanken über **einschneidende Massnahmen** machen wie Kündigung einer Versicherung, Wohnungswechsel, Verkauf des Autos.

Die Umsetzung des Budgets

Das Budget im Alltag umzusetzen, ist nicht einfach. Ein einfacher organisatorischer Trick hilft weiter:

Ein Teil der Kosten fällt nicht regelmässig als Ausgabe an (z. B. jährlich zu zahlende Versicherungsprämien, Steuern, Selbstbehalt von Arztrechnungen, Ferien). Das bedeutet, dass zu einem Zahlungstermin grössere Beträge fällig werden.

- Diese **unregelmässigen Kosten sind im Monatsbudget mit einem Durchschnittswert zu planen**. Diesen Wert aufrunden.
- Kosten, an die man nicht regelmässig mit einer Rechnung erinnert wird, können leicht vergessen werden. Deshalb sollten diese Beträge **freiwillig auf ein separates Sparkonto** überwiesen werden. Wenn dann die entsprechende Rechnung fällig ist, kann sie vom Sparkonto beglichen werden.
- Die sonstigen laufenden Ausgaben werden vom **Lohnkonto** (Bank oder Postkonto) gezahlt.[2]

Die Erstellung eines Budgets ist der erste Schritt zur Vermeidung von Schuldenfallen.

Tipps von Budgetberatungsstellen

- Richten Sie für Miete und Krankenkasse **Daueraufträge** ein.
- Wohnkosten inkl. Nebenkosten sollten **25 % des Einkommens** nicht übersteigen.
- Zahlen Sie die **Steuern** monatlich.
- Verwenden Sie **nur eine oder keine Kreditkarte**.
- Überprüfen Sie regelmässig Ihre **Ausgaben**.

Eine Budgetvorlage der Budgetberatung Schweiz finden Sie auf der nachfolgenden Seite.

---

2 Wie der **Zahlungsverkehr** abzuwickeln ist, können Sie z. B. einer Broschüre der Post entnehmen (Lehrmittel für Sekundarstufe II: Budgetiert – Kapiert, kostenlos zu bestellen unter www.post.ch/postdoc).

info@klv.ch

Budgetberatung Schweiz

Budgetvorlage für Lernende

Wie viel Lohn erhalte ich?
Habe ich weitere Einnahmen?[1]
Welche Kosten bezahle ich mit meinen Einnahmen?
Wie viel und was übernehmen meine Eltern?
Muss ich etwas von meinen Einnahmen abgeben?

	monatlich
Einnahmen	
Lehrlingslohn netto[2]	_____
Weitere Einnahmen[1]	_____
Total Einnahmen (ohne 13. Monatslohn)[3]	_____

Ausgaben

Fixkosten

Krankenkasse (KVG, VVG)	_____
Fahrkosten	_____
Sonstiges	_____ _____

Persönliche Ausgaben

Taschengeld (Freizeit, Rauchen)	_____
Handy	_____
Kleider, Schuhe	_____
Coiffeur, Körperpflege, Hygiene	_____
Schulmaterial (ohne Lehrmittel)	_____
PC (Unterhalt, Amortisation)	_____
Hobbys (evtl. Anteil)	_____
Auswärtige Verpflegung Schule, Arbeit (bis CHF 10/Mahlzeit)	_____ _____

Rückstellungen

Jahresfranchise, Selbstbehalt (KVG, VVG)	_____
Zahnarzt, Optiker	_____
Steuern	_____
Lager, Exkursionen	_____
Ferien, Sparen	_____ _____

Total Ausgaben _____

Differenz: Überschuss = Kost und Logis _____

[1] Ausbildungszulagen, Unterhaltsbeiträge, Kinderrenten, Stipendien, Sonstiges
[2] Nettolohn = ausbezahlter Lohn
[3] Budgetberatung Schweiz empfiehlt die Verwendung des 13. Monatslohnes individuell zu regeln

2017/2018   www.budgetberatung.ch   App Budget CH

Quelle: www.budgetberatung.ch

Comparis – Vergleichsportal unter anderem für Krankenkassen, Autoversicherungen und Wohnungen

Offizieller Steuerrechner der ESTV

AMAG Leasing Rechner

Budgetvorlagen

SRF Dok: Leben zum halben Preis

Kontrollfragen

K 9.1 Warum wird jedem empfohlen zu budgetieren?

K 9.2 Welche Fixkosten sollte ein Lernender einplanen?

K 9.3 Wofür sollen Rückstellungen berücksichtigt werden?

K 9.4 Wie muss man vorgehen, wenn nach dem ersten Budgetieren ein Minus herauskommt?

→ **Aufgabe 1**

9.1.2 Die Schuldenfalle

Aus einem internen Bericht einer karitativen Stiftung:

SRF Video zur Über-
schuldung von
Jugendlichen

> [...] Der Anteil der **Privatpersonen**, die überschuldet sind, liegt gesamtschweizerisch bei 4.3%. In grossen Städten ist der Prozentsatz deutlich höher. Die Anzahl der Zahlungsbefehle, die von den Betreibungsämtern jährlich verschickt werden, nähert sich der **3-Millionen-Marke**. Zehntausende Menschen werden jedes Jahr wegen **ausstehender Krankenkassenprämien** betrieben. Wir müssen uns mehr mit den Folgen und Gefahren für die verschuldeten Personen auseinandersetzen. Wie kommt es überhaupt dazu, dass Menschen in die **Schuldenfalle** geraten, **aus der sie nicht mehr ohne Hilfe herauskommen**? [...]

Die **Folgen der Schuldenfalle** können sehr unangenehm werden: Sie müssen evtl. zum Sozialamt gehen, um Fürsorgeleistungen entgegenzunehmen. Ihnen wird der Lohn bis auf das Existenzminimum gepfändet. (Das heisst, dass das Betreibungsamt einen Teil des Lohnes wegnimmt, um Ihre Schulden abzubezahlen.) Probleme mit dem Vermieter werden auf Sie zukommen, wenn Sie die Miete nicht bezahlen können. Teure Hobbys sind nicht mehr möglich und tolle Ferien rücken sprichwörtlich in weite Ferne. Gewisse Freunde werden sich von Ihnen abwenden, wenn Sie nicht mehr – wie früher gewohnt – im Ausgang dabei sein können.

Warum geraten so viele Menschen in eine derartig schwierige finanzielle Situation, in der sie nicht mehr wissen, wie sie ihre Schulden bezahlen sollen? Was treibt Menschen zu Schulden, was lässt sie in die **Schuldenfalle** tappen?

Schuldentreiber		Konsequenzen der Verschuldung
Eine teure **Ferienreise, ...**	→	... die man sich eigentlich nicht leisten kann und somit zu einem grossen Ausgabenposten wird.
Unterwegs und in den Ferien mit dem Handy und dem Tablet-PC **surfen.**	→	Die böse Überraschung: die hohe Rechnung der Telekomfirma kommt später.
Warum für ein neues Auto sparen? Der Garagist arrangiert gerne einen **Leasing-Vertrag**.	→	Die monatlichen Leasinggebühren belasten das Budget. Der finanzielle Handlungsspielraum wird jahrelang stark eingeschränkt.
Shoppen in der Stadt, im Internet, mit dem Handy, mit einer Kunden- oder Kreditkarte.	→	Die Summe der finanziellen Belastungen ist einem nicht bewusst, weil die Abrechnungen erst einige Zeit später eintreffen.
Einen **Kleinkredit** aufnehmen, um sich endlich einen besonderen Wunsch zu erfüllen.	→	Kleinkredite sind viel teurer, als wenn man auf die Anschaffung hin sparen würde. Die Kreditzinsen schränken auch die zukünftigen Möglichkeiten ein.

Kontrollfragen

K 9.5 Mit welchen Folgen muss man rechnen, falls man sich so weit verschuldet, dass das Bezahlen der Kreditraten aus dem laufenden Einkommen nicht mehr möglich ist?

→ Aufgabe 2

K 9.6 In welcher Situation ist es besonders schwer, der Kauflust zu widerstehen, obwohl das Geld eigentlich nicht reicht?

info@klv.ch

9.1.3   Privatkonkurs (Insolvenzerklärung)

Pro Jahr gibt es ca. 7500 Privatkonkurse, von denen mehr als 75 % aus ausgeschlagenen Erbschaften resultieren. Bei diesen Hinterlassenschaften besteht das Erbe fast nur aus Schulden, die kein Erbberechtigter übernehmen will.

Wie funktioniert ein Privatkonkurs?

Der Privatkonkurs ist die offizielle **Erklärung der Zahlungsunfähigkeit**, der **Insolvenz**. Der Richter eröffnet den Konkurs, wenn keine Aussicht auf eine einvernehmliche Schuldenbereinigung besteht und der Kostenvorschuss bezahlt ist. Er beträgt je nach Kanton und Gemeinde ca. CHF 5000.00.

Art. 191 SchKG

Der Privatkonkurs wird im **summarischen Verfahren** durchgeführt. Dies ist ein Kurzverfahren, das infrage kommt, wenn wenig Vermögen vorhanden ist, es aber kaum zur Deckung der Kosten eines ordentlichen Verfahrens ausreicht. Es erfolgt ein **Schuldenruf**, z.B. im SHAB, d.h., die Gläubiger müssen ihre Forderungen beim Konkursamt anmelden. Nachher kommt die **Verwertung** der Konkursmasse und **Verteilung** durch das Konkursamt ohne Mitwirkung der Gläubiger. Ausstellung von Verlustscheinen. Die **Verlustscheine** sind nicht verzinslich und verjähren erst nach 20 Jahren. Ein Gläubiger kann den Schuldner gestützt auf einen solchen Verlustschein erst dann wieder betreiben, wenn dieser zu neuem Vermögen gekommen ist. Mit einer neuen Betreibung verlängert sich die Verjährungsfrist um weitere 20 Jahre.

Art. 231 SchKG

Vorteile Privatkonkurs	Nachteile Privatkonkurs
Lohnpfändungen und **laufende Betreibungen** werden eingestellt. Dann kann sich der Schuldner wieder **wirtschaftlich erholen.**	Die **Schulden** werden durch den Konkurs **nicht getilgt**, da die Gläubiger einen Verlustschein erhalten.
Wenn er nicht zu neuem Vermögen gekommen ist, kann er **für alte Schulden nicht mehr betrieben** werden. Er könnte allenfalls Rechtsvorschlag erheben.	Der Verlustschein verjährt erst **nach 20 Jahren**. Kommt der Schuldner bis dahin wieder zu neuem Vermögen, kann er für die alten Schulden erneut betrieben werden.
Nach der Konkurseröffnung werden die Schulden nicht weiter verzinst. Der **Schuldenberg wird somit nicht weiter anwachsen.**	Vermieter dürfen gemäss Art. 266h OR eine **Kaution** als Sicherheit für künftige Mietzinsen verlangen, auch wenn dies im Mietvertrag nicht vereinbart wurde. Kann diese innert angemessener Frist nicht geleistet werden, droht eine **fristlose Kündigung**.

Ein Privatkonkurs ist nur sinnvoll, wenn der Schuldner sein **Budget in ein Gleichgewicht** gebracht hat; wenn er also neben den laufenden Ausgaben die Steuern mit monatlichen Akontozahlungen rechtzeitig bezahlen kann und wenn er eine Reserve anspart, damit er Unvorhergesehenes und Budgetschwankungen bewältigen kann.

K 9.7	Welche zwei Voraussetzungen hat der Privatkonkurs?	**Kontrollfragen**
K 9.8	Welchen Sinn hat der Privatkonkurs?	
K 9.9	Nennen Sie zwei Nachteile des Privatkonkurses.	→ **Aufgabe 3**

9.2 Zwangsvollstreckung

So heisst die zwangsweise Eintreibung einer Forderung mithilfe des Betreibungsamtes oder des Konkursamtes. Sie ist geregelt im **Bundesgesetz über Schuldbetreibung und Konkurs**, abgekürzt **SchKG** (im Fachjargon ausgesprochen als «Schekagee»), das in der systematischen Rechtssammlung unter www.admin.ch zu finden ist. Dort und in den amtlichen Formularen sind alle Einzelheiten des Verfahrens und die zu beachtenden Fristen enthalten. Betreibungs- und Konkursämter geben ebenfalls Auskunft, und für kompliziertere Fälle steht die Hilfe von Fachleuten (Inkassobüro, Rechtsanwalt) zur Verfügung.

Ämter und Behörden

Die Betreibungs- und Konkursämter sind **keine richterlichen Behörden**. Sie entscheiden daher nicht, ob eine Forderung zu Recht besteht oder nicht. Das Betreibungsamt ist eine neutrale Stelle zwischen Gläubiger und Schuldner, und es hat «soweit tunlich, die Interessen des Gläubigers sowohl als des Schuldners zu berücksichtigen». Gewisse Befugnisse stehen nur einem Gericht zu, so z.B. der Entscheid über die **Rechtmässigkeit einer Forderung** oder die Konkurseröffnung über einen Schuldner.

Art. 95 Abs. 5 SchKG

Organisation

Die Organisation der **Betreibungs- und Konkursämter** ist Sache der Kantone. In der Regel hat jede Gemeinde ein Betreibungsamt; in grösseren Städten gibt es mehrere. Konkursämter gibt es hingegen weniger; ein Konkurskreis kann mehrere Betreibungskreise umfassen.

Art. 1 SchKG

Aufsichts- und Beschwerdeinstanzen

Die zuständigen Gerichte wirken auch als **Aufsichts- und Beschwerdeinstanzen** über die Betreibungs- und Konkursämter. So kann sowohl der Gläubiger als auch der Schuldner gegen eine Massnahme des Betreibungsamtes, die ihm unangemessen oder gesetzwidrig scheint, innert zehn Tagen eine **kostenlose Beschwerde** beim zuständigen Richter einreichen.

Art. 13 SchKG

Art. 17 SchKG

Kontrollfrage

K 9.10	Wer hat im Streit zwischen Gläubiger und Schuldner zu entscheiden, ob die Forderung zu Recht besteht? Warum das?

9.3 Übersicht über die Betreibungsarten

E

Drei Hauptarten der Betreibung		
für gewöhnliche Geldforderungen		**für pfandgesicherte** Forderungen
wenn Schuldner **nicht im HR** eingetragen	wenn Schuldner **im HR** eingetragen	
Betreibung auf Pfändung	**Betreibung auf Konkurs**	**Betreibung auf Pfandverwertung**
Sie ist am häufigsten und kommt infrage, wenn keine der beiden anderen Betreibungsarten anwendbar ist (Art. 42 Abs. 1 SchKG), also vor allem gegen nicht im Handelsregister eingetragene **Privatpersonen**, ferner für **Steuern**, **AHV-Beiträge** und andere öffentlich-rechtliche Forderungen (Art. 43 SchKG).	Ihr unterliegen – alle im HR eingetragenen Gesellschaften, Vereine und Stiftungen (Art. 39 Abs. 1 Ziff. 6–14 SchKG). – Schuldner, die als Vollhafter im HR eingetragen sind (Art. 39 Abs. 1 Ziff. 1–4 SchKG). Sie werden auch für ihre privaten Schulden auf Konkurs betrieben. – alle, die ihre Zahlungsunfähigkeit erklären (**Insolvenzerklärung** nach Art. 191 SchKG).	Wenn sich der Gläubiger vom Schuldner ein Faust- oder Grundpfand[3] geben liess, ist keine Pfändung nötig, sondern nur noch die **Verwertung** dieses Pfandes. Die Betreibung auf Pfandverwertung (Art. 41 SchKG) ist deshalb ein kürzeres und für den Gläubiger erst noch **sicheres** Verfahren als Pfändung oder Konkurs.
Hier findet eine **Einzelvollstreckung** statt, das heisst: Es wird vom Vermögen des Schuldners nur so viel beschlagnahmt (gepfändet), als nötig ist, um die Forderung des betreibenden Gläubigers zu decken.	Hier findet eine **Gesamtvollstreckung** statt, das heisst: Das ganze Vermögen des Schuldners – mit Ausnahme der Kompetenzstücke (siehe Seite 295) – wird beschlagnahmt und liquidiert. Es wird **Konkursmasse** genannt und dient der gemeinsamen Befriedigung sämtlicher Gläubiger.	Die Pfandverwertung ist ebenfalls eine **Einzelvollstreckung**. Sie wird auch gegen Schuldner angewendet, die im Handelsregister eingetragen sind und deshalb eigentlich der Konkursbetreibung unterliegen würden.

Art. 38 SchKG

Dass **Steuerforderungen** und **andere öffentlich-rechtliche Forderungen** nicht durch Konkursbetreibung, sondern bloss durch Betreibung auf Pfändung eingetrieben werden, rührt daher, dass Staat und Gemeinden kein Interesse an der Auflösung eines Unternehmens haben können.

---

3   Pfandrechte räumen dem Gläubiger das Recht ein, den Pfandgegenstand verwerten zu lassen und sich aus dem Verwertungserlös für die gesicherte Forderung (z. B. Kredit) zu befriedigen. Beim Faustpfand wird eine bewegliche Sache verpfändet, beim Grundpfand eine unbewegliche Sache (Grundstück).

Unterschiede zwischen Einzel- und Gesamtvollstreckung:

Einzelvollstreckung	Gesamtvollstreckung
Bei Pfändung und Pfandverwertung	Bei Konkurs
Es wird **nur so viel Vermögen** beschlagnahmt, als zur Deckung der **angemeldeten** Forderungen erforderlich ist.	Das **ganze Vermögen** des Schuldners (ausgenommen Kompetenzstücke, siehe nächste Seite) wird sofort beschlagnahmt und haftet gleichzeitig **allen Gläubigern (Konkursmasse)**.
Nur die Gläubiger, die die Pfändung verlangen, werden berücksichtigt.	**Alle Gläubiger** werden durch das Konkursamt aufgefordert, ihre Forderungen anzumelden.
Nur **fällige** Forderungen werden berücksichtigt.	Der Konkurs macht grundsätzlich **alle Forderungen** fällig.

Kontrollfragen

K 9.11   Welche drei Hauptbetreibungsarten gibt es und wann werden sie angewendet?

K 9.12   Was ist Voraussetzung für die Betreibung auf Pfandverwertung?

K 9.13   Welche zwei Vorteile bietet die Betreibung auf Pfandverwertung dem Gläubiger?

K 9.14   Bei welchen der drei Betreibungsarten gibt es eine Einzelvollstreckung?

K 9.15   Bei welchem Verfahren (Einzel- oder Gesamtvollstreckung) trifft Folgendes zu?
a) Alle Forderungen werden sofort fällig.
b) Nur die Gläubiger, die von sich aus betrieben haben, werden berücksichtigt.
c) Das ganze Vermögen des Schuldners wird beschlagnahmt.
d) Nur fällige Forderungen werden berücksichtigt.
e) Das Vermögen wird nur soweit nötig beschlagnahmt.
f) Alle Gläubiger werden zur Anmeldung ihrer Forderungen aufgerufen.

→ Aufgaben 4, 5, 6

9.4   Grenzen der Zwangsvollstreckung & allgemeine Vorschriften

E

Während in früheren Jahrhunderten ein Schuldner, der nicht zahlte, «in den Schuldturm geworfen», d.h. verhaftet und hart bestraft wurde, ist dies heute nicht mehr erlaubt.

Das Betreibungsverfahren soll in der heutigen (wenigstens in dieser Hinsicht humaneren) Zeit nicht bloss dem Gläubiger zu seinem Recht verhelfen, sondern den Schuldner nach Möglichkeit vor dem völligen Ruin bewahren. So kann der Gläubiger zur Befriedigung seiner Ansprüche **nicht alles Eigentum des Schuldners** beschlagnahmen lassen, sodass dieser der öffentlichen Sozialhilfe zur Last fallen würde.

Bei einem Auto handelt es sich in den seltensten Fällen um ein Kompetenzstück.

Kompetenzstücke und Existenzminimum

Zu den unpfändbaren Gegenständen, die dem Schuldner nicht entzogen werden dürfen, gehört alles, was er und seine Familie zum Lebensunterhalt und zur Berufsausübung unbedingt brauchen.

Art. 92 SchKG

> Kleider, Möbel, Hausgeräte, Haustiere, Nahrungsmittel oder Bargeld für deren Anschaffung (für zwei Monate), Werkzeuge, Geräte und Bücher zur Berufsausübung, Unterstützungsbeiträge von Hilfs- und Krankenkassen, AHV-Renten usw.

Diese sogenannten **Kompetenzstücke** – sie heissen so, weil sie in der Kompetenz, d.h. Verfügungsgewalt des Schuldners bleiben – sind unpfändbar, d.h., sie dürfen dem Schuldner nicht weggenommen werden.

Anstelle einer Sachpfändung tritt heute oft die **Lohnpfändung**, da sie meistens bequemer und ergiebiger ist. Lohnguthaben des Schuldners können bis zu einem Jahr gepfändet werden, aber nur soweit sie den Existenzbedarf des Schuldners und seiner Familie überschreiten. Dieses Existenzminimum wird vom Betreibungsbeamten gemäss kantonalen Vorschriften von Fall zu Fall unter Berücksichtigung besonderer persönlicher, familiärer und beruflicher Verhältnisse festgelegt. Im Falle einer Lohnpfändung hat der Arbeitgeber des Schuldners den gepfändeten Lohnanteil direkt an das Betreibungsamt abzuliefern.

Art. 93 SchKG

Betreibungszeiten und Fristen

Normale Betreibungshandlungen dürfen **nicht** vorgenommen werden

Art. 56 SchKG

a) nachts von 20 bis 7 Uhr;
b) an Sonntagen und staatlich anerkannten Feiertagen;
c) während der **Betreibungsferien**, nämlich sieben Tage vor und nach Ostern und Weihnachten sowie vom 15. bis 31. Juli;
d) während des **Rechtsstillstandes**; das ist eine individuelle «Schonzeit», die ein Schuldner geniesst, z.B. während seines Militärdienstes, bei schwerer Krankheit oder beim Tod eines Angehörigen.

Art. 31 SchKG Eine wichtige Rolle spielen im SchKG zahlreiche **Fristen**, die genau eingehalten werden müssen, wenn man sein Recht (z. B. auf Fortsetzung der Betreibung) nicht verlieren will. Sie sind auch in den verschiedenen amtlichen Formularen enthalten, mit deren Hilfe das Betreibungsverfahren abgewickelt wird. Für die Einhaltung einer Frist im Betreibungswesen ist in der Regel das **Aufgabedatum** (Poststempel!) massgebend (im Gegensatz zu einer Kündigung, wo nicht das Aufgabedatum, sondern das

Art. 63 SchKG Empfangsdatum entscheidend ist). Betreibungsferien und Rechtsstillstand hemmen den **Fristenlauf** nicht, ausser wenn das Ende einer Frist in eine solche Zeit fällt.

Betreibungsort

Art. 46 SchKG Der Gläubiger muss die Betreibung – mit wenigen Ausnahmen – beim Betreibungsamt am **Ort des Schuldners** einleiten. Genau gesagt ist der Betreibungsort für

- **natürliche** Personen an ihrem Wohnsitz;
- **juristische** Personen und **Gesellschaften** an ihrem Hauptsitz;

Art. 51 SchKG
- **faust**pfandgesicherte Forderungen wahlweise am Wohnsitz des Schuldners **oder** am Ort, wo sich das Faustpfand[4] befindet;
- **grund**pfandgesicherte Forderungen nur am Ort, wo das Grundpfand[5] (Grundstück) liegt.

Art. 48 SchKG Betrüger können sich Betreibungen dadurch zu entziehen versuchen, dass sie häufig den Wohnort wechseln oder gar keinen festen Wohnsitz haben. Schuldner, die keinen festen Wohnsitz haben, können da betrieben werden, wo sie sich aufhalten.

Betreibungskosten

Art. 68 SchKG Die Betreibungskosten richten sich nach einem Gebührentarif. Zu tragen hat sie der Schuldner, der Gläubiger muss sie aber vorerst **vorschiessen** (Beispiele Seite 299 unten). Falls der Gläubiger einen Rechtsanwalt oder ein Inkassobüro mit der Eintreibung der Forderung beauftragt, zählen die dadurch

Art. 27 Abs. 3 SchKG entstehenden Kosten (genannt Parteikosten) nicht zu den Betreibungskosten und können nicht auf den Schuldner überwälzt werden.

Kontrollfragen

K 9.16 Was darf einem Schuldner bei der Betreibung nicht beschlagnahmt werden …
a) … von seinen Vermögensstücken?
b) … von seinem Einkommen?

K 9.17 Auf welche Art wird bei einer Lohnpfändung der gepfändete Anteil für den Gläubiger sichergestellt?

Betreibungs- und Konkursämter Kanton Bern

K 9.18 Wann sind Betreibungsferien?

K 9.19 Nennen Sie zwei Unterschiede der Betreibungsferien gegenüber dem Rechtsstillstand.

K 9.20 a) Kann eine Betreibung auf Pfändung am 31. Dezember durchgeführt werden?
b) Und vier Tage nach Neujahr?

K 9.21 Wo kann oder muss eine Zürcher Bank ihren Schuldner betreiben, der in Bülach wohnt und von dem sie Wertpapiere als Pfänder für einen Lombardkredit in ihrem Tresor hat?

Betreibungsämter Kanton Zürich

K 9.22 Wo kann diese Bank einen Hypothekarschuldner betreiben, dessen Haus in Wallisellen liegt, der selbst aber in Locarno wohnt?

K 9.23 Und einen in Thalwil wohnhaften Schuldner, dem sie einen Blankokredit gewährt hat?

---

4 Das **Faustpfand** ist eine bewegliche Sache, die ein Schuldner einem Gläubiger als Sicherheit übergibt.
5 Das **Grundpfand** ist eine unbewegliche Sache, d.h. ein Grundstück; das Pfandrecht des Gläubigers wird im Grundbuch eingetragen.

info@klv.ch

9.5 Einleitung der Betreibung

E

Der Anstoss zu einer Betreibung muss **vom Gläubiger ausgehen**. Auch bei den späteren Schritten handelt das Betreibungsamt als neutrale Instanz immer nur auf Begehren des Gläubigers. Vor Einleitung der Betreibung sollte der Gläubiger aber den Schuldner gemahnt haben, idealerweise schriftlich und eingeschrieben. Eine gesetzliche Pflicht zur Mahnung vor der Betreibung besteht jedoch nicht.

Art. 102 OR

Das Einleitungsverfahren hat den Zweck, die **Rechtmässigkeit der Forderung** – wenn nötig durch den Richter – abzuklären, bevor zur Pfändung, zur Pfandverwertung oder zum Konkurs geschritten werden kann. Grundsätzlich gilt für alle Betreibungsarten dasselbe Einleitungsverfahren.

1. Schritt

Betreibungs-begehren

... des Gläubigers an das Betreibungsamt (Beispiel Seite 299).
Mündlich oder schriftlich, meist auf dem amtlichen Formular samt **Kostenvorschuss** für den Zahlungsbefehl.

Art. 67 SchKG

2. Schritt ▼

Zahlungsbefehl

... des Betreibungsamtes an den Schuldner mit obligatorischem amtlichem Formular (Beispiel Seite 300).
Aufforderung an den Schuldner, die Forderung samt Verzugszins und Betreibungskosten **innert 20 Tagen** zu begleichen.

Art. 69 SchKG

3. Schritt ▼

Reaktion des Schuldners

Der **Schuldner** hat nach Erhalt eines Zahlungsbefehls ...

Art. 74 SchKG

... drei Möglichkeiten		
Zahlung innert 20 Tagen	**Rechtsvorschlag innert zehn Tagen**	**Keine Reaktion**
In diesem Fall ist der Zweck der Betreibung erreicht und das **Verfahren beendet**.	Der Schuldner bestreitet die Forderung ganz oder teilweise. Er erhebt Rechtsvorschlag.	In diesem Fall kann der Gläubiger in der Regel nach 20 Tagen, spätestens innert Jahresfrist die Betreibung durch das **Fortsetzungsbegehren** weiterführen.

So verschwindet ein Eintrag im Betreibungsregister

4. Schritt ▼

Reaktion des Gläubigers

Wenn der Gläubiger die Betreibung fortsetzen will, muss er einen allfälligen **Rechtsvorschlag des Schuldners beseitigen**. Gelingt ihm dies nicht, wird das Verfahren beendet.

Art. 79 ff. SchKG

Rechtsöffnungsverfahren (Art. 80 ff. SchKG)

Durch provisorische Rechtsöffnung (Art. 82 SchKG)
Wenn der Gläubiger vom Schuldner eine schriftliche, unterschriebene Schuldanerkennung (z. B. Schuldschein oder Korrespondenzen) oder eine öffentliche Urkunde (wie z. B. bei einer Bürgschaft) hat, so kann er damit beim Richter mit einem Rechtsöffnungsbegehren die provisorische Rechtsöffnung verlangen, die nach 20 Tagen definitiv wird, wenn der Schuldner nicht auf Aberkennung der Forderung klagt (Art. 83 Abs. 2 und 3 SchKG).

Durch definitive Rechtsöffnung (Ar. 80 SchKG)
Wenn der Gläubiger seine Forderung auf ein rechtskräftiges Gerichtsurteil stützt, kann er definitive Rechtsöffnung verlangen.

Ordentlicher Zivilprozess (Art. 79 SchKG)

Besitzt der Gläubiger **keine** solchen **schriftlichen Beweise**, so wird er auf den ordentlichen Prozessweg verwiesen: Forderungsklage ans Gericht, dann **Zivilprozess** – ein zeitraubender und kostspieliger Weg!

Art. 83 SchKG

Die **Rechtsöffnung**, die durch den **Rechtsöffnungstitel** (= Urkunde, mit dem der Gläubiger Rechtsöffnung verlangen kann) ermöglicht wird, ist ein einfaches, rasches und kostengünstiges Verfahren. Wenn die Rechtsöffnung nur provisorisch ist, kann der **Schuldner** erst noch auf **Aberkennung der Forderung** klagen. Wenn er mit seiner Aberkennungsklage Recht bekommt, wenn also der Richter die Forderung des Gläubigers nicht anerkennt, sondern «aberkennt», so kann die Betreibung nicht weitergeführt werden. Anderenfalls wird die Rechtsöffnung **definitiv**, der Rechtsvorschlag wird beseitigt, und die Betreibung kann fortgesetzt werden.

Siehe **Übersicht über das ganze Einleitungsverfahren** in Aufgabe 9 (Seite 308).

Damit ist das Einleitungsverfahren abgeschlossen. Für die Fortsetzung trennen sich nun die Wege und führen je nachdem zur ...

Kontrollfragen

K 9.24 Was ist der Hauptzweck des ganzen Einleitungsverfahrens?

K 9.25 Kann der Schuldner schon bei Empfang des Zahlungsbefehls Rechtsvorschlag erheben? Wenn nein, warum nicht, wenn ja, in welcher Form?

K 9.26 Wie viele Tage betragen die Fristen im Zahlungsbefehl bei der häufigsten Betreibungsart
a) für die Zahlung?
b) für einen allfälligen Rechtsvorschlag?
(Dies sind zwei der wenigen Fristen, die Sie kennen sollten. Im Übrigen sind die Fristen in den amtlichen Formularen angegeben.)

K 9.27 Welche drei Möglichkeiten hat der Schuldner nach Erhalt eines Zahlungsbefehls (mit Fristen)?

K 9.28 Welche drei Massnahmen kommen für den Gläubiger infrage, wenn er nach einem Rechtsvorschlag die Betreibung weiterführen will? Nennen Sie nur Massnahmen ohne Einzelheiten.

K 9.29 Welchen Vorteil bietet dem Gläubiger die sofortige Rechtsöffnung gegenüber dem ordentlichen Prozessweg?

→ Aufgaben 7, 8, 9, 10, 11, 12

K 9.30 Mit welchem Mittel kann sich der Schuldner auch nach einer provisorischen Rechtsöffnung noch wehren?

info@klv.ch

Beispiel: Betreibungsbegehren

Betreibungsbegehren

An das **Betreibungsamt der Gemeinde** Rüschlikon

Schuldner (Name, Vorname, genaue Adresse)

Sommer Werner, Albisweg 47, 8803 Rüschlikon

Ehegatte (Name, Vorname, genaue Adresse, Güterstand)

Gläubiger (Name, Vorname und genaue Adresse)

Winter Karl, Bernerstrasse 74, 3400 Burgdorf

Post- oder Bankkonto

Allfälliger Bevollmächtigter des Gläubigers (Name, Vorname und genaue Adresse)

Recht & Inkasso GmbH, Credit Management, Bahnhofweg 15a, 8000 Zürich

Post- oder Bankkonto

Forderungssumme: CHF 1650.00   **nebst Zins zu** 5% **seit** 10. Juni 2017

Forderungsurkunde und deren Datum: wenn keine Urkunde vorhanden, Grund der Forderung

Warenlieferung vom 1. März 2017, Rechnung vom 5. März 2017 und Mahnung vom 10. Juni 2017

Bank, an welche Vorauszahlungen gemäss Art. 227b OR zu leisten sind

Allfällige weitere Bemerkungen

Betrag des vom Gläubiger geleisteten Kostenvorschusses CHF (bitte Rechnung)

Vorschuss geleistet (das Nichtzutreffende ist zu streichen)

– bar bezahlt

– durch Überweisung auf das Post- oder Bankkonto des Betreibungsamtes

Ort und Datum

Zürich, 5. Oktober 2017

Unterschrift des Gläubigers oder seines Vertreters

Recht & Inkasso GmbH

pp. Wi...

Kostenvorschuss für den Zahlungs-befehl (Kanton Zürich) Beispiele aus dem Gebührentarif (Stand 2013)	Forderung:	Gebühr:	Forderung:	Gebühr:
	bis CHF 100.00	CHF 20.00	bis CHF 10000.00	CHF 73.00
	bis CHF 500.00	CHF 33.00	bis CHF 100000.00	CHF 103.00
	bis CHF 1000.00	CHF 53.00	bis CHF 1000000.00	CHF 203.00

Beispiel: Zahlungsbefehl

Betreibungsamt **Thalwil – Rüschlikon – Kilchberg** Alte Landstrasse 110b 8800 **Thalwil** Telefon 044 723 23 30 Postkonto 80-11331-8	Ausfertigung für den Schuldner **Zahlungsbefehl** für die ordentliche Betreibung auf Pfändung oder Konkurs	**Betreibung Nr.** 5004 Bitte bei Posteinzahlungen und Zuschriften angeben. 08.10.2017

Schuldner:

792.59.248.999

Sommer
Werner
Albisweg 47
8803 **Rüschlikon**

Schuldner-Vertreter:

Vertreter:

Recht & Inkasso GmbH Credit Management
Bahnhofweg 15a
8000 Zürich

Gläubiger:
Winter Karl
Bernerstrasse 74
3400 Burgdorf

Forderung: CHF 1650.00 nebst Zins zu 5.000% seit 10.06.2017

73.00 Kosten dieses Zahlungsbefehls (ES)
weitere Zustellkosten (Zitationen, pol. Zustellungen usw.)

Forderungsurkunde und deren Datum, Grund der Forderung: **Ref.:** WL010398
Warenlieferung vom 1. März 2017, Rechnung vom 5. März 2017 und
Mahnung vom 10. Juni 2017.

Der Schuldner wird aufgefordert, den Gläubiger für die angegebenen Forderungen samt Betreibungskosten zu befriedigen.

Will der Schuldner die Forderung oder einen Teil derselben oder das Recht, sie auf dem Betreibungswege geltend zu machen, bestreiten, so hat er dies sofort dem Überbringer dieses Zahlungsbefehls oder **innert 10 Tagen** seit der Zustellung dem unterzeichneten Betreibungsamt mündlich oder schriftlich zu erklären (**Rechtsvorschlag** zu erheben).

Wird die Forderung nur zum Teil bestritten, so ist der bestrittene Betrag ziffernmässig genau anzugeben, sonst gilt die ganze Forderung als bestritten.

Will der Schuldner bei der Betreibung für eine in einem Konkurs ganz oder teilweise zu Verlust gekommene oder nach Art. 267 SchKG denselben Beschränkungen unterliegende Forderung das Recht, sie auf dem Betreibungswege geltend zu machen, deshalb bestreiten, weil kein neues Vermögen vorhanden ist, so hat er dies ausdrücklich zu erklären, da diese Einrede sonst verwirkt ist.

Sollte der Schuldner diesem Zahlungsbefehl nicht nachkommen, so kann der Gläubiger nach Ablauf von 20 Tagen seit dessen Zustellung die Fortsetzung der Betreibung verlangen.

8803 Rüschlikon, 08.10.2017

Betreibungsamt Thalwil - Rüschlikon - Kilchberg

Zustellbescheinigung

Dieser Zahlungsbefehl wurde heute, den ....

zugestellt an * ....

....

Unterschrift des zustellenden Beamten oder Boten: ....

* Es ist auf jeder Ausfertigung die Person anzugeben, der die Urkunde ausgehändigt wird. Die Zustellung durch einfachen oder eingeschriebenen Brief ist nicht gestattet.

Rechtsvorschlag **Betreibungsamt Thalwil - Rüschlikon - Kilchberg   5004**

Der Betriebene ist berechtigt, unmittelbar bei der Zustellung Recht vorzuschlagen. Der Inhalt des Rechtsvorschlages ist in diesem Falle auf jeder Ausfertigung vorzumerken und vom zustellenden Beamten unterschriftlich zu bescheinigen.

Diese Urkunde bitte aufbewahren. **Erläuterungen auf der Rückseite**

9.6 Auf den Punkt gebracht

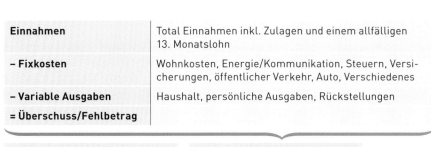

Einnahmen	Total Einnahmen inkl. Zulagen und einem allfälligen 13. Monatslohn
– Fixkosten	Wohnkosten, Energie/Kommunikation, Steuern, Versicherungen, öffentlicher Verkehr, Auto, Verschiedenes
– Variable Ausgaben	Haushalt, persönliche Ausgaben, Rückstellungen
= Überschuss/Fehlbetrag	

Unpfändbar Kompetenzstücke
(unpfändbare Vermögenswerte)
Art. 92 SchKG
Existenzminimum
(beschränkt pfändbarer Lohn)
Art. 93 SchKG

Privatkonkurs
– Kostenvorschuss notwendig
– Lohnpfändungen und laufende Betreibungen werden eingestellt
– Verzinsung von Schulden wird eingestellt
– alles Vermögen ausser Kompetenzstücke wird beschlagnahmt
– Verlustscheine noch 20 Jahre gültig

Schuldenfallen
– teure Ferienreise
– Leasing- Shopping
– Kleinkredite
– hohe Fixkosten, die nicht rasch an die aktuelle finanzielle Situation angepasst werden können

Gläubiger

Betreibungsbegehren
Art. 67. SchKG

Betreibungsamt

Zahlungsbefehl
Art. 69 f. SchKG

Schuldner

Zahlung innert 20 Tagen
Art. 69 Abs. 2 Ziff. 2 SchKG

Rechtsvorschlag innert zehn Tagen
Art. 69 Abs. 2 Ziff. 3 SchKG

Keine Reaktion
Art. 69 Abs. 2 Ziff. 4 SchKG

Gläubiger

Ordentlicher Zivilprozess
Art. 79 SchKG
Dieser Prozess wird geführt, sofern keine schriftliche Beweise für die Forderung vorliegen.

(Anerkennungsklage)

Rechtsöffnungsverfahren

Provisorische Rechtsöffnung
Art. 82 SchKG
Sofern der Gläubiger eine schriftliche, unterschriebene Schuldanerkennung besitzt, kann er eine provisorische Rechtsöffnung verlangen.

Definitive Rechtsöffnung
Art. 80 SchKG
Sofern der Gläubiger ein rechtskräftiges Urteil besitzt, kann er eine definitive Rechtsöffnung verlangen.

Gläubiger

Fortsetzung der Betreibung

Pfändung Art. 42 SchKG
In allen anderen Fällen

Pfandverwertung Art. 41 SchKG
Bei Vorhandensein eines Pfandes

Konkurs Art. 39 SchKG
Im HR eingetragene Schuldner

Ausnahmen von der Konkursbetreibung Art. 43 SchKG
z. B. Steuern und AHV Beiträge

Einzelvollstreckung
– Nur so viel Vermögen wie notwendig wird beschlagnahmt.
– Nur fällige Forderungen werden berücksichtigt.

Gesammtvollstreckung
– Ganzes Vermögen wird beschlagnahmt.
– Alle Forderungen werden fällig.

Aufgaben zu Kapitel 9

1. **Weg mit den Schulden**

   Lesen Sie den Beobachter-Artikel «Weg mit den Schulden!» und notieren Sie, wie Philipp und wie Vera in die Schuldenfalle getappt sind. Welchen ersten Schritt unternimmt sie, um aus der Schuldenfalle herauszufinden? Welche Erkenntnisse gewinnen die beiden aus ihrem Weg in die Schuldenfalle?

Weg mit den Schulden!

Dies ist die Geschichte zweier unbekümmerter junger Erwachsener, die ohne Not in die Schuldenfalle getappt sind, aus der sie nicht mehr herausfinden. Selber schuld? Ganz bestimmt. Die alte Leier von hilflosen Opfern? Schon möglich. Aber urteilen Sie selber: Lesen Sie die Geschichte von Vera und Philipp Büsser, die 2005 harmlos beginnt und gradlinig in die Katastrophe führt.

Philipp arbeitet im Bahnhofrestaurant, verdient 3 200 Franken brutto. Nimmt einen Kleinkredit auf, 15 000 Franken, kauft sich damit ein Auto. Doch der Wagen hält nicht, was er verspricht. Er least einen zweiten Wagen, kauft sich aus dem Vertrag heraus, least ein drittes Auto. Er will wie seine Kollegen mit PS protzen und mit Bräuten über Strassen brettern. Vier Handys, drei iPods und drei Kreditkarten später lernt er Vera kennen. «Ich habe mir nie Gedanken über Schulden gemacht. Ich habe einfach alles ausgenutzt, was möglich war.»

Vera arbeitet als Etagen-Gouvernante im Hotel, verdient 3 500 Franken brutto. Zieht in eine eigene Wohnung ein, muss drei Monate Kaution hinblättern, leistet sich noch ein paar schicke Möbel; dann flattern die Nachsteuern für die beiden letzten Jahre ins Haus. Der erste Kleinkredit, 10 000 Franken. Ein flotter Lebensstil, Ferien in Venezuela, der Kredit ist auf 20 000 Franken aufgestockt. Drei Wochen nachdem sie Philipp kennengelernt hat, gesteht sie ihm ihre Liebe – und dass sie «ziemlich Schulden» habe. «Das brauchte nicht viel Mut. Alle, die wir kennen, machen ja Schulden.»

«Wir drehten uns im Kreis»

Dann ist Jeannine unterwegs, ihr Wunschkind. Geld wird zum Problem. Aber es gibt ja noch Kreditbanken. «Ich war im achten Monat schwanger und erhielt nochmals 10 000 Franken Kredit. Die haben sich nicht einmal dafür interessiert, dass ich hochschwanger war und dann während des Mutterschaftsurlaubs 20 Prozent weniger verdiene», erzählt Vera.

Ein halbes Jahr später gehts in die Ferien nach Vietnam. Damit unterwegs das Geld nicht ausgeht, besorgen sie sich noch schnell zwei neue Kreditkarten. Erst heute dämmert es Vera: «Man kann hinstehen, wie man will – und bekommt Kredit. Das kann es ja wohl nicht sein.»

Schuldenmachen ist kinderleicht, hinterher Rechnungen abstottern dagegen nicht. Bei Vera und Philipp beginnt nun die Zeit der kleinen Beigen: Rechnungen landen auf der ersten, erste Mahnungen auf der zweiten, zweite Mahnungen wandern auf die dritte. «Wir drehten uns im Kreis, alles wurde nur schlimmer.» Bis Vera Büsser am 18. April 2008 keinen anderen Ausweg mehr sieht und sich bei der Fachstelle für Schuldenfragen des Kantons Zürich meldet.

Ohne es zu wissen, hat sie diesmal alles richtig gemacht. Warum? Weil sie nicht an einen jener dubiosen privaten Schuldenberater geraten ist, die Schuldenfreiheit versprechen, ihren Kunden aber noch den letzten Rappen aus der Tasche ziehen. […]

© Beobachter Ausgabe 13/09, Text: Martin Vetterli

Veras Schuldenfalle	Philipps Schuldenfalle
Sie zahlt zunächst drei Monate Kaution für die Wohnung, leistet sich schicke Möbel; muss nachträglich Steuern für die beiden letzten Jahre zahlen. Dann der erste Kleinkredit, Ferien in Venezuela. Aufstockung des Kredits. Ein Kind kommt. Der Kredit wird wieder erhöht trotz geringeren Verdienstes. Wieder teure Ferien, neue Kreditkarten.	Zunächst nimmt er einen Kleinkredit für den Kauf eines Autos auf. Anschliessend least er zwei weitere Fahrzeuge. Hinzu kommen vier Handys, drei iPods und drei Kreditkarten.

info@klv.ch

Veras erste Schritte aus der Schuldenfalle:

Sie meldet sich bei der Fachstelle für Schuldenfragen des Kantons Zürich.

Erkenntnisse der beiden aus ihrem Weg in die Schuldenfalle:

Sie merken erst, als es zu spät ist, dass sie sich nie Gedanken über Schulden gemacht haben. Vera ist

sich bewusst geworden, dass es sehr leicht ist, Kredite aufzunehmen: «Schuldenmachen ist kin-

derleicht.»

2. **Achtung, Schuldenfalle!**
Leasing ist verlockend. Statt auf einmal einen grossen Betrag – z.B. für einen Autokauf – auszuge-
ben, kann man das Geschäft über eine Leasinggesellschaft abwickeln. Doch aufgepasst! Dies ergibt
eine monatliche Dauerbelastung von mehreren Hundert Franken. Können Sie sich das leisten?
Erstellen Sie ein Monatsbudget für eine ledige oder verheiratete Person. Der 13. Monatslohn und
eine allfällige Gratifikation werden als Reserve betrachtet.

Monatsbudget	CHF	CHF
Einnahmen		
Nettolohn		
Ausgaben		
fix Steuern		
Versicherungen		
Wohnung		
Kommunikation (Telefon, Internet, TV, Radio)		
Fahrtkosten (Tram-Abonnement, ...)		
Auto (Steuer, Versicherung, Service, ...)		
variabel Nahrungsmittel, Getränke, Körperpflege		
Bekleidung		
Anschaffungen		
Freizeit und Sport		
Sparkonto für Ferien		
Sparkonto für Neuanschaffung eines Autos		
Sonstige Ausgaben		

Eindrücklich ist der DOK-Film «Leben zum halben Preis», der die Lernenden für die Schulden-
problematik sensibilisiert. Der DOK-Filmer Pino Aschwanden lässt Familien mit knappem Budget
erzählen, «deren Lohn zwar knapp ist, die sich aber ungern als arm bezeichnen würden. Im Gegenteil. Sie haben sich eingerichtet in ihrem anspruchslosen Dasein.»

3. **Der Ablauf eines Privatkonkurses**
   Setzen Sie die folgenden Wörter in die Lücken ein:
   einvernehmliche / Fingerspitzengefühl / Haushaltsbudget / Konkursamt / Konkursbeamte / Polizei / Privatkonkurs / Privatsphäre / Sanierungsversuch / Schubladen / Schuldenlage / Vermögen

---

Privatkonkurs

Wie muss eine verschuldete Person vorgehen, wenn ihr eine Einigung mit ihren Gläubigern (Schuldenschnitt bzw. Schuldensanierung) nicht gelingt?

Das Gesuch. Die überschuldete Person, die den _Privatkonkurs_ anstrebt, reicht bei der Konkursrichterin ein Gesuch um Eröffnung des Privatkonkurses ein. Sie legt ihre _Schuldenlage_ dar und zeigt auf, dass keine Aussicht auf eine _einvernehmliche_ Schuldenbereinigung besteht oder dass ein _Sanierungsversuch_ bereits gescheitert ist. Sie legt dem Gericht ein Schuldenverzeichnis und ein _Haushaltsbudget_ bei, am besten ein Sanierungsbudget.

Konkurseröffnung und Inventar. Sobald die Konkursrichterin den Konkurs eröffnet hat, nimmt das Konkursamt das Inventar auf. Das heisst: Wenn es nach dem Buchstaben des Gesetzes geht, schreitet der _Konkursbeamte_ durch die Wohnung der überschuldeten Person; unter Umständen reisst er sämtliche _Schubladen_ auf und prüft jedes Schmuckstück darauf, ob es aus Trompetengold ist oder aus echtem. Dabei erfüllt er seine gesetzlichen Obliegenheiten nicht immer mit dem gleichen _Fingerspitzengefühl_ ; sein Eindringen in die _Privatsphäre_ wird nicht von allen überschuldeten Personen gleich gut vertragen.

Die Pflichten der konkursiten Person. Die überschuldete Person hat eine generelle Mitwirkungspflicht. Sie ist verpflichtet, ihr gesamtes _Vermögen_ anzugeben. Sie muss das Vermögen zugänglich machen, ihre Konten angeben sowie Räume und Behältnisse öffnen. Sie muss dem _Konkursamt_ alle Vermögensstücke herausgeben, die es sicherstellen will. Nötigenfalls kann die Erfüllung dieser Pflichten mithilfe der _Polizei_ durchgesetzt werden. Die überschuldete Person muss mit ihrer Unterschrift bestätigen, dass das Inventar vollständig und richtig ist.

© *www.betreibungsamt-ag.ch*

4. Geben Sie an, **welche Betreibungsarten** angewendet werden:

		Betreibungsart	Begründung
a)	Gegen einen Hauseigentümer, der seiner Bank die Rückzahlung der Hypothek verweigert.	Betreibung auf Pfandverwertung	Da Grundpfand (Grundstück mit Haus) vorhanden. Art. 41 SchKG
b)	Gegen den Teilhaber einer Kollektivgesellschaft für seine privaten Haushaltschulden beim Lebensmittelhändler.	Betreibung auf Konkurs	Da Schuldner im HR eingetragen. Art. 39 Ziff. 2 SchKG
c)	Gegen eine junge kaufmännische Angestellte, die die fällige Rechnung für gekaufte Möbel nicht bezahlt.	Betreibung auf Pfändung	Da Schuldnerin nicht im HR eingetragen und weder pfandgesicherte noch Wechselforderung vorliegt. Art. 42 SchKG
d)	Gegen eine Aktiengesellschaft, die ihre Steuerschulden nicht bezahlt.	Betreibung auf Pfändung	Da für Forderungen öffentlicher Kassen keine Konkursbetreibung. Art. 43 SchKG
e)	Gegen einen 25-jährigen Arbeiter, der seinen bei einer Bank aufgenommenen Kleinkredit (Blankokredit) nicht zurückzahlen kann.	Betreibung auf Pfändung	Da nicht pfandgesicherte Forderung und nicht dem Konkurs unterliegender Schuldner. Art. 42 SchKG
f)	Gegen einen Bankprokuristen für seine Mietzinsschulden.	Betreibung auf Pfändung	Schuldner ist zwar im HR eingetragen (als Zeichnungsberechtigter), aber nicht als Inhaber oder Teilhaber. Art. 39 Ziff. 1–4 SchKG

5. Folgende **Betreibungsarten** sind Ihnen bekannt: Betreibung auf Pfändung **(A)**, Betreibung auf Pfandverwertung **(B)** und Betreibung auf Konkurs **(C)**.
Zeigen Sie, für welche Betreibungsarten die folgenden Aussagen zutreffen, indem Sie die Buchstaben A bis C am richtigen Ort einsetzen. Der gleiche Buchstabe kann mehrmals vorkommen und einer Aussage können mehrere Buchstaben zugeordnet werden.

		Betreibungsarten
a)	Der Eintrag des Schuldners im Handelsregister ist Voraussetzung für das entsprechende Verfahren.	C
b)	Alle Gläubiger werden amtlich aufgefordert, ihre Forderungen und Ansprüche anzugeben.	C
c)	Nur so viel Vermögen wird beschlagnahmt, wie nötig ist, um den Gläubiger zufriedenzustellen, der die Betreibung verlangt.	A
d)	Die amtliche Beschlagnahmung des Vermögens entfällt im Ablauf des Verfahrens.	B
e)	Das Betreibungsamt handelt grundsätzlich nur auf Begehren des Gläubigers.	A, B, C

6. Nachstehend finden Sie die verschiedenen Betreibungsarten angegeben:

A Betreibung auf Pfändung
B Betreibung auf Pfandverwertung
C Betreibung auf Konkurs

Welches Verfahren wird in den folgenden Fällen angewandt, wenn der jeweilige Schuldner nicht zahlt bzw. zahlungsunfähig ist (nur Buchstaben einsetzen)?

	Schuldner	Gläubiger	Grund der Betreibung	Betreibungsart (Buchstabe)
a)	Keller AG, Sitz in Biel	WARECO AG, Sitz in Lyss	Nichtbezahlen einer fälligen Rechnung aus Warenlieferungen	C
b)	F. Dörig, kaufmännischer Angestellter	Zürcher Kantonalbank	Unmöglichkeit der Rückzahlung eines Kredites, der durch einen hinterlegten Schuldbrief gesichert ist	B
c)	T. Molteni, Schreinerei, als Inhaber eines Einzelunternehmens im Handelsregister eingetragen	F. Meister	Verweigerung der Rückzahlung eines privat gewährten Darlehens	C
d)	O. Hirt, selbstständiger Unternehmensberater, im Handelsregister eingetragen	Kanton Wallis	Nichtbezahlen von fälligen AHV-Beiträgen	A

7. a) Eine **Bank** hat einem Kunden ein **Darlehen** gewährt, das nächstes Jahr zur Rückzahlung fällig wird. Kann sie, wenn seine Zahlungsfähigkeit heute dubios (zweifelhaft) erscheint, an einer bereits gegen ihn laufenden Betreibung von anderer Seite teilnehmen?

Nein. Wenn der Schuldner nicht im HR eingetragen ist, kann die Bank ihn nicht betreiben, weil

die Zahlung noch nicht fällig ist.

b) Wie viel **Verzugszins** kann der Gläubiger vom Schuldner bei einer Betreibung verlangen?

Normalerweise 5%, sofern nichts anderes vereinbart worden ist (Art. 104 Abs. 1 OR).

c) Von welchem **Datum** an wird im Beispiel auf Seite 299 Verzugszins berechnet? Wie erklären Sie sich dies?

Ab 10. Juni 2017, weil dann der Schuldner durch Mahnung in Verzug gesetzt wurde (Art. 102

Abs. 1 OR).

d) Warum gewähren **Banken** einem im HR eingetragenen Kunden eher **Kredit** als einem anderen?

Weil der im HR eingetragene Schuldner dem Konkurs unterliegt und somit bei einer Betreibung alle seine Schulden (ausgenommen die grundpfandgesicherten) fällig werden, sodass die Bank ihre Forderung auf Rückzahlung sofort geltend machen kann. Art. 208 SchKG.

e) Durch welche zwei Massnahmen kann ein Schuldner die Betreibung schon im **Einleitungsverfahren** stoppen, sei es rechtmässig oder nicht?

Durch den Rechtsvorschlag oder durch die Aberkennungsklage.

8. Wie kann der **Gläubiger gegen einen Rechtsvorschlag** des Schuldners vorgehen (mit Begründung) ...
   a) ... wenn er gegen den Schuldner eine Schadenersatzforderung vor Gericht durchsetzte?

   Aufhebung des Rechtsvorschlages durch definitive Rechtsöffnung verlangen, weil Gerichtsurteil vorliegt. Art. 80 SchKG.

   b) ... wenn er vom Schuldner einen Brief besitzt, in dem dieser um Fristerstreckung für die Zahlung ersuchte?

   Provisorische Rechtsöffnung verlangen, da der Brief eine schriftliche Schuldanerkennung darstellt. Art. 82 SchKG.

   c) ... wenn er den Schuldner wegen eines an seinem Garten angerichteten Schadens belangen will, der Schuldner seine Schuld aber nie anerkannt hat?

   Ordentlichen Prozessweg beschreiten (Forderungsklage erheben), da keine schriftliche Schuldanerkennung vorliegt. Art. 79 SchKG.

   d) ... wenn der Schuldner diesen Schadenersatzanspruch mündlich, aber nicht schriftlich anerkannt hat?

   Wie bei c).

9. **Übersicht über das Einleitungsverfahren**

Setzen Sie bitte die fehlenden Ausdrücke ein und prägen Sie sich die wichtigsten Stationen des Verfahrens ein.

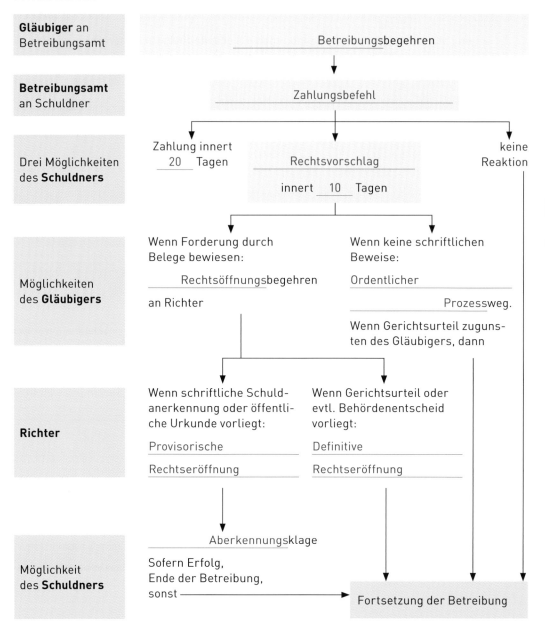

Gläubiger an Betreibungsamt	Betreibungsbegehren
Betreibungsamt an Schuldner	Zahlungsbefehl
Drei Möglichkeiten des **Schuldners**	Zahlung innert 20 Tagen · Rechtsvorschlag innert 10 Tagen · keine Reaktion
Möglichkeiten des **Gläubigers**	Wenn Forderung durch Belege bewiesen: Rechtsöffnungsbegehren an Richter · Wenn keine schriftlichen Beweise: Ordentlicher Prozessweg. Wenn Gerichtsurteil zugunsten des Gläubigers, dann
Richter	Wenn schriftliche Schuldanerkennung oder öffentliche Urkunde vorliegt: Provisorische Rechtseröffnung · Wenn Gerichtsurteil oder evtl. Behördenentscheid vorliegt: Definitive Rechtseröffnung
Möglichkeit des **Schuldners**	Aberkennungsklage. Sofern Erfolg, Ende der Betreibung, sonst Fortsetzung der Betreibung

10. Welche der folgenden Aussagen sind richtig? Mit Begründung, was bei den falschen Sätzen nicht richtig ist.

		R	F
a)	Ein Zahlungsbefehl ist die Aufforderung an den Schuldner, bei der normalen Betreibung innerhalb von 20 Tagen zu zahlen oder innert zehn Tagen die Forderung ganz oder teilweise zu bestreiten. Begründung: _____ _____		✘
b)	Das Betreibungsamt ist verpflichtet, den vom Gläubiger eingereichten Zahlungsbefehl unverzüglich dem Schuldner vorzuweisen. Begründung: Der Gläubiger reicht nicht einen Zahlungsbefehl ein, sondern ein Betreibungsbegehren.		✘
c)	Ein Schuldner darf nicht betrieben werden, wenn er sich im Verzug befindet. Begründung: Gerade wenn er im Verzug ist, wird er betrieben.		✘
d)	Das Betreibungsamt darf gegenüber einem Schuldner, dem Nachlassstundung gewährt wurde, keine betreibungsrechtlichen Handlungen mehr vornehmen. Begründung: _____ _____	✘	
e)	Ein Betreibungsbegehren darf man nicht einreichen, wenn sich der Schuldner im Militärdienst befindet. Begründung: Betreibungsbegehren ist möglich, nicht aber Zustellung des Zahlungsbefehls.		✘
f)	Ein Rechtsvorschlag kann mithilfe schriftlicher Beweise beseitigt werden. Begründung: _____ _____	✘	

11. **Wo hat der Arrest im Betreibungsverfahren seinen Platz?**

Hat eine Person kein Vermögen mehr, wird ein Konkursverfahren mangels Aktiven eingestellt. Die Gläubiger erhalten keinen Verlustschein. Wie sieht es aber aus, wenn noch wenig Vermögen vorhanden ist? Setzen Sie folgende Platzhalter ① bis ⑩ an Stelle der Begriffe in die Grafik ein:

① Okay

② Verlustschein aus Konkurs

③ Habe ich schon ein Pfand?

④ Pfändung (Einzelexekution)

⑤ Ist der Schuldner im HR?

⑥ Verlustschein aus Pfändung

⑦ Obligation (aus Art. 1, 41 oder 62 OR)

⑧ Pfandverwertung

⑨ Pfandausfallschein

⑩ Konkurs (Generalexekution)

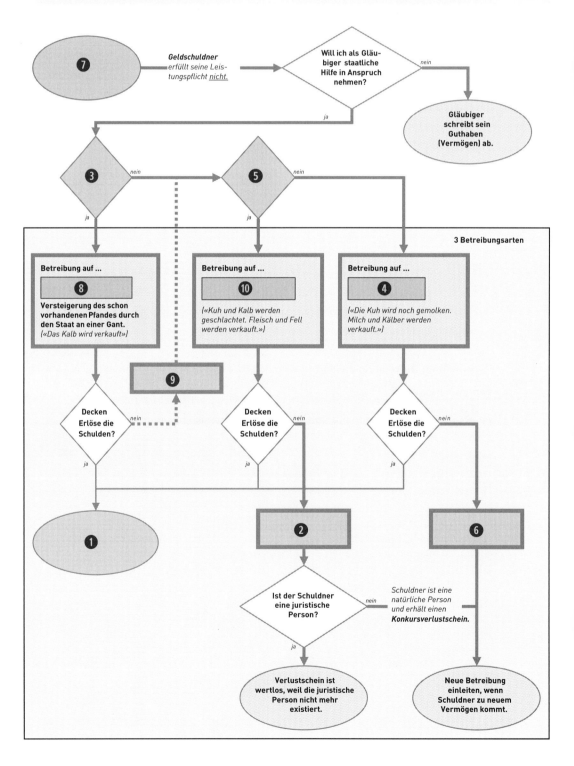

siehe
Kapitel 16.8

12. Reto Hauser wohnt in Murten und betreibt ein kleines Einzelunternehmen mit einem jährlichen Umsatz von weniger als CHF 100 000.00 in Bern Wankdorf. Er ist nicht im Handelsregister eingetragen. Am 2. Januar 2017 bestellt Reto Hauser bei der Swissfaonline AG zwei Paar Arbeiterhosen des Modells «Kraftik» (siehe Dokumentation).
Bis Ende März 2017 hat die Swissfaonline AG trotz zweimaligem Mahnen die Rechnung vom 3. Januar 2017 nicht beglichen bekommen. Daher entscheidet sich die Swissfaonline AG, die Betreibung gegen Reto Hauser einzuleiten.

a) An welchem Ort muss die Swissfaonline AG die Betreibung gegen Reto Hauser einleiten?

In Murten, da dies der Wohnort von Reto Hauser ist. Ein Einzelunternehmen kann nicht betrie

ben werden, sondern immer der Einzelunternehmer (egal ob mit oder ohne HR-Eintrag).

b) Wie gross ist die gesamte Forderung der Swissfaonline AG gegenüber Reto Hauser, wenn man den Kostenvorschuss berücksichtigt?

Forderung bis	CHF	100.00	CHF	20.30
Forderung bis	CHF	500.00	CHF	33.30
Forderung bis	CHF	1 000.00	CHF	53.30
Forderung bis	CHF	10 000.00	CHF	73.30
Forderung bis	CHF	100 000.00	CHF	103.30
Forderung bis	CHF	1 000 000.00	CHF	203.30
Forderung über	CHF	1 000 000.00	CHF	413.30

CHF 159.80 + CHF 33.30 = CHF 193.10

c) Reto Hauser ist erstaunt, als der Zahlungsbefehl zugestellt wird. Er hat die Rechnung bereits vor über einem Monat an die Kontonummer 8374 7509 9900 überwiesen und dies auch der Swissfaonline AG mitgeteilt. Dieses Geld hat die Swissfaonline AG jedoch nie erhalten. Welche drei Reaktionsmöglichkeiten gemäss SchKG hat Reto Hauser?

Zahlung innert 20 Tagen

Rechtsvorschlag innert zehn Tagen

Nicht reagieren

d) Welche Art der Betreibung wird durchgeführt werden, sofern die Betreibung gegen Reto Hauser fortgesetzt wird? Geben Sie auch den relevanten Gesetzesartikel an.

Betreibung auf Pfändung

Art. 42 SchKG

Antworten zu den Kontrollfragen

9.1 Damit man nicht in die Verschuldungsfalle tappt, Geld für grössere Anschaffungen oder Weiterbildungen vorhanden ist und neue Lebenssituationen gemeistert werden können.

9.2 Krankenkasse und Fahrtkosten

9.3 Jahresfranchise Krankenkasse, Zahnarzt, Steuern, Ferien

9.4 Es ist zu überlegen, in welchen Budgetpositionen Einsparmöglichkeiten bestehen.

9.5 Gang zum Sozialamt, den viele Bürger sehr ungern beschreiten; Lohnpfändung; Kündigung der Wohnung; Verlust der Freunde.

9.6 Ausgang mit Freunden, Verführung durch Werbung, tolle Ferienstimmung

9.7 Keine Aussicht auf eine einvernehmliche Schuldenbereinigung, Kostenvorschuss wird bezahlt.

9.8 Laufende Betreibungen und Lohnpfändungen werden gestoppt, sodass sich der Schuldner wirtschaftlich erholen kann.

9.9 Verlustschein verjährt erst nach 20 Jahren; der Vermieter kann eine Kaution verlangen.

9.10 Der Richter. Betreibungs- und Konkursämter sind keine richterlichen Behörden.

9.11
– Betreibung auf Pfändung	für gewöhnliche Geldforderungen gegen nicht im HR eingetragene Schuldner
– Betreibung auf Konkurs	für gewöhnliche Geldforderungen gegen im HR eingetragene Schuldner (mit Ausnahmen); für alle, die ihre Insolvenz erklären
– Betreibung auf Pfandverwertung	für pfandgesicherte Forderungen gegen alle Arten von Schuldnern

9.12 Dass der Gläubiger vom Schuldner ein Faustpfand oder Grundpfand hat.

9.13 Sie ist sicherer und rascher, da die Pfändung und die Unsicherheit ihres Ergebnisses wegfallen.

9.14 Bei der Betreibung auf Pfändung und auf Pfandverwertung

9.15 Einzelvollstreckung: b, d und e
Gesamtvollstreckung: a, c und f

9.16 a) Die Kompetenzstücke
b) das Existenzminimum

9.17 Der Arbeitgeber des betriebenen Schuldners muss den gepfändeten Lohnanteil an das Betreibungsamt zahlen.

9.18 Sieben Tage vor und nach Ostern und Weihnachten sowie 15.–31. Juli

9.19 Betreibungsferien gelten
a) für alle Schuldner zur selben Zeit;
b) nicht für Wechselschuldner.

9.20 a) Nein, da Betreibungsferien sind.
b) Ja, da Betreibungsferien nur bis Neujahr dauern (sieben Tage nach Weihnachten).

9.21 Wahlweise in Bülach oder in Zürich, da Faustpfand (Art. 51 Abs. 1 SchKG)

9.22 Nur in Wallisellen, da Grundpfand (Art. 51 Abs. 2 SchKG)

9.23   Nur in Thalwil, da gewöhnliche, nicht pfandgesicherte Forderung (Art. 46 Abs. 1 SchKG)

9.24   Die Rechtmässigkeit der Forderung abzuklären

9.25   Ja, mündlich, mit oder ohne Begründung

9.26   a) für Zahlung 20 Tage
       b) für Rechtsvorschlag 10 Tage

9.27   – Zahlung 20 Tage
       – Rechtsvorschlag 10 Tage
       – keine Reaktion

9.28   – provisorische Rechtsöffnung verlangen
       – definitive Rechtsöffnung verlangen
       – ordentlichen Prozessweg beschreiten

9.29   Sie ist einfacher, rascher und billiger.

9.30   Mit der Aberkennungsklage

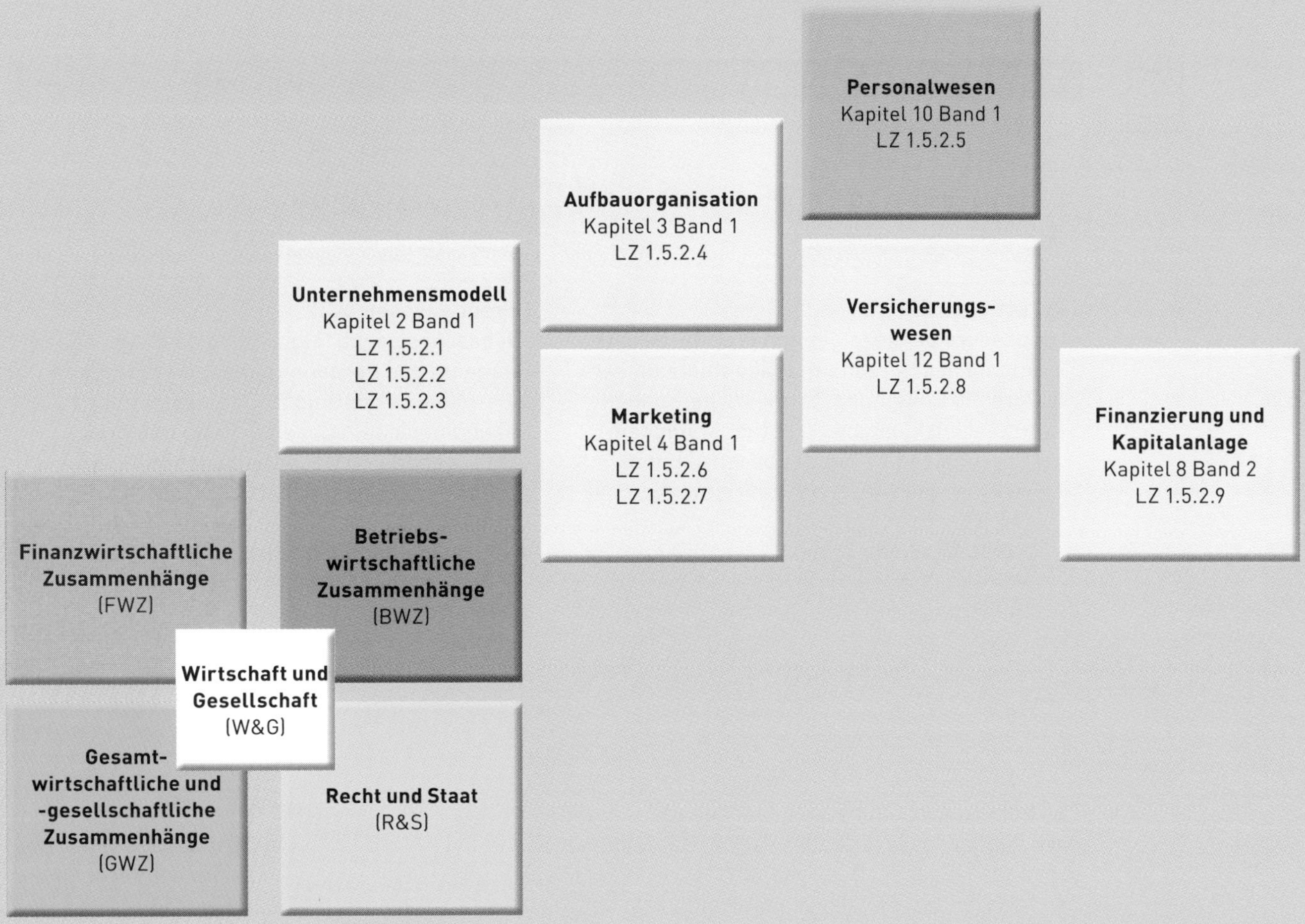

Personalwesen
Kapitel 10 Band 1
LZ 1.5.2.5

Aufbauorganisation
Kapitel 3 Band 1
LZ 1.5.2.4

Unternehmensmodell
Kapitel 2 Band 1
LZ 1.5.2.1
LZ 1.5.2.2
LZ 1.5.2.3

Versicherungs-
wesen
Kapitel 12 Band 1
LZ 1.5.2.8

Marketing
Kapitel 4 Band 1
LZ 1.5.2.6
LZ 1.5.2.7

Finanzierung und
Kapitalanlage
Kapitel 8 Band 2
LZ 1.5.2.9

Finanzwirtschaftliche
Zusammenhänge
(FWZ)

Betriebs-
wirtschaftliche
Zusammenhänge
(BWZ)

Wirtschaft und
Gesellschaft
(W&G)

Gesamt-
wirtschaftliche und
-gesellschaftliche
Zusammenhänge
(GWZ)

Recht und Staat
(R&S)

Personalwesen

Kapitel 10

10 Personalwesen

Leistungsziele W&G E-Profil (8 Lektionen)	Leistungsziele W&G B-Profil (8 Lektionen)
1.5.2.5 **Personalwesen** (K2) Ich beschreibe die folgenden grundlegenden Elemente des Personalmanagements und erläutere die Bedeutung für meine persönliche Berufsentwicklung und Leistungsfähigkeit: – Personalbedarf (Stellenbeschreibung) – Personalrekrutierung (Interview, Assessment) – Personaladministration – Personalhonorierung – Personalbeurteilung (Zielvereinbarung, MAG) – Personalentwicklung (Weiterbildung, Portfolio) – Personalaustritt	1.5.2.5 **Personalwesen** (K2) Ich beschreibe die folgenden grundlegenden Elemente des Personalmanagements und erläutere die Bedeutung für meine persönliche Berufsentwicklung und Leistungsfähigkeit: – Personalbedarf (Stellenbeschreibung) – Personalrekrutierung (Interview, Assessment) – Personaladministration – Personalhonorierung – Personalbeurteilung (Zielvereinbarung, MAG) – Personalentwicklung (Weiterbildung, Portfolio) – Personalaustritt

Das **Personalwesen** hat sich seit den Anfangszeiten der Industrialisierung (1850–1900) enorm verändert. Zu Beginn gab es kaum Personalabteilungen. Einstellung, Bezahlung und Entlassung von Arbeitern war Chefsache. Der Geschäftsführer entschied über alle wichtigen Belange eines Unternehmens und kümmerte sich väterlich um sein Personal, weshalb er auch Patron genannt wurde.

Zu Beginn des 20. Jahrhunderts wurden Mitarbeitende etwas mechanisch als reine Leistungsvariable betrachtet. Der Mensch dahinter hatte wenig Bedeutung. Wissenschaftliche Erkenntnisse im Bereich der Psychologie und Soziologie führten in den darauffolgenden Jahrzehnten zu einem Umdenken. Zufriedenes und motiviertes Personal wurde je länger je mehr als Schlüsselfaktor langfristig erfolgreicher Unternehmen erkannt. Diese wertvolle Ressource galt es künftig intensiv zu betreuen.

Während sich das HRM (Human Resources Management = Personalwesen) in den Anfangszeiten vor allem administrativen Tätigkeiten widmete, nimmt es heute eine wesentlich strategischere Rolle im Unternehmen ein. Folgende Aufgaben werden durch das Personalwesen wahrgenommen:

Aufgaben des Personalwesens

1. Personalplanung (Bedarfsermittlung, Talentmanagement, Rekrutierung, Selektion)
2. Personalhonorierung (Arbeitsplatzanalyse, Lohnfindung, Lohnnebenleistungen)
3. Personalführung (Betreuung, Leistungsbeurteilung, Förderung, Aus-/Weiterbildung)
4. Personaladministration (Personaldaten, Zeiterfassung, Statistik usw.)

10.1 Personalplanung

Für die Personalabteilung eines Unternehmens ergibt sich das Problem, wie viel Personal (= Quantität) mit welcher **Qualifikation** und **Leistungsfähigkeit** (= Qualität) benötigt wird. In der Fachsprache heisst es, der **Personalbedarf** wird ermittelt. Es stellen sich folgende Fragen:

1. Wie viele Mitarbeiter und Mitarbeiterinnen (= MA) sind bisher beschäftigt und werden aufgrund bestehender Vereinbarungen in der nächsten Planungsperiode für uns arbeiten?
2. Wie viele Mitarbeiter mit welchen Qualifikationen werden im nächsten Jahr benötigt? Dies kann nur beantwortet werden, wenn bekannt ist, wie viel produziert werden soll.

Wenn diese beiden Fragestellungen beantwortet sind, ist der Bedarf an neuen Mitarbeitern rasch ermittelt und die Personalrekrutierung (= Personalgewinnung) beginnt. Grundsätzlich kann Personal intern oder extern gewonnen werden. Bei der **internen Personalrekrutierung** werden bestehende befristete Arbeitsverträge verlängert oder das Pensum von Teilzeitmitarbeitenden wird erhöht. Vorhandenes Personal kann vielleicht in anderen Unternehmensbereichen eingesetzt werden oder einzelne Personen werden befördert und erhalten einen neuen Aufgabenbereich.

Das Vorgehen bei der **externen Personalrekrutierung** ist aufwendiger und lässt sich in vier Schritten bewältigen:

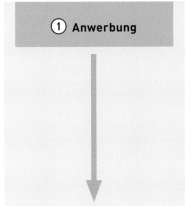

Eine **Stellenausschreibung** (= Stelleninserat) wird so abgefasst, dass sich Personen mit den gewünschten Qualifikationen melden. Als inhaltliche Grundlage für die Ausschreibung kann die interne Stellenbeschreibung dienen. Die Ausschreibung wird über die geeigneten Kommunikationskanäle wie z. B. Internet und Zeitungen gestreut. Qualifiziertes Personal ist heute gefragter denn je. Das **Talentmanagement** ist dabei zu einer wichtigen Aufgabe des Personalwesens geworden. An Kontaktveranstaltungen bemühen sich Unternehmen in einem «war for talents» um die besten Nachwuchskräfte. Dabei ist es zentral, die richtigen Talente anzuziehen, ihre Stärken zu identifizieren und gemeinsam mit ihnen herauszufinden, wie sie gefördert werden können.

siehe Kapitel 3

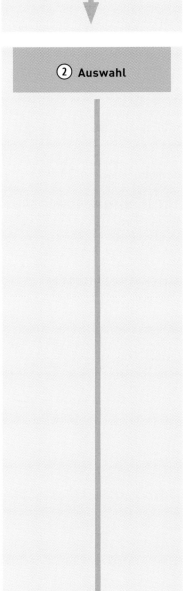

Anhand der eingereichten **Bewerbungsunterlagen** (Lebenslauf, Motivationsschreiben, Zeugnisse und Referenzen) werden infrage kommende Personen **selektioniert** und zu einem **Vorstellungsgespräch** eingeladen. Für dieses Gespräch lassen sich verschiedene Vorgehensweisen bzw. Methoden empfehlen:

– Durch ein **erstes Interview**, in dem die Bewerber einen Einblick in das Unternehmen erhalten, wird weiter selektioniert. Im zweiten Interview, dem **Einstellungsinterview,** unterhält man sich vertieft über das Unternehmen und die Erwartungen des Bewerbers. Die Verhandlungen über die Arbeitsbedingungen beginnen.
– Um Fehleinschätzungen bei der Rekrutierung zu minimieren, wird für die Besetzung von Kader- und Schlüsselpositionen oft das **Assessmentverfahren** eingesetzt. Dabei handelt es sich um eine professionelle Methode, bei der mehrere Bewerber gleichzeitig – oft von einem externen Berater – getestet werden. In Diskussionsrunden, psychologischen Tests, Outdoor-Übungen und Rollenspielen werden die Bewerber in Bezug auf das Anforderungsprofil der ausgeschriebenen Stelle untersucht.

Für die Auswahl der geeigneten Bewerber sind folgende Kriterien wichtig:

Leistungsfähigkeit   Stimmen die Fähigkeiten des Bewerbers mit den **Anforderungen** des Arbeitsbereiches überein?

Einsatzwille   Ist der Bewerber **motiviert**, sich für das Unternehmen erwartungsgemäss zu **engagieren**?

Leistungspotenzial   Ist der Bewerber in der Lage, bestehende Qualifikationsdefizite mit angemessener Unterstützung aufzuarbeiten und später **höhere Anforderungen** zu erfüllen?

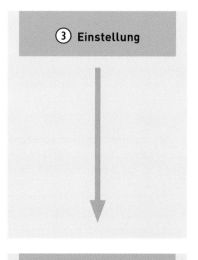

Neue Mitarbeiter erhalten einen **Arbeitsvertrag**, der gesetzeskonform bezüglich Obligationenrecht, Arbeits- und Gleichstellungsgesetz abgefasst wird. In der Regel wird eine Probezeit vereinbart, die höchstens drei Monate betragen darf.

Der Fachkräftemangel in einzelnen Berufsfeldern hat dazu geführt, dass manche Unternehmen **neue Arbeitsmodelle** anbieten, wie flexible Arbeitszeiten, flexible Arbeitsorte (Homeoffice) und teure Weiterbildungen. Dies bringt Vorteile für die Arbeitnehmenden und für den Arbeitgeber (Win-win-Situation).

Die Anstellungsbedingungen sind grundsätzlich Verhandlungssache, orientieren sich aber an der Arbeitsmarktlage und an ähnlichen Arbeitsverhältnissen im Unternehmen.

Die **Planung** der Einarbeitungsphase sollte grosszügig und genau geplant werden, denn hiervon hängt ab, wie gut ein neuer Mitarbeiter **in die Arbeitsumgebung integriert** wird. Gelingt dieser Prozess, so wird sich der «Neue» wohlfühlen, die betrieblichen Abläufe verstehen und – falls er richtig ausgewählt wurde – seine Fähigkeiten einsetzen und somit produktiv arbeiten. Dies geschieht u. a. durch **Mentoring-Programme** (= Gotte/ Götti, als Begleitperson in der Einarbeitungsphase).

Kontrollfragen		
	K 10.1	Welche Aufgaben werden durch das Personalwesen erledigt?
	K 10.2	Wie viel Personal muss beschafft werden (Personalbedarf)?
	K 10.3	Worin unterscheidet sich die Stellenausschreibung von der Stellenbeschreibung?
	K 10.4	Wie heissen die Verfahren, die oft eingesetzt werden, um eingeladene Stellenbewerber zu testen?
	K 10.5	Worauf muss man bei der Ausstellung eines Arbeitsvertrags achten?
→ **Aufgabe 1**	**K 10.6**	Weshalb ist die Einarbeitungsphase so wichtig?

info@klv.ch

10.2 Personalhonorierung

Für den Mitarbeiter stellt der Lohn (bei Angestellten meist Gehalt oder Salär genannt) **Einkommen** dar, für den Betrieb hingegen **Aufwand** (bzw. **Kosten**). Daraus ergeben sich gegensätzliche Interessen, die gegeneinander abzuwägen sind, damit sich ein möglichst gerechter Lohn ergibt. Allerdings gibt es **keine objektive Lohngerechtigkeit**, sondern die Lösung hängt sowohl von **Angebot und Nachfrage** auf dem Arbeitsmarkt als auch von den **Werthaltungen** der Beteiligten ab. Je nachdem, ob diese z.B. mehr sozial oder mehr leistungsorientiert sind, kommt man

zu anderen Ergebnissen. Um einer allseitig befriedigenden Lösung einigermassen nahezukommen, werden meistens mehrere Lohnformen zu einem **Entlöhnungssystem** kombiniert.

Zeitlohn

Er richtet sich nach der für den Betrieb aufgewendeten **Arbeitszeit** und kann als Stunden-, Tag-, Wochen- oder Monatslohn ausgerichtet werden. Diese Lohnform ist sehr verbreitet und ergibt eine einfache Lohnabrechnung. Ein Nachteil des Zeitlohns ist der geringe Leistungsanreiz. Die Unterscheidung zwischen mehr und weniger einsatzfreudigen Mitarbeitern kann in diesem Fall über unterschiedliche **Lohnansätze** und auch über **Aufstiegsmöglichkeiten** gesucht werden.

Der Ausdruck **Zeitlohn** (als Gegensatz zum Leistungslohn) darf natürlich nicht so verstanden werden, als ob es dabei überhaupt nicht auf die Leistung ankomme, denn bekanntlich kann diese auch über den Lohnansatz und über Beförderungen honoriert werden.

Leistungslohn

Hier wird die Höhe des Lohnes von der **individuellen Leistung** abhängig gemacht. Die wichtigsten Arten sind:

- **Akkordlohn:** Dies ist die reinste Form eines Leistungslohnes. Seine Höhe hängt ab von der Anzahl hergestellter Leistungseinheiten (meist Stück, darum auch **Stücklohn** genannt). Diese Lohnform ist nur bei homogenen (gleichartigen) Arbeitsleistungen möglich und kommt darum fast nur noch bei Produktionsbetrieben vor, aber auch dort kaum bei Fliessband- und Taktarbeiten, wo der einzelne Arbeiter das Arbeitstempo nicht beeinflussen kann. Auch bei **Heimarbeit** wird der Akkordlohn noch häufig angewendet, allein schon, weil der Arbeitnehmer dort nicht der direkten Aufsicht des Arbeitgebers untersteht.
Oftmals wird der Akkordlohn als wenig human bezeichnet, doch kann er, je nach der Höhe des Akkordansatzes, für einen tüchtigen Arbeiter auch einen wesentlichen Vorteil bieten. Im Allgemeinen ist er aber nicht mehr sehr verbreitet.
- **Prämienlohn:** Hier wird neben einem festen Grundlohn eine Zulage (Prämie) ausbezahlt, wenn die Leistung die vom Betrieb festgesetzte Norm übersteigt (z.B. durch grössere Produktionsmenge, durch geringeren Ausschuss oder durch geringeren Materialverbrauch).
- **Provisionen:** Diese Lohnform ist üblich bei Mitarbeitenden im Aussendienst, also Verkäufer und Vertreter, die neben ihrem Fixum (festen Grundlohn) eine Provision auf ihren erzielten Umsatz erhalten (z.B. Versicherungsberater).

Erfolgsbeteiligungen

Aufgrund eines bestimmten Verteilungsschlüssels wird ein Teil des Unternehmensgewinns auf die Arbeitnehmer verteilt. Man hofft, dass sie sich durch diesen **Leistungsanreiz** stärker mit dem Unternehmen identifizieren und sich für den guten Geschäftsgang einsetzen. Erfolgsbeteiligungen können auch in Form von Gratismitarbeiteraktien verwirklicht werden. Hier ist also nicht die individuelle Leistung massgebend, sondern die Gesamtleistung der Belegschaft.

Exkurs: Lohngerechtigkeit

Wovon hängt die Höhe des Lohnes ab?

Um einen möglichst gerechten Lohn festzusetzen (ganz gerecht kann er nie sein!), ist die **Arbeitsbewertung** (oder auch Arbeitsplatzbewertung) von Bedeutung. Dabei werden die Anforderungen des Arbeitsplatzes, wie Kenntnisse, Fertigkeiten, Verantwortung, Arbeitsbedingungen, vielfach nach einem Punktsystem bewertet und wirken sich so auf die Höhe des Lohnansatzes aus.

Neben der Arbeitsplatzbewertung spielen auch **soziale Aspekte** und die **persönliche Leistung** des Angestellten eine Rolle, wenn man die Frage der Lohngerechtigkeit stellt.

Arbeitsplatzbewertung
- Ausbildungsanforderungen
- Arbeitsbedingungen
- Körperliche und geistige Anforderungen
- Verantwortung
- Führungsaufgaben

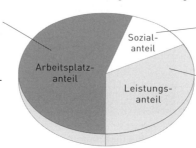

Soziale Aspekte
- Alter
- Familienstand
- Dienstalter

Leistungsbewertung
- Menge und Qualität der Arbeit
- Zuverlässigkeit und Sorgfalt
- Verhalten und Teamfähigkeit usw.

Mit welchen Arbeitskosten kalkuliert das Unternehmen?

Die Arbeitskosten unterscheiden sich erheblich je nach Branche und Unternehmensgrösse. In der Schweiz setzen sich die Arbeitskosten über alle Branchen gesehen wie folgt zusammen:

Bruttolöhne	ca. **79.0 %**
Arbeitgeberbeiträge an die Sozialversicherungen	ca. **17.5 %**
Berufliche Bildung, Personalrekrutierung usw.	ca. **3.5 %**
Durchschnittliche Arbeitskosten in der Schweiz	**100 %**

Die durchschnittlichen Kosten pro Arbeitsstunde in der Schweiz im sekundären und tertiären Wirtschaftssektor betragen ca. **CHF 59.60** (Stand 2014, BFS, Konjunkturerhebung).Die **Lohnnebenkosten** (= Arbeitgeberbeiträge an die Sozialversicherungen) werden auch als **Personalzusatzkosten** bezeichnet. Sie sind vom Arbeitgeber pro Beschäftigten zusätzlich zum Bruttolohn direkt an die **Sozialversicherungen** zu bezahlen. Die Lohnnebenkosten gehören zu jenen wichtigen Faktoren, die internationale Unternehmen bei der Standortwahl berücksichtigen. Sie betragen in der **Schweiz ca. 16.7 %**, in der **Europäischen Union über 30 %** durchschnittlich (Dänemark 16 %, Schweden 49 %).

Was bleibt dem Arbeitnehmer von seinem Bruttolohn?

Der mit dem Arbeitnehmer vereinbarte Bruttolohn entspricht der jährlichen Lohnsumme. Vom Bruttolohn werden dem Arbeitnehmer die Lohnprozente für die Sozialversicherungen (Arbeitnehmerbeiträge) abgezogen.

Bruttolohn	=	vereinbartes Salär
	+	eventuell Kinder- und Familienzulagen
– Abzüge	=	AHV/IV/EO/ALV-Beiträge (Anteil Arbeitnehmer) Sozialbeiträge für Pensionskasse, Unfallversicherung (Anteil Arbeitnehmer) usw.
Nettolohn	=	tatsächliche Lohnauszahlung oder -überweisung

Der Nettolohn steht dem Arbeitnehmer zur freien Verfügung (... wenn da nicht noch die Steuern, obligatorische Versicherungen und andere zwingende Ausgaben wären).

Welche Lohnnebenleistungen erhalten Arbeitnehmer?

Um sich als Arbeitgeber attraktiv zu machen, gewähren Unternehmen als Ergänzung zur ordentlichen Entlöhnung Sachleistungen (= **Fringe-Benefits**), die sie vergünstigt oder gratis abgeben. Die häufigsten Fringe-Benefits sind ein Dienstwagen oder ein Handy für den Privatgebrauch, Reisen, Firmenevents, Bonusprogramme, verbilligte Waren oder Dienstleistungen und Beteiligungen am Einkauf in die zweite Säule (Pensionskasse).

- Grossunternehmen stellen eigene Kantinen oder Sportanlagen zur Verfügung.
- KMU geben Gutscheine ab (z. B. Restaurant-Bon) oder leisten einen finanziellen Unterstützungsbeitrag (z. B. an ein Fitness-Abonnement).

K 10.7 Welche Lohnform kommt für einen Mitarbeiter infrage, dessen Leistung in Präsenz (Anwesenheit, wie z.B. bei einem Portier) besteht?

K 10.8 Welche Lohnform kommt infrage für eine Textilarbeiterin, die bei sich zu Hause Hosen für einen Betrieb herstellt, von dem sie das Material erhält? Wie heisst diese Form von Arbeit?

K 10.9 Welche Form des Leistungsanreizes kann die Identifikation des Mitarbeiters mit dem Unternehmen besonders fördern? Nennen Sie zwei Möglichkeiten der Realisierung.

K 10.10 Welche Lohnform eignet sich für einen Arbeiter an einem Fliessband, den man dafür belohnen will, dass er möglichst wenig Ausschuss (fehlerhafte Stücke) produziert?

K 10.11 Aus welchen zwei Hauptbestandteilen setzt sich das Gehalt von Handelsreisenden und Versicherungsverkäufern (Vertretern) meistens zusammen?

K 10.12 Bei welcher Lohnform hat die Leistung des Arbeitnehmers wenig Einfluss auf die Lohnhöhe?

K 10.13 a) Nennen Sie drei Arten von Leistungslohn.
b) Welcher davon ist reiner Leistungslohn?

K 10.14 Eine Textilarbeiterin erhält einen höheren Lohn, wenn sie bei ihrer Arbeit möglichst wenig Stoffabfälle verursacht. Um welche Art von Lohn handelt es sich hier?

→ **Aufgabe 2**

10.3 Personalführung

Die Qualität der Leistungen, die den Kunden offeriert werden, hängt eng mit der Qualität des beschäftigten Personals zusammen. Eine nicht zu unterschätzende Aufgabe der **Personalführung** ist es, das Personal zu beurteilen. Dies soll so objektiv wie möglich geschehen. Wie versuchen Personalverantwortliche, dieses Ziel zu erreichen?

10.3.1 Personalbeurteilung

Eine häufig eingesetzte Methode ist die **Zielvereinbarung**. In der Betriebswirtschaft spricht man von Management by Objectives (MBO): Der Vorgesetzte führt mit jedem Mitarbeiter regelmässig – z.B. einmal im Jahr – ein **Mitarbeitergespräch (MAG)** unter vier Augen. Man hält Rückblick, analysiert das vergangene Jahr konstruktiv und kritisch. Der Vorgesetzte anerkennt die bislang erzielten Ergebnisse des Mitarbeiters, fragt nach seinen Wünschen und lotet seine Leistungspotenziale aus, die noch entwickelt werden können. Ziele, die der Mitarbeiter erreichen soll, ergeben sich in der Diskussion; sie werden vereinbart und schriftlich festgehalten. Eventuell notiert der Vorgesetzte Zwischenschritte, auf die der Mitarbeiter achten soll. Der Mitarbeiter muss bei der Umsetzung der Vereinbarung ein hohes Mass an Selbstverantwortung übernehmen.

10.3.2 Personalentwicklung

Die **Personalentwicklung** hat das Ziel, die Mitarbeiter in ihren Fähigkeiten zu fördern. Aus- und Weiterbildung sind die geeigneten Massnahmen.

Grundausbildung	Viele Unternehmen bilden **Lernende** im kaufmännischen und gewerblichen Bereich aus. Sie kümmern sich um ihren betrieblichen Nachwuchs und sind sich ihrer gesellschaftlichen Verantwortung bewusst.
Weiterbildung	Nach der Grundbildung ist es wichtig, die Kenntnisse auf dem Laufenden zu halten und zu vertiefen. Die Betriebe unterstützen dies durch interne Fortbildung oder den Besuch von externen Weiterbildungen.

Wie schaut Ihr beruflicher Weg nach der kaufmännischen Ausbildung aus?

Personalportfolio

Die Mitarbeiter werden aufgrund des betrieblichen Bedarfs und der persönlichen Fähigkeiten gefördert. Das Personalportfolio ermöglicht eine frühe **Identifikation von Stärken und Schwächen**. Im Personalportfolio werden die Mitarbeiter anhand der Leistung und ihres Potenzials in vier Kategorien eingeteilt:

- **Workhorses**   Die **soliden Arbeitstiere** erbringen zwar für das Unternehmen eine hohe Leistung, doch ihr Entwicklungspotenzial ist beschränkt. Materielle Anreize eignen sich dazu, die Leistungsmotivation zu erhalten. Anstatt vertikale Karriere ist eher eine Förderung als Fachkraft/Experte anzupeilen.

- **Stars**   Besonders wichtig und lohnend ist es, in die **exzellenten Leistungsträger mit Potenzial** zu investieren, da sie sowohl im Leistungsverhalten als auch im Entwicklungspotenzial herausragen. Sie prägen das Unternehmen langfristig und bringen es voran.

- **Deadwoods**   Den **leistungsschwachen Problemfällen** fehlt es sowohl an Leistung als auch an Fähigkeiten, die noch entwickelt werden können. Weil Engagement und Ergebnisse fehlen, werden diese Mitarbeitenden eher als andere entlassen bzw. intern auf eine andere Stelle versetzt.

- **Questionmarks**   Die **Mitarbeitenden mit einer ungewissen Zukunft** verfügen eigentlich über das nötige Potenzial, von dem das Unternehmen profitieren will. Da sie ihre Leistung noch nicht im gewünschten Mass erbringen, sind sie zu mehr Engagement anzuhalten. Durch gezielte Förderung und Motivation können sie sich zu Leistungsträgern entwickeln.

10.3.3   Personalaustritt

Grundsätzlich sind Unternehmen an **dauerhaften Arbeitsverhältnissen** interessiert, da die Kosten des Personalwechsels (Fluktuation) beträchtlich sind. Unternehmen bemühen sich deshalb um eine geringe **Fluktuationsrate** (= prozentualer Anteil der Personalabgänge, gemessen am durchschnittlichen Personalbestand).

> **Berechnungsbeispiel:** In einer Firma arbeiten 312 Mitarbeitende am Anfang, 334 am Ende des Jahres. Dies ergibt einen durchschnittlichen Personalbestand von 323 Mitarbeitenden. 35 Austritte im Jahr ergeben eine Fluktuationsrate von $35 \times 100 : 323 = 10.8\%$.

In manchen Fällen ist es nicht zu vermeiden, dass Angestellte das Unternehmen verlassen; sei es, weil die Personen von sich aus kündigen (z. B. wegen Kinderbetreuung, neuem Arbeitsort des Lebenspartners), sei es, weil sie entlassen werden (z. B. wegen Sparmassnahmen aufgrund schlechter wirtschaftlicher Situation, Unzufriedenheit mit der Leistung des Arbeitnehmers). Wie geht ein Unternehmen bei Personalaustritt vor?

Freistellung

Oft werden Mitarbeiter **freigestellt**. Das bedeutet, dass sie weiterhin ihren Lohn bekommen, aber nicht mehr zur Arbeit erscheinen müssen. Sie können sich um eine neue Stelle bemühen und werden dabei eventuell unterstützt. Geleistete Überstunden und Ferienansprüche werden angerechnet.

Arbeitszeugnis

Arbeitszeugnisse müssen objektiv und fair ausgestellt werden, da sie für Arbeitnehmer bei der Stellensuche sehr wichtig sind. Er kann ein **einfaches** oder **qualifiziertes** Zeugnis verlangen. Das einfache Arbeitszeugnis (= Arbeitsbestätigung, Art. 330a Abs. 2 Ziff. 2 OR) umfasst nur die Personalien, die Dauer des Arbeitsverhältnisses und die Art der Tätigkeit. Das qualifizierte Zeugnis (Art. 330a Abs. 2 Ziff. 1 OR beschreibt ausserdem die Leistung und das Verhalten des Angestellten.

Art. 330a Abs. 2
Ziff. 2 OR
Art. 330a Abs. 2
Ziff. 1 OR

info@klv.ch

Sozialplan

Bei sogenannten **Massenentlassungen** sieht das OR die Mitwirkung des Personals vor, bevor Kündigungen ausgesprochen werden. Seit 2014 besteht für Unternehmen, die über 250 Mitarbeitende beschäftigen und mindestens 30 Angestellte entlassen, eine Sozialplanpflicht. Er soll dem Personal helfen, die schwierige Situation zu meistern. Er enthält Massnahmen zur **Wiedereingliederung** in die Arbeitswelt:

> Ausbildung, Umschulung, Coaching, Unterstützung bei der Stellensuche

Andere Massnahmen, die im Sozialplan geregelt werden: Verlängerung der Arbeitsverhältnisse, Frühpensionierung, finanzielle Unterstützung vor allem in Härtefällen.

Kontrollfragen

K 10.15 Welche Aufgabe hat das MAG?

K 10.16 Welche Inhalte bieten sich für ein MAG an?

K 10.17 Warum legen die meisten Unternehmen viel Wert auf eine gut funktionierende Aus- und Weiterbildung?

K 10.18 Berechnen Sie die Fluktuationsrate: Personalbestand Anfang Jahr 748. Zugänge 32. Abgänge 40.

K 10.19 Im Sozialplan werden v.a. zwei verschiedene Arten von Massnahmen unterschieden. Welche?

10.4 Personaladministration

«So wenig wie möglich, so viel wie nötig …» – so in etwa lautet das Motto in mancher **Personalabteilung**. Sie übernimmt im Betrieb die administrativen Arbeiten in Personalfragen, von der Einstellung bis zum Austritt von Mitarbeitenden.

Ziele	Die **Personaldaten** müssen gepflegt und aktuell gehalten werden. Damit wird die **innerbetriebliche Kommunikation** sichergestellt. Das Informationsbedürfnis von externen **Anspruchsgruppen** kann befriedigt werden. Die HR leistet Beiträge, damit die gesetzlichen Vorgaben eingehalten werden. – Die Unfallversicherung braucht bei einem Unfall die nötigen Angaben. – Der Lohnausweis wird zu Handen der Steuerverwaltung erstellt. Die Personalabteilung hilft bei der Gestaltung von **effizienten Arbeitsabläufen** im eigenen Betrieb und bei den **Schnittstellen zu externen Stellen** mit. – Den Linienstellen bei Bedarf zur Verfügung stehen und sie unterstützen. – Anregungen zur Vereinfachung für Rationalisierungsmöglichkeiten geben.
Aufgaben	Gestaltung der Administration aufgrund von **betrieblichen Erfordernissen** oder **gesetzlichen Vorgaben** – Betrieblich: Personalanlass, Mitarbeiterzeitung, Zeiterfassungsysteme – Gesetzlich: Lohnverwaltung, Betreuung der Sozialversicherungen, Statistik Unterstützung der Geschäftsleitung und/oder Linienstellen bei **personalpolitischen, strategischen** und **planerischen** Entscheidungen – Auswertung von Mitarbeitergesprächen – Lohnvergleiche in der Branche Für das sogenannte **Tagesgeschäft** die Verfahren so gestalten, dass die Bedürfnisse der Anspruchsgruppen sowie **Trends** frühzeitig erkannt werden können. Benötigte Daten erfassen, nachführen, verarbeiten, auswerten und für Berichte und Präsentationen gestalterisch aufbereiten.

10.5 Betriebliche Mitwirkung der Mitarbeiter

Wenn die Mitarbeiter am Unternehmensgeschehen mitwirken können, erhöht das ihre **Arbeitszufriedenheit** und ihre **Identifizierung mit dem Unternehmen**. In der Schweiz wird diese Mitwirkung meistens durch freiwillige Vereinbarungen praktiziert und weniger (wie z. B. in Deutschland) aufgrund gesetzlicher Vorschriften. Ausnahme: Das Gesetz schreibt vor, dass die Arbeitnehmer (bzw. eine Arbeitnehmervertretung) bei Massenentlassungen ein **Anhörungsrecht** haben.

Man kann nicht nur verschiedene **Formen** (Intensitäten), sondern auch verschiedene **Ebenen** der Mitwirkung unterscheiden.

Formen der Mitwirkung	Ebenen der Mitwirkung
– Information der Mitarbeiter Sie gilt heute als selbstverständliches Minimum. Gespräche, Betriebsversammlungen, schriftliche Mitteilungen durch Rundschreiben, Anschlagbrett, Haus- und Personalzeitungen	**– Untere Ebene des Arbeitsplatzes** Fragen der Gestaltung des Arbeitsplatzes, der Sicherheit, der (individuellen) Arbeitszeit usw.
– Mitsprache Die Mitarbeiter können Einfluss nehmen durch Beratung und Anträge, ohne dass sie entscheiden können.	**– Mittlere, betriebliche Ebene** Hier geht es sowohl um den Personal- wie um den eigentlichen Produktionsbereich. Auf dieser Ebene haben Personalvertretungen grosse Bedeutung. Arbeitszeiten, Kurzarbeit, Entlassungen, Versicherungsfragen, Bewertungssysteme usw.
– Mitbestimmung Die Mitarbeiter können mitentscheiden, meistens über Betriebsräte oder andere Kommissionen. Haben Arbeitgeber und -nehmer das gleiche Stimmrecht, spricht man von paritätischen Ausschüssen.	**– Obere, unternehmerische Ebene** Hier fallen die wichtigsten Entscheide des Unternehmens. Auf dieser Ebene ist die Mitwirkung am wenigsten verbreitet, weil sie hohe Anforderungen stellt und nicht nur die Interessen des Produktionsfaktors Arbeit, sondern auch des Kapitals betrifft. Über Betriebsschliessungen, neue Produktionsprogramme, Standortverlegungen, Fusionen
– Selbstbestimmung Die Mitarbeiter entscheiden selbstständig, ohne Mitwirkung des Arbeitgebers. Selbstverwaltung von Freizeiteinrichtungen	

Eine häufig praktizierte, institutionalisierte Form der Mitwirkung ist das **Vorschlagswesen** in den Betrieben: Die Arbeitnehmer sind eingeladen, Vorschläge zu machen, z. B. wie ein Arbeitsablauf verbessert und Energie, Material oder Zeit eingespart werden könnte. Gute Vorschläge, die verwirklicht werden können, erhalten Auszeichnungen und Prämien.

Kontrollfragen

K 10.20 Bei welcher Form der Mitwirkung können die Mitarbeiter zwar Einfluss nehmen, aber nicht mitentscheiden?

K 10.21 Wie kann man eine Mitbestimmung bezeichnen, bei der Arbeitnehmer und Arbeitgeber gleich viel Stimmrecht haben?

K 10.22 In welchen Bereich gehört die Mitbestimmung …
a) bei der Gestaltung des Arbeitsplatzes?
b) bei Versicherungsfragen der Arbeitnehmer?
c) bei Fragen des Unternehmensstandortes?

→ Aufgaben 3, 4, 5, 6, 7

K 10.23 Warum wird die unternehmerische Mitbestimmung oft als problematisch betrachtet?

10.6 Auf den Punkt gebracht

Vier Aufgaben des Personalwesens:

1. Personalplanung

Bedarfs-ermittlung	– Wie viel Personal? – Welche Qualifikationen?			
Rekrutierung	– intern – extern (4 Schritte):			
	1. Anwerbung	2. Auswahl	3. Einstellung	4. Einarbeitung
	– Stelleninserat – Kontaktver-anstaltung	– Bewerbung – Interview – Assessment	Arbeitsvertrag	– Planung – Mentoring

2. Personalhonorierung

Lohnarten	– Zeitlohn, – Leistungslohn (Akkord, Prämien, Provisionen) – Erfolgsbeteiligungen
Lohnbestandteile	– Arbeitsplatzbewertung – soziale Aspekte – Leistungsbewertung

3. Personalführung

Leistungs-beurteilung	– Zielvereinbarung – Mitarbeitergespräch (MAG)
Aus-/Weiter-bildung	– Grundbildung – Weiterbildung (Karriereplanung)
Personal-portfolio	– Leistung und Potenzial – vier Kategorien: Workhorses, Stars, Deadwoods, Questionmarks
Personalaustritt	– Fluktuationsrate – Freistellung – Arbeitszeugnis (einfach/qualifiziert) – Sozialplan

4. Personaladministration

Personaldaten, Formulare, Kommunikation, Stabstelle, Lohnverwaltung, Zeiterfassung, Auswertungen, Berichte, Präsentationen, Statistiken

Betriebliche Mitwirkung

Weshalb?	– Arbeitszufriedenheit – Motivation – Identifizierung
Vier Formen/In-tensitäten	– Information (Anschlagbrett) – Mitsprache (Vorschlagswesen) – Mitbestimmung (Betriebsrat) – Selbstbestimmung (Zeitplan Kundenbesuche)
Drei Ebenen	– untere Ebene (Arbeitsplatz) – mittlere Ebene (Produktionsbereich, Personalfragen) – obere Ebene (Unternehmensstrategien)

Aufgaben zu Kapitel 10

1. Welches Stichwort passt jeweils nicht zum **hervorgehobenen** Fachbegriff? Begründen Sie kurz!

   a) **Stellenbeschreibung:** Stelleninserat, Aufgaben, Kompetenzen, Verantwortung.

   Ein Stelleninserat entspricht einer Stellenausschreibung und nicht -beschreibung.

   b) **Assessmentverfahren:** Kaderpositionen, Rollenspiele, Einstellungsinterview, externe Berater.

   Ein Einstellungsinterview wird erst beim zweiten Interview durchgeführt, i.d.R. nach dem erfolgreich absolvierten Assessmentverfahren.

   c) **Neue Arbeitsmodelle:** Fachkräftemangel, flexible Arbeitszeiten, Homeoffice, Probezeit.

   Eine Probezeit zu Beginn einer Anstellung wird seit Jahrzehnten praktiziert, ist nicht neu.

2. Welche der folgenden Aussagen sind richtig? Mit Begründung bei den falschen Sätzen.

		R	F
a)	Mithilfe der **Arbeitsplatzbewertung** gelingt es, eine vollständige Lohngerechtigkeit zu erreichen. Begründung: Eine vollständige Lohngerechtigkeit gibt es nicht, allein schon weil sie nicht objektiv definierbar ist.		✘
b)	Beim **Zeitlohn** ist der Leistungsanreiz für den Mitarbeiter grösser als beim Akkordlohn. Begründung: Der Leistungsanreiz ist grösser beim Akkordlohn.		✘
c)	Stücklohn und Prämienlohn sind **Leistungslöhne**. Begründung:	✘	

info@klv.ch

3. **Die Firmentreue**

«Der Lohn ist nicht das Wichtigste»

Arbeitgeber-Vertreter Markus Meier über Gründe für Firmentreue

Liestal. Wie treu Mitarbeitende einem Unternehmen gegenüber sind, hängt von vielen Faktoren ab. Die Höhe des Lohns ist längst nicht der wichtigste, sagt Markus Meier, Geschäftsführer des Verbands Arbeitgeber Baselland.

BaZ: Herr Meier, wie ist es heute Ihrer Einschätzung nach um die Firmentreue von Mitarbeitenden bestellt?

Markus Meier: Heute sind die Arbeitsverhältnisse in der Tendenz mit Sicherheit kurzlebiger als früher – bedingt durch häufigere Branchenwechsel der Arbeitnehmenden oder durch Unterbrüche bei Vollzeit-Weiterbildungen. Wir stellen aber immer wieder fest, dass es in vielen Unternehmen nach wie vor eine grosse Firmentreue gibt. Ein Indiz dafür sind die immer noch weit verbreiteten Prämienmodelle für Dienstjubiläen.

BaZ: Man könnte Dienstaltersgeschenke oder -prämien nicht nur als Belohnung, sondern ebenso als Ansporn interpretieren. Arbeitgeber sind an langfristigen Arbeitsverhältnissen interessiert.

Markus Meier: Durchaus. Denn sie profitieren vom Know-how erfahrener Mitarbeiterinnen und Mitarbeiter, die ihr Wissen auch an jüngere Kollegen weitergeben können. Zudem ist die Neubesetzung von Stellen für ein Unternehmen auch ein Kostenfaktor.

BaZ: Welche Rolle spielen beim Arbeitgeberwechsel bessere Verdienstmöglichkeiten an einem neuen Ort?

Markus Meier: Der Lohn mag ein Faktor sein. Grundsätzlich ist der Verdienst aber nur eine von vielen Komponenten. Die Zufriedenheit mit der Arbeit – man kann es auch Erfüllung nennen – und die äusseren Bedingungen wie zum Beispiel den Arbeitsweg stufe ich als bedeutender ein.

BaZ: Und das Arbeitsklima?

Markus Meier: Die Arbeit soll nicht bloss reine Pflichterfüllung sein. Der Mitarbeiter oder die Mitarbeiterin soll sich gefordert und gefördert fühlen und im Unternehmen eine Art zweite Familie finden. Das sind sehr gute Voraussetzungen für ein langes Arbeitsverhältnis.

BaZ: Gibt es bei der Firmentreue Unterschiede nach Branchen oder Unternehmenstyp?

Markus Meier: Ohne auf eine Statistik zurückgreifen zu können, würde ich sagen, dass handwerklich orientierte KMU und Familienbetriebe eher länger dauernde Arbeitsverhältnisse aufweisen. Dies auch, weil kleine und mittlere Unternehmen in wirtschaftlich schwierigeren Zeiten eher versuchen, ihre Mitarbeitenden möglichst lange zu halten. Im Dienstleistungssektor und in Grossunternehmen schätze ich die Personalfluktuation eher höher ein.

BaZ: Wer aufsteigen will, dürfte ohne Stellenwechsel einen schweren Stand haben. Wie weit stehen Karrieregelüste im Widerspruch mit der goldenen Uhr zum 25. Dienstjahr?

Markus Meier: Das muss kein Widerspruch sein. Mit Einsatzwille, Weiterbildungen und Fachabschlüssen kann man sich auch innerhalb eines Betriebes für höhere Funktionen empfehlen. Das wohl prominenteste Beispiel ist Marcel Ospel, der sich vom Banklehrling zum Konzernchef hochgearbeitet hat. Aber klar: Wenn ein Stuhl besetzt ist, dann ist er besetzt.

© Basler Zeitung|31.03.2012|Seite: bazab42

a) In welchen Betrieben ist die Firmentreue grösser, in welchen geringer?

   Grössere Firmentreue: handwerklich orientierte KMU und Familienbetriebe; geringere Firmentreue: Dienstleistungssektor und Grossunternehmen

b) Was führt – nach Meinung von Markus Meier – dazu, dass Angestellte eine Firma verlassen?

   Häufigere Branchenwechsel, Unterbrüche bei Vollzeit-Beschäftigungen, Lohn, Zufriedenheit mit der Arbeit, Arbeitsweg

c) Was sind die Vorteile der Firmentreue, also von einer geringen Fluktuation, für ein Unternehmen?

Unternehmen profitieren ...

... vom Know-how erfahrener Mitarbeiterinnen und Mitarbeiter.

... von der Weitergabe dieses Wissens an jüngere Kollegen.

... von Kostenersparnissen, weil die Neubesetzung von Stellen sehr teuer ist.

d) Aus welchen Gründen bleiben viele Angestellte ihrer Firma treu?

Mitarbeiter ...

... fühlen sich gefordert und gefördert.

... fühlen sich im Unternehmen sehr wohl (wie in einer Art zweiter Familie).

... haben Chancen aufzusteigen bei entsprechendem Einsatzwillen und Weiterbildungen.

4. Welche der folgenden Aussagen sind richtig? Mit Begründung bei den falschen Sätzen.

		R	F
a)	Das Vorschlagswesen eines Betriebes dient dazu, geeignete Mitarbeiter zur Beförderung vorzuschlagen. Begründung: Es dient dazu, dem Unternehmen Anregungen zur Verbesserung der Betriebsleistung vonseiten der Arbeitnehmer zu verschaffen.		✗
b)	Die bescheidenste Form der Mitarbeitermitwirkung besteht in der Information durch das Management. Begründung:	✗	
c)	Die in der Schweiz praktizierten Formen der Mitwirkung der Mitarbeiter sind grösstenteils gesetzlich vorgeschrieben. Begründung: In der Schweiz herrschen die freiwilligen Vereinbarungen bei Weitem vor.		✗
d)	Mitentscheidungen der Arbeitnehmer über die Arbeitszeit, die Personalversicherung und den Standort des Betriebes zählen zur Mitbestimmung auf betrieblicher Ebene. Begründung: Der Entscheid über den Standort des Unternehmens ist nicht Sache der betrieblichen, sondern der unternehmerischen Mitbestimmung.		✗
e)	Die verschiedenen Ebenen der Mitwirkung der Mitarbeiter sind: Information – Mitsprache – Mitbestimmung – Selbstbestimmung. Begründung: Dies sind nicht die Ebenen, sondern die Formen der Mitwirkung. Die Ebenen sind: betriebliche und unternehmerische Mitwirkung.		✗
f)	Eine Mitbestimmung der Arbeitnehmer kommt am ehesten infrage auf der unternehmerischen Ebene. Begründung: Eher auf betrieblicher Ebene, da auf unternehmerischer Ebene viele Arbeitnehmer nicht kompetent sind.		✗

5. Welche Argumente sprechen für und welche gegen eine **paritätische Mitbestimmung** der Arbeitnehmer?

    Argumente dafür:

    –   Garantie für Berücksichtigung der Arbeitnehmerinteressen

    –   Gleichberechtigung des Produktionsfaktors Arbeit gegenüber dem Kapital

    Argumente dagegen:

    –   Begrenzung des Entscheidungsspielraumes des Managements und der Kapitalgeber

    –   schwierigere Entscheidungsfindung bei komplexen Problemen

    –   Gefährdung von Produktions- und Rentabilitätszielen (auf kurze Sicht)

6. Welche Vorteile bringt ein gut ausgebautes **Vorschlagswesen** den Mitarbeitern und dem Unternehmen?

    Argumente dafür:

    –   Garantie für Berücksichtigung der Arbeitnehmerinteressen

    –   Gleichberechtigung des Produktionsfaktors Arbeit gegenüber dem Kapital

    Argumente dagegen:

    –   Begrenzung des Entscheidungsspielraumes des Managements und der Kapitalgeber

    –   schwierigere Entscheidungsfindung bei komplexen Problemen

    –   Gefährdung von Produktions- und Rentabilitätszielen (auf kurze Sicht)

7. Beantworten Sie mithilfe des **Organigramms**, des **Stelleninserats** sowie des Arbeitsvertrags in der **Dokumentation zur SWISSFAONLINE AG** folgende Fragen.

    a) Welche Inhalte im Arbeitsvertrag von Edith Blum können aus einer Stellenbeschreibung stammen?

        Nur die Aufgaben können aus einer Stellenbeschreibung stammen.

    b) Welche Mitarbeitenden der Swissfaonline AG (siehe Organigramm) sind beteiligt am Rekrutierungsprozess der neuen Kundendienstmitarbeiterin Edith Blum (siehe Stelleninserat)? Und welche Aufgaben nehmen die beteiligten Mitarbeitenden dabei wahr?

        Simone Türler, Personalwesen:

        Inserat verfassen und aufgeben, Korrespondenz, Administration,

        evtl. Vorselektion der eingegangenen Bewerbungen, Arbeitsvertrag verfassen

        Nico Müller, Kundendienst, Linienvorgesetzter der neuen Mitarbeiterin:

        Interviews führen, Entscheid bei engerer Auswahl von Kandidaten

Antworten zu den Kontrollfragen

10.1 Personalplanung, Personalhonorierung, Personalführung, Personaladministration

10.2 Ermittlung des zukünftigen Personalbedarfs abzüglich des vorhandenen Personalbestandes

10.3 **Stellenausschreibung** = Stelleninserat im Internet oder in Zeitungen.
Stellenbeschreibung = umfassende interne Beschreibung einer Stelle (inkl. z.B. Verantwortung und Kompetenzen)

10.4 Interview und Assessmentverfahren

10.5 Keine Gesetzesverstösse (OR, Arbeitsgesetz, Gleichstellungsgesetz); sonst Verhandlungssache

10.6 Nur der gut eingearbeitete Mitarbeiter versteht die Arbeitsabläufe, kann somit seine Fähigkeiten einsetzen und wird produktiv arbeiten.

10.7 Zeitlohn

10.8 Akkordlohn oder Stücklohn/Heimarbeit

10.9 Die Erfolgsbeteiligung: Anteil am Gewinn, Gratismitarbeiteraktien

10.10 Prämienlohn (Prämie bei geringem Ausschuss)

10.11 Fixum + (umsatzabhänigige) Provision

10.12 Beim Zeitlohn

10.13 a) Akkordlohn, Prämienlohn, Provision
b) Akkordlohn

10.14 Prämienlohn

10.15 Das MAG ist ein wichtiges Führungsinstrument zur Beurteilung und Entwicklung des Personals und damit bedeutend für die Qualität der Leistungserstellung.

10.16 Kritische, aber konstruktive Analyse des vergangenen Jahres (Zeitabschnittes); Wünsche und Potenziale des Mitarbeiters; Zielvereinbarung für den nächsten Zeitabschnitt

10.17 Die Unternehmen sorgen für ihren Personalnachwuchs und legen Wert darauf, dass die Mitarbeiter «à jour» bleiben, um den Herausforderungen der konkurrenzorientierten Märkte gerecht zu werden. Die gesellschaftspolitische Verantwortung wird ernst genommen.

10.18 Fluktuationsrate: Personalbestand Anfang Jahr 748. Ende Jahr:
748 + 32 – 40 = 740. Abgänge 40 in % vom Durchschnitt 744 = 5.4 %

10.19 Massnahmen zur Wiedereingliederung in die Arbeitswelt, Massnahmen zur sozialen Abfederung

10.20 Bei der blossen Mitsprache

10.21 Als paritätisch («pari» heisst gleich, «Parität» = Gleichheit)

10.22 a) In die betriebliche Mitbestimmung im Leistungsbereich
b) In die betriebliche Mitbestimmung im sozialen Bereich und Verfahren im finanziellen Bereich
c) In die unternehmerische Mitbestimmung

10.23 Weil sie hohe Anforderungen stellt und weil sie nicht nur die Arbeitnehmer, sondern auch die Rechte der Kapitalgeber (z.B. Aktionäre) stark betrifft.

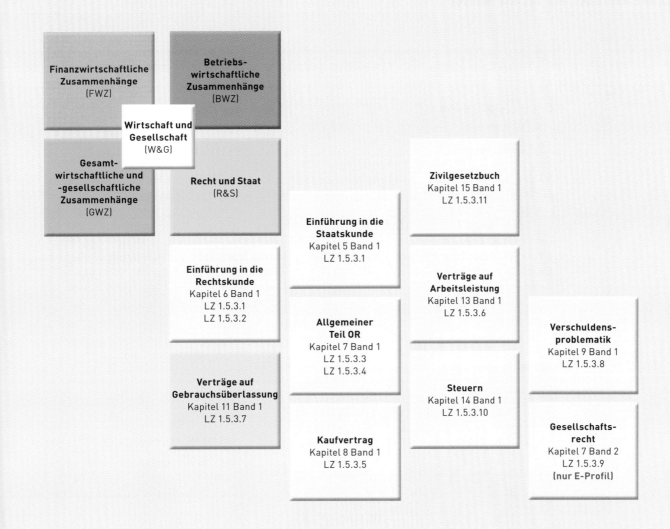

Finanzwirtschaftliche
Zusammenhänge
(FWZ)

Betriebs-
wirtschaftliche
Zusammenhänge
(BWZ)

Wirtschaft und
Gesellschaft
(W&G)

Gesamt-
wirtschaftliche und
-gesellschaftliche
Zusammenhänge
(GWZ)

Recht und Staat
(R&S)

Zivilgesetzbuch
Kapitel 15 Band 1
LZ 1.5.3.11

Einführung in die
Staatskunde
Kapitel 5 Band 1
LZ 1.5.3.1

Einführung in die
Rechtskunde
Kapitel 6 Band 1
LZ 1.5.3.1
LZ 1.5.3.2

Verträge auf
Arbeitsleistung
Kapitel 13 Band 1
LZ 1.5.3.6

Allgemeiner
Teil OR
Kapitel 7 Band 1
LZ 1.5.3.3
LZ 1.5.3.4

Verschuldens-
problematik
Kapitel 9 Band 1
LZ 1.5.3.8

Verträge auf
Gebrauchsüberlassung
Kapitel 11 Band 1
LZ 1.5.3.7

Steuern
Kapitel 14 Band 1
LZ 1.5.3.10

Gesellschafts-
recht
Kapitel 7 Band 2
LZ 1.5.3.9
(nur E-Profil)

Kaufvertrag
Kapitel 8 Band 1
LZ 1.5.3.5

Verträge auf Gebrauchs- überlassung

Kapitel 11

11   Verträge auf Gebrauchsüberlassung

Leistungsziele E-Profil (6 Lektionen)	Leistungsziele B-Profil (6 Lektionen)
1.5.3.7 **Mietvertrag**	1.5.3.7 **Mietvertrag**
Ich erkläre die Merkmale und Unterschiede der Miete, der Pacht und des Leasing. (K2)	Ich erkläre die Merkmale und Unterschiede der Miete und des Leasing. (K2)
Ich löse einfache Rechtsprobleme in den Bereichen missbräuchliche Mietzinsen, Mängel an der Mietsache und Kündigungsvorschriften (Termin, Frist) und zeige das Vorgehen bei Rechtsproblemen im Mietrecht auf. (K3)	Ich löse einfache Rechtsprobleme in den Bereichen missbräuchliche Mietzinsen, Mängel an der Mietsache und Kündigungsvorschriften (Termin, Frist) und zeige das Vorgehen bei Rechtsproblemen im Mietrecht auf. (K3)

Ein junges Paar, Laura Stocker und Sven Peters, lebt bisher in einer 2-Zimmer-Wohnung. Da sich Laura und Sven über die Nachwuchsplanung geeinigt haben, wollen sie heiraten und eine grössere Wohnung suchen, die Platz genug für zwei Kinder bietet. Sie stellen sich eine 4-Zimmer-Wohnung am Stadtrand vor, um die Ruhe der Grünzone und des Waldes geniessen zu können, ohne auf die Stadt verzichten zu müssen.

Ferner überlegt sich das Paar, dass sie rechtzeitig die Anschaffung eines grösseren Autos, eines Kombis, planen sollten.

Sollen sie eine Wohnung mieten oder kaufen?

Sollen sie ein Auto leasen oder kaufen?

Welche Vertragsarten kommen für das Paar infrage, wenn es sich nur den Gebrauch der Sache zusichern lassen will?

11.1   Übersicht über die Vertragsarten

Art. 253 OR	**Miete**	Eine Sache wird zum **Gebrauch** überlassen. Der Mieter zahlt einen Mietzins. Mietgegenstände sind z. B. Fahrzeuge, Wohn- und Geschäftsräume.
	Leasingvertrag	Eine Sache wird **langfristig** zum Gebrauch überlassen. Der Leasingnehmer zahlt eine Leasinggebühr.
Art. 275 OR	**Pacht**	Eine **nutzbare** Sache oder ein nutzbares Recht wird zum Gebrauch und zum Bezug der Erträgnisse überlassen. Der Pächter zahlt einen Pachtzins. Gepachtet werden z. B. landwirtschaftliche Betriebe oder Restaurants.
Art. 305 OR	**Gebrauchsleihe**	Eine Sache wird **unentgeltlich** zum Gebrauch überlassen.
Art. 312 OR	**Darlehen**	Übertragung des **Eigentums** an einer vertretbaren Sache oder an Geld. Eine gleiche, aber nicht dieselbe Sache bzw. die gleiche Summe Geld ist zurückzuerstatten.

In diesem Buch beschränken wir uns auf die Behandlung des Miet-, Leasing- und Pachtvertrages.

info@klv.ch

11.2   Mietvertrag

Die am häufigsten abgeschlossene Vertragsart, bei der die Gebrauchsüberlassung im Mittelpunkt steht, ist der Mietvertrag. Alltäglich werden Wohnungen, Geschäftsräume, Autos, Fahrräder, Musikinstrumente und andere Gegenstände gemietet. Die folgenden Ausführungen sind allgemeingültig. Aussagen in den Abschnitten 11.2.1 und 11.2.2, die nur für die Miete von Wohnungen und Geschäftsräumen gelten, sind deutlich hervorgehoben.

Hauseigentümer-
verband Schweiz

11.2.1   Abschluss und Beendigung des Vertrages

11.2.1.1 Abschluss
Das Gesetz schreibt generell für den Abschluss von Mietverträgen **keine Form** vor. Auch Mietverträge können grundsätzlich mündlich abgeschlossen werden.

Ratgeber Mietrecht

> Wird ein Mietvertrag für eine Wohnung ohne separate Abmachung zu den Nebenkosten abgeschlossen, kann der Vermieter steigende Heizölpreise nicht auf den Mieter überwälzen. Werden dagegen die Nebenkosten in einem schriftlichen Mietvertrag vereinbart, muss der Mieter steigende Heizkosten tragen.

Professionelle Vermieter legen ihren Kunden jedoch aus Beweis- und Sicherheitsgründen **Vertragsformulare** vor. Für Wohnungen und Geschäftsräume gibt es Formulare der Mieter- und der Hauseigentümerverbände mit ausführlichen «**Allgemeinen Bedingungen**», die integrierender (d. h. notwendiger, dazugehörender) Bestandteil des Vertrages sind.

Wird eine vermietete Wohnung veräussert, so geht das Mietverhältnis auf den Erwerber über und muss weitergeführt werden. Jedoch kann der neue Eigentümer kündigen, wenn er für die erworbenen Wohn- und Geschäftsräume **dringenden Eigenbedarf** geltend macht. Ausgenommen hiervon sind Mietverhältnisse, die im **Grundbuch vorgemerkt** sind. Jeder neue Eigentümer muss dann den Mietvertrag gegen sich gelten lassen und hat kein ausserordentliches Kündigungsrecht.

Art. 261 OR

Art. 261b OR

11.2.1.2 Beendigung
Bei einem Mietvertrag ist zu unterscheiden, ob er **befristet** oder **unbefristet** ist. Befristet ist ein Vertrag, der für eine bestimmte Dauer abgeschlossen wurde. Eine Kündigung ist **nicht** erforderlich, weil sich Mieter und Vermieter einig darüber sind, wann der gemietete Gegenstand zurückgegeben werden soll.

Ohne Kündigung
bei befristeten
Verträgen

> Sie mieten in den Ferien ein Auto oder eine Wohnung für eine Woche.

Die Kündigung eines Mietvertrages ist (wie beim Arbeitsvertrag) ein **empfangsbedürftiges Rechtsgeschäft**, d. h., sie muss beim Empfänger **eintreffen** (und nicht bloss bei der Post aufgegeben sein!), bevor die Kündigungsfrist zu laufen beginnt.

Mit Kündigung
bei unbefristeten
Verträgen

> Die ordentliche Kündigung einer **Wohnung** auf den 30. September muss bei einer Kündigungsfrist von drei Monaten den Empfänger **vor** dem 1. Juli erreichen.

Form der Kündigung

Für Wohnungen und Geschäftsräume muss die Kündigung

– **schriftlich** mitgeteilt werden.	*gilt für Mieter und Vermieter*	**Art. 266l Abs. 1 OR**
– **begründet** werden, wenn die andere Partei es verlangt.		**Art. 271 Abs. 2 OR**
– auf einem amtlich genehmigten **Formular** erfolgen.	*gilt für Vermieter*	**Art. 266l Abs. 2 OR**
– dem Mieter **und** seinem Ehegatten, seiner eingetragenen Partnerin oder seinem eingetragenen Partner **separat** zugestellt werden.	*gilt für Vermieter im Fall der Familienwohnung*	**Art. 266n OR**
– die **ausdrückliche Zustimmung** des Ehegatten, seiner eingetragenen Partnerin oder seines eingetragenen Partners enthalten.	*gilt für Mieter im Fall der Familienwohnung*	**Art. 266m OR** **Art. 169 ZGB**

Kündigungsfristen für

Art. 266c OR – **Wohnungen**: drei Monate
Art. 266d OR – **Geschäftsräume**: sechs Monate
Art. 266e OR – **Möblierte Zimmer**: zwei Wochen

Art. 266a OR
Ortsübliche Kündi-
gungstermine

Art. 264 OR

Der **Kündigungstermin** wird für Wohnungen und Geschäftsräume vielfach **ortsüblich** festgelegt. Übliche Termine sind das Monats- oder das Quartals**ende**. Sie können sich von Kanton zu Kanton unterscheiden. Die genannten gesetzlichen Kündigungsfristen und -termine gelten, sofern keine längere Frist oder kein anderer Termin vereinbart wurden.

Vorzeitige Rückgabe der Mietsache: Nach Gesetz hat der Mieter die Möglichkeit, vorzeitig aus dem Mietverhältnis auszutreten, sofern er dem Vermieter einen zumutbaren **Nachmieter** stellt, der zahlungsfähig und bereit ist, den Mietvertrag zu den gleichen Bedingungen zu übernehmen.

Art. 266f OR
Art. 266k OR

Die Miete einer beweglichen Sache
Der Mietvertrag einer **beweglichen Sache** kann jederzeit mit einer Frist von **drei Tagen** auf einen beliebigen Termin hin gekündigt werden. Achtung: Die kurze Frist von drei Tagen gilt nur für rein private Mietverhältnisse, z. B. zwischen Freunden und Bekannten. Wenn hingegen der **Vermieter** ein **Geschäfts- oder Gewerbebetrieb** ist, z. B. ein Autohändler, so muss der **Mieter** eine Kündigungsfrist von **30 Tagen** einhalten.

Kontrollfragen

K 11.1 Welche Kündigungsfrist und welcher Kündigungstermin gelten für ein gemietetes Klavier, wenn nichts darüber vereinbart wurde?

K 11.2 In welcher Form sind nach Gesetz Mietverträge abzuschliessen? In welcher Form werden sie in der Praxis abgeschlossen?

K 11.3 a) An welchem Datum muss eine Wohnungskündigung auf Ende März den Vertragspartner spätestens erreichen, wenn keine Kündigungsfrist vereinbart wurde?
b) Auf welchen Termin würde diese Kündigung wirksam, wenn sie einen Tag später beim Empfänger eintreffen würde? Siehe Art. 266a Abs. 2 OR

K 11.4 Ist eine vereinbarte Kündigungsfrist von einem Monat für eine Wohnung rechtsgültig (mit Begründung)? Siehe Art. 266a Abs. 1 OR

K 11.5 Unter welcher Bedingung kann ein Mieter aus dem Vertrag «aussteigen» ohne Kündigungsfrist bzw. -termin abwarten zu müssen?

K 11.6 Nennen Sie die Formvorschriften, die bei der Kündigung einer Familienwohnung gelten ...
a) ... für beide Parteien,   b) ... nur für Vermieter,   c) ... nur für Mieter.

11.2.2 Pflichten und Rechte im Mietvertrag

11.2.2.1 Pflichten und Rechte des Vermieters

Pflichten
Art. 256 OR
Art. 259a OR
Kleiner Unterhalt im
Mietrecht

Übergabe und Unterhalt des Mietobjektes
Der Vermieter muss den Mietgegenstand zum vereinbarten Zeitpunkt in tauglichem Zustand **übergeben** und **unterhalten**. **Grössere Reparaturen**, die durch normale Benützung nötig werden, sind vom Vermieter zu tragen. (Ersatz von Tapeten, Stoffstoren, Herdplatten und Kühlschrank). Hingegen gehen Reinigungen und der sogenannte **kleine Unterhalt** zulasten des Mieters (Ersatz von LED-Glühbirnen, Sicherungen, Rolladengurten, Dichtungen).

Art. 256a OR

Bekanntgabe des Mietzinses
Der Vermieter von Wohnungen und Geschäftsräumen muss auf Wunsch des Mieters den Mietzins des Vormieters bekannt geben und Einsicht in das Rückgabeprotokoll gewähren.

Rückstand des Mietzinses

Rechte

Wenn der Mieter mit der Zahlung fälliger Mietzinse oder Nebenkosten in Rückstand gerät, kann ihm der Vermieter **schriftlich** eine **Zahlungsfrist** setzen (mindestens 30 Tage bei Wohn- und Geschäftsräumen) und für den Fall des unbenützten Fristablaufs die **Kündigung androhen** (aber nicht schon kündigen!). Der **Vermieter von Geschäftsräumen** hat darüber hinaus ein **Retentions**- oder **Zurückbehaltungsrecht** an den pfändbaren beweglichen Sachen des Mieters in den gemieteten Räumen.

Art. 257d OR

Art. 268 OR

Mietzinsdepot

Bei der **Miete von Wohn- und Geschäftsräumen** darf der Vermieter eine Kaution verlangen, die auf ein Sparkonto oder ein Depot bei einer Bank einzuzahlen ist (bei Wohnraummiete höchstens drei Monatsmieten).

Art. 257e OR

11.2.2.2 Pflichten und Rechte des Mieters

Bezahlung des Mietzinses

Pflichten

Gemäss OR wäre der Mietzins am Ende jedes Monats zu zahlen; meistens wird jedoch Vorauszahlung vereinbart.

Art. 257c OR

Sorgfältiger Gebrauch des Mietgegenstandes

Der Mieter muss den gemieteten Gegenstand sorgfältig gebrauchen. Anderenfalls haftet er für den entstandenen Schaden. Dagegen kommt der Vermieter für normale Abnützung auf.

Art. 257f OR

Mieter haften nur bei übermässiger Abnutzung

> So wird angenommen, dass ein Spannteppich zehn Jahre hält. Ist beim Auszug des Mieters nach fünf Jahren der Ersatz des Teppichs wegen übermässiger Abnützung nötig, so muss der Mieter die Hälfte der Kosten tragen.

Übergabe des Mietobjektes

Rechte

Wenn der Mieter eine Wohnung oder einen Geschäftsraum übernimmt, sollte er dessen Zustand im Beisein des Vermieters genau prüfen und allfällige Mängel in einem **Antrittsprotokoll** (Mängelliste), unterschrieben von beiden Parteien, festhalten. Anderenfalls könnte er später für die Schäden haftbar gemacht werden.

Art. 256 OR

Hinterlegung des Mietzinses

Was kann der Mieter unternehmen, wenn der Vermieter einer unbeweglichen Sache Mängel, die von ihm zu beheben sind, nicht beseitigt? Der Mieter kann dem Vermieter schriftlich eine angemessene Frist zur Mängelbeseitigung setzen und ihm androhen, dass er bei unbenütztem Ablauf der Frist künftig fällige Mietzinse bei einer vom Kanton bezeichneten Stelle hinterlegt wird. Bei unbenütztem Fristablauf muss der Mieter dem Vermieter die Hinterlegung des Mietzinses allerdings nochmals schriftlich ankündigen. Die Hinterlegung fällt dahin, wenn der Mieter nicht innert Monatsfrist die Mietschlichtungsstelle anruft.

Art. 259g OR

Art. 259h OR

Untermiete

Darf der Mieter das Mietobjekt weitervermieten, z. B. ein Zimmer oder die ganze Wohnung? Grundsätzlich ja, sofern der Vermieter zustimmt (ausdrücklich oder stillschweigend). Nach einen BGE darf ein Mieter nur dann seine ganze Wohnung untervermieten, wenn er plant, in absehbarer Zeit wieder in seine Wohnung zurückzukehren. Der Vermieter kann die Zustimmung jedoch nicht nach Belieben verweigern, sondern nur in ganz bestimmten Fällen, die in Art. 262 Abs. 2 OR aufgeführt sind.

Art. 262 OR

Weiterführende Informationen zur Untermiete

K 11.7	Darf der Mieter einer Wohnung ein Zimmer weitervermieten (untervermieten)?
K 11.8	Wie hat der Vermieter vorzugehen, wenn sein Mieter mit der Zahlung des Mietzinses im Rückstand ist? Kann er ihm unmittelbar kündigen?
K 11.9	Wie kann der Mieter vermeiden, dass er später für Schäden haftbar gemacht wird, die beim Mietantritt schon bestanden?

Kontrollfragen

11.2.3 Mietzinshöhe bei unbeweglichen Sachen

Art. 269d OR Der Vermieter darf den Mietzins weder beliebig hoch ansetzen noch jederzeit erhöhen. Wenn er eine Erhöhung auf den nächstmöglichen Kündigungstermin wünscht, muss er dies dem Mieter wie folgt mitteilen:

a) auf einem vom Kanton genehmigten **Formular**;
b) mit **Begründung**;
c) mindestens **zehn Tage** vor Beginn der Kündigungsfrist.

Mietzinsreduktion
berechnen

Die «**Verordnung** über die Miete und Pacht von Wohn- und Geschäftsräumen» (SR 221.213.11; abgekürzt VMWG) und die «Zinssatzverordnung» (SR 221.213.111) enthalten zusätzlich zum OR detaillierte Vorschriften über die zulässigen Mietzinsen. Art. 12a VMWG sagt sogar genau, wie weit ein Steigen oder Fallen der Hypothekarzinssätze (bzw. des vom Eidgenössischen Departement für Wirtschaft, Bildung und Forschung [WBF] vierteljährlich bekannt gegebenen **Referenzzinssatzes**) sich auf den Mietzins auswirken darf oder muss. Grundsätzliche Erhöhungsgründe sind die Erhöhung des Referenzzinssatzes, wertvermehrende Renovationen und zu 40 % die aufgelaufene Teuerung.

Art. 269 ff. OR **Missbräuchlicher Mietzins:** Wenn der Mietzins missbräuchlich ist (also z. B. wenn mehr als 40 % der Teuerung überwälzt wird oder wenn der Mietzins trotz fallendem Referenzzinssatz auf Begehren des Mieters nicht gesenkt wird), so kann ihn der Mieter bei der **Schlichtungsbehörde** innert 30 Tagen **anfechten** (ausgenommen bei luxuriösen Wohnungen, grösseren Einfamilienhäusern und subventio-
Art. 253b OR nierten Genossenschaftswohnungen).

Kontrollfragen **K 11.10** Welche drei Formalitäten hat der Vermieter zu beachten, wenn er den Mietzins erhöhen will?

K 11.11 Warum verlangt das Gesetz die Einhaltung der erwähnten Frist?

11.2.4 Schlichtungsbehörden

Die Kantone setzen Schlichtungsbehörden ein, die bei der **Miete unbeweglicher Sachen** …

Art. 201 Abs. 2 ZPO … die Parteien in allen Mietfragen beraten;
Art. 208 ZPO … in Streitfällen versuchen, eine Einigung zwischen den Parteien herbeizuführen;
Art. 210 ZPO … in gewissen Fällen einen Urteilsvorschlag unterbreiten;
… die nach dem Gesetz erforderlichen Entscheide fällen.

Art. 271 f. OR **Anfechtung der Kündigung:** Eine Kündigung, die gegen den Grundsatz von **Treu und Glauben** ver-
Art. 273 OR stösst, kann man anfechten. Die Anfechtung muss innert 30 Tagen bei der Schlichtungsbehörde erfolgen. Das Verfahren ist kostenlos.

> Der Vermieter kündigt dem Mieter, um einen höheren Mietzins durchzusetzen oder um ihn zum Kauf der Wohnung zu veranlassen oder auch bloss, um ihn zu schikanieren oder sich zu rächen.

Im Gegensatz zum Arbeitsrecht, wo bei missbräuchlicher Kündigung kein Recht auf Wiedereinstellung besteht, ermöglicht das Mietrecht bei erfolgreicher Anfechtung der Kündigung eine andere Lösung: Der Mieter kann in der Wohnung verbleiben.

Art. 272 OR **Erstreckung des Mietverhältnisses:** Wenn eine Kündigung für den Mieter oder seine Familie eine Härte zur Folge hätte – die auch nach Würdigung der Interessen des Vermieters bestehen bleibt –, so
Art. 272b OR kann die **Schlichtungsbehörde** das Mietverhältnis erstrecken (für Wohnräume insgesamt um vier Jahre, für Geschäftsräume um sechs Jahre). Gegen den Entscheid der Schlichtungsbehörde kann noch der Richter (**Mietgericht**) angerufen werden.

Kontrollfragen

K 11.12 Wie kann sich ein Wohnungsmieter gegen eine missbräuchliche Erhöhung des Mietzinses wehren oder gegen eine Kündigung, die gegen Treu und Glauben verstösst? Wie hat er vorzugehen (wie, wo, wann)?

K 11.13 Wer ist zuständig für die Erstreckung des Mietverhältnisses auch gegen den Willen des Vermieters ...
a) ... in erster Linie?   b) ... in zweiter Linie?

K 11.14 Welche staatliche Stelle gibt es für die Beratung der Vertragsparteien?

→ Aufgaben
1, 2, 3, 4, 5, 6, 7, 8

11.3   Leasingvertrag

Der Leasingvertrag ist im OR nirgends geregelt, weil das Leasing erst in neuerer Zeit aufgekommen ist (engl. to lease = mieten, vermieten, pachten oder verpachten). Viele Leasingverträge gleichen einem **Mietvertrag**, andere wieder eher einem **Kaufvertrag**.

Auch Maschinen werden häufig geleast.

Angenommen, ein Unternehmen benötige **Investitionsgüter** wie Maschinen, Computer, Fahrzeuge usw. Diese kann es sich entweder durch Kauf oder durch Miete beschaffen. Daneben gibt es aber auch die Möglichkeit des Leasings: Zwischen die beiden Partner schaltet sich eine **Leasinggesellschaft** ein, die das gewünschte Objekt kauft und es dem Leasingnehmer gegen Bezahlung regelmässiger **Leasinggebühren (Leasingraten)** für eine bestimmte Zeit zum Gebrauch überlässt (**indirektes Leasing**). Die Leasinggesellschaft übernimmt die Anschaffungskosten der Investition. Der Leasingnehmer zahlt eine monatliche, konstante Leasingrate, die die Anschaffungs-, Finanzierungs- und sonstigen Nebenkosten des Leasinggebers deckt. Neben Investitionsgütern können auch **Konsumgüter**, also Güter, die für den privaten Gebrauch bestimmt sind (z. B. Möbel, Privatfahrzeuge), geleast werden. Im Fall des Konsumgüterleasings ist das Konsumkreditgesetz (KKG) zu beachten.

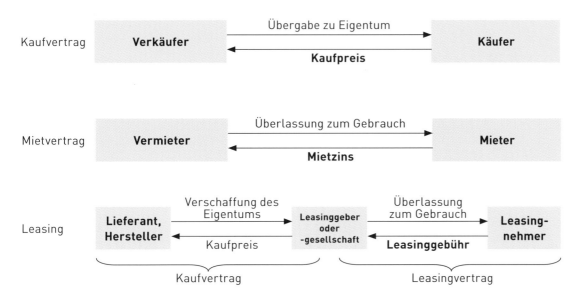

So gesehen, gleicht der Leasingvertrag einem **Mietvertrag**, doch mit folgenden Unterschieden:

- Der Leasingvertrag wird meist auf **längere Zeit**, z. B. für fünf Jahre oder für die ganze Gebrauchs-dauer des geleasten Objektes fest, d. h. beidseitig **unkündbar** abgeschlossen, was für den Leasing-nehmer eine Härte bedeuten kann.
- Eventuell übernimmt der Leasinggeber noch zusätzliche Dienstleistungen wie **Service und Unter-halt** des Objekts.

Beim **direkten Leasing** (Herstellerleasing) wird der Leasingvertrag direkt zwischen dem Hersteller bzw. Lieferanten und dem Leasingnehmer abgeschlossen.

Gemäss KKG hat der Leasinggeber beim Konsumgüterleasing drei **Pflichten:**

- Kreditprüfung
- Abfrage und Meldung bei der Informationsstelle für Konsumkredit (IKO)
- Meldung an die IKO, wenn ein Rückstand von mehr als drei Raten besteht

Die Gründe des Leasingnehmers für den Abschluss eines Leasingvertrages sind vor allem:

1. Er braucht kein Kapital zur Anschaffung wie bei einem Kauf, sondern kann die Kosten in Form der Leasingraten **allmählich zahlen** (Prinzip des «pay as you earn»).
2. Er kann die **Kosten** für die nächsten Rechnungsperioden besser **planen**, da sie vom Leasinggeber vorausberechnet werden.
3. Dank «Service und Unterhalt inbegriffen» ist das Leasing für ihn **bequemer** als Miete oder Kauf, oft aber auch viel kostspieliger.

Kontrollfragen

K 11.15 Wie heissen die beiden Vertragsparteien im indirekten Leasing?

K 11.16 Bei welcher Art von Leasing tritt zwischen Lieferant und Bezüger (Benützer) keine be-sondere Leasinggesellschaft?

K 11.17 Für welche Art von Gütern kommt das Investitionsgüterleasing vor allem infrage?

K 11.18 Wer ist Eigentümer des Leasingobjekts während der Vertragsdauer?

→ Aufgabe 9

K 11.19 Welche drei wichtigsten Vorteile bietet das Leasing dem Leasingnehmer im Vergleich zu Kauf und Miete?

info@klv.ch

11.4 Pachtvertrag

Durch einen Pachtvertrag verpflichtet sich der Verpächter, dem Pächter eine **nutzbare Sache** oder ein **nutzbares Recht** zum Gebrauch **gegen Entgelt** zu überlassen. Die Früchte oder Erträgnisse darf der Pächter behalten und hat dafür einen **Pachtzins** zu zahlen.

Art. 275 OR

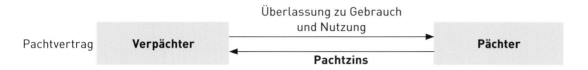

- Ein Bauer pachtet ein landwirtschaftliches Grundstück oder einen Landwirtschaftsbetrieb.
- Ein Wirt pachtet eine Mensa in einer Fachhochschule.
- Ein Fischer pachtet die Fischereirechte für einen See in den Alpen.
- Ein Unternehmer pachtet das Recht zur Ausbeutung einer Kiesgrube.

Der **Pächter** muss die Sache sorgfältig gemäss ihrer Bestimmung bewirtschaften, insbesondere für nachhaltige Ertragsfähigkeit sorgen. Somit muss er kleinere Reparaturen vornehmen sowie Geräte und Werkzeuge von geringem Wert ersetzen.

Art. 283 OR

Der **Verpächter** dagegen ist verpflichtet, grössere Reparaturen an der Sache, die während der Pachtzeit notwendig werden, auf eigene Kosten vorzunehmen.

Art. 279 OR

Die für die Pacht geltenden Bestimmungen werden durch **Regelungen des Mietrechts** ergänzt. So gelten für die Pacht von Wohn- und Geschäftsräumen auch die Bestimmungen über den Schutz vor missbräuchlichen Mietzinsen und den Kündigungsschutz.

Art. 253b OR
Art. 300 OR

Für Pachtverträge im landwirtschaftlichen Bereich gilt das **Bundesgesetz über die landwirtschaftliche Pacht (LPG),** das z. B. für die erstmalige Verpachtung einzelner Grundstücke sechs Jahre als Mindestpachtdauer vorsieht. Das OR findet Anwendung, wenn das LPG keine Regelung trifft.

K 11.20 Wie heissen die Vertragsparteien eines Pachtvertrags?

Kontrollfragen

K 11.21 Was sind die «Früchte oder Erträgnisse» bei einem Pachtvertrag für
   a) ein landwirtschaftliches Grundstück?
   b) ein Hotel?
   c) Fischereirechte?
   d) Ausbeutung einer Kiesgrube?

K 11.22 Was ist der Unterschied zwischen einem Miet- und einem Pachtvertrag?

→ Aufgabe 10, 11

11.5 Auf den Punkt gebracht

Miete (Art. 253 ff. OR)

Eine Sache wird zum Gebrauch überlassen. Der Mieter zahlt einen Mietzins. Mietgegenstände sind z. B. Fahrzeuge, Wohn- und Geschäftsräume.

Vermieter → **Mieter**

Mietzins
Überlassung zum Gebrauch

Leasing

Eine Sache wird langfristig zum Gebrauch überlassen. Der Leasingnehmer zahlt eine Leasinggebühr.

Lieferant — **Leasinggeber** — **Leasingnehmer**

Kaufpreis / Eigentum
Leasinggebühr / Überlassung zum Gebrauch
Kaufvertrag
Leasingvertrag

Pacht (Art. 275 ff. OR)

Eine produktive Sache wird zum Gebrauch überlassen. Der Pächter erzielt Erträge und zahlt einen Pachtzins, z. B. bei landwirtschaftlichen Betrieben, Restaurants.

Verpächter → **Pächter**

Pachtzins
Überlassung nutzbare Sache zum Gebrauch und Bezug der Früchte

---

Abschluss

Formlos: Es ist keine Formvorschrift vorhanden. Es gilt Art. 11 OR. Aus Beweisgründen in der Regel dennoch schriftlich.

Pflichten des Vermieters

Übergabe des Mietgegenstandes (Art. 256 OR) Zum vereinbarten Zeitpunkt in einem tauglichen Zustand. Auskunftspflicht (Art. 256a OR) Einsicht in Rückgabeprotokoll und Mietzinshöhe des letzten Mieters.

Schlichtungsbehörden sind kantonal geregelt.
Ziel:
– Parteien in allen Mietfragen beraten
– In Streitfällen Einigungen herbeizuführen
– Urteilsvorschläge zu unterbreiten
– Erforderliche Entscheide zu fällen

Pflichten des Mieters

Bezahlung Mietzins (Art. 257 und Art. 257c OR)

Zahlungsrückstand des Mieters (Art. 257d OR) Schriftliche Zahlungsfrist bei Wohn- und Geschäftsräumen 30 Tage Sofern nicht innerhalb dieser Frist bezahlt wird: Kündigungsfrist bei Wohn- und Geschäftsräumen 30 Tage auf Ende eines Monats

Postwege nicht berücksichtigt

Keine Mietzinszahlung / Mahnung mit Zahlungsfrist — Ende der Zahlungsfrist — Ende der Kündigungsfrist — Zulässiger Kündigungstermin

z. B. bis 06. Juni — 30 Tage — 06. Juli — 30 Tage — 05. August — 31. August

Mietzinshöhe (Art. 269 und Art. 269d OR) Erhöhungen müssen wie folgt mitgeteilt werden:
– Auf einem vom Kanton genehmigten Formular
– Mit Begründung

Kaution (Art. 257e OR) Maximum drei Monatsmieten für Wohnräume. Hinterlegung auf ein Sparkonto bei der Bank lautend auf den Namen des Mieters. Retentionsrecht nur bei Vermietung von Geschäftsräumen (Art. 268 OR)

info@klv.ch

Mängel während Mietdauer

Kleinere Mängel gehen zu Lasten des Mieters, z. B. Ersatz von LED Glühbirnen, Sicherungen, Dichtungen.

Werden **Mängel vom Vermieter nicht beseitigt, so kann der Mieter verlangen,** dass der Vermieter (Art. 259a OR):
– Mangel beseitigt – Mietzins senkt – Schadenersatz leistet

Wird der **Mangel durch den Vermieter nicht in angemessener Zeit beseitigt, so kann der Mieter** (Art. 259b OR):
– fristlos kündigen – auf Kosten des Vermieters den Mangel beseitigen lassen

Mieter kann für die Beseitigung des Mangels eine angemessene Frist setzen und schriftlich androhen, die **Mietzinsen bei einer vom Kanton genehmigten Stelle zu hinterlegen** (Art. 259a Abs. 2 i. V. m. Art. 259g OR).

Wechsel des Eigentümers

Mietverhältnis geht auf neuen Eigentümer über (Art. 261 OR)
Der neue Eigentümer kann jedoch bei Wohn- und Geschäftsräumen auf den nächsten gesetzlichen Termin unter Einhaltung der Kündigungsfrist kündigen, sofern dringender Eigengebrauch geltend gemacht wird.

Untermiete

Mit Zustimmung des Vermieters erlaubt (Art. 262 OR)
Vermieter kann Zustimmung nur in folgenden Fällen verweigern:
– Mieter weigert sich Bedingungen der Untermiete bekanntzugeben.
– Bedingungen der Untermiete im Vergleich zum Hauptmieter übertrissen hoch.
– Vermieter erleidet wesentliche Nachteile durch Untermiete.

Beendigung

Befristete Verträge (Art. 266 OR)
Keine Kündigung notwendig. Mietverhältnis endet mit Ablauf der vereinbarten Dauer.

Unbefristete Verträge (Art. 266a ff. OR)
Fristen gemäss OR können nur verlängert, nicht aber verkürzt werden.

Form (Art. 266l OR) – Schriftlich (Mieter) – Qualifizierte Schriftlichkeit (Vermieter) – vom Kanton genehmigtes Formular
– falls Wohnung der Familie muss der Vermieter beiden Partner die Kündigung separat zustellen (Art. 266n OR)

Kündigungsfristen (Art. 266c, Art. 266d und Art. 266e OR)
– Wohnungen 3 Monate, Geschäftsräume 6 Monate und möblierte Zimmer 2 Wochen.
– Falls nicht anders vereinbart, gelten die Fristen auf den nächsten ortsüblichen Termin, wo es keine gibt auf Ende eines Monats.
– Vorzeitige Rückgabe der Sache möglich, wenn ein zumutbarer Nachmieter zu gleichen Bedingungen gestellt wird.

Annahme: Wohnraum, nur zwei ortsübliche Termine

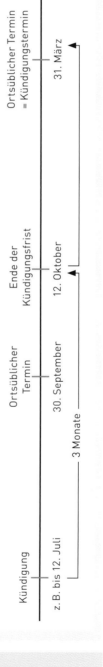

Kündigung — Ortsüblicher Termin — Ende der Kündigungsfrist — Ortsüblicher Termin = Kündigungstermin

z. B. bis 12. Juli — 30. September — 12. Oktober — 31. März

3 Monate

gen bei der Schlichtungs-behörde anfechtbar.

Anfechtung Kündigung
[Art. 271 ff. OR]
Kündigungen sind anfechtbar, wenn diese gegen Treu und Glauben verstossen. Frist 30 Tage (Art. 273 OR).

Erstreckung des Miet-verhältnisses
[Art. 272 ff. OR]
Wenn Kündigung eine Härte bedeutet kann das Mietverhältnis bis zu vier Jahre, (Wohnräume) respektive bis zu sechs Jahre (Geschäftsräume), erstreckt werden.

Aufgaben zu Kapitel 11

1. Die folgenden Vereinbarungen stammen aus **Mietverträgen für Wohnungen**. Vergleichen Sie sie mit den angegebenen OR-Artikeln. Welche weichen von den ergänzenden Bestimmungen ab und welche widersprechen den zwingenden?

   a) Der Mieter hat kein Recht auf Einsicht in die Belege der Heizabrechnung des Vermieters, Art. 257b OR.

   Widerspruch zu Art. 257b Abs. 2 OR, wo es heisst: «Der Vermieter muss dem Mieter auf Verlangen Einsicht in die Belege gewähren.» Deshalb nicht zulässig.

   b) Ist der Mieter mit der Zahlung fälliger Mietzinse im Rückstand, so kann der Vermieter den nächsten Kündigungstermin kündigen, Art. 257d OR.

   Widerspruch zu Art. 257d OR, deshalb nicht zulässig. Kündigung mit sofortiger Wirkung nicht erlaubt, sondern erst deren Androhung für den Fall, dass die gesetzte Zahlungsfrist nicht eingehalten wird.

   c) Der Vermieter kann vom Mieter als Sicherheit sechs Monatszinsen zum Voraus verlangen, Art. 257e Abs. 2 OR.

   Widerspruch zu Art. 257e Abs. 2 OR, der höchstens drei Monatszinse als Sicherheit erlaubt, die zudem bei einer Bank hinterlegt werden müssen.

   d) Veräussert der Vermieter das Haus, so gilt das Mietverhältnis als aufgelöst («Kauf bricht Miete»), Art. 261 OR.

   Widerspruch zu Art. 261 OR. Der frühere Grundsatz «Kauf bricht Miete» gilt bei Wohn- und Geschäftsraummiete nicht mehr.

info@klv.ch

e) Die Kündigungsfrist wird beidseitig in Abweichung von Art. 266c OR auf zwei Monate festgesetzt Art. 266a OR.

Widerspruch zu Art. 266a Abs. 1 OR. Die in Art. 266c OR genannte Frist von drei Monaten darf

wohl verlängert, nicht aber verkürzt werden.

f) Der Vermieter hat für verfallene Mietzinsen ein Retentionsrecht an den beweglichen Sachen, die sich in den vermieteten Räumen befinden, Art. 268 OR.

Widerspruch zu Art. 268 Abs. 1 OR. Nach dem aktuellem Mietrecht gibt es das Retentionsrecht

bei Wohnräumen nicht mehr, sondern nur noch bei Geschäftsräumen.

g) Der Vermieter muss dem Mieter eine allfällige Mietzinserhöhung mindestens zehn Tage vor deren Inkrafttreten mündlich oder schriftlich mitteilen, Art. 269d OR.

Widerspruch zu Art. 269d OR. 1. Die Mitteilung muss nicht zehn Tage vor deren Inkrafttreten

erfolgen, sondern vor Beginn der Kündigungsfrist. 2. Sie hat auf einem amtlich genehmigten

Formular zu geschehen.

h) Eine Mietzinserhöhung während der Mietdauer kann der Mieter anfechten, nicht jedoch den Anfangsmietzins bei Beginn des Mietvertrages, Art. 270 OR.

Widerspruch zu Art. 270 OR. Der Mieter kann grundsätzlich auch den Anfangsmietzins anfechten.

i) Erfolgt eine formgerechte/rechtzeitige Kündigung, haben die Parteien kein Recht auf Einspruch, Art. 271 OR.

Das Recht auf Anfechtung ist zwingend (Art. 271 OR) und darf nicht durch widersprechende

Vereinbarungen umgangen werden (Art. 273c OR).

Die Antworten zeigen durchwegs, dass das Mietrecht die Vertragsparteien, insbesondere den Mieter als schwächeren Partner, in ihren Rechten stark schützt und darum die Vertragsfreiheit spürbar einschränkt.

2. **Die kalte Wohnung**

Das Ehepaar Susanne und Fritz Kurz wohnt seit acht Jahren in einer 3½-Zimmer-Wohnung in Bettingen, die Herr Gustav Lang aus Riehen vermietet. Während einer Kälteperiode im Januar funktioniert plötzlich die Heizung nicht mehr. Die Zimmertemperatur ist auf 13 Grad gesunken. Frau Kurz meldet diesen Vorfall. Eine Woche später ist die Heizung immer noch nicht repariert.

a) Was kann das Ehepaar Kurz vom Vermieter verlangen?

Gesetzesanalyse						Anwendung des Gesetzesartikels auf die Situation
Gesetz →	OR	**Artikel** →	259a	**Absatz** →	1	
Tatbestands-merkmal(e) (TBM)	– An der Mietsache ist ein Mangel entstanden. – «Der Mieter hat diesen Mangel nicht zu verantworten oder zu beseitigen.» – Der vertragsmässige Gebrauch der Sache ist gestört.					Der Ausfall der Heizung im Winter ist ein Mangel an der Mietsache. Das Ehepaar Kurz hat den Mangel nicht verschuldet, hat ihn also nicht zu verantworten; zudem handelt es sich nicht um einen kleinen Mangel i. S. v. Art. 259 OR, sodass es ihn auch nicht zu beseitigen hat. Der vertragsmässige Gebrauch der Mietsache ist gestört, weil eine ungeheizte Wohnung im Winter nicht bewohnbar ist (13 Grad Zimmertemperatur sind nicht zumutbar).
Rechtsfolge(n) (RF)	– Beseitigung des Mangels (lit. a) – Herabsetzung des Mietzinses (lit. b) – Ersatz des Schadens (lit. c)					Das Ehepaar kann darauf bestehen, dass die Heizung umgehend repariert wird, und eine Mietzinsreduktion verlangen. Allfällige Schäden (Übernachtung im Hotel, Stromkosten durch Elektro-Ofen) sind zudem zu ersetzen.
Aussage bezüglich Situation	Der Vermieter muss dafür sorgen, dass die vermietete Wohnung in tauglichem Zustand erhalten bleibt. Hierzu gehört der Unterhalt der Heizung. In einer Frostperiode muss eine ausgefallene Heizung umgehend repariert werden, da es den Mietern nicht zumutbar ist, in ihrer Wohnung bei deutlich unter 20 Grad Celsius zu verharren. Der Vermieter muss diese Kosten übernehmen. (Alternativ könnte dieser Fall über Art. 259b ff. OR gelöst werden.)					

b) Die Familie Kurz lässt die Heizung wieder instand setzen. Den Rechnungsbetrag (CHF 760.00) und die Umtriebskosten (CHF 200.00) zieht der Mieter von der März-Miete ab. Wie ist die Rechtslage?

Der Mieter kann wegen Nichterfüllung der Pflichten des Vermieters (s. o.) Schulden im Mietverhältnis verrechnen (Art. 265 OR). Hat der Mieter einen Schaden erlitten, so muss der Vermieter den Schaden ersetzen (Art. 259b OR).

c) Im November kommt der Sohn des Vermieters, Franz Lang, aus London heim, um an der Universität Basel zu studieren. Er möchte in der 3½-Zimmer-Wohnung der Familie Kurz wohnen.

c1) Wie muss der Vermieter vorgehen, wenn er der Familie Kurz kündigen will? Beschreiben Sie die Vorgehensweise von Gustav Lang.

Der Vermieter kann mit Einhaltung einer dreimonatigen Kündigungsfrist das Mietverhältnis auflösen (Art. 266c OR). Die Kündigung muss auf einem kantonalen Formular erfolgen

(Art. 266l Abs. 2 OR) und rechtzeitig an den Mieter gelangen. Die Kündigung muss an beide

Ehegatten separat gesendet werden (Art. 266n OR).

c₂) Die Familie Kurz ist mit der Kündigung gar nicht einverstanden. Was kann sie dagegen tun?

Die Familie Kurz kann innert 30 Tagen nach dem Empfang der Kündigung diese Kündi-

gung anfechten (Art. 271 OR) oder die Erstreckung des Mietverhältnisses (Art. 272 OR)

verlangen. Sie muss ein solches Begehren bei der Mietschlichtungsstelle einreichen

(Art. 273 Abs. 1 OR).

c₃) Wie beurteilen Sie die Erfolgschancen für die Familie Kurz?

Als gering. Für eine erfolgreiche Anfechtung der Kündigung müsste ein Verstoss gegen

Treu und Glauben vorliegen, der aber hier nicht ersichtlich ist. Und eine Mieterstreckung

beim dringendem Eigenbedarf, den der Vermieter geltend macht, ist im Fall der Familie

Kurz auch wenig aussichtsreich.

3. Am 7. Juli stellt der Vermieter fest, dass der Wohnungsmieter den **Mietzins** für den Juni noch nicht bezahlt hat. Gemäss Mietvertrag muss der Mietzins jeweils am 1. des Monats im Voraus bezahlt sein.

a) Entscheiden Sie mithilfe von Art. 257d OR, an welchem Tag das Mietverhältnis endet, wenn der Vermieter am 8. Juli den Mieter schriftlich mahnt und im Übrigen alles unternimmt, um den Mieter so schnell wie möglich aus der Wohnung ausweisen zu können, und der Mieter in keiner Weise auf die Interventionen des Vermieters reagiert.

Datum   30. September (Kündigung im August auf Ende September)

b) Der Vermieter fordert neben dem Mietzins auch noch Verzugszins auf dem Juni-Mietzins.

b₁) Entscheiden Sie, ab welchem Zeitpunkt sich der Mieter mit der Zahlung des Mietzinses für den Juni in Verzug befindet. Begründung mit einem Satz und dem einschlägigen Gesetzesartikel.

Ab 1. Juni. Mit der Vertragsbestimmung, dass der Mietzins jeweils am Ersten des Monats

fällig ist, wurde ein Verfalltag verabredet, Art. 102 Abs. 2 OR.

b₂) Wie hoch ist der Verzugszins, den der Vermieter fordern darf? (Begründen Sie Ihre Antwort mit Angabe des massgeblichen Gesetzesartikels.)

5 %, Art. 104 Abs. 1 OR

4. Fritz Blum und seine Ehefrau haben im Pfeffergässlein 6 in Basel eine schöne 3-Zimmer-Altbau-
   wohnung. Die Miete beträgt bis jetzt CHF 1 075.00. Nun hat Herr Fritz Blum zusammen mit seiner
   Ehefrau ein Einfamilienhaus in Aesch übernommen. Er will am 26. Mai kündigen und sein Haus
   am 2. Juni beziehen. Sein Sohn will die alte Mietwohnung ab Juni übernehmen. Die Vermieterin,
   Immobilien Basel, ist mit dem **neuen Mieter** einverstanden. Sie will aber noch einen Monat Zeit
   bekommen, um die Wohnung zu reparieren. Der neue Mietzins für den Sohn Bruno Blum beträgt
   CHF 1 250.00.

   a) Wie muss Fritz Blum bei der Kündigung vorgehen?

   Der Mieter hat schriftlich unter ausdrücklicher Zustimmung des Ehegatten zu kündigen

   (Art. 266l und m OR). Der Kündigungstermin ist einzuhalten, sonst gilt die Kündigung auf den

   nächstmöglichen Kündigungstermin (Art. 266a OR). Der 26. Mai ist rechtzeitig.

   b) Muss Fritz Blum ab 31. Mai noch einen Mietzins zahlen?

   Nein, denn der Mieter gibt das Mietobjekt vorzeitig zurück und kann einen neuen zumutbaren

   Mieter stellen, der bereit ist, den Mietvertrag zu den gleichen Bedingungen zu übernehmen. So

   ist er von seinen Verpflichtungen gegenüber dem Vermieter befreit (Art. 264 OR).

   c) Was kann der neue Mieter unternehmen, wenn er den Mietzins für ungerechtfertigt hält?

   Innert 30 Tagen nach Übernahme kann der Mieter eine Einsprache bei der Mietschlichtungs-

   stelle einreichen, um gegen eine übersetzte Erhöhung der Miete vorzugehen. Die Erhöhung

   entspricht aber längst noch dem orts- und quartierüblichen Mietzins (Art. 270 OR).

5. Aus der Beratungspraxis: Hausordnung

Was können wir gegen lärmende Nachbarn tun?

Die Mieter in der Wohnung unter uns machen regelmässig Lärm. Sie reden nicht in normaler Lautstärke miteinander, sondern schreien. Ihr kleines Kind weint und schreit fast jeden Abend. Der Lärm dauert häufig bis spät in die Nacht hinein. Was können wir tun? (K-Tipp 07/2012)

© www.mieterverband.ch

Aus der Hausordnung ist bekannt:

Lärm

Von 12.00 bis 13.00 Uhr sowie von 22.00 bis 06.00 Uhr ist besondere Rücksicht auf die Mitbewohner zu nehmen. Staubsaugen und andere lärmige Tätigkeiten sind während dieser Zeiten zu unterlassen.
Radio, Stereoanlagen und Fernseher sind auf Zimmerlautstärke einzustellen.

Das Spielen von Instrumenten ist während der Mittags- und Nachtruhe grundsätzlich untersagt. In den anderen Zeiten darf nicht länger als zwei Stunden am Tag musiziert werden.

Bei Feiern aus besonderem Anlass sollten alle Mitbewohner rechtzeitig informiert werden.

Der Vermieter mahnt den lärmenden Mieter, sich an die Hausordnung zu halten. Die Konflikte, die bei den Nachbarn zu dem Lärm führen, können diese aber offenbar nicht lösen. Die nächtliche Ruhestörung hält auch im Mai weiter an, sodass die Mitbewohner kaum zu der erforderlichen Nachtruhe kommen. Was kann der Vermieter gemäss OR unternehmen?

Gesetzesanalyse						Anwendung des Gesetzesartikels auf die Situation
Gesetz →	OR	**Artikel** →	257f	**Absatz** →	3	
Tatbestands-merkmal(e) (TBM)	– Pflicht zur Rücksichtnahme durch Mieter verletzt. – dies trotz einer schriftlichen Abmahnung – Dem Vermieter und den Hausbewohnern ist die Fortsetzung des Mietverhältnisses nicht mehr zuzumuten.					Hier nehmen die Mieter keine Rücksicht, obwohl schriftlich gemahnt wurde. Vermieter und die anderen Hausbewohner wollen die andauernde Ruhestörung nicht mehr hinnehmen.
Rechtsfolge(n) (RF)	Der Vermieter kann bei Wohnräumen mit einer Frist von 30 Tagen auf das Ende eines Monats kündigen.					Der Vermieter wird den Mietvertrag auf Ende Juni kündigen.
Aussage bezüglich Situation	Hält sich ein Mieter trotz Mahnungen des Vermieters wiederholt nicht an die Hausordnung, kann der Vermieter auf Ende des nächsten Monats kündigen.					

6. **Aus der Beratungspraxis: Ersatzmieter**

Nur Einzelpersonen als Ersatzmieter?

Ich habe meine Wohnung ausserterminlich per Ende März gekündigt. Auf der Suche nach Ersatzmietern für meine 2-Zimmer-Wohnung hat sich ein lediges Paar gemeldet. Die beiden haben keine Kinder, keine Betreibungen, sie arbeiten und sind zahlungsfähig. Nun lehnt mein Vermieter dieses Paar als Ersatzmieter ab. Er beruft sich auf eine Klausel im Mietvertrag. Dort steht, dass die Wohnung nur an Einzelpersonen vermietet wird. Muss ich jetzt einen Single als Ersatzmieter suchen? © K-Tipp 5/2012

Gesetzesanalyse							Anwendung des Gesetzesartikels auf die Situation
Gesetz →	OR	**Artikel** →	264	**Absatz** →	1		
Tatbestandsmerkmal(e) (TBM)	1. Mieter hält die Kündigungsfrist nicht ein. 2. Mieter schlägt einen zumutbaren neuen Mieter vor. 3. Dieser muss zahlungsfähig sein und bereit sein, den Mietvertrag zu den gleichen Bedingungen zu übernehmen.						Hier liegt eine ausserterminliche Kündigung vor. Ein lediges Paar ist zumutbar. Offenbar ist das Paar zahlungsfähig. Die Bereitschaft ist vorhanden.
Rechtsfolge(n) (RF)	Mieter ist von seinen Verpflichtungen gegenüber dem Vermieter befreit.						Der Mieter muss keinen Single als Ersatzmieter suchen.
Aussage bezüglich Situation	Der ausziehende Mieter hat alle Bedingungen für einen vorzeitigen Ausstieg aus dem Mietvertrag erfüllt und hat keine weiteren Verpflichtungen mehr gegenüber dem Vermieter.						

info@klv.ch

7. Aus der Beratungspraxis: Lebensdauer von Wohnungseinrichtungen

> Ich ziehe aus einer Wohnung, in der ich sechs Jahre meines Lebens verbrachte. Beim Auszug reklamiert der Vermieter, dass der Spannteppich und der Herd erneuert bzw. ersetzt werden müssen. Im Prinzip sehe ich das ein, weil ich so manche tolle Party feierte. Aber muss ich die kompletten Kosten tragen? Ich habe von einer Lebensdauertabelle gehört. Was bedeutet das?

Zusatzinformation: Hauseigentümer und Mieterverband haben sich auf einheitliche Standards bezüglich Abnützungen geeinigt. Es handelt sich um ein 80-seitiges Dokument. Auszüge aus dieser Tabelle:

Auszug aus der paritätischen Lebensdauertabelle HEV Schweiz / MieterInnenverband
kU *) = kleiner Unterhalt durch die Mieterschaft

Sockelleisten:			**Geschirrspüler**	15 Jahre
Buchen- / Eichenholz	25 Jahre		*Ersatz, Richtpreis pro Stk.: 2300.-*	
Ersatz, Richtpreis pro m: 20.-			**Herde:**	
Kunststoff / furniert	15 Jahre		Backbleche	
Ersatz, Richtpreis pro m: 15.-			Gaseinbauherd (mit Backofen)	15 Jahre
Spannteppiche:			*Ersatz, Richtpreis pro Stk.: 2500.-*	
mittlere Qualität	10 Jahre		Glaskeramikkochfeld	15 Jahre
Ersatz, Richtpreis pro m²: 80.-			*Ersatz, Richtpreis pro Stk.: 1300.-*	
Teppiche:			Herdplatten elektrisch (konventionell)	15 Jahre
Kugelgarn	8 Jahre		*Ersatz, Richtpreis pro Stk.: 90.-*	
Ersatz, Richtpreis pro m²: 0.-			Induktionskochfeld	15 Jahre
Nadelfilz	8 Jahre		*Ersatz, Richtpreis pro Stk.: 1400.-*	
Ersatz, Richtpreis pro m²: 60.-			Kochherd und Backofen	15 Jahre
Naturfaserteppiche (Sisal-Kokos)	10 Jahre		*Ersatz, Richtpreis pro Stk.: 1800.-*	
Ersatz, Richtpreis pro m²: 150.-			**Küchenabdeckung:**	
Türen, innen und aussen:			Chromstahl	25 Jahre
Metall	30 Jahre			

---

a) Welche Lebensdauer ist im vorliegenden Fall relevant?

Spannteppiche: Lebensdauer 10 Jahre

Kochherd: Lebensdauer 15 Jahre

b) Wie lösen Sie den Fall? Nehmen wir an, dass der Ersatz der Teppichböden CHF 3 000.00 und des Kochherds CHF 1 000.00 kostet.

Gemäss Art. 267 OR muss die Wohnung in einem Zustand zurückgegeben werden, der einem vertragsgemässen Gebrauch entspricht. Das ist hier wohl nicht der Fall. Spannteppiche und Kochherd dürften Abnutzungserscheinungen haben, die einem Gebrauch von sechs Jahren entsprechen. Die entsprechenden Abschreibungen muss sich der Vermieter entgegenhalten lassen. Somit ergeben sich als Schadenersatz für den Mieter beim Teppich CHF 1 200.00 (= 40 % von CHF 3 000.00, denn 60 % sind abgeschrieben) und beim Kochherd CHF 600.00 (= 60 % von CHF 1 000.00, denn 40 % sind abgeschrieben).

8. **Beendigung des Mietverhältnisses gemäss Art. 266 OR**
   Setzen Sie in das Ablaufschema die OR-Artikel und die Kündigungsfrist ein.

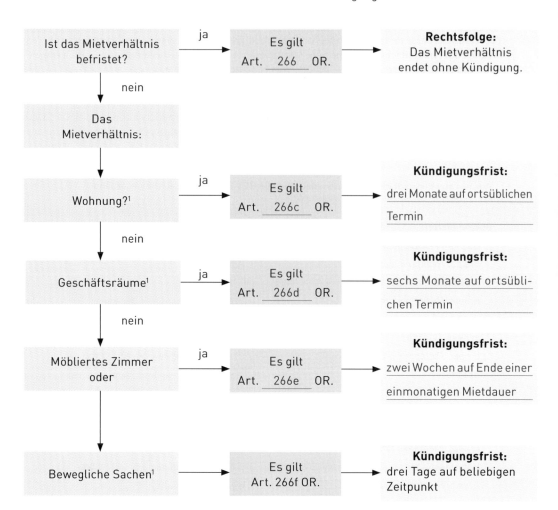

9. In der Schweiz beträgt die Leasingquote bei neu zugelassenen Pkws mehr als 50 %. Schon mancher dieser Autofahrer musste jedoch nach einigen Monaten ungetrübten Autofahrens feststellen, dass ihn die monatlichen Leasingraten zu stark belasten. Da der **Leasingvertrag** meist für 36 oder 48 Monate abgeschlossen wird und ein vorzeitiger Ausstieg gesetzlich garantiert ist, sollte der Leasingnehmer wissen, wie viel er zu zahlen hat, wenn er dieses Recht wahrnehmen will. Im Leasingvertrag muss tabellarisch dargestellt werden, wie hoch der Saldo zugunsten der Leasinggesellschaft ist (Art. 11 KKG) .
   Wirtschaftlich gesehen ist die Abfindung wie folgt begründbar: «Die Leasingrate ist während der gesamten Leasingdauer immer gleich hoch. Die effektive Abschreibung eines Fahrzeuges jedoch ist immer degressiv. Wird nun der Leasingvertrag vorzeitig aufgelöst, entspricht die effektive Abschreibung des Fahrzeuges nicht der theoretischen, durchschnittlichen Abschreibung, die in der Leasingrate kalkuliert wurde. Das heisst: Am Anfang ist der Wertverlust hoch, danach immer kleiner. Diese Differenz wird bei vorzeitigem Vertragsende ausgeglichen.» (Quelle: *www.comparis.ch*)

   a) Neuerdings bieten einzelne Autoversicherer eine Versicherung zur Bezahlung der Leasingrate bei Arbeitslosigkeit oder bei krankheits-/unfallbedingter Arbeitsunfähigkeit an. Welches Risiko soll hiermit versichert werden? In welcher Situation hilft die Versicherung nicht?

   Bei Arbeitslosigkeit oder Arbeitsunfähigkeit ist es aufgrund des geminderten Einkommens

   schwierig, die monatlichen Leasingraten zu begleichen. Hier springt die Versicherung ein,

   sodass das Auto nicht vorzeitig zurückgegeben werden muss und eine hohe Abschreibungs-

---

1 Als Kündigungstermin ist auch das Ende einer drei- bzw. sechsmonatigen Mietdauer möglich – also beispielsweise der 6. April, in der Praxis gilt allerdings meistens das ortsübliche Ende eines Monats.

differenz fällig wird. Ehescheidungen oder Trennungen bewirken sehr oft, dass die Partner

ihren gewohnten Lebensstandard einschränken müssen. Die genannte Versicherung hilft hier

nicht weiter.

b) Überlegen Sie sich, welche Nachteile das Leasing für den Leasingnehmer hat.

Leasen ist immer teurer als kaufen.

Höhere Fixkosten (Vollkasko-Versicherung obligatorisch)

In der Regel über mehrere Jahre an Vertrag gebunden

c) Sind die Bestimmungen des KKG auch anwendbar auf die durch ein Unternehmen geleasten Autos? Mit Begründung.

Nein. Der Leasingnehmer ist kein Konsument.

10. Setzen Sie die folgenden Wörter in den Lückentext ein:
   Kundenstamm, Mobiliar, Nutzung, Obligationenrechts, Pachtvertrag, Pachtzins, Rechte.

Bei der Pacht überlässt der Verpächter dem Pächter eine nutzbare Sache bzw. ein nutzbares

Recht gegen Zahlung eines Entgelts (= _____Pachtzins_____). Der _____Pachtvertrag_____ ist

dem Mietvertrag sehr ähnlich, wobei folgende Unterschiede bestehen:

– Mit einem Pachtvertrag können nicht nur Sachen, sondern auch _____Rechte_____ über-

  lassen werden.

– Beim Pachtvertrag kommt zusätzlich hinzu, dass die Sache oder das Recht nicht nur zum Ge-

  brauch überlassen wird, sondern auch zur _____Nutzung_____ .

Deshalb liegt bei einem Restaurant ein Pachtvertrag nur dann vor, wenn der Verpächter das Re-

staurant inkl. _____Mobiliar_____ und _____Kundenstamm_____ dem Pächter über-

lässt. Für die Pacht eines Schrebergartens gilt: Wird ein Schrebergarten gegen Entgelt zur Nut-

zung überlassen, handelt es sich regelmässig um ein Pachtverhältnis, auf das die Regeln

des _____Obligationenrechts_____ anzuwenden sind.

siehe
Kapitel 16.7

11. Die Swissfaonline AG hatte ab dem 1. Februar 2014 einen Büroraum etwas ausserhalb des Zentrums von Zug gemietet (siehe Dokumentation). Dieser Raum wurde für die Verwaltung verwendet, die die Finanzbuchhaltung und das Personalwesen beinhaltet. Im September 2016 haben sich Reto Weber, Mario Torricelli und Milica Nikolic geeinigt, den Büroraum aufzugeben und die Verwaltung in Zukunft im Hauptsitz in Baar ZG anzusiedeln.

Hierzu hat Reto Weber als Geschäftsführer der Swissfaonline AG den Vermieter des Büroraumes am 15. September 2016 angerufen und mitgeteilt, dass sie auf den 31. März 2017 den Mietvertrag kündigen.

Nachdem die Büroräumlichkeit durch die Swissfaonline AG geräumt wurde, bat Reto Weber den Vermieter, die Übergabe am Freitag, 31. März 2017, durchführen zu können. Dieser entgegnete jedoch, dass es keine Übergabe an diesem Datum geben wird, da der Mietvertrag noch gar nicht gekündigt worden war.

a) Welchen Punkt hat Reto Weber bei der Kündigung nicht berücksichtigt? Geben Sie den relevanten Gesetzesartikel inklusive Absatz an.

Art. 266l Abs. 1 OR

Reto hätte schriftlich kündigen müssen.

b) Zu welchem Zeitpunkt endet das Mietverhältnis, wenn Reto am 5. April 2017 vorschriftsgemäss kündigt? Geben Sie den relevanten Gesetzesartikel an.

Art. 266d OR

Das Mietverhältnis endet am 31. März 2018.

c) Welche Alternative bietet sich der Swissfaonline AG an, um bereits vor diesem Termin aus dem Mietvertrag entlassen zu werden?

Man könnte einen Nachmieter vorschlagen.

Antworten zu den Kontrollfragen

11.1 Im privaten Bereich drei Tage auf beliebigen Termin (Art. 266f OR); wenn Vermieter Geschäftsbetrieb ist: 30 Tage (Art. 266k OR)

11.2 Laut Gesetz formlos möglich, in der Praxis fast immer schriftlich mittels Vertragsformular.

11.3 a) Am 31. Dezember des Vorjahres
  b) Auf den nächsten Kündigungstermin (je nach Ortsgebrauch 30. April, 30. Juni oder erst 30. September), vgl. Art. 266a Abs. 2 OR

11.4 Nein, weil nur eine Verlängerung, aber keine Verkürzung der gesetzlichen Frist von drei Monaten zulässig ist. Vgl. Art. 266a Abs. 1 OR

11.5 Wenn er dem Vermieter einen anderen, zumutbaren Mieter stellt.

11.6 a) schriftlich/Begründung auf Verlangen   c) Zustimmung des Ehegatten
  b) mit Formular/an Ehegatten separat

11.7 Untermiete ja, wenn der Vermieter zustimmt; er kann die Zustimmung nur in den im Gesetz genannten Fällen verweigern (Art. 262 Abs. 2 OR).

11.8 Zahlungsfrist ansetzen (schriftlich, bei Wohnungen mindestens 30 Tage) und Kündigung androhen (Art. 257d Abs. 1 OR). Kündigung nicht mit sofortiger Wirkung erlaubt.

11.9 Indem er bei Mietantritt ein vom Vermieter mitunterschriebenes Antrittsprotokoll (Mängelliste) erstellt.

11.10 Amtlich genehmigtes Formular – Begründung – mindestens zehn Tage vor Beginn der Kündigungsfrist

11.11 Damit der Mieter Bedenkzeit für eine rechtzeitige Kündigung hat.

11.12 Anfechtung – bei der Schlichtungsbehörde – innert 30 Tagen (Art. 270b OR bzw. Art. 273 Abs. 1 OR)

11.13 a) Die Schlichtungsbehörde   b) Der Richter (z. B. Mietgericht)

11.14 Die Schlichtungsbehörde

11.15 Leasinggeber (oder Leasinggesellschaft) und Leasingnehmer

11.16 Beim direkten (oder unechten) Leasing

11.17 Für Investitionsgüter (auch Produktionsgüter genannt, im Gegensatz zu Konsumgütern)
Beispiele: Maschinen, Fahrzeuge, Fabrikeinrichtungen, Computer, Büroeinrichtungen

11.18 Der Leasinggeber (so wie bei der Miete der Vermieter Eigentümer der Sache bleibt; Leasingnehmer wie Mieter werden nur Besitzer, aber nicht Eigentümer)

11.19 – kein grosser Kapitalbedarf
  – kosten im Voraus bekannt
  – bequem dank Service und Unterhalt (oft auch Austausch gegen neueste Modelle)

11.20 Pächter und Verpächter

11.21 a) Die Ernte, also Getreide, Obst u. a.   c) Der Fischertrag
  b) Die Mieteinnahmen   d) Der Kiesertrag

11.22 Bei beiden Vertragsarten geht es um den Gebrauch einer Sache. Der Pächter möchte – im Gegensatz zum Mieter – durch den Gebrauch **direkt** «Früchte oder Erträgnisse» gewinnen, also ein **Einkommen** erzielen. Er gebraucht nicht nur die Sache, sondern er nutzt sie auch.

Personalwesen
Kapitel 10 Band 1
LZ 1.5.2.5

Aufbauorganisation
Kapitel 3 Band 1
LZ 1.5.2.4

Unternehmensmodell
Kapitel 2 Band 1
LZ 1.5.2.1
LZ 1.5.2.2
LZ 1.5.2.3

Versicherungs-
wesen
Kapitel 12 Band 1
LZ 1.5.2.8

Marketing
Kapitel 4 Band 1
LZ 1.5.2.6
LZ 1.5.2.7

Finanzierung und
Kapitalanlage
Kapitel 8 Band 2
LZ 1.5.2.9

Finanzwirtschaftliche
Zusammenhänge
(FWZ)

Betriebs-
wirtschaftliche
Zusammenhänge
(BWZ)

Wirtschaft und
Gesellschaft
(W&G)

Gesamt-
wirtschaftliche und
-gesellschaftliche
Zusammenhänge
(GWZ)

Recht und Staat
(R&S)

Versicherungswesen

Kapitel 12

12 Versicherungswesen

Leistungsziele W&G E-Profil 10 Lektionen	Leistungsziele W&G B-Profil 10 Lektionen
1.5.2.8 Risiken, Vorsorge und Versicherungen Ich beurteile anhand einfacher Fallbeispiele die Notwendigkeit folgender Versicherungen für eine Privatperson: – AHV / IV / EO – Berufliche Vorsorge – Arbeitslosenversicherung (ALV) – Krankenversicherung – Unfallversicherung (UVG) – Lebensversicherung – Privathaftpflichtversicherung – Motorfahrzeugversicherung (Kasko und Haftpflicht) – Mobiliarversicherung (K6) Ich wende dabei die folgenden Begriffe an: Drei-Säulen-System Unter- und Überversicherung Regress Selbstbehalt (K3)	**1.5.2.8 Risiken, Vorsorge und Versicherungen** Ich beurteile anhand einfacher Fallbeispiele die Notwendigkeit folgender Versicherungen für eine Privatperson: – AHV / IV / EO – Berufliche Vorsorge – Arbeitslosenversicherung (ALV) – Krankenversicherung – Unfallversicherung (UVG) – Lebensversicherung – Privathaftpflichtversicherung – Motorfahrzeugversicherung (Kasko und Haftpflicht) – Mobiliarversicherung (K6) Ich wende dabei die folgenden Begriffe an: Drei-Säulen-System Unter- und Überversicherung Regress Selbstbehalt (K3)

«Wie versichern wir unseren Betrieb und unsere Mitarbeiter?» und *«Welche Versicherungen sind obligatorisch, welche freiwillig?»* Diese Fragen sind im Unternehmenskonzept bei den **Verfahren** einzuordnen. Die Absicherung finanzieller Risiken ist Bestandteil des **finanziellen Konzeptes**. Andere, z. B. gewisse Sozialversicherungen, gehören zum **sozialen Konzept**.

Ein **Ziel** des **Sozialen Konzepts** kann es sein, eine gute Sozialpolitik für die Mitarbeiter anzubieten (in Bezug auf Vorsorge gegen Unfall, Tod usw.). **Mittel** im **sozialen Konzept** können z. B. Mitarbeiter sein, die nicht mit der Leistungserstellung zu tun haben, sondern z. B. im Lohnbüro arbeiten und Auskunft zu den Sozialversicherungen und PK-Bedingungen geben können.

12.1 Grundgedanke der Versicherung: Das Solidaritätsprinzip

Wer eine Versicherung abschliesst, will sich gegen die finanziellen Folgen eines **ungewissen Ereignisses** absichern. So soll z. B. die Hagelversicherung dem Landwirt, dessen Felder von einem Hagelschlag getroffen werden, den erlittenen Schaden vergüten. Dies ist jedoch nur möglich, wenn sich die vielen, die von einer solchen Gefahr bedroht sind, rechtzeitig durch Abschluss einer Versicherung einer **«Gefahrengemeinschaft»** anschliessen. Jeder innerhalb der Gemeinschaft zahlt Prämien in eine «gemeinsame Kasse» ein und finanziert somit solidarisch die Entschädigung derjenigen Versicherten, die von einem Schadenfall betroffen sind. Durch dieses **Prinzip** der **Solidarität** findet eine **Risikoübertragung** und **Risikoverteilung** vom Einzelnen auf die Gemeinschaft statt.

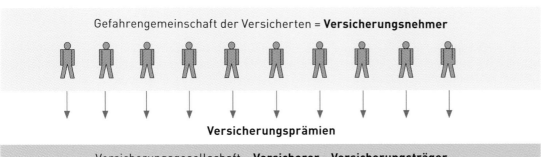

Gefahrengemeinschaft der Versicherten = **Versicherungsnehmer**

Versicherungsprämien

Versicherungsgesellschaft = **Versicherer = Versicherungsträger**

Versicherungsleistungen

Von einem Schadenereignis Betroffene
(Geschädigte)

Je grösser die Zahl der Versicherungsnehmer, desto eher kann die Versicherungsgesellschaft aus den bisherigen Erfahrungen den Umfang der künftigen Schadenereignisse abschätzen und die Höhe der **Prämien** festlegen. Es lässt sich eine Regelmässigkeit erkennen, ob und wie viele Mitglieder der Gefahrengemeinschaft von einem bestimmten Ereignis (Schaden) betroffen sein werden. Dieses **«Gesetz der grossen Zahl»** spielt besonders in der Renten- und Lebensversicherung eine wichtige Rolle, wo die durchschnittliche Lebenserwartung der Versicherten aufgrund von Statistiken (Sterbetafeln) genau ermittelt werden kann.

> Für den einzelnen Menschen ist der Zeitpunkt des Todes in der Regel völlig ungewiss. Statistisch gesehen lässt sich jedoch recht genau sagen, ob und wie viele Menschen im nächsten oder übernächsten Jahr sterben werden.

K 12.1   Was stellt die Gesamtheit aller Versicherten nach dem Grundgedanken der Versicherung dar?   **Kontrollfragen**

K 12.2   Was bewirkt das Solidaritätsprinzip? Nennen Sie mindestens zwei Stichworte.

K 12.3   Wie heisst der Fachausdruck
a)   für die Versicherungsgesellschaft?
b)   für die Person, die mit ihr einen Versicherungsvertrag abschliesst?

K 12.4   Was besagt das «Gesetz der grossen Zahl» in der Versicherung?   **→ Aufgabe 1**

12.2 Risikoanalyse & -management

Alle Menschen streben nach Sicherheit. Sie möchten ihre Existenz vor Störungen schützen. Privatpersonen, Unternehmen und der Staat versuchen, die **äussere** (objektive) **Sicherheit** durch besondere Massnahmen zu erhalten: Hier ist in erster Linie der Abschluss von Versicherungsverträgen zu nennen, aber auch die vermehrte Beanspruchung der Dienstleistungen von Sicherheitsunternehmen (z. B. Securitas) und der Ausbau von Überwachungsanlagen.

Mit dem Begriff **innere** (subjektive) **Sicherheit** wird das Gefühl der Geborgenheit umschrieben, die ein Mensch fühlt, der sich in seelischem Gleichgewicht befindet. Innere Sicherheit wird nicht primär durch Versicherungsschutz, sondern durch die Beziehung zu anderen Menschen (Familie, Freunde usw.) gewonnen.

In den letzten Jahrzehnten ist der Anteil des Einkommens, der für freiwillige und obligatorische Versicherungen aufgewendet wird, in den hochentwickelten Ländern markant gestiegen. Der Ausdruck «Vollkasko-Mentalität» spiegelt die geänderte Einstellung der Menschen wider.

Exkurs: Rückversicherung, die Versicherung für Versicherungen

Wenn eine Versicherungsgesellschaft ein sehr grosses Risiko zu versichern hat, wird sie einen Teil davon bei einer oder mehreren anderen Gesellschaften oder bei einer eigentlichen Rückversicherungsgesellschaft weiter versichern.

> Grosskatastrophenrisiken wie Absturz eines Jumbojets, Brand einer Ölplattform im Meer, Naturkatastrophen wie Hurrikane und Taifune, oftmals mit Schäden in Milliardenhöhe

Durch die **Rückversicherung** wird eine **Verteilung** (Übertragung, Abwälzung) **solcher Risiken** auf mehrere Versicherer, auch international und weltweit, erreicht. Ohne Rückversicherung wäre eine Absicherung extrem hoher Risiken nicht möglich. Eine ähnliche Wirkung (Risikoverteilung) wird erreicht durch den Zusammenschluss mehrerer Versicherer in einem **Versicherungspool,** in dem ein Risiko von den beteiligten Versicherungsgesellschaften gemeinsam nach bestimmten Anteilen getragen wird.

Um den Trend der zunehmenden Versicherungsausgaben zu stoppen, sollten Risiken **analysiert** (Schritt 1–3) und **eigenverantwortlich gemanagt** werden:

info@klv.ch

① Risiko erkennen und bewerten	**Im privaten Bereich** – Ausfall von Arbeitseinkommen durch Krankheit, Unfall, Tod – Beschädigung, Zerstörung und Verlust von materiellen Gütern durch Brand, Wasser, Diebstahl, Unfall usw. – vertragliche Haftung (Arbeitsvertrag) und Kausalhaftung (Haftung des Familienhaupts, des Tierhalters, des Hauseigentümers, des Motorfahrzeughalters) **Im Unternehmen** – Risiken infolge des Ausfalls von Mitarbeitern – Risiken an Sachen wie Gebäuden, Betriebseinrichtungen, Vorräten, Bargeld, Geschäftsunterlagen durch Brand, Wasser usw. – Forderungsrisiken: Zahlungsunfähigkeit von Kunden – Ertragsrisiken: Absatzmärkte brechen ein – Haftungsrisiken: Vertragliche Haftung (Kaufverträge, Auftrag, Werkvertrag), Kausalhaftung (Haftung des Geschäftsherrn, Produktehaftung)
② Risiko vermeiden oder	**Im privaten Bereich** Auf extrem risikoreiche Aktivitäten und Risikosportartenverzichten (Base-Jumping, Motocross-Rennen oder Tauchen in einer Tiefe von mehr als 40 Metern) **Im Unternehmen** Keine Produkte verkaufen, die nicht den neuesten Erkenntnissen von Technik und Wissenschaft entsprechen (Produktehaftung)
③ Risiko vermindern	**Im privaten Bereich** Schutzkleidung tragen (Lederanzug beim Motorradfahren) **Im Unternehmen** Überwachungsanlagen zur **Schadensverhütung** Technische Massnahmen (Feuerlöscher) und Ausbildung des Personals zur **Schadensherabsetzung**
④ Risiko selber tragen oder	**Im privaten Bereich** Auf Versicherung verzichten bei **Bagatellrisiken**, die nicht die wirtschaftliche Existenz des Geschädigten gefährden (Bruch eines Snowboards) **Im Unternehmen** Rückstellungen bilden, mit denen kleinere bis mittlere Schäden abgedeckt werden können (Wirtschaftlichkeitsüberlegungen, ob es wohl günstiger ist, eine Versicherung abzuschliessen)
⑤ Risiko überwälzen	**Im privaten Bereich** Abschluss einer Versicherung bei grösseren Risiken **Im Unternehmen** – Versicherung abschliessen – Vertragsbedingungen so gestalten, dass der Geschäftspartner bestimmte Risiken übernimmt (Beschränkung der Garantieleistungen) – Kursrisiken für Fremdwährungen im Aussenhandel abwälzen (z. B. Termingeschäfte)
⑥ Risiko überwachen	**Im privaten Bereich** – Höhe der Versicherungssumme regelmässig überprüfen (v. a. bei Hausratversicherung) – Versicherungsarten geänderten Lebensverhältnissen anpassen (z. B. Heirat) **Im Unternehmen** – Risikoanalyse regelmässig wiederholen – neue Risiken durch veränderte Produktpalette erkennen

12.3 Finanzierung der Versicherungsleistungen

Die **laufenden Ausgaben** (Zahlung von Versicherungsleistungen an Versicherte) einer Versicherung können durch zwei unterschiedliche Verfahren gedeckt werden.

2. Säule

Umlageverfahren	Die laufenden Einzahlungen der Versicherten (z. B. AHV-Lohnprozente, Prämien für Hausratsversicherungen) werden direkt für die Auszahlung an die Versicherungsnehmer verwendet (z. B. für Rentner, Witwen, Deckung von Wasserschäden).
Kapitaldeckungsverfahren	Der Versicherungsnehmer zahlt für eine versicherte Leistung ein (z. B. Pensionskassen-Lohnprozente, Beitrag Säule 3a). Im Versicherungsfall (z. B. Erreichen des Rentenalters) werden aus den angesparten Beiträgen die Versicherungsleistungen bezahlt.

Selbstbehalt

Bei einigen Versicherungen hat der Versicherte im Schadenfall einen Teil des Schadens selbst zu tragen. Diese **Selbstbeteiligung** nennt man Selbstbehalt. Er dient der Motivation zur Eigenverantwortung und Sorgfalt und wird häufig vereinbart in der Motorfahrzeugversicherung (Haftpflicht und Kasko) oder der Diebstahlversicherung (jedoch nicht in der obligatorischen Unfallversicherung). Mit dem Selbstbehalt will man nicht nur den Versicherungsnehmer zu grösserer **Sorgfalt** anhalten, sondern auch die Versicherungsgesellschaft vor **Bagatellschadenfällen** bewahren , d. h. geringe Kosten, die die wirtschaftliche Existenz des Versicherungsnehmers nicht bedrohen, soll er selbst tragen, statt sie auf die Versicherungsgesellschaft zu überwälzen. Die Leistungen der Versicherungsgesellschaft und damit die Prämienhöhe können somit in Grenzen gehalten werden.

Versicherungsprämien

Vergleichsportale

Der Versicherungsbeitrag bzw. die Versicherungsprämie ist das Entgelt (der Preis), den die Versicherer für den Versicherungsschutz erheben. Jede Versicherung kalkuliert die verlangten Einzahlungen gemäss der eigenen Risikoeinschätzung. Das bedeutet, dass die Versicherungsanbieter die Kriterien, die für die Berechnung der Prämie entscheidend sind, anders gewichten kann. Des Weiteren prüfen Versicherungen neue Kunden genau, was eine individuelle Prämienberechnung ergeben kann. Der Versicherungsnehmer ist deshalb gut beraten, die verschiedenen Leistungen und Prämien miteinander zu vergleichen, d. h. mehrere Offerten einzuholen, um die günstigste Versicherung zu finden (Vergleichsportale nutzen: www.comparis.ch.

> Bei einer Autoversicherung beeinflussen Kriterien wie Alter, Geschlecht, Wohnort oder Nationalität des Fahrers die Prämienhöhe. Das bisherige Fahrverhalten (z. B. unfallfrei) und die Anzahl der zu fahrenden Kilometer (Wenig- oder Vielfahrer) entscheiden ebenso über die Höhe der Prämie, zudem das Alter des Autos und die Automarke.

Kontrollfragen

K 12.5 Nennen Sie zwei Massnahmen, mit denen versucht wird, die äussere Sicherheit zu gewährleisten.

K 12.6 Sehen Sie in Ihrem persönlichen Bereich eine Möglichkeit, Risiken zu vermeiden?

K 12.7 Wie heissen die sechs Phasen des Risikomanagements?

K 12.8 Ein Unternehmen vereinbart mit einem Kunden: «Nutzen und Gefahr gehen bei Vertragsabschluss auf den Käufer über.» Welcher Teil des Risikomanagements wurde hier umgesetzt?

K 12.9 Bei dem oben beschriebenen Risikomanagement wird das Risiko soweit wie möglich selber getragen, bevor versucht wird, es auf andere zu überwälzen. Hier steht die **Eigenverantwortung** im Vordergrund. Es gibt einen anderen Ansatz, bei dem zuerst versucht wird, ein Risiko zu überwälzen (Schritte ④ und ⑤ werden vertauscht). Nur was nicht überwälzt werden kann, wird selbst getragen. Welches Bedürfnis stellt dieser andere Ansatz ins Zentrum?

→ **Aufgabe 2**

12.4 Versicherungsarten

Die zahlreichen Versicherungen, die Sie in diesem Buch kennenlernen, lassen sich nach dem **Versicherungsobjekt** unterscheiden. Wir erläutern in diesem Kapitel die Versicherungsarten anhand dieser Gliederung:

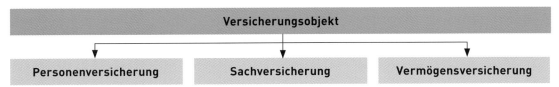

Personenversicherung

Hier geht es um Versicherungen, die eine **Person und/oder dessen Familie** absichern für den Fall, dass das Einkommen wegfällt (Erwerbsausfall), z. B. bei Tod oder durch Pensionierung. Es geht aber auch um Versicherungen, die die Kosten von Krankheit oder Unfall (z. B. Heilungskosten) decken.

siehe **Kapitel 12.5**

- Alters- und Hinterlassenenversicherung (AHV)
- Invalidenversicherung (IV)
- Ergänzungsleistungen zur AHV/IV (EL)
- Arbeitslosenversicherung (ALV)
- Erwerbsersatzordnung (EO)
- Familienausgleichskasse (FAK)
- Berufliche Vorsorge (BVG)
- Private Vorsorge (3. Säule)
- Krankenversicherung (KVG)
- Unfallversicherung (UVG)
- Lebensversicherung

Sachversicherung

Die Sachversicherung deckt Schäden, die durch Beschädigung, Zerstörung oder Verlust von **eigenen Sachen** (bewegliche oder unbewegliche) entstehen.

siehe **Kapitel 12.6**

- Gebäudeversicherung
- Hausratversicherung
- Diebstahlversicherung
- Tierversicherung
- Fahrzeugkaskoversicherung
- Betriebsversicherung
- Transportversicherung

Vermögensversicherung

Eine Vermögensversicherung soll das **eigene Vermögen** schützen für den Fall, dass der Versicherungsnehmer einer anderen Person oder Sache Schaden zuführt. Das Risiko besteht in Ansprüchen von Dritten auf das eigene Vermögen.

siehe **Kapitel 12.7**

- Haftpflichtversicherung (für Private, Motorfahrzeuge, Betriebe, Produkte usw.)
- Rechtsschutzversicherung

Weitere Gliederungsmöglichkeiten

Die Versicherungen können noch nach weiteren Kriterien gegliedert werden. Soll der Versicherungsträger hervorgehoben werden, werden die Versicherungen in private und staatliche unterteilt.

Steht die Versicherungspflicht im Mittelpunkt, wird nach freiwilligen und obligatorischen Versicherungen unterschieden. Entweder wird man auf Basis eines Vertrages oder in bestimmten Situationen per Gesetz automatisch versichert und schuldet die Zahlung des Entgeltes.

12.5 Personenversicherungen

Personenversicherungen schützen vor finanziellen Folgen bei **Krankheit, Unfall, Arbeitslosigkeit** oder im **Alter**. Der Versicherte selber oder seine Angehörigen erleiden einen finanziellen Schaden, wenn die Erwerbsfähigkeit des Versicherten vermindert wird oder verloren geht. Die wichtigsten Personenversicherungen sind die **obligatorischen Sozialversicherungen**. Speziell zu beachten ist die **Altersvorsorge**, die auf zwei obligatorischen Säulen (1. Säule: AHV/IV/EL und 2. Säule: Pensionskasse) sowie auf einer freiwilligen dritten Säule beruht. Auch die Vorsorge bei Krankheit ist obligatorisch (Krankenversicherungsgesetz).

Altersvorsorge

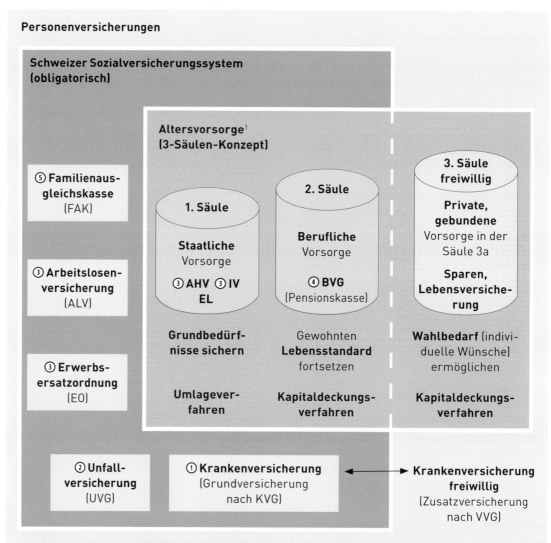

Legende zu den verschiedenen Obligatorien:

① Für alle in der Schweiz **Wohnhaften** obligatorische Deckung der Heilungskosten.

② Für alle in der Schweiz **Wohnhaften** obligatorisch, entweder via Arbeitgeber versichert (UVG) oder für alle anderen via Krankenkassen (KVG).

③ Für alle in der Schweiz **Erwerbstätigen** obligatorisch.

④ **Ab einem bestimmten Einkommen** für alle in der Schweiz Erwerbstätigen obligatorisch.

⑤ **Für alle Arbeitgeber** in der Schweiz obligatorisch, ohne Lohnabzug für Arbeitnehmer, wobei Arbeitnehmer mit Kindern von den Auszahlungen der Kinder- und Ausbildungszulagen profitieren.

---

1 Die erste und zweite Säule ersetzen bei Pensionierung zusammen ca. **60 %** des bisherigen Einkommens. Um Vorsorgelücken zu schliessen, wird empfohlen, privat vorzusorgen. Zur **privaten Vorsorge** gehören Lebensversicherungen sowie das private **Sparen** (das **gebundene** Sparen 3a und das **freie Sparen** 3b). Das Sparen ist definitionsgemäss keine Versicherung, es gehört aber zum Vorsorgesystem für das Alter in der Schweiz (v. a. Säule 3a).

info@klv.ch

12.5.1 Staatliche Vorsorge: 1. Säule / ALV, EO und FAK

Die **AHV** und **IV** sind die wichtigsten obligatorischen Sozialversicherungen. Zusammen mit den **Ergänzungsleistungen** (EL) stellen sie die erste Säule der Schweizerischen Dreisäulenkonzeption der Altersvorsorge dar. Die **ALV** kompensiert teilweise den Einkommensverlust im Falle von Arbeitslosigkeit oder Kurzarbeit. Lohnausfälle aufgrund von Dienstleistungen (Militär, Zivildienst, Zivilschutz) und Mutterschaft werden durch die **Erwerbsersatzordnung** (EO) gedeckt. Das soziale Netz wird durch die **Familienausgleichskassen** (FAK) verstärkt.

12.5.1.1 Alters- und Hinterlassenenversicherung (AHV)

Sie besteht seit 1948 und ist seither immer wieder den neuen Verhältnissen angepasst worden. Die **Beitragspflicht** beginnt für Erwerbstätige mit Aufnahme der Erwerbstätigkeit, frühestens ab dem 1. Januar nach ihrem 17. Geburtstag. Nichterwerbstätige sind ab dem 1. Januar nach ihrem 20. Geburtstag beitragspflichtig. Die Beitragspflicht endet für Frauen mit Vollendung des 64. Altersjahres, für Männer mit Vollendung des 65. Altersjahres. Dann beginnt normalerweise die Auszahlung der Altersrente, sofern nicht schon vorher infolge vorzeitigen Todesfalles Witwen-, Witwer- oder Waisenrenten fällig werden.

Die **Höhe der Rente** ist abhängig von der Beitragsdauer und von dem durchschnittlichen Jahreseinkommen.

Eine Vollrente erhält, wer eine volle Beitragsdauer aufweist. Besteht eine unvollständige Beitragsdauer, wird eine Teilrente ausgerichtet. Ein fehlendes Beitragsjahr führt in der Regel zu einer Rentenkürzung von mindestens $1/44$. Die Vollrenten sind nach unten durch ein **Minimum** (Minimale AHV-Einzelrente pro Jahr CHF 14 100.00, pro Monat CHF 1 175.00) und nach oben durch ein **Maximum** (maximale AHV-Einzelrente pro Jahr CHF 28 200, pro Monat CHF 2 350) begrenzt. Die Maximalrente ist doppelt so hoch wie die Minimalrente. Die Prämien sind hingegen nicht nach oben begrenzt, sondern müssen auf dem ganzen Lohn entrichtet werden. Dadurch erhält ein Grossverdiener eine Rente, die relativ zu den geleisteten Beiträgen niedriger ist als diejenige eines Kleinverdieners. Darin kommt das **Solidaritätsprinzip** der Sozialversicherung zum Ausdruck: Die Leistungsstärkeren helfen den Leistungsschwächeren bei der Finanzierung der Renten.

Die AHV basiert auf dem **Umlageverfahren**. Das Geld, das heute von den Erwerbstätigen einbezahlt wird, wird gleich wieder für Renten ausbezahlt. Das heisst, die Beiträge werden nicht gespart. Die heutigen Jungen bezahlen also die Renten der heutigen Alten.

12.5.1.2 Invalidenversicherung (IV)

Die eidgenössische Invalidenversicherung ist dem Grundsatz **«Eingliederung vor (statt) Rente»** verpflichtet. Die Leistungen der Versicherung sollen «die Invalidität mit geeigneten Eingliederungsmassnahmen verhindern, vermindern oder beheben». Zu den **Eingliederungsmassnahmen** zählen Hilfsmittel, Berufsberatung, Umschulung, Einarbeitungszuschuss, Kapitalhilfe zum Aufbau einer Tätigkeit als Selbstständigerwerbender usw.

Erst wenn nach Abschluss der Eingliederungsmassnahme auf dem Arbeitsmarkt keine angemessene Beschäftigung mehr gefunden werden kann oder eine Einkommenseinbusse von mindestens 40 % besteht, wird eine **IV-Rente** gewährt. Je nach Invaliditätsgrad wird eine Rente ausbezahlt.

12.5.1.3 Ergänzungsleistungen (EL)

Die **Ergänzungsleistungen** erhöhen das Einkommen, wenn die AHV- und IV-Leistungen nicht ausreichen, um die minimalen Lebenskosten zu decken. Der Anspruch auf die bedarfsabhängigen Leistungen ist im Bundesgesetz über Ergänzungsleistungen (ELG) geregelt. Anspruchsberechtigt sind Schweizer Bürger mit Wohnsitz in der Schweiz und unter gesetzlich definierten Voraussetzungen auch Ausländer. Die EL bildet zusammen mit der AHV und der IV die **1. Säule** des in der Verfassung (BV 111) vorgesehenen Dreisäulenkonzeptes.

12.5.1.4 Arbeitslosenversicherung (ALV)

Bei der Arbeitslosenversicherung sind nicht nur die **Leistungen** (Zahlungen an Arbeitslose) nach oben **begrenzt**, sondern, wie bereits erwähnt, auch die **Beiträge** (Lohnprozente), d.h. 1.1 % für Jahreseinkommen bis 148 200.00; über 148 200.00 0.5 %, je für AN und AG. Die Leistungen der ALV können sein:

- **Arbeitslosenentschädigung** wird ausbezahlt, wenn der Versicherte ganz oder teilweise arbeitslos ist. Das «Arbeitslosengeld» beträgt **70 % bis 80 %** des versicherten Verdienstes.
  - Werden alle in Art. 8 des Arbeitslosenversicherungsgesetzes genannten Voraussetzungen erfüllt, so besteht ein zeitlich begrenzter Anspruch auf Taggelder.
  - Der Anspruch auf Arbeitslosenentschädigung beginnt erst nach einer **Karenzzeit** (Wartezeit) ...
    ... generell von fünf Tagen,
    ... nach einem Studium bzw. einer abgeschlossenen Berufslehre von vier Monaten.
- Entschädigungen bei **Kurzarbeit** des Betriebes;
- **Schlechtwetter-Entschädigungen**, z. B. im Baugewerbe;
- **Insolvenzentschädigung** bei Zahlungsunfähigkeit des Arbeitgebers (z. B. infolge Konkurses);
- Beiträge an **Präventivmassnahmen**: vorbeugende Massnahmen zur Beseitigung von Arbeitslosigkeit, z. B. für berufliche Umschulung, Weiterbildung und Wiedereingliederung in die Berufstätigkeit.

Mit Unterstützung des zuständigen Arbeitsamtes muss der Versicherte alles Zumutbare unternehmen, um seine Arbeitslosigkeit zu vermeiden oder zu verkürzen. So muss er einmal im Monat beim Arbeitsamt zu einem Kontroll- und Beratungsgespräch erscheinen. Durch diese Regelung wird erreicht, dass der Arbeitslose regelmässig seine Bemühungen um eine neue Stelle darlegt und dass ihm weitere Möglichkeiten aufgezeigt werden, einen neuen Arbeitsplatz zu erhalten.

12.5.1.5 Erwerbsersatzordnung (EO)

Die Erwerbsersatzordnung dient dazu, den im Militär oder Zivilschutz Dienst Leistenden einen Ersatz für ausfallendes Erwerbseinkommen, genannt **Lohnausgleich**, zu zahlen (auch an Selbstständigerwerbende). Diese Entschädigung ist für Verheiratete und Alleinstehende verschieden hoch, vom vordienstlichen Einkommen abhängig und durch ein Minimum und ein Maximum begrenzt (gegenwärtig pro Tag zwischen etwa CHF 62.00, so während der Rekrutenschule, und CHF 245.00).

Sehr häufig zahlt der Arbeitgeber während des Dienstes jedoch den vollen Lohn. In diesem Fall fällt die Entschädigung ihm zu. Die EO hat nichts zu tun mit der **Militärversicherung**, die bei Unfall oder Gesundheitsschädigung im Militär oder Zivilschutz einspringt.

Erwerbsersatz wird auch bei **Mutterschaft** gewährt. Angestellte und selbstständigerwerbende Frauen haben Anspruch auf die Mutterschaftsentschädigung. Dasselbe gilt für arbeitslose Frauen, die ein Taggeld der Arbeitslosenversicherung beziehen oder wegen Krankheit, Unfall oder Invalidität arbeitsunfähig sind. Während 14 Wochen erhalten sie 80 % des durchschnittlichen Erwerbseinkommens vor der Geburt, maximal aber CHF 196.00 pro Tag. Wenn die Mutter die Erwerbstätigkeit während dieser Zeit ganz oder teilweise wieder aufnimmt, endet der Anspruch vorzeitig.

12.5.1.6 Familienausgleichskasse (FAK)

Die **Familienzulagen** dienen dem teilweisen Ausgleich der Familienlasten. Alle Arbeitnehmenden und Selbstständigerwerbende haben Anspruch auf **Kinderzulagen** von mindestens CHF 200.00 (bis 16 Jahre) und auf **Ausbildungszulagen** von mindestens CHF 250.00 im Monat (ab 16 Jahre bis max. 25 Jahre). Auch Nichterwerbstätige mit bescheidenen Einkommen profitieren davon.

Kontrollfragen

K 12.10 Wie verhalten sich Minimum und Maximum der AHV-Vollrenten zueinander?

K 12.11 Von wann bis wann dauert nach gegenwärtig gültigem Gesetz die Beitragspflicht bei der AHV...
a) für erwerbstätige Männer?   b) für erwerbstätige Frauen?

K 12.12 Nennen Sie (ausser den Invalidenrenten) mindestens drei Massnahmen der IV zur Eingliederung (oder Wiedereingliederung) eines Invaliden ins Erwerbsleben.

K 12.13 Was heisst EO?

K 12.14 Welche Leistung gewährt die EO?

K 12.15 Ist «Lohnausgleich» die genaue Bezeichnung für das, was die EO bezahlt?

K 12.16 Was ist die Insolvenzentschädigung bei der ALV?

→ **Aufgaben 3, 4, 6**

K 12.17 Nennen Sie ausser den genannten noch zwei oder drei weitere mögliche Leistungen der ALV.

12.5.2 Berufliche Vorsorge: 2. Säule

Die berufliche Vorsorge hat als **zweite Säule** neben der AHV/IV/EL (= erste Säule) die Aufgabe, den Versicherten die Fortsetzung ihrer bisherigen Lebenshaltung in angemessener Weise zu ermöglichen. Sie strebt dabei das Ziel an, zusammen mit der ersten Säule ein Renteneinkommen von rund **60 % des Lohnes** vor der Pensionierung zu erreichen.

Versicherungspflichtig sind alle Arbeitnehmer, die schon in der 1. Säule versichert sind und mindestens CHF 21 150.00 im Jahr verdienen **(Stand 2017)**. Diese sogenannte **Eintrittsschwelle** entspricht $^3/_4$ der maximalen AHV-Altersrente. Die Versicherungspflicht startet mit dem Stellenantritt. Der Eintritt in die Pensionskasse erfolgt mit 17 Jahren bzw. am 1. Januar nach Vollendung des 17. Altersjahres. Versichert sind zu diesem Zeitpunkt gemäss Gesetz nur die Risiken Tod und Invalidität. Mit 25 Jahren bzw. am 1. Januar nach Vollendung des 24. Altersjahres beginnt dann das eigentliche Alterssparen (Sparversicherung).

Die Altersvorsorge in der zweiten Säule basiert auf einem individuellen Sparprozess, der mit dem Erreichen des Rentenalters endet. Das während der Jahre auf dem individuellen Konto der Versicherten angesparte **Altersguthaben** dient der Finanzierung der Altersrente. Das vorhandene Kapital wird dabei mit einem **Umrechnungssatz (Umwandlungssatz)** von mindestens 6.8 % (ab 2014) in die jährliche Altersrente umgewandelt (ordentliches Rentenalter 65).

> Das Altersguthaben eines kaufmännischen Angestellten beträgt CHF 500 000.00. Seine Pensionskassenrente wird berechnet: 6.8 % von CHF 500 000.00, was CHF 34 000.00 pro Jahr ergibt.

Die **2. Säule** ist seit 1985 geregelt im **BVG** (Bundesgesetz über die berufliche Vorsorge). Während die 1. Säule nur ein Minimum an Vorsorge deckt, geht die 2. Säule bis zum Dreifachen davon.

Die wichtigsten Unterschiede zwischen 1. und 2. Säule

	1. Säule AHV/IV	2. Säule Berufliche Vorsorge
Versicherungs-träger	AHV-Ausgleichskassen	① Pensionskassen von Betrieben, Verbänden und öffentlichen Verwaltungen, Versicherungsgesellschaften
Obligatorium	für alle (Arbeitnehmer, Selbstständigerwerbende und Nichterwerbstätige)	② nur für Arbeitnehmer und nur für beschränkte Beträge
Beitragspflich-tiger Lohn	Bruttolohn	③ Jahreslohn zwischen CHF 21 150.00 und 84 600.00 (Stand 2017)
Finanzierung	mit Zuschüssen des Staates (stark soziale Komponente); grösstenteils Umlageverfahren	④ nur durch Arbeitgeber- und Arbeitnehmerbeiträge; Kapitaldeckungsverfahren

① Diese Vorsorgeeinrichtungen unterstehen der genauen **Kontrolle** von staatlichen Aufsichtsbehörden.

② Die Pensionskasse kann auch **höhere Löhne** über das Obligatorium hinaus versichern, was allgemein üblich ist.

③ Da geringe Einkommen schon bei der AHV genügend versichert sind, wird bei der beruflichen Vorsorge ein Abzug (genannt **Koordinationsabzug**) vorgenommen, um den **versicherten Lohn** zu berechnen.

> | Jahreslohn (Annahme: 13 × 5000.00) | CHF 65 000.00 |
> |---|---|
> | – Koordinationsabzug | CHF 24 675.00 |
> | Koordinierter Lohn (durch BVG versicherter Lohn) | CHF 40 325.00 |

④ Durch dieses Verfahren entsteht für jeden Versicherten ein **Altersguthaben**. Wenn er zu einem anderen Arbeitgeber wechselt, kann er es auf die neue Pensionskasse übertragen. Diese sogenannte **Freizügigkeit** ist seit 1995 garantiert durch das Bundesgesetz über die Freizügigkeit, sodass der Wechsel zu einer anderen Pensionskasse nicht mehr wie früher für den Arbeitnehmer zu grossen Verlusten auf dem Altersguthaben führt.

→ Aufgabe 5

12.5.3 Private Vorsorge: 3. Säule

vgl. Solidaritäts-
prinzip im
Kapitel 12.1

Die dritte Säule ist eigentlich **keine** Versicherung. Es handelt sich vielmehr um **individuelles Sparen** (d. h. privat) und dient der **Selbstvorsorge**. In finanziell guten Zeiten legt eine natürliche Person Kapitalbeträge für den Eigengebrauch im Alter zur Seite. So kann der individuelle Vorsorgebedarf, der aus Leistungslücken der 1. und 2. Säule entstehen kann, freiwillig abgedeckt werden. Bei der **3. Säule** sind zwei Möglichkeiten zu unterscheiden:

Säule 3a Gebundene Vorsorge	Säule 3b Freie Vorsorge
Einzahlungen in diese Säule, z. B. durch Abschluss einer **Lebensversicherung** oder durch Einzahlung auf ein besonderes **Sparkonto**, geniessen eine **steuerliche Begünstigung**: Sie können in der Steuererklärung vom Einkommen abgezogen werden, für Unselbständigerwerbende bis zum Betrage von CHF 6 768.00, für Selbstständigerwerbende bis CHF 33 840.00 (Stand 2017).[2]	Die hier gesparten Beträge, z. B. durch Einzahlungen auf ein gewöhnliches Sparkonto oder für eine Lebensversicherung, geniessen **keine** Steuervergünstigung. Dafür kann der Sparer jederzeit frei darüber verfügen, was bei der Säule 3a nicht der Fall ist.

Kontrollfragen

K 12.18 Gegen welche drei Ereignisse ist man mit dem 3-Säulen-Konzept versichert?

K 12.19 Auf welche drei Arten der Vorsorge geschieht dies (je ein Eigenschaftswort)?

K 12.20 Welche der drei Säulen soll die Fortsetzung der gewohnten Lebenshaltung, aber ohne ausgefallene persönliche Wünsche und ohne Luxus, erlauben? Für wen ist sie nicht obligatorisch?

K 12.21 Welche Säule ist eine Vorsorge nur gerade für das Notwendigste? Für wen ist sie obligatorisch?

K 12.22 In welchem Gesetz ist die 2. Säule geregelt?

K 12.23 Wer ist Versicherungsträger bei der 2. Säule?

K 12.24 Bei welcher Säule spielen staatliche Subventionen eine grosse Rolle?

K 12.25 Worin besteht die 3. Säule?

K 12.26 Kann bei der beruflichen Vorsorge ein Arbeitnehmer beim Stellenwechsel sein Altersguthaben auf die neue Pensionskasse übertragen lassen? Wenn ja, wie heisst diese Möglichkeit?

K 12.27 a) Bei welchem Zweig der Sozialversicherung können die vom Versicherungsnehmer bezahlten Prämien und die von ihm bezogenen Versicherungsleistungen sehr verschieden hoch sein? Erklären Sie den Grund dafür.
b) Wie heissen die Einrichtungen, die die Differenz zwischen Versicherungsprämien und Versicherungsleistungen ausgleichen?
c) Welches Prinzip der Sozialversicherung wird durch diese Ungleichheit bewusst verwirklicht?

K 12.28 Wie heisst im Dreisäulenkonzept derjenige Teil der privaten Vorsorge, der steuerbegünstigt ist, aber bei dem der Sparer nicht nach Belieben über das angesparte Kapital verfügen kann? Welchem Zweck dient das Kapital dann?

→ **Aufgabe 7**

K 12.29 Kann bei der gebundenen Vorsorge ein Sparer das gesamte Kapital bei der Bank abheben, um z. B. den Kauf eines Autos zu finanzieren?

---

2 Ein Bezug der Gelder aus der Säule 3a ist z. B. in folgenden Fällen möglich:
– ab vollendetem 60. Altersjahr (Frauen 59. Altersjahr)
– beim Bezug einer ganzen Invalidenrente der IV
– bei der Aufnahme einer selbstständigen Erwerbstätigkeit (für bisher Unselbstständigerwerbende)
– zum Erwerb von Wohneigentum

info@klv.ch

12.5.4 Krankenversicherung

Krankenkasse

Alle in der Schweiz wohnhaften Personen müssen gegen die Folgen von **Krankheit** und **Unfall** versichert sein. Die Krankenkasse übernimmt auch die Kosten der besonderen Leistung bei **Mutterschaft**. Sie deckt nur Heilungs- und Pflegekosten, aber keinen Erwerbsausfall. Dabei sind die Grund- und die Zusatzversicherung zu unterscheiden.

Grundversicherung	Zusatzversicherung
Rechtsgrundlage: **KVG** (Krankenversicherungsgesetz)	Rechtsgrundlage: **VVG** (Versicherungsvertragsgesetz)
Sie ist das **obligatorische Minimum** für alle und deckt die Kosten für: – ambulante Behandlung durch Arzt/Ärztin – Behandlung und Aufenthalt im Spital (allgemeine Abteilung) – Medikamente usw.	Sie deckt **zusätzliche, freiwillig** gewünschte Leistungen. – Privat- und Halbprivatbehandlung im Spital – zusätzliche Operationskosten – Taggeld
Versicherer sind hier die vom Bund anerkannten Krankenkassen. Die **Prämien** aller Krankenkassen für die Grundversicherung sind kantonal und regional abgestuft, werden aber **unabhängig vom Geschlecht** erhoben. Das KVG sieht auch verschiedene Altersstufen vor.	**Versicherer:** Neben Krankenkassen auch private Versicherungseinrichtungen
Die Versicherten haben sich an den Krankheitskosten zu beteiligen: – Pro Kalenderjahr können sie eine **Franchise** wählen und zahlen bis zu diesem Betrag alle Kosten selber. Die Franchise beträgt für Erwachsene und junge Erwachsene max. CHF 2500.00, bei Kindern CHF 0.00. Wird eine höhere Franchise gewählt, reduziert sich die monatliche Versicherungsprämie. – Übernimmt eine Versicherung die Kosten (Beträge, die über der gewählten Franchise liegen), muss der Versicherte **10 %** als Selbstbehalt tragen. Der jährliche Höchstbetrag des **Selbstbehaltes** beläuft sich auf **CHF 700.00** für Erwachsene und CHF 350.00 für Kinder.	Die **Prämie** hängt ab von Art und Umfang der Zusatzversicherung.

Nicole, 24 Jahre alt und in Ausbildung, hat als **Franchise** das Minimum von CHF 300.00 gewählt. Wie alle Versicherten muss sie zusätzlich noch den **Selbstbehalt** von 10 % jener Kosten tragen, die die Franchise übersteigen. Der **jährliche Höchstbetrag des Selbstbehaltes** ist bei allen auf CHF 700.00 limitiert. Nicole erhält nun im laufenden Jahr diverse Fakturen und rechnet mit der Krankenkasse (KK) ab:[3]

Rechnungen			Franchise	Selbstbehalt		Erstattung der KK	Belastung Nicole	
Periode	Grund	CHF	Anteil	10 %	Saldo		Anteil	Saldo
Jan.	Hausarzt	187.00	**187.00**			0.00	**187.00**	187.00
Febr.	Medikamente	243.00	**113.00**	**13.00**	13.00	117.00	**126.00**	313.00
März	Hausarzt	165.00	Nicoles gewählte Franchise ist aufgebraucht.	**16.50**		148.50	**16.50**	329.50
April	Orthopäde	345.00		**34.50**	64.00	310.50	**34.50**	354.00
Mai	Spital	12345.00		**636.00**	700.00	11709.00	**636.00**	1000.00
Juni	Rehabilitation	8471.00		Der Höchstbetrag ist erreicht.		8471.00		
Dez.	Hausarzt	244.00				244.00		
		22000.00	300.00		700.00	21000.00		1000.00

Nicole hat im laufenden Jahr Rechnungen in Höhe von CHF 22000.00 erhalten. Nebst ihrer Versicherungsprämie muss sie CHF 1000.00 dieser Kosten übernehmen. Hätte sie eine andere Franchise gewählt, würde sich die **maximale Kostenbeteiligung** im Jahr entsprechend erhöhen.

12.5.5 Unfallversicherung

In der Schweiz sind **alle** Arbeitnehmerinnen und Arbeitnehmer **obligatorisch unfallversichert**. Zu dieser Gruppe gehören auch Praktikanten und Lernende (Lehrlinge und Lehrtöchter). Arbeitslose sind auch obligatorisch versichert. Die übrigen Personen – wie Studierende, unbezahlte Hausfrauen/-männer und Rentner – **müssen sich selbst über die Krankenkasse** gegen Unfall versichern.

Besonderheiten der **Unfallversicherung für Arbeitnehmer:**

① Arbeitnehmer sind durch ihre Arbeitgeber gemäss **UVG** (Unfallversicherungsgesetz) obligatorisch gegen Unfälle und Berufskrankheiten zu versichern. Dazu haben sich industrielle Betriebe, die Bauwirtschaft und Gewerbebetriebe, die Arbeiten an Maschinen verrichten, der **SUVA** (Schweiz. Unfallversicherungsanstalt) anzuschliessen. Ebenfalls über die SUVA versichert sind Arbeitnehmer von Bundesbetrieben und Personen, die Arbeitslosenentschädigung beziehen. Die übrigen Betriebe haben die Arbeitnehmer bei einem anderen Unfallversicherer anzumelden.

② Die Unfallversicherung (UV) schützt vor den wirtschaftlichen Folgen eines Unfalls. Dabei wird unterschieden zwischen ...

Berufsunfall (BU)	Nichtberufsunfall (NBU)
Unfall während der Berufsarbeit und Berufskrankheiten. Den Prämienanteil dafür hat der Arbeitgeber zu tragen.	Unfall in der Freizeit. Den Prämienanteil dafür trägt der Arbeitnehmer (Abzug am Lohn). Arbeitnehmende, die für einen Arbeitgeber mindestens 8 Stunden pro Woche erwerbstätig sind, sind auch in der Freizeit gemäss UVG versichert. Der Arbeitgeber kann freiwillig einen Teil oder die ganze Prämie übernehmen.

Kontrollfragen

K 12.30 Eine Versicherte möchte die jährlich durch Krankheit anfallenden Kosten bis zum Betrag von CHF 500.00 selber tragen und erst das, was darüber hinausgeht, von der Krankenkasse übernehmen lassen. Wie lautet der Fachausdruck für diesen Freibetrag? Wie wirkt er sich auf die Versicherungsprämie aus?

K 12.31 Ein Bankangestellter verunfallt in der Freizeit zu Hause bei der Gartenarbeit. Ist er gegen die Folgen dieses Unfalles obligatorisch versichert und wenn ja bei wem?

K 12.32 Wie heisst dieser Teil der Versicherung und wer trägt die Prämie dafür?

K 12.33 Bei welcher Organisation sind Industriearbeiter, SBB-Angestellte und Bundesbeamte obligatorisch gegen Unfall versichert?

K 12.34 Wie heisst bei der Krankenversicherung der einheitliche, für alle obligatorische Teil, der nur bei anerkannten Krankenkassen abgeschlossen werden kann?

K 12.35 Ein Schreinermeister überweist die Unfallversicherungsprämien für seine Arbeitnehmer an die SUVA. Welchen Teil davon muss er nicht selbst tragen und wie kommt er zu diesem Geld?

info@klv.ch

12.5.6 Lebensversicherung

Je nach Art des versicherten Ereignisses gibt es grundsätzlich drei Arten von ...

Lebensversicherungen		
Todesfallversicherung	**Erlebensfallversicherung**	**Gemischte Lebensversicherung**
Risikoversicherung: Die Versicherungssumme wird nur ausbezahlt, wenn der Versicherte während der Versicherungsdauer **stirbt**.	**Kapitalbildende Versicherung:** Die Versicherungssumme oder Rente wird nur ausbezahlt, wenn der Versicherte den Ablauf der Versicherung **erlebt**.	Die Versicherungssumme wird ausbezahlt, wenn der Versicherte während der Versicherungsdauer **stirbt oder** wenn er den Ablauf **erlebt**.
Zweck: **Reine Hinterlassenenvorsorge** (z. B. bei unerwartetem Tod des Ernährers der Familie) oder als Sicherheit für Darlehensgeber	Zweck: Reine **Altersvorsorge** durch planmässiges **Sparen**	Zweck: **Kombination** von Hinterlassenen- und Altersvorsorge

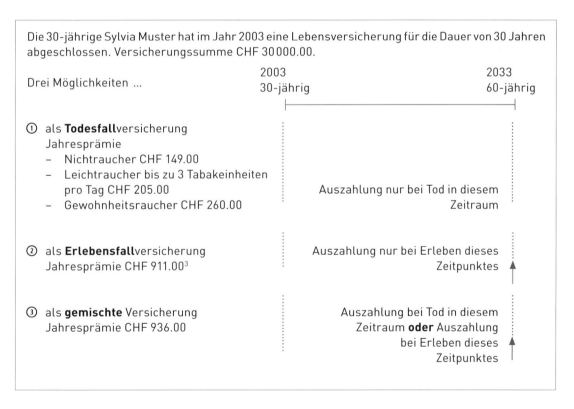

Die 30-jährige Sylvia Muster hat im Jahr 2003 eine Lebensversicherung für die Dauer von 30 Jahren abgeschlossen. Versicherungssumme CHF 30 000.00.

Drei Möglichkeiten ...

2003
30-jährig

2033
60-jährig

① als **Todesfall**versicherung
Jahresprämie
– Nichtraucher CHF 149.00
– Leichtraucher bis zu 3 Tabakeinheiten pro Tag CHF 205.00
– Gewohnheitsraucher CHF 260.00

Auszahlung nur bei Tod in diesem Zeitraum

② als **Erlebensfall**versicherung
Jahresprämie CHF 911.00[3]

Auszahlung nur bei Erleben dieses Zeitpunktes

③ als **gemischte** Versicherung
Jahresprämie CHF 936.00

Auszahlung bei Tod in diesem Zeitraum **oder** Auszahlung bei Erleben dieses Zeitpunktes

Versicherungsprämie

Die Prämie wird für die ganze Dauer der Versicherung im Voraus festgesetzt. Wenn die Entwicklung für die Versicherungsgesellschaft günstiger verläuft, z. B. weil die Rendite auf den angelegten Kapitalien steigt, so entsteht ein Überschuss, der den Versicherten als **Bonus** zurückerstattet wird, sei es durch Ermässigung der Prämie oder durch Auszahlung eines **Überschussanteils** zusammen mit der Versicherungssumme.

---

3 Mit Prämienrückgewähr, d. h., dass im Todesfall die bereits bezahlten Prämien zurückerstattet werden.

Begünstigung

Ausbezahlt wird die Versicherungssumme im Erlebensfall an den Versicherten. Für den **Todesfall** wird meistens eine **Begünstigungsklausel** in die Police aufgenommen. Bei der Todesfallversicherung fällt die Versicherungssumme weder in den Nachlass des Verstorbenen noch im Falle einer Überschuldung in die Konkursmasse, sondern kommt uneingeschränkt dem Begünstigten zu. Somit eignet sich die Lebensversicherung beispielsweise dazu, einen Konkubinatspartner, der nicht erbberechtigt ist, abzusichern.

siehe Erbrecht Kapitel 15.6

Bei der gemischten Lebensversicherung wird jedoch ein allfälliger **Rückkaufswert** in die Erbmasse mit einbezogen, sodass diejenigen Erben, denen ein gesetzlicher Pflichtteil zusteht, nicht übergangen werden können.

Kontrollfragen

K 12.36 Füllen Sie bitte die leeren Felder aus.

	Todesfallversicherung		Gemischte Lebensversicherung
Wann Auszahlung der Versicherungssumme?		Bei Erleben des Versicherungsablaufs	
Zweck der Versicherung			

K 12.37 Mit welcher dieser drei Versicherungsarten ist ein Sparvorgang für den Versicherten verbunden?

K 12.38 Welche Versicherungen kommen in den folgenden Fällen infrage? Geben Sie die möglichst genaue Bezeichnung an.
   a) Ein junger Angestellter möchte für seine Zukunft vorsorgen und im Alter von 40 Jahren einen grösseren Betrag zusammengespart haben, der im Falle seines vorzeitigen Todes seiner Ehefrau ausbezahlt würde.
   b) Er erhält von seinem Onkel zur Eröffnung eines eigenen Geschäfts oder einer Praxis ein grösseres Darlehen, dessen Rückzahlung er auch für den Fall seines unerwarteten vorzeitigen Todes sicherstellen möchte.

Rentenversicherungen

Anstatt die einmalige Auszahlung der Versicherungsumme kann man auch eine Rente, d.h. monatlich oder jährlich wiederkehrende Zahlungen vereinbaren. Falls die Rente bis zum Tod des Versicherten ausgerichtet werden soll, nennt man sie **Leibrente**. Die Höhe der Leibrente wird versicherungsmathematisch berechnet und richtet sich vor allem nach der **durchschnittlichen Lebenserwartung** des Versicherten.

Eine Rente wird normalerweise durch eine **einmalige Kapitaleinlage** erworben.

Mit einer Einmaleinlage von CHF 100 000.00 kann ein 65-jähriger Mann heute eine lebenslange Rente von jährlich rund CHF 5 950.00 (samt Überschussanteil) erwerben. Für eine gleichaltrige Frau würde die Rente nur rund CHF 5 330.00 betragen, weil sie eine höhere Lebenserwartung hat, die Versicherung also wahrscheinlich länger zahlen muss.

Kontrollfragen

K 12.39 Wovon hängt die Höhe einer lebenslangen Rente bei einer gegebenen Kapitaleinlage hauptsächlich ab?

K 12.40 Welchen Zweck kann man mit der Begünstigung von Ehefrau oder Nachkommen bei einer Lebensversicherung erreichen?

K 12.41 Was passiert, wenn die Entwicklung bei einer Versicherungsgesellschaft günstiger verläuft als erwartet?

12.6 Sachversicherungen

Eine Sachversicherung deckt Schäden, die durch Beschädigung, Zerstörung oder Verlust von Sachen entstehen.

Die Sachversicherungen kommen vielfach in kombinierter Form vor. So deckt die **Hausratversicherung** für Privatpersonen die Risiken Feuer, Diebstahl und Wasserschaden. Das Reisegepäck wird meist eingeschlossen und zugleich eine Privathaftpflichtversicherung (keine Sachversicherung!) vereinbart. Sachversicherungen sind freiwillig abzuschliessen. Es gibt eine Ausnahme: In einigen Kantonen ist die Gebäudeversicherung obligatorisch.

Im Folgenden werden die wichtigsten Sachversicherungen besprochen.

Über- und Unterversicherung, Doppelversicherung
Wenn eine Sache zu einem höheren Betrag versichert wird, als sie wert ist, liegt eine **Überversicherung** vor.

> Ein Hausrat, der heute CHF 50 000.00 wert ist, wird für CHF 80 000.00 **(= Versicherungssumme)** versichert. Da die Versicherungsgesellschaft bei einem Totalschaden, z. B. beim Ausbrennen der ganzen Wohnung, aber höchstens CHF 50 000.00 vergütet, ist eine solche Überversicherung nutzlos und verursacht nur unnötig hohe Prämien. Dies gilt auch für den Fall betrügerischer Absichten, denn der Versicherungsnehmer muss den erlittenen **finanziellen Schaden nachweisen**.

Im umgekehrten Fall, wenn die Versicherungssumme kleiner ist als der Wert der versicherten Sache, liegt eine **Unterversicherung** vor. Sie erspart zwar Prämien, ist aber gefährlich, weil die Versicherung im Schadenfall ihre Leistung **proportional** zur Unterversicherung **kürzt**.

> Wert des ganzen Hausrats beim Schadenfall CHF 50 000.00, vereinbarte Versicherungssumme nur CHF 30 000.00 = 60 % des Wertes. Bei einem Totalschaden vergütet die Versicherung nur CHF 30 000.00, bei einem Teilschaden von CHF 10 000.00 (Brand einzelner Möbel) nur 60 % davon = CHF 6 000.00.

Eine **Doppelversicherung** besteht dann, wenn dieselben Personen oder Sachen gegen eine bestimmte Gefahr gleichzeitig bei mehr als einer Versicherungsgesellschaft versichert sind. Der Versicherte darf sich jedoch nicht bereichern. Die Doppelversicherung ist für ihn ohne Nutzen, weil sich die Gesellschaften die Entschädigung, die den effektiven Schaden nicht übersteigen darf, teilen.

Zeitwert und Neuwert
Bei einem Schadenfall fragt es sich, ob die Versicherung den Zeitwert oder den Neuwert vergüten muss.

Zeitwert	Neuwert
= heutiger Restwert der Sache (Altwert, Occasionswert), entstanden durch Abnützung und Veralten	= Preis, der für die Neuanschaffung heute zu zahlen ist.

Grundsätzlich zahlt die Versicherung nur den **Zeitwert**. Den (höheren) Neuwert zahlt sie nur, wenn dies **besonders vereinbart** wurde, was heute bei Hausratversicherungen jedoch allgemein üblich ist.

12.6.1 Mobiliarversicherung (Hausratsversicherung)

Mit dieser freiwilligen Versicherung können Schäden an Gegenständen im **Haushalt** (die sogenannte **Fahrhabe bzw. bewegliche Sachen**) gedeckt werden. Meistens beinhaltet die Versicherung **Schäden durch Feuer, Wasser** und **Diebstahl**. Versichert wird gewöhnlich der **Neuwert** der Gegenstände, also der Betrag, der notwendig ist, um sie wieder neu anzuschaffen. In einigen Kantonen (BL, FR, GL, JU, NW, SO, VD) ist die Versicherung gegen Feuerschäden obligatorisch. In den Hausratversicherungen ist in der Regel eine **Diebstahlversicherung** enthalten. Gedeckt sind Schäden infolge **einfachen Diebstahls** (Wegnahme), **Einbruch, Beraubung**.

Exkurs: Gebäudeversicherung

In den meisten Kantonen ist die Gebäudeversicherung wegen ihrer Bedeutung **obligatorisch**. Sie erfolgt durch kantonale Gebäudeversicherungsanstalten bzw. private Versicherungsgesellschaften. Die Gebäudeversicherung deckt **Feuer-, Elementar-** und zum Teil **Wasserschäden**. Unter Elementarschäden werden u. a. Ereignisse im Zusammenhang mit Überschwemmungen, Lawinen, Schnee- und Erdrutschen verstanden.

12.6.2 Kaskoversicherung für Motorfahrzeuge

Sie ist – im Gegensatz zur Haftpflichtversicherung für Motorfahrzeuge – freiwillig und deckt Schäden am **eigenen** Fahrzeug des Halters (= Versicherungsnehmers). Dabei ist zu unterscheiden zwischen

Teilkaskoversicherung	Vollkaskoversicherung
Sie deckt Schäden am eigenen Fahrzeug, die weder selbstverschuldet sind noch ein anderes Fahrzeug verursacht hat. Feuer, böswillige Beschädigungen, Diebstahl, Wildschaden, Steinschlag	Hier sind alle Schäden versichert, also auch aus eigenem Verschulden entstandene **Kollisionsschäden**. Sie ist recht teuer, aber für neue Fahrzeuge zu empfehlen.

Kontrollfragen

K 12.42 Welche Schäden (Beispiel) am eigenen Auto sind bei einer Motorfahrzeug-Teilkaskoversicherung versichert?

K 12.43 Wo sehen Sie nach, wenn Sie genau wissen wollen, welche Schäden versichert sind und welche nicht?

K 12.44 Was liegt vor, wenn die Versicherungssumme höher ist als der Wert der versicherten Sache? Warum sollte dies vermieden werden?

K 12.45 Wie heisst der umgekehrte Fall und welche Folgen hat er...
  a) bei einem Totalschaden?
  b) bei einem Teilschaden?

K 12.46 Wie nennt man den...
  a) durch Abnützung und Veralten entstandenen reduzierten Wert einer versicherten Sache?
  b) Preis, der für eine Neuanschaffung der Sache zu zahlen ist?

→ Aufgaben 8, 9

K 12.47 Welchen der beiden Werte vergütet die Versicherung im Schadenfall, wenn nichts Besonderes vereinbart wurde (in Police oder AVB)?

12.7 Vermögensversicherungen

Die Vermögensversicherung deckt **Ansprüche** Dritter, die durch den Versicherungsnehmer **geschädigt** worden sind. Als typischer Fall ist hier die **Haftpflicht** zu nennen. Aber auch **Betriebsunterbrechungen** oder **Rechtsverfahren** können solche Ansprüche bewirken.

- Ein Motorfahrzeughalter richtet Schaden an fremdem Eigentum an oder verletzt eine Person.
- Ein Tierhalter ist haftbar für den Schaden, den sein Hund oder sein Pferd anrichtet.
- Ein Hauseigentümer ist schadenersatzpflichtig, weil ein Besucher im schlecht beleuchteten Treppenhaus gestürzt und verletzt worden ist.
- Die Eltern sind haftbar, wenn ihr Kind Schaden anrichtet.

12.7.1 Haftpflichtversicherung

Ganz allgemein ist gemäss OR jedermann haftbar, der einen Schaden durch eine **unerlaubte Handlung** anrichtet. Wie die Beispiele zeigen, können Haftpflichtfälle aber nicht nur aus einem Verschulden entstehen, d.h. aus Absicht oder Fahrlässigkeit, genannt **Verschuldenshaftung**, sondern auch ohne besonderes Verschulden nur schon aus der im Gesetz festgelegten **Kausalhaftung** (siehe dazu Entstehung der Obligation durch unerlaubte Handlung). Eine Haftpflichtversicherung ist deshalb heute für viele Personen unerlässlich.

Art. 41 OR

Art. 55 ff. OR

Einige besonders wichtige Zweige der Haftpflichtversicherung betreffen die folgenden Arten von Haftpflicht:

- **Privathaftpflicht,** z.B. für Eltern, Tierhalter, Sportler, Waffenbesitzer usw.
- **Gebäudehaftpflicht** für Haus- und Grundeigentümer
- **Motorfahrzeughaftpflicht:** Versicherung für alle Motorfahrzeughalter obligatorisch
- Bei der Motorfahrzeug-Haftpflichtversicherung hängt die Versicherungsprämie nicht nur von der Art des Fahrzeugs (Grösse, Gefährlichkeit) ab, sondern auch vom **Schadenverlauf:** Nach mehreren schadenfreien Jahren erhält der Versicherungsnehmer einen **Bonus** (= Rabatt auf Prämie); bei häufigen und grösseren Schäden hingegen wird er im Bonus zurückgestuft oder hat sogar einen **Malus** (Prämienzuschlag) zu zahlen. Gegen die Rückstufung bieten die Versicherer wiederum eine **Bonusschutzversicherung** an.
  Wenn ein Versicherter einen Schaden durch **grobfahrlässiges** oder **strafbares Verhalten** (z.B. Autofahren in angetrunkenem Zustand) verursacht hat, kann die Versicherung nach Bezahlung des Schadens auf ihn **Rückgriff (Regress)** nehmen. In vielen Fällen ist auch ein Selbstbehalt vorgesehen, so z.B. bei Jugendlichen und Neulenkern. Aufgabe des Versicherers ist es aber nicht nur, Ansprüche von Geschädigten zu befriedigen, sondern oft auch **unberechtigte Ansprüche Dritter** mit Rechtsmitteln abzuwehren.
- **Betriebshaftpflicht** und **Berufshaftpflicht:** Wenn Personen durch betriebliche Abläufe, durch den Betrieb einer Maschine oder wegen einer Geschäftsliegenschaft zu Schaden kommen (Sach- oder Personenschaden), dann können die Betriebshaftpflicht- und die Berufshaftpflichtversicherung beansprucht werden. Versicherungsgesellschaften und einige Berufsverbände bieten spezifische Lösungen für die verschiedenen Branchen an.

12.7.2 Rechtsschutz-Versicherung

Durch **Rechtsschutzversicherungen** erhalten Versicherte ungeachtet ihrer finanziellen Möglichkeiten Chancengleichheit beim Zugang zum Recht.

Streitigkeiten – werden sie vor Gericht gelöst – sind meist mit hohen finanziellen Aufwendungen verbunden. Anwälte, Gerichte und Experten, die man für die Wahrung seiner Rechte bemühen muss, kosten viel Geld. Damit niemand auf die Durchsetzung seines Rechts verzichten muss, wurde die Rechtsschutzversicherung ins Leben gerufen. Gegen Bezahlung einer verhältnismässig geringen Prämie übernehmen die Rechtsschutzversicherer das Risiko für Kosten und Dienstleistungen, die durch rechtliche Streitigkeiten verursacht werden. Die Rechtsschutzversicherung unterscheidet grundsätzlich drei Hauptarten von Policen:

- **Verkehrs- und Motorfahrzeug-Rechtsschutz**
- **Privat- oder Familien-Rechtsschutz**
- **Betriebs-Rechtsschutz**

Exkurs: Reiseversicherungen

Reiseversicherungen werden in vielfältiger Form angeboten. In der Regel umfassen sie eine Versicherung der Annullationskosten, zum Beispiel im Falle eines unfreiwilligen Rücktritts von einer bereits gebuchten Reise **(Vermögensversicherung)**. Versichert sind meistens auch Hilfeleistungen in Notsituationen, Kosten für die Rettung, die Heimschaffung oder unerwartete Aufenthalte **(Personenversicherung)** sowie der Verlust des Reisegepäcks durch Diebstahl **(Sachversicherung)**. Diese Versicherungen können auf Risiken im Zusammenhang mit einem Motorfahrzeug ausgedehnt werden.

Kontrollfragen

K 12.48 Was ist bei Motorfahrzeugen der Hauptunterschied zwischen einer Kaskoversicherung und einer Haftpflichtversicherung? Zu welchen der drei Hauptarten von Versicherungen gehören die beiden?

K 12.49 Zu welchen der genannten Haftpflichtarten gehören die folgenden Fälle?
a) Das von einem jungen Architekten geplante Gebäude stürzt infolge eines Konstruktionsfehlers schon während des Baus ein.
b) Der grosse Hund der Familie Huber zerreisst einem Passanten die Hose.
c) In einem Haus mit stark abgeschliffenen Treppen gleitet ein Besucher aus und verletzt sich.

K 12.50 Bei welcher Versicherung ist das Bonus-Malus-System üblich? Was wird damit bezweckt?

K 12.51 Welche Aufgabe hat der Versicherer bei der Haftpflichtversicherung ausser der Befriedigung der Schadenersatzansprüche Dritter?

→ Aufgaben 10, 11, 12, 13, 14

K 12.52 Was kann passieren, wenn der Versicherte einen Haftpflichtfall durch grobfahrlässiges oder strafbares Handeln ausgelöst hat (z.B. Lenken eines Autos in alkoholisiertem Zustand)?

12.8 Auf den Punkt gebracht

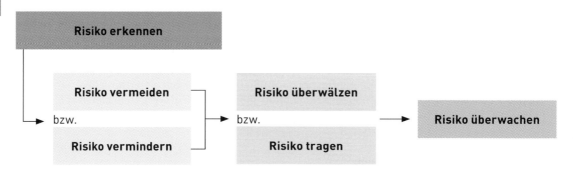

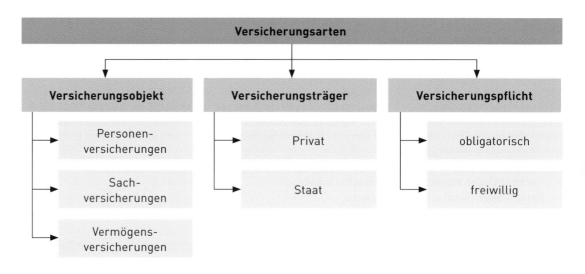

info@klv.ch

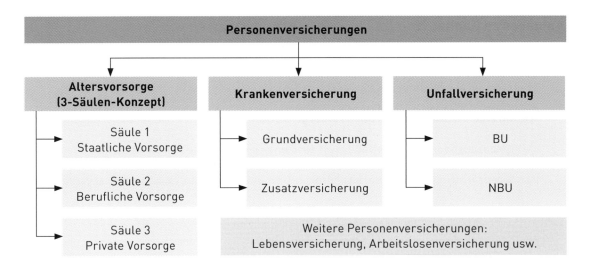

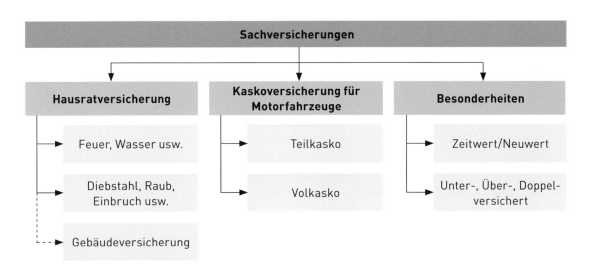

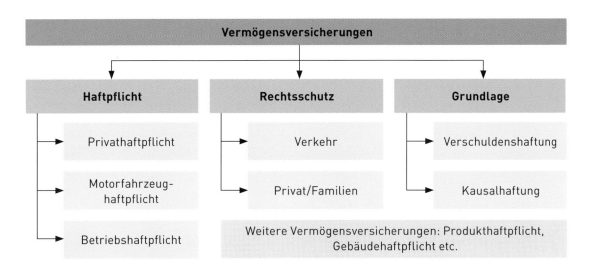

Aufgaben zu Kapitel 12

1. Ergänzen Sie den folgenden Lückentext zum Grundgedanken der Versicherung:

    Warum eigentlich versichern oder Vorsorge treffen? Die Aufgabe der Versicherungen besteht darin, Menschen vor _finanziellen_ Risiken zu schützen, die ihre Existenz, ihre Gesundheit, ihre Arbeitskraft und ihr Hab und Gut bedrohen. Grundgedanke einer Versicherung ist die Vorsorge: viele Personen, die von ein und derselben Gefahr bedroht sind (sog. _Gefahrengemeinschaft_), übertragen das finanzielle Risiko eines Schadens auf den _Versicherer_ und zahlen dafür eine _Prämie_ . Fallen nun bei einzelnen Personen _Schäden_ an, werden sie aus allen Versicherungsbeiträgen entschädigt. Hier zeigt sich das Prinzip der _Solidarität_ , durch das eine _Risikoübertragung_ und _Risikoverteilung_ stattfindet.

2. Ein Warenhandelsunternehmen will sein **Risikomanagement** verbessern. Eine Risikoanalyse zeigt das folgende Bild. Schlagen Sie je zwei Massnahmen vor, die die Situation entschärfen könnten.

Risikoanalyse	Massnahmen
Diebstahlgefahr oder Trickbetrug durch Kunden beim **Kassenbestand**	– Schulung des Personals – Kassenbestand gering halten
Die Verluste aus Forderungen sind jahrelang kontinuierlich gestiegen.	Mahnwesen verbessern, um frühzeitig zu erkennen, welche Kunden sich zu schwarzen Schafen entwickeln. Bei zweifelhaften Kunden: – An- oder Vorauszahlungen verlangen; – Geschäfte Zug-um-Zug abwickeln.
Die **Handelswaren** (Vorräte) sind von folgenden Risiken bedroht (geringe Wahrscheinlichkeit): – Unverkäuflichkeit – Feuer – Diebstahl	– Nur kleine Mengen an Lager nehmen – Bauliche Feuerschutzmassnahmen – Versicherung – Kontrollen

info@klv.ch

3. **Welche Versicherungen** kommen in den folgenden Fällen infrage? Geben Sie die möglichst genaue Bezeichnung an.

a) Ein Arbeiter wird mit 65 Jahren pensioniert und hat keine privaten Versicherungen abgeschlossen.

AHV (= 1. Säule) und Pensionskasse (= 2. Säule, berufliche Vorsorge)

b) Ein Fabrikarbeiter hat Lohnausfall, weil der Betrieb infolge fehlender Aufträge Kurzarbeit (drei Arbeitstage pro Woche) einführen muss.

Arbeitslosenversicherung

c) Der Arbeitgeber eines Angestellten gerät unerwartet in Konkurs und ist nicht imstande, ihm sein ausstehendes Salär zu zahlen.

Arbeitslosenversicherung (Insolvenzentschädigung, d. h. Entschädigung der ALV wegen Zahlungsunfähigkeit des Arbeitgebers)

d) Ein Angestellter, der erst vor einem Monat in die Firma eingetreten ist, erhält während seines Militärdienstes keinen Lohn.

Erwerbsersatzordnung (EO)

4. **Sozialversicherung:** Was ist darunter zu verstehen? Was sind ihre Merkmale? Beschreiben Sie die wichtigsten Beispiele.

– Definition: der Sozialpolitik des Staates entspringende, gesetzlich vorgeschriebene und von der öffentlichen Hand subventionierte Versicherung zum Schutz gegen die Wechselfälle des Lebens, vor allem der wirtschaftlich Schwächeren

– Merkmale: obligatorisch; Subventionierung; Solidarität der Versicherten; fürsorgerisches Ziel; Versicherungsträger öffentlich oder privat mit staatlicher Aufsicht (z. B. Pensionskassen)

– Beispiele: AHV, IV, EO, ALV, oblig. Teil der Kranken- und der Unfallversicherung, berufliche Vorsorge

5. Was ist der Unterschied zwischen Umlage- und Kapitaldeckungsverfahren; wo werden sie angewendet?

Umlageverfahren: Die beim Versicherer eingehenden Prämien werden laufend verwendet für die Zahlung der Versicherungsleistungen; so z. B. bei der AHV/IV: Die Prämien werden auf die Renten «umgelegt».

Kapitaldeckungsverfahren: Aus den eingehenden Prämien wird ein Deckungskapital gebildet, aus dem in späteren Jahren die entsprechenden Versicherungsleistungen (Versicherungssummen oder Renten) erbracht werden; so z. B. bei den privaten Lebensversicherungen und bei den Pensionskassen.

6. Sie arbeiten als kaufmännischer Angestellter der Firma Meier AG und verdienen CHF 50 000.00 im Jahr. Die Meier AG versichert ihre Mitarbeiter gemäss den gesetzlichen Minimalanforderungen. Welche Versicherungsbeiträge werden Ihnen vom Arbeitgeber vom Lohn abgezogen?

    Beiträge für 1. Säule, Beiträge für 2. Säule, Arbeitslosen-Versicherungsprämie

7. Ergänzen Sie stichwortartig das schweizerische **«3-Säulen-Prinzip»** für die Altersvorsorge:

3-Säulen-Prinzip		
1. Säule	2. Säule	3. Säule
Staatliche Vorsorge	Berufliche Vorsorge	Private Vorsorge
AHV/IV/EL	Pensionskassen	Sparen und Lebens-versicherungen
Obligatorisch für Existenzbedarf	Obligatorisch für Fortsetzung der gewohnten Lebenshaltung	Freiwillig für individuelle Wünsche

8. Erklären Sie den Unterschied zwischen **Zeitwert-** und **Neuwert**versicherung.

    Zeitwert bei Sachversicherungen: Es wird der Wert vergütet, den eine Sache im Zeitpunkt des Schadenfalles noch hatte, also der Restwert nach Berücksichtigung der Entwertung durch Alter, Abnützung usw. Beispiel: Occasionswert eines Autos bei der Kaskoversicherung.

    Neuwert: Bei einem Schadenfall wird der Wiederbeschaffungswert vergütet, der nötig ist, um die beschädigte Sache durch eiwne neue zu ersetzen, z. B. ein verbranntes Möbelstück durch ein neuwertiges. Neuwertversicherung ist üblich bei der Hausratversicherung. Der Neuwert ist natürlich höher als der Zeitwert, weshalb er nur infrage kommt, wenn dies so vereinbart wurde.

9. Familie Tobler hat eine übliche **Mobiliarversicherung** (Hausratsversicherung) abgeschlossen. Die Versicherungssumme beträgt CHF 160 000.00. Nach einem Schadenereignis schätzt der Versicherungsexperte den heutigen Wert (Zeitwert) des gesamten Hausrates auf CHF 80 000.00 und den Wiederbeschaffungswert (Neuwert) auf CHF 200 000.00.

    a) Nennen Sie zwei Gegenstände, die durch eine Hausratversicherung versichert sind.

        1. Möbel

        2. Kleider (oder andere sinnvolle Lösung)

    b) Nennen Sie drei Risiken, die durch eine Hausratversicherung abgedeckt sind.

        1. Wasserschaden

        2. Feuer

        3. Diebstahl

    c) Wie gross ist die Entschädigung, wenn durch ein versichertes Ereignis ein Totalschaden entsteht?

        160 000.00

    d) Wie gross ist die Entschädigung, wenn durch ein versichertes Ereignis ein Schaden von CHF 60 000.00 entsteht?

        48 000.00 (80 % von CHF 60 000.00)

10. **Welche Versicherungen** kommen in den folgenden Fällen infrage?

    a) Einem Wohnungsmieter verbrennt ein Teil seiner Möbel.

        Mobiliar-, Hausrat- oder Haushaltversicherung (nicht obligatorisch)

    b) Eines seiner Kinder schlägt eine Fensterscheibe in der Mietwohnung ein.

        Haftpflichtversicherung (Privathaftpflicht oder Familienhaftpflicht, nicht obligatorisch).[4]

    c) Ein Autobesitzer erleidet an seinem Wagen einen Aufprallschaden, er kann niemanden haftbar machen.

        Autokaskoversicherung (nicht obligatorisch), Vollkasko

    d) Einem Ferienreisenden werden im Ausland Gegenstände aus seinem abgeschlossenen Auto gestohlen.

        Reisegepäck- oder Diebstahlversicherung.[5]   →

---

[4] Da der Vater nicht Eigentümer der Mietwohnung und der Fensterscheibe ist, sondern fremdes Eigentum beschädigt wird, kommt nicht die Mobiliarversicherung infrage

[5] In gewissen Fällen auch die Hausrat- oder die Autokaskoversicherung (für den Schaden am Auto). Es gibt hier jedoch verschiedene einschränkende Bedingungen, weshalb die AVB (Allgemeine Versicherungsbedingungen) genau zu beachten sind und die Beratung durch einen Fachmann empfehlenswert ist.

e) Ein Autofahrer fährt mit seinem Wagen in ein Schaufenster und richtet im Laden weiteren Schaden an.

Motorfahrzeug-Haftpflichtversicherung (obligatorisch)

11. a) Erklären Sie, welches Risiko durch eine **Haftpflichtversicherung** abgedeckt wird (keine Beispiele).

Die Haftpflichtversicherung begleicht Ansprüche Dritter, die durch den Versicherungsnehmer

geschädigt wurden.

b) Hans Krummenacher überfährt mit seinem Auto ein Rotlicht und prallt mit dem korrekt fahrenden Fritzw Bachmann zusammen; beide Autos sind stark beschädigt. Welchen Schaden übernimmt die **Motorfahrzeug-Haftpflichtversicherung** von …

b_1) Hans Krummenacher?   Schadenersatzansprüche von Fritz Bachmann

b_2) Fritz Bachmann?   keine

c) Das Mobiliar einer Wohnung wird mittels **Hausratversicherung** gegen Feuer-, Elementar- und Wasserschaden versichert. Die Versicherungssumme beträgt CHF 100 000.00. Ein Brand verursacht anschliessend einen Schaden von CHF 60 000.00.

c_1) Welchen Betrag zahlt die Versicherungsgesellschaft, wenn der wirkliche Wert des Mobiliars CHF 80 000.00 beträgt?

CHF 60 000.00

c_2) Welchen Betrag zahlt die Versicherungsgesellschaft, wenn der wirkliche Wert des Mobiliars CHF 120 000.00 beträgt (Lösungsweg angeben)?

Unterversicherung: $\dfrac{100\,000}{120\,000} = {}^5/_6$, von CHF 60 000.00 = CHF 50 000.00

12. Max Peter rammt auf der Heimfahrt nach durchzechter Nacht mit seinem Occasions-Porsche den VW des Nachtwächters Robert Meier, der gerade nach Hause fährt. Beide **Autos sind schrottreif**. Beurteilen Sie die Lage! Welche Folgen ergeben sich?

Max Peter haftet für den dem Nachtwächter zugefügten Schaden (Körper- und Sachschaden). Sei-

ne Versicherung muss den Schaden auf Grund der obligatorischen Haftpfichtversicherung vergü-

ten. Wenn die Polizei feststellt (und sie muss bei Körperverletzungen immer herbeigerufen wer-

den), dass Max Peter betrunken war, wird die Versicherung auf ihn Regress nehmen. Der Schaden

am eigenen Auto Max Peters wird nur ersetzt, wenn er eine Autovollkaskoversicherung hat (Teilkasko

genügt hier nicht). Bei seiner Haftpflichtversicherung wird Max Peter eine Zurückstufung im Prämi-

enbonus oder sogar einen Malus erfahren. Neben der zivilrechtlichen Seite (Auseinandersetzung

über Schadenvergütung) wird der Vorfall für Max Peter auch eine strafrechtliche Folge haben.

13. Welche der folgenden Aussagen sind richtig? Mit Begründung bei den falschen Sätzen.

		R	F
a)	Ein Arbeitgeber muss alle Arbeitnehmer gegen Unfall versichern. Begründung: _____	✗	
b)	Dies kann nur bei der SUVA geschehen. Begründung: Für viele Betriebe kommen dafür auch private Versicherungs-gesellschaften		✗
c)	Das «Gesetz der grossen Zahl» besagt, dass das Risiko für einen Versicher-ten umso kleiner wird, je mehr Versicherte in der Gefahrengemeinschaft vereinigt sind. Begründung: Das Risiko wird nicht kleiner, aber die Versicherungsprämien lassen sich genauer berechnen.		✗
d)	«Versicherter» ist gleichbedeutend mit «Versicherungsnehmer». Begründung: Dies stimmt z. B. nicht bei der «Versicherung auf fremdes Leben»: Ein Vater lässt seine Kinder versichern oder ein Arbeitgeber seine Angestellten.		✗
e)	Die Haftpflichtversicherung gehört zu den Sachversicherungen. Begründung: Sie gehört zu den Vermögensversicherungen.		✗
f)	Alle oblig. Versicherungen werden von staatlichen Versicherungsträgern besorgt. Begründung: Dies stimmt z. B. nicht für die obligatorische Kranken- und Unfallversicherung und für die Motorfahrzeug-Haftpflichtversicherung.		✗
g)	Werden Versicherungsprämien nicht bezahlt, erlischt der Versicherungs-schutz ohne Weiteres. Begründung: Erst wenn eine Mahnung ergangen und die dort angesetzte (gesetzlich vorgeschriebene) Nachfrist nicht eingehalten wird.		✗
h)	Bei der Motorfahrzeug-Haftpflichtversicherung gibt es keinen Selbstbehalt. Begründung: In gewissen Fällen ist er sogar vorgeschrieben (Lenker unter 25 Jahren und Neulenker während zwei Jahren).		✗

14. Bei welchen Versicherungsarten kommen die folgenden Fachausdrücke vor?

	Fachausdrücke	Versicherungsarten
a)	Kausalhaftung	Haftpflichtversicherung
b)	Koordinationsabzug	Berufliche Vorsorge
c)	Rückkaufswert	Lebensversicherung (gemischte und Erlebensfallversicherung)
d)	Regress	Haftpflichtversicherung, besonders Motorfahrzeughaftpflicht
e)	Bonus-Malus-System	Motorfahrzeug-Haftpflichtversicherung
f)	Über- und Unterversicherung	Sachversicherungen
g)	Bundessubvention	Sozialversicherungen (besonders AHV, IV und Krankenkassen)
h)	Begünstigung	Lebensversicherung
i)	AVB	Alle Privatversicherungen (Allgemeine Versicherungsbedingungen)
j)	Sterblichkeit	Lebensversicherung, Rentenversicherung
k)	Teilkasko	Motorfahrzeugversicherung (für eigenes Auto, nicht Haftpflicht)
l)	SUVA	Obligatorische Unfallversicherung
m)	NBU	Obligatorische Unfallversicherung (Nichtberufsunfall)
n)	Kontroll- und Beratungsgespräch	Arbeitslosenversicherung
o)	Präventiv- und Eingliederungsmassnahmen	Invalidenversicherung und Arbeitslosenversicherung
p)	Existenzbedarf	AHV/IV (1. Säule der Vorsorge)
q)	Freizügigkeit und Altersguthaben	Berufliche Vorsorge (2. Säule)

15. Herr Albrecht Bertel, 56 Jahre, arbeitet im Logistikzentrum der Swissfaonline AG in St. Gallen. Beim Sortieren von Ware stürzt er aus ca. 1 m Höhe von der Hebebühne und verdreht sich dabei das rechte Sprunggelenk. Diagnose und Behandlung seines Arztes: Bänderriss, 6 Wochen Schiene und Gehen an Stöcken, um das Gelenk zu entlasten. Das Arbeitszeugnis (Dokumentation Versicherungen und Vorsorge) sendet Herr Bertel umgehend an seinen Chef im Logistikzentrum.

siehe Kapitel 16.10

a) Welche Versicherung deckt die Behandlung und Heilungskosten von Herrn Bertel? Begründen Sie.

   – Unfallversicherung

   – Vorfall während Ausübung der beruflichen Tätigkeit

b) Welche Kosten werden von der Versicherung im Rahmen der Verletzung von Albrecht Bertel übernommen. Nennen Sie drei Beispiele.

   – Arztbesuch / Diagnose

   – MRI

   – Physiotherapie

   – Stöcke und Schiene

   – Lohnausgleich an Arbeitgeber etc.

c) Wer zahlt die Prämien für diese Versicherung? Begründen Sie.

   Herr Albrecht Bertel ist obligatorisch gegen BU durch seinen Arbeitgeber, der SWISSFAON-

   LINE AG, versichert. Jeder AG muss seine AN gegen BU versichern und die Prämien zahlen.

16. Eine Mitarbeiterin der SWISSFAONLINE AG, Frau Martina Bucher, erhält ihre Lohnabrechnung. Frau Bucher ist 45 Jahre alt und mit einem 70 % Pensum am Empfang im Geschäftssitz in Baar ZG angestellt. Die SWISSFAONLINE AG ist BVG versichert bei der Allianz-Suisse.

siehe Kapitel 16.10

a) Welche Leistungen könnte Martina aus der Arbeitslosenversicherung beanspruchen?

   Taggelder bei Arbeitslosigkeit

b) Was bedeutet die Abkürzung «NBU SUVA 1.1388 % » auf dem Lohnzettel von Martina Bucher und weshalb wird ihr diese Prämie vom Lohn abgezogen?

   Nichtberufsunfallversicherung bei der SUVA, welche obligatorisch ist ab einer Arbeitszeit von

   8 Stunden pro Woche. Der Arbeitgeber kann sich daran beteiligen, muss aber nicht, sodass hier

   Martina die Prämie zahlt.

c) Neben den Prämien für die Arbeitslosenversicherung und die NBU zahlt Martina einen BVG-Beitrag. Wie lautet die Bezeichnung für diese Sozialversicherung?

   Berufliche Vorsorge oder Pensionskasse oder 2. Säule

→

d) Die 2. Säule und die 3. Säule funktionieren nach dem Kapitaldeckungsverfahren, d. h. nach dem Prinzip der Vorfinanzierung. Erklären Sie den Hauptvorteil dieses Verfahrens für Martina.

Vorteil ist der persönliche Anspruch auf ein wirklich vorhandenes Altersguthaben, d. h., was

Martina einzahlt, erhält sie bei Pensionierung

e) Das Kapitaldeckungsverfahren hat den Nachteil, dass es von Einflussgrössen abhängig ist, die sich über die Jahre verändern können. Beschreiben Sie eine solche Einflussgrössen, der Martina Bucher ausgesetzt ist.

– Wirtschaftliche Lage (Situation auf dem Arbeitsmarkt, Teuerung), d. h. das angesparte Geld

verliert an Wert

– Entscheide des Gesetzgebers (Höhe Umwandlungssatz) reduzieren Martinas Pension pro

Jahr

Antworten zu den Kontrollfragen

12.1 Eine Gefahrengemeinschaft

12.2 Solidarität, Risikoübertragung und Risikoverteilung

12.3 a) Versicherer (auch Versicherungträger)
b) Versicherungsnehmer (Der Versicherungsnehmer ist nicht immer identisch mit dem Versicherten.
Beispiel: Ein Vater versichert sein Kind gegen Unfall. Wer ist Versicherter, wer Versicherungsnehmer?)

12.4 Dass bei einer grossen Zahl von Versicherten Häufigkeit und Umfang der ungewissen Ereignisse ziemlich genau vorausgesagt werden können (und die Prämien entsprechend bemessen werden können)

12.5 Abschluss Versicherung, Aufträge an Sicherheitsunternehmen, Einsatz von Überwachungsanlagen

12.6 Tragen eines Velohelms, Nierenschutz beim Motorradfahren usw.

12.7 Risiken erkennen und bewerten → Risiken vermeiden → Risiken vermindern → Risiken selber tragen → Risiken überwälzen → Risiken überwachen

12.8 Risiko überwälzen

12.9 Das Bedürfnis nach **Sicherheit.** Und Sicherheit hat ihren Preis, den sich nicht jeder leisten kann. Die Reihenfolge im Risikomanagement mit diesem Fokus wäre dann: 1. Risiko erkennen → 2. Risiko vermeiden → 3. Risiko vermindern → **4. Risiko überwälzen** → **5. Risiko selber tragen** → 6. Risiko überwachen. (Phasen 4 und 5 sind also im Vergleich zum Ablauf auf der Seite 359 vertauscht.)

12.10 Wie 1 zu 2

12.11 a) Vom Alter 18 bis 65
b) Vom Alter 18 bis 64

12.12 Hilfsmittel, Berufsberatung, Umschulung, Einarbeitungszuschuss, Kapitalhilfe zum Aufbau einer Tätigkeit als Selbstständigerwerbender

12.13 Erwerbsersatzordnung

12.14 Einerseits Ersatzeinkommen bei Militär oder Zivilschutz. Andererseits erhalten Angestellte und selbstständigerwerbende Frauen während 14 Wochen nach der Geburt Mutterschaftsentschädigung, deren Höhe von dem durchschn. Erwerbseinkommen vor der Geburt abhängt.

12.15 Nicht genau, denn sie zahlt Entschädigung nicht nur an Lohnempfänger, sondern auch an Selbstständigerwerbende, darum besser: Erwerbsersatz

12.16 Entschädigung an einen Arbeitnehmer bei Zahlungsunfähigkeit des Arbeitgebers (z.B. im Konkurs der Firma)

12.17 Schlechtwetterentschädigung / Entschädigung bei Kurzarbeit / Beiträge an Präventivmassnahmen

12.18 Alter, Tod und Invalidität

12.19 Staatliche, berufliche und private (Vorsorge)

12.20 Die 2. Säule = berufliche Vorsorge. Nicht obligatorisch für Selbstständigerwerbende

12.21 1. Säule (AHV/IV), obligatorisch für alle (sogar für Nichterwerbstätige, mit Ausnahmen)

12.22 Im BVG (Bundesgesetz über die berufliche Vorsorge)

12.23 Vorsorgeeinrichtungen, d.h. Pensionskassen

12.24 Bei der 1. Säule (AHV/IV)

12.25 Private, freiwillige Vorsorge (durch Sparen und Lebensversicherungen)

12.26 Ja; Freizügigkeit

12.27 a) Bei der AHV. Die Prämie muss vom ganzen Lohn entrichtet werden (auch wenn er eine halbe Million ausmacht), die späteren Renten sind hingegen auf ein gesetzliches Maximum beschränkt.
b) AHV-Ausgleichskassen
c) Das Solidaritätsprinzip

12.28 Gebundene Vorsorge (oder Säule 3 a). Das so angesparte Kapital darf nur zur Altersvorsorge verwendet werden, also z.B. für eine Rente im Ruhestand.

12.29 Nein, es ist «gebunden» für die Altersvorsorge, kann aber z.B. für die Finanzierung von Wohneigentum verwendet werden.

12.30 Franchise (oder Jahresfranchise, im Gegensatz zum Selbstbehalt, der sich meist für einen einzelnen Krankheitsfall oder Unfall versteht); je höher die von der Versicherungsnehmerin gewählte Franchise ist, desto niedriger die zu zahlende Prämie.

12.31 Ja, bei einer Unfallversicherung (NBU)

12.32 Nichtberufsunfallversicherung (NBU), Prämie zulasten Arbeitnehmer (Lohnabzug)

12.33 Bei der SUVA, Luzern (Industrie-, Gewerbe- und Bundespersonal)

12.34 Grundversicherung

12.35 Prämie für NBU, durch Abzug vom Lohn

12.36

	Todesfall-versicherung	Erlebensfall-Versicherung	Gemischte Lebens-versicherung
Wann Auszahlung der Versicherungssumme?	Bei Tod während Versicherungsdauer	Bei Erleben des Versicherungsablaufs	Im einen oder anderen Fall
Zweck der Versicherung	Hinterlassenenvorsorge	Altersvorsorge	Kombination von beiden

12.37 Mit der Erlebensfall- und der gemischten Lebensversicherung

12.38 a) Gemischte Lebensversicherung (eventuell mit Invalidenzusatzversicherung für den Fall der Erwerbsunfähigkeit).
b) Todesfallversicherung (auch genannt Risikoversicherung), evtl. mit dem oben genannten Zusatz

12.39 Von der durchschnittlichen Lebenserwartung der versicherten Person (Rentner, Rentnerin)

12.40 Dass die Versicherungssumme im Todesfall nicht in die Erbmasse (oder in die Konkursmasse) kommt, sondern den Begünstigten vorbehalten bleibt; weiterer Zweck: Familienschutz

12.41 Der Versicherte erhält einen Bonus durch Prämienreduktion oder durch Erhöhung des Überschussanteils.

12.42 Nicht selbstverschuldete Schäden am eigenen Fahrzeug (z.B. Feuer, Diebstahl)

12.43 In den AVB (Allg. Versicherungsbedingungen, Beilage zur Police)

12.44 Überversicherung; zu vermeiden, weil Versicherung höchstens Wert der Sache vergütet, unnötig hohe Prämie

12.45 Unterversicherung
a) Versicherung zahlt höchstens Versicherungssumme
b) Schadenvergütung höchstens im Verhältnis der Versicherungssumme zum Wert der Sachen

12.46 a) Zeitwert
b) Neuwert

12.47 Nur den Zeitwert

12.48 Bei der Kaskoversicherung ist das eigene Auto (des Versicherungsnehmers) versichert, bei der Haftpflichtversicherung sind Schäden an fremdem Eigentum (nicht nur Autos!) oder an Personen versichert; Kaskoversicherung ist Sachversicherung, Haftpflichtversicherung ist Vermögensversicherung.

12.49 a) Berufshaftpflicht (des Architekten)
b) Privathaftpflicht (des Familienvaters Huber)
c) Gebäudehaftpflicht (des Hauseigentümers)

12.50 Bei der Motorfahrzeug-Haftpflichtversicherung; die Versicherungsnehmer sollen zu grösserer Sorgfalt angehalten werden.

12.51 Unberechtigte Ansprüche von Dritten abzuwehren (auch im Interesse des Versicherten, wenn nötig mit Rechtsmitteln, z. B. in einem Prozess vor Gericht)

12.52 Der Versicherer kann auf den Versicherten zurückgreifen (Regress oder Rückgriff nehmen).

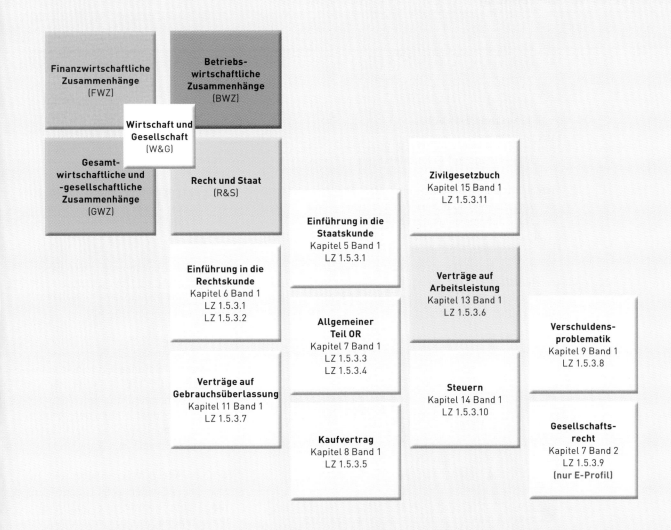

Finanzwirtschaftliche Zusammenhänge (FWZ)

Betriebs- wirtschaftliche Zusammenhänge (BWZ)

Wirtschaft und Gesellschaft (W&G)

Gesamt- wirtschaftliche und -gesellschaftliche Zusammenhänge (GWZ)

Recht und Staat (R&S)

Einführung in die Staatskunde
Kapitel 5 Band 1
LZ 1.5.3.1

Zivilgesetzbuch
Kapitel 15 Band 1
LZ 1.5.3.11

Einführung in die Rechtskunde
Kapitel 6 Band 1
LZ 1.5.3.1
LZ 1.5.3.2

Verträge auf Arbeitsleistung
Kapitel 13 Band 1
LZ 1.5.3.6

Allgemeiner Teil OR
Kapitel 7 Band 1
LZ 1.5.3.3
LZ 1.5.3.4

Verschuldens- problematik
Kapitel 9 Band 1
LZ 1.5.3.8

Verträge auf Gebrauchsüberlassung
Kapitel 11 Band 1
LZ 1.5.3.7

Steuern
Kapitel 14 Band 1
LZ 1.5.3.10

Kaufvertrag
Kapitel 8 Band 1
LZ 1.5.3.5

Gesellschafts- recht
Kapitel 7 Band 2
LZ 1.5.3.9
(nur E-Profil)

Verträge auf Arbeitsleistung

Kapitel 13

13 Verträge auf Arbeitsleistung

Leistungsziele E-Profil (8 Lektionen)	Leistungsziele B-Profil (8 Lektionen)
1.5.3.6 **Verträge auf Arbeitsleistung** Ich erkläre die Merkmale und Unterschiede des Arbeitsvertrages, des Werkvertrages und des Auftrags und zeige die Unterschiede auf. (K2) Ich löse einfache Rechtsprobleme in den Bereichen Vertragsauflösung, Überstunden, Lohnfortzahlung, Ferienanspruch, Sorgfalts- und Treuepflicht anhand des OR. (K3)	1.5.3.6 **Verträge auf Arbeitsleistung** Ich erkläre die Merkmale und Unterschiede des Arbeitsvertrages, des Werkvertrages und des Auftrags und zeige die Unterschiede auf. (K2) Ich löse einfache Rechtsprobleme in den Bereichen Vertragsauflösung, Überstunden, Lohnfortzahlung, Ferienanspruch, Sorgfalts- und Treuepflicht anhand des OR. (K3)

Esther ist auf der Suche nach einer Praktikumsstelle im Spital und überlegt, auf welchen rechtlichen Grundlagen ihr zukünftiges Arbeitsverhältnis basiert.
Von ihrer Mutter, die bei einer Versicherung arbeitet, erfährt sie, dass es sogenannte Einzelarbeitsverträge gibt. Andererseits gebe es auch Betriebsreglemente, die für die Angestellten gelten. Wie ist es aber, wenn sie zu einem Arzt geht? Ist der Arzt dann bei ihr angestellt? Und wie ist es, wenn ihre Eltern die Wohnung von einem Maler renovieren lassen?
Esther hat das Gefühl, dass weder der Arzt noch der Maler einen Einzelarbeitsvertrag mit ihr selbst oder ihren Eltern abgeschlossen hat.

Die Arbeitsleistungen, die in verschiedenen Berufen erbracht werden, sind im OR unterschiedlichen Vertragsarten zugeordnet. Neben dem Arbeitsvertrag kennen wir den Werkvertrag und den Auftrag.

Arbeitsvertrag, Werkvertrag und Auftrag unterscheiden sich in vielen Punkten. Daher kommt der Qualifikation (Feststellung, was für ein Vertrag vorliegt) eine grosse Bedeutung zu. Zum Beispiel betrachtet der Fahrdienstanbieter Uber die eingesetzten Fahrer als Selbstständige, die Sozialversicherungen scheinen sie dagegen bisher als Angestellte einzustufen. Nur für Angestellte besteht z.B. eine Lohnfortzahlungspflicht bei Krankheit, ein zwingender Ferienanspruch sowie die Pflicht des Arbeitgebers, Beiträge an die Sozialversicherungen (insbesondere AHV, BVG und NBU bzw. Nichtberufsunfallversicherung) abzuliefern.

Nicht bei jeder Tätigkeit handelt es sich um einen Arbeitsvertrag. Wir unterscheiden zwischen dem Arbeitsvertrag, dem Auftrag und dem Werkvertrag.

Im Arbeitsrecht sind im Vergleich zum Kaufvertrag oder Auftrag viel mehr Normen zu beachten.

**Bundes-
verfassung**

– Bund und Kantone setzen sich dafür ein, dass Erwerbsfähige ihren Lebensunterhalt durch **Arbeit zu angemessenen Bedingungen** bestreiten können. **Art. 41 Abs. 1 lit. d BV**

– Der Bund trifft Massnahmen für eine ausgeglichene konjunkturelle Entwicklung, insbesondere zur Verhütung und **Bekämpfung von Arbeitslosigkeit** und Teuerung. **Art. 100 Abs. 1 BV**

– Der Bund kann Vorschriften erlassen z. B. über den **Schutz der Arbeitnehmerinnen und Arbeitnehmer**. **Art. 110 BV**

Gesetze

– **Obligationenrecht** für den privatrechtlichen Bereich. Die zwingenden Bestimmungen gehen anderslautenden vertraglichen Vereinbarungen vor (vgl. Art. 361 und 362 OR). Im Falle dispositiver Bestimmungen darf dagegen von den gesetzlichen Bestimmungen abgesehen werden.

– Das **Arbeitsgesetz** (Bundesgesetz über die Arbeit in Industrie, Gewerbe und Handel) enthält zwingende Vorschriften z. B. über Arbeits- und Ruhezeiten, Abend-, Nacht-, Sonntagsarbeit, Schutz der schwangeren Frauen und jugendlichen Arbeitnehmer (dieses Gesetz wurde gestützt auf Art. 110 Abs. 1 BV erlassen).

– Das **Berufsbildungsgesetz** enthält Vorschriften über die **Berufslehre**.

– **Personalgesetze** regeln öffentlich-rechtliche Arbeitsverhältnisse (z. B. das Personalgesetz des Kantons St. Gallen. Das OR ist für solche Anstellungsverhältnisse nicht anwendbar).

– **Bundesgesetz über die Arbeitsvermittlung und den Personalverleih**

Verträge

– **Gesamtarbeitsvertrag** zwischen einem Arbeitgeberverband oder einem grossen Unternehmen und einer Arbeitnehmerorganisation (z. B. allgemeinverbindlicher Gesamtarbeitsvertrag des Schweizer Gastgewerbes, worin unter anderem verbindliche Mindestlöhne festgelegt werden).

– **Einzelarbeitsvertrag** eines einzelnen Arbeitnehmers mit seinem Arbeitgeber

**Betriebs-
ordnung**

– **Betriebsreglement** mit wichtigen Bestimmungen für alle Arbeitnehmer des Betriebes, z. B. zur Arbeitszeit und zum Verhalten bei Krankheit oder Unfall

13.1 Übersicht über die Vertragsarten

Arbeitsvertrag

Art. 319 OR	Erklärung	**Einzelarbeitsvertrag** Ein Arbeitnehmer verpflichtet sich auf bestimmte oder unbestimmte Zeit zur Leistung von Arbeit gegen Entgelt. Die wesentlichen Unterschiede zu Auftrag und Werkvertrag liegen in der **Subordination** (Arbeitnehmer ist dem Arbeitgeber klar unterstellt und in dessen Betrieb eingegliedert) und der relativ weitgehenden Pflicht des Arbeitnehmers, **die Weisungen des Arbeitgebers zu befolgen.**
Arbeitsrechtliche Grundlagen für Lernende 	Beispiel	Eine kaufmännische Angestellte arbeitet bei einer Versicherung in der Schadenabteilung.
 Art. 344 und 347 OR Art. 356 und 351 OR Art. 359 OR	Besondere Arten	– Lehrvertrag – Gesamtarbeitsvertrag – Normalarbeitsvertrag – Handelsreisendenvertrag – Heimarbeitsvertrag

Werkvertrag

Art. 363 OR	Erklärung	Ein Unternehmer verpflichtet sich gegen eine Vergütung ein bestelltes Werk herzustellen. Der **Werkvertrag** unterscheidet sich vom Auftrag dadurch, dass ein objektiv messbarer Erfolg geschuldet ist. Beim Auftrag ist dagegen der Erfolg nicht geschuldet, aber der Beauftragte muss die in seinem Verkehrskreis übliche Sorgfalt einhalten.
	Beispiel	Ein Schreiner erstellt einen massgerechten Schrank und baut ihn in eine Wohnung ein. Weitere Beispiele: Verträge über Bauleistungen, Aufstellen eines Kranes oder Gerüstes, Wartungsvertrag für Feuerlöschgeräte, Erstellung von Gutachten, sofern deren Richtigkeit objektiv überprüft werden kann (andernfalls liegt ein Auftragsverhältnis vor, z.B. bei Verkehrswertschätzung einer Liegenschaft), Baumbeschneidung, Vertrag mit Coiffeur sowie Haarverlängerung (nicht aber Haartransplantation), Reparaturvertrag, Reinigungsleistungen

Auftrag

Art. 394 OR	Erklärung	Einfacher Auftrag Der Beauftragte verpflichtet sich, die gewünschte Dienstleistung in sorgfältiger Weise zu erbringen. Er muss seine Dienste im Hinblick auf ein Resultat erbringen, das jedoch nicht zugesichert ist. Folgendes sind typische Aufträge oder Verträge, auf die Auftragsrecht anzuwenden ist:
	Beispiel	Der Arzt bemüht sich, den Kranken so gut und rasch wie möglich zu heilen. Weitere Beispiele: Vertrag mit Treuhänder, Zahnarzt, Anwalt, Tierarzt, Steuerberater, Vertrag über Liegenschaftsverwaltung oder Schätzung des Wertes eines Kunstgegenstands, Verhältnis zwischen einer Privatschule und den Eltern eines Schülers («Unterrichtsvertrag»), Vertrag betreffend Personentransport, Verhältnis zwischen dem Generalagenten als selbständigem Gewerbetreibenden und der Versicherungsgesellschaft, Vermögensverwaltung, Anlageberatung
 Art. 406a, 418a OR Art. 407 und 425 OR Art. 412 und 440 OR	Besondere Arten	– Auftrag zur Ehe- und Partnerschaftsvermittlung – Agenturvertrag – Kommission – Kreditbrief und Kreditauftrag – Frachtvertrag – Maklervertrag

Der Schwerpunkt liegt im Folgenden beim Einzelarbeitsvertrag. Aber auch die anderen fett gedruckten Vertragsarten erläutern wir in diesem Buch.

13.2 Der Einzelarbeitsvertrag

An dieser Stelle des Buches heben wir noch einmal hervor, dass wir mit den Wörtern «Arbeitnehmer» und «Arbeitgeber» die weibliche Form mit einschliessen.

13.2.1 Form und Inhalt des Vertrages

Arbeitgeber — Arbeitsleistung → Arbeitnehmer
← Lohnzahlung —

Vgl. hierzu Art. 319 ff. OR

Der Einzelarbeitsvertrag kann grundsätzlich in jeder **beliebigen Form**, also auch mündlich, abgeschlossen werden (Ausnahmen: Lehrvertrag, Temporärarbeitsvertrag). Gewisse Abmachungen erfordern jedoch **Schriftlichkeit**, sofern die Parteien von den im Gesetz getroffenen Anordnungen abweichen wollen (Probezeiten, Kündigungsfristen, Überstundenvergütungen usw.). Art. 320 Abs. 1 OR
Art. 335b Abs. 2
Art. 335c Abs. 2 OR
Art. 340 Abs. 1 OR

In jedem Fall hat der Arbeitgeber eine **Informationspflicht**: Der Arbeitgeber muss den Arbeitnehmer schriftlich informieren z.B. über seine Funktion im Betrieb, den Lohn inkl. allfälliger Lohnzuschläge und die wöchentliche Arbeitszeit. Diese Informationspflicht entfällt bei temporären Arbeitsverträgen von maximal einem Monat Dauer. Art. 330b OR

Aber nicht nur bei der Vertragsform, sondern auch beim Vertragsinhalt sind die Parteien nicht ganz frei. So bestehen **zwingende Vorschriften** z.B. über:

– Mindestferien
– Kündigungsschutz
– Personalfürsorge

– Konkurrenzverbot
– Kündigung zur Unzeit
– Kürzung der Ferien.

Die beiden OR-Artikel 361 und 362 zählen auf, welche Vorschriften **absolut zwingend** sind, also überhaupt nicht (z.B. die Regelung des Art. 337 OR zur fristlosen Kündigung: Die Parteien können nicht selbst festlegen, in welchen Fällen der für eine fristlose Kündigung nötige Grund gegeben sein soll.), und welche nur zugunsten des Arbeitnehmers (**relativ zwingend**) abgeändert werden dürfen. (Die Parteien können mehr als die dem Arbeitnehmer zwingend zustehenden Ferien vereinbaren, nicht aber weniger als vier bzw. fünf Wochen, vgl. Art. 329a OR.) Neben diesen Einschränkungen im Privatrecht sind auch die vorne erwähnten Vorschriften des öffentlichen Rechts zu beachten, so vor allem das Arbeitsgesetz. Art. 361 OR
Art. 362 OR

K 13.1 Das Berufsbildungsgesetz enthält zwingende Vorschriften über den Lehrvertrag. Warum sind die Bestimmungen nicht dispositiv? Kontrollfragen

K 13.2 In Art. 329d Abs. 2 OR heisst es, die Ferien des Arbeitnehmers dürften nicht durch Geldleistungen abgegolten werden. Darf diese Bestimmung auf Wunsch eines Vertragspartners umgangen werden? Art. 361 OR gibt Ihnen die Antwort. Wäre es am Ende eines Arbeitsverhältnisses erlaubt, wenn der Arbeitnehmer noch Ferien zugut hätte?

K 13.3 In Art. 329a OR steht, dass ein (über 20 Jahre alter) Arbeitnehmer jedes Jahr Anrecht auf vier Wochen Ferien hat. Darf von dieser Vorschrift zugunsten des Arbeitnehmers abgewichen werden? Siehe Art. 362 OR.

K 13.4 Eine Angestellte sagt, sie habe mit dem Unternehmen, in dem sie arbeitet, keinen Vertrag abgeschlossen. Kann diese Aussage richtig sein?

13.2.2 Pflichten des Arbeitnehmers

Art. 321 OR – **Persönliche Arbeitsleistung:** Der Arbeitnehmer muss die vereinbarte Arbeit selbst leisten, da er mit all seinen persönlichen Eigenschaften und Fähigkeiten für die Arbeitsstelle ausgesucht wurde. Er darf also – falls nicht anders vereinbart – keinen Stellvertreter schicken.

Art. 321a OR – **Sorgfalts- und Treuepflicht:** Der Arbeitnehmer muss die Arbeit sorgfältig ausführen, Werkzeuge und Einrichtungen sorgfältig behandeln, darf keine **Schwarzarbeit** annehmen und muss Geschäftsgeheimnisse wahren (dies auch nach der Entlassung).

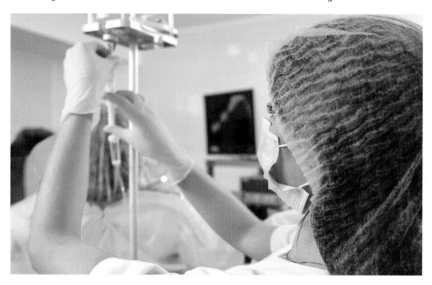

Als Angestellter ist man verpflichtet, sorgfältig zu arbeiten.

Art. 321c OR – **Überstundenarbeit** muss geleistet werden, soweit sie **betrieblich notwendig** ist und dem Arbeitnehmer **zugemutet** werden kann. Ein Arbeitnehmer muss also grundsätzlich bereit sein, aus betrieblichen Gründen über die vertraglich vereinbarte Zeit hinaus zu arbeiten, kann aber Überstunden verweigern, wenn wichtige Gründe vorliegen (wenn z. B. Kinder unter zehn Jahren ansonsten unbeaufsichtigt bleiben oder eine teilzeitbeschäftigte Person noch eine weitere Stelle hat). Überstunden sind mit einem **Lohnzuschlag von 25 %** zu vergüten, soweit sie nicht mit Einverständnis des Arbeitnehmers durch **Freizeit** ausgeglichen werden oder etwas anderes schriftlich vereinbart wurde (z. B. Klausel, wonach die Leistung von Überstunden bereits pauschal mit dem Lohn abgegolten wird). Es wird empfohlen, eine saubere Überstundenbuchhaltung zu führen, die monatlich vom Vorgesetzten unterschrieben wird.

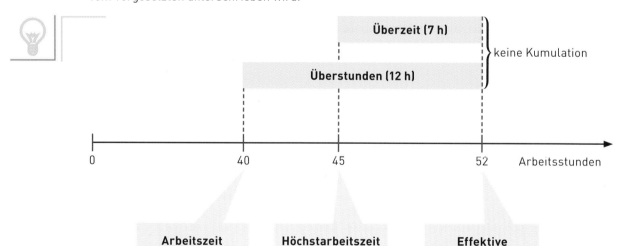

Quelle: Thomas Geiser/Roland Müller, Arbeitsrecht in der Schweiz, 3. Aufl., S. 126, Bern 2015

Art. 9 ArG
Art. 10 ArG
Art. 13 ArG
Art. 3 lit. d ArG

Das **Arbeitsgesetz** legt **Höchstarbeitszeiten** fest (45 Stunden für Arbeitnehmer in industriellen Betrieben sowie für Büropersonal, technische und andere Angestellte, mit Einschluss des Verkaufspersonals in Grossbetrieben des Detailhandels; 50 Stunden für alle übrigen Arbeitnehmer), die grundsätzlich nicht überschritten werden dürfen. Wird die gesetzliche Höchstarbeitszeit ausnahmsweise überschritten, so spricht man von **Überzeit**. Die geleistete Überzeit ist zwingend mit einem Zuschlag von 25 % zu entschädigen, oder, sofern miteinander vereinbart, zu kompensieren. Für Büropersonal ist der Zuschlag allerdings erst ab 60 Stunden Überzeit pro Kalenderjahr zu bezahlen. Wichtig ist auch noch der Hinweis, dass höhere leitende Angestellte dem Arbeitsgesetz nicht unterstellt sind.

- **Befolgung von Anordnungen und Weisungen:** Der Arbeitnehmer muss die ihm persönlich erteilten Weisungen und die für den ganzen Betrieb geltenden Anordnungen (**Betriebsordnung**) befolgen.
             Art. 321d OR

- **Haftung für Schaden**, entstehend aus Fahrlässigkeit oder Absicht des Arbeitnehmers. Bei der Beurteilung des Verschuldens sind allerdings das Berufsrisiko, der Bildungsgrad, die Fachkenntnisse und die Fähigkeiten des Arbeitnehmers zu berücksichtigen. Die Anforderungen an eine Haftung des Arbeitnehmers sind relativ hoch. Nur bei absichtlicher Schädigung (z. B. vorsätzliche Infizierung der Computeranlagen mit einem Virus) kommt eine vollständige Haftung in Betracht. Bei leicht fahrlässiger Begehung ist dagegen von einer maximalen Haftung in der Höhe eines Monatslohns auszugehen.
             Art. 321e OR

K 13.5 Was ist zu beachten, wenn zwischen Arbeitgeber und Arbeitnehmer etwas vereinbart wird, das von der Regelung im OR abweicht?
             Kontrollfragen

K 13.6 Ist eine Klausel im Arbeitsvertrag, wonach der Arbeitnehmer auf keinen Fall Überstunden zu leisten habe, verbindlich? Siehe Art. 321c OR.

K 13.7 Darf der Angestellte eines Treuhandbüros am freien Samstag bei früheren Kunden seines Arbeitgebers Buchhaltungen auf eigene Rechnung führen? Aus welchem OR-Artikel leiten Sie die Antwort ab?

K 13.8 Auf welche zwei Arten können vom Arbeitgeber angeordnete Überstunden vergütet werden, sofern nichts schriftlich vereinbart wurde?

K 13.9 Eine Sekretärin bringt seit Tagen ihren Hund ins Büro. Dabei beruft sie sich auf die persönliche Freiheit und betont, dass die Arbeit in keiner Weise darunter leide. Auf welche Pflicht der Arbeitnehmerin kann sich ihr Chef berufen, wenn er den Hund nicht mehr im Geschäft dulden will (mit Angabe des OR-Artikels)?

13.2.3 Pflichten des Arbeitgebers

- **Lohnzahlung:** Normalerweise Ende des Monats.
             Art. 323 Abs. 1 OR
- **Lohnzahlung bei Verhinderung des Arbeitnehmers:**
  - Grundsätzlicher Anspruch des Arbeitnehmers gemäss OR bei Krankheit, Schwangerschaft, Unfall oder obligatorischem Militärdienst (aber nur sofern nichts anderes im Einzelarbeits- oder Gesamtarbeitsvertrag vereinbart):
             Art. 324a OR

Dauer des Dienstverhältnisses:	Lohnfortzahlung:
bis **3** Monate beim unbefristeten Dienstverhältnis ⟶	keine (freiwillige Zahlung jedoch öfters üblich)
bei unbefristeten Dienstverhältnissen oder für mehr als **3** Monate eingegangene befristete Dienstverhältnisse im ersten Dienstjahr ⟶	während 3 Wochen
über **1** Jahr ⟶	«für eine angemessene längere Zeit». Für die Bestimmung der angemessenen Dauer ab dem zweiten Dienstjahre stellen die Gerichte auf verschiedene Skalen ab. Bekannt sind die Basler, die Berner und die Zürcher Skalen.

Meine Rechte am Arbeitsplatz

Beim Arbeitsgericht Zürich gilt heute folgende Praxis: Im 2. Dienstjahr acht Wochen und für jedes zusätzliche Jahr eine Woche mehr. In anderen Kantonen wenden die **Gerichte** zum Teil eine etwas abweichende Abstufung an (z. B. die sogenannte Berner oder die Basler Skala).

Wieder andere Lösungen sind in vielen Gesamtarbeitsverträgen vereinbart. Bei vielen Arbeitgebern besteht eine Kollektivversicherung (Gruppenversicherung) zur Deckung der Lohnfortzahlung im Krankheitsfall. Diese ist aber **nicht** obligatorisch.

Lohnfortzahlung Berner Skala	
4. bis 12. Monat	3 Wochen
2. Jahr	1 Monat
3. und 4. Jahr	2 Monate
5. bis 9. Jahr	3 Monate
10. bis 14. Jahr	4 Monate
15. bis 19. Jahr	5 Monate
20. bis 25. Jahr	6 Monate

Lohnfortzahlung Basler Skala	
4. bis 12. Monat	3 Wochen
2. und 3. Jahr	2 Monate
4. bis 10. Jahr	3 Monate
11. bis 15. Jahr	4 Monate
16. bis 20. Jahr	5 Monate
ab 21. Dienstjahr	6 Monate

Lohnfortzahlung Zürcher Skala	
4. bis 12. Monat	3 Wochen
2. Jahr	8 Wochen
3. Jahr	9 Wochen
Pro weiteres Anstellungsjahr	Plus 1 Woche

Art. 324b OR – Wenn der Arbeitnehmer obligatorisch versichert ist, wie z. B. gegen Unfall oder Erwerbsausfall bei Militärdienst, so hat der Arbeitgeber den Lohn nicht zu entrichten, falls die Versicherungsleistungen mindestens 80 % decken.

Art. 322d OR – **Gratifikation:** Die Gratifikation ist eine freiwillige Sondervergütung, die bei besonderen Anlässen (Weihnachten, Jahresabschluss, Erreichen eines bestimmten Dienstalters usw.) ausbezahlt wird. Sie wird als Anerkennung für geleistete Arbeit sowie auch im Hinblick auf die zukünftige Zusammenarbeit ausgerichtet. Durch mehrjährige vorbehaltslose Zahlung bekommt der Arbeitnehmer einen Anspruch auf die Gratifikation. Ein 13. Monatslohn ist dagegen ein fester Lohnbestandteil.

Art. 329a OR
Art. 329d OR
Art. 329b OR

– **Ferien und Freizeit:** Anspruch des erwachsenen Arbeitnehmers auf bezahlte Ferien von jährlich mindestens vier Wochen. Bis Ende des 20. Altersjahres besteht ein **zwingender Anspruch** auf fünf Wochen bezahlte Ferien. Eine Abgeltung der Ferien durch Geldleistungen ist nicht erlaubt (ausgenommen bei Beendigung des Arbeitsverhältnisses). Der Erholungszweck der Ferien darf nicht vereitelt werden. Dies gilt auch für Teilzeitangestellte. Sobald jemand regelmässig arbeitet, z. B. als Reinigungskraft, die jeden Donnerstag zwei Stunden eine Wohnung reinigt, müssen vier Wochen bezahlte Ferien gewährt werden. Auch eine Kürzung der Ferien wegen Krankheit ist nur möglich, wenn die Verhinderung mehr als einen Monat je Dienstjahr dauert, und auch dann nur unter bestimmten Bedingungen.

Art. 327 ff. OR – **Spesenvergütung und Bereitstellung von Hilfsmitteln:** Der Arbeitgeber muss dem Arbeitnehmer grundsätzlich Material und Geräte zur Verfügung stellen. Die Parteien können dies freilich anders vereinbaren. Zwingend ist dagegen die Pflicht des Arbeitgebers, alle dem Arbeitnehmer durch die Arbeit entstehenden notwendigen Auslagen zu bezahlen. Vereinbarungen, wonach der Arbeitnehmer die notwendigen Auslagen selbst zu tragen habe, sind nicht gültig.

- Reisespesen
- Autospesen
- besondere Arbeitskleider
- Werkzeuge
- Material

Art. 330a OR – **Arbeitszeugnis:** Normalerweise enthält es Angaben über:
- Dauer des Arbeitsverhältnisses
- Leistungen
- Art der Tätigkeit
- Verhalten des Arbeitnehmers

Das Arbeitszeugnis muss wohlwollend formuliert sein. Für unterdurchschnittliche Leistungen trägt der Arbeitgeber die Beweislast.

Art. 330a Abs. 2 OR Der Arbeitnehmer kann verlangen, dass im Zeugnis nur über Dauer und Art des Arbeitsverhältnisses informiert wird (sogenannte **Arbeitsbestätigung**).

Art. 331 OR – **Personalfürsorge:** Sie ist nicht nur im OR, sondern auch in öffentlich-rechtlichen Gesetzesvorschriften geregelt. Danach hat der Arbeitgeber mindestens die Hälfte der Prämien/Beiträge zu entrichten für
- AHV (Alters- und Hinterlassenenversicherung),
- IV (Invalidenversicherung),

- EO (Erwerbsersatzordnung, auch genannt Lohnausgleich),
- ALV (Arbeitslosenversicherung),
- die berufliche Vorsorge (Pensionskasse) gemäss BVG (Gesetz über die berufliche Vorsorge).

Gänzlich übernehmen muss der Arbeitgeber die Prämien der obligatorischen Betriebsunfallversicherung gemäss UVG (Unfallversicherungsgesetz).

Dagegen muss der Arbeitnehmer grundsätzlich die Prämien der Nichtbetriebsunfallversicherung (NBU) übernehmen. In der Praxis werden diese oft je zur Hälfte von Arbeitgeber und Arbeitnehmer bezahlt.

- **Diskriminierungsverbot:** Mit dem Gleichstellungsgesetz wird jede Benachteiligung aufgrund des Geschlechts verboten. So werden z.B. Lohngleichheit (bei gleichem Ausbildungsniveau und gleichen Anforderungen) sowie Gleichbehandlung bei Anstellung, Beförderung, Weiterbildung oder Entlassung rechtlich einklagbar und damit besser durchsetzbar als bisher. Auch muss der Arbeitgeber dafür besorgt sein, dass seine Mitarbeiterinnen nicht sexuell belästigt werden.

Art. 3 GlG
Art. 5 GlG

Falls aus einem Arbeitsverhältnis **Streitigkeiten** entstehen, gibt es bis zum Streitwert von CHF 30 000.00 in allen Kantonen ein einfaches und für beide Parteien kostenloses Verfahren vor dem **Arbeitsgericht**. Bevor sie mit Klagen vor Gericht gehen, sollten die Parteien jedoch versuchen, im Gespräch eine gütliche Einigung zu erreichen. Dies ist meist für alle Beteiligten der bessere Weg als eine gerichtliche Auseinandersetzung.

Art. 113 ZPO

Arbeitsvertrag eines kaufmännischen Angestellten

ARBEITSVERTRAG

zwischen
MUSTER AG, Musterstrasse 2, 8000 Zürich

und
Marc Moor, St. Galler-Strasse 14, 8000 Zürich

1. **Vertragsbeginn und Funktion**
   Die MUSTER AG stellt Herrn Marc Moor per 1. Oktober 2017 als kaufmännischen Angestellten in der Buchhaltung an. Der Stellenbeschrieb ist integrierender Bestandteil dieses Vertrages.

2. **Probezeit und Kündigungsfrist**
   Die Probezeit beträgt drei Monate und kann mit einer Kündigungsfrist von sieben Tagen jederzeit gekündigt werden. Nach Ablauf der Probezeit beträgt die Kündigungsfrist drei Monate.

3. **Arbeitszeit**
   Die wöchentliche Arbeitszeit beträgt 40 Stunden. Arbeitsbeginn und -ende richten sich nach dem Betriebsreglement betreffend individuelle Arbeitszeit, das einen integrierenden Vertragsbestandteil bildet.

4. **Überstundenarbeit**
   Überstundenarbeit wird mit einem Zuschlag von 25% entschädigt.

5. **Lohn**
   Der Angestellte erhält einen Monatslohn von CHF 6 100.00 brutto, zudem am Jahresende einen 13. Monatslohn. Im Ein- und Austrittsjahr wird dieser pro rata bezahlt.

6. **Ferien**
   Der Arbeitgeber gewährt dem Angestellten vier Wochen Ferien. Ab dem vollendeten 50. Altersjahr betragen die Ferien fünf Wochen und ab dem vollendeten 60. Altersjahr sechs Wochen pro Jahr.

7. **Lohnfortzahlung bei Krankheit**
   Die Lohnfortzahlung richtet sich nach der Zürcher Skala.

8. **Personalvorsorge**
   Die Personalvorsorge richtet sich nach dem Reglement unserer Fürsorgestiftung, die als Beilage mit dem Arbeitsvertrag abgegeben wurde.

Basel, 20. September 2017   Der Arbeitgeber   Der Arbeitnehmer
    MUSTER AG   Marc Moor

ppa. K. Biber   *M. Moor*

Kontrollfragen

K 13.10 Hat der Arbeitnehmer das Recht, einen Vorschuss auf seinen Lohn zu verlangen? Siehe Art. 323 Abs. 4 OR.

K 13.11 Von welcher Anstellungsdauer an hat ein Arbeitnehmer gemäss OR im Fall von Krankheit Anspruch auf Lohnzahlung?

K 13.12 Für wie lange hat er Anspruch gemäss «Zürcher Skala» der Gerichtspraxis
a) im 5. Dienstjahr?
b) im 10. Dienstjahr?

K 13.13 Inwiefern haben die Skalenwerte gemäss Berner, Basler oder Zürcher Skala oft nur «theoretische» Bedeutung?

K 13.14 Welche Angaben enthält eine Arbeitsbestätigung?

K 13.15 Zwischen Gratifikation und 13. Monatslohn sollte klar unterschieden werden. Worin liegt der Unterschied?

K 13.16 Kann eine Angestellte den Zeitpunkt ihrer Ferien selbst bestimmen? Siehe Art. 329c Abs. 2 OR.

K 13.17 Wie gross ist der Mindestferienanspruch
a) für erwachsene Arbeitnehmer?
b) für Jugendliche, bis zu welchem Alter?

K 13.18 Zu welchem Zeitpunkt kann der Arbeitnehmer vom Arbeitgeber ein Arbeitszeugnis verlangen?

K 13.19 Welche zwei Angaben darf ein Arbeitszeugnis nicht enthalten, wenn es eine Angestellte wie oben verlangt?

K 13.20 In welchen zwei OR-Artikeln sieht man nach, wenn man wissen will, welche OR-Bestimmungen absolut zwingend sind und welche abgeändert werden dürfen, aber nicht zum Nachteil des Arbeitnehmers?

K 13.21 Müssten Sie, wenn Sie wegen eines Streits über die Auszahlung einer Gratifikation von CHF 10000.00 gegen ihren Arbeitgeber vor Gericht klagen, mit hohen Gerichtskosten rechnen?

K 13.22 Wie lange erhält Marc Moor im Beispiel unseres Arbeitsvertrages den Lohn, wenn
a) er im 2. Monat der Probezeit zehn Tage an Grippe leidet?
b) er im 5. Dienstjahr an Krebs erkrankt und die Therapie sechs Monate dauert?

→ **Aufgaben**
1, 2, 3, 4, 5

K 13.23 Wie viel Lohn erhält Marc Moor insgesamt im Jahr 2018?

13.2.4 Beendigung des Arbeitsverhältnisses

Ein Arbeitsverhältnis kann – wie jeder Vertrag – durch Übereinkunft aufgelöst werden. Man spricht hier von einem **Aufhebungsvertrag**, in dem beispielsweise der Zeitpunkt der Freistellung und eine allfällige Abfindung einvernehmlich geregelt werden können.

Art. 115 OR

Daneben kann ein Arbeitsverhältnis folgendermassen beendet werden:

Durch Zeitablauf	Durch Kündigung	Durch fristlose Kündigung
Bei **befristeten** Arbeitsverhältnissen (Vertrag wurde nur für eine bestimmte Zeit abgeschlossen) endet das Verhältnis automatisch durch Zeitablauf. Eine ordentliche Kündigungsmöglichkeit gibt es nicht, ausser man vereinbart eine solche. Saisonkellner, Aushilfsverkäuferin während Ausverkauf; Lehrvertrag.	Folgende Regelungen gelten für unbefristete Arbeitsverhältnisse: **a) Während der Probezeit:** Eine Kündigung kann **jederzeit** mit einer Kündigungsfrist von **sieben Tagen** erfolgen. Probezeit ist, sofern nichts anderes **schriftlich** vereinbart wurde, der erste Monat; sie darf auf höchstens drei Monate verlängert werden. **b) Nachher** gelten folgende **Kündigungsfristen** (die Kündigung ist, sofern nichts anderes vereinbart wurde, jeweils auf **Ende Monat** auszusprechen): Im ersten Dienstjahr 1 Monat im 2. bis 9. Dienstjahr 2 Monate nachher 3 Monate	Diese Regelung gilt sowohl für befristete als auch für unbefristete Arbeitsverhältnisse: Aus **wichtigen Gründen**, d.h. wenn den Parteien die Fortsetzung nicht mehr zuzumuten ist, kann das Arbeitsverhältnis fristlos aufgelöst werden, sei es durch den Arbeitgeber (z.B. bei Diebstahl, Unterschlagung, grober Beschimpfung) oder durch den Arbeitnehmer (z.B. wegen Misshandlung, Lohngefährdung). Die Anforderungen an den wichtigen Grund sind recht hoch. Gerade aus Arbeitgebersicht ist es in vielen Fällen ratsam, eine ordentliche Kündigung auszusprechen.
Art. 334 OR	Art. 335a–335c OR	Art. 337 ff. OR

Art. 334 OR
Art. 335a–c OR
Art. 337 OR

Merkblatt über die Kündigung und den Kündigungsschutz

Die wichtigsten Vorschriften, die bei einer Kündigung zu beachten sind:

Kündigungsfristen
- Sie müssen für beide Parteien **gleich lang** sein.
- Es können auch andere als die oben genannten Fristen vereinbart werden, doch muss das **schriftlich** geschehen, und die Fristen dürfen nicht beliebig verkürzt werden.

Art. 335a Abs. 1 OR

Art. 335c OR

Formvorschrift
Für die Kündigung sieht das Gesetz keine bestimmte Form vor. Der Kündigende muss die Kündigung jedoch **schriftlich begründen**, wenn die andere Partei es verlangt. Dies gilt auch für die fristlose Auflösung.

Art. 335 Abs. 2 OR

Ungerechtfertigte fristlose Entlassung
Erweist sich eine fristlose Entlassung eines Arbeitnehmers als nicht stichhaltig, d.h. ist dem **Arbeitgeber** die **Fortsetzung zumutbar**, so kann der Arbeitnehmer den Lohn während der Kündigungsfrist sowie eine Entschädigung (Genugtuung) bis zu sechs Monatslöhnen verlangen.

Art. 337 OR
Art. 337c OR

Kündigt der **Arbeitnehmer** grundlos fristlos, hat der Arbeitgeber Anspruch auf einen Viertel des Monatslohnes sowie des weiteren Schadens. Weiterer Schaden wird eher selten geltend gemacht werden können, weil das Betriebsrisiko beim Arbeitgeber liegt.

Art. 337d OR

Im OR gibt es Normen zum **Kündigungsschutz**, die für beide Parteien gelten. Sie schützen also nicht nur den Arbeitnehmer, sondern auch den Arbeitgeber vor ungerechtfertigten Kündigungen. Wichtig ist auch, zu verstehen, dass jede fristlose Kündigung das Arbeitsverhältnis sofort beendet. Es gibt keine Klage auf Wiedereinstellung. Auch eine missbräuchliche Kündigung ist gültig und wirksam.

Art. 336 OR

Art. 336a OR
Art. 336b OR

Missbräuchliche Kündigung

Hier geht es um den sachlichen Kündigungsschutz. Der Grund, mit der die Kündigung begründet wurde, ist nicht haltbar. Deshalb kann eine Entschädigung von bis zu sechs Monatslöhnen verlangt werden. Hierfür ist es allerdings erforderlich, dass man bis spätestens zum Ende der Kündigungsfrist bei der Gegenpartei **schriftliche Einsprache** erhebt.

> Ein Unternehmen kündigt einem Angestellten wegen persönlicher Eigenschaften wie Hautfarbe, Religion, Nationalität, sexuelle Orientierung oder wegen Zugehörigkeit zu einer politischen Partei oder zu einem Arbeitnehmerverband oder um ihm eine Gratifikation oder ein Dienstaltersgeschenk zu verwehren.

Kündigung zur Unzeit

Art. 336c OR
Art. 336d OR

Erfolgt eine Kündigung während einer **Sperrfrist**, ist sie **nichtig**. Die Kündigung müsste nach Ablauf der Sperrfrist wiederholt werden. Wird jedoch vor der Sperrfrist gekündigt, so wird die Kündigungsfrist um die Sperrfrist **verlängert**.

Merkblatt über den Schutz des Arbeitsverhältnisses bei Militärdienst

Mutterschaft – Schutz der Arbeitnehmerinnen

Nach Ablauf der Probezeit darf der ...	
... Arbeitgeber **nicht** kündigen:	... Arbeitnehmer **nicht** kündigen:

– **Militärdienst, Schutzdienst, Zivildienst** von mehr als elf Tagen
  – **vier Wochen vor Dienstantritt** bis **vier Wochen nach Dienstende**
 	
– **Krankheit/Unfall**
  – im **1.** Dienstjahr während **30 Tagen**
  – im **2.** bis **5.** Dienstjahr während **90 Tagen**
  – ab **6.** Dienstjahr während **180 Tagen**
 	
– **Schwangerschaft**
  – während der Schwangerschaft bis **16 Wochen** nach der Geburt
	wenn sein Vorgesetzter Militärdienst, Schutzdienst oder Zivildienst leistet und er dessen Aufgaben übernehmen muss.

Oft verwechselte Fristen bei der Schwangerschaft: Kündigungsschutz 16 Wochen nach der Geburt und Mutterschaftsurlaub 14 Wochen

Massenentlassungen

Art. 335d–g OR

Bei Massenentlassungen gelten spezielle Bestimmungen. Diese sind zwingend zu beachten. Unter anderem müssen die **Arbeitnehmer konsultiert** werden. Es geht darum, Lösungen zu finden, wie Kündigungen verhindert oder gemildert werden können. Auch muss das kantonale Arbeitsamt involviert und die Vereinbarung eines Sozialplans angestrebt werden.

Kontrollfragen

K 13.24 Wie heisst im OR ein auf bestimmte Zeit abgeschlossenes Arbeitsverhältnis (z. B. für einen Saisonarbeiter) und wie viel beträgt hier die Kündigungsfrist bei einer Dauer von acht Monaten?

K 13.25 Wie lange dauert die Probezeit für Marc Moor (gemäss Vertragsbeispiel und Art. 335b OR)?

K 13.26 Welche Kündigungsfristen gelten, wenn darüber vertraglich nichts vereinbart wurde?

K 13.27 Wann muss eine Kündigung beim Empfänger spätestens eintreffen, wenn das Arbeitsverhältnis am 30. November beendet werden soll (1. Dienstjahr, keine Kündigungsfristen vereinbart)?

K 13.28 Dürfen die im OR angegebenen Kündigungsfristen abgeändert werden?

K 13.29 Muss die Kündigung eines Arbeitsvertrages schriftlich erfolgen?

K 13.30 Unter welcher gemeinsamen Bezeichnung stehen die OR-Artikel über missbräuchliche Kündigung und Kündigung zur Unzeit? Art. 336 OR

K 13.31 Was kann man gegen eine missbräuchliche Kündigung unternehmen? Art. 336a und Art. 336b OR

K 13.32 Ein Angestellter im 3. Dienstjahr wird für längere Zeit krank. Während wie viel Tagen darf ihm der Arbeitgeber jetzt nicht kündigen (Sperrfrist)? Und wenn er die Kündigung kurz vor dem Krankwerden erhalten hat? Art. 336c Abs. 1 lit. b und Abs. 2 OR

→ Aufgaben 6, 7, 8, 9, 10, 11, 12, 13, 14

13.2.5 Das Konkurrenzverbot

In Arbeitsverträgen von leitenden Angestellten wird oft vereinbart, dass der Arbeitnehmer nach Beendigung des Arbeitsverhältnisses den Arbeitgeber **nicht konkurrenzieren** darf, sei es als Angestellter oder als Inhaber bzw. Teilhaber eines Konkurrenzbetriebes.

Ein solches (vertragliches) Konkurrenzverbot ist jedoch nur verbindlich, wenn

Art. 340 OR

- es **schriftlich** vereinbart ist,
- es **begrenzt** nach Ort, Zeit und Gegenstand ist,
- der Arbeitnehmer **handlungsfähig** (also mindestens 18 Jahre alt) ist
- und er **Einblick** in den Kundenkreis oder in Geschäftsgeheimnisse hat.

Wenn der Arbeitnehmer dem Verbot zuwiderhandelt, wird er dem Arbeitgeber **schadenersatzpflichtig**. Da ein solcher Schaden schwer zu bemessen und zu beweisen ist, werden Konkurrenzverbote meistens mittels **Konventionalstrafen** abgesichert. (Bei der Konventionalstrafe muss nur noch die Vertragsverletzung, also hier konkret die Konkurrenzierung bewiesen werden. Gelingt dies, so wird die Konventionalstrafe grundsätzlich fällig.)

Art. 160 OR

Neben diesem **vertraglichen Konkurrenzverbot** gibt es auch noch **gesetzliche Konkurrenzverbote**, so z. B. für die Geschäftsführer einer GmbH. Dieses Konkurrenzverbot gilt jedoch nur während der Dauer der Tätigkeit als Geschäftsführer und nicht für die Zeit danach. Deshalb ist es auch beim Geschäftsführer einer GmbH zu empfehlen, ein arbeitsvertragliches Konkurrenzverbot vorzusehen.

Art. 812 Abs. 3 OR

K 13.33 Warum wäre es vermutlich nicht sinnvoll, wenn Herr Moor in unserem Vertragsbeispiel zu ein Konkurrenzverbot verpflichtet wäre?

Kontrollfragen

K 13.34 Warum gibt es in einem Lehrvertrag kein Konkurrenzverbot? Siehe Art. 340 Abs.1 OR.

K 13.35 Setzen Sie in die vier Kästchen der Figur Stichworte (Merkworte) für die Gültigkeit eines vertraglichen Konkurrenzverbotes ein.

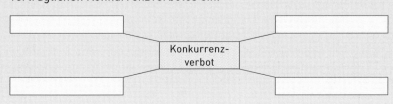

→ Aufgabe 15

13.3 Der Werkvertrag

Art. 363 OR

Abgrenzung Werk-
vertrag und Auftrag

Oft ist es schwierig, den Werkvertrag von anderen Dienstleistungsverträgen (Auftrag, Arbeitsvertrag), aber auch vom Kaufvertrag zu unterscheiden. Beim Kaufvertrag geht es regelmässig um die **Lieferung von fertigen Sachen**. Beim Werkvertrag steht die individuelle **Herstellung, Abänderung oder Reparatur** eines Werkes nach den Weisungen des Bestellers im Vordergrund. Solche «Werke» können sein: der Bau eines Hauses, die Anfertigung eines Massanzuges, die Herstellung eines Möbels nach den persönlichen Wünschen des Bestellers, die Programmierung einer spezifischen Software, aber auch die Reparatur eines Autos oder einer Uhr oder die Bemalung und Tapezierung eines Zimmers usw. Dabei schuldet der Unternehmer ein einwandfreies Werk. Schwierig ist die Abgrenzung zwischen Kauf- und Werkvertrag bei noch herzustellenden Sachen. Werden die Waren speziell für den Besteller hergestellt, so ist von einem Werkvertrag auszugehen. Bei Serienproduktion ist es dagegen ein Kaufvertragsverhältnis.

Die Beteiligten und ihre Leistungen werden gemäss OR folgendermassen bezeichnet:

Die wichtigsten Bestimmungen im OR sind ...

... **wie** beim Kaufvertrag	... **anders** als beim Kaufvertrag
– **formloser** Vertragsabschluss möglich – **Gewährleistungsfrist** (Garantie) bei beweglichen Sachen zwei Jahre, bei Gebäuden fünf Jahre (Art. 371 OR)	– **Nutzen und Gefahr** gehen erst mit der Ablieferung auf den Besteller über (beim Kaufvertrag früher). – Recht auf Nachbesserung bzw. Reparatur im Gesetz vorgesehen (vgl. Art. 368 Abs. 2 OR)

Art. 377 OR
Art. 368 OR

Solange das Werk unvollendet ist, kann der **Besteller** gegen Vergütung der bereits geleisteten Arbeit und gegen volle Schadloshaltung **jederzeit zurücktreten**. Bei einem unbrauchbaren Werk kann der Besteller die Annahme rechtsgültig verweigern (**Wandelung**) und Schadenersatz fordern. Bei geringfügigen Mängeln kann er entweder den Minderwert (**Minderung**) verlangen oder die **unentgeltliche Nachbesserung** (Reparatur), sofern dies dem Unternehmer nicht übermässige Kosten verursacht. Wie im Kaufvertragsrecht sieht also auch das Werkvertragsrecht die Ansprüche der Wandelung und Minderung vor. Ersatzleistung ist beim Werkvertrag nicht möglich, da ja eine individuelle Sache geschuldet ist. Dagegen gibt es den Anspruch auf Nachbesserung, der oft sehr hilfreich ist. Ist die Leistung des Malers nicht wie vereinbart, so muss er unentgeltlich nachbessern, sprich nochmals sauber malen.

Kontrollfragen

K 13.36 Wie heissen in Art. 363 OR die Partner beim Werkvertrag und wie heissen ihre Leistungen?

K 13.37 Beim Schreinermeister Truniger, der für einen Kunden ein Möbelstück nach Mass herstellt, bricht in der Werkstatt ein Brand aus und zerstört das zur Ablieferung bereitgestellte Möbel. Wer trägt den Schaden, wenn keine Versicherung besteht?

K 13.38 Fred Huber möchte sein Auto nach einer Reparatur in der Garage abholen, ist aber nicht imstande, die Rechnung von CHF 370.00 sofort bar zu bezahlen, wie dies der Garagebesitzer verlangt. Dieser verweigert deshalb die Herausgabe des Autos. Fred Huber behauptet, er dürfe die Herausgabe verlangen, auch wenn er nicht gerade zahlen könne, denn das Auto sei immer noch sein Eigentum und dieses dürfe ihm gemäss Art. 641 ZGB nicht vorenthalten werden. Wer hat recht?

info@klv.ch

13.4 Der einfache Auftrag

Die Beteiligten und ihre Leistungen werden im OR wie folgt bezeichnet:

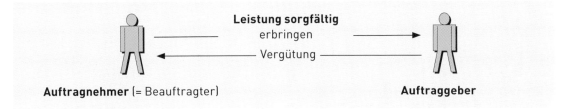

Durch den einfachen Auftrag, häufig nur «Auftrag» genannt, verpflichtet sich der **Beauftragte**, die ihm übertragenen **Geschäfte oder Dienste vertragsgemäss zu besorgen**. Auftragnehmer sind Ärzte, Anwälte, Steuerberater. Aber auch die Dienstleistungen von Banken und Treuhandgesellschaften werden dem Auftragsrecht zugeordnet.

Art. 394 OR
Art. 895 ZGB

Eine **Vergütung** (Honorar, Kommission) ist zu leisten, wenn sie verabredet oder üblich ist. Ein Auftrag kann **jederzeit** vom Auftraggeber oder dem Beauftragten **widerrufen** werden. Eventuell ist Schadenersatz zu leisten.

Art. 394 Abs. 3 OR
Art. 404 OR

> Ein Kursteilnehmer belegt einen Rechnungswesenkurs und will aus privaten Gründen nach vier Lektionen aussteigen. Er hat keinen Anspruch auf Rückerstattung des Kursgeldes, wenn der frei werdende Platz nicht anderweitig besetzt werden kann.

Im **Unterschied zum Werkvertrag** ist beim Auftrag eine **Tätigkeit** und nicht ein bestimmter Erfolg geschuldet. Ein Patient kann mit sorgfältiger Behandlung seines Arztes rechnen, der Arzt schuldet ihm gegenüber jedoch nicht, dass er geheilt wird (z. B. Lungenkrebs) oder dass die Operation erfolgreich verlaufen wird. Beim Arbeitsvertrag ist der Arbeitnehmer in die Betriebsorganisation des Arbeitgebers eingebunden, was beim Auftrag gerade nicht der Fall ist.

Art. 398 OR

Der Beauftragte muss den ihm übertragenen Auftrag **sorgfältig** und **gewissenhaft** erfüllen. Kann dem Auftragnehmer eine Sorgfaltspflichtverletzung nachgewiesen werden, so haftet er für den dadurch verursachten Schaden.

> Ein Arzt haftet, wenn er das falsche Bein des Patienten amputiert.
> Ein Anwalt haftet, wenn er eine Frist verpasst und deswegen ein Prozess verloren geht. Aufgrund solcher Risiken müssen alle Anwälte über eine spezielle Haftpflichtversicherung verfügen.

K 13.39 Wie lautet der rechtliche Ausdruck für das Honorar, das der Auftraggeber schuldet?

Kontrollfragen

K 13.40 Schuldet der Auftraggeber dem Beauftragten in jedem Fall eine Vergütung?

K 13.41 Mit welcher Konsequenz muss jemand rechnen, der einen bereits erteilten Auftrag widerruft?

K 13.42 Beim Kauf- und beim Werkvertrag spricht man von einer Erfolgshaftung, weil eine einwandfreie Sache geschuldet wird. Wie nennt man entsprechend die Haftung beim Auftrag?

→ Aufgaben
16, 17, 18, 19

13.5 Auf den Punkt gebracht

Arbeitsvertrag (Art. 319 ff. OR)

Ein Arbeitnehmer verpflichtet sich auf bestimmte oder unbestimmte Zeit zur Leistung von Arbeit gegen Entgelt.
- Arbeitnehmer ist dem Arbeitgeber klar unterstellt und in dessen Betrieb eingegliedert
- relativ weitgehende Pflicht des Arbeitnehmers, die Weisungen des Arbeitgebers zu befolgen

Arbeitgeber → **Arbeitnehmer**

Arbeitsleistung
Lohn

Werkvertrag (Art. 363 ff. OR)

Ein Unternehmer verpflichtet sich gegen eine Vergütung ein bestelltes Werk herzustellen.
Ein objektiv messbarer Erfolg ist geschuldet z. B. Verträge über Bauleistungen, Aufstellen eines Gerüstes, Baumbeschneidung, Vertrag mit Coiffeur, Reparaturvertrag, Reinigungsleistungen.

Besteller → **Unternehmer**

Herstellung eines Werkes
Vergütung

Auftrag (Art. 394 ff. OR)

Der Beauftragte verpflichtet sich, die gewünschte Dienstleistung zu erbringen. Er muss seine Dienste im Hinblick auf ein Resultat erbringen, welches jedoch nicht zugesichert ist.
z. B.: Vertrag mit Arzt, Treuhänder, Zahnarzt, Anwalt, Tierarzt, Steuerberater

Auftraggeber → **Beauftragter**

Besorgung übertragener Geschäfte oder Dienste
Vergütung, falls vereinbart oder üblich

Abschluss

Formlos: Es ist keine Formvorschrift vorhanden. Es gilt Art. 320 Abs. 1 OR. Aus Beweisgründen in der Regel dennoch schriftlich.

Pflichten des Arbeitnehmers

Persönliche Arbeitsleistung (Art. 321 OR)

Sorgfalts- und Treuepflicht (Art. 321a OR) Umfasst auch, dass man den Arbeitgeber nicht konkurrenziert.
Überstunden (Art. 321c OR) Soweit betrieblich notwendig und zumutbar müssen diese geleistet werden.
Befolgung von Anordnungen und Weisungen (Art. 321d OR) Arbeitgeber ist berechtigt Weisungen zu erlassen.
Haftung für Schaden (Art. 321e OR) Absichtlichen oder fahrlässigen Schaden muss der Arbeitnehmer übernehmen.

Pflichten des Arbeitgebers

Lohnzahlung (Art. 322 ff. OR). In der Regel am Ende des Monats fällig.
Lohnfortzahlung (Art. 324a OR) Im Falle von Krankheit, Unfall oder Ausführung gesetzlicher Pflichten
  – bis drei Monate Dienstverhältnis: nur freiwillige Zahlung
  – bis zwölf Monate Dienstverhältnis: drei Wochen
  – über ein Jahr Dienstverhältnis: angemessene längere Zeit (Siehe Basler-, Berner- und Zürcher Skala)
Ferien (Art. 329 OR) bis zum 20. Lebensjahr min. fünf Wochen, ab dem 20. Lebensjahr min. vier Wochen.
Zeitpunkt der Ferien (Art. 329c OR) Arbeitgeber bestimmt Zeitpunkt, Wünsche des Arbeitnehmers werden aufgenommen.
Zeugnis (Art. 330a OR) Arbeitszeugnis kann jederzeit verlangt werden. Alternativ kann auch eine Arbeitsbestätigung verlangt werden.

Befristetes Arbeitsverhältnis

Endigt ohne Kündigung (Art. 334 OR)

Auflistung relativ zwingender Vorschriften (Art. 362)

Auflistung absolut zwingender Vorschriften (Art. 361)

Beendigung des Arbeitsverhältnisses

Unbefristetes Arbeitsverhältnis

Nach Ablauf der Probezeit (Art. 335c OR)

– Kann durch schriftliche Abrede abgeändert werden – min. ein Monat
– Im ersten Dienstjahr: ein Monat, im zweiten bis und mit neunten Dienstjahr: zwei Monate, nachher: drei Monate

Annahme: Viertes Dienstjahr

Kündigung · auf Ende eines Monats · Kündigungstermin

z. B. 05. August · 31. August · 31. Oktober

2 Monate

Kündigungsschutz

Missbräuchliche Kündigung (Art. 336 ff. OR)

– Eine Kündigung ist missbräuchlich, wenn diese aufgrund einer Eigenschaft, die der Person zusteht, ausgesprochen wird.
– Eine missbräuchliche Kündigung kann mit bis zu sechs Monatslöhnen sanktioniert werden. Die Kündigung bleibt jedoch bestehen.

Kündigung zur Unzeit (Art. 336c OR)

– Während der Probezeit existieren keine Sperrfristen.
– Eine Kündigung ist nichtig, wenn diese während einer Sperrfrist ausgesprochen wird.
– Erfolgt eine Kündigung vor einer Sperrfrist, so wird die Frist unterbrochen und nach Ablauf der Sperrfrist fortgesetzt.

Relevante Sperrfristen:

– Militär- und Zivildienst von mehr als elf Tagen: vier Wochen vor und nach Dienstantritt
– Krankheit/Unfall: im ersten Dienstjahr: 30 Tage, im zweiten bis fünftem Dienstjahr: 90 Tage, ab dem sechsten Dienstjahr: 180 Tage
– Schwangerschaft: während der Schwangerschaft und 16 Wochen nach der Geburt.

Annahme: Viertes Dienstjahr

Kündigung · auf Ende eines Monats · 8 Tage krank · +8 Tage · Kündigungstermin

z. B. 05. August · 31. August · 31. Oktober/08. November · 31. November

2 Monate

Fristlose Auflösung

Stützt sich eine fristlose Kündigung nicht auf einen wichtigen Grund (Art. 337 ff. OR), kann Schadenersatz gefordert werden.

Konkurrenzverbot

Ein Konkurrenzverbot (nach der Beendigung des Arbeitsverhältnisses) ist nur gültig wenn (Art. 340 ff. OR):
schriftlich, nach Ort/Zeit/Gebiet begrenzt, der Arbeitnehmer handlungsfähig ist und
Arbeitnehmer Einblick in Kundenkreis oder Geschäftsgeheimnisse hat.

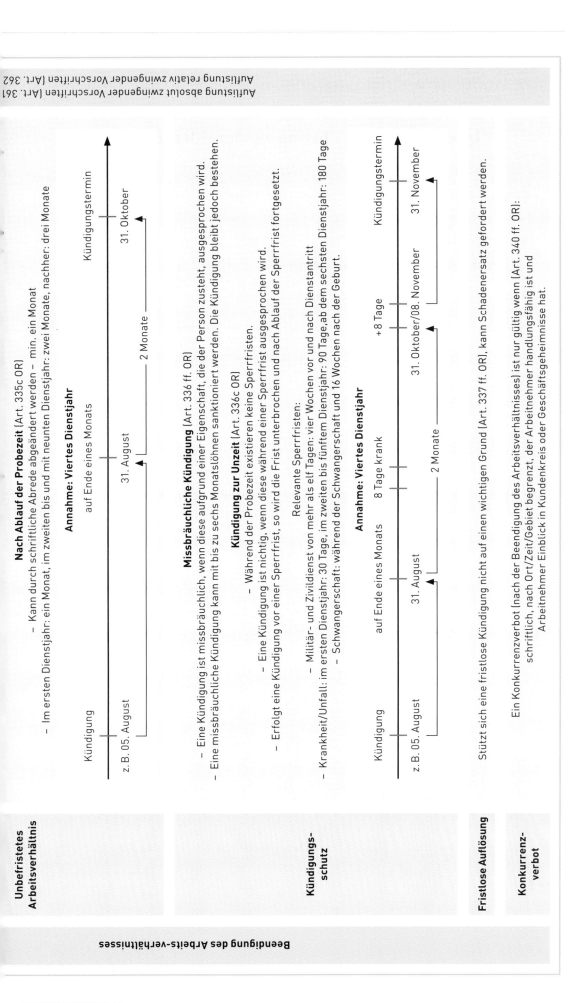

Aufgaben zu Kapitel 13

1. **Ich will aber gar keine Ferien!**

> **Ein junger Mann braucht Geld, aber keine Ferien.**
>
> ## Ist es erlaubt, sich Ferien ausbezahlen zu lassen?
>
> Karl ist ein junger kräftiger Mann. Er meint, ihm genügen zwei Wochen Ferien pro Jahr. Dafür würde er sich lieber die restlichen zwei Wochen Ferien auszahlen lassen. Für seine teure Freizeitbeschäftigung, er ist Hobby-Pilot und fliegt regelmässig an den Wochenenden, braucht er einiges an Geld.
>
> Sein Chef stellt sich auf den Standpunkt, dass Karl die Ferien wirklich beziehen sollte, weil […].

a) Darf sich Karl seine **Ferien ausbezahlen** lassen? Begründen Sie mit dem Gesetzbuch.

Nein, Ferien sind im Gesetz absolut zwingend vorgesehen (Art. 329a Abs. 1, Art. 329d Abs. 2,

Art. 361 und Art. 362 OR). Das bedeutet, dass selbst wenn Arbeitnehmer und Arbeitgeber mit

einer Auszahlung nicht gewünschter Ferientage einverstanden wären, diese Abmachung nich-

tig wäre (vgl. auch Art. 361 Abs. 1 OR).

b) Beenden Sie den letzten Satz des obigen Berichts: «Sein Chef stellt sich auf den Standpunkt, dass Karl die Ferien beziehen sollte, weil …»

… sich Karl in den Ferien erholen und beim Arbeitgeber danach mit frischen Kräften wirken

soll (vgl. auch Art. 328 OR). Aus gesundheitlicher Fürsorgepflicht sind Ferien zwingend zu be-

ziehen (Ausnahme möglich bei Beendigung des Arbeitsverhältnisses).

c) Wie viele **freie Tage** stehen dem Arbeitnehmer auf gesetzlicher Basis zu? Antworten Sie mit entsprechendem OR-Artikel.

Auf einen freien Tag in der Woche hat der Arbeitnehmer Anspruch (in der Regel der Sonntag).

Art. 329 Abs. 1 OR; gemäss Art. 21 ArG ist dagegen nur eine 5-1/2-Tageswoche vorgesehen.

Diese wird zudem durch die Vorgabe von Höchstarbeitszeiten eingeschränkt. Da das Arbeits-

gesetz zwingendes öffentliches Recht ist, muss dies beachtet werden.

d) Werden **Ferien** vereinbart, vom Arbeitgeber angeordnet oder ist der Arbeitnehmer frei zu sagen, wann er sie beziehen will?

Der Arbeitgeber bestimmt, wann der Arbeitnehmer seine Ferien zu beziehen hat. In Art. 329c

Abs. 2 OR wird jedoch festgehalten, dass der Arbeitgeber auch auf die Bedürfnisse des Arbeit-

nehmers Rücksicht nehmen muss, sofern es betrieblich möglich ist.

e) Angenommen, Karl hat **über mehrere Jahre keine Ferien bezogen**. Er vertraute darauf, dass ihm der Arbeitgeber die nicht bezogenen Ferien als «Ferienlohn» schon noch ausbezahlen werde. Kann er in jedem Fall später noch seine nicht bezogenen Ferien einfordern?

Nein, Ferienansprüche verjähren wie Lohnforderungen nach fünf Jahren. Vgl. Art. 128 Ziff. 3

OR, letzter Teilsatz.

2. **Kann ich nebenbei noch «jöbblen»?**

> **100 Prozent angestellt, und trotzdem reicht es fürs Leben nur mit einem Zweitjob.**
>
> # Muss ein Chef einwilligen, wenn ich einen Nebenverdienst habe?
>
> Es gibt sie nicht nur in den USA, die sog. «working poor». Auch in der Schweiz können Mitbürgerinnen und Mitbürger in die Situation kommen, dass ein Einkommen für den Lebensunterhalt nicht ausreicht.
>
> Uns ist ein Fall bekannt, dass eine kaufmännische Mitarbeiterin zu 100 % als Sachbearbeiterin bei der Tara AG angestellt ist. Wir nennen sie einmal Rahel. Im standardisierten Arbeitsvertrag steht, dass Arbeitnehmende bei Vollanstellungen keine weiteren Stellen annehmen dürfen.
>
> Um ihr Einkommen etwas aufzubessern, wollte sie einen kleinen Nebenjob annehmen.
>
> [...]

a) Welches Interesse hat Rahels Arbeitgeber in diesem Zusammenhang?

Der Arbeitgeber erwartet vollen Einsatz bei vollen Kräften bei der Erledigung der betrieblichen

Aufgaben. Die Arbeit muss tadellos geleistet werden.

b) Mit welchen negativen Folgen könnte der erste Arbeitgeber rechnen, wenn Rahel eine zweite Arbeitsstelle antritt?

Der Nebenerwerb kann sich ungünstig auf die Arbeitsqualität auswirken.

c) Die rechtlichen Grundlagen dazu finden sich bei den Pflichten des Arbeitnehmers. Welcher Gesetzesartikel ist zu nennen?

Art. 321a Abs. 1 OR (Treuepflicht des Arbeitnehmers)

d) Was müsste Rahel genau tun, wenn sie den zweiten Job annehmen möchte?

Da sie in einem bestehenden Arbeitsvertrag mit einer Vollanstellung (100 %) steht und zudem

noch einwilligte, keine weiteren Stellen anzunehmen, braucht es für eine Abänderung die Zu-

stimmung beider Vertragsparteien.

e) Wie würde sich die Lage präsentieren, wenn Rahel bei der Tara AG nur eine Teilzeitstelle hätte?

Dann müsste Rahel ihren Arbeitgeber nicht fragen, sofern der Nebenjob nicht eine direkte

Konkurrenzierung des bisherigen Arbeitgebers bedeutete. Grundsätzlich kann sie diesfalls

selbst entscheiden, ob sie noch eine andere Stelle annehmen möchte.

3. Frau Huber hat mit dem Warenhaus «Modern» einen Arbeitsvertrag auf unbestimmte Zeit abgeschlossen. Sie erkrankt zehn Tage nach dem Stellenantritt und muss drei Wochen zu Hause bleiben. Über die **Lohnzahlung im Krankheitsfall** wurde im Vertrag nichts vereinbart. Hat sie gemäss OR Anspruch auf den Lohn während der Krankheit? Siehe Art. 324a OR.

Frau Huber hat keinen Anspruch auf Lohn während der Krankheit, denn das für unbestimmte Zeit

eingegangene Arbeitsverhältnis hat drei Monate noch nicht überschritten (vgl. Art. 324a Abs. 1 OR).

4. Beim **Arbeitszeugnis** kann man unterscheiden zwischen einem **Vollzeugnis** (Art. 330a Abs. 1 OR) und einer **blossen Arbeitsbestätigung** (Art. 330a Abs. 2 OR).

a) Worin besteht der Unterschied?

	– Art und Dauer des	Arbeitsbestätigung gibt
	Arbeitsverhältnisses	nur darüber Auskunft
Vollzeugnis gibt		
Auskunft über	– Leistungen und Verhalten	
	des Arbeitnehmers	

b) Fritz Künzi war während zehn Jahren ein hervorragender Verkaufsleiter im Range eines Prokuristen. Da er die Gelegenheit hatte, in einem anderen Unternehmen einen Direktionsposten zu übernehmen, kündigte er seine Stelle ordnungsgemäss. Sein früherer Arbeitgeber war derart enttäuscht über die Kündigung, dass er Fritz Künzi anstelle eines Vollzeugnisses nur eine Arbeitsbestätigung aushändigte. Muss sich Fritz damit begnügen?

Nein, er kann jederzeit ein Vollzeugnis verlangen gemäss Art. 330a Abs. 1 OR.

5. Kürzlich schrieb eine junge Dame den folgenden Leserbrief an den Ratgeber einer Tageszeitung: «Seit drei Jahren bin ich als Alleinverkäuferin beim gleichen Chef tätig. Termingerecht wurde mir auf Ende Oktober gekündigt. Ende September musste ich auf ärztliche Anordnung hin eine Höhenkur antreten. Mein Chef erklärt nun, dass ich nur bis zum 20. Oktober den Lohn bekomme, da ich während der drei Jahre 40 Tage **krank** war.»
Stimmt das? Wie würden Sie auf den Brief antworten? Siehe Art. 324a OR.

Gemäss Art. 324a Abs. 2 OR hat der Arbeitgeber im ersten Dienstjahr den Lohn für drei Wochen und nachher für eine angemessene längere Zeit zu entrichten. Wer länger für einen Arbeitgeber tätig war, ist länger auch in kranken Tagen zu entlöhnen, als wer weniger lange im Dienste dieses Arbeitgebers gestanden hat. Diesen Grundsatz hat die Gerichtspraxis in Lohnzahlungsskalen konkretisiert, die als allgemeine Richtlinien herangezogen werden können.

Dabei gibt es eine Basler, eine Berner und eine Zürcher Skala. Nach der Zürcher Skala hätte die junge Dame im jetzigen (vierten) Dienstjahr Anspruch auf Lohnzahlung bis zu zehn Wochen. Die angegebene Lohnfortzahlungsdauer gilt jeweils für ein ganzes Dienstjahr. Das bedeutet für unseren Fall, dass die Arbeitnehmerin im Recht ist und eine Lohnkürzung nicht infrage kommt.

Wird ein Arbeitnehmer in einem Dienstjahr mehrmals arbeitsunfähig – auch aus unterschiedlichen Gründen wie Krankheit, Unfall oder Schwangerschaft –, werden die Absenzen zusammengezählt und an den Lohnfortzahlungsanspruch angerechnet.

6. **Ist mein mündlich abgeschlossener Arbeitsvertrag gültig?**

> **Seit 6 Jahren angestellt, und immer noch keinen schriftlichen Arbeitsvertrag**
>
> # Kann mir der Chef mein Teilzeitpensum per sofort kürzen?
>
> Gewöhnlich werden in der Praxis Arbeitsverträge schriftlich abgefasst. Beide Vertragsparteien sind dokumentiert, man ist sicher, dass man sich über die wesentlichen Punkte geeinigt hat.
>
> Doch es gibt gemäss Art. 320 OR gar keine Pflicht, einen Arbeitsvertrag schriftlich zu verfassen. Somit kommt ein Arbeitsvertrag formlos, also mündlich oder schon durch konkludentes (schlüssiges Verhalten oder stillschweigend) Verhalten zustande.
>
> Mirkos Situation ist unangenehm. Er ist zu 70 % angestellt. Seit zwei Jahren hat sich sein Beschäftigungsgrad nicht verändert.
>
> Aufgrund der kritischen Auftragslage meint der Chef, er könne Mirko ab sofort nur noch zu 50 % anstellen. Er kann dies sehr gut begründen. Denn in der Branche werden viele Leute entlassen. Die Konjunktur (Verlauf der wirtschaftlichen Entwicklung) flacht ab. Das heisst, die gesamte wirtschaftliche Leistung geht zurück.
>
> Marco erklärt dem Chef am 12. Mai, dass er es sich wegen seiner Lebenshaltungskosten nicht leisten könne, weniger zu verdienen. Er meint, man könne ihm doch nicht so kurzfristig einfach den Lohn kürzen.
>
> [...]

a) Wer hat recht? Der Chef, der meint, er habe wegen des mündlichen Vertrages die Möglichkeit, kurzfristig den Beschäftigungsgrad zu kürzen – oder Mirko, der sich natürlich dagegen wehrt, weil er mit dem Einkommen für das Teilzeitpensum von 70 % rechnet? Rechtlich betrachtet geht es um die sogenannte **Kündigungsfrist.** Begründen Sie Ihre Entscheidung mithilfe des Gesetzbuches.

–   Mirko hat recht. Auch mündliche Verträge sind gültig und unterliegen den rechtlichen Bestimmungen zum Arbeitsvertrag (Art. 320 Abs. 1 OR).

–   Kündigungsfristen sind in Art. 335 ff. OR geregelt. Da es sich um ein unbefristetes Arbeitsverhältnis (Art. 335 Abs. 1 OR) handelt, steht jeder Partei das Recht zu, mit einer einseitigen Erklärung das Arbeitsverhältnis zu kündigen.

–   Kurzfristig hat also Mirko recht. Langfristig aber kann der Chef seine Vorstellungen durchsetzen. Das heisst, er muss unter Berücksichtigung von Art. 335c Abs. 1 OR eine Kündigungsfrist von zwei Monaten einhalten. Er kann Mirko für die Zeit nach dem Ablauf der Kündigungsfrist ein Stellenangebot mit 50 % unterbreiten. Diesen Vorgang, eine Kündigung mit einem neuen Angebot zu verbinden, nennt man Änderungskündigung. Mirko müsste die Kündigung akzeptieren, wäre aber frei beim Entscheid bezüglich des neuen Angebots.

b) Bis wann wäre der bisherige **Lohn geschuldet**, falls der Chef schon vor Ablauf der Kündigungsfrist das Pensum auf 50 % kürzen sollte?

Bis zum 31. Juli (Art. 335c Abs. 1 OR)

c) Welchen **praktischen Tipp** würden Sie Mirko geben, wenn der Chef nicht mit sich reden lässt, also sein Pensum und den Lohn definitiv auf 50 % setzt?

Mirko sollte beweisbar (z. B. unter Zeugen, mit eingeschriebenem Brief) sofort dem Arbeitgeber gegenüber festhalten, dass er weiterhin 70 % arbeiten möchte. Wenn Mirko diese Bekräftigung nicht sichtbar machen würde, könnte man auf stillschweigende Zustimmung schliessen (vgl. Art. 1 Abs. 2 OR). Er würde den Lohnanspruch bis 31. Juli verlieren.

7. Ergänzen Sie die folgende Aufstellung (Fristen **und** Termine):

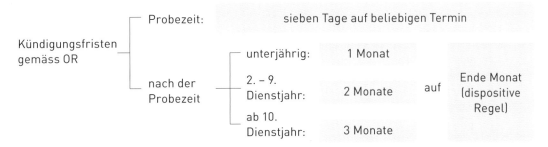

Kündigungsfristen gemäss OR

- Probezeit: sieben Tage auf beliebigen Termin
- nach der Probezeit:
  - unterjährig: 1 Monat
  - 2. – 9. Dienstjahr: 2 Monate — auf Ende Monat (dispositive Regel)
  - ab 10. Dienstjahr: 3 Monate

8. Gaby S. hat Anfang September eine neue Stelle als Sekretärin angetreten. Ein schriftlicher Vertrag wurde nicht abgeschlossen. Bereits am 10. Oktober kündigt ihr der Arbeitgeber auf den 17. Oktober und gibt an, beim Anstellungsgespräch sei mündlich eine Probezeit von drei Monaten vereinbart worden und während der Probezeit sei die **Kündigungsfrist sieben Tage**. Gaby kann sich daran nicht mehr erinnern.

a) Wie beurteilen Sie die Rechtslage von Gaby S.?

Laut OR gilt der erste Monat als Probezeit, sofern nichts anderes vereinbart. Abweichungen von den dispositiven Bestimmungen des OR gelten hier nur, wenn sie schriftlich vereinbart sind. Da in diesem Fall kein schriftlicher Vertrag abgeschlossen wurde, gilt die einmonatige Kündigungsfrist. Die Kündigung wird erst auf Ende November wirksam (vgl. Art. 335b und 335c Abs. 1 OR).

b) Um wie viel hätte die Probezeit höchstens verlängert werden können?

Höchstens auf drei Monate (Schriftlichkeit nötig) (vgl. Art. 335b Abs. 2 OR)

9. **Gekündigt und dann schwanger. Was jetzt?**

Während der Kündigungsfrist wird eine Buchhalterin schwanger.

Ändert sich etwas an dem Kündigungstermin?

Das Gesetz kennt einen besonderen Schutz für werdende Mütter und ihr Ungeborenes. Mit dem Beginn der Schwangerschaft wird die Kündigungsfrist unterbrochen.

Der Kündigungsschutz dauert während der ganzen Schwangerschaft bis 16 Wochen nach der Geburt des Kindes. Die Lohnfortzahlungspflicht richtet sich bei Schwangerschaft nach den gleichen Vorschriften wie bei Krankheit.

Im unterjährigen Beschäftigungsverhältnis, das aber mindestens schon vier Monate gedauert hat, schuldet der Arbeitgeber mindestens drei Wochen den Lohn. Im Gesetz gibt es für länger dauernde Arbeitsverhältnisse keine genauen Angaben. Es steht lediglich, dass bei über einjährigen Anstellungsverhältnissen für eine angemessene längere Zeit noch Lohn zu entrichten ist, je nach der Dauer des Arbeitsverhältnisses und den besonderen Umständen». Daraus haben sich in der Schweiz verschiedene richterliche Praxen entwickelt. […]

Suchen Sie den Rechtssatz im Obligationenrecht, der der im obigen Artikel beschriebenen Situation zugrunde liegt:

a)	Unterbruch der Kündigungsfrist bei Eintritt der Schwangerschaft	Art. 336c Abs. 2 OR
b)	Kündigungsschutz bis 16 Wochen nach Niederkunft	Art. 336c Abs. 1 lit. c OR
c)	Lohnfortzahlungspflicht bei Schwangerschaft	Art. 324a Abs. 1 und 3 OR
d)	Dauer der Lohnfortzahlungspflicht von mindestens drei Wochen	Art. 324a Abs. 2 OR

10. Der 10. Titel des OR enthält Bestimmungen über Kündigung und **Kündigungsschutz** (Art. 336 ff. OR). Welche zwei Arten von Kündigungen sollen durch die Kündigungsschutz-Artikel verhindert werden?

– Missbräuchliche Kündigung (Art. 336 ff. OR, sogenannter sachlicher Kündigungsschutz) und

– Kündigung zur Unzeit (Art. 336c f. OR, sogenannter zeitlicher Kündigungsschutz)

11. Suchen Sie anhand von Art. 336c und 336d OR je zwei Beispiele für **Kündigungen zur Unzeit** sowohl vonseiten des Arbeitgebers wie des Arbeitnehmers.

Durch den Arbeitgeber:

– während schweizerischem obligatorischem Militär- oder Schutzdienst oder schweiz. Zivildienst

und, sofern er mehr als elf Tage dauert, auch vier Wochen vorher und nachher

– bei Krankheit oder Unfall im 1. Dienstjahr während 30 Tagen, im 2. bis 5. Jahr während 90 Tagen, ab 6. Jahr während 180 Tagen

– bei Schwangerschaft und 16 Wochen nach Niederkunft

Durch den Arbeitnehmer:

wenn ein Vorgesetzter schweizerischen obligatorischen Militar- oder Schutzdienst oder Zivildienst leisten muss und der Arbeitnehmer ihn vertreten sollte (Beispiel: Stellvertreter eines Chefs). Es gilt dasselbe wie in Art. 336c Abs. lit. a OR, da Art. 336d OR auf ihn verweist.

12. An welchem Datum endet in den folgenden Fällen das Arbeitsverhältnis?
    a) Herr M. Fehr, kaufmännischer Angestellter, kündigt mündlich während der Probezeit am Dienstag, 7. Juli 2017.

    14. Juli 2017 (Art. 335b Abs. 1 OR)

    b) Frau G. Reimann, Direktorin, kündigt nach fünf Dienstjahren am 20. September 2017. Es bestehen keine besonderen vertraglichen Abmachungen.

    30. November 2017 (Art. 335c Abs. 1 OR)

    c) Frau S. Peyer, EDV-Leiterin, kündigt nach 12 Dienstjahren am 14. August 2017. Im Einzel-arbeitsvertrag wurden folgende Kündigungsfristen vereinbart: Der Arbeitgeber muss eine Kündigungsfrist von sechs Monaten einhalten, der Arbeitnehmer eine solche von vier Mona-ten (jeweils auf Ende des Monats).

    28. Februar 2018 (Art. 335a Abs. 1 OR)

13. Geben Sie an, ob die folgenden Aussagen richtig oder falsch sind.

		R	F
a)	Nach Gesetz bestimmt grundsätzlich der Arbeitgeber den Zeitpunkt der Ferien.	✘	
b)	Erkrankt ein Arbeitnehmer während der Probezeit, wird die Probezeit um die Krankheitstage verlängert.	✘	
c)	Die Kündigung eines Arbeitsverhältnisses auf Ende November erfolgt bei ei-ner zweimonatigen Kündigungsfrist rechtzeitig, wenn der Poststempel auf den 30. September lautet.		✘

14. **Zu spät, ein Grund für die fristlose Kündigung?**

Sind vom Arbeitgeber festgesetzte Arbeitszeiten ernst zu nehmen oder nicht?

Darf der Chef fristlos feuern, wenn jemand private Probleme hat?

Das Gericht hatte einen Fall zu beurteilen, der im Nachbardorf einiges zu reden gab. Ein Mitarbeiter erhielt eine fristlose Kündigung, nachdem ihm der Arbeitgeber zuvor schon ordentlich gekündigt hatte. Und beide Kündigungen erhielt er aus demselben Grund. Er hielt sich nicht an die im Betrieb geltenden Präsenzzeiten.

Der Mann gab vor Gericht an, dass er während jener Zeit grosse familiäre Probleme hatte. Seine Frau wollte sich gerade scheiden lassen. Die Tochter hatte einen schweren Unfall.

Der Rechtsstreit vor Gericht drehte sich um die Frage, ob die fristlose Kündigung rechtens war. Der Arbeitnehmer machte für sich geltend, dass es an allen drei Betriebsstandorten für ihn zu wenig Arbeit gab. Der Arbeitgeber wollte es sich nach der ersten Kündigung nicht bieten lassen, dass sich der Mitarbeiter immer noch nicht an die für alle gleich geltenden Präsenzzeiten hielt. Das Gericht musste hier entscheiden, weil es [...].

---

a) Wie nennt man die Art von gerichtlichen Verhandlungen, wie sie uns hier geschildert werden? Und können Sie sich vorstellen, warum es überhaupt zu einer richterlichen Verhandlung gekommen ist?

Zivilprozess: Die beiden Partien (Arbeitgeber und Arbeitnehmer) sind sich nicht einig bezüglich

der finanziellen Folgen der fristlosen Entlassung des Mitarbeitenden.

b) Die fristlose Kündigung ist eine ausserordentliche. Bei der ordentlichen (Art. 335 OR) wird zwischen der Probezeit, der unterjährigen Beschäftigung und derjenigen mit mehreren Dienstjahren unterschieden (allerdings nur im Falle unbefristeter Arbeitsverhältnisse). Bei der fristlosen Kündigung gibt es auch eine grundsätzliche Unterscheidung. Welche?

Art. 337b OR	Fristlose Kündigung aus wichtigen Gründen
Art. 337c OR	Fristlose Kündigung ohne wichtigen Grund

c) Wer kann fristlos kündigen? Wie schnell wirkt sie? Und welche Folgen kann sie haben?

– Wer: Der Arbeitgeber und der Arbeitnehmer (Art. 337 Abs. 1 OR)

– Wie schnell: Sie beendet das Arbeitsverhältnis «sofort». (Der Arbeitsvertrag ist ohne Frist,

d. h. unmittelbar gekündigt, d. h. ohne Kündigungsfrist, also sofort.)

– Folgen: Erfolgt sie «ohne wichtigen Grund», entsteht eine Schadenersatzpflicht

(vgl. Art. 337c OR).

d) Nennen Sie mögliche wichtige Gründe für eine fristlose Beendigung des Arbeitsverhältnisses:

Fristlose Entlassung durch Arbeitgeber	Fristlose Kündigung durch Arbeitnehmer
– strafbare Handlungen gegenüber Arbeitgeber und anderen Mitarbeitern (z. B. Diebstahl, Betrug, Tätlichkeit, Beleidigung) – schwerer Vertrauensmissbrauch – konstante/wiederholte Arbeitsverweigerung	– Tätlichkeiten, unsittliche Belästigung, massive Beleidigungen – Aufforderung des Arbeitgebers zu strafbaren Handlungen – Art. 337a OR (Zahlungsunfähigkeit)

15. Ein knallhartes Konkurrenzverbot

Ein Grosskundenbetreuer möchte sich eine eigene Existenz aufbauen.

Ist ein Konkurrenzverbot gültig?

Als sog. Key Account Manager werden bestehende, wichtige Schlüsselkunden betreut. Meistens sind dies die umsatzstärksten Kunden oder Vertriebspartner, eben die sogenannten Key Accounts. Zu den Kernaufgaben gehört sicher auch die Akquisition neuer Kunden. Weiter sind die Strukturen und Prozesse auf Kundenseite zu analysieren, damit eine zielgenaue und individuelle Kundenberatung möglich ist. Die betreute Kundenbeziehung gehört zu einem strategischen Interesse der eigenen Unternehmen, gerade im Maschinenbau. Somit erwächst dem sog. After-Sale-Service eine grosse Bedeutung zu. Der Key Account Manager ist verantwortlich für die Festlegung der Verkaufsstrategie, die Zielerreichung und Einsatz der Marketinginstrumente.

[...]

a) Rechtfertigt das oben beschriebene Stellenprofil ein Konkurrenzverbot, wenn Sie die Tatbestandsmerkmale in Art. 340 Abs. 2 OR überprüfen:

Gesetzesanalyse						Anwendung des Gesetzesartikels auf die Situation
Gesetz →	OR	**Artikel** →	340	**Absatz** →	2	
Tatbestandsmerkmal(e) (TBM)	1. Arbeitnehmer muss Einblick in den Kundenkreis bekommen Weitere Erfordernisse sind nicht mehr relevant, da «Oder»-Formulierung. 2. Verwendung der Kenntnis könnte den Arbeitgeber erheblich schädigen.					– (zu 1.) Gemäss Stellenbeschrieb ist es so. (✓) – Einblick in Kundenkreis reicht als Voraussetzung. (✓) – (zu 2.) Die während der Tätigkeit gewonnenen Informationen haben Schädigungspotenzial. (✓)
Rechtsfolge(n) (RF)	Verbindlichkeit eines vertragliche Konkurrenzverbotes					Für einen Key Account Manager ist ein vertragliches Konkurrenzverbot vorstellbar.
Aussage bezüglich Situation	Ein vertragliches Konkurrenzverbot nach Art. 340 OR wäre bei der vorliegenden Stellenbeschreibung angemessen.					

b) Welche Formvorschrift gilt für ein vertragliches Konkurrenzverbot?

Einfache Schriftlichkeit (Art. 340 Abs. 1 OR)

c) Nach Art. 340a OR muss das Verbot angemessen begrenzt werden. Wäre ein zweijähriges Konkurrenzverbot in einem Rayon von 50 km vom ehemaligen Arbeitsort in der Maschinenindustrie zulässig?

Ja, wobei die Angemessenheit immer im Einzelfall zu beurteilen ist.

d) In der Praxis wird ein vertragliches Konkurrenzverbot oft mit einem vertraglichen Sicherungsmittel verbunden. Wie heisst es? Gesetzesartikel? Vorteil?

Sicherungsmittel	Konventionalstrafe	Gesetzesartikel	Art. 160 OR
Vorteil	Es muss kein Schaden bewiesen werden. Schon bei Verletzung des Konkurrenzverbots wird die Konventionalstrafe fällig. Es muss also nur die Vertragsverletzung bewiesen werden können.		

16. Die nachfolgenden Artikel beschreiben verschiedene Verträge auf Arbeitsleistung. Lesen Sie diese Gesetzesauszüge aufmerksam und bearbeiten Sie die kurzen Aufgabenstellungen.

a) Einzelarbeitsvertrag

> **Art. 319 OR**
> [1] Durch den Einzelarbeitsvertrag verpflichtet sich der Arbeitnehmer auf bestimmte oder unbestimmte Zeit zur Leistung von Arbeit im Dienst des Arbeitgebers und dieser zur Entrichtung eines Lohnes, der nach Zeitabschnitten (Zeitlohn) oder nach der geleisteten Arbeit (Akkordlohn) bemessen wird.
> [2] Als Einzelarbeitsvertrag gilt auch der Vertrag, durch den sich ein Arbeitnehmer zur regelmässigen Leistung von stunden-, halbtage- oder tageweiser Arbeit (Teilzeitarbeit) im Dienst des Arbeitgebers verpflichtet.

a₁) Verpflichtung der arbeitsleistenden Partei?

Der Arbeitnehmer leistet Arbeit im Dienste des Arbeitgebers (d. h., er stellt einen Teil

seiner Lebenszeit zur Erledigung von Aufgaben zur Verfügung).

a₂) Verpflichtung der bezahlenden Partei?

Arbeitgeber muss einen Lohn bezahlen

→ entweder Mitteleinsatz (= Zeit) als Basis

→ oder Ergebnis (= Resultate) als Basis

a₃) Wesentliche Merkmale, damit eine Arbeit gesetzlich als Arbeitsvertrag definiert ist (vgl. auch Art. 321 OR)?

Höchstpersönliche(!) Arbeitspflicht Arbeitnehmer

→ entweder befristet («auf bestimmte Zeit»)

→ oder unbefristet (Zeitpunkt, an dem das Arbeitsverhältnis endet, ist nicht im Voraus

abgemacht)

Regelmässige(!) Arbeitspflicht des Entlöhnten

→ entweder Vollbeschäftigung, keinen zweiten Arbeitgeber

→ oder Teilzeitbeschäftigung (stunden-, halbtage- oder tageweise)

Stellung des Arbeitnehmers

Er steht im Dienst des Arbeitgebers, wird also in die Organisation des Unternehmens

eingebunden.

b) Werkvertrag

> **Art. 363 OR**
> Durch den Werkvertrag verpflichtet sich der Unternehmer zur Herstellung eines Werkes und der Besteller zur Leistung einer Vergütung.
>
> **Art. 364 OR**
> ¹ Der Unternehmer haftet im Allgemeinen für die gleiche Sorgfalt wie der Arbeitnehmer im Arbeitsverhältnis.
> ² Er ist verpflichtet, das Werk persönlich auszuführen oder unter seiner persönlichen Leitung ausführen zu lassen, mit Ausnahme der Fälle, in denen es nach der Natur des Geschäftes auf persönliche Eigenschaften des Unternehmers nicht ankommt.

b₁) Verpflichtung der arbeitsleistenden Partei?

Der Unternehmer stellt ein Arbeitsergebnis in Form eines «Werkes» her oder verändert

ein bestehendes «Werk».

b₂) Verpflichtung der bezahlenden Partei?

Der Besteller muss eine Vergütung bezahlen

→ entweder Höhe im Voraus bestimmt

→ oder im Nachhinein bewertet (Art. 374 OR)

b₃) Wesentliche Merkmale, damit eine Arbeit gesetzlich als Werkvertrag definiert ist?

– Vom Unternehmer wird ein konkretes Ergebnis gefordert, eben ein «Werk».

Er schuldet dem Besteller einen bestimmten Erfolg(!).

– Der Unternehmer muss lediglich die persönliche Leitung(!), nicht aber persönliche

Ausführung der Arbeit garantieren.

c) Auftrag

> **Art. 394 OR**
> [1] Durch die Annahme eines Auftrages verpflichtet sich der Beauftragte, die ihm übertragenen Geschäfte oder Dienste vertragsgemäss zu besorgen.
> [2] Verträge über Arbeitsleistung, die keiner besondern Vertragsart dieses Gesetzes unterstellt sind, stehen unter den Vorschriften über den Auftrag.
> [2] Eine Vergütung ist zu leisten, wenn sie verabredet oder üblich ist.

c_1) Verpflichtung der arbeitsleistenden Partei?

Der Beauftragte hat eine Aufgabe (Geschäft, Dienst) im Interesse eines Auftraggebers

auszuführen. Der Beauftragte schuldet ihm Arbeit.

c_2) Verpflichtung der bezahlenden Partei?

Der Auftraggeber (= Mandant) hat eine Vergütung zu leisten (ausser sie wäre nicht abge-

macht oder unüblich, z. B. bei Kollegendienst, Nachbarnhilfe).

c_3) Wesentliche Merkmale, damit eine Arbeit gesetzlich als Auftrag definiert ist?

Der Beauftragte schuldet keinen Erfolg wie beim Werkvertrag, sondern nur eine be-

stimmte Tätigkeit (eine Besorgung).

17. Nennen Sie typische Berufe, in welchen eine Tätigkeit ausgeübt wird, die eindeutig den gesetzlichen Bestimmungen zum Auftrag (Art. 394 OR) unterstehen. (Hinweis: Beim Auftrag ist kein Erfolg als Resultat wie beim Werkvertrag geschuldet, sondern nur eine vereinbarte Tätigkeit.)

– Medizinische Tätigkeiten aller Art (Ärzte und Therapeuten aller Art, Pflegefachpersonal usw.)

– Nicht persönlich Ausführende im Baugewerbe (Architekten, Ingenieure, Liegenschaftsverwal-

tungen usw.)

– Zu einem Sachverhalt Beratende (Anwälte/Notare, Treuhänder, Buchhalter, Unternehmens-

berater, Werbeagenturen usw.)

18. Ist bei den folgenden zusammenhängenden Situationen der Auftrag (AT), Werk- (WV) oder Arbeitsvertrag (AV) die rechtliche Grundlage?

	Situationen	AT	WV	AV
a)	Merinda hat zwei Jobs. Sie arbeitet in einem Kiosk und im Service.			✗
b)	Im Kiosk muss sie u.a. die Buchhaltungsabschlüsse vorbereiten.			✗
c)	Der Treuhänder erstellt auf dieser Basis den Quartalsabschluss.	✗		
d)	Er beauftragt im Namen der Kioskbetreiber die Putz AG.		✗	
e)	Die Reinigungsfirma beauftragt 3 Mitarbeiter mit dem Putzen.			✗
f)	Ihr Lehrling verletzt sich und muss sofort zum Arzt, der ihn behandelt.	✗		
g)	In der Arztpraxis repariert ein Schreiner gerade einen Schrank.		✗	

19. Die Swissfaonline AG war auf der Suche nach einer Mitarbeiterin im Kundendienst, Abteilung Retouren. Von den eingetroffenen Bewerbungen hat sich Mario Torricelli, der Leiter der Abteilung «Verkauf», zusammen mit Simone Türler aus dem Personalwesen für Edith Blum entschieden. Sie hat einen guten KV-Abschluss, ist zuverlässig – was auch an ihren geringen Absenzen in der Berufsfachschule ersichtlich ist – und ist zweisprachig – Deutsch und Französisch – aufgewachsen.
Mit Edith Blum wurde im Anschluss auch ein Vertrag geschlossen (siehe Dokumentation).

siehe
Kapitel 16.9

a) Welche zwei Fehler enthält der Vertrag, die dem OR widersprechen und nicht rechtskonform sind.

Nr. 4 Die Probezeit kann nicht mehr als drei Monate betragen.

Nr. 4 Die Kündigung ist nur während der Probezeit innert sieben Tagen möglich. Danach ein

Monat. Vierzehn Tage ist folglich nach der Probezeit zu kurz.

b) Einige Tage vor Arbeitsbeginn erhält Edith Blum ein Paket von der Swissfaonline AG. Darin sind drei Poloshirts mit dem Logo der Swissfaonline AG enthalten. Im beiliegenden Brief wird Edith Blum aufgefordert, bei Kundenkontakt stets diese Kleidung zu tragen. Die Kosten dieser drei Poloshirts im Wert von CHF 180.00 werde man Edith Blum vom ersten Lohn abziehen. Beurteilen Sie diesen Sachverhalt mit Angabe des relevanten Gesetzesartikels.

Begründung

Arbeitgeber muss Arbeitnehmer mit dem Material versorgen. Edith Blum muss diese

CHF 180.00 nicht bezahlen. Swissfaonline ist nicht im recht. Art. 327 Abs. 1 OR

c) Da die Leistungen von Edith Blum bereits in der dritten Woche nicht dem entsprechen, was man sich von ihr erhofft hatte, entschliesst sich Mario Torricelli, Edith Blum unter Einhaltung der siebentägigen Kündigungsfrist zu entlassen. Da Edith Blum jedoch schwanger ist, ignoriert sie die schriftliche Kündigung, die sie am 24. November 2017 erhält. Beurteilen Sie diesen Sachverhalt mit Angabe des relevanten Gesetzesartikels.

Begründung

Die Kündigung ist gültig, da die Sperrfrist für Schwangerschaft erst nach der Probezeit gilt. Nach

Ablauf der sieben Tage ist das Arbeitsverhältnis von Edith Blum beendet. Art. 336c Abs. 1 OR

Antworten zu den Kontrollfragen

13.1 Das Berufsbildungsgesetz soll den Rahmen für die fachgemässe Ausbildung der Lernenden festlegen. Nur zwingende Vorschriften können dies gewährleisten.

13.2 Nein, sie darf nicht umgangen werden, denn Art. 361 OR ist zu entnehmen, dass von Art. 329d Abs. 2 OR weder zugunsten der einen noch der anderen Partei abgewichen werden darf. Am Ende wäre es hingegen möglich, da das Verbot ausdrücklich nur «während der Dauer des Arbeitsverhältnisses» gilt.

13.3 Ja, zugunsten des Arbeitnehmers darf davon abgewichen werden, wie Art. 362 OR zeigt.

13.4 Nein, sie ist falsch, denn auch eine mündliche oder stillschweigende Vereinbarung ist ein Vertrag.

13.5 Das OR schreibt für solche Fälle oftmals Schriftlichkeit vor. (Aus Sicherheitsgründen zu empfehlen.)

13.6 Nein, denn Art. 321c Abs. 1 OR ist gemäss Art. 361 OR absolut zwingend und darf somit auch nicht zuungunsten des Arbeitgebers abgeändert werden.

13.7 Nein, Art. 321a Abs. 3 OR

13.8 Durch Ausgleich mit Freizeit oder durch Lohn mit 25 % Zuschlag

13.9 Befolgung von Anordnungen und Weisungen, gemäss Art. 321d OR

13.10 Ja, aber nur wenn er in einer Notlage ist und nur in dem Umfang, wie er bereits Arbeit geleistet hat. (Vgl. Art. 323 Abs. 4 OR.)

13.11 Ab dem 4. Monat, es sei denn, das Arbeitsverhältnis sei von vornherein befristet (Art. 324a Abs. 1 OR).

13.12 a) 11 Wochen
b) 16 Wochen (Formel: laufendes Dienstjahr + 6 = Wochen Zahlung)

13.13 Sie stellen nur Minimalansätze dar; im Einzelarbeits- oder Gesamtarbeitsvertrag werden häufig andere, für den Arbeitnehmer günstigere Vereinbarungen getroffen.

13.14 Dauer des Arbeitsverhältnisses und Art der Tätigkeit (Art. 330a Abs. 2 OR)

13.15 Gratifikation = freiwillige Sondervergütung (vgl. Art. 322d OR). 13. Monatslohn = fester Lohnbestandteil, unabhängig vom Geschäftsgang geschuldet

13.16 Nein, aber sie kann erwarten, dass auf ihre Wünsche nach Möglichkeit Rücksicht genommen wird (vgl. Art. 329c Abs. 2 OR).

13.17 a) Vier Wochen je Dienstjahr (Art. 329a Abs. 1 OR)
b) Fünf Wochen je Dienstjahr, bis Ende des 20. Altersjahres (Gilt auch seit Herabsetzung des Mündigkeitsalters auf 18 Jahre.) (Art. 329a Abs. 1 OR)

13.18 Jederzeit (also auch schon während der Dauer des Dienstverhältnisses) (Art. 330a Abs. 1 OR)

13.19 Angaben über Leistung und Verhalten (Art. 330a Abs. 2 OR)

13.20 Art. 361 und 362 OR

13.21 Nein, weil Art. 113 ZPO für beide Parteien ein kostenloses Verfahren bis Streitwert CHF 30 000.00 vorsieht.

13.22 a) Nach Art. 324a OR würde es keine Lohnfortzahlung geben.
b) Elf Wochen

13.23 CHF 19 825.00 (drei Monatslöhne und Pro-rata-Anteil am 13. Monatslohn von CHF 1 525.00)

13.24 Befristetes Arbeitsverhältnis (Art. 334 OR). Keine Kündigungsfrist, da Kündigung unnötig! (Sorry, das war eine kleine Fangfrage. Sie sind doch nicht darauf hereingefallen?)

13.25 Gemäss Vertrag drei Monate; Art. 335b OR gilt im ersten Jahr dagegen eine Kündigungsfrist von einem Monat.

13.26 In der Probezeit sieben Tage, danach im ersten Dienstjahr 1 Monat, im 2. bis 9. Dienstjahr zwei Monate, ab 10. Dienstjahr drei Monate

13.27 Am Nachmittag des letzten Arbeitstages im Oktober, noch während der Arbeitszeit. Hier ist **wichtig** zu wissen, dass die Kündigung eine sogenannte empfangsbedürftige Willenserklärung ist, d.h., dass sie in der vorgeschriebenen Zeit beim Empfänger eintreffen muss und nicht erst bei der Post aufgegeben sein darf. Für die Einhaltung anderer Fristen (ausser Kündigungen) genügt hingegen oft die rechtzeitige Aufgabe bei der Post (Poststempel).

13.28 Ja, aber nur schriftlich und nicht auf beliebige Kürze (vgl. Art. 335c OR).

13.29 Nein, sie ist auch mündlich gültig (Beweisfrage). (Hingegen kann derjenige, dem gekündigt wird, sei er Arbeitgeber oder -nehmer, vom Kündigenden eine schriftliche Begründung verlangen, Art. 335 OR.)

13.30 Unter «Kündigungsschutz»

13.31 Schriftliche Einsprache erheben und Geldentschädigung verlangen

13.32 Sperrfrist 90 Tage. War die Kündigung schon vor der Krankheit ausgesprochen, so verlängert sich die Kündigungsfrist um diese Sperrfrist. (Nicht zum Auswendiglernen, aber «gewusst wo».)

13.33 Für Marc Moor muss die Möglichkeit, in Zukunft bei einem anderen Arbeitgeber in der Region zu arbeiten, erhalten bleiben. Es besteht nicht die Gefahr, dass er als kaufmännischer Angestellter in der Buchhaltung den Kundenstamm der MUSTER AG abwirbt, falls er die Stelle wechselt.

13.34 Weil ein Konkurrenzverbot nur mit handlungsfähigen (also volljährigen) Personen vereinbart werden kann. (Ausserdem auch wegen Art. 344a Abs. 4 OR)

13.35 – schriftlich, – begrenzt, – handlungsfähig, – Einblick

13.36 Unternehmer: Herstellung eines Werkes; Besteller: Vergütung

13.37 Der Schreinermeister trägt den Schaden, denn Nutzen und Gefahr würden erst mit der Ablieferung des Möbels auf den Besteller übergehen (im Gegensatz zum Kaufvertrag).

13.38 Der Garagist hat recht, denn er hat ein Retentionsrecht (Zurückbehaltungsrecht) gemäss Art. 895 ZGB.

13.39 Vergütung

13.40 Nur wenn es üblich oder vereinbart ist.

13.41 Er ist eventuell schadenersatzpflichtig.

13.42 Sorgfaltshaftung

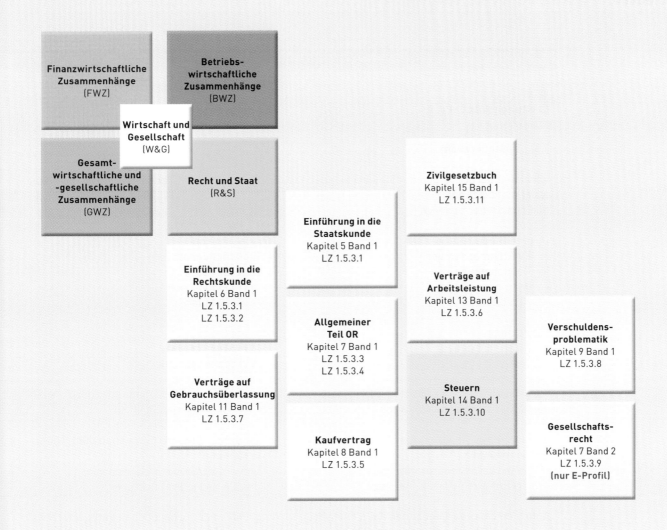

Steuern

Kapitel 14

14   Steuern

Leistungsziele E-Profil (8 Lektionen)	Leistungsziele B-Profil (8 Lektionen)
1.5.3.10 **Steuerrecht**	1.5.3.10 **Steuerrecht**
Ich nenne bei den folgenden Steuern die Steuerhoheit, das Steuersubjekt, das Steuerobjekt und den Steuerträger (K2):	Ich nenne bei den folgenden Steuern die Steuerhoheit, das Steuersubjekt, das Steuerobjekt und den Steuerträger (K2):
Direkte Steuern – Einkommenssteuern – Gewinnsteuer – Vermögenssteuer – Kapitalsteuer	Direkte Steuern – Einkommenssteuern – Gewinnsteuer – Vermögenssteuer – Kapitalsteuer
Indirekte Steuern – Mehrwertsteuer – Verrechnungssteuer	Indirekte Steuern – Mehrwertsteuer – Verrechnungssteuer
Ich erläutere bei ausgewählten Steuern die folgenden Zusammenhänge (K2):	Ich erläutere an ausgewählten Steuern die folgenden Zusammenhänge (K2):
– Zweck der Steuern (Staatshaushalt, Umverteilung) – Steuersatz/Steuerprogression – direkte und indirekte Steuern	– Zweck der Steuern (Staatshaushalt, Umverteilung) – Steuersatz/Steuerprogression – direkte und indirekte Steuern
Aufgrund eines vorgegebenen Falls einer Privatperson fülle ich selbstständig eine Steuererklärung aus. (K3)	Aufgrund eines vorgegebenen Falls einer Privatperson fülle ich selbstständig eine Steuererklärung aus. (K3)

Lea Werlen ist 17 Jahre alt und hat vor zwei Monaten ihre Lehrstelle als kaufmännische Angestellte angetreten. Zum ersten Mal in ihrem Leben hat Lea ein eigenes Einkommen und überlegt sich, ob sie nun Steuern bezahlen muss, welche Steuern dies sind, an wen sie diese Steuern zu bezahlen hat und ob sie nicht bereits Steuern bezahlt hat, ohne dies gewusst zu haben. Ihre Fragestellungen bespricht Lea mit ihrem Vater Markus.

Um die Fragen von Lea und weiterführende Fragestellungen zum sozialen Ausgleich beantworten zu können, sind Kenntnisse über die Steuern in unterschiedlichen Bereichen notwendig. Die Steuerarten, Steuerpflicht, Steuerhoheit und Steuerprogression sind dabei elementare Bausteine, die nachfolgend im Detail und praxisbezogen betrachtet werden.

14.1 Überblick

Wozu Steuern?
Bau und Unterhalt von Schulen, Spitälern, Strassen, Subventionierung der Landwirtschaft, Landes-verteidigung, Umweltschutz, Beiträge an AHV und Krankenkassen, Unterstützung von Bedürftigen – das sind einige der vielen **Aufgaben,** die der **Staat** zu erfüllen hat. Dazu benötigt er grosse finanzielle Mittel, die er sich hauptsächlich durch **Steuern** beschafft, aber auch durch Gebühren und Beiträge.

Unterschiede:

Steuern	Gebühren/Beiträge
Sie machen etwa $^3/_4$ **der staatlichen Einnahmen** aus. Sie werden von jedem Bürger erhoben, unabhängig davon, ob und wie er die staatlichen Einrichtungen benützt, also **ohne direkte Gegenleistung** des Staates.	Sie werden nur **erhoben, wenn einzelne staatliche Einrichtungen beansprucht werden**.
	Gebühren bei Ausstellung eines Passes, für Baubewilligungen, Beiträge eines Hausbesitzers an den Bau von Kanalisationen und Leitungen

Hauptzweck der Steuern ist die Deckung des allgemeinen Finanzbedarfs des **Fiskus** (= Staatskasse, Staatshaushalt). Neben diesem **fiskalischen** Hauptzweck kann der Staat mit den Steuern aber auch Nebenzwecke verfolgen, so z. B.

– **wirtschaftspolitische Ziele**

> Schutz der einheimischen Produktion durch Erhebung von Schutzzöllen auf ausländische Produkte.

– **sozialpolitische Ziele**

> Stärkere Besteuerung hoher Einkommen und Vermögen.

Kantone im Steuer-vergleich: Vom Wett-bewerb profitieren nur Reiche

Übersicht über die Steuerbelastung in der Schweiz

Steuerbelastung Schweiz im Vergleich mit OECD-Ländern

Steuerarten
In der Schweiz teilen sich Bund, Kantone und Gemeinden die staatlichen Aufgaben, weshalb auch die **Steuerhoheit** – das ist das Recht, Steuern zu erheben – entsprechend aufgeteilt ist. So wird bei uns das Einkommen auf drei Ebenen besteuert, nämlich

– im **Bund** durch die direkte Bundessteuer,
– im **Kanton** durch die Kantons- oder Staatssteuer,
– in der **Gemeinde** durch die Gemeindesteuer und die Kirchensteuer.

Neben dieser Unterscheidung ist am häufigsten die Aufteilung in ...

Direkte Steuern	Indirekte Steuern
Der Fiskus erhebt sie direkt **beim Steuer-pflichtigen** (natürliche oder juristische Person), z. B. auf deren Einkommen, Gewinn, Vermögen oder Kapital. Dabei wird Rücksicht genommen auf die **finanzielle Leistungsfähig-keit des Steuerpflichtigen**, z. B. durch höhere Abzüge bei kinderreichen Familien, durch niedrigere Steuersätze bei geringen Einkommen usw.	Der Fiskus erhebt sie aufgrund **einzelner Handlungen** wie z. B. bei Warenkauf (Mehr-wertsteuer), Wareneinfuhr (Zölle) oder Ausstellung einer Urkunde (Stempelsteuer). Dabei **kann keine Rücksicht auf die finanzielle Leistungsfähigkeit des Steuerpflichtigen** (Besteuerung nach dem Äquivalenzprinzip) genommen werden. Indirekte Steuern haben die Eigenschaft, dass man sie oft gar nicht bemerkt.

Aufgrund dieser Unterscheidungen ergibt sich die folgende Übersicht über die wichtigsten Steuern:

Übersicht sämtlicher Steuern, der Steuerhoheiten und deren Beschreibungen

Direkte Bundessteuer ...

... bei natürlichen Personen	... bei juristischen Personen
besteuert wird das **Einkommen**	besteuert wird der **Gewinn**

Indirekte Steuer ...

Bund
Mehrwertsteuer
Zölle
Tabaksteuer
Stempelsteuer
Verrechnungssteuer[1]

Staatssteuer (Kantonssteuer) ...

... bei natürlichen Personen	... bei juristischen Personen
besteuert wird das **Einkommen**	besteuert wird der **Gewinn**
besteuert wird das **Vermögen**	besteuert wird das **Eigenkapital**

Kantone und Gemeinden

Motorfahrzeugsteuer
Erbschaftssteuer
Hundesteuer
Billettsteuer
} zum Teil vom Kanton erhoben und zwischen Kanton und Gemeinde aufgeteilt

Gemeindesteuern ...[2]

... bei natürlichen Personen	... bei juristischen Personen
... werden in den meisten Kantonen erhoben und anhand eines Prozentsatzes von der Staatssteuer berechnet.	

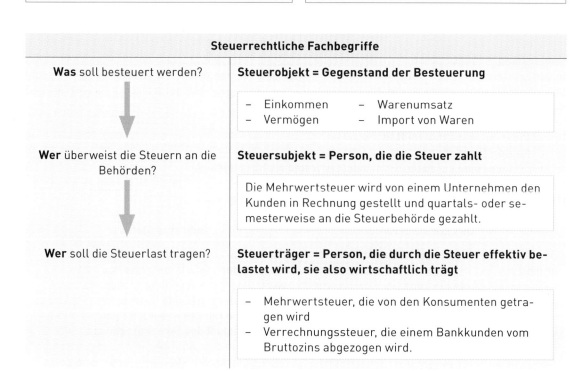

Steuerrechtliche Fachbegriffe	
Was soll besteuert werden? ⬇	**Steuerobjekt = Gegenstand der Besteuerung** – Einkommen – Warenumsatz – Vermögen – Import von Waren
Wer überweist die Steuern an die Behörden? ⬇	**Steuersubjekt = Person, die die Steuer zahlt** Die Mehrwertsteuer wird von einem Unternehmen den Kunden in Rechnung gestellt und quartals- oder semesterweise an die Steuerbehörde gezahlt.
Wer soll die Steuerlast tragen?	**Steuerträger = Person, die durch die Steuer effektiv belastet wird, sie also wirtschaftlich trägt** – Mehrwertsteuer, die von den Konsumenten getragen wird – Verrechnungssteuer, die einem Bankkunden vom Bruttozins abgezogen wird.

---

1 Je nach Definition kann die Verrechnungssteuer auch zu den direkten Steuern gezählt werden.
2 Die meisten Kantone erheben zusätzlich eine **Kirchensteuer**.

info@klv.ch

	Einkommens-steuern	Gewinnsteuer	Vermögens-steuer	Kapitalsteuer	Mehrwert-steuer	Verrechnungs-steuer
	Robin arbeitet bei der UBS AG und erhält seinen Lohn ausbezahlt.	Die Lonza AG erwirtschaftete im Jahr 2017 einen Gewinn von etwas über 300 Mio. CHF.	Peter hat ein Vermögen von CHF 750 000.00.	Die Implenia AG hat ein Eigenkapital von 624 Mio. CHF.	Monika kauft eine Velopumpe bei Intersport für CHF 59.90 inkl. 7.7 % MWST	Michael erhält auf seinem Sparkonto bei der UBS AG CHF 450.00 Zinsen gutgeschrieben.
Steuer-hoheit	Bund, Kanton/Gemeinde	Bund, Kanton/Gemeinde	Kanton/Gemeinde	Kanton/Gemeinde	Bund	Bund
Steuer-objekt	Einkommen	Gewinn	Vermögen	Eigenkapital	Velopumpe (Warenumsatz)	Zinsen
Steuer-subjekt	Robin	Lonza AG	Peter	Implenia AG	Intersport	UBS AG
Steuer-träger	Robin	Lonza AG	Peter	Implenia AG	Monika	Michael

Merke

Bei der Mehrwert- und Verrechnungssteuer fallen Steuersubjekt und Steuerträger nicht auf dieselbe Person.

Kontrollfragen

K 14.1 Wie heisst das Recht eines Gemeinwesens, Steuern zu erheben?

K 14.2 Wodurch unterscheiden sich die Steuern von den übrigen staatlichen Einnahmen wie Gebühren und Beiträgen?

K 14.3 Bei welchen Steuern nimmt der Fiskus keine Rücksicht auf die finanzielle Leistungsfähigkeit des Steuerpflichtigen? Nennen Sie eine Handlung, bei der eine solche Steuer erhoben wird.

K 14.4 Welchen Zweck verfolgt der Staat mit den folgenden Steuermassnahmen? Geben Sie je ein Eigenschaftswort.
   a) Einnahmenbeschaffung für den Fiskus (Hauptzweck)
   b) Einflussnahme auf die Wirtschaft des Landes
   c) Schwächere Belastung niedriger Einkommen

K 14.5 a) Wie heisst die Steuer, die der Bund auf Einkommen erhebt?
   b) Wie heisst die Kantonssteuer auch? Warum diese Bezeichnung?

K 14.6 Nennen Sie wenigstens zwei Beispiele von indirekten Steuern des Bundes.

K 14.7 Wie nennt man …
   a) den Steuerpflichtigen (wer wird besteuert)?
   b) den Gegenstand der Besteuerung (was wird besteuert)?
   c) denjenigen, der wirtschaftlich in seinem Vermögen durch die Steuer getroffen wird?

14.2 Einkommens- & Vermögenssteuern

Natürliche Personen zahlen **Einkommenssteuern** (Bund und Kanton) sowie **Vermögenssteuern** (nur Kanton).

14.2.1 Steuererklärung der Unselbstständigerwerbenden

Als Grundlage für die **Einschätzung** oder **Veranlagung** durch das Steueramt dient die Steuererklärung (Steuerdeklaration), die die Steuerpflichtigen jährlich einzureichen haben. Darin werden das steuerbare **Einkommen** und das steuerbare **Vermögen** wie folgt berechnet:

Steuerwissen für Jugendliche

Einkommen	
Erwerbseinkommen (gemäss Lohnausweis)	Einkünfte aus Erwerbstätigkeit und aus Nebenbeschäftigungen, Verdienst der Ehefrau, auch Naturallöhne
+ Vermögensertrag und übriges Einkommen	Kapitalerträge (Zinsen, Dividenden), Ertrag aus Liegenschaften, Mietwert des Eigenheims, Renten, Pensionen, Lotteriegewinne
= Bruttoeinkommen (Total der Einkünfte)	
– Abzüge	Berufsauslagen (z. B. Fahrtkosten zum Arbeitsort, auswärtige Verpflegung, Weiterbildungskosten und andere Berufsauslagen), auch genannt Gewinnungskosten; ferner Schuldzinsen, z. B. für Hypotheken oder andere Schulden, bezahlte Versicherungsprämien, Zinsen auf Spareinlagen (beschränkt), gemeinnützige Zuwendungen
= **Reineinkommen**	
– Steuerfreie Beträge (Sozialabzüge)	Abzug für Kinder, Ehepaare und unterstützungsbedürftige Personen, unterschiedlich bei Bundes- und verschiedenen Staatssteuern
= **Steuerbares Einkommen**	Dieser Betrag ist massgebend für die Bemessung der Einkommenssteuer.

Vermögen	
Gesamtvermögen (Aktiven)	Bargeld, Edelmetalle, Wertpapiere, Liegenschaften, Lebensversicherungen (Rückkaufswerte), Auto
– Schulden (Passiven)	Darlehens-, Hypothekar- und andere Schulden
= **Reinvermögen**	
– Steuerfreier Betrag (Sozialabzug)	Verschieden je nach Zivilstand (auch Kinderzahl oder Alter)
= **Steuerbares Vermögen**	Dieser Betrag ist massgebend für die Bemessung der Vermögenssteuer.

Es ist also zu unterscheiden zwischen **Rein**einkommen und **steuerbarem** Einkommen sowie zwischen **Rein**vermögen und **steuerbarem** Vermögen.

Ehegatten sind gemeinsam steuerpflichtig. Paare, die in registrierter Partnerschaft leben, sind Ehepaaren steuerlich gleichgestellt. Auch **minderjährige Kinder** werden nicht selbstständig besteuert; wenn sie eigenes Einkommen oder Vermögen haben, ist es zusammen mit demjenigen der Eltern zu versteuern, ausgenommen das **Erwerbseinkommen** (Entschädigung eines Lernenden, früher: Lehrlingslohn).

Die Einkommens- und Vermögenssteuern nehmen also Rücksicht auf die **persönliche und wirtschaftliche Lage** des einzelnen Steuerpflichtigen. Sie werden bei jeder Einschätzung neu veranlagt. Wenn der Steuerpflichtige mit der Einschätzung nicht einverstanden ist, kann er dagegen schriftlich **Einsprache**, nachher **Rekurs** erheben. Wie er dabei vorzugehen hat, wird ihm in der **Rechtsmittelbelehrung** angegeben, die in der amtlichen Verfügung enthalten ist.

Offizieller Steuerrechner der ESTV

Berechnung des **steuerbaren Einkommens** von zwei kaufmännischen Angestellten (Unselbstständigerwerbende) bei der **direkten Bundessteuer**.

	Ruth Plüss, 26, ledig, keine Kinder, Sekretärin	Peter Ruf, 35, verheiratet, 3 Kinder, Buchhalter
	CHF	**CHF**
Einkommen gemäss Lohnausweis (nach Abzug von AHV / IV / EO / ALV, obligatorische Unfallversicherung, Pensionskasse)	57 600.00	80 100.00
Vermögensertrag (Sparkonti, Wertschriften) ①	800.00	500.00
Mietwert (eigenes Haus, Eigentumswohnung) ②	–	12 700.00
Total der Einkünfte	**58 400.00**	**93 300.00**
Abzüge: ③		
Fahrtkosten Wohnort – Arbeitsort, Verpflegung in Kantine	3 700.00	3 600.00
Übrige Berufsauslagen (pauschal)	2 000.00	2 400.00
Weiterbildungs- und Umschulungskosten	600.00	1 900.00
Versicherungsprämien (max. Abzug)	1 700.00	5 600.00
Schuldzinsen	–	7 000.00
Gemeinnützige Zuwendungen (Spenden)	400.00	700.00
Reineinkommen	**50 000.00**	**72 100.00**
Steuerfreie Beträge (Sozialabzüge): Abzug für Kinder und Ehepaare	–	22 100.00
Steuerbares Einkommen	**50 000.00**	**50 000.00**

Erläuterungen:

① Der Vermögensertrag ist zusammen mit dem Vermögen durch das besondere **Wertschriften- und Guthabenverzeichnis** nachzuweisen, das gleichzeitig als Antrag für die Rückerstattung der **Verrechnungssteuer** gilt.

② Der **Mietwert** für die Eigennutzung eines Hauses oder einer Eigentumswohnung (Eigenmietwert) soll etwa dem Betrag entsprechen, der für ein gleiches Objekt in Form von Miete zu bezahlen wäre.

③ Für die **Abzüge** kommen entweder die effektiven Aufwendungen infrage (z. B. Fahrtkosten, Schuldzinsen) oder einheitlich festgelegte Maximalbeträge (z. B. für Versicherungsprämien); pauschaliert werden häufig die sog. «übrigen Berufsauslagen» für Weiterbildung, Fachliteratur, Berufskleider usw. Besonders erwähnenswert sind hier die Abzüge, die für Einzahlungen für die **gebundene Vorsorge** gemacht werden können.

Das **Vermögen** bleibt in diesem Beispiel unberücksichtigt, weil es der direkten Bundessteuer nicht unterliegt, sondern nur der Staats- und Gemeindesteuer.

Steueramt Kanton Zürich

Departement Finanzen und Ressourcen Kanton Aargau

Wann und wo ist die Steuererklärung einzureichen?

In der Regel erhält der Steuerpflichtige zu Beginn des Jahres die nötigen Formulare zum Selbstausfüllen **(Selbstdeklaration)** vom Steueramt seiner Wohnsitzgemeinde. Er muss die Steuererklärung bis zum 31. März abgeben, kann allerdings eine Verlängerung der Einreichungsfrist beantragen.

In den meisten Kantonen wird die Steuer aufgrund der tatsächlichen Einkünfte des Kalenderjahres berechnet **(Gegenwartsbemessung)**. So müssen die Steuerpflichtigen des Kantons Zürich im ersten Quartal 2017 ihre Steuererklärung für das Jahr 2016 ausfüllen und ihr Einkommen des Jahres 2016 angeben (vgl. Aufgabe 1).

Wenn nötig korrigiert die Steuerbehörde die Angaben und ermittelt die definitive Steuer 2016. Die Differenz zu der provisorischen Steuerzahlung, die im Jahre 2016 geleistet wurde, ist auszugleichen.

Eine nicht ausgefüllte Steuererklärung kann zu bösen Überraschungen führen.

Kontrollfragen

K 14.8 Wie nennt man die jährliche Einschätzung durch die Steuerbehörde?

K 14.9 Aus welchen zwei Grössen ergibt sich ...
a) das Reineinkommen?
b) das steuerbare Einkommen?
c) das Reinvermögen?
d) das steuerbare Vermögen?

K 14.10 Unter welchem Sammelbegriff werden die Abzüge für Fahrtkosten zum Arbeitsort, für auswärtige Verpflegung, Berufskleider, berufliche Weiterbildung und Fachliteratur zusammengefasst?

K 14.11 Welcher Teil des Einkommens eines Minderjährigen wird nicht zusammen mit dem Einkommen der Eltern versteuert?

K 14.12 Hat eine Minderjährige die folgenden Werte selbstständig zu versteuern oder zusammen mit den Eltern?
a) Eigenes Vermögen (z.B. aus einer Erbschaft)
b) Erwerbseinkommen (z.B. Entschädigung eines Lernenden)
c) Übrige Einkünfte (z.B. Zins auf Sparkonto, Lotteriegewinn u.a.)

K 14.13 Wo sind bei der Steuererklärung Wertpapiere, Sparkonti und andere Guthaben einzeln aufzuführen?

K 14.14 a) Was kann ein Steuerpflichtiger unternehmen, wenn er mit der Einschätzung der Steuerbehörde nicht einverstanden ist?
b) Wie nennt man die Beschreibung der Steuerbehörde, wie der Steuerpflichtige in einem solchen Fall vorzugehen hat?

→ Aufgaben 1, 2

14.2.2 Steuertarif, Steuerprogression und Steuerfuss

Die Steuergesetze von Bund und Kantonen unterscheiden zwei **Steuertarife**, einen ermässigten für Verheiratete, Personen in eingetragener Partnerschaft und Einelternfamilien sowie einen Tarif für Alleinstehende, die **nicht** mit Kindern oder mit unterstützungsbedürftigen Personen zusammenleben.

Bei der Bundessteuer

Aus dem steuerbaren Einkommen lässt sich mithilfe des **Steuertarifs** der Steuerbetrag berechnen.

Für die zwei Steuerpflichtigen im vorstehenden Beispiel ergeben sich folgende Beträge für 1 Jahr, wobei wir jetzt annehmen, dass Peter Ruf keine Kinder hat. (Pro Kind würden ihm noch CHF 251.00 von der Bundessteuer abgezogen werden, unabhängig vom Einkommen.)

	Ruth Plüss,	Peter Ruf,
Steuerbares Einkommen	ledig	verheiratet
CHF 50 000.00	CHF 444.94	CHF 217.00

Wir stellen fest:

Die **Steuerbelastung** ist verschieden für Alleinstehende und Verheiratete. Bei höheren Einkommen würden sich folgende Beträge ergeben (Stand 2014):

Steuerbares Einkommen	Alleinstehende	Verheiratete
CHF 60 000.00	CHF 724.76	CHF 424.00
CHF 80 000.00	CHF 1 554.00	CHF 1 071.00
CHF 100 000.00	CHF 2 874.00	CHF 1 968.00

Gewollte Anpassung des Steuertarifs an wirtschaftliche Leistungsfähigkeit

Mit steigendem Einkommen nimmt der Steuerbetrag **überproportional** (= progressiv) zu. Er wächst also **stärker als linear**.

Im obigen Fall von Peter Ruf ist die steuerliche Belastung 9-mal so hoch, wenn sich sein Einkommen von CHF 50 000.00 auf CHF 100 000.00 verdoppelt.

Dieser Grundsatz der (normalen) **Steuerprogression** ist heute fast überall verwirklicht. Über das sinnvolle Mass der Progression gehen die Meinungen allerdings auseinander.

Unbeliebte kalte Steuerprogression

Für jeden Steuerpflichtigen ist die **kalte Steuerprogression** ein Ärgernis: Denn diese ist die Steuermehrbelastung, die dann eintritt, wenn Lohnsteigerungen lediglich zu einem Inflationsausgleich führen und gleichzeitig die Einkommenssteuersätze nicht der Inflationsrate angepasst werden. Durch den **progressiven Einkommenssteuertarif** wird für jeden über dem Grundfreibetrag verdienten Franken ein höherer Einkommenssteuersatz (Grenzsteuersatz) fällig – das Realeinkommen sinkt. Bei der Bundessteuer wurden die Tarife für 2013 gesenkt, um die kalte Progression der vorhergehenden Jahre auszugleichen.

Bei der Staatssteuer

Während das Steuerdeklarationsverfahren in den meisten Kantonen ähnlich ist, sind die **Steuersätze von Kanton zu Kanton sehr verschieden** und von den Sätzen der direkten Bundessteuer völlig unabhängig.

Angenommen, Ruth Plüss wohne am 31.12.2016 im Kanton Zürich, wo sie 2017 ihre Steuererklärung für 2016 einreicht. Es ergibt sich für die Berechnung der **kantonalen Steuer** ein anderes steuerbares Einkommen als für die Bundessteuer, da die Abzugsmöglichkeiten verschieden sind (vgl. Formular Steuererklärung und Wegleitung gemäss Aufgabe 1). Gehen wir von einem steuerbaren Einkommen von CHF 51 700.00 aus, so ist im Steuertarif des Kantons die einfache Staatssteuer[3] im Betrag von CHF 2 205.00 abzulesen.

Staatssteuer Kanton Zürich

---

3   Die einfache Staatssteuer ist kantonal unterschiedlich und kann in der Regel den Wegleitungen zur Steuererklärung entnommen werden.

Die tatsächlich zu zahlende Steuer erhält man jedoch erst durch Multiplikation dieser einfachen Staatssteuer mit dem **Steuerfuss**. Er wird in Prozent der einfachen Staatssteuer ausgedrückt. Im Kanton Zürich beträgt der Steuerfuss für die Staatssteuer gegenwärtig 100 %, für die Gemeindesteuern je nach Gemeinde zwischen 76 % und 135 % (Stadt Zürich 119 %) der einfachen Staatssteuer. Dazu kommen die Kirchensteuerfüsse von etwa 6 bis 16 %. Die Rechnung lautet somit:

$$\text{Zu zahlende Steuer} = \text{einfache Staatssteuer} \times \frac{\text{Steuerfuss}}{100}$$

Bei einem steuerbaren Einkommen von CHF 51 700 ergibt sich folgende Rechnung für eine alleinstehende Person (Annahme Bund und Kanton gleiche Abzüge):

Wohnort	Stadt Zürich	Stadt Bern
Bundessteuern	CHF 489.80	CHF 489.80
Kantonssteuern	CHF 2 205.00 × 100 / 100 = CHF 2 205.00	CHF 2 049.00 × 3.06 = CHF 6 269.95
Gemeindesteuern	CHF 2 205.00 × 119 / 100 = CHF 2 623.95	CHF 2 049.00 × 1.54 = CHF 3 155.45
Total Einkommenssteuern	CHF 5 318.75	CHF 9 915.20

Hinweis: Nicht alle Kantone geben den Steuerfuss in Prozent an. Der Kanton Bern beispielsweise gibt den Steuerfuss mit 3.06 (2017) an und nicht mit 306 %. In diesem Fall entfällt das Dividieren durch 100. Da auch die Abzüge und sozialen Leistungen je nach Kanton unterschiedlich ausfallen können, lassen sich Bruttolöhne und die Einkommenssteuern nicht in jedem Fall eins zu eins interkantonal vergleichen.

Es ist ebenso möglich, dass man als alleinstehende Person in einem Kanton weniger Steuern bezahlt, als man dies in einem anderen Kanton tun würde, und bei verheirateten Paaren die Sachlage gerade umgekehrt aussieht. Steuerliche Optimierungen bedürfen folglich eines fundierten Vergleiches.

Die Kantone und Gemeinden besteuern – im Gegensatz zum Bund – auch das **Vermögen**. Auch hier sind die Steuersätze progressiv gestaltet, doch sind sie in den meisten Kantonen für das Vermögen verhältnismässig tief angesetzt, so etwa auf ½ Promille für mittlere bis 5 Promille für grosse Vermögen.

Bei den Steuern hat in der Schweiz **das Volk das letzte Wort**: Es ist (im Gegensatz zum Ausland) eine Eigenart des schweizerischen Steuersystems, dass die Bürger selbst entscheiden können, welche Steuern von ihnen erhoben werden sollen, sei es durch Abstimmung über die **Steuergesetze**, in denen die Steuertarife für die einfache Staatssteuer enthalten sind, oder durch Beschluss der Parlamente oder Gemeindeversammlungen, die die **Steuerfüsse** festsetzen.

Kontrollfragen

K 14.15 Ist die Steuerbelastung für Alleinstehende oder Verheiratete höher? Warum?

K 14.16 Welches Steuerobjekt wird nur bei der Staatssteuer, nicht aber bei der direkten Bundessteuer besteuert?

K 14.17 Erklären Sie den Begriff Steuerprogression in einem Satz.

K 14.18 Wie heisst bei der Staatssteuer der Betrag, der sich aufgrund des Steuertarifs (gemäss Steuergesetz) ergibt?

→ Aufgaben 3, 4, 5, 6

K 14.19 Aus welchen zwei Grössen wird die tatsächlich zu zahlende (geschuldete) Gemeindesteuer berechnet?

Exkurs: Besteuerung der Selbstständigerwerbenden

Einkommen und Vermögen eines Geschäftsinhabers werden aufgrund seiner **Buchhaltung** erfasst. Eine ordnungsgemässe Buchhaltung gilt gegenüber den Steuerbehörden als **Einschätzungsgrundlage** sowie als **Beweismittel** bei Streitigkeiten. Wer keine oder nur eine mangelhafte Buchhaltung vorlegen kann, wird nach Ermessen des Steueramtes eingeschätzt, was meistens nicht günstig ist.

Die Bilanzierungs- und Bewertungsgrundsätze nach dem OR erlauben es dem Buchführungspflichtigen, durch niedrige Bewertung der Aktiven **stille Reserven** zu bilden und die finanzielle Lage seines Geschäftes schlechter darzustellen, als sie in Wirklichkeit ist (Bilanzvorsicht). Darum muss praktisch jede kaufmännische Bilanz und Erfolgsrechnung durch Bewertungskorrekturen in eine **Steuerbilanz** umgerechnet werden (siehe dazu auch den nächsten Abschnitt). Korrekturen dieser Art haben mit Steuerumgehung und Steuerhinterziehung nichts zu tun; sie sind nur die Folge verschiedener Betrachtungsweisen bei der Bewertung einzelner Bilanzposten.

Der Geschäftsinhaber eines **Einzelunternehmens** hat für seine privaten und für seine geschäftlichen Einkommens- und Vermögensverhältnisse nur eine **Steuererklärung gesamthaft** abzugeben, da sein Geschäft nicht den Status einer juristischen Person hat und deshalb nicht selbstständiges Steuersubjekt ist.

Auch **Kollektiv- und Kommanditgesellschaften** sind keine selbstständigen Steuersubjekte. Einkommen und Vermögen werden bei den einzelnen Gesellschaftern besteuert. Darum gelten für sie weitgehend die Bestimmungen über die Besteuerung der natürlichen Personen.

Anders ist dies bei der **AG** und der **GmbH**, die als juristische Personen selbstständige Steuersubjekte sind und Steuern vom Reingewinn und vom Eigenkapital zu entrichten haben, genannt Gewinn- und Kapitalsteuern.

14.3 Gewinn- & Kapitalsteuern

Juristische Personen schulden **Gewinnsteuern** (Bund und Kanton) sowie **Kapitalsteuern** (nur Kanton). Die Steuerobjekte und Steuerberechnungen bei den direkten Steuern unterscheiden sich hier von jenen der natürlichen Personen.[4]

Gewinnsteuern

Grundlage für ihre Berechnung bildet der **Reingewinn** der Erfolgsrechnung.

 Auch für die AG gestattet das OR (Art. 669 OR) aus Gründen der Bilanzvorsicht (damit keine Überbewertung des Vermögens passiert) in der kaufmännischen Bilanz **Unterbewertungen der Aktiven**. Sie kommen meist durch **übermässige Abschreibungen** zustande (z.B. Mobilien auf CHF 1.00). Diese lassen den Aufwand in der Erfolgsrechnung grösser und den Reingewinn somit kleiner erscheinen. **Handelsrechtlich** (d.h. nach OR) ist auf diese Weise der Bildung **stiller** Reserven praktisch keine Grenze gesetzt. **Steuerrechtlich**, d.h. für die Berechnung der Steuern, ist jedoch der **wirkliche** Reingewinn entscheidend, also nicht bloss der ausgewiesene, sondern der erzielte Reingewinn (der meistens grösser ist).

Der **steuerbare Reingewinn** wird praktisch immer wie folgt berechnet:	In der Erfolgsrechnung ausgewiesener Reingewinn
	+ Geschäftsmässig nicht begründete Abschreibungen, Rückstellungen und Unkosten
	= **Steuerbarer Reingewinn**

Als **geschäftsmässig nicht begründet** (d.h. übermässig) sind bei den Abschreibungen im Allgemeinen jene zu betrachten, die über die von der **Eidgenössischen Steuerverwaltung** bewilligten **Höchstansätze** hinausgehen. Kantonale Abweichungen sind jedoch möglich.

Wenn der steuerbare Reingewinn auf diese Art ermittelt ist, wird er in Beziehung zum Eigenkapital gesetzt, indem die **Rendite** (auch genannt Ertragsintensität) berechnet wird. Je höher diese ist, umso höher ist auch der anzuwendende Steuersatz. Diese Berechnung läuft also auf eine **Steuerprogression** hinaus, sodass auch bei Kapitalgesellschaften die Besteuerung aufgrund der wirtschaftlichen Leistungsfähigkeit erfolgt:

- In vielen **Kantonen** wird der Gewinn nach einem **Dreistufentarif** besteuert, indem bei höheren Renditen höhere Steuersätze oder Zuschläge angewendet werden.
- Der Gewinnsteuersatz bei der direkten **Bundessteuer** ist proportional und beträgt für Kapitalgesellschaften und Genossenschaften **8.5 %**.

Kapitalsteuern

Als steuerbares Kapital gilt das **effektive Eigenkapital**, d.h. das einbezahlte Aktien- oder Stammkapital zusammen mit den offenen und stillen Reserven. Angewendet wird dann in der Regel nicht ein progressiver, sondern ein **proportionaler Steuersatz**. Er beträgt gegenwärtig – je nach Kanton – zwischen 0.1 ‰ und 5.25 ‰, ist also wie bei der Vermögenssteuer natürlicher Personen verhältnismässig niedrig.

Auf **Bundesebene** ist die Kapitalsteuer für juristische Personen 1998 weggefallen.

Kontrollfragen

K 14.20 Von welcher Grösse wird bei einer AG die Gewinnsteuer berechnet?

K 14.21 Was versteht man unter Rendite oder Ertragsintensität?

K 14.22 Wie setzt sich das steuerbare Kapital einer AG und GmbH zusammen?

---

4 Besondere Regelungen gelten für **Vereine** und **Stiftungen**, teilweise auch für **Genossenschaften** und besonders für **Holdinggesellschaften**. Die folgenden Ausführungen beschränken sich auf die häufigsten Fälle der **Aktiengesellschaft**.

14.4   Verrechnungssteuer & andere Quellensteuern

Quellensteuern sind Steuern, die an der Quelle, d. h. beim Auszahler (Schuldner), erhoben werden, sodass der Einkommensbezüger nur einen gekürzten Betrag erhält.

Die Verrechnungssteuer
Sie ist die wichtigste Quellensteuer. Ihr unterliegen vor allem …

– **die Kapitalerträge** wie Dividenden, Zinsen auf Obligationen, auf Bankguthaben usw. (nicht aber auf gewöhnlichen Darlehen und Hypotheken);
– **Lotteriegewinne** über CHF 1 000.00, z. B. aus Sport-Toto, Lotto, gewerbsmässigen Wetten.

Auf diesen Erträgen macht die Verrechnungssteuer 35 % aus. Bei gewissen Kapitalauszahlungen von **Versicherungsgesellschaften** wird eine Verrechnungssteuer von 8 % abgezogen.

Befreit von der Verrechnungssteuer sind Zinsbeträge von Kundenguthaben, wenn folgende Bedingungen erfüllt sind: Die Bruttozinsen **pro Kalenderjahr**

– betragen maximal **CHF 200.00**.
– werden dem Kunden nur **einmal** vergütet.

Von der Verrechnungssteuerbefreiung sind somit Guthaben **ausgenommen**, deren Zinsen mehrmals pro Jahr berechnet und dem Kunden gutgeschrieben werden (z. B. Quartals- oder Halbjahresabschlüsse bei Kontokorrentkonti).[5]

Durch die Verrechnungssteuer wird der Ertrag für den Gläubiger vorerst geschmälert; doch kann er das Abgezogene im nächsten Jahr vom Fiskus zurückfordern, sofern er diese Erträge und das zugehörige Vermögen im **Wertschriften- und Guthabenverzeichnis** der Steuererklärung aufführt. Diese Rückforderung geschieht meistens durch Abzug an der Steuerschuld, also durch Verrechnung – daher die Bezeichnung Verrechnungssteuer. In diesem Fall ist die Verrechnungssteuer eine Art Vorauszahlung an den Fiskus, im Fall der Verheimlichung jedoch eine endgültige Belastung. So dient die Verrechnungssteuer der Bekämpfung der **Steuerhinterziehung**.

Bei einem Bankguthaben läuft die Zinszahlung wie folgt ab:

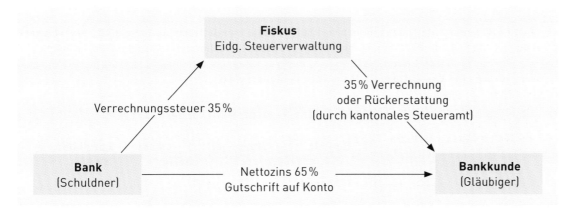

Lohnquellensteuern
In vielen Kantonen wird auch das Arbeitseinkommen der ausländischen Arbeitnehmer ohne Niederlassungsbewilligung an der Quelle besteuert. In diesem Fall hat der Arbeitgeber die Quellensteuer vom Lohn abzuziehen und dem Staat abzuliefern. Auch von Personen, die nur vorübergehend in der Schweiz sind (z. B. Künstler, Berufssportler), wird die Steuer direkt vom Honorar an der Quelle abgezogen.

Ausländer zahlen oft weniger Steuern als Zürcher.

---

5   Diese Regelung gilt seit dem 1. Januar 2010. Sie wurde vom Schweizer Stimmvolk im Februar 2008 im Rahmen der «Unternehmenssteuerreform II» angenommen. Das frühere sogenannte Sparheftprivileg wurde damit abgeschafft. Die Befreiung von der Verrechnungssteuer gilt im Gegensatz zu früher neu für alle Kundenguthaben, also nicht nur für Sparkonti (bzw. auch Einlage- oder Depositenkonti oder sonstige Spareinlagen).

Kontrollfragen

K 14.23 Nennen Sie mindestens zwei Beispiele, wo auf Kapitalerträgen keine Verrechnungssteuer abgezogen wird.

K 14.24 In welchem Formular führt ein Steuerpflichtiger die erlittenen Verrechnungssteuer-Abzüge detailliert auf und stellt Antrag auf Rückerstattung?

K 14.25 In welchem Fall stellt die Verrechnungssteuer für einen in der Schweiz wohnhaften Steuerpflichtigen eine endgültige Belastung dar?

→ Aufgabe 7 **K 14.26** Was ist der Hauptzweck der Verrechnungssteuer?

14.5 Mehrwertsteuer

Die wichtigste Steuer auf dem Verbrauch ist die vom Bund erhobene Mehrwertsteuer (MWST). Sie wird auf den Konsum von **Waren** und von **Dienstleistungen** erhoben.

Arbeitsleistung von Handwerkern, Autogaragen, Coiffeuren, Reisebüros, Architekten, Treuhandbüros, Konsumation in Restaurants und Hotels, Miete von Gegenständen (nicht aber von Wohnungen und Geschäftsräumen!).

Zu **tragen** hat diese Steuer der **letzte Verbraucher** einer Ware oder Dienstleistung. An den Staat **abliefern** muss sie aber der **Verkäufer** und vorher schon der Hersteller oder der Importeur und jeder Zwischenhändler.

Wie funktioniert das? Beispiel einer Warenlieferung:
- Jeder Händler hat beim Einkauf die Steuer auf dem **Entgelt** (= Kaufpreis) an seinen Lieferanten zu zahlen.
- Beim Verkauf der Ware wälzt er sie auf den nächsten Käufer ab.
- Schliesslich trägt sie der letzte Käufer, der Verbraucher (Konsument).

Leitfragen zur MWST

a) **Wird die Ware durch den mehrmaligen Verkauf (Zwischenhandel) nicht um mehr als 7.7 % verteuert?**
Nein, dies ist nicht der Fall, denn jeder Steuerpflichtige kann die Steuer abziehen, die er beim Kauf der Ware schon bezahlt hat. Dieser sogenannte **Vorsteuerabzug** führt dazu, dass jeweils nur der Wertzuwachs der Ware, eben der Mehrwert, besteuert wird.

Beispiel einer Ware, die mit dem normalen Steuersatz von 7.7 % besteuert wird:

		Entgelt	Bruttosteuer 7.7 %	Vorsteuer-abzug	Abzuliefernde MWST
Importeur ↓	Rohmaterial-einfuhr für	800.00	61.60	–	61.60
	Verkauf für	1 000.00	77.00	61.60	15.40
Fabrikant ↓	Verkauf für	3 000.00	231.00	77.00	154.00
Händler ↓	Verkauf für	4 000.00	308.00	231.00	77.00
Konsument	total abgelieferte, vom Konsumenten zu tragende MWST				308.00

Wie die Aufstellung zeigt, muss auch auf Waren und Dienstleistungen **aus dem Ausland** MWST entrichtet werden, und zwar durch den Importeur anlässlich der Verzollung.

Der MWST-pflichtige Unternehmer hat in der Regel **quartalsweise** mit der Eidg. Steuerverwaltung abzurechnen (31.03./30.06./30.09./31.12.).

b) Kann die Steuerverwaltung prüfen, ob ein Steuerpflichtiger in seiner Abrechnung nicht zu viel Vorsteuern abzieht?
Ja, denn jeder Lieferant einer Ware oder Dienstleistung muss dafür eine Rechnung ausstellen, aus der die MWST hervorgeht. So enthält die Rechnung unseres Fabrikanten an den Händler aus dem vorigen Beispiel die folgenden Posten:

Preis der Ware	CHF	3000.00	oder einfach:	Warenlieferung	CHF	3231.00
+ 7.7 % MWST	CHF	231.00		Faktura inkl. 7.7 % MWST		
Total Faktura	CHF	3231.00				

Aufgrund dieser Rechnung kann der Händler in seiner Abrechnung an die Steuerverwaltung die Vorsteuer nachweisen.

Auch auf diesen Waren sind Mehrwertsteuern enthalten, wenn auch zu einem reduzierten Satz von 2.5 %.

c) Unterstehen ausnahmslos alle, auch die kleinsten Lieferanten und Erbringer von Dienstleistungen, der MWST-Pflicht?
Nein. **Nicht MWST-pflichtig** sind zum Beispiel:

Art. 23 MWSTG

- Wer einen **Jahresumsatz von weniger als CHF 100 000.00** hat;
- Ein nicht nach Gewinn strebender, ehrenamtlich geführter Verein mit weniger als CHF 150 000.00 Umsatz.

Hingegen spielt die **Rechtsform** des Steuerpflichtigen keine Rolle. Es sind deshalb nicht nur juristische, sondern grundsätzlich auch natürliche Personen und Personengesellschaften steuerpflichtig, auch wenn sie nicht im Handelsregister eingetragen sind.

d) Beträgt der Steuersatz für die MWST immer 7.7 %?
Nein. **7.7 %** ist seit 01.01.2018 der **Normalsatz**. Die von 2011 bis 2017 **befristete** Erhöhung der Mehrwertsteuer auf 8.0 % diente der Zusatzfinanzierung der Invalidenversicherung, um das Milliardendefizit dieser Sozialversicherung abzubauen.

Art. 25 MWSTG

- Kauf eines MP3-Players im Media-Markt
- Kauf eines Taschenrechners

Für lebenswichtige Waren und Dienstleistungen gilt der **reduzierte Satz** von **2.5 %**.

- Ess- und (alkoholfreie) Trinkwaren (aber nicht im Restaurant, dort Normalsatz 7.7 %)
- Leitungswasser
- Futter- und Streumittel für Tiere, lebende Pflanzen, Schnittblumen
- Medikamente
- Zeitungen, Zeitschriften, Bücher und andere Druck-Erzeugnisse ohne Reklamecharakter

Für **Beherbergungsleistungen** (Unterkunft und Frühstück ohne Mahlzeiten) gilt **ein Sondersatz von 3.7 %** (seit 01.01.2018; zuvor: 3.8 %). Die **Vorsteuer** kann vom betroffenen Unternehmer ganz normal von der Umsatzsteuer abgezogen werden.

e) Gibt es auch Leistungen, die von der MWST ausgenommen sind?

Art. 21 MWSTG

Ja, vor allem einige Dienstleistungen.

- Ärztliche und zahnärztliche Leistungen sowie Lieferung menschlicher Organe;
- Leistungen im Bereich Erziehung und Ausbildung (z. B. Schul- und Kursgelder);
- kulturelle Dienstleistungen (z. B. Konzert, Theater, Kinokarten);
- Versicherungsleistungen;
- Kreditvermittlung, Zahlungsverkehr, Wertschriftenhandel (ohne Depotgeschäft);

Für die ersten drei Beispiele darf die Vorsteuer **nur** abgezogen werden, wenn diese Dienstleistungen **freiwillig** der MWST unterstellt werden. Bei den anderen Beispielen ist die freiwillige Versteuerung und damit der Abzug der Vorsteuer nicht möglich.

f) Gibt es auch Leistungen, die gänzlich von der MWST befreit sind?

Art. 23 MWSTG

Ja, vor allem Lieferungen **ins Ausland** und Dienstleistungen, die im Ausland konsumiert oder für Kunden im Ausland erstellt werden (inkl. der Dienstleistungen von Speditionen und Reisebüros). Für solche Leistungen darf die **Vorsteuer abgezogen** werden.

g) Gibt es noch weitere Ausnahmen zu den Spezialfällen?

Sowohl der reduzierte Steuersatz wie auch die Steuerfreiheit und -ausnahmen gelten nur für die im MWSTG ausdrücklich genannten und **abschliessend** aufgezählten Leistungen. Für die praktische Arbeit mit der MWST benötigt man deshalb unbedingt die entsprechenden gesetzlichen Unterlagen.

Kontrollfragen

K 14.27 a) Wie viel beträgt heute der reduzierte MWST-Satz für Bücher, Zeitungen, Esswaren und Medikamente?
b) Wo erhalten Sie Essen und Trinken nicht zu diesem Satz?
c) Wie viel beträgt heute der Normalsatz für die meisten Güterleistungen?
d) Was ist die Bedingung dafür, dass eine Ware nur mit dem reduzierten Satz oder überhaupt nicht besteuert wird?

K 14.28 Welches Ereignis ausser den Leistungen an Kunden unterliegt ebenfalls der MWST?

K 14.29 Unterliegen die Wertschriftengeschäfte einer Bank der MWST?

K 14.30 Der Mietzins für vermietete Gegenstände (Autos, Mofas, Musikinstrumente usw.) unterliegt der MWST-Pflicht. Es gibt aber zwei wichtige Ausnahmen von Vermietungen, die von der Steuer ausgenommen sind und die Sie kennen sollten. Welche sind es?

K 14.31 Wie heisst der Betrag, den der MWST-Pflichtige für die von ihm bereits bezahlten Steuern abziehen kann?

K 14.32 Wie viel beträgt die MWST auf Leistungen im Gesundheitswesen und von Schulen?

K 14.33 Von der MWST befreit sind auch Waren- und Dienstleistungen an Empfänger im Ausland. Was wird damit bezweckt?

→ Aufgaben
8, 9

K 14.34 Bis zu welchem Jahresumsatz ist ein Gewerbebetrieb von der MWST-Pflicht befreit?

14.6 Auf den Punkt gebracht

Zu zahlende Steuer = einfache Staatssteuer × Steuerfuss / 100		
Steuerbares Einkommen	CHF 51 700.00	CHF 103 400.00
Bundessteuern	CHF 489.80	CHF 3 098.40
Kantonssteuern (Zürich)	CHF 2 205.00 × 100 / 100 = CHF 2 205.00	CHF 6 601.00 × 100 / 100 = CHF 6 601.00
Gemeindesteuern (Stadt Zürich)	CHF 2 205 × 119 / 100 = CHF 2 623.95	CHF 6 601.00 × 119 / 100 = CHF 7 855.20.00
Total Einkommenssteuern	CHF 5 318.75	CHF 17 554.60

Zunahme des Einkommens um 100 %.

Zunahme der Steuern um 230 %.

Die Steuern nehmen nicht nur zu, sie tun dies überproportional. Dies nennt man **Steuerprogression**. Dadurch soll der soziale Ausgleich gestärkt werden

Berechnung

Erwerbseinkommen	Einkünfte aus Erwerbstätigkeit und aus Nebenbeschäftigungen
+ **Vermögensertrag und übriges Einkommen**	z. B. Zinsen und Dividenden
= **Bruttoeinkommen**	
– **Abzüge**	z. B. Berufsauslagen, Weiterbildungskosten, bezahlte Versicherungsprämien
= **Reineinkommen**	
– **Steuerfreie Beträge (Sozialabzüge)**	z. B. Abzug für Kinder und Ehepaare
= **Steuerbares Einkommen**	Massgebender Betrag für die Einkommenssteuer

Gesamtvermögen	z. B. Bargeld, Wertpapiere, Auto, Liegenschaften
– **Schulden**	z. B. Hypothekarschulden
= **Reinvermögen**	
– **Steuerfreier Betrag**	Je nach Zivilstand unterschiedlich
= **Steuerbares Vermögen**	Massgebender Betrag für die Vermögenssteuer

		Einkommenssteuern	Gewinnsteuer	Vermögenssteuer	Kapitalsteuer	Mehrwertsteuer	Verrechnungssteuer
		Robin arbeitet bei der UBS AG und erhält seinen Lohn ausbezahlt.	Die Lonza AG erwirtschaftete im Jahr 2016 einen Gewinn von etwas über 300 Mio. CHF.	Peter hat ein Vermögen von CHF 750 000.00.	Die Implenia AG hat ein Eigenkapital von 624 Mio. CHF.	Monika kauft eine Velopumpe bei Intersport für CHF 59.90 inkl. 7.7 % MWST	Michael erhält auf seinem Sparkonto bei der UBS AG CHF 450.00 Zinsen gutgeschrieben.
Was soll besteuert werden?	Steuerhoheit	Bund, Kanton/ Gemeinde	Bund, Kanton/ Gemeinde	Kanton/ Gemeinde	Kanton/ Gemeinde	Bund	Bund
	Steuerobjekt	Einkommen	Gewinn	Vermögen	Eigenkapital	Velopumpe (Warenumsatz)	Zinsen
Wer überweist die Steuern an die Behörden?	Steuersubjekt	Robin	Lonza AG	Peter	Implenia AG	Intersport	UBS AG
Wer soll die Steuerlast tragen?	Steuerträger	Robin	Lonza AG	Peter	Implenia AG	Monika	Michael

Direkte Steuern

Erhebung direkt beim Steuerpflichtigen, wobei Rücksicht auf die finanzielle Leistungsfähigkeit genommen wird.

Indirekte Steuern

Besteuerung einzelner Handlungen, wobei keine Rücksicht auf die finanzielle Leistungsfähigkeit genommen wird.

Aufgaben zu Kapitel 14

1. **Steuererklärung (Teil 1)**

   Wir erstellen eine einfache Steuererklärung auf Formularen des Kantons Zürich. (Wenn Sie in einem anderen Kanton wohnen, wird es Ihnen anhand der Lösung für diesen Fall recht leicht fallen, Ihre Steuererklärung selbstständig auszufüllen. Benutzen Sie aber in jedem Fall die Wegleitung Ihres Kantons, denn jeder Kanton hat unterschiedliche Regelungen, die Sie dort nachlesen können.)

   Füllen Sie das Formular (siehe Link unten) für das Ehepaar Marc und Esther Huber-Keller aus. Marc Huber, geb. 10.09.1984, kaufmännischer Angestellter, reformiert, arbeitet seit 2004 bei der Techniko AG in Rüti. Seine Frau Esther, geb. 15.06.1987, reformiert, besorgt seit 2007 als Teilzeitangestellte Sekretariatsarbeiten in der Firma Jäggi AG, Fischenthal, und führt auch den Haushalt. Tochter Laura, geb. 11.12.2012, besucht die Primarschule. Die Familie wohnt in Fischenthal in einer 4-Zimmer-Mietwohnung mit einem jährlichen Mietzins von CHF 26 400.00.

   Finanzielle Verhältnisse 2017

   – Nettolohn von Marc Huber gemäss Lohnausweis
   (nach Abzug von AHV/IV/EO/ALV, Pensionskasse und NBU-Versicherung,
   einzutragen bei Ziffer 1.1)   CHF 88 500.00
   – Nebenerwerb aus gelegentlicher Beratertätigkeit (Ziff. 1.2)   CHF 2 800.00
   – Frau Huber hat gemäss Lohnausweis als Nettolohn bezogen (Ziff. 1.1)   CHF 25 200.00
   – Wertschriftenerträge und Sparkontozinsen gemäss Wertschriften-
   – und Guthabenverzeichnis, Beilage zur Steuererklärung (Ziff. 4)

   Marc Huber macht aufgrund folgender persönlicher Gegebenheiten **diverse Abzüge** geltend:

   – Berufsauslagen (Ziff. 11.1):
   Er fährt mit einem Kleinmotorrad (50 cm³) zur Arbeit; er isst in einem Restaurant zu Mittag, wobei er jeweils einen Bon der Techniko AG abgibt, sodass das Tagesmenü nur CHF 10.00 kostet (240 Arbeitstage).
   – Berufsauslagen der Ehefrau (Formular und Ziff. 11.2):
   Sie fährt mit dem Fahrrad zur Arbeit und isst zu Hause mit ihrer Tochter zu Mittag.
   – Schuldzins für Kontokorrentkredit der Bank (Ziff. 12)   CHF 170.00
   – Beide Ehepartner haben gemäss Bankbelegen in die Säule 3a eingezahlt.
   – Sie fährt mit dem Fahrrad zur Arbeit und isst zu Hause mit ihrer Tochter
   zu Mittag. (Ziff. 14); je   CHF 2 000.00
   – Versicherungsprämien und Sparzinsen gemäss Wegleitung (Ziff. 15);
   die genannten Maximalbeträge sind von Familie Huber tatsächlich an
   verschiedene Versicherungen gezahlt worden, nachweisbar durch Belege.
   – Depotgebühren der Bank für Aufbewahrung und Verwaltung der Wertschriften:
   pauschal 3 ‰ des Steuerwertes der Wertschriften (ohne Bankguthaben), (Ziff. 16.3)
   – Gemeinnützige Zuwendungen gemäss Aufstellung (Ziff. 22.2)   CHF 400.00

   Familie Huber besitzt neben den Wertschriften und Ersparnissen noch CHF 500.00 Bargeld und einen Personenwagen (Anschaffungsjahr 2010, Preis CHF 29 900.00) mit einem Steuerwert von CHF 11 000.00. Eine Lebensversicherung bei der Zürich, 2000 bis 2030, für CHF 50 000.00 hat gemäss Bescheinigung einen Rückkaufswert von 36 %. Der Kontokorrentkredit schliesst mit einem Saldo von CHF 5 600.00 zugunsten der Bank ab.

   Internet-Link für Downloads:
   www.klv.ch/wg15
   Benutzername: WG_band1_18
   Passwort: Wg-18?

2. **Steuererklärung (Teil 2)**
   Zum **Wertschriften- und Guthabenverzeichnis** des Ehepaars Marc und Ester Huber-Keller

   a) Wie viele Franken beträgt der Antrag auf Verrechnung der Verrechnungssteuer in der Steuererklärung von Marc Huber?

   CHF 345.10

   b) Und wie viel der Bruttobetrag der Kapitalerträge?

   CHF 1 340.00

   c) In welche zwei Gruppen werden die Erträge im Verzeichnis aufgeteilt und aus welchem Grund?

   – Gruppe A: Werte mit Verrechnungssteuerabzug und

   – Gruppe B: Werte ohne diesen Abzug

   – Aufteilung, damit der Verrechnungsanspruch berechnet und ausgewiesen werden kann

   d) Zu welcher Gruppe gehört das Sparkonto?

   Zur Gruppe A, wenn der Jahreszins mehr als CHF 200.00 ausmacht, sonst zur Gruppe B

   e) Erklären Sie den Posten der Gruppe B.

   Die CHF 10 000.00 3.538 %-Obligationen von PKO Finance unterliegen als Guthaben bei einem

   ausländischen Schuldner nicht dem Verrechnungssteuerabzug.

   f) Wie viel beträgt der Steuerwert aller Wertschriften und Guthaben? Wo in der eigentlichen Steuererklärung ist er aufgeführt?

   CHF 128 197.00 aufgeführt, als Vermögensposition in der Steuerklärung unter Ziffer 30.1.

3. **Steuerprogression** bei der **direkten Bundessteuer**. Zeigen Sie aufgrund des folgenden Steuertarifs die Steuerprogression anhand einer ansteigenden Kurve. Vervollständigen Sie auch die Angaben über die prozentuale Steuerbelastung (nur bei den 8 leeren Zellen, auf 2 Dezimalen).

Steuertarif für **Alleinstehende**		
Steuerbares Einkommen CHF	Direkte Bundessteuer CHF	Steuerbelastung in %
10 000	–	0
20 000	42.35	0.21
30 000	119.35	0.40
40 000	205.57	0.51
50 000	444.94	0.89
60 000	724.76	1.21
70 000	1 021.76	1.46
80 000	1 554.00	1.94
90 000	2 214.00	2.46
100 000	2 874.00	2.87

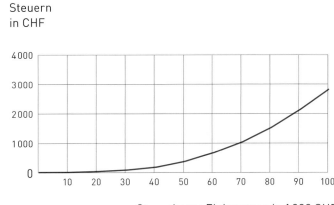

Steuern in CHF

Steuerbares Einkommen in 1 000 CHF

4.   a)   Welche Absicht steht hinter der **Steuerprogression**?

Die Umverteilung von Einkommen bzw. Vermögen, oder:

Relativ stärkere Belastung höherer Einkommen bzw. Vermögen, oder:

Sozialpolitische Absicht: Stärkere Belastung höherer Einkommen bzw. Entlastung der Leute

mit kleinem Einkommen/Vermögen

b)   Nennen Sie zwei Steuerarten, bei denen die Steuerprogression **nicht** zur Anwendung gelangt.

MWST, Zölle, Motorfahrzeugsteuer, Verrechnungssteuer, alle indirekten Steuern. Gewinn-

steuer des Bundes für Kapitalgesellschaften und Genossenschaften

c)   Welcher Zweck wird mit der Verrechnungssteuer verfolgt?

Die Bekämpfung der Steuerhinterziehung

5.   Für ein steuerbares Einkommen von CHF 40 000.00 betrug die direkte Bundessteuer für ein Jahr CHF 205.57, für ein steuerbares Einkommen von CHF 50 000.00 waren CHF 444.94 zu entrichten.

a)   Vergleichen Sie die beiden Einkommen und Steuerbeträge miteinander. Was stellen Sie fest, und wie heisst der Fachausdruck dafür?

Vergleich:

Das Einkommen steigt um CHF 10 000.00 = 25 %, der Steuerbetrag hingegen um CHF 239.37,

das sind 116.4 %.

Fachausdruck:

Steuerprogression

b)   Was soll damit erreicht werden?

Einkommensumverteilung (oder gleichbedeutende Antwort)

6. Das Ehepaar Egger-Meier (beide Ehegatten sind erwerbstätig) erhält vom Steueramt seiner Wohngemeinde die Mitteilung, das steuerbare Einkommen betrage CHF 100 000.00, das steuerbare Vermögen CHF 300 000.00.

a) Wie heisst eine solche Mitteilung?

Je nach Kanton: Verfügung, Veranlagung, Einschätzung, Bescheid, Steuereröffnung, Steuer-

rechnung

b) Herr Egger ist in seiner Steuererklärung nur auf ein steuerbares Einkommen von CHF 90 000.00 gekommen. Er sucht deshalb den für ihn zuständigen Steuerbeamten auf. Es stellt sich heraus, dass das Steueramt einige Abzüge, die er in der Steuererklärung gemacht hat, nicht anerkennt. Nennen Sie einen Abzug vom Roheinkommen (Bruttoeinkommen), bei dem es zu Meinungsverschiedenheiten zwischen Steueramt und Steuerpflichtigem kommen kann.

Gewinnungskosten, Berufsauslagen

c) Herr Egger kann sich mit dem Steuerbeamten nicht einigen und beschliesst deshalb, Rekurs einzureichen. Auf jedem Gerichts- oder Verwaltungsentscheid findet man einen Vermerk, wer Rekursinstanz ist und wie man bei einem Rekurs vorzugehen hat. Wie heisst eine solche Anmerkung?

Rechtsmittelbelehrung

d) Die Rekursinstanz gibt Herrn Egger recht. Begründen Sie, warum sich der Steuerbetrag nicht um den gleichen Prozentsatz verändert wie das steuerbare Einkommen.

Wegen der Steuerprogression

e) Der Kollege von Herrn Egger wohnt in einer Nachbargemeinde. Er muss bei gleichem steuerbarem Einkommen und Vermögen CHF 1 000.00 weniger Steuern bezahlen. Geben Sie einen möglichen Grund an, warum die Steuerbelastung von Gemeinde zu Gemeinde verschieden sein kann.

Verschieden hoher Steuerfuss, dies z. B. infolge Finanzpolitik der Gemeinde oder wegen

finanzkräftiger Steuerzahler

7. Bei welchen der folgenden Einkünfte wird **Verrechnungssteuer** abgezogen?

		35%	8%	kein Abzug
a)	Dividenden auf Schweizer Aktien	✘		
b)	Dividenden auf norwegischen Aktien			✘[5]
c)	Zinsen auf Kassenobligationen	✘		
d)	Zinsen auf Obligationen einer deutschen Bank			✘[5]
e)	Zins CHF 240.00 auf Spareinlagen	✘		
f)	Dasselbe bei einem Zins von CHF 150.00 jährlich			✘[6]
g)	Zins CHF 635.00 auf dem Festgeldkonto einer Bank	✘		
h)	Dasselbe bei einem Zins von CHF 40.00 jährlich			✘
i)	Zins auf einer Hypothekarschuld			✘[7]
j)	Zinsgutschrift von CHF 30.00; bei einem Quartalsabschluss eines Bankkontokorrentes	✘		
k)	Gewinn von CHF 50.00 im Sport-Toto			✘[8]
l)	Das Auto, das Lea bei einer Tombola gewinnt			✘[9]
m)	Auszahlung der Versicherungssumme von CHF 20000.00 aus einer der Verrechnungssteuer unterliegenden Lebensversicherung		✘	

Zusatzfrage zu m)

Mit der Auszahlung der Versicherungssumme verhält es sich so: Bei solchen Versicherungsleistungen hat die Versicherungsgesellschaft normalerweise die Auszahlung an die Eidgenössische Steuerverwaltung zu melden. Nur wenn diese Meldung auf Verlangen des Versicherten unterbleibt, müssen auf Auszahlungen von über CHF 5000.00 8% abgezogen und der Steuerverwaltung abgeliefert werden. Wozu dient diese Bestimmung des Verrechnungssteuergesetzes?

Die Bestimmung über die Auszahlung von Versicherungsleistungen (Meldung an die Eidg.

Steuerverwaltung oder Abzug von 8%) soll Steuerhinterziehung erschweren.

8. Welche der folgenden Aussagen trifft auf den Begriff Mehrwertsteuer zu?

		Richtig	Falsch
a)	Wird auf Kapitalerträge erhoben.		✘
b)	Es gilt ein einheitlicher Steuersatz.		✘
c)	Zählt zur Gruppe der direkten Steuern.		✘
d)	Zählt zur Gruppe der Bundessteuern.	✘	

---

6   da ausländische Quellen
7   da Zins CHF 200.00 nicht übersteigt
8   da Hypothekarschuld
9   da Lotteriegewinn bis CHF 1000.00
10 da kein Geldtreffer

9. Welche der folgenden Aussagen sind richtig bzw. falsch? Begründen Sie Ihre Korrekturen bei den falschen Aussagen.

		R	F
a)	Bei der direkten Steuer wird das Einkommen einer natürlichen Person auf Gemeinde-, Kantons- und Bundesebene besteuert. Begründung: _____	✘	
b)	Eine abgezogene Verrechnungssteuer erhält man automatisch zurückvergütet, wenn man dem Steueramt eine Bankbestätigung einreicht, man habe die ordentliche Steuerrechnung bezahlt. Begründung: Die Vergütung erfolgt, wenn die Erträge im Wertschriftenverzeichnis deklariert wurden.		✘
c)	Hohe Einkommen und Vermögen werden durch die Steuerprogression prozentual stärker belastet als niedrigere Einkommen und Vermögen. Begründung: _____	✘	
d)	Kantone haben ihre eigenen Steuergesetze, weshalb die Steuerbelastung eines bestimmten Einkommens von Kanton zu Kanton unterschiedlich sein kann. Begründung: _____	✘	
e)	Kollektivgesellschaften werden gleich besteuert wie Aktiengesellschaften. Begründung: Die Aussage ist falsch, da Kollekivgesellschaften keine selbstständigen Steuersubjekte sind. Die Gesellschafter müssen ihre Einkommen aus ihrem Geschäft in ihrer persönlichen Steuererklärung angeben.		✘

Antworten zu den Kontrollfragen

14.1   Steuerhoheit

14.2   Steuern werden vom Bürger erhoben unabhängig davon, ob er staatliche Einrichtungen benützt oder nicht.

14.3   Bei den indirekten Steuern; Erhebung bei Warenkauf, Wareneinfuhr u. a.

14.4   a) Einen fiskalischen (oder fiskalpolitischen) Zweck
       b) Einen wirtschaftspolitischen Zweck
       c) Einen sozialpolitischen Zweck

14.5   a) Direkte Bundessteuer
       b) Staatssteuer, weil die Kantone gemäss Bundesverfassung auch Staaten sind (nämlich Gliedstaaten des Bundesstaates)

14.6   Siehe Tabelle Seite 425 f.

14.7   a) Steuersubjekt
       b) Steuerobjekt
       c) Steuerträger

14.8   (Steuer-)Veranlagung

14.9   a) Total Einkünfte minus Abzüge (z. B. für Berufsauslagen)
       b) Reineinkommen minus steuerfreie Beträge (Sozialabzüge)
       c) Gesamtvermögen minus Schulden (oder: Aktiven – Passiven)
       d) Reinvermögen minus steuerfreier Betrag (Sozialabzug)

14.10   Unter Berufsauslagen

14.11   Das Erwerbseinkommen (im Gegensatz z. B. zu Vermögenserträgen)

14.12   a) Zusammen mit den Eltern
       b) Selbstständig (sofern es nicht, wie in einigen Kantonen üblich, überhaupt steuerfrei ist)
       c) Zusammen mit den Eltern

14.13   Im Wertschriften- und Guthabenverzeichnis

14.14   a) Einsprache, nachher Rekurs erheben
       b) Rechtsmittelbelehrung

14.15   Für Alleinstehende, weil ihre finanzielle Leistungsfähigkeit grösser ist (anderer Steuertarif).

14.16   Das Vermögen natürlicher Personen

14.17   Die Steuerbelastung nimmt stärker zu als das Einkommen bzw. das Vermögen. Oder: Ein hohes Einkommen und Vermögen wird verhältnismässig stärker belastet als ein niedriges.

14.18   Einfache Staatssteuer

14.19   Aus einfacher Staatssteuer und Steuerfuss, also: einfache Staatssteuer $\times \dfrac{\text{Steuerfuss}}{100}$

14.20   Vom steuerbaren Reingewinn

14.21   Den Reingewinn ausgedrückt in Prozent des Eigenkapitals

14.22   Einbezahltes Aktien- oder Stammkapital + offene und stille Reserven

14.23 – Jahreszins bis CHF 200.00 auf Kundenguthaben (z.B. Spareinlagen), falls maximal eine Zinsberechnung und Auszahlung pro Kalenderjahr erfolgt
– Lotteriegewinne (Geldtreffer) bis CHF 1 000.00
– Kapitalerträge aus ausländischen Quellen
– Zins auf gewöhnliche Darlehen und Hypotheken

14.24 Im Wertschriften- und Guthabenverzeichnis (Beilage zur Steuererklärung)

14.25 Bei Steuerhinterziehung (Verheimlichung der Einkünfte)

14.26 Die Steuerhinterziehung zu bekämpfen

14.27 a) 2.5 %
b) Im Restaurant (dort 7.7 %)
c) 7.7 % (Stand 2018)
d) Sie muss im MWSTG oder in der Wegleitung ausdrücklich in diesem Sinne aufgeführt sein.

14.28 Importe aus dem Ausland

14.29 Nur das Depotgeschäft (Aufbewahrung und Verwaltung), nicht aber der Wertschriftenhandel (von der MWST ausgenommen)

14.30 Miete von Wohnungen und Geschäftsräumen

14.31 Vorsteuerabzug

14.32 0 %; diese Leistungen sind von der MWST ausgenommen.

14.33 Mit der MWST soll nur der Verbrauch im Inland besteuert werden. Die Konkurrenzfähigkeit der Exporteure auf den internationalen Märkten wird verbessert.

14.34 CHF 100 000.00

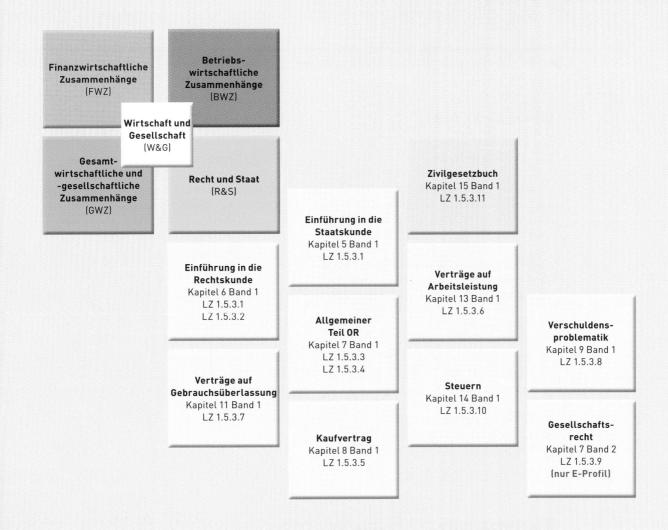

Zivilgesetzbuch

Kapitel 15

15 Zivilgesetzbuch[1]

Leistungsziele E-Profil (12 Lektionen)	Leistungsziele B-Profil (8 Lektionen)
1.5.3.11 Familienrecht Ich erkläre die Voraussetzungen und Wirkungen der Ehe, des Konkubinats und der eingetragenen Partnerschaft und zeige die wesentlichen Unterschiede auf. (K2) Ich erkläre die Bedeutung und Wirkungen der Güterstände während der Ehe und bei der Auflösung der Ehe (ohne Berechnungen). (K2)	**1.5.3.11 Familienrecht** Ich erkläre die Voraussetzungen und Wirkungen der Ehe, des Konkubinats und der eingetragenen Partnerschaft und zeige die wesentlichen Unterschiede auf. (K2)
1.5.3.12 Erbrecht Ich bestimme für typische Erbteilungen die gesetzlichen Erben und berechne die Pflichtteile für einfache Fälle. (K3) Ich bestimme auf der Grundlage eines Testaments die Erbverteilung gemäss den gesetzlichen Regelungen. (K3)	**1.5.3.12 Erbrecht** Ich bestimme für typische Erbteilungen die gesetzlichen Erben und kenne die gesetzlichen Regelungen einer letztwilligen Verfügung. (K2)

Eine «wilde Ehe» zu führen war in der Schweiz undenkbar und verboten, als Ihre Grosseltern jung waren. In Zürich ist die «Ehe ohne Trauschein», das **Konkubinat**, 1972, im Wallis erst 1995 gestattet worden. Genauer gesagt, ist das Verbot aufgehoben worden. Rechtliche Regelungen – wie für die Ehe – gibt es daher kaum.
Wie ist es also mit dem Mietrecht im Konkubinat?
Wie mit dem Besuchsrecht im Spital, der Auskunft durch den behandelnden Arzt?
Hat jeder Partner die gleichen Pflichten (z. B. Unterhaltspflicht) wie in der Ehe?
Zahlt die AHV und die Pensionskasse an den überlebenden Partner des Konkubinats eine Rente?

Das Zivilgesetzbuch (ZGB) hat – im Gegensatz zum OR – weniger Bedeutung für den Kaufmann als für den Staatsbürger. Es muss aber laufend den Entwicklungen der Gesellschaft angepasst werden.

So hat das Volk über die Gleichstellung im **Eherecht** 1985 abgestimmt. 2007 wurde die **eingetragene Partnerschaft** eingeführt, um der Diskriminierung von gleichgeschlechtlichen Paaren entgegenzuwirken.

Das Leben im **Konkubinat** ist bisher im ZGB nicht geregelt. Die Betroffenen müssen die Bestimmungen des OR und ZGB beachten und **vertragliche** Vereinbarungen ihren Bedürfnissen entsprechend gestalten.

---

1 Die Lernenden im **Profil B** behandeln dieses Kapitel erst im 4. Semester.

15.1 Kindesverhältnis & Adoption

Markus wird zwei Jahre, nachdem seine Eltern geheiratet haben, geboren. Rechtlich betrachtet entsteht das **Kindesverhältnis** zu seiner Mutter durch die **Geburt**, die innert drei Tagen beim **Zivilstandsamt** anzuzeigen ist und im **Geburtsregister** eingetragen wird. Ihr Ehemann gilt automatisch als Vater von Markus.

Art. 252 Abs. 1 ZGB
Art. 255 ZGB

Anders sind Situationen wie bei Gregor, dessen Eltern bei seiner Geburt nicht verheiratet waren. Die **Vaterschaft** entsteht in solchen Fällen meistens durch **Anerkennung** des Vaters beim Zivilstandsamt (2011 in 15 700 Fällen), selten durch eine letztwillige Verfügung (Testament). Streitet der leibliche Vater seine Vaterschaft ab, so kann ein Gentest als sicherer Beweis Aufschluss bringen und ein **Vaterschaftsurteil** durch das Gericht ausgesprochen werden.

Art. 260 ZGB

Das Kindesverhältnis kann auch durch **Adoption** entstehen. Ein Kind darf adoptiert werden, wenn ihm die künftigen Adoptiveltern – in seltenen Fällen adoptiert auch eine alleinstehende Person ein Kind – während wenigstens einem Jahr Pflege und Erziehung erwiesen haben. Bei einer Adoption ist das **Kindeswohl** sowohl Ziel als auch Rechtfertigung. Es wird vorausgesetzt, dass der Adoptivvater und die Adoptivmutter zurzeit der Adoption mindestens 35 Jahre alt oder fünf Jahre verheiratet sind. (Eingetragene Partner dürfen nicht adoptieren.) Das Adoptivkind muss wenigstens 16 Jahre jünger sein als die Adoptiveltern. Ist es urteilsfähig, so ist seine Zustimmung zur Adoption notwendig. Die Anzahl der Adoptionen ist in den letzten Jahrzehnten stetig gesunken. So gab es 2011 nur noch 509 Adoptionen.

Art. 252 Abs. 3 ZGB
Art. 264 ZGB

Art. 264a ZGB
Art. 265 ZGB

K 15.1 Wie kann – rechtlich gesehen – die Mutterschaft und Vaterschaft entstehen?

Kontrollfragen

K 15.2 Worauf achtet die zuständige Behörde bei einer Adoption vor allem?

K 15.3 Die Adoption ermöglicht kinderlosen Ehepaaren, sich einen lange gehegten Wunsch zu erfüllen: Für Kinder zu sorgen und sie nach besten Kräften zu erziehen.
  a) Welcher Grundsatz, der auch im revidierten Scheidungsrecht eine Rolle spielt, ist in Art. 264 ZGB angewendet?
  b) Welche Anforderungen werden an die zukünftigen Eltern gemäss Art. 264a ZGB gestellt?
  c) Welche Anforderungen werden an das Kind gemäss Art. 265 ZGB gestellt?
  d) Welche Wirkung hat die Adoption? Siehe Art. 267 und Art. 267a ZGB.

15.2 Konkubinat

Nicole Schmid und Jonas Staub kennen sich schon längere Zeit und mieten eine Wohnung, um ohne Trauschein zusammenzuleben. Sie sind damit ein Konkubinatspaar und haben sich über die Vorteile, aber auch die rechtlichen Nachteile ihrer Verbindung orientiert.

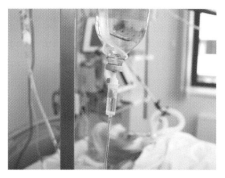

Auch beim Konkubinat gibt es rechtliche Aspekte, die rechtzeitig geklärt werden sollten.

Vorteile	Nachteile
– einfache Gründung – Trennung ohne aufwendiges, nervenaufreibendes Scheidungsverfahren – Anspruch auf zwei volle AHV-Altersrenten und nicht nur auf 150 % einer Altersrente wie bei Ehepaaren	– Das Konkubinat ist gesetzlich nicht geregelt, somit geniessen die Partner nicht den gleichen rechtlichen Schutz wie Ehepartner. Seit dem 01.01.2017 sind aber Konkubinatspaare den Ehepaaren im Unterhaltsrecht gleichgestellt: Damit müssen bei einer Trennung auch Unverheiratete ihren Expartnern Beiträge für die **Betreuung** der gemeinsamen Kinder zahlen, Art. 276 Abs. 2 ZGB – zusätzlich zu den bereits bisher geschuldeten Kinderalimenten. – kein Anspruch auf Witwen- bzw. Witwerrente bei der AHV, beim UVG und z. T. auch beim BVG – kein gesetzlicher Erbanspruch – Beurteilung des Konkubinats als einfache Gesellschaft (solidarische Haftung) – Arbeitet ein Paarteil v. a. im Haushalt, kann unter Umständen Lohn gefordert werden, was eine AHV-Pflicht auslöst. – Das Konkubinat kann jederzeit ohne Angaben von Gründen gekündigt werden. – Gegenüber dem Partner gilt das Arztgeheimnis.

Weiterführende Informationen zum Konkubinat

Welche rechtlichen Gestaltungsmöglichkeiten gibt es beim Abschluss des **Mietvertrages**?

1. Nicole und Jonas werden beide im Vertrag als Mieter genannt. Sie sind **gemeinschaftlich Mieter** und gegenüber dem Vermieter gleichberechtigt. Jonas und Nicole haften gemeinsam für die Schulden aus dem Mietverhältnis. Falls ihre Beziehung auseinanderbricht und Nicole auszieht, so ist der Mietvertrag für sie keinesfalls erloschen. Bezahlt Jonas die Miete nicht oder richtet er Schäden in den gemieteten Räumen an, so kann auch sie weiterhin zur Rechenschaft gezogen werden. Entsprechendes gilt für andere gemeinsam unterzeichnete Verträge (z. B. Leasing-, Abzahlungs- und Darlehensverträge).
2. Nicole und Jonas sind rechtlich bessergestellt, wenn nur ein Partner den Mietvertrag unterzeichnet und somit nur einer die rechtlichen Verpflichtungen übernimmt. Der andere ist dann **Untermieter** (Zustimmung des Vermieters ist allerdings erforderlich). Einen Mietvertrag mit höchstens dreimonatiger Kündigungsfrist abzuschliessen ist ratsam, um die finanziellen Risiken bei einer Trennung zu verringern.

Das Konkubinat wird von den Gerichten oft nach den Regeln der einfachen Gesellschaft beurteilt. In einem schriftlichen Konkubinatsvertrag sollten Nicole und Jonas die folgenden Fragen regeln:

Wem gehört der Hausrat?
→ In die gemeinsame Wohnung eingebrachte Gegenstände inventarisieren und Anschaffungen so protokollieren, dass die Eigentumsverhältnisse eindeutig sind.

Wer zahlt die Miete und die übrigen Haushalts- einschliesslich der Autokosten?
→ Um Streitigkeiten zu vermeiden, helfen auch hier klare Regelungen, die sich am Einkommen und dem Umfang der übernommenen Haushaltsarbeit orientieren. Falls ein Partner ohne Erwerbseinkommen den Haushalt führt, sollte er finanziell entschädigt werden.

info@klv.ch

Konkubinatspaaren ist zudem zu empfehlen:

– Für den Fall, dass ein Partner krank wird oder einen Unfall erleidet und seinen Willen nicht äussern kann, sollten Sie eine **Patientenverfügung** erstellen. Zudem kann es empfehlenswert sein, sich gegenseitig eine Vollmacht gegenüber Ärzten auszustellen, um Auskunft über den Gesundheitszustand des Partners zu erhalten (Schweigepflichtentbindungserklärung). (www.basler-patientenverfuegung.ch)
– Erteilen Sie sich gegenseitig **Vollmachten** für Banken und Versicherungen. Treffen Sie generell eine Stellvertreterregelung nach Art. 32 OR.
– Führen Sie eine **Inventarliste**, die fortlaufend bei Neuanschaffungen weitergeführt und jeweils – mit Datum versehen – visiert wird. Eventuell sollten Sie zusätzlich eine Schenkungsliste anlegen.
– Erstellen Sie ein **Testament** mit Begünstigung des Partners im Rahmen der disponiblen Quote.
– Lassen Sie einen **Versicherungscheck** vor allem bezüglich AHV- und PK-Leistungen durchführen.

Art. 32 OR

Muster für Konkubinatsverträge

K 15.4 Kann Nicole einen Ersatzmieter stellen, falls sie aus der gemeinsamen Wohnung ausziehen will?

K 15.5 Welche Fragen sollten in einem Konkubinatsvertrag geregelt werden?

Kontrollfragen

→ **Aufgaben**
1, 2, 3

15.3 Namensrecht

Den oder die **Vornamen** erhalten wir von den Eltern. Beim **Nachnamen** gilt es verschiedene Fälle zu unterscheiden:

Art. 301 Abs. 4 ZGB

Wie heisst ein verheiratetes Paar?
Seit 2013 gilt der Grundsatz: Von der Wiege bis zur Bahre trägt jeder seinen ledigen Namen. Das ZGB schreibt deshalb vor: **«Jeder Ehegatte behält seinen Namen.»** Die Ehe wirkt sich nicht mehr auf den Namen aus.

Art. 160 Abs. 1 ZGB

> Nicole Schmid und Jonas Staub heiraten. Nicole heisst auch nach der Heirat «Nicole Schmid».

Wer jedoch möchte, kann bei der Heirat immer noch den Namen der Braut oder des Bräutigams als gemeinsamen **Familiennamen** wählen.[2]

Art. 160 Abs. 2 ZGB

> In diesem Fall heisst Nicole nach der Heirat mit Jonas Staub «Nicole Staub» oder Jonas hiesse nach der Heirat «Jonas Schmid».

Wie heisst ein geschiedenes Paar?
Wer bei der Eheschliessung seinen Namen geändert hat, kann nach der Scheidung **jederzeit** seinen Ledignamen wieder annehmen.

Art. 119 ZGB

> Nicole Staub könnte nach der Scheidung entweder weiterhin so heissen oder ihren früheren Namen annehmen und sich «Nicole Schmid» nennen.

---

2 **Doppelnamen** (ohne Bindestrich) wie «Schmid Staub» sind allerdings nicht mehr möglich.
 Sogenannte **Allianznamen** (mit Bindestrich) wie «Staub-Schmid» dürfen im Alltag weiterhin geführt werden, sie haben aber keine juristische Bedeutung.

Art. 270 Abs. 3 ZGB

Wie heissen die Kinder von verheirateten Eltern?
Haben sich die Eltern für einen gemeinsamen **Familiennamen** entschieden, tragen auch ihre Kinder diesen Familiennamen.

Art. 270 Abs. 1 ZGB

Behalten die Brautleute ihren **Ledignamen,** müssen sie schon **bei der Heirat bestimmen, wie ihre späteren Kinder heissen sollen.** Sie können zwischen dem Namen der Mutter oder des Vaters wählen. (Innerhalb eines Jahres nach der Geburt des ersten Kindes können sie sich nochmals umentscheiden und den Nachnamen des anderen Ehegatten für ihr gemeinsames Kind wählen.)

Art. 270a ZGB

Wie heissen die Kinder von ledigen Eltern?
Steht die elterliche Sorge einem Elternteil zu, so erhält das Kind dessen Ledignamen. Steht die elterliche Sorge den Eltern gemeinsam zu, so bestimmen sie, welchen ihrer Ledignamen ihre Kinder tragen sollen.

Art. 30 ZGB

Wie heissen die Kinder von geschiedenen Eltern?
Die Scheidung hat **keine** direkte Auswirkung auf den Namen der Kinder. Allerdings kann mit einem Gesuch an die Kantonsregierung eine Namensänderung beantragt werden.

Exkurs: Bürgerrecht

Art. 161 ZGB

Die Eheschliessung wirkt sich auch nicht mehr auf das Bürgerrecht der Eheschliessenden aus. Jeder Ehegatte behält also grundsätzlich nicht nur seinen Namen, sondern auch sein Bürgerrecht.

Art. 1 BüG

Jedes **Kind** hat von Geburt an das Recht, zu einer staatlichen Gemeinschaft zu gehören (Bürgerrecht). Gemäss Bürgerrechtsgesetz (BüG) ist ein Kind **Schweizer Bürgerin oder Bürger von Geburt** an:

– In jedem Fall, wenn die **Mutter Schweizerin** ist.
– Falls die Mutter keine Schweizerin ist, sie aber mit dem **Schweizer Vater** verheiratet ist.

Ist die Mutter eine unverheiratete Nichtschweizerin und ist die Vaterschaft des Kindes noch nicht geklärt, erhält das Kind das Schweizer Bürgerrecht erst, wenn der Schweizer Vater das Kind **anerkennt.**

Art. 271 ZGB
Art. 161 ZGB

Das **Kind** erhält das **Kantons- und Gemeindebürgerrecht** des Elternteils, dessen Namen es trägt.

15.4 Familienrecht

Nicole Schmid und Jonas Staub planen, eine Familie zu gründen und heiraten. Ihre «Ehe auf Probe» hat sich bewährt, sie planen die Hochzeit und setzen sich mit den rechtlichen Aspekten der Trauung und Ehe auseinander.

Art. 159 ZGB

Im Folgenden wird nur das Wichtigste behandelt und alles weggelassen, was entweder nebensächlich oder allgemein bekannt und selbstverständlich ist, wie z. B., dass die Ehegatten sich durch die Eheschliessung gegenseitig verpflichten, «das Wohl der Gemeinschaft in einträchtigem Zusammenwirken zu wahren und für die Kinder gemeinsam zu sorgen» und dass sie «einander Treue und Beistand schulden».

15.4.1 Verlobung und Trauung

Art. 90 ZGB

Die **Verlobung** ist das persönliche Versprechen, miteinander die Ehe einzugehen. Dieser Vertrag beinhaltet zwar keinen klagbaren Anspruch auf Eingehen einer Ehe, dennoch zieht er Nebenpflichten nach sich, wie z. B. die Rückgabe von Geschenken bei Auflösung des Verlöbnisses.

Um eine Ehe eingehen zu können, müssen die Braut und der Bräutigam die sogenannten **Ehevoraus-setzungen** erfüllen, sie müssen also urteilsfähig und mündig sein (also mindestens 18 Jahre alt), und sie dürfen nicht eng miteinander verwandt sein.

Art. 94 ZGB
Art. 95 ZGB

Bevor die **Trauung** (Heirat) erfolgen kann, wird durch das Zivilstandsamt geprüft, ob die Ehevoraus-setzungen erfüllt sind. Die **zivile** Trauung wird vom Zivilstandsbeamten bzw. der Zivilstandsbeamtin vorgenommen. Die **kirchliche** Zeremonie ist erst nachher möglich.

Art. 97 ZGB

K 15.6 Welches Mindestalter ist nötig für die Eheschliessung? Ist die Zustimmung der Eltern erforderlich?

Kontrollfragen

K 15.7 Im ZGB sind weitere Einzelheiten zu Verlobung und Heirat enthalten.
  a) Verpflichtet eine Verlobung die Partner rechtlich zur Eheschliessung? Kann für den Fall der Nichteinhaltung des Eheversprechens eine Konventionalstrafe vereinbart und gefordert werden? Siehe Art. 90 ZGB.
  b) Entnehmen Sie den Artikeln 94 – 96 mindestens zwei Fälle, die einer Eheschliessung gesetzlich im Wege stehen.
  c) Nennen Sie zwei Fälle, die die Ungültigkeit einer bereits geschlossenen Ehe bewirken. Siehe Art. 105, 107 ZGB.

→ **Aufgabe 4**

15.4.2 Allgemeine Wirkungen der Ehe

Das heute gültige Eherecht hat gegenüber früher verschiedene Änderungen im Sinne einer **Gleich-stellung der Ehefrau** gebracht:

Die Ehegatten bestimmen gemeinsam die eheliche Wohnung. (Vor 1988 stand dieses Recht dem Ehe-mann allein zu; dort hiess es auch, er sei «das Haupt der Gemeinschaft».) Für **Kündigung oder Verkauf** von Wohnung oder Haus der Familie ist immer die ausdrückliche Zustimmung beider Ehegatten nötig.

Wohnung
Art. 162 ZGB
Art. 169 ZGB

Auch in allen anderen Belangen führten Gesetzesreformen dazu, dass die Ehefrau dem Ehemann gleichgestellt ist. So braucht sie für ihre **Berufstätigkeit** nicht mehr die Einwilligung des Ehemannes. Alle wichtigen Entscheidungen haben die beiden Ehegatten gemeinsam zu treffen (Anschaffungen, Erziehung und Ausbildung der Kinder u.a.).

Gemeinsame
Entscheidungen

An den Unterhalt der Familie haben beide Ehegatten, jeder nach seinen Kräften, beizutragen. Dies gilt nicht nur für Geldzahlungen, sondern auch für das Besorgen des Haushalts und die Betreuung der Kinder.

Unterhalt der
Familie
Art. 163 ZGB

Der den Haushalt besorgende und die Kinder betreuende Ehegatte hat Anspruch auf einen angemes-senen Betrag (nicht nur Taschengeld) zur freien Verfügung. Selbstverständlich muss sich dieser Be-trag wohl oder übel nach den finanziellen Verhältnissen der Familie richten. Beide Ehegatten sollen einen ungefähr gleich grossen Spielraum für ihre persönlichen, kulturellen und die Freizeit betreffen-den Bedürfnisse haben.

Betrag zur freien
Verfügung
Art. 164 ZGB

Für die laufenden Bedürfnisse der Familie (Haushalt, Kleidung, Reparaturen usw.) kann jeder Ehegat-te die Gemeinschaft rechtsgültig vertreten und die dafür nötigen Ausgaben vornehmen. Diese Vertre-tungsbefugnis nennt man auch **Schlüsselgewalt**. Für **grössere Ausgaben** (wie z.B. Anschaffung von Wohnungseinrichtungen oder eines Autos, Privatunterricht für ein Kind u.a.) benötigt grundsätzlich jeder Ehegatte die **Zustimmung** des anderen. Beide **haften** dann **solidarisch** für Haushaltsschulden und die gemeinsam eingegangenen Verpflichtungen.

Vertretung der
ehelichen
Gemeinschaft
Art. 166 ZGB

Bei der Wahl und Ausübung des Berufes oder Gewerbes nehmen die Ehegatten aufeinander Rücksicht. Sie haben dabei auf das Wohl der ehelichen Gemeinschaft zu achten.

Beruf & Gewerbe
der Ehegatten
Art. 167 ZGB

Die Ehegatten sind verpflichtet, sich gegenseitig Auskunft über Einkommen, Vermögen und Schulden zu geben.

Auskunftspflicht
Art. 170 ZGB

Schutz der
ehelichen
Gemeinschaft
Art. 171 ff. ZGB

Ehe- und Familien-
beratungsstellen

Für den Fall von Konflikten und Schwierigkeiten in der Ehe sieht das Gesetz **kantonale Ehe- und Familienberatungsstellen** vor, und wenn auch deren Hilfe nicht genügt, so kann der Richter **(Eheschutzrichter)** zum Entscheid angerufen werden, z. B. zur Festsetzung von Geldbeträgen für den Familienunterhalt.

Kontrollfragen

→ Aufgabe 5

K 15.8	Was ist zu beachten, wenn der Ehemann den Mietvertrag für die Wohnung kündigen will?
K 15.9	Welchen gesetzlichen Anspruch hat der Ehegatte (Mann oder Frau), der den Haushalt besorgt und die Kinder betreut?

E

Art. 181 ZGB

15.4.3   Das eheliche Güterrecht

Das Güterrecht der Ehegatten regelt die **Vermögensverhältnisse** während der Ehe und bei deren Auflösung (Tod eines Ehegatten oder Scheidung). Dabei entstehen **Fragen** wie:

– Hat ein Ehegatte Anrecht auf das Einkommen des andern?
– Gehört das Vermögen, das der Mann und die Frau in die Ehe bringen (Ersparnisse, Hausrat, Auto usw.) beiden Eheleuten gemeinsam?
– Gibt es in der Ehe auch persönliches oder nur gemeinsames Eigentum?
– Wie wird das Vermögen beim Tod eines Ehegatten oder bei einer Scheidung aufgeteilt?

Die Antworten hängen vom **Güterstand** ab, den die Eheleute gewählt haben. Das Gesetz unterscheidet drei mögliche Güterstände.

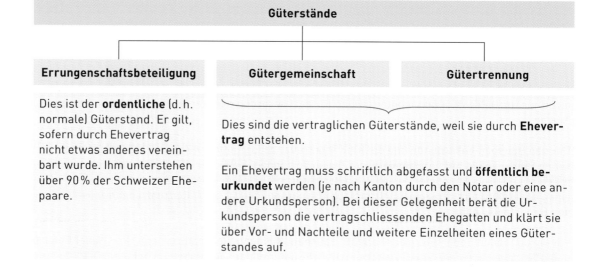

Güterstände		
Errungenschaftsbeteiligung	**Gütergemeinschaft**	**Gütertrennung**
Dies ist der **ordentliche** (d. h. normale) Güterstand. Er gilt, sofern durch Ehevertrag nicht etwas anderes vereinbart wurde. Ihm unterstehen über 90 % der Schweizer Ehepaare.	Dies sind die vertraglichen Güterstände, weil sie durch **Ehevertrag** entstehen. Ein Ehevertrag muss schriftlich abgefasst und **öffentlich beurkundet** werden (je nach Kanton durch den Notar oder eine andere Urkundsperson). Bei dieser Gelegenheit berät die Urkundsperson die vertragschliessenden Ehegatten und klärt sie über Vor- und Nachteile und weitere Einzelheiten eines Güterstandes auf.	

Keine Bedeutung hat der gewählte Güterstand auf die zu bezahlenden Steuern und die Haftung gegenüber Dritten.

15.4.3.1 Die Errungenschaftsbeteiligung

Hier setzt sich das Vermögen jedes Ehepartners zusammen aus Eigengut und Errungenschaft.   **Art. 196 ff. ZGB**

Eigengut (Art. 198 ZGB)	Errungenschaft (Art. 197 ZGB)
Dazu gehören: – das in die Ehe eingebrachte Vermögen – zum persönlichen Gebrauch dienende Gegenstände (Kleider, Sport-, Berufsgeräte, Bücher usw.) – Erbschaften und Schenkungen, die dem Ehegatten während der Ehe zufallen – Ersatzanschaffungen für das Eigengut	Das sind die während der Ehe erworbenen (errungenen) Vermögensteile wie: – Arbeitserwerb (Lohn) – Leistungen von Pensionskassen und Sozialversicherungen (AHV u. a.) – Vermögenserträge des Eigengutes – Ersatzanschaffungen für Errungenschaft

Damit ergeben sich für ein Ehepaar insgesamt **vier verschiedene Vermögensmassen**, wie das folgender Fall zeigt. Beachten Sie die drei verschiedenen Zeitpunkte: bei Heirat, nach einigen (hier fünf) Jahren, bei Auflösung der Ehe.

Hinweis: Die nachfolgenden Berechnungen dienen der Veranschaulichung. Das Berechnen der Ansprüche ist kein Leistungsziel, das am Qualifikationsverfahren geprüft wird.

	Mann	Frau
a) Bei der Heirat	Eigengut 30 000.00 Persönliches, Ersparnisse	Eigengut 20 000.00 Persönliches, Ersparnisse
b) Zwischenstand ... nach einigen Jahren, nachdem die Frau eine Erbschaft von CHF 200 000.00 erhalten hat und beide durch Berufstätigkeit einiges erspart haben.	Eigengut 30 000.00 **Errungenschaft 50 000.00** Vermögen 80 000.00 Eigentum, Verwaltung und Nutzung beim Mann	Eigengut 220 000.00 (vermehrt durch Erbschaft) **Errungenschaft 30 000.00** Vermögen 250 000.00 Eigentum, Verwaltung und Nutzung bei der Frau

Jeder Ehegatte

– bleibt **Eigentümer** seines Vermögens (Eigengut und Errungenschaft) und kann allein darüber verfügen (verkaufen, verpfänden, verschenken usw.); er muss aber daraus zum Unterhalt der Familie beitragen;
– trägt allein die **Wertschwankungen** seines Vermögens (Kursgewinne und -verluste bei Wertpapieren, Entwertung des Autos usw.);
– **verwaltet und nutzt** sein Vermögen selber; er kann aber die Verwaltung ganz oder teilweise seinem Ehegatten überlassen und ihm dazu eine Vollmacht erteilen, was praktisch meistens geschieht;
– **haftet** für seine Schulden allein mit seinem Vermögen (ausgenommen sind die solidarische Haftung für gemeinsam eingegangene Schulden und für die laufenden Bedürfnisse der Familie).

	Mann	Frau
c) Bei Auflösung ... durch Tod, Scheidung oder Vereinbarung eines anderen Güterstandes (z. B. nach 20 Jahren); die Errungenschaften haben sich weiter vergrössert.	Eigengut 30 000.00 **Errungenschaft 160 000.00** Vermögen 190 000.00	Eigengut 220 000.00 **Errungenschaft 80 000.00** Vermögen 300 000.00

Güterrechtliche Auseinandersetzung

Güterrechtliche
Auseinander-
setzung

Es erfolgt die **güterrechtliche Auseinandersetzung**, d. h. die Aufteilung des Vermögens. In diesem Fall geht sie wie folgt vor sich:

	Mann CHF	**Frau** CHF
1. Jedem Ehegatten fällt sein **Eigengut** zu.	30 000.00	220 000.00
2. Jede **Errungenschaft** ist mit dem anderen Ehegatten hälftig zu teilen. Falls die Errungenschaft einen positiven Saldo ausweist (also die Schulden nicht überwiegen), heisst diese Summe **Vorschlag**. Somit ...		
... je ½ Errungenschaft (Vorschlag) des Ehemanns (160 000.00)		
... je ½ Errungenschaft (Vorschlag) der Ehefrau (80 000.00)	80 000.00	80 000.00
	40 000.00	40 000.00
Güterrechtliche Ansprüche	150 000.00	340 000.00

Art. 215 ZGB

In diesem einfachen Fall erhält man dasselbe Ergebnis, wenn man das Total beider Errungenschaften (CHF 240 000.00) halbiert und zum Eigengut jedes Ehegatten hinzuzählt.

Art. 206 ZGB

Weniger einfach ist die Rechnung, wenn bei einem Vermögen nicht eine Errungenschaft, sondern ein **Rückschlag** (negativer Saldo der Errungenschaft) erzielt worden ist oder wenn ein **Mehrwertanteil** zu berücksichtigen ist.

> **Rückschlag:** Ein Ehegatte verfügt über Errungenschaftsvermögen von CHF 50 000.00, hat aber Errungenschaftsschulden von CHF 60 000.00 angehäuft. Den Rückschlag von CHF 10 000.00 muss er alleine tragen.
>
> **Mehrwertanteil:** Die Ehefrau hat ihrem Mann zum Kauf eines grossen Hauses zinsfrei ein Darlehen von CHF 100 000.00 gewährt. Wenn nun dieses Haus in der Zwischenzeit eine Wertvermehrung um 30 % erfahren hat, so erhöht sich auch der Anspruch der Ehefrau um 30 %. Sie hat nachher CHF 130 000.00 zugut.

Art. 210 ZGB

Erst wenn solche Mehrwertanteile und gegenseitige Schulden bei der Errungenschaft zu- und abgerechnet werden, erhält man den **Vorschlag**, der für die **endgültige Aufteilung** massgebend ist. In der güterrechtlichen Auseinandersetzung wird der **Vorschlag nur dann zur Hälfte** aufgeteilt, wenn nichts anderes vereinbart worden ist. Die Ehegatten können aber durch einen **schriftlichen Ehevertrag** eine andere Regelung vereinbaren, z. B. zwei Drittel des Vorschlages zum Vermögen des Mannes, ein Drittel zum Vermögen der Frau.

Das Ergebnis der **güterrechtlichen Auseinandersetzung** zeigt also

– im Fall einer **Ehescheidung**, wie viel jedem Partner gehört;
– im **Todesfall**, wie viel der verstorbene Ehegatte seinen Erben hinterlässt. In unserem Beispiel wären das beim Tod des Ehemannes CHF 150 000.00. Wie dieser Betrag nachher auf die Erben aufgeteilt wird, ist nicht mehr Sache der güterrechtlichen, sondern der **erbrechtlichen** Auseinandersetzung, die erst als nächster Schritt folgt. Bei der Erbteilung wird dann die überlebende Ehegattin als Miterbin, z. B. neben den Kindern, nochmals beteiligt sein.

15.4.3.2 Die Gütergemeinschaft

Art. 221 ff. ZGB

Bei ihr werden die Vermögen und Einkünfte beider Ehegatten zu einem einzigen **Gesamtgut** verschmolzen, das beiden gemeinsam gehört. Beide haben daran die gleichen Rechte. Wenn ein Ehegatte einen Gegenstand aus dem Gesamtgut verkaufen will, braucht er also die Zustimmung des andern.

Neben dem Gesamtgut gibt es für jeden Ehegatten auch hier ein **Eigengut**, zu dem vor allem die Gegenstände zum persönlichen Gebrauch gehören. Die Gütergemeinschaft kommt nur zustande, wenn die Eheleute dies wünschen und in einem **Ehevertrag** festlegen. Sie hat nach Einführung des neuen Eherechts ihre Bedeutung weitgehend verloren, weil sich der überlebende Ehegatte auch mit der Errungenschaftsbeteiligung besserstellen lässt. Die Teilung des eingebrachten Gutes wird häufig nicht mehr als zeitgemäss betrachtet. Sie wird nur noch selten vereinbart.

15.4.3.3 Die Gütertrennung

Die Gütertrennung ist das Gegenstück zur Gütergemeinschaft. Hier gibt es kein gemeinsames Vermögen der Ehegatten, sondern nur **zwei getrennte Einzelvermögen**. Jeder Ehegatte verwaltet und nutzt sein Vermögen selber und haftet für Haushaltsschulden solidarisch. Selbstverständlich hat jeder Ehegatte einen angemessenen Beitrag zur Tragung der ehelichen Lasten zu leisten.

Art. 247 ff. ZGB

Auch dieser Güterstand kommt durch einen **Ehevertrag** zustande (Gütertrennung als vertraglicher Güterstand). Er wird am ehesten dort gewählt, wo beide Ehegatten über Einkommen oder Vermögen verfügen und eine möglichst grosse finanzielle Unabhängigkeit bewahren wollen. Problematisch ist die Gütertrennung für einen nicht erwerbstätigen, den Haushalt führenden Ehegatten.

Gelegentlich entsteht die Gütertrennung nicht durch einen Ehevertrag, sondern **von Gesetzes wegen** oder **auf Anordnung des Richters (= Gütertrennung als ausserordentlicher Güterstand)**. Das Gesetz sieht diese Anordnung z. B. vor, wenn ein Ehepartner überschuldet ist. Bei Auflösung der Errungenschaftsbeteiligung besteht nämlich die Gefahr, dass die Ersparnisse des leichtsinnigen Partners weitgehend seinen Gläubigern zufallen und der andere Partner die Hälfte seines Ersparten abgeben müsste. Dadurch dass im Fall der Überschuldung der Richter die Gütertrennung auf Begehren eines Ehegatten anordnen kann, rettet der solide wirtschaftende Partner seine Errungenschaft.

Art. 185 ff. ZGB

K 15.10 Wie heisst der ordentliche Güterstand und welches sind die vier Vermögensteile, die bei ihm zu unterscheiden sind?

Kontrollfragen

K 15.11 Was müssen die Ehegatten tun, wenn sie Gütertrennung oder Gütergemeinschaft wünschen?

K 15.12 Welche zwei Formvorschriften sind dabei zu beachten?

K 15.13 Welchen Nachteil bringt die Gütertrennung für den nichterwerbstätigen Teil (Frau oder Mann) meistens? Welche Gefahr hingegen kann dadurch vermieden werden?

K 15.14 Kreuzen Sie an, was zum Eigengut und was zur Errungenschaft gehört:

	Eigengut:	Errungenschaft:
Bei Beginn der Ehe		
– eingebrachte persönliche Gegenstände	☐	☐
– eingebrachte Vermögenswerte	☐	☐
Während der Ehe		
– Erbschaften und persönliche Schenkungen	☐	☐
– Arbeitserwerb und Anschaffungen daraus	☐	☐
– Leistungen von Pensionskassen und AHV	☐	☐

K 15.15 Eine Braut bringt bei der Heirat eine ganze Aussteuer sowie ein Auto in die Ehe mit. Zu welchem Vermögensteil gehören diese im Fall der Errungenschaftsbeteiligung?

K 15.16 Wie nennt man den Vorgang zur Berechnung dieses Betrages und der Ansprüche der beiden Ehegatten bei Auflösung der Ehe?

K 15.17 Was passiert, wenn bei der Gütergemeinschaft ein Ehegatte in Konkurs kommt?

K 15.18 Was haben die Ehegatten vorzunehmen, wenn sie einen allfälligen Vorschlag nicht hälftig, sondern in einem anderen Verhältnis aufteilen wollen?

→ Aufgaben 6, 7, 8, 9

E

15.4.4 Ehescheidung

Mit dem Tod eines Ehepartners endet die Ehe. Diese schlichte Aussage gilt heute in den grossen Städten nur noch für jede zweite Ehe. Die übrigen Ehen enden durch Scheidung. Das Scheidungsrecht im ZGB verfolgt die **Ziele,** ...

... einvernehmliche Scheidungen zu fördern

Art. 111 ZGB
- Die Ehe kann **aufgrund gemeinsamen Begehrens** einvernehmlich geschieden werden («Konventionalscheidung»), wenn sich die Ehepartner ganz oder teilweise über die Scheidungsfolgen (z. B. güterrechtliche Auseinandersetzung, nachehelicher Unterhalt, Alimente für die Kinder, eheliche Wohnung) geeinigt haben.
- Der Richter prüft die **Scheidungsvereinbarung** der Ehepartner (Scheidungskonvention) anhand der nötigen Belege (z. B. Lohnausweise und Bescheinigungen der Pensionskassen) und entscheidet im Fall von strittigen Punkten aufgrund der Anträge der Ehegatten.
- Die Frage, wer für die Scheidung die Schuld trägt, wird ausser Acht gelassen.

Art. 114 ZGB
- Falls ein Ehegatte sich nicht scheiden lassen will, kann der andere nach zweijähriger Trennung **auf Scheidung klagen** («Kampfscheidung»). Schon vorher ist die Scheidung möglich, wenn einem Ehegatten aus schwerwiegenden Gründen die Fortsetzung der Ehe nicht zugemutet werden kann.

... angesparte Pensionskassenguthaben zu teilen

Art. 122 ZGB
- Dieses Ziel wird verwirklicht, indem die während der Ehe entstandenen Austritts- oder Freizügigkeitsleistungen bei den **Pensionskassen** der Ehepartner geteilt werden. Der wirtschaftlich schwächere Ehegatte wird somit erheblich bessergestellt als früher.
- Die Dauer der Unterhaltszahlungen wird vermindert, weil der Ausgleich der Pensionskassenguthaben die Altersversorgung sicherstellt.

... ein gemeinsames Sorgerecht für die Kinder zu ermöglichen

Art. 133 ZGB
- Was passiert mit den Kindern? Bei der Entscheidung über diese Frage orientiert sich das Gericht vor allem am **Kindeswohl**.
- Seit dem 1. Juli 2014 haben geschiedene Eltern grundsätzlich **gemeinsam** das **Sorgerecht** für ihre Kinder, d. h. sie entscheiden z. B. gemeinsam über den Erziehungsstil, über die Ausbildung und bei medizinischen Eingriffen. Im Streitfall entscheidet die zuständige Behörde; kein Elternteil hat also den Stichentscheid. Daneben regelt das Gericht die elterliche Obhut (also die tägliche Betreuung und Pflege), das Besuchsrecht und den Unterhaltsbeitrag.
- Das Gericht ordnet die alleinige Sorge eines Elternteils nur noch an, wenn die gemeinsame elterliche Sorge mit dem Kindeswohl nicht zu vereinbaren wäre.

Das Scheidungsrecht stellt die Weichen für eine gütliche Scheidung von Paaren, die keine Möglichkeit sehen, ihre Ehe weiterzuführen. Diese Ehepaare haben schwerwiegende Ehekrisen hinter sich, unter denen die Kinder ebenso gelitten haben wie die Eltern. Kompetente Eheberatung hat nichts genützt, sodass der Entschluss zur Scheidung gereift ist. Die Beratung durch einen **Anwalt oder Mediator** hilft, die Scheidung vorzubereiten. Viel ist in dieser Situation gewonnen, wenn die Ehe aufgrund gemeinsamen Begehrens geschieden wird.

Kontrollfragen

→ Aufgaben 10, 11

K 15.19 Nennen Sie drei Ziele, die das Scheidungsrecht anstrebt.

K 15.20 In welchem Gesetzesartikel kommt zum Ausdruck, dass die Regelung der Kinderbetreuung in erster Linie am Kindeswohl ausgerichtet wird?

15.5 Eingetragene Partnerschaft

Heiraten können gleichgeschlechtliche Paare in der Schweiz rechtlich nicht. Hierfür wurde die eingetragene Partnerschaft geschaffen, die ausschliesslich gleichgeschlechtlichen Paaren zur Verfügung steht.

Gleichgeschlechtliche Paare können ihre Beziehung rechtlich absichern. Die **staatliche Anerkennung** als registrierte Partnerschaft soll zur Beendigung von Diskriminierungen beitragen.

Die registrierte Partnerschaft wird beim Zivilstandsamt beurkundet und begründet eine Lebensgemeinschaft mit gegenseitiger Verantwortung. Die beiden Partnerinnen oder Partner sind zu Beistand und Rücksicht verpflichtet und sorgen gemeinsam für den Unterhalt der Gemeinschaft. **Art. 12 PartG**

Vermögensrechtlich sieht das Gesetz eine Regelung vor, die der Gütertrennung des Eherechts entspricht. Im Erbrecht, im Sozialversicherungsrecht und in der beruflichen Vorsorge sowie im Steuerrecht werden gleichgeschlechtliche Paare Ehepaaren **gleichgestellt**. **Art. 18 PartG**

Die **Auflösung** registrierter Partnerschaften ist einfacher als die Ehescheidung. Die beiden Partner können beim Gericht gemeinsam einen Antrag stellen. Zudem kann der Partner die Auflösung verlangen, wenn das Paar seit mindestens **einem** Jahr getrennt lebt. Personen, die in einer eingetragenen Partnerschaft leben, sind weder zur Adoption noch zu fortpflanzungsmedizinischen Verfahren zugelassen. **Art. 29 PartG**

Art. 28 PartG

K 15.21 Aus welchen Gründen ist das Partnerschaftsgesetz verabschiedet worden?

K 15.22 Inwiefern ist die Auflösung registrierter Partnerschaften leichter als eine Ehescheidung?

K 15.23 Was ist gleichgeschlechtlichen Partnern im Gegensatz zu Ehepaaren nicht erlaubt?

Kontrollfragen

→ Aufgabe 12

15.6 Erbrecht

Das eheliche **Güterrecht** regelt die Aufteilung des Vermögens auf beide **Ehegatten**. Das **Erbrecht** hingegen sagt, wie das Vermögen eines Verstorbenen auf die **Erben** zu verteilen ist.

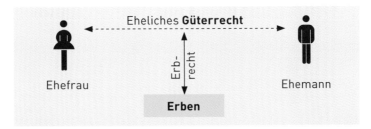

Der Verstorbene heisst **Erblasser** (so genannt, weil er ein Erbe hinterlässt); die Erbschaft, bestehend aus Vermögen und eventuell auch Schulden, heisst **Nachlass**. Seine Verteilung auf die Erben erfolgt in der ...

erbrechtlichen Auseinandersetzung

... aufgrund Gesetz

Das ZGB bezeichnet die **gesetzlichen Erben** und deren Erbanspruch für den Fall, dass weder Testament noch Erbvertrag vorliegen.

... aufgrund des Willens des Erblassers («Verfügungen von Todes wegen»)

Testament (Art. 467 ZGB)

Einseitiges Rechtsgeschäft (auch letztwillige Verfügung genannt)

Erbvertrag (Art. 468 ZGB, Art. 494 ff. ZGB)

Vereinbarung mit einem oder mehreren möglichen Erben

15.6.1 Die gesetzlichen Erben

Das Gesetz bestimmt als Erben die **Blutsverwandten** des Erblassers und seinen allfällig überlebenden **Ehegatten** (Mann oder Frau), und zwar nach folgenden Grundsätzen:

Art. 457 ZGB
Art. 462 ZGB

1. Wenn der Erblasser **Nachkommen** (Kinder, Enkel, Urenkel) hinterlässt, so teilen diese die Erbschaft mit dem **überlebenden Ehegatten**: Die Hälfte gehört dem Ehegatten, die andere Hälfte erhalten die Kinder zu gleichen Teilen, d. h. jedes gleich viel (in **Figur 1**: A und B je ¼).
2. Falls ein Kind **bereits verstorben** ist (hier B), erhalten allfällige Nachkommen (also die Enkel des Erblassers) seinen Anteil, wiederum zu gleichen Teilen (in **Figur 1**: E, F und G je ¹⁄₁₂).

Figur 1

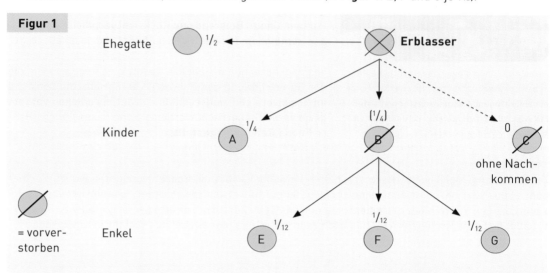

In **Figur 1** kommen neben dem Ehegatten nur Nachkommen vor, also keine weiteren Verwandten. Wenn solche auch vorhanden wären, so müsste nach Stämmen unterschieden werden. Siehe die drei Stämme in **Figur 2**.

Figur 2

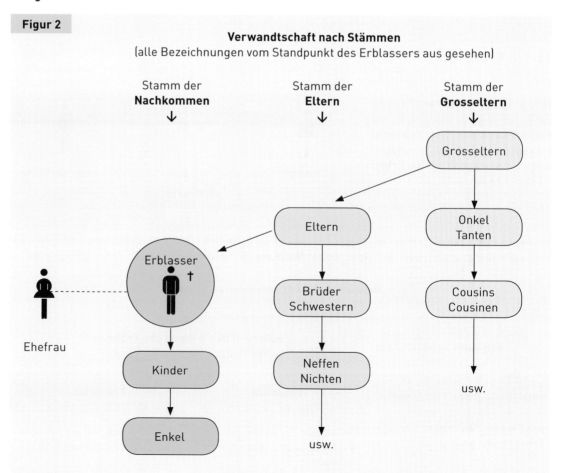

Verwandtschaft nach Stämmen
(alle Bezeichnungen vom Standpunkt des Erblassers aus gesehen)

info@klv.ch

3. Die zum **Stamm der Eltern** gehörenden Verwandten (Eltern, Brüder, Schwestern, Neffen und Nichten des Erblassers, siehe **Figur 2**) erhalten nur etwas, wenn der Erblasser keine Nachkommen hat (also niemand im Stamm der Nachkommen ist). Ein **entfernterer Stamm** kommt immer erst zum Zug, wenn **niemand in einem näheren Stamm** vorhanden ist, also z.B. der grosselterliche Stamm erst dann, wenn im Stamm der Nachkommen und im elterlichen Stamm niemand mehr lebt.

Art. 458 ZGB

4. Wenn der **elterliche Stamm** als Erbe infrage kommt, so erhält der **überlebende Ehegatte** nicht nur die Hälfte des Nachlasses, sondern **drei Viertel** davon, und die Angehörigen des elterlichen Stammes müssen sich mit einem Viertel begnügen. Dieses Viertel verteilt sich zuerst auf die beiden Eltern je zur Hälfte und, wenn diese schon verstorben sind, auf deren Kinder, also die Brüder und Schwestern des Erblassers. (Siehe Beispiel dazu in Aufgabe 3, Seite 470.)

Art. 462 ZGB

5. Wenn im Stamm der **Nachkommen** und im **elterlichen Stamm niemand** vorhanden ist, erhält der überlebende **Ehegatte den ganzen Nachlass**. Verwandte im grosselterlichen Stamm kommen als Erben also nur zum Zuge, wenn kein überlebender Ehegatte und niemand in den zwei näheren Stämmen vorhanden ist.

Art. 462 ZGB

Wir stellen fest, dass ein überlebender **Ehegatte zweimal beteiligt** ist: das erste Mal an der **güterrechtlichen** Auseinandersetzung (z.B. durch den Anteil an der Errungenschaft, siehe Beispiel Seite 458), und das zweite Mal bei der **erbrechtlichen** Teilung. Da die gleichgeschlechtlichen Paare 2007 staatlich anerkannt wurden, gilt im Erbrecht eine Gleichstellung mit den Ehepaaren. Wo also Ehegatten als Erben genannt werden, sind eine **eingetragene Partnerin** oder ein **eingetragener Partner** gleichgestellt.

Die vorhin beschriebene gesetzliche Erbfolge gilt nicht, wenn ein **Testament** oder ein **Erbvertrag** vorliegt. Durch Testament und Erbvertrag kann der Erblasser eine andere Aufteilung seines Erbes vorsehen und vor allem den überlebenden **Ehegatten** stark **begünstigen**.

K 15.24 Welches sind die Vertragspartner …
  a) … bei einem Ehevertrag?
  b) … bei einem Erbvertrag?

Kontrollfragen

K 15.25 Welche Teilung geht der erbrechtlichen Teilung voraus?

K 15.26 a) Was heisst «gesetzliche Erben»?
  b) Welches sind die nächsten gesetzlichen Erben des Erblassers?

K 15.27 Wie ergibt sich in Figur 1 der Anteil von $^1/_{12}$ für einen Enkel?

K 15.28 Wie viel beträgt in Figur 1, wenn der Nachlass CHF 120 000.00 ausmacht, der Anteil in Franken …
  a) … für die überlebende Ehefrau?
  b) … für das Kind A des Erblassers?
  c) … für jeden der drei Enkel E, F und G?

K 15.29 Zu welchem Stamm gehören …
  a) … die Cousinen des Erblassers?
  b) … seine Neffen?
  c) … seine Enkel?
  d) … Onkel und Tanten?
  e) … seine Urenkel?

K 15.30 In welchem Fall sind die Eltern des Erblassers gesetzliche Erben (neben allfälligem Ehegatten)?

K 15.31 In welchem Fall sind die Brüder und Schwestern des Erblassers gesetzliche Erben?

K 15.32 Welche Bedingungen müssen erfüllt sein, damit Cousins und Cousinen eines Erblassers als gesetzliche Erben infrage kommen?

K 15.33 Füllen Sie bitte im folgenden Text die Lücken aus:
  Die gesetzliche Erbfolge, d.h. wenn weder ein Erbvertrag noch ein _____ etwas anderes bestimmen, ist für den überlebenden Ehegatten im _____ wie folgt geregelt:
  Der überlebende Ehegatte erhält …
  a) … wenn er mit Nachkommen zu teilen hat, _____ der Erbschaft,

b) ... wenn er mit Erben des elterlichen Stammes zu teilen hat _____ der Erbschaft,

c) ... wenn weder Nachkommen noch Erben des elterlichen Stammes vorhanden sind, _____ Erbschaft.

→ **Aufgabe 13** **K 15.34** Was geschieht mit dem Anteil eines bereits verstorbenen, erbberechtigten Verwandten?

15.6.2 Testament und Pflichtteile

Letztwillige Verfügung

Das eigenhändige Testament nach Art. 505 ZGB ist eine von drei Möglichkeiten, eine letztwillige Verfügung zu erstellen.

Art. 498 ff. ZGB Das Testament, im Gesetz **«letztwillige Verfügung»** genannt, kann errichtet werden:

Art. 499 ZGB – entweder als **öffentliches Testament** unter Mitwirkung von **zwei Zeugen** vor der **Urkundsperson**, die für öffentliche Beurkundungen zuständig ist (je nach Kanton Notar, Gemeindeschreiber, ermächtigter Rechtsanwalt usw.),

Art. 505 ZGB – als **eigenhändiges Testament**, das der künftige Erblasser im «stillen Kämmerlein» erstellen kann. Es muss von ihm persönlich von Anfang bis zu Ende mit Einschluss von Jahr, Monat und Tag von Hand niedergeschrieben und mit seiner Unterschrift versehen werden. Bei dieser Art von Testament ist der **Aufbewahrungsort** wichtig, damit es im Todesfall nicht von einem benachteiligten Erben beseitigt werden kann. Infrage kommen dafür etwa amtliche Stellen (je nach Kanton z. B. Notar oder Richter) oder Vertrauenspersonen: Treuhänder, Notar, Bank als Testaments- oder **Art. 517 ZGB** **Willensvollstrecker**. (Siehe Beispiel eines eigenhändigen Testaments auf nächster Seite.) Der Erblasser kann das Testament jederzeit widerrufen, abändern oder durch ein neues ersetzen.

Art. 506 ZGB – oder als **Nottestament**, das nur in ausserordentlichen Situationen, z. B. nahe Todesgefahr, mündlich vor zwei Zeugen erklärt werden kann.

Erbvertrag

Der Erbvertrag ist im Unterschied zum Testament ein Vertrag, d. h., es sind mindestens zwei Personen **Art. 468 ZGB** beteiligt. Für den Abschluss eines Erbvertrages muss der Erblasser urteilsfähig und volljährig sein. **Art. 494 ZGB** Mit einem Erbvertrag kann sich der Erblasser z. B. verpflichten, jemandem einen Teil seines Nachlas- **Art. 495 ZGB** ses zu hinterlassen, oder er kann mit einem gesetzlichen Erben einen Erbverzicht vereinbaren. Der **Art. 512 ZGB** Erbvertrag bedarf zu seiner Gültigkeit der öffentlichen Beurkundung.

Grenzen der Verfügungsfreiheit: Pflichtteile

Der Erblasser kann im Testament oder im Erbvertrag nicht beliebig über seinen Nachlass verfügen und **Ehegatten**, **Nachkommen** oder **Eltern** nicht einfach zugunsten anderer Erben von der Erbschaft aus- **Art. 470 ZGB** schliessen. Diese drei Gruppen von Erben haben laut Gesetz Anspruch auf einen Mindestanteil, genannt **Pflichtteil**, der ihnen nicht entzogen werden darf. Der Erblasser kann ihren **gesetzlichen Erbanspruch** Maximale je nachdem höchstens **um ein Viertel oder um die Hälfte kürzen** und dafür anderen Erben mehr zuhal- Begünstigung des ten **(frei verfügbare Quote)**. Die Höhe der Pflichtteile ist in Art. 471 ZGB genau festgelegt. Ehepartners

Wer Nachkommen hat, kann diese zugunsten des überlebenden Ehegatten mit einem Testament auf den Pflichtteil setzen und die frei verfügbare Quote dem überlebenden Ehegatten zukommen lassen: Die Nachkommen haben dabei einen Mindestanspruch von $3/8$ des Nachlasses (gesetzlicher Erbanspruch = $1/2$; Pflichtteilquote = $3/4$ vom gesetzlichen Anspruch), der ihnen nicht entzogen werden darf. Damit kann der Erblasser dem überlebenden Ehegatten insgesamt $5/8$ des Nachlasses zukommen lassen (der gesetzliche Anspruch des überlebenden Ehegatten wäre $1/2$ des Nachlasses).

Nutzniessung

Der Erblasser kann verfügen, dass der überlebende Ehegatte gegenüber den gemeinsamen Nachkommen die **Nutzniessung** an dem ganzen ihnen zufallenden Teil der Erbschaft erhält. Diese gesetzliche Bestimmung wird oft angewendet, damit der Ehegatte weiterhin in einer Eigentumswohnung oder in dem gemeinsamen Haus wohnen bleiben kann.

Art. 473 ZGB

Anfechtung

Grundsätzlich sind Erbverträge und Testamente gültig. Die Verfügungen des Erblassers können aber von jedem Erben, der sich benachteiligt fühlt, mit folgenden Klagen innert Jahresfrist angefochten werden:

Ungültigkeitsklage	Jeder Erbe kann ein Testament bei Formfehlern, Verfügungsunfähigkeit oder Irrtum des Erblassers für ungültig erklären lassen.	**Art. 519 ZGB**
Herabsetzungsklage	Verletzt ein Testament oder Erbvertrag Pflichtteile, so kann der betroffene Erbe auf Herabsetzung der Verfügung von Todes wegen auf das erlaubte Mass klagen. Der Herabsetzung unterliegen auch gewisse Zuwendungen des Erblassers zu Lebzeiten, zum Beispiel unübliche Schenkungen während der letzten fünf Jahre.	**Art. 522 ZGB** **Art. 527 ZGB**
Erbschaftsklage	Eine Erbschaftsklage erhebt, wer auf eine Erbschaft als gesetzlicher oder eingesetzter Erbe ein besseres Recht zu haben glaubt als der Besitzer.	**Art. 598 ZGB**

Erbausschlagung

Jeder der Erben hat die Möglichkeit, seine Erbschaft **innert drei Monaten** auszuschlagen. Ist eine Erbschaft überschuldet, wird sie meist von allen Erben ausgeschlagen. Ist die Zahlungsunfähigkeit des Erblassers im Zeitpunkt seines Todes amtlich festgestellt oder offenkundig, so wird die **Ausschlagung** vermutet. Schlagen alle Erben aus, folgt die **konkursamtliche Liquidation**.

Art. 566 ZGB
Art. 597 ZGB

Testament

Der Unterzeichnete, Paul Etter, geb. 9. Juli 1950, von Bern, verfügt letztwillig:

1. Meine drei Kinder, Fred, Gaby und Thomas, setze ich hiermit auf den Pflichtteil.

2. Die dadurch frei werdende Quote meines Nachlasses verwende ich wie folgt:

   a) Fr. 10'000.– (zehntausend) an die Krebsliga des Kt. Bern;

   b) Fr. 5'000.– (fünftausend) an mein Patenkind Rosmarie Egger;

   c) der Rest der Quote kommt meiner lieben Ehefrau Regula, geb. Huber, zu.

3. Studienkosten und andere Vorleistungen an meine Kinder sind nicht an den Erbanspruch anzurechnen.

4. Bei der Erbteilung soll meine Tochter Gaby Anrecht auf meinen Flügel unter Anrechnung von Fr. 25'000.– (fünfundzwanzigtausend) auf ihr Erbteil haben.

5. Als Testamentsvollstrecker bestimme ich meinen Schwager Eugen Ritter, Bern.

Thun, 7. August 2005   Paul Etter

Kontrollfragen

K 15.35 Welches ist der Hauptunterschied zwischen Testament und Erbvertrag?

K 15.36 Das Gesetz legt die sogenannte Testierfähigkeit fest. In welchem Alter wird sie erreicht und was ist neben dem Mindestalter noch Voraussetzung dafür? Siehe Art 467 ZGB

K 15.37 Welches sind die zwei wichtigsten Arten letztwilliger Verfügungen, und was ist erforderlich, damit sie gültig sind?

K 15.38 Neben den zwei Arten von Testamenten (öffentliches und eigenhändiges) gibt es noch das mündliche Nottestament. Beantworten Sie anhand von Art. 506 ff. ZGB die folgenden Fragen:
a) In welchen Situationen ist ein Nottestament möglich?
b) Wer hat dabei mitzuwirken?
c) Was hat einer davon anschliessend sofort zu tun?
d) Wann verliert das Nottestament seine Gültigkeit?

K 15.39 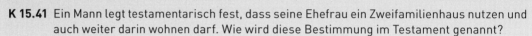 Könnte ein Erblasser seinen ganzen Nachlass testamentarisch dem WWF vermachen?

→ Aufgaben 14, 15, 16, 17, 18

K 15.40 Wie viel beträgt der Pflichtteil in Prozent des gesetzlichen Erbanspruches (siehe Art. 471 ZGB) …
a) … für Kinder, Enkel und Urenkel (= Nachkommen) des Erblassers?
b) … für den überlebenden Ehegatten (Mann oder Frau)?

K 15.41 Ein Mann legt testamentarisch fest, dass seine Ehefrau ein Zweifamilienhaus nutzen und auch weiter darin wohnen darf. Wie wird diese Bestimmung im Testament genannt?

15.6.3 Die Enterbung

Art. 477 ZGB

Will man einem gesetzlichen Erben testamentarisch weniger zukommen lassen, als es das ZGB durch das Pflichtteilsrecht vorsieht, so spricht man vom Enterben. Der Pflichtteil kann den Nachkommen, den Eltern sowie dem Ehegatten oder dem eingetragenen Partner nur unter sehr engen und im Gesetz genannten Voraussetzungen entzogen werden.

Eine **Enterbung** ist nur möglich, wenn

– der Erbe gegen den Erblasser oder gegen eine diesem nahestehende Person – z. B. Ehefrau, Eltern, Kinder oder andere Verwandte – eine **schwere Straftat** begangen hat.
– der Erbe gegenüber dem Erblasser oder einem von dessen Angehörigen die ihm obliegenden familienrechtlichen Pflichten schwer verletzt hat. Ein bloss unmoralisches oder nicht wunschgemässes Verhalten genügt nicht; es muss **schwerwiegend**, **rechtswidrig** und **schuldhaft** sein.

Dies wäre etwa der Fall, wenn sich eine Tochter jahrelang nicht um ihre eigenen Kinder gekümmert hätte, sodass die Erblasserin für ihre Enkel hätte aufkommen müssen. Unter Ehegatten kommen vor allem schwere Misshandlungen oder die schuldhafte Vernachlässigung von Unterhalts- und Beistandspflichten als Enterbungsgründe in Betracht.

Art. 479 ZGB   Der **Grund der Enterbung** muss vom Erblasser im Testament angegeben werden.

Kontrollfragen
→ Aufgabe 19

K 15.42 In welchen Fällen kann ein gesetzlicher Erbe enterbt werden?

K 15.43 Wie muss der Erblasser vorgehen, um eine Enterbung vorzunehmen?

K 15.44 Was ist der Unterschied zwischen «auf den Pflichtteil setzen» und «enterben»?

15.7 Auf den Punkt gebracht

Familienrecht		
Konkubinat	**Verlobung**	**Ehe/Eingetragene Partnerschaft**	**Scheidung**

Familienrecht

Konkubinat	Verlobung	Ehe/Eingetragene Partnerschaft	Scheidung
Ein unverheiratet zusammenlebendes Paar.	Kein Anspruch auf Eingehen der Ehe. Art. 90 OR	**Ehefähigkeit** 18 Jahre alt und urteilsfähig, Art. 94 OR	**Förderung der einvernehmlichen Scheidung**
Vorteile	Grössere Geschenke können bei der Auflösung der Verlobung zurückverlangt werden. Art. 91 OR	**Ehehindernisse**	– aufgrund gemeinsamen Begehrens Scheidung möglich, wenn sich die Ehepartner ganz oder teilweise über die Scheidungsfolgen geeinigt haben.
– einfache Gründung	Beteiligung an Hochzeitsaufwendungen, Art. 92 OR	– Geschwister und Verwandte in gerader Linie, Art. 95 OR	– Schuld an Scheidung wird ausser Acht gelassen.
– Trennung ohne aufwendiges Scheidungsverfahren		– frühere Ehe, Art. 96 OR	– Falls ein Ehegatte sich nicht scheiden lassen will, kann der andere nach zweijähriger Trennung auf Scheidung klagen.
– Anspruch auf zwei volle AHV-Altersrenten		**Wirkungen**	
		– eheliche Wohnung, Art. 162 OR	
Nachteile		– Unterhalt der Familie, Art. 163 OR	**Angespartes Pensionskassenguthaben wird geteilt.**
– kein Anspruch auf Witwen- bzw. Witwerrente		– Beitrag zur freien Verfügung, Art. 164 OR	
– kein gesetzlicher Erbanspruch		– Vertretung der ehelichen Gemeinschaft, Art. 166 OR	**Gemeinsames Sorgerecht für Kinder wird gefördert.** Nur in Ausnahmefällen fällt das Sorgerecht nur einem Elternteil zu.
– jederzeit ohne Angaben von Gründen kündbar		– Auskunftspflicht, Art. 170 OR	
– Gegenüber dem Partner gilt das Arztgeheimnis.		**Güterstände**	
		– Errungenschaftsbeteiligung (ordentlich), Art. 181 und Art. 196 ff. OR	
		– Gütergemeinschaft (Ehevertrag), Art. 221 ff. OR	
		– Gütertrennung (Ehevertrag), Art. 247 ff. OR	
		Ehevertrag öffentliche Beurkundung, Art. 184 OR	
		Eingetragene Partnerschaft	
		– nur bei gleichgeschlechtlichen Paaren möglich	
		– vermögensrechtlich ähnlich der Gütertrennung	
		– keine Adoption möglich	
		– einfachere Trennung als bei Ehe möglich	

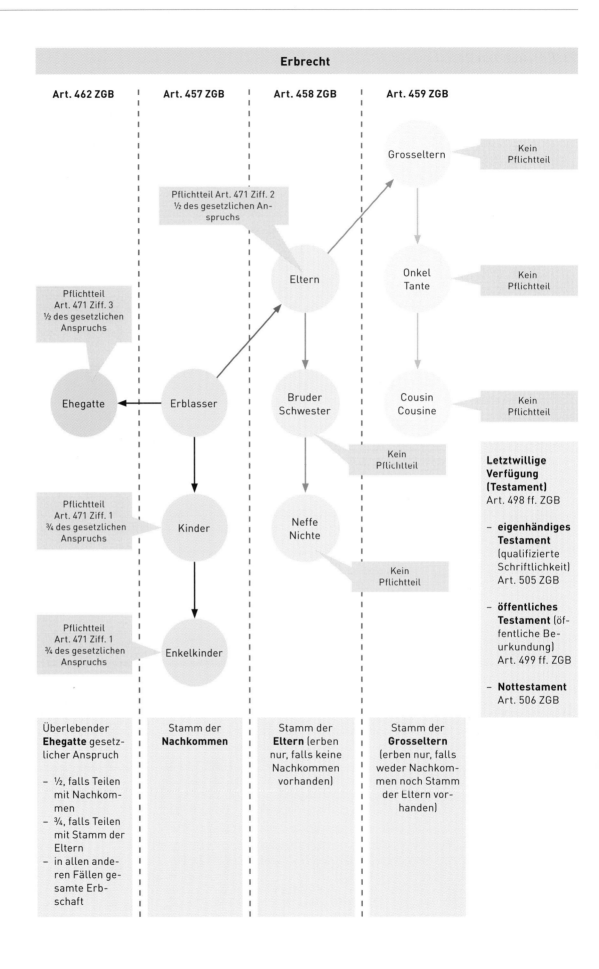

Aufgaben zu Kapitel 15

1. Konkubinat

Lebt hoch, meine Konkubinen

Die Chinesen zeigen, wohin uns die neue Partnerschaftsform, die Ehe ohne Trauschein, führen kann.

China. Konkubinen zu haben, gehört für reiche Chinesen zum Leben wie Limousinen, diamantbesetzte Uhren oder Villen. Diese neue Form des Zusammenlebens hat dort überhandgenommen.

Liebschaften sind in China ein Statussymbol. Alle wissen davon, sogar die Ehefrauen. Geschäftsmänner nehmen auf ihren Dienstreisen immer weibliche Begleitung mit. Das moderne Konkubinat ist so verbreitet, dass dort neue Wörter geschaffen wurden, wie z. B. «Ernai Che» das Geliebtenauto oder «Ernai Tekuai Lieche» der Konkubinen-Express. Die Probleme müssen nicht lange gesucht werden. Die Behörde von Hongkong geht davon aus, dass ihre Einwohner etwa eine halbe Million uneheliche Kinder haben. Am meisten leiden die chinesischen Frauen darunter, da sie finanziell leicht erpressbar sind, denn Scheidung ist wegen des sozialen Drucks oft verboten. Sie geraten in Geldnot, da ihre Männer zuerst an ihre Zweit- oder Drittfamilie denken. Ein trauriges Bild zeigt sich immer am Freitag vor den chinesischen Universitäten, wo Limousinen Schlange stehen, um die Konkubine ihres Chefs fürs Wochenende abzuholen.

© Neue Zürcher Zeitung, 07.01.07

a) Oft dient das Konkubinat als Testphase für ein dauerhaftes Zusammenleben. Es ist in diesen Fällen die erste Form des Zusammenlebens in einer partnerschaftlichen Gemeinschaft. Doch wie der Text zeigt, wird in China unter Kokubine etwas anderes als bei uns verstanden. Welche rechtliche Grundlage empfehlen Sie für ein Konkubinat in der Schweiz?

Ein Konkubinat ist eine einfache Gesellschaft. Für das Paar ist es wichtig, einen Konkubinatsvertrag abzuschliessen, der helfen soll, die finanziellen Verhältnisse zu regeln und zu sichern.

Dabei sollte geklärt werden, wer die laufenden Kosten bezahlt, wie der Mietzins und die Nebenkosten aufgeteilt werden, wer welche Arbeiten erledigt, wie das Vermögen nach einer Trennung verteilt wird. Solche Vereinbarungen sollten vor Ausbeutung schützen. Dabei sollte man sich am Eherecht orientieren. (Art. 159, 163 ZGB)

b) Wo liegen die Grenzen zwischen Konkubinen (Geliebte), Polygamie (mehrfach verheiratet) oder gar Prostitution (käufliche Liebesdienste)? Die meisten Chinesen sehen in ihren Konkubinen auf gar keinen Fall irgendeine Form von Prostitution. Was meinen Sie dazu?

Persönliche Antwort.

Möglicher Diskussionspunkt: Sobald man neben seiner Ehefrau eine zweite Geliebte hat, die man für ihre Dienste bezahlt: Wie nahe liegt dies bei der Prostitution? (Dies kann jedoch nicht verhindern, dass jemand mehrere Geliebte [Konkubinen] hat.)

c) Kann es in der Schweiz auch so weit kommen wie in China? Nennen Sie Kriterien, die helfen, eine Diskussion sachlich zu führen.

– kultureller Unterschied – Rechtsgrundlagen Schweiz, China

– demografische Faktoren – Vor-/Nachteile Konkubinate, Ehe

– Gleichberechtigungsfragen Mann/Frau

2. **Konkubinat**

Leben Frau und Mann in einem gemeinsamen Haushalt, ohne dass sie verheiratet sind, spricht man von einem Konkubinat. Einige Vorteile liegen auf der Hand: Einfache Gründung und einfache Trennung ohne Scheidungsverfahren. Es gibt aber auch Nachteile. So ist das Konkubinat nicht gesetzlich geregelt. Die privaten Parteien sind also daran gehalten, ihrer Verantwortung nachzukommen und selbstständig ihre Vereinbarungen festzuhalten.

a) Welche Formvorschriften gelten für einen Konkubinatsvertrag?

Keine Formvorschriften

b) Welche Punkte sollten dringend im Rahmen eines Konkubinatsvertrages geregelt werden?

– Datum, ab wann das Konkubinat gilt

– Wie das Mietverhältnis geregelt wird (gemeinsame Miete oder Untermiete)

– Klärung der Eigentumsverhältnisse (z. B. mittels Inventarliste): Wem gehört der Hausrat?

– Vereinbarung, wer welchen Beitrag an die Lebensunterhaltskosten leistet (z. B. wer wie viel in ein gemeinsames Konto einbezahlt)

– Vereinbarung, welche Auslagen vom gemeinsamen Konto beglichen werden (z. B. Miete, Nebenkosten, Kommunikation, Verpflegung, allg. Haushaltskosten usw.)

– Gegenseitige Vollmachten: Patientenverfügung, Banken, Versicherungen, Post usw.

3. **Das Ende eines Konkubinats**

In Streitfällen ziehen Gerichte oft Art. 530 ff OR. als Beurteilungsgrundlage bei.

a) Was behandelt Art. 530 OR?

Einfache Gesellschaft

b) Warum?

– Weil es keine gesetzlichen Regeln zum Konkubinat gibt.

– Die einfache Gesellschaft regelt die vertragsmässige Verbindung von Personen, die einen Zweck mit gemeinsamen Kräften bzw. Mitteln erreichen wollen.

info@klv.ch

4. **Verlobung**

Ist die Verlobung noch zeitgemäss?

Die Verlobung ist ein Versprechen, den Partner oder die Partnerin zu heiraten. Es gibt keine gesetzliche Vorschrift, wie das Eheversprechen zu erfolgen hat. Üblich ist jedoch, Verlobungsringe auszutauschen. Andererseits heiraten viele Paare, ohne vorher Verlobungsringe zu tragen.

Das Verlöbnis als Versprechen, die Ehe einzugehen, stellt besonders in Kulturen, in denen Ehen von den Eltern arrangiert werden, eine wichtige Phase im schrittweisen Herangehen an die Ehe dar. Ist die Verlobung überhaupt gesetzlich geregelt?

a) Testen Sie Ihr Wissen über die Verlobung und das Konkubinat! Streichen Sie die ~~falsche~~ Aussage durch.

Die Verlobung in der Schweiz ist immer noch ein *nicht wegzudenkender* / *~~unbedeutender~~* Vorgang. Es gibt sie, die jungen und älteren Menschen, die sich in der «Ehe auf Probe» bewähren wollen. Die Verlobung ist aber nicht einfach nur ein *privates* / *~~öffentliches~~* Versprechen für eine zukünftige Ehe. Sobald sich Mann und Frau ein Eheversprechen gegeben haben, sind sie verlobt. Sie werden *Braut und Bräutigam* / *~~Partner und Partnerin~~* genannt, und es *gelten* / *~~gelten nicht~~* für sie die Bestimmungen ab Artikel 90 im ZGB. Für die Verlobung *~~gibt es~~* / *gibt es keine* Formvorschriften. Worte, Briefe oder gar Handlungen *genügen* / *~~genügen nicht~~*. Es muss deutlich sein, dass sich das Paar die Ehe versprechen will. Daneben gibt es aber auch das Konkubinat, das einer Verlobung *~~gleichkommt~~* / *nicht gleichkommt*. Während *~~der Verlobung~~* / *des Konkubinats* sind meistens beide Partner noch nicht schlüssig, ob sie heiraten wollen. Bei *einer Verlobung* / *~~einer Konkubinatserklärung~~* müssen beide Seiten ihre Absicht zur Heirat versprechen, indem sie z. B. Ringe austauschen oder zu einer Verlobungsfeier einladen. Allein der Wille, sich für eine längere Zeit zu binden, *~~erfüllt also~~* / *erfüllt also nicht* die Voraussetzung für ein Verlöbnis. Zur gültigen Verlobung braucht es *ein* / *~~kein~~* Eheversprechen. Dafür *~~braucht es~~* / *braucht es keine* Zeugen. Braut und Bräutigam sind *völlig frei* / *~~nicht frei~~*, ob sie später heiraten wollen. Denn falls es zu keiner Eheschliessung kommt, *~~kann eine~~* / *kann keine* Klage erhoben werden (Art. 90 Abs. 3 ZGB). Minderjährige *~~können sich auch~~* / *können sich nicht* frei verloben.

b) Begründen Sie Ihre letzte Antwort im Text mit dem ZGB.

Wer sich verloben will, muss volljährig und urteilsfähig sein (Art. 94 ZGB). Minderjährige brauchen die Zustimmung des gesetzlichen Vertreters (Art. 90 Abs. 2 ZGB). Wer nicht urteilsfähig ist, kann nicht heiraten (Art. 94 Abs. 1 ZGB).

5. Ergänzen Sie den folgenden Lückentext.

Laura und Lorenz haben zwei Kinder. Sie sind seit sechs Jahren ___verheiratet___. Bisher lief es in der Ehe gut. Aber nun ziehen Gewitterwolken auf. Laura versteht nicht, warum in diesem Jahr der gemeinsame Familienurlaub ausfallen soll, und wünscht deshalb von ihrem Ehemann Lorenz Auskunft über ___sein Vermögen___ – insbesondere zur Höhe einer kürzlich angetretenen ___Erbschaft___, nachdem sein Vater gestorben ist. Sie ist überwiegend im Haushalt tätig und verdient nur wenig in ihrem gelernten Beruf. Sie meint, Lorenz solle mehr zum ___Unterhalt der Familie___ beitragen. Sie überlegt, ob sie nicht zur ___Familienberatungsstelle___ gehen solle, wenn ihr Mann weiterhin so knauserig ist.

6. Welche Aussagen zu den **Güterständen** sind richtig, welche falsch? Geben Sie jeweils den Artikel an.

		R	F	Artikel
a)	Das Einkommen des Ehemannes gehört zu seinem Eigengut.		✘	Es gehört zur Errungenschaft. Art. 197 ZGB
b)	Er kann darüber verfügen, sofern er seinen Beitrag zum Unterhalt der Familie geleistet hat.	✘		Art. 201 ZGB
c)	Gütergemeinschaft und Gütertrennung können mit schriftlichem Ehevertrag gewählt werden, der öffentlich beurkundet werden muss.	✘		Art. 181 und Art. 184 ZGB
d)	Die Errungenschaft fällt bei Tod zur Hälfte dem überlebenden Ehegatten und zur anderen Hälfte dem Nachlass zu, sofern kein Ehevertrag besteht.	✘		Art. 215 ZGB
e)	Wenn ein in Gütergemeinschaft lebender Ehemann in Konkurs gerät, tritt die Gütertrennung von Gesetzes wegen ein.	✘		Art. 188 ZGB
f)	Der ordentliche Güterstand, der automatisch eintritt, wenn nichts anderes durch Ehevertrag vereinbart wird, heisst Güterverbindung.		✘	Der ordentliche Güterstand heisst Errungenschaftsbeteiligung. Art. 196 ZGB
g)	Eine Ehefrau ist nicht verpflichtet, ihrem Mann über ihre Vermögensverhältnisse Auskunft zu geben.		✘	Art. 170 ZGB (Gleiche Pflicht natürlich auch für Ehemann!)

7. Wie erklären Sie sich in unserem Zahlenbeispiel auf Seite 457 der **Errungenschaftsbeteiligung**, dass das Vermögen der Ehefrau nach 20 Jahren Ehe CHF 300 000.00 beträgt, ihr güterrechtlicher Anspruch aber CHF 340 000.00? Nur in welchem Fall wird dieser wirksam? Wie hoch wäre er, wenn Gütertrennung geherrscht hätte?

Weil der Vorschlag des Ehemannes, an dem die Ehefrau teilhat, grösser ist als ihr Vorschlag, wird

auch ihr güterrechtlicher Anspruch entsprechend vergrössert. Dies wird aber nur wirksam bei

Auflösung der Ehe durch Tod oder Scheidung. Wenn Gütertrennung geherrscht hätte, wäre der

Anspruch der Ehefrau nur CHF 300 000.00, da ihr Anteil am Vorschlag des Ehemannes wegfiele.

info@klv.ch

8. Das Ehepaar Meier-Müller heiratete vor 20 Jahren. Anton Meier hatte damals ein Vermögen von CHF 50 000.00, Rosmarie Müller ein solches von CHF 40 000.00. Nach zehn Jahren erbte die Frau CHF 150 000.00. Heute beträgt das Vermögen des Mannes CHF 300 000.00, das Vermögen der Frau CHF 250 000.00. Die Ehe wird nun geschieden.

a) Wie gross ist das Vermögen der Frau **nach** der **güterrechtlichen Auseinandersetzung**, wenn die Ehegatten keinen Ehevertrag abgeschlossen haben? (Ausrechnung übersichtlich darstellen!)

	Frau	Mann
Eigengut		
– eingebrachtes Vermögen	40 000.00	50 000.00
– Erbschaft	150 000.00	
Errungenschaft	60 000.00	250 000.00
Gesamtvermögen vor güterrechtl. Auseinandersetzung	250 000.00	300 000.00
Güterrechtliche Auseinandersetzung		
– Eigengut	190 000.00	50 000.00
– Vorschlag Ehefrau (je $\frac{1}{2}$)	30 000.00	30 000.00
– Vorschlag Ehemann (je $\frac{1}{2}$)	125 000.00	125 000.00
Gesamtanspruch aus Güterrecht	345 000.00	205 000.00

Das Vermögen der Ehefrau beträgt nachher CHF 345 000.00. (Andere Berechnungsarten, die zum gleichen Ergebnis führen, sind auch richtig.)

b) Wie gross wäre das Vermögen der Frau **nach** der güterrechtlichen Auseinandersetzung, wenn die Ehegatten in einem Ehevertrag **Gütertrennung** vereinbart hätten?

CHF 250 000.00 (Eigengut 190 000.00 + eigene Errungenschaft 60 000.00).

c) Welche Formvorschrift muss beim Abschluss eines Ehevertrages eingehalten werden?

Öffentliche Beurkundung

9. **Güterstände**

«Dein» ist nicht in jedem Fall auch «mein»

Der 09.09.09 ist ein gefragter Heiratstag. Es ist sich jedoch nicht jeder bewusst, welchen Einfluss dies auf die gemeinsame Vermögenssituation hat.

Dies ist nun ein guter Zeitpunkt für Rechtsanwalt Reto Annen, die gesetzlichen Regeln für die Vermögensverteilung zu erklären.

«Wer keine besondere Vereinbarung trifft, führt die Ehe gemäss den gesetzlichen Vorschriften der Errungenschaftsbeteiligung. Das besondere daran ist, dass bei einer Auflösung der Ehe die Ehegatten Anspruch auf die Hälfte der Errungenschaft des anderen haben, aber nicht auf deren Eigengut (alles, was man vor der Ehe besass). Dennoch kann jeder Einzelne frei über sein Vermögen verfügen. Dies bedeutet aber auch, dass jeder selbst für die Schulden haftet.

Für die anderen Güterstände benötigt man einen Notar, der einen Ehevertrag beurkundet. Bei der Gütertrennung wird nämlich der Ehepartner benachteiligt, der sich der Kindererziehung widmet. Denn jeder verwaltet selbst sein Vermögen. Das Gegenteil ist bei der Gütergemeinschaft der Fall. Alles, was man in die Ehe bringt, ausser persönlichen Gegenständen, gehört beiden. Dieses wird mit den Erträgen während der Ehe zusammengelegt (Gesamtgut). Nach einer Scheidung wird alles geteilt.

© 20min, 08.09.09

a) Erklären Sie den Begriff Errungenschaft. Was gehört dazu?

Es handelt sich dabei um eine Vermögensmasse des Güterstandes der Errungenschaftsbeteiligung. Dazu gehört das Vermögen, das während der Ehe vom Ehegatten erwirtschaftet und gespart wurde, z. B. aus Arbeitseinkommen oder aus Vermögenserträgen des Eigengutes.

b) Für welche Personen eignet sich die Gütertrennung?

Diesen Güterstand wählen oft Personen, die ein zweites Mal heiraten. Oder wenn der eine Ehegatte oder beide schon ein grosses Vermögen besitzen und sich wirtschaftlich nicht verflechten wollen.

c) Machen Sie überall dort ein Kreuz, wo die Aussage zutrifft.

	Errungenschafts-beteiligung	Güter-gemeinschaft	Güter-trennung
Beide haften – abgesehen von den Haushaltsschulden – nur für die eigenen Schulden.	✖		✖
Jeder verfügt über sein Vermögen selbst.	✖		✖
Bei einer Scheidung erhält jeder sein Eigengut.	✖	✖	
Dieser Güterstand gilt automatisch, falls kein anderer Güterstand gewählt wird.	✖		
Jeder Ehegatte hat bei Auflösung des Güterstandes einen Anspruch auf einen Teil des Vermögens des anderen.	✖	✖	
Man hat auch persönliches Eigentum.	✖	✖	✖
Bei diesem Güterstand gibt es ein Gesamtgut.		✖	
Öffentliche Beurkundung ist erforderlich.		✖	(✖)

10. **Scheidung**

Mama allein zu Hause

Rund 15 Prozent aller Schweizer Familienhaushalte mit Kindern sind Einelternfamilien.

Allerziehende haben nicht nur enorme psychische Belastungen, sondern auch materielle Nöte. Ein Sechstel der Einelternfamilien ist auf Sozialhilfe angewiesen.

Die meisten sind auf Hilfe von aussen angewiesen. Denn sobald die Alleinerziehenden krank werden, sind sie einem Nervenzusammenbruch nahe. Wer hilft ihnen, den Sohn ins Tagesheim zu bringen? Sie werden ständig von der Angst geplagt, ihren Job verlieren zu können. Denn dann wären sie fürsorgeabhängig und dies wollen sie nicht. Geld bestimmt den Alltag. So auch den von Andrea P. Sie ist auf eine subventionierte Tagesbetreuung angewiesen, obwohl sie verhältnismässig gut verdient. Auch bei einer Wirtschaftskrise sind besonders Frauen mit Kindern gefährdet. Denn sie verdienen im Verhältnis weniger als kinderlose Frauen. Dazu kommt, dass der Druck in der Arbeitswelt steigt. Die Zeit sich zu erholen und sich beruflich weiterzuentwickeln geht verloren, wenn sich Andrea P. mit finanziellen, organisatorischen und erzieherischen Problemen zurechtfinden muss.

© Basler Zeitung, 14.07.09

a) Weshalb haben so viele Alleinerziehende finanzielle Probleme, obwohl sie doch ihr Einkommen nicht mehr teilen müssen?

Das Problem ist, dass sie sich die Arbeit zu Hause nicht mehr teilen können. Sie müssen nun auch alle Kosten selber tragen wie z. B. Mietzinsen, Steuern, … Vor allem die Mietkosten können in einer Zweierbeziehung geteilt werden, was bei den hohen Mieten in der Schweiz sehr ins Gewicht fällt.

b) Wo wäre für Sie der Punkt, eine Scheidung einzugehen? Wägen sie die Vor- und Nachteile ab.

Persönliche Antwort

c) Welche Massnahmen müsste man ergreifen, um die Scheidungsrate zu verringern? Dies sollte ja im Interesse des Staates liegen, da er für die Fürsorgeleistungen aufkommen muss.

Persönliche Antwort. Hinweise zur Diskussion: Kurse zur Kindererziehung (Elternschulung), Ausbau der staatlichen Kinderbetreuung, Schaffung von Kinderkrippenplätzen, bessere Vermarktung der Familienberatungsstellen?

11. **Rätsel(-haftes Leben)**

Senkrecht	Waagrecht
1. Bei einer Scheidung soll das angesparte Pensionskassenguthaben [...] werden.	3. Die Ehe endet entweder durch Scheidung oder [...].
2. Das [...] ist die Verantwortung für Entwicklung und Erziehung des Kindes	4. Bei einer Scheidung sind oft die [...] die Verlierer.
5. Die [...] ist die rechtliche Auflösung einer Ehe.	7. Die Ehescheidung ist die [...] Auflösung einer Ehe.
6. Die [...] ist quasi die Vorstufe für eine Scheidung.	9. Das Ergebnis der güterrechtlichen [...] zeigt im Fall einer Ehescheidung, wie viel jeder Partner erhält.
8. Der häufigste [...] für das Scheitern einer Ehe ist Streit.	11. Am höchsten ist die Scheidungsrate in den ersten [...] Jahren.
10. Das gerichtliche Verfahren bei einer Scheidung ist ein [...]-Prozess.	12. Bei der Festlegung von Unterhaltszahlungen prüft der [...] die Lohnausweise.

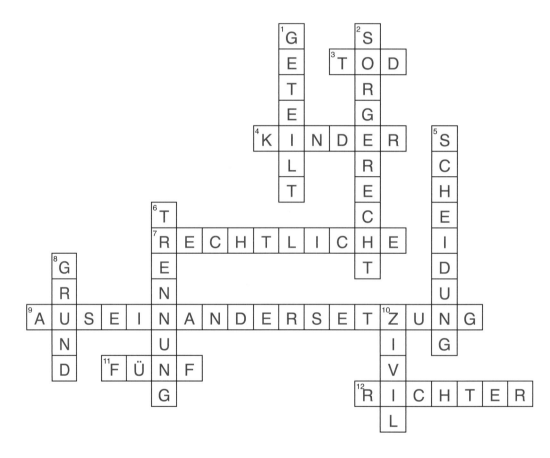

12. a) Welche der folgenden Aussagen sind richtig (R)? Falsche Aussagen (F) bitte verbessern.

		R	F
a₁)	Seit 2007 wird gleichgeschlechtlichen Paaren ermöglicht, ihre Beziehung auf einer rechtlichen Grundlage aufzubauen. Verbesserung: _____		✗
a₂)	Diese Form von Partnerschaft nennt man eingetragene Partnerschaft. Verbesserung: _____		✗

		R	F
a₃)	Beide Partner/-innen müssen sich für einen gemeinsamen Namen entscheiden. Verbesserung: Ein gemeinsamer Name wie in der Ehe ist nicht möglich.		✖
a₄)	Die Paare dürfen zwischen den drei Güterständen auswählen. Verbesserung: Nur Ehepaare können zwischen Güterständen wählen.		✖
a₅)	Sie werden im Erbrecht, im Sozialversicherungsrecht, in der beruflichen Vorsorge sowie im Steuerrecht den Ehepaaren gleichgestellt. Verbesserung:	✖	
a₆)	Die Personen, die in einer eingetragenen Partnerschaft leben, dürfen Kinder adoptieren, da sie miteinander keine bekommen können. Verbesserung: Nur Ehepaare dürfen gemeinschaftlich adoptieren.		✖
a₇)	Die Auflösung registrierter Partnerschaften ist einfacher als die Ehescheidung. Verbesserung:	✖	
a₈)	Die Paare sind für fortpflanzungsmedizinische Verfahren zugelassen. Verbesserung: Das Partnerschaftsgesetz verbietet eingetragenen Partnern diese Verfahren.		✖

b) Die Gleichberechtigung der Frau ist für uns selbstverständlich, die Gleichberechtigung gleichgeschlechtlicher Paare ist (nahezu) verwirklicht, was könnte als Nächstes kommen?

Persönliche Antwort.

Beispiele:

– Kinder könnten einmal bei Volksabstimmungen die gleichen Rechte wie heute Erwachsene erhalten.

– Es gibt Menschen, die fordern, dass Tiere das gleiche Recht auf körperliche Unversehrtheit haben wie Menschen (z. B. dürften Tiere dann nicht mehr zur Ernährung getötet werden).

– Mehr im asiatischen Raum als bei uns ein Thema: Figuren (z. B. Mangas) können in virtuellen Welten des Internets heiraten.

13. **Erbteilung**

Eine Erblasserin hinterlässt neben ihrem Ehegatten ihren noch lebenden Vater, einen Bruder und eine Schwester, aber keine eigenen Nachkommen. Ihre Mutter ist vorverstorben, ebenso ein Bruder, der zwei Kinder hinterlassen hat. Der Nachlass beträgt (nach güterrechtlicher Teilung) CHF 120 000.00.

a) Wie viel beträgt der gesetzliche Anspruch der Erben (in Bruchteilen und in Franken)?

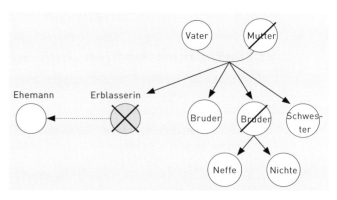

	Wie viel beträgt der gesetzliche Anspruch ...	ZGB-Art.	Bruchteile	CHF
a₁)	... des überlebenden Ehegatten?	Art. 462 Ziff. 2	$3/4$ (75%)	90 000.00
a₂)	... des Vaters?	Art. 458 Abs. 2	$1/4 \times 1/2 = 1/8$ (12.5%)	15 000.00
a₃)	... der Schwester?	Art. 458 Abs. 3	$1/8 \times 1/3 = 1/24$ (4.16%)	5 000.00
a₄)	... der Nichte?	Art. 458 Abs. 3	$1/24 \times 1/2 = 1/48$ (2.08%)	2 500.00

		Verwandschaftsgrad	Bruchteile	CHF
b)	Wie gross wären in unserem Beispiel die Anteile der Erben, wenn auch der Vater schon vorverstorben wäre?	– Ehemann – Bruder/Schwester – Neffe/Nichte	$3/4$ je $1/12$ je $1/24$	= 90 000.00 = je 10 000.00 = je 5 000.00
c)	Wie gross wären die Anteile, wenn auch der Ehegatte und der Vater der Erblasserin vorverstorben wären?	– Bruder/Schwester (noch lebend): – Neffe/Nichte:	je $1/3$ je $1/6$	= je 40 000.00 = je 20 000.00

Anteile des vorverstorbenen Vaters vererben sich auf seine Nachkommen weiter (Art. 458 Abs. 3 ZGB).

14. Auf wie viel Franken könnte im Beispiel in Aufgabe 13 a) die Erblasserin den **Erbteil herabsetzen** ...

		ZGB-Art.	Bruchteile	CHF
a)	... für den Vater? → auf die Hälfte von CHF 15 000.00	Art. 471 Ziff. 2	$1/8 \times 1/2 = 1/16$ (6.25%)	7 500.00
b)	... für den Ehegatten? → auf die Hälfte von CHF 90 000.00	Art. 471 Ziff. 3	$3/4 \times 1/2 = 3/8$ (37.5%)	45 000.00
c)	... für die Schwester? → nicht pflichtteilsgeschützt	Art. 471	$\emptyset$	$\emptyset$

d) Berechnen Sie die **frei verfügbare Quote** in Bruchteilen und in Franken.

– 100% – 6.25% – 37.5% = 56.25% ($1 - 1/16 - 3/8 = 9/16$)

– CHF 120 000.00 × 56.25% = CHF 67 500.00 (im Testament nach Belieben verfügbar)

info@klv.ch

15. a) Frau X ist gestorben und hinterlässt ihren Ehemann, zwei Kinder, ihren Vater und zwei Schwestern. Wer ist in diesem Fall **erbberechtigt**, wenn keine Verfügung von Todes wegen besteht?

	Erbberechtigt	Nicht erbberechtigt
Ehemann	✘	
Kinder	✘	
Vater		✘
Schwestern		✘

b) Setzen Sie in die nachfolgende Grafik die passenden Begriffe ein:

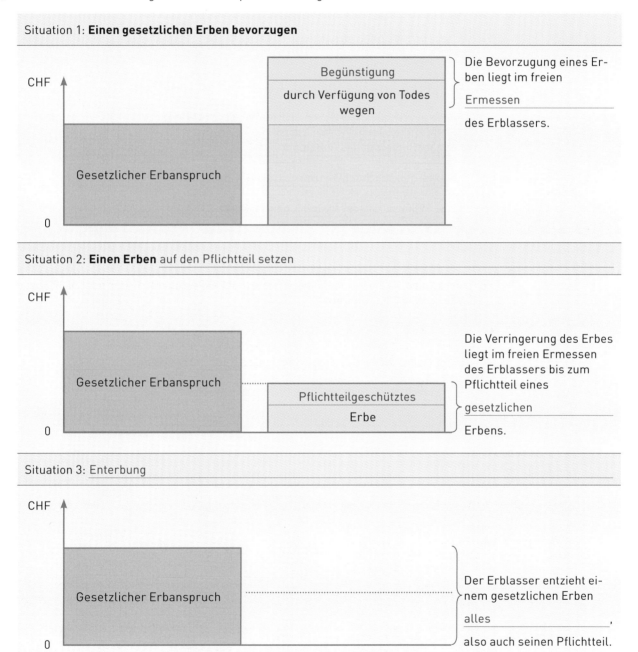

Situation 1: **Einen gesetzlichen Erben bevorzugen**

CHF

Begünstigung
durch Verfügung von Todes wegen

Gesetzlicher Erbanspruch

0

Die Bevorzugung eines Erben liegt im freien Ermessen des Erblassers.

Situation 2: **Einen Erben** auf den Pflichtteil setzen

CHF

Gesetzlicher Erbanspruch

Pflichtteilgeschütztes Erbe

0

Die Verringerung des Erbes liegt im freien Ermessen des Erblassers bis zum Pflichtteil eines gesetzlichen Erbens.

Situation 3: Enterbung

CHF

Gesetzlicher Erbanspruch

0

Der Erblasser entzieht einem gesetzlichen Erben alles, also auch seinen Pflichtteil.

16. **Zum Testament auf Seite 465**

    Im Jahr 2017 stirbt der Verfasser des Testaments, Paul Etter, und hinterlässt Frau und drei im Testament genannte Kinder. Sein Nachlass umfasst insgesamt CHF 240000.00.

    a) Begründen Sie, warum ein Testament kein Vertrag ist (ein Satz).

    Ein Testament bedarf der Willensäusserung nur einer Person (einseitiges Rechtsgeschäft).

    b) Wie viel würden Ehefrau und Kinder im Einzelnen erben, wenn der Erblasser kein Testament geschrieben hätte?

Ehefrau ($\frac{1}{2}$)	CHF 120000.00
Kinder je CHF 40000.00 ($\frac{1}{6}$), total	CHF 120000.00

    c) Wie viel erhalten die einzelnen Erben gemäss Testament?

Kinder je CHF 30000.00 ($\frac{3}{4}$ von CHF 40000.00, Pflichtteil)		CHF 90000.00
Vermächtnisse gemäss Testament	total	CHF 15000.00
Ehefrau: gesetzlicher Erbanspruch (siehe Aufgabe b)		
+ CHF 15000.00 aus der frei verfügbaren Quote		CHF 135000.00
	total	CHF 240000.00

    d) Berechnen Sie die frei verfügbare Quote. Hat Paul sie überschritten oder nicht ausgeschöpft? Wie gross ist die Differenz?

    Paul hat die frei verfügbare Quote **nicht** ausgeschöpft.

    Er hätte über weitere 25% des Nachlasses frei verfügen können.

    – Frei verfügbare Quote = 37.5% ($\frac{3}{8}$) des Nachlasses

    – Im Testament ausgeschöpft = 12.5% ($\frac{1}{8}$) des Nachlasses

Rechnerische Details

Pflichtteil (= Quote des gesetzlichen Erbanspruchs)		Gesetzlicher Anspruch am Nachlass	Mindestanspruch (Pflichtteil × gesetzlicher Anspruch)	Verfügung im Testament		
				in %	in CHF	Hinweise
Ehefrau	$\frac{1}{2}$	50%	25%	56.25%	135000	1.
Kinder (alle zusammen)	$\frac{3}{4}$	50%	37.5%	37.5%	90000	2.
Krebsliga und R. Egger	0	0%	0%	6.25%	15000	
Total		100%	62.5%	100%	240000	
Gesamter Nachlass			100%	100%	240000	
→ Frei verfügbare Quote nach ZGB			37.5%			3.
Vom Erblasser frei verfügt				12.5%	30000	4.

Hinweise

1. Im Testament wurde die Frau nicht auf den Pflichtteil gesetzt. Sie erhält sogar noch den Rest der frei verfügbaren Quote (CHF 15000 = 6.25%).
2. Die Kinder wurden im Testament auf den Pflichtteil gesetzt.
   - Fred: **12.5%** des Nachlasses von CHF 240000.00 = **CHF 30000.00**
   - Gaby: **12.5%** des Nachlasses von CHF 240000.00 = **CHF 30000.00**
   - Thomas: **12.5%** des Nachlasses von CHF 240000.00 = **CHF 30000.00**
3. Der Erblasser könnte im Rahmen von **37.5% (= frei verfügbare Quote)** über seinen Nachlass frei verfügen.
   37.5% von CHF 240000.00 = **CHF 90000.00.**
4. Effektiv hat der Erblasser nur über 12.5% frei verfügt:
   - an Krebsliga   CHF   10000.00
   - an R. Egger   CHF   5000.00   **total CHF 30000.00**
   - an Ehefrau   CHF   15000.00

17. Welche der folgenden Aussagen zum **Erbrecht** sind richtig (R), welche falsch (F)? Mit Begründung bei den falschen Aussagen.

		R	F
a)	Das Testament ist ein Vertrag zwischen Erblasser und beteiligten Erben. Begründung: Das Testament ist kein Vertrag, sondern ein einseitiges Rechtsgeschäft.		✗
b)	Ein eigenhändiges Testament können nur handlungsfähige Personen abfassen. Begründung:	✗	
c)	Die Kinder, Enkel und Urenkel eines Erblassers bilden den Stamm der Nachkommen. Begründung:	✗	
d)	Brüder und Schwestern des Erblassers gehören zum grosselterlichen Stamm. Begründung: Sie gehören zum elterlichen Stamm.		✗
e)	Ein entfernterer Stamm kommt immer nur dann zum Erben, wenn niemand in einem näheren Stamm vorhanden ist. Begründung:	✗	
f)	Verwandte im grosselterlichen Stamm kämen nur dann zum Erben, wenn niemand in den näheren Stämmen und auch kein überlebender Ehegatte vorhanden wären. Begründung:	✗	
g)	Zu den gesetzlichen Erben zählt neben den Blutsverwandten der überlebende Ehegatte (Ehefrau bzw. Ehemann). Begründung:	✗	
h)	Die erbrechtliche Teilung erfolgt vor der güterrechtlichen Auseinandersetzung. Begründung: Umgekehrt: Zuerst güterrechtliche Auseinandersetzung, nachher erbrechtliche Teilung.		✗
i)	Damit ein Testament gültig ist, muss es einer Amtsstelle zur Aufbewahrung übergeben werden. Begründung: Die Aufbewahrungsart ist nicht vorgeschrieben.		✗

		R	F
j)	Ein Erblasser kann sein Testament jederzeit widerrufen oder abändern. Begründung: _____	✗	
k)	Mit einer letztwilligen Verfügung kann man die gesetzlichen Erben gänzlich von der Erbschaft ausschliessen. Begründung: Die Pflichtteile sind zu respektieren (Ausnahme: Enterbung).		✗
l)	Damit ein eigenhändiges Testament gültig ist, muss jedes Wort, auch das Datum, von Hand geschrieben sein. Begründung: _____	✗	
m)	Zur rechtsgültigen Abfassung eines Testaments braucht ein Verheirateter die schriftliche Zustimmung der Ehegattin. Begründung: Das Recht, über seinen eigenen Nachlass zu verfügen, ist ein sogenanntes höchstpersönliches Recht. Es braucht deshalb keine Zustimmung des Ehegatten.		✗

18. a) Wie viel erben die einzelnen Erben im nachstehenden Fall, wenn **kein Testament und kein Erbvertrag vorhanden** sind? Schreiben Sie die jeweiligen Anteile in Brüchen zu den entsprechenden Erben hin.

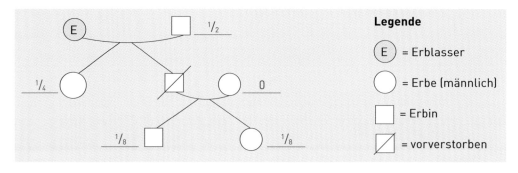

b) Wie viel erbt die Ehefrau des Erblassers, wenn die übrigen Erben auf den Pflichtteil gesetzt werden und ihr die gesamte frei verfügbare Quote übertragen wird? Der gesamte Nachlass beträgt CHF 240 000.00. Die Berechnung ist übersichtlich darzustellen.

Sohn $\frac{3}{4}$ von $\frac{1}{4}$ = $\frac{3}{16}$ (= CHF 45 000.00)

Kinder der vorverstorbenen Tochter je $\frac{3}{4}$ von $\frac{1}{8}$ = je $\frac{3}{32}$ (= je CHF 22 500.00)

Ehefrau den Rest = CHF 150 000.00 ($\frac{5}{8}$ des Nachlasses)

info@klv.ch

19. Das Gesetz gibt dem Erblasser in gewissen Fällen die Möglichkeit, einem Erbberechtigten den ganzen Erbteil, also auch den **Pflichtteil**, zu entziehen. Siehe Art. 477 ZGB

a) Wie heisst dieser Entzug?

Enterbung (siehe Art. 477 ZGB)

483

b) In welchen zwei Fällen ist dies nur möglich?

Wenn der Erbe gegen den Erblasser oder gegen eine diesem nahestehende Person eine

schwere Straftat begangen hat oder wenn er gegenüber dem Erblasser oder einem von dessen

Angehörigen die ihm obliegenden familienrechtlichen Pflichten schwer verletzt hat (soge-

nannte Strafenterbung, z. B. bei Vernachlässigung von Unterhalts- oder Unterstützungspflich-

ten oder bei schweren Tätlichkeiten oder Angriffen auf die Ehre). Ein Zerwürfnis zwischen El-

tern und Kindern, selbst ein tiefes, ist kein genügender Grund für eine Enterbung. Im Falle der

Enterbung treten an die Stelle des Enterbten dessen allfällige Nachkommen mit ihrem Pflicht-

teilsanspruch.

Antworten zu den Kontrollfragen

15.1   Mutterschaft: Geburt, Adoption
Vaterschaft: Ehe mit der Mutter, freiwillige Anerkennung, Vaterschaftsurteil, Adoption

15.2   Es geht vor allem um das Wohl des Kindes. Die Behörde untersucht, ob die Adoptiveltern die Pflege und Erziehung des Adoptivkindes weiterhin gewährleisten können.

15.3   a) Das Wohl des Kindes steht im Vordergrund.
b) Nur Ehegatten ist die Adoption erlaubt. Fünf Jahre verheiratet oder mindestens 35 Jahre alt (Art. 264a Abs. 2 ZGB).
c) 16 Jahre jünger als die Adoptiveltern. Zustimmung des Kindes, falls urteilsfähig
d) Bisheriges Kindesverhältnis erlischt, dafür Rechtsstellung eines Kindes der Adoptiveltern. Änderung des Vornamens möglich. Unmündige Adoptierte wechseln das Bürgerrecht.

15.4   Rechtlich gesehen ist es mit Zustimmung des Vermieters möglich. Jedoch ist es fraglich, ob Jonas das Bad und die Küche mit einer fremden Person teilen will.

15.5   Wem gehört was? Wer trägt welche Kosten? Erhält ein Partner eine Entschädigung für die Arbeit im Haushalt?

15.6   18 Jahre: Zustimmung der Eltern nicht nötig, da volljährig.

15.7   a) Nein, keine rechtliche (wohl aber moralische!) Verpflichtung; Konventionalstrafe nicht möglich. (Die Konventionalstrafe ist eine Vertragsstrafe. Die Parteien vereinbaren, dass jener, der den Vertrag verletzt, dem andern eine im Voraus bestimmte Summe zu zahlen hat.) (Siehe hingegen Art. 91 und Art. 92 ZGB!)
b) Ehehindernisse oder fehlende Ehefähigkeit:
   – unter 18 Jahren   – Enge Verwandtschaft
   – Stiefkind – Stiefelternteil   – Weiterbestehen einer früheren Ehe
c) Eheungültigkeitsgründe:
   – Trauung aus Irrtum   – Absichtliche Täuschung
   – Zwangsheirat   – Weiterbestehen einer früheren Ehe
   – Fehlende Urteilsfähigkeit   – Enge Verwandtschaft
       bei Eheschliessung

15.8   Er benötigt dazu die ausdrückliche Zustimmung seiner Ehefrau. Sie muss also die Kündigung mit unterschreiben, denn ihr Stillschweigen genügt nicht (Art. 169 ZGB und Art. 266m OR).

15.9   Anspruch auf einen «angemessenen Betrag zur freien Verfügung» (Art. 164 ZGB).

15.10   Errungenschaftsbeteiligung
Eigengut des Mannes, Eigengut der Frau, Errungenschaft des Mannes, Errungenschaft der Frau

15.11   Einen Ehevertrag abschliessen

15.12   Schriftlichkeit und öffentliche Beurkundung

15.13   Nachteil: Er oder sie profitiert nicht von der Errungenschaft (= Vermögenszuwachs) des Ehegatten. Dafür keine Gefährdung beim geschäftlichen Konkurs des Ehegatten.

15.14

	Eigengut:	Errungenschaft:
Bei Beginn der Ehe		
– eingebrachte persönliche Gegenstände	☒	☐
– eingebrachte Vermögenswerte	☒	☐
Während der Ehe		
– Erbschaften und persönliche Schenkungen	☒	☐
– Arbeitserwerb und Anschaffungen daraus	☐	☒
– Leistungen von Pensionskassen und AHV	☐	☒

info@klv.ch

15.15 Zum Eigengut der Frau (Art. 198 Ziff. 2 ZGB)

15.16 Güterrechtliche Auseinandersetzung

15.17 Es tritt Gütertrennung ein (von Gesetzes wegen, Art. 188 ZGB).

15.18 Sie haben dies in einem Ehevertrag festzulegen (Art. 216 ZGB).

15.19 Einvernehmliche Scheidung, Teilung angesparter Pensionskassenguthaben, Ermöglichung eines gemeinsamen Sorgerechts

15.20 Das Kind hat ein eigenes Antragsrecht, um die Regelung des Besuchsrechts zu verändern (Art. 134 ZGB).

15.21 Die staatliche Anerkennung, die die Rechten und Pflichten der gleichgeschlechtlichen Partner bzw. Partnerinnen festschreibt, soll zur Beendigung von Diskriminierungen sowie zum Abbau von Vorurteilen beitragen.

15.22 Bereits nach einjähriger Trennung – und nicht erst nach zweijähriger Trennungszeit – kann ein Partner die Auflösung verlangen, falls nicht ein gemeinsames Begehren gestellt wird.

15.23 Die Adoption von Kindern und die Anwendung von fortpflanzungsmedizinischen Verfahren sind verboten.

15.24   a) Die beiden Ehegatten
          b) Erblasser(-in) und Erben

15.25 Die güterrechtliche Auseinandersetzung (zwischen den Ehegatten)

15.26   a) Das sind die vom Gesetz bestimmten Erben für den Fall, dass der Erblasser weder mit Testament noch mit Erbvertrag etwas anderes bestimmt.
          b) Ehegatte und Nachkommen (Kinder, Enkel, Urenkel)

15.27 $(1/2)$ mal $(1/2)$ mal $(1/3)$ = $(1/12)$
oder: Nachlass geteilt durch 2, dann nochmals durch 2 und dann noch durch 3

15.28   a) CHF 60000.00
          b) CHF 30000.00
          c) CHF 10000.00

15.29   a) Zum grosselterlichen (Stamm der Grosseltern)
          b) Zum elterlichen
          c) Zum Stamm der Nachkommen
          d) Zum grosselterlichen
          e) Zum Stamm der Nachkommen

15.30 Wenn der Erblasser keine Nachkommen (Kinder, Enkel) hat.

15.31 Wenn der Erblasser keine Nachkommen hat und ein Elternteil oder beide Elternteile bereits vorverstorben sind.

15.32 Kein überlebender Ehegatte, keine Nachkommen und keine Verwandten im elterlichen Stamm

15.33 Lücken: Testament / ZGB
          a) die Hälfte
          b) drei Viertel
          c) die ganze (Art. 462 ZGB)
(Diese Zahlen brauchen Sie nicht auswendig zu lernen, aber das Prinzip sollten Sie sich merken: Je entfernter der erbende Stamm, umso grösser der Anteil des Ehegatten.)

15.34 Sein Anteil fällt zu gleichen Teilen an seine Kinder, und wenn eines davon bereits vorverstorben ist, fällt dessen Anteil zu gleichen Teilen an dessen Kinder. Ein bereits verstorbenes Kind ohne eigene Nachkommen hat hingegen keinen Anspruch (siehe Kind C in Figur 1 auf Seite 462).

15.35 Das Testament wird vom Erblasser selbstständig errichtet, der Erbvertrag zusammen mit den Erben. Oder: Das Testament ist ein einseitiges Rechtsgeschäft (nicht Vertrag!), der Erbvertrag ein zweiseitiges.

15.36 Mindestalter 18 Jahre, dazu Urteilsfähigkeit (also wie für die Handlungsfähigkeit)

15.37 – Öffentliches Testament: Öffentliche Beurkundung vor zwei Zeugen
– Eigenhändiges Testament: Jedes Wort einschliesslich Datum muss eigenhändig vom Erblasser geschrieben sein.

15.38 a) Wenn der Erblasser sowohl an einem öffentlichen wie an einem eigenhändigen Testament verhindert ist. Beispiele: nahe Todesgefahr, Verkehrssperre, Epidemien, Kriegsereignisse oder ähnliche Umstände.
b) Zwei Zeugen
c) Die von beiden Zeugen unterschriebene Abfassung sofort bei einer Gerichtsbehörde niederzulegen.
d) Nach 14 Tagen, sofern der Erblasser wieder normal verfügungsfähig geworden ist.

15.39 Nur wenn keine durch Pflichtteil geschützten Erben vorhanden sind.

15.40 a) 75 % (Nachkommen)
b) 50 %

15.41 Begünstigung des Ehegatten (Nutzniessung)

15.42 Der Erbe begeht gegen den Erblasser oder gegen eine diesem nahestehende Person ein schweres Verbrechen, oder er hat ihnen gegenüber die obliegenden familienrechtlichen Pflichten schwer verletzt.

15.43 Er muss den Grund der Enterbung im Testament angeben.

15.44 Ehepartner, Nachkommen und evtl. Eltern haben Anrecht auf einen Mindestanteil am Erbe. Auf diesen sogenannten Pflichtteil haben sie einen Anspruch. Sie geniessen einen Pflichtteilschutz, den der Verfasser eines Testamentes beachten sollte. Anderenfalls kann der Pflichtteil gerichtlich eingefordert werden.
Jemanden zu enterben bedeutet, ihn im Testament ausdrücklich vom Erbgang auszuschliessen, ihm also nicht einmal den Pflichtteil zuzugestehen. Das ist aber nur in den vom ZGB definierten Fällen möglich.

info@klv.ch

SWISSFA
online AG

Dokumentation

Kapitel 16

16 Dokumentation

16.1 Geschäftsbeschreibung

Die Swissfaonline AG ist ein Schweizer Online-Händler mit Geschäftssitz in Baar ZG und zwei Logistikzentren in Wauwil LU und St. Gallen. Sie wurde im Jahr 2013 von Reto Weber, Mario Torricelli und Milica Nikolic als Aktiengesellschaft gegründet und ist nicht börsenkotiert. Die Swissfaonline AG konzentriert sich auf den Handel mit «Fashion & Accessoires» von bekannten, aber auch unbekannten, Designern und Marken aus der Schweiz und aus dem Ausland.

Vision

Wir bieten unseren Kunden ein breites, umfangreiches und aktuelles Sortiment zu günstigen Preisen. Die Kunden profitieren von unserer benutzerfreundlichen Oberfläche des Onlineshops, die ihnen ein unkompliziertes, sicheres Shopping-Erlebnis garantiert, jederzeit! Die kurzen Lieferfristen, ein 30-tägiges Rückgaberecht und umfassende Service-Dienstleistungen runden unser Angebot ab.

Marktleistung

- B2C Einzelhandel (Retail):
  Mit dem eigenen Onlineshop werden primär Endkunden angesprochen.
- B2B Geschäftskunden (Wholesale):
  Die Swissfaonline AG tritt sekundär als Grosshändler für Firmenbekleidung auf.
- Dienstleistungen (Services):
  Der Kundenservice umfasst die Rückabwicklung der Retouren sowie deren Aufbereitung für einen erneuten Verkauf. Der Geschäftszweig der personalisierten Modeberatung ist seit vier Monaten in Betrieb und verbucht laufende Zuwächse. Zudem bieten wir bei Schmuck aus diversen Metallen individuelle Gravuren an.

16.2   Leitbild

Vision

Als innovativer Online-Händler verfolgen wir ständig den Markt und seine Trends, damit wir uns langfristig als Marktführer etablieren und unseren Kunden stets die beste Leistung bieten können.

Kunden

– Kundenorientierung ist unsere Grundhaltung.
– Unser Handeln ist auf langfristige, gute Kundenbeziehungen ausgerichtet.
– Wir bieten unseren Kunden aktuelle und qualitativ hochstehende Fashion & Accessoires.

Mitarbeitende

– Die Basis unseres Erfolges sind die leistungsbereiten und flexiblen Mitarbeitenden.
– Optimale Arbeitsbedingungen, unser gutes Betriebsklima und die Wertschätzung für jeden Einzelnen machen uns zu einem attraktiven Arbeitgeber.
– Wir fördern unsere Mitarbeitenden und legen Wert auf eine gute Aus- und Weiterbildung.

Gesellschaft und Umwelt

– Wir bekennen uns zu einem fairen Wettbewerb, halten uns an die geltenden Rechtsvorschriften.
– Wir engagieren uns für eine nachhaltige Entwicklung, indem wir Ressourcen gezielt und schonend einsetzen.

Zulieferer

Wir suchen mit kompetenten, leistungsfähigen und zuverlässigen Lieferanten eine faire Zusammenarbeit und achten vor allem auf Qualität, Verfügbarkeit und Wirtschaftlichkeit.

16.3   Handelsregisterauszug

Swissfaonline AG, in Risch, CHE-000.000.000, Lerchenstrasse 12, 6340 Baar, Aktiengesellschaft (Neu-eintragung). Statutendatum: 10.05.2013. Zweck: Die Gesellschaft bezweckt den Handel mit Mode und Schmuck sowie Beratungen und Unterstützung bei der Auswahl der Mode; vollständige Zweckum-schreibung gemäss Statuten. Aktienkapital: CHF 150 000.00. Liberierung Aktienkapital: CHF 150 000.00. Aktien: 150 000 vinkulierte Namenaktien zu CHF 1.00. Publikationsorgan: SHAB. Die Mitteilungen an die Aktionäre erfolgen schriftlich (insbesondere auch per E-Mail oder per Fax) an die im Aktienbuch eingetragenen Aktionäre bzw. an die dem Verwaltungsrat bekannten Aktionäre. Vinkulierung: Die Übertragbarkeit der Namenaktien ist nach Massgabe der Statuten beschränkt. Mit Erklärung vom 10.05.2017 wurde auf die eingeschränkte Revision verzichtet. Eingetragene Personen: Weber, Reto, von Zürich, in Zürich, Präsident des Verwaltungsrates, mit Einzelunterschrift; Torricelli, Mario, von Bellinzona (TI), in Küssnacht (SZ), Mitglied des Verwaltungsrates, mit Einzelunterschrift; Milica Niko-lic, von Balsthal (SO), in Meilen (ZH), Mitglied des Verwaltungsrates, mit Einzelunterschrift.

16.4   Organigramm

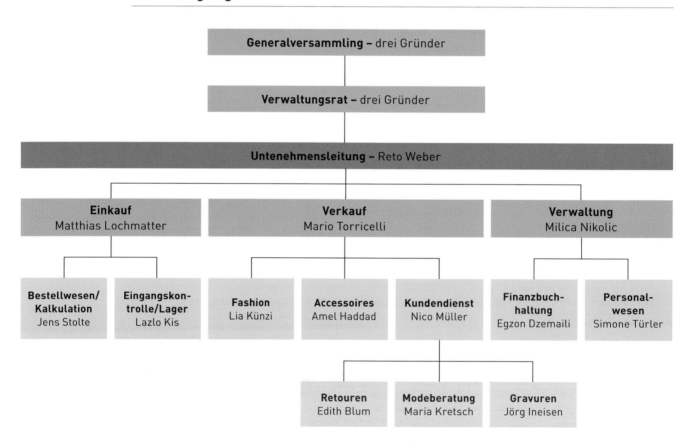

16.5   Stelleninserat

Telefonieren Sie gerne?
Freuen Sie sich über viele Anrufe!
Wir wachsen weiter und suchen zur Verstärkung für unser Team im Kundendienst eine kommunikative und zuverlässige Persönlichkeit als

Kundendienstmitarbeiter/in
Abteilung Retouren 60–100 %

Das erwartet Sie:
– Warenrücksendung prüfen und weiteres Vorgehen entscheiden
– Warenrücksendungsanfragen an Lieferanten stellen
– Bearbeiten von Lieferantengutschriften und Lieferantenrechnungen von Neulieferungen
– Allgemeine administrative Arbeiten

Das bringen Sie mit:
– Abgeschlossene Ausbildung im kaufmännischen Bereich
– Berufserfahrung in einer ähnlichen Position von Vorteil
– Sehr gute Deutsch- und Französischkenntnisse in Wort und Schrift, Italienisch- oder weitere Sprachkenntnisse von Vorteil
– Interesse an unseren Produkten sowie Dienstleistungen
– Selbstständige, exakte und rationelle Arbeitsweise
– Freude und Begeisterung für den aktiven Kundenkontakt
– Belastbare, flexible und aufgestellte Persönlichkeit

Unser Angebot:
– Innovatives erfolgreiches Unternehmen mit fortschrittlicher Unternehmenskultur
– Hochmotiviertes Team und hohe Kollegialität
  Moderne Arbeitsbedingungen
– Hervorragende technische Infrastruktur
– Personalrestaurant
– Umfangreiche Fringe Benefits wie Mitarbeiterkonditionen auf das gesamte Sortiment, grosszügige Gesundheitsangebote usw.

Wir freuen uns auf Ihre Bewerbung.

Kontakt Personalabteilung:

Frau Simone Türler
Telefon: +41 41 817 12 23

16.6 Ausschnitt Flyer

16.7 Mietvertrag Büroraum

Auszug aus dem Mietvertrag vom 1. Februar 2014

Mieter: Swissfaonline AG, Lerchenstrasse 12, 6340 Baar

Vermieter: Primeplace, Gliserallee 389, 3902 Glis

Mietobjekt
Büroräumlichkeit, 45 m², 1 OG links, Kollerstrasse 251, 6302 Zug

Monatlicher Mietzins
CHF 1 265.00 inkl. Nebenkosten (CHF 205.00) (fällig am 1. des Monats)

Kündigungstermine und -frist
31. März und 30. September; jeweils unter der Einhaltung der gesetzlichen Kündigungsfrist kündbar.
Erstmalig kündbar auf den 1. März 2015.

16.8 Verschuldensproblematik – Rechnung an Reto Hauser

SWISSFA online AG

Kundenservice
Kontakt: service@swissfaonline.ch
Website: www.swissfaonline.ch

Rechnungsanschrift

Lieferadresse

Reto Hauser
Moorgartenstrasse 21
3014 Bern
Schweiz

Reto Hauser
Moorgartenstrasse 21
3014 Bern
Schweiz

Datum: 03.01.2017
Bestell-Nr.:   BCH1975436
Rechnungs-Nr.:   BCH538984

Rechnung

Artikelnummer	Artikelbezeichnung	Anzahl	Einzelpreis	Gesamtpreis
8716681249303	Arbeiterhose «Kraftik»	2	CHF 79.90	CHF 159.80
Total	Inkl. 7.7 % MWST CHF 11.42; Nettobetrag CHF 148.38			CHF 159.80

Zahlbar innert 30 Tagen auf unten stehendes Konto.

Freundliche Grüsse

Ihr Swissfaonline Team

Swissfaonline AG
Lerchenstrasse 11
6340 Baar

Konto-Nr. 8374 7509 9911
IBAN: CH54 9865 8374 7509 9911
USt.-IdNr: CHE115645205MWST

16.9 Arbeitsvertrag

Website: www.swissfaonline.ch

Einzelarbeitsvertrag

Arbeitgeber
Swissfaonline AG
Lerchenstrasse 11
6340 Baar

Arbeitnehmer
Edith Blum
Untermüll 127
6302 Zug

1. **Aufgaben**
   Warenrücksendung prüfen und weiteres Vorgehen entscheiden
   Warenrücksendungsanfragen an Lieferanten stellen
   Bearbeiten von Lieferantengutschriften und Lieferantenrechnungen von Neulieferungen
   Allgemeine administrative Arbeiten
2. **Beginn des Arbeitsvertrages**
   1. November 2017
3. **Gehalt**
   Das Bruttogehalt beträgt CHF 4 500.00. Der 13. Monatslohn wird jeweils im November ausbezahlt.
4. **Probezeit und Kündigung**
   Die Probezeit beträgt vier Monate.
   Während der Probezeit beträgt die Kündigungsfrist sieben Tage.
   Im ersten Dienstjahr beträgt die Kündigungsfrist 14 Tage auf ein Monatsende.
   Im zweiten Dienstjahr beträgt die Kündigungsfrist einen Monat auf ein Monatsende.
   Ab dem dritten Dienstjahr beträgt die Kündigungsfrist drei Monate auf ein Monatsende.
5. **Änderungen**
   Jegliche weiteren Abweichungen vom Obligationenrecht bedürfen einer schriftlichen Form.

Swissfaonline AG

Mario Torricelli

M. Torricelli

Simone Türler

Simone Türler

Edith Blum

Edith Blum

16.10   Versicherungen & Vorsorge

Ortho-Klinik
info@ortho_klinik.ch
St. Gallen
Dr. med. Markus Koch

Ärztliches Zeugnis

Albrecht Bertel
geb. 1. August 1961
Bahnhofstr. 5
St. Gallen

Geschätzter Arbeitgeber, geschätzter Kostenträger

Leider ist. o. g. Patient wegen

☐ Krankheit

☒ Unfall

☐ Operation

ab dem 4. Oktober bis 15. November 2017
zu *100 %* arbeitsunfähig.

Datum   Unterschrift/Stempel

5.10.2017   *Markus Koch*

Lohnausweis von Martina Bucher:

Bruttolohn 70 %	5 000.00
AHV-Beitrag 5.125 %	256.25
ALV-Beitrag 1.1 %	55.00
NBU SUVA 1.1388 %	56.95
BVG 8.45 %	422.50
Nettolohn	**4 209.30**

Überweisung auf Post-Konto xy-12312-6

Anhang

Anhang

Stichwortverzeichnis

Q

R

S

info@klv.ch

Bildquellenverzeichnis

KLV Verlag, St. Gallen: S. 246, S. 433

Bojan Krecov: S. 108

atlas.bfs.admin.ch: S. 114

Freedomhouse.org: S. 99

Generalstreik Grenchen 1918: S. 34

Istockphoto.com: S. 43 (ullstein)

Fotolia.com: S. 34 (meen_na); S. 37 (salman2), S. 37 (guentermanaus), S. 66 (snyGGG), S. 100 (pakiwa), S. 100 (fotomek), S. 101 (morganimation), S. 103 (Schlierner), S. 133 (Antonioguillem), S. 147 (JackF), S. 175 (arborpulchra), S. 187 (M.Dörr & M.Frommherz), S. 224 (alphaspirit), S. 232 (Polarpx), S. 258 (pictworks), S. 265 (Thaut Images), S. 289 (swisshippo), S. 307 (Kadmy), S. 358 (BillionPhotos.com), S. 362 (serhiibobyk), S. 368 (Antonioguillem), S. 398 (photo 5000), S. 405 (fototheobald), S. 419 (Rido), S. 420 (sudok1), S. 429 (LIGHTFIELD STUDIOS), S. 432 (Butch), S. 438 (??), S. 456, 457 (sofiapink), S. 460 (annzakharchenko)